2판

상담심리학의 이론과 실제

| 노안영 저 |

Theory and Practice of Counseling Psychology

학지사

2판 서문

지금까지 나의 삶은 상담심리학을 통해 나 자신을 변화시키고 성장시키는 것이었다. 더불어 실제적 상담과 상담교육 및 상담훈련을 통해 학생과 내담자들을 바람직한 방향으로 변화시키는 과정이었다. 달라이 라마가 '행복이란 삶의 목표이며, 삶의 모든 몸짓은 행복을 향해 가는 것이다.'라고 지적한 것처럼, 우리는 바람직한 변화를 통해 행복한 삶을 영위하도록 부단히 노력해야 한다.

진정한 변화와 성장을 위해 내가 발견한 두 가지 원리는 다음과 같다. 첫째는 지험무애(知驗無涯), 즉 '지식과 경험은 끝이 없다.'라는 것을 알고 끊임없이 자신의 지식과 경험을 확장하여 높은 식견(識見)을 가지고 생활하는 것이다. 둘째는 격려와 역설을 적용한 이차원적 변화이다. 아들러 개인심리학에서 지적하는 것처럼 심리적으로 문제가 있는 사람들은 낙담하여 용기를 잃고 두려움에 사로잡혀 삶의 도전에 맞서지 못한다. 진정한 변화와 성장을 위해 낙담한 사람들에게 필요한 것은 그들이 거듭된 실수나 실패에 좌절하지 않고 맞설 수 있도록 자기격려나 타인격려를 통해 용기를 갖게 하는 것이다. 상담자는 지금까지 개발된 상담이론과 상담기술을 적용해서 인간행동의 변화와 성장을 위한 최상의 '립서비스(lip service)'를 실천하는 전문가이다. 이 책이 상담을 공부하는 사람들에게 자신 및 내담자의 변화와 성장을 위해 기여해서 지금보다 좀 더 행복한 사회가 되기를 기원해 본다.

초판이 출간된 지 13년이란 세월이 지났다. 그동안 이 책을 애독해 준 많은 교수님과 학생에게 감사의 말을 전한다. 책 전반에 걸친 수정 · 보완과 더불어 이번 개정에서는 크게 세 가지 변화가 이루어졌다. 첫째, 상담이론에 주요한 상담이론가의 생애를 추가한 점이다. 둘째, 제2부에 '상담기술 적용에 따른 고려사항'이란 장을 추가한 점이다. 셋째, 제3부에 모레노의 '심리극을 통한 상담'을 추가한 점이다. 내가 좋아하는 모레노의 참만남에 대한 말을 소개하면 다음과 같다. '둘의 만남: 눈 대 눈, 얼굴 대 얼굴. 그리고 당신이 가까이 있을 때 나는 당신의 눈을 떼어내어 나의 눈과 대체시키고, 당신은 나의 눈을 떼어내어 당신의 눈과 대체시킬 것이다. 그러면 나는 당신의 눈으로 당신을 볼 것이며 당신은 나의 눈으로 나를 볼 것이다.'

이 책의 전반적인 구성은 크게 일곱 영역으로 나뉜다. 전체를 조망하는 입장에서 간략하게 살펴보면, 제1부에서는 상담심리학을 이해하기 위해 필요한 상담의 정의, 상담의 주체인 상담자와 내담자, 상담자들이 꼭 알아야 할 상담의 기본원리를 다루었다. 제2부의 주요내용은 상담 전문직의 실제적 영역인 상담과정과 상담면접에서 사용하는 상담자의 반응기술, 그리고 상담기술 적용에 따른 고려사항으로 구성되어 있다. 제3부에서 제6부까지는 상담이론들을 심리학의 중요한 네 가지 세력인 정신역동주의, 행동주의, 인본주의, 인지주의 입장으로 구분하여 살펴보았다. 모든 상담이론을 서로 비교하면서 이해할 수 있도록 각 장의 내용 구성을 상담자의 생애, 인간관, 주요개념, 상담목표, 상담과정, 상담기법, 요약으로 통일하였다. 마지막 제7부에서는 최근의 이론적 추세인 구성주의자 상담 접근방식, 상담이론의 최근 동향, 역사적 관점에서 본 상담심리학의 최근 동향을 살펴보았다.

이 책을 읽은 독자들이 지혜 추구자로 살아가면서 행복한 삶을 영위했으면 한다. 또한 효과적인 조력자로서 현명한 상담자처럼 생활했으면 하는 바람에서 내가 발견한 '현명한 상담자의 특성'을 다음에 제시해 본다.

- 현명한 상담자는 훌륭한 경청자이다.
- 현명한 상담자는 윤리적 책임감을 갖고 실천하는 사람이다. 특히 내담자를 보호하기 위해 비밀보장을 지키는 사람이다.
- 현명한 상담자는 공감적 이해를 실천하는 사람이다.
- 현명한 상담자는 신뢰감, 신용성 그리고 정직성을 실천하는 사람이다.
- 현명한 상담자는 훌륭한 관찰자이다. 특히 인간관계의 훌륭한 관찰자이다.
- 현명한 상담자는 의사소통 기술을 능수능란하게 사용하는 사람이다.
- 현명한 상담자는 자신에 대한 이해, 자신의 한계에 대한 이해, 그리고 인간 독특성에 대한 이해를 바탕으로 실천하는 사람이다.
- 현명한 상담자는 삶에 대한 긍정적 태도를 가지고 실천하는 사람이다.

지금 나의 바람은 이 책이 상담을 공부하는 동학도나 조력을 필요로 하는 사람들을 돌봄으로 이끌 수 있는 동기가 되었으면 하는 것이다. 우리 각자가 자신만이 쓸 수 있는 인생이란 소설의 내용이 지금까지보다 의미 있고 흥미롭게 점철될 수 있도록 이 책이 독자들의 변화와 성장을 위한 활동에 촉매가 되었으면 한다.

이 책이 나오기까지 많은 사람들의 도움이 있어 왔다. 먼저 상담심리학을 공부하도록 이끌어 주고 가르쳐 주신 홍경자 선생님 그리고 지금은 고인이 되신 이장호 선생님과 켄터키 주립대학교 교수였던 스틸웰 박사(Dr. Stilwell)께 깊은 감사를 드린다. 역시 동학도로서 나에게 따뜻한 온정을 전달하며 책임감을 느끼게 해온 목포대학교 강만철 교수, 광주교육대학교 오익수 교수, 광주보건대학 김광운 교수, 전남대학교(여수 캠퍼스) 송현종 교수, 전남대학교 강영신 교수, 광주대학교 정민 교수, 호남대학교 임수진 교수, 동신대학교에 근무했던 오명자, 서혜석 교수, 지금은 캐나다에서 상담심리학자로 활동하고 있는 호남대학교에 근무했던 정은의 교수에게도 감사의 마음을 전한다. 그리고 현재 (사)한국아들러상담학회 임원으로 열심히 일하고 있는 장안나 선생, 김지연 박사, 황은일 박사, 김천수 박사, 오정선 박사에게도 고마운 마음을 표한다. 또한 가장 가까이에서 알게 모르게 격려해 준 전남대학교 심리학과 이종목, 오수성, 박태진, 한규석, 윤가현, 김문수, 신현균, 이혜진, 황석현 교수와 상담교실 대학원생들에게 고마움을 느낀다.

지금까지 남편과 아버지로서 충분하게 돌봄을 주지 못해 왔지만 언제나 변함없는 나의 지지자인 아내 고진명과 그래픽디자이너로서 자신의 꿈을 펼치기 위해 힘든 길을 택해 나름대로 성공적인 삶을 영위하고 있는 자랑스러운 딸 다예, 미국에서 성실하게 생활하고 있는 아들 병우에게 고마움을 느낀다. 매번 격려와 함께 시간의 소중함을 일깨워 준 학지사에 근무하는 제자 정승철 이사와 이 책의 편집을 위해 수고해 준 편집부 백소현 차장께 감사의 마음을 전한다. 더불어 마음을 전하는 좋은 책을 만들기 위해 동분서주하며 노력하는 학지사 김진환 사장님과 직원들의 노고에 감사드린다.

등위가 없는 無等山이 보이는
연구실에서
저자 노안영

1판 서문

삶의 여정에서 오랫동안 지속되었던 게슈탈트를 완성한 지금 시간의 소중함을 절실하게 느낀다. 더불어 떠오르는 생각은 장자의 "나의 삶은 유한하지만 지식은 끝이 없다."(吾生也有 而知也無)란 표현이다. 나는 지금 불현듯 30년 전인 대학 2학년 때 내게 일어났던 사건인 상담심리학과의 만남에 대한 기억을 회상하고 있다. 나에게 삶의 새로운 의미를 부여했던 상담심리학은 나의 진로를 바꾸게 했고, 지난 30년 동안 지금의 나로 계속 나를 변화시켜 왔다. 이 책은 나에게는 한 번뿐인 유한한 삶에서 나의 정체감이 되어버린 상담심리학을 그동안의 지식과 경험을 바탕으로 부족하지만 나름대로 정리한 결과다.

이 책의 전반적 구성은 크게 일곱 영역으로 나뉘어 있다. 전체를 조망하는 입장에서 간략하게 살펴보면 제1부에서는 상담심리학을 이해하기 위해 필요한 상담의 정의, 상담의 주체인 상담자와 내담자, 상담자들이 꼭 알아야 할 상담의 기본원리를 다루었다. 제2부의 주요한 내용은 상담전문직의 실제적 영역인 상담과정과 상담면접에서 사용하는 상담자의 반응기술로 구성되어 있다. 제3부에서 제6부까지는 상담이론들을 심리학의 주요한 네 가지 세력인 정신역동주의, 행동주의, 인본주의, 인지주의 입장으로 구분하여 살펴보았다. 모든 상담이론을 서로 비교하면서 이해할 수 있도록 각 장의 내용 구성을 인간관, 주요개념, 상담목표, 상담과정, 상담기법, 요약으로 통일하였다. 마지막 제7부에서는 최근의 이론적 추세인 구성주의자 상담 접근방식, 상담이론의 최근 동향, 역사적 관점에 본 상담심리학의 최근 동향을 살펴보았다. 더불어 각 장의 중요한 내용을 복습하고 연습할 수 있도록 마지막에 '효과적 조력을 위한 상담연습'을 제시하였다.

이 책을 읽으며 상담심리학을 공부하는 사람들에게 하고 싶은 이야기는 직 · 간접적으로 나에게 영향을 주어 나의 삶의 일부가 되어버린 각 장의 첫 부분에 소개한 내용이다. 주요한 상담이론가의 관점을 반영하는 이러한 내용을 여기에 정리해 보면 다음과 같다.

- 상담의 초점은 문제가 아니라 개인이다. 상담의 목적은 특별한 한 가지 문제를 해결하는 것이 아니라 보다 나은 통합된 방식으로 현재와 미래의 문제에 대처할 수 있게 개인이 성장하도록 조력하는 것이다.
- 식물에게 물이 필요하듯 인간에게 격려가 필요하다.
- 상담 관계는 상담자와 내담자의 신체언어와 음성언어가 서로에게 끊임없이 영향을 주는 역동적 관계이며 관계의 질은 효과적 조력에 매우 중요하다.
- 서양의 지혜는 "연습은 완전하게 만든다."이지만, 동양의 지혜는 "연습은 다르게 만든다."이다.
- 우리가 알고 있는 의식의 영역은 빙산의 일각에 불과하다.
- 사회적 관심은 다른 사람의 눈으로 보고, 다른 사람의 귀로 듣고, 다른 사람의 마음으로 느끼는 것을 의미한다.
- 나의 인생은 무의식의 자기실현에 관한 이야기다.
- 당신이 '아니요'라고 말하기를 원할 때, '예'라고 말하지 말라. 자기표현을 못하는 소극적인 사람은 타인이 그의 권리를 침해하도록 허용하는 사람이다.
- 경험은 나에게 최고의 권위다.
- 변화는 개인이 자신이 아닌 사람이 되려고 노력할 때가 아니라 있는 그대로의 자신이 되려고 할 때 일어난다.
- 나는 존재한다. 그러므로 나는 생각하고, 느끼고, 행동한다.
- 의미치료 기법인 역설적 의도와 탈숙고는 인간이 갖는 두 가지 구체적 현상인 자기초월과 자기분리 능력을 작동하게 한다.
- 모든 사람들은 분명 행복하기를 원한다. 하지만 어떤 사람들은 불행을 초래하는 행동을 하고 있다.
- 우리를 당황하게 하는 것은 우리에게 일어난 사건이 결코 아니다. 그것은 이러한 사건을 보는 우리의 관점이다.
- 나도 당신도 이만하면 괜찮다.
- 정서적 장애는 개인이 자신의 경험을 구조화하는 방식에 의해 결정된다.

- 문제가 문제이지 사람이 문제인 것은 아니다.
- 삶은 영원한 현재다. 과거는 기억 속의 현재이며, 현재는 현재이며, 미래는 기대 속의 현재다. 효과적 조력을 위해 상담자는 현재 진행되는 내담자의 생각하기, 느끼기, 행동하기에 초점을 두어야 한다.

지금 나의 바람은 이 책이 상담을 공부하는 동학도나 조력을 필요로 하는 사람들을 돌봄(caring)으로 이끌 수 있는 동기가 되었으면 하는 것이다. 우리 각자가 자신만이 쓸 수 있는 인생이란 소설의 내용이 지금까지보다 의미가 있고 흥미롭게 점철될 수 있도록 이 책이 독자들의 변화와 성장을 위한 활동에 촉매가 되었으면 한다. 또한 저자로서 나의 소박한 바람은 이 책이 읽고 이해하기 쉬운 '상담심리학'이 되어 독자들을 돌보기 위한 나름대로의 노력이 이 책을 읽는 독자들에게 전달되었으면 하는 것이다.

이 책이 나오기까지 많은 사람들의 도움이 있었다. 먼저 상담심리학을 공부하도록 이끌어주고 가르쳐주신 홍경자, 이장호 선생님께 깊은 감사를 드린다. 또한 가장 가까이서 알게 모르게 격려해 준 전남대학교 심리학과 교수님들과 왕언니 장안나를 비롯한 상담교실 대학원생들에게 고마움을 느낀다. 역시 동학도로서 나에게 따뜻한 온정을 전달하며 책임감을 느끼게 해 온 목포대학교 강만철 교수, 광주교육대학교 오익수 교수, 광주보건대학 김광운 교수, 여수대학교 송현종 교수에게도 감사의 마음을 전달한다. 남편과 아버지로서 충분하게 돌봄을 주지 못해 왔지만 변함없는 지지자인 아내와 자신의 꿈을 펼치기 위해 힘든 길을 택한 자랑스러운 딸 다예와 성실하게 생활하고 있는 아들 병우에게 고마움을 느낀다. 매번 격려와 함께 시간의 소중함을 일깨워 준 학지사에 근무하는 제자 정승철 군과 편집 책임을 맡아 최선을 다한 이세희 님 그리고 좋은 책을 만들기 위해 동분서주하며 노력하는 학지사 김진환 사장님과 직원들의 노고에 감사드린다.

2005년 7월

無等山이 보이는 연구실에서

저자 노안영

차례

제4부
행동주의적 관점

제10장 행동치료 / 265

제5부
인본주의적 관점

제11장 게슈탈트치료 / 297

제12장 인간중심치료 / 337

제7부 상담심리학의 최근 동향

제 1 부

상담심리학의 이해

Theory and Practice of Counseling Psychology

심리학은 인간의 정신과 행동을 과학적으로 연구하는 학문이다. 그리고 심리학자들이 정신과 행동의 무엇을 어떻게 연구하고 적용하는가에 따라 심리학은 다양한 심리학 영역인 학습심리학, 생물심리학, 산업심리학, 인지심리학, 발달심리학, 사회심리학, 상담심리학, 임상심리학 등으로 세분된다. 상담심리학은 인간행동의 연구를 통해서 밝혀진 심리학의 지식을 사람들에게 적용한다는 점에서 실험심리학이나 이론심리학이기보다 응용심리학이다. 마찬가지로 오랫동안 학문의 정체성에서 많은 중복된 활동 때문에 상담심리학과 마찰을 빚어온 임상심리학도 응용심리학이라 할 수 있다. 상담심리학자는 다양한 심리학 분야에서 밝힌 인간이해에 대한 모든 심리학적 지식을 내담자에게 적용하여 바람직한 방향으로 변화를 도모하는 응용심리학자이다.

실천적 학문으로서 상담심리학은 또한 심리학적 지식을 적용하는 데 있어 필요한 독특한 학문적 지식을 축적해 왔다. 상담심리학에서 강조하는 상담자의 모델은 과학자-실천가 모델이다. 다시 말하면 상담자는 과학자로서 상담에 관한 연구를 위해 노력할 뿐만 아니라 실제 상담을 통해 내담자를 조력하는 실천가임을 강조한다. 훈련 중에 있는 상담자는 전문직으로서 상담을 이해하기 위해 상담자가 수행하는 역할이 무엇인가에 대해 알아야 한다. 더불어 상담자가 효과적으로 전문적 역할을 수행하기 위해 갖추어야할 인간적 자질과 전문적 자질에 대한 이해가 필요하다.

상담전문직에 입문한 초보상담자는 많은 경험을 통해 그동안 형성되어 온 상담의 기본원리에 대한 충분한 이해와 함께 적용 능력을 갖추는 것이 필요하다. 먼저 상담자로서 자신의 신념과 태도를 확인하는 것이 요구된다. 다음으로 포괄적 심리평가를 바탕으로 내담자를 이해하고 무엇이 문제인지를 정확히 파악해야 한다. 마지막으로 상담자가 터득한 지식과 경험을 바탕으로 효과적으로 내담자를 조력할 수 있어야 한다.

제 1 장

상담의 이해

상담의 초점은 문제가 아니라 개인이다. 상담의 목적은 특별한 한 가지 문제를 해결하는 것이 아니라 보다 나은 통합된 방식으로 현재와 미래의 문제에 대처할 수 있도록 개인이 성장하도록 조력하는 것이다.

—로저스(Rogers, 1977)

1장의 목차

상담은 상담자와 내담자가 공동으로 내담자의 변화를 위해 노력하는 조력활동이다. 조력활동에 참여하는 전문가로서 상담자는 효과적인 조력을 위해 전문 지식과 기술을 갖추어야 한다. 상담과정에서 상담자와 관련된 모든 변인들은 상담결과에 영향을 준다. 더불어 자의거나 타의거나 조력을 필요로 하는 내담자가 갖는 다양한 특성은 상담활동에 영향을 준다. 내담자의 변화를 위해 상담자가 적절한 반응과 기법을 사용할 시점에 대한 이해는 단순한 지식과 기술보다 경험을 바탕으로 한 지혜가 요구된다. 때문에 효과적인 상담전문가는 상담전문직이 과학이면서 또한 예술이라고 말한다.

상담자는 진행되는 상담과정을 통해 내담자의 변화라는 상담목표를 달성하기 위해 노력한다. 다양한 상담이론가들의 견해를 바탕으로 조지와 크리스티아니(George & Cristiani, 1995)는 주요한 다섯 가지 상담목표를 내담자의 행동변화 촉진, 적응기술 향상, 의사결정 향상, 인간관계 형성과 유지 능력 향상, 잠재력 개발 촉진으로 기술하였다(pp. 6-8). 이러한 목표 달성을 위해 상담자는 참여적이며 촉진적 역할을 수행한다. 형성된 상담관계를 바탕으로 상담자는 사회적 영향을 준다. 상담을 인간이 만들어 낸 최상의 립서비스(lip service)라고도 한다. 여기서는 이러한 인간변화를 초래하는 역동적인 학문인 상담에 대해서 알아보자.

1. 상담의 정의

상담자는 '상담(counseling)이 무엇인가?'란 질문에 대한 대답을 통해 상담에 대한 정의를 나름대로 해 보는 것이 필요하다. 이러한 질문과 답변을 통해 상담자는 자신이 몸담고 있는 학문인 상담심리학을 탐색하고 이해하여 상담자로서 정체감을 형성하는 것이 필요하다.

상담에 대한 정의는 많은 상담심리학자들이 나름대로 내려왔다. 예를 들면, 이장호(1995)는 '도움을 필요로 하는 사람(내담자)이, 전문적 훈련을 받는 사람(상담자)과의 대면관계에서, 생활과제의 해결과 사고 · 행동 및 감정 측면의 인간적 성장을 위해 노력하는 학습과정이다.'(p. 3)라고 정의하였다. 또한 홍경자(2001)는 '상담이란 상담자가 내담자와의 관계에서 촉진적인 의사소통을 통하여 내담자가 개인적인 문제에 대한 자기 이해도, 자기 지도력을 터득하도록 도와주는 과정이다. 그리하여 현재의 문제를 효과적으로 해결하고 장차에도 일어날 수 있는 삶의 문제에 대한 조망과 해결 능력을 갖게 되어 자기효능감과 자족감을 느끼도록 인도하는 일련의 학습과정이다.'(pp. 76-77)라고 하였다. 상담에 대한 정의나 설명은 상담자가 취하는 이론적 입장에 따라 달라질 수 있다. 따라서 내려진 상담의 정의들에 대한 미세한 차이와 정확한 이해를 위해 상담심리학자의 이론적 배경에 대한 이해가 필요하다고 본다.

명확하게 상담을 정의하는 것이 쉬운 일은 아닌 것 같다. 상담심리학을 공부하면서 그동안 쌓아온 지식과 경험을 바탕으로 필자는 다음과 같이 상담을 정의하고자 한다.

> 상담은 전문적 훈련을 받는 상담자와 조력을 필요로 하는 내담자가 상담활동의 공동주체로서 내담자의 자각확장을 통해 문제예방, 발달과 성장, 문제해결을 달성함으로써 그의 삶의 질을 향상하기 위해 함께 노력하는 조력과정이다(Counseling is the helping process that a counselor with professional training and a client with necessity of helping as the co-subjects of counseling activity together make efforts in order to improve the client's well-being by achieving his's problem prevention, development and growth, and problem solution through extending his self-awareness.).

상담을 정의하고 설명하는 데 먼저 고려해야 할 사항은 상담을 수행하는 상담자의 역할이라고 본다. 물론 내담자가 상담을 통해 무엇을 얻고자 하는가에 대한 것도 고려되어야 하지만 우선적으로 상담자의 입장에서 상담을 이해하는 것이 훨씬 중요하기 때문이다. 왜냐하면 '교육이 무엇인가?'란 질문에 대한 설명을 하는 데 있어 피교육자인 학생보다 교육을 제공하는 교육자의 역할이 무엇인가를 이해하는 것이 중요하기 때문이다. 아무튼 상담자가 일반적으로 믿고 실천하는 과정에 대한 내용과 필자의 지식과 경험을 바탕으로 위에서 내린 상담의 정의를 일곱 가지 측면에서 설명하고자 한다.

첫째, 상담활동의 공동주체는 상담자와 내담자이다. 상담은 상담자가 내담자에게 일방적으로 전문적 기술을 적용하는 활동이 아니라 함께 노력하는 과정이다. 상담자와 내담자가 모두 상담활동의 주체라는 생각을 갖는 것이 중요하다. 따라서 상담자는 내담자에게 상담활동의 주체로서 책임감을 갖고 변화를 위해 노력하는 것이 무엇보다 중요하다. 또한 상담자는 인간의 변화에 대한 믿음을 갖고 내담자를 조력하기 위해 최선을 다하는 상담의 주체이다. 상담자는 변화에 대한 믿음을 갖고 자신의 변화모델을 바탕으로 내담자의 변화를 위해 실천하는 사람이다. 상담자의 변화모델은 그가 취하는 상담 접근방식의 입장에 근거하며 상담을 통해 내담자의 생각, 감정, 행동을 변화하도록 다양한 접근방식을 사용한다.

둘째, 상담자는 전문적 훈련을 받는 사람이다. 상담자는 내담자를 조력하기 위한 전문적 훈련의 중요성을 인식하고 자신의 전문성 향상을 위해 노력한다. 상담을 통해 내담자를 조력하기 위해 상담자는 상담이론과 기법, 상담관계, 인간발달, 집단과정, 진로발달이론, 윤리적 및 법적 문제 등에 관한 지식과 기술 습득을 위해 부단히 훈련한다. 상담자들은 대부분 자신의 역할을 정의하는 것으로 과학자-실천가 모델을 수용한다. 즉, 상담자는 인간행동을 이해하기 위해 끊임없이 연구하는 과학자이면서 연구를 통해 발견한 지식을 인간 변화를 위해 행동하는 실천가이다.

셋째, 내담자는 조력을 필요로 하는 사람이다. 조력을 필요로 하지 않는 사람은 없다. 따라서 우리 모두가 잠재적 내담자라고 할 수 있다. 이런 점에서 내담자라는 용어가 어떤 심각한 문제를 가진 사람을 함축하지 않는다. 상담활동에 참여하게 되는 내담자의 유형은 다양하다. 실제로 내담자 자신이 조력을 필요로 해서 자발적으로 상담에 참여하게 되는 경우는 그렇게 많지 않다. 처음 상담에 오게 되는 내담자들은 비자발적인 경우가 대부분이다. 즉, 부모, 교사, 친구, 직장동료 등의 권유나 법적 기관의 강제명령으로 상담에 참여하는 경우가 많다고 할 수 있다. 그러나 내담자가 자발적이건 비자발적이건 그는 조력을 필요로 하는 사람이다.

넷째, 상담은 내담자의 자각확장을 이루도록 조력하는 활동이다. 대부분의 내담자는 자신에 대한 이해의 부족, 즉 자신이 갖고 있거나 행하는 것을 알아차리지 못함으로써 고통을 받는다. 상담은 내담자로 하여금 자신의 장점과 단점이 무엇인지를 알아차리도록 하는 활동이라고 할 수 있다. 따라서 상담자는 내담자가 자기탐색과 자기이해를 통해 문제해결을 할 수 있도록 조력한다. 상담의 일차적 목적은 내담자가 자신의 감정, 생각, 행동에 대한 자각을 확장하도록 조력하는 것이다.

다섯째, 상담은 내담자의 문제예방, 발달과 성장, 문제해결을 달성하는 것이다. 이 말은 포괄적인 세 영역으로 상담의 목적을 잘 설명해 주고 있다고 본다. 내담자는 분명히 나름대로의 목적을 갖고 상담을 받기 위해 찾아온다. 상담자가 일차적으로 고려하는 가장 중요한 사항은 내담자가 현재보다 나은 상태의 삶을 영위할 수 있도록 조력하는 것이다. 힐(Hill, 1993)이 지적한 것처럼 상담자는 세 가지 주요한 역할인 치료적(문제해결을 위해 조력하는) 역할, 예방적(미래에 일어날 수 있는 일을 기대하고, 계획을 세우고, 방지하는) 역할, 교육적 및 발달적(잠재력을 발견하고 발달시키는) 역할을 실천하는 사람이다.

여섯째, 상담은 내담자의 삶의 질을 향상하기 위해 노력하는 활동이다. 내담자가 상담을 통해 달성하고자 하는 궁극적 목적은 행복이나 성공이라고 할 수 있다. 21세기의 심리학의 주요한 추세는 인간의 최적 기능과 긍정적 측면을 강조하는 긍정심리학이다. 긍정심리학은 사람들이 자신, 가족, 사회를 위해 올바른 일을 하는 것과 그러한 일을 하는 방법을 연구한다. 또한 긍정심리학은 사람들이 자신과 타인을 위해 보다 큰 충만으로 이끄는 자질을 개발하도록 조력한다(Compton, 2005, pp. 3-4). 상담자는 상담을 통해 단순히 내담자의 부적절한 문제를 제거하는 것 이상으로 그가 최적의 기능을 수행하도록 조력해야 한다. 필자는 긍정심리학이 추구하는 바를 반영하는 점에서 '삶의 질 향상'이란 말을 상담의 정의에 포함시켰다.

일곱째, 상담은 조력과정이다. 상담은 과정을 강조하는 활동이다. 과정은 결과를 유도한다. 상담이란 영어 단어인 counseling이 진행형으로 되어 있는 것처럼 상담은 진행되는 과정에 초점을 둔다. 상담자는 내담자에게 영향을 미치는 과거와 미래의 일을 현재로 가져와 그 일이 그에게 상담의 시점에서 어떻게 영향을 미치는가를 다룬다. 누구나 삶의 과정에서 크고 작은 문제를 가지고 살아가고 있는 것처럼, 상담자는 조력과정을 통해 내담자의 문제예방, 발달 및 성숙, 문제해결을 위한 힘과 기술을 증진시키는 노력을 한다. 즉, 상담자는 인간의 문제가 끝이 없는 것처럼, 형식적으로 상담이 종결됐다고 해서 내담자의 문제가 완전히 해결됐다고 보지 않는다.

지적한 것처럼 상담의 주체는 상담자와 내담자이다. 그러면 효과적인 조력을 위해 상담자는 어떤 자질을 가져야 하는지와 조력이 필요한 내담자의 특성과 그가 갖는 문제의 본질에 대해서 알아보자.

2. 상담자

상담의 주체로서 상담자가 어떤 자질을 갖추어야 하는가에 대한 이해는 상담을 공부하는 사람들에게 매우 중요하다. 여기에서는 효과적인 상담자가 되기 위해 필요한 사항을 상담자의 특성, 상담자의 돌봄, 상담자의 지혜, 상담자의 관점, 상담자의 윤리로 구분하여 살펴보고자 한다.

1) 상담자의 특성

상담은 상담자와 내담자의 상담관계를 바탕으로 서로가 주고받는 사회적 영향이라 할 수 있다. 이러한 관점에서 스트롱(Strong, 1968)은 상담의 사회적 영향이론을 제안하였다. 사회적 영향이론은 인간이 신념이 아주 강할 때 외부 상황과 신념이 맞지 않으면 갈등을 없애는 쪽으로 행동한다는 사회심리학자인 페스팅거(Leon Festinger)가 제안한 인지부조화이론을 상담에 적용시킨 것으로 상담 진행과정에서 상담자가 내담자에게 사회적 영향을 끼친다는 이론이다.

스트롱의 사회적 영향이론은 내담자가 상담의 효과에 대해 긍정적인 기대를 갖도록 돕는 것에 관한 것이다. 스트롱은 상담은 상담자가 내담자의 태도, 행동의 변화에 영향을 주는 것을 추구하는 사회적 영향과정이라고 제안했다. 내담자의 변화를 유발시키려는 상담자의 시도는 인지부조화 상태를 일으킨다. 내담자는 다양한 방법을 사용하여 이러한 부조화를 감소시키려고 노력한다. 기본적으로 내담자들은 상담자의 제안을 따라서 변화를 시도하거나, 상담자를 믿지 못해서 변화를 시도하지 않을 수 있다. 스트롱은 내담자가 상담자를 높은 수준의 전문성(Expertness: E), 사람을 끄는 친근감(Attractiveness: A), 믿음을 주는 신뢰감(Trustworthiness: T), 즉 EAT를 가지고 있는 존재로 볼 때 결과가 가장 좋을 것이라고 가정했다.

효과적인 상담자의 특성은 오랫동안 가장 인기 있는 연구 주제가 되어 왔다. 대부분의 연구가 상담자 효과로서 이론적 입장이나 전문적 경험과 같은 상담자의 특별한 특성과 관련하여 시도되어 왔다. 그리고 시도되었던 각각의 연구는 나름대로 효과적인 상담자가 되는 데 무엇이 필요한가에 대한 전체적 조망의 일부에 기여하였다. 상담이론가와 실천가들도 역시 임상적인 관찰을 통해 효과적인 조력자의 특성에 대한 이해를 확장해 왔다. 지금까지 일반적으로 밝혀진 효과적인 조력자의 주요한 특성은 다음과 같다(Patterson & Welfel, 2000, pp. 10-14; Welfel & Patterson, 2005, pp. 13-18).

- 효과적인 상담자는 내담자에게 다가갈 수 있는 능숙한 대인관계기술을 가진다.
- 효과적인 상담자는 내담자에게 진실감, 신뢰감, 자신감을 야기한다.
- 효과적인 상담자는 내담자를 돌보고 존경한다.
- 효과적인 상담자는 타인이해뿐만 아니라 자기이해를 바탕으로 성숙된 삶을 영위한다.
- 효과적인 상담자는 내담자와의 갈등을 효과적으로 처리한다.
- 효과적인 상담자는 가치 판단을 강요함이 없이 내담자의 행동을 이해하려고 한다.
- 효과적인 상담자는 내담자의 자기파괴 행동패턴을 확인할 수 있고 그러한 자기파괴 행동을 보다 보상적인 행동패턴으로 변화하도록 조력할 수 있다.
- 효과적인 상담자는 내담자에게 특별한 가치가 있을 어떤 영역에 있어 전문적인 지식과 경험을 갖는다.
- 효과적인 상담자는 체계적으로 추리하고 체계에 의해 생각할 수 있다.
- 효과적인 상담자는 문화에 대한 능숙한 지식을 가진다. 즉, 그는 사람들이 생활하는 사회적, 문화적, 정치적 맥락을 이해할 수 있다.
- 효과적인 상담자는 자신을 좋아하고 존중하며 자신의 욕구를 만족시키기 위해 내담자를 이용하지 않는다.
- 효과적인 상담자는 인간행동의 심층적 이해를 발달시킨다.
- 효과적인 상담자는 바람직한 인간 모델을 가진다. 이러한 인간은 건강하고 효과적이며 충분히 기능하는 자질과 행동패턴을 가진다.

2) 상담자의 돌봄

상담자는 상담을 통해 내담자를 돌본다. 따라서 상담자는 진정한 '돌봄(caring)'의 의미가 무엇인지를 분명하게 이해하는 것이 필요하다. 상담은 성숙을 위한 돌봄의 관계라고 할 수 있다. 인간은 태어날 때부터 돌봄을 필요로 하는 존재이다. 자신과 누군가를 돌보는 일이 날마다의 삶과 만남에서 일어나고 있다. 중요한 것은 어떻게 돌보느냐이다. 상담자가 내담자를 돌본다고 할 때 그것은 내담자의 현재 입장을 바탕으로 성장과 성숙이 이루어지도록 행해져야 한다. 상담자로서 당신은 내담자를 어떻게 돌보고 있는가? 당신이 누군가에게 돌봄을 받을 때 그가 어떻게 해 주기를 바라는가? 상담자가 항상 먼저 고려해야 할 사항은 돌봄이 필요한 내담자의 성숙과 함께 그가 정말 원하는 것을 파악하는 것이다.

사람들은 서로 돌봄을 주고받으며 살아간다. 일반적으로 돌봄의 주고받음은 당사자와 밀접하게 관련된 관계에서 일어난다. 서로의 관계가 혈연, 학연, 지연, 친구관계, 사업관계 등 다양하게 맺어진 상태에서 이루어진다. 우리는 당연히 주고받아야 할 관계에서 일어나는 돌봄에 매일 참여하고 있다. 부모들은 자신을 희생하며 자녀의 성숙을 위해 부모로서 도리를 다하기 위해 노력하고 있다. 교사는 학생들의 성숙을 위해 자신의 최선을 다한다. 그러한 노력의 결과가 결실을 맺는 것을 보며 우리는 흐뭇하게 생각한다. 자신과 관계를 맺고 있는 누군가를 성숙시키기 위해서 도움을 주는 것은 분명 아름다운 일이다.

상담이란 활동은 매일 일어나고 있다. 당신이 전문적 훈련을 받은 상담자가 아니라고 하더라도 고통받은 친구의 얘기를 열심히 들어준다면 그 자체가 훌륭한 상담활동이라고 볼 수 있다. 우리에게 관심을 가져 준 사람이 있다는 그 자체가 대중 속의 고독을 느끼며 살아가는 우리에게는 큰 의미가 있다. 우리는 자신을 돌보는 것을 시작으로 다양한 돌봄의 관계에 참여하고 있다. 진정으로 누군가를 돌본다는 의미를 파악해 봄으로써 막연히 생각해 왔던 입장을 정리하는 것이 필요하다. 상담자는 내담자를 조력하고 돌본다는 의미가 무엇인지를 고려해 볼 시간을 동료들과 함께 자주 갖는 것이 필요하다.

메이어오프(Mayeroff, 1990)는 돌봄의 정의를 돌보는 대상이 성숙하고 자기실현 하도록 돕는 것이라고 정의하였다. 그가 제안한 다른 사람의 성숙과 실현을 돕기 위한 돌봄의 주요한 구성요소는 지식, 리듬의 변화, 인내, 정직성, 신뢰, 겸손, 희망, 용기이다. 이러한 돌봄의 구성요소를 바탕으로 상담자의 돌봄에 대해 간략하게 설명해 보고자 한다.

지식 상담자는 조력이 필요한 내담자에 대한 충분한 이해가 필요하다. 당신이 진정 자신을 돌보는 사람이라고 한다면 자신의 장·단점을 포함한 자신에 대한 이해가 필요하다. 어떤 사람을 돌보기 위해서는 많은 것을 알아야만 한다. 돌봄이 필요한 사람이 누구인지, 힘과 제한점은 무엇이고, 욕구는 어떤 것이고, 무엇이 그의 성장에 도움이 되는지를 알아야만 한다. 상담자는 내담자의 욕구에 반응하는 방법과 자신의 힘과 제한점은 무엇인가에 대해서도 알아야만 한다. 이러한 지식은 일반적이기도 하고 특정한 것이기도 하다.

리듬의 변화 이것은 상담자가 가져야 할 유연성과 관련된다. 내담자에게 전적으로 많은 시간을 투자하여 돌보는 경우도 있지만, 멀리서 관심을 가지고 지켜보는 것도 훌륭한 돌봄일 수 있다. 돌봄에서 또한 중요한 다른 리듬은 협의의 틀과 보다 폭넓은 틀 사이에서 앞으로 뒤로 이동해 가는 리듬이다. 아동을 돌보는 데 있어서 이전에 했던 것과 앞으로 일어날 것과 독립된 일화를 관련시키지 않고 아동의 행위를 고찰해야 할 때가 있다. 그리고 보다 커다란 틀 내에서와 보다 폭넓은 연관성 속에서 특정한 행위를 살피고, 방향, 장기적인 효과와 경향을 확인해야 할 때가 있다.

인내 돌보는 사람으로서 상담자 자신에게 부딪치는 어려움을 참고 견디는 것이다. 예를 들면, 헬렌 켈러를 돌본 사회사업가인 설리반(Sullivan)의 인내를 들 수 있다. 인내는 돌봄의 중요한 구성 요소이다. 인내는 어떤 것이 일어나기를 바라는 수동적인 기다림이 아니라 우리 자신을 헌신적으로 바쳐서 다른 사람과 함께 하는 것이다. 마음이 심란한 사람에게 인내하면서 관심을 갖고 경청을 잘해 주는 것이 무엇보다 중요하다. 상담자는 내담자뿐만 아니라 자신에 대한 인내를 가져야 한다.

정직성 상담자가 위선이나 가식을 버리고 내담자를 솔직하게 대하는 것을 말한다. 상담자가 지속적인 정직함으로 모범을 보일 때 그러한 노력은 내담자에게 진솔하게 전달되기 마련이다. 돌봄이 없는 정직성은 잔인하다. 정직성의 의미는 '자신에게 정직하라.'는 구절에서 시사되는 바와 같이 능동적으로 자신과 직면하고 자신에게 개방적이게 되는 것을 포함한다. 상담자는 내담자를 돌보기 위해서 그를 있는 그대로 보려고 해야 한다. 상담자가 보고자 하는 것만을 보거나 그래야만 한다고 느끼는 것으로 보아서는 안 된다. 내담자가 성장하는 것을 돕고자 한다면, 그의 변화하는 욕구에 반응해야 한다. 상담자가 내담자를 어떤 방식으로 보아야 한다면, 그의 진정한 모습을 볼 수 없다.

신뢰 인간관계에 가장 중요한 서로를 믿는 마음이 신뢰다. 상담자가 신뢰감을 갖고 내담자를 대할 때 내담자도 마찬가지로 인간에 대한 신뢰를 터득하리라 본다. 상담자는 내담자가 적절한 시기에 그 자신의 방식대로 성장할 것이라는 것을 믿는 것은 중요하다. 상담자는 내담자를 돌봄에 있어서 그가 실수를 하고 그 실수를 통해 배울 수 있음을 믿어야만 한다. 상담자는 내담자를 믿는 것 외에도 자신의 능력을 믿어야 한다. 자신의 판단과 실수로부터 배울 수 있는 능력에 대해 믿어야 한다.

겸손 돌보는 사람으로서 상담자가 자기를 낮추는 것이 겸손이다. 일반적으로 돌봄을 받는 것보다 주는 것이 보다 편하다. 돌봄을 받는 내담자의 입장에서 생각하면 상담자의 겸손함이 얼마가 중요한가가 이해되리라 본다. 겸손은 여러 가지 방법으로 돌보는 데 존재하게 된다. 겸손은 또한 자신의 특정한 돌봄이 특권을 가지고 있는 것이 아니라는 것을 인식하는 것과 관련된다. 궁극적으로 중요한 것은 나의 돌봄이 당신의 돌봄보다 더 중요한지가 아니라 한 사람이 돌볼 수 있고 돌볼 어떤 것이 있다는 것이다.

희망 아무리 어렵고 무기력한 상태라 할지라도 그러한 상태를 벗어날 수 있다는 하나의 믿음이 희망이다. 상담자는 이러한 희망의 믿음을 갖고 어려움에 처한 내담자에게 희망을 심어 주는 노력이 필요하다. 상담자는 특정한 기대로서의 희망이기보다는 내담자가 돌봄을 통해 성장할 것이라는 보다 일반적인 희망을 갖는 것이 중요하다. 그런 희망은 희망이 이루어진 미래의 충족성과 비교된 현재의 불충족성의 표현이 아니다. 오히려 현재의 풍부성의 표현이다. 즉, 가능할 것이라는 느낌이 살아 있는 현재의 표현이다. 돌봄에서 미래에 대한 희망의 언급은 현재의 중요성을 증대시켜 준다. 가능성으로 살고 있는 현재의 표현으로서의 희망은 에너지를 되찾고 우리의 힘을 활성화시킨다. 희망은 외부로부터 일어날 어떤 것을 수동적으로 기다리는 무엇이 아니다. 내담자가 좋아질 것이라는 단순한 희망이 아니라 상담자의 돌봄을 통한 내담자의 자기실현에 대한 희망이다. 그러므로 희망의 중요한 측면은 용기이다.

용기 자신감 혹은 우리말로 어려운 상황에서 기(氣)를 잃지 않는 것이 용기이다. 상담자는 뜻대로 일이 잘되지 않을 때 좌절감에 빠질 수 있다. 상담자는 아무리 어려운 상황이라 하더라도 마음속에 자신감을 갖고 부딪칠 수 있는 용기가 필요하다. 용기는 미지의 세계로 들어갈 때 나타난다. 그런 용기는 맹목적이 아니다. 용기 있는 사람은 어려움을 참아 내는 인내를 가진 반면 낙담한 사람은 용기를 잃고 포기한 인내심을 상실한 사람이다. 내담자가 성장할 것이라는 확신과 돌보는 자신에 대한 믿음이 미지의 세계로 나아가게 하는 용기를 준다.

이러한 돌봄의 요소를 생각해 볼 때, 상담자가 자기 자신과 내담자를 진정으로 돌본다는 것이 쉽지 않은 것 같다. 상담자가 자신과 내담자를 돌보기 위해 먼저 이러한 돌봄에 대한 의미를 사색해 보는 시간을 갖는 것은 자신에게 많은 도움이 되리라 본다.

3) 상담자의 지혜

모든 사람은 행복한 삶을 원하고 자신의 행복과 안녕을 위한 삶의 지혜를 추구한다. 상담자들은 내담자들이 그들의 안녕을 성취할 수 있도록 전문적 서비스를 제공한다. 효과적 조력을 위해 상담자들은 상담의 궁극적 목적을 성취하기 위해 조력자로서 자신의 역할을 이해하는 것이 필요하다. 상담자는 내담자의 안녕을 위해 효과적 조력을 제공할 수 있는 현명한 상담자가 되는 것이 필요하다.

상담자에게 필요한 지혜와 예술가나 철학자에게 필요한 지혜는 분명 다르다. 조력전문가인 상담자에게 필요한 지혜는 무엇일까? 다른 사람의 관점에서 문제를 보고 해결을 시도할 수 있는 사람이 현명한 사람이다. 사람들은 암묵적으로 성인들의 지혜를 배우고 지혜로운 삶을 영위하려고 노력한다. 그런 점에서 소크라테스, 플라톤, 아리스토텔레스, 예수, 석가모니, 마호메트, 노자, 공자 등은 많은 사람들에게 영향을 준 지혜로운 상담자라고 할 수 있다. 상담자는 내담자가 자신의 삶의 질을 높일 수 있도록 지혜로운 삶을 강조한다. 마찬가지로 내담자들은 자신의 상담자가 지혜를 가진 전문 상담자이길 원한다.

사람들은 현명한 사람은 다른 사람의 관점에서 문제를 해결한다고 말한다. 상담자들은 다른 관점에서 자신과 세계를 이해하는 것을 배우는 것이 필요하다. 그러므로 초보 상담자들은 경험이 많은 상담자들과 잠재적 내담자들이 현명한 상담자가 되기 위해 무엇을 강조하는가를 경청함으로써 상담전문성에서 필요한 지혜를 배우는 것이 필요하다. 여기에서는 상담자의 지혜에 대해 발견된 결과를 바탕으로 현명한 상담자가 되기 위해 필요한 몇 가지 특성에 살펴보고자 한다(No, 2011).

첫째, 현명한 상담자는 훌륭한 경청자이다.

경험이 많은 상담자들은 단지 상담자의 훌륭한 경청이 내담자들로 하여금 그들의 문제를 해결하도록 한다고 자주 말한다. 게슈탈트치료 창시자인 펄스(Fritz Perls)는 경청의 반대는 싸움이라고 말했다. 왜냐하면 경청하는 사람은 경청으로부터 타인을 이해하지만 싸우는 사람은 경청하지 않음으로써 타인을 이해하지 못하고 그들과 싸우기 때문이다. 현명한 상담자가 되기 위해 초보상담자들은 경청이 현명한 상담자의 가장 중요한 구성요인이라는 것을 명심해야 한다. 현명한 상담자는 상담자의 훌륭한 경청이 효과적 조력을 위해 대부분의 상담기술에 선행한다는 것을 믿고 강조한다.

둘째, 현명한 상담자는 윤리적 책임감을 갖고 실천하는 사람이다. 특히 내담자를 보호하기 위해 비밀보장을 지키는 사람이다.

비밀보장을 포함한 윤리적 책임감은 상담전문성의 정체성과 관련된 상담의 핵심 구성요인들 중 하나이다. 상담자는 기본적으로 내담자의 이익을 위해 일하는 전문가이다. 즉, 상담자의 주요한 역할은 단지 바람직한 변화가 아니라 내담자가 원하는 변화를 위해 일하는 것이다. 윤리적으로 상담자가 내담자에게 자신의 가치를 강요하는 것은 그의 의도가 내담자의 이익을 위한다 할지라도 적절하지 않다. 상담자들은 내담자들과 더불어 있으면서 그들의 이익을 위해 상담관계에 참여함으로써 그들을 위해 존재한다. 그러므로 상담자의 윤리적 책임감은 내담자의 변화를 위한 그의 상담기법 적용에 선행한다.

신뢰를 주고 생산적인 상담관계 형성에 중요한 비밀보장은 법적 그리고 윤리적 주제이다. 대부분의 상담자들이 비밀보장의 핵심적 가치를 인정하지만, 그들은 그것이 절대적인 것으로 고려될 수 없다는 것을 인식한다(Corey, 2005, p. 41). 상담에 있어 비밀보장의 근원으로서 흔히 가톨릭 신자들이 성직자에게 하는 고해성사가 언급되어 왔다. 만약 상담관계에 참여한 내담자가 그의 상담자가 상담회기에서 얘기된 사적 비밀을 누설한다고 생각한다면, 그는 아마도 상담을 찾지 않거나 상담자에게 그의 중요한 비밀을 얘기하지 않을 것이다. 현명한 상담자는 비밀보장이 상담전문직의 주요한 주축이라고 생각한다.

셋째, 현명한 상담자는 공감적 이해를 실천하는 사람이다.

공감은 내담자가 자신의 생활사건과 관련한 정서, 행동, 그리고 인지를 주관적으로 경험하고 해석한 것을 상담자가 반영해 주는 상담자의 능력이다. 로저스(Carl Rogers)에 의해 상담자의 중요한 태도로서 강조된 정확한 공감은 인간중심치료의 핵심요인이다. 로저스는 두 가지 개념인 '마치 ~처럼(as if~)'과 '내적 참조 틀(internal frame of reference)'을 사용해서 공감에 대해 다음과 같이 정의하였다. 공감은 상담자가 마치 내담자인 것처럼이란 가정을 결코 잃지 않으면서 상담자가 내담자의 내적 참조 틀에 의해 파악한 그의 경험하기의 의미와 감정을 내담자에게 반영하는 것을 의미한다. 공감적 이해는 상담자가 마치 내담자들의 감정이 자신의 감정인 것처럼 그들의 감정을 감지한다는 것을 함축한다. 상담자의 공감은 내담자로 하여금 자기이해와 자신의 신념과 세계관에 대한 명료화를 초래한다(Corey, 2005, p. 173). 개인심리학의 창시자인 아들러(Alfred Adler)는 공감을 통해 표현된 가치로서 사회적 관심은 "상대방의 눈으로 보고, 상대방의 귀로 듣고, 그리고 상대방의 마음으로 느끼는 것"을 의미한다고 설명하였다(Ansbacher & Ansbacher, 1956, p. 135). 공감은 훌륭한 경청에서 비롯된 내담자의 주관적 경험하기에 대한 이해인 반면에 동정은 단지 관찰에서 비롯된 내담자의 객관적 사실에 대한 연민이다. 현명한 상담자는 공감이 내담자의 자기이해와 진전에 가장 영향력 있는 결정요인이라는 것을 굳게 믿고 있다.

넷째, 현명한 상담자는 신뢰감, 신용성, 그리고 정직성을 실천하는 사람이다.

내담자가 갖는 상담자들의 신뢰감, 신용성, 정직성에 대한 지각은 상담관계 유지뿐만 아니라 그들에게 자신의 사적 비밀을 털어 놓은 것에 영향을 준다. 스트롱(1968)은 그의 사회적 영향이론을 근거로 신뢰감은 내담자들이 지각하는 상담자들의 중요한 특성 중의 하나라는 것을 제안하였다. 신뢰감은 상담자가 윤리적인 방식으로 행동하고, 효과적 치료를 제공하는 데 필요한 지식과 기술을 소유하고, 치료 중에 해를 끼치거나 수치를 주는 것으로부터 내담자를 보호하고, 내담자에게 존경을 보여 주고, 그리고 내담자를 위해 무엇이 최선인가에 대한 주장을 한다는 점에서 그가 신뢰할 수 있는 사람이라는 것을 내담자에게 전달해 준다(Seligman, 2006, p. 23).

효과적인 상담자는 역시 신용이 있고 정직하다. 상담관계에서 내담자들은 상담자들의 언어적 및 신체적 표현에 의해 계속해서 그들의 신용성과 정직성을 지각하고 평가한다. 신용적인 상담자의 표현은 믿을 만하고 정직한 것으로 그리고 감추어진 주제나 이면의 동기에 자유로운 것으로 지각된다. 신용성을 가진 상담자는 정직하고, 솔직하고, 조작적이지 않고, 그리고 그가 믿어질 수 있다는 일반적 신념을 지지하는 것으로서 여겨진다(Welfel & Patterson, 2005, p. 14).

정직한 사람은 위선적인 행동을 하지 않는다. 상담자는 정직성을 가지고 내담자에게 조력을 제공하는 전문가이다. 상담자는 정직성이 없이 자신의 진솔한 태도를 나타낼 수 없다. 효과적인 상담자는 배려 없는 정직성이 잔인하다는 것을 이해한다. 정직성은 긍정적인 어떤 것으로써 돌봄에서 나타난다. 상담자는 진실로 보려고 노력한다는 점에서 정직하다. 내담자를 조력하기 위해, 상담자는 자신이 원하는 어떤 방식이 아니라 내담자를 있는 그대로 이해해야 한다(Mayoff, 1990, p. 25).

로저스는 세 가지 상담자의 필요충분조건으로 진솔성 혹은 일치성, 무조건적 긍정적 존중, 그리고 공감적 이해를 제시하였고, 이를 상담기법으로서가 아니라 태도로서 강조하였다. 효과적인 상담자가 되기 위해 상담자는 인간으로서 그리고 전문가로서 인간성과 관련한 자신의 태도를 이해하고 변화시키는 게 필요하다. 현명한 상담자는 신뢰감, 신용성, 그리고 정직성이 효과적인 상담자가 되기 위한 상담자의 중요한 태도라고 믿는다.

다섯째, 현명한 상담자는 훌륭한 관찰자이다. 특히 인간관계의 훌륭한 관찰자이다.

내담자들의 대부분의 문제는 인간관계에서 비롯된 것 같다. 그러므로 효과적인 조력자가 되기 위해, 상담자는 인간관계의 훌륭한 관찰자가 되는 것이 필요하다. 훌륭한 관찰은 변화를 위한 핵심적 결정요인이라고 말할 수 있다. '과학자로서 인간'을 강조한 켈리(George Kelly)는 "모든 사람은 자신의 특별한 방식으로 과학자이다."라고 주장하였다(Kelly, 1955, p. 5). 개인이 훌륭한 과학자가 되기 위해 예리한 관찰이 필요한 것처럼 상담자는 효과적인 상담자가 되기 위해 인간관계의 훌륭한 관찰자가 되는 것이 필요하다. 현재 가장 영향력 있는 심리학자로서 평판되는 반두라(Albert bandura)는 그의 관찰 혹은 대리적 학습을 근거로 개인의 자기효능감의 중요성을 강조하였다. 사람들의 자기효능감에 대한 그들의 신념은 자신의 지식의 주요한 측면을 구성한다. 자기효능감 신념은 네 가지 주요한 정보원천, 즉 자신의 성취경험, 대리적 경험, 언어적 설득, 그리고 생리적 및 정서적 상태로부터 구성된다(Bandura, 1997, p. 79). 현명한 상담자는 높은 자기효능감을 가진 효과적 상담자가 되기 위해 인간관계의 훌륭한 관찰자가 되려는 강한 의도를 가진다고 믿는다.

여섯째, 현명한 상담자는 의사소통 기술을 능수능란하게 사용하는 사람이다.

상담을 내담자들에게 최선의 립서비스를 제공하는 전문직이라고 말하곤 한다. 왜냐하면 상담자들이 그들의 립서비스에 의해 내담자들의 이익을 위해 그들을 바람직한 방향으로 변화시키기 위해 자신의 역할을 수행하기 때문이다. 상담심리학이 과학으로서 뿐만 아니라 예술로서 여겨지는 이유는 상담자들이 과학적 연구에 의해 의사소통 기술을 개발하고 개발된 의사소통 기술을 내담자의 이익을 위해 적절하게 그들의 지혜에 의해 적용하기 때문이다. 효과적인 상담자는 적절한 시점에서 자신의 언어적 및 신체적 반응을 사용함으로써 내담자의 이익을 위한 바람직한 결과를 도출한다. 그러므로 현명한 상담자는 상담자들이 효과적 조력자가 되기 위해 자신의 의사소통 기술을 사용할 능력을 향상시켜야 한다고 강조한다.

일곱째, 현명한 상담자는 자신에 대한 이해, 자신의 한계에 대한 이해, 그리고 인간 독특성에 대한 이해를 바탕으로 실천하는 사람이다.

소크라테스는 "조사되지 않는 삶은 살 가치가 없다."고 하였다. 경험이 많은 상담자들은 자주 "상담자여, 너 자신을 알라."라고 언급한다. 현명한 상담자가 되기 위해 상담자는 자기이해 및 자신의 한계에 대한 이해를 위해 자신을 조사하는 것이 필요하다. 왜냐하면 상담자는 자신에 대한 철저한 이해 없이 조력활동을 적절히 수행할 수 없기 때문이다. 효과적인 상담자들은 자신의 한계와 인간 독특성에 대한 이해를 포함한 자기이해에 의해 상담에 대한 자신의 지식과 경험의 식견을 확장하려고 최선의 노력을 기울인다. 효과적인 상담자는 자신의 강점과 약점을 자각하고 역시 그가 자신의 한계를 이해하지 못하면 내담자들에게 해를 끼칠 수 있음을 자각한다. 그러므로 현명한 상담자는 상담자들이 효과적인 조력자가 되기 위해 자기자각의 확장 및 인간 독특성을 이해하기 위해 최선의 노력을 기울여야 한다고 믿는다.

여덟째, 현명한 상담자는 삶에 대한 긍정적 태도를 가지고 실천하는 사람이다.

우리는 내담자들의 대부분의 문제는 그들의 삶에 대한 부정적 태도에서 비롯된다고 가정한다. 우리는 역시 주요한 상담이론의 창시자들이 내담자들의 부정적인 삶의 태도를 긍정적인 삶의 태도로 변화시킬 것을 강조한다는 것을 가정한다. 프로이트(Sigmund Freud)는 환자들이 자신의 정신분석을 통해 일과 사랑을 할 능력을 회복할 수 있다고 믿었다. 융(Carl Jung)은 우리의 삶이 자기실현 혹은 개성화의 여정이라는 것을 강조하였다. 그는 "나의 무의식의 자기실현의 이야기이다."라고 언급하였다(Jung, 1961, p. 3). 아들러는 그의 주요한 개념인 '허구적 최종목적론'과 '창조적 자기'에 의해 모든 개인이 각자 자신의 삶의 여정에 대한 소설을 쓰고 있다는 것을 강조하였다. 그는 개인이 열등감 극복과 우월성 추구를 위한 독특한 존재라고 믿었다. 아들러는 또한 모든 사람이 격려에 의해 자신감과 책임감을 회복할 수 있다는 것을 믿었다. 그는 인간을 우월성 혹은 자기실현 추구를 위한 존재로서 이해함으로써 삶의 긍정적 태도를 보여 주었다. 그는 "사람이 된다는 것은 자신이 열등하다는 느끼는 것을 의미한다."고 언급하였다.

로저스는 개인은 누구나 자기실현성을 가지며 유기체의 지혜와 가치화 과정에 의해 그의 자기실현을 성취할 수 있다고 믿었다. 그는 또한 "경험은 나에게 최고의 권위이다."라고 언급하였다. 그의 삶에 대한 긍정적 태도는 그의 인간 성격에 대한 명제인 "유기체는 하나의 기본적 경향성과 추구를 가진다. 그것은 경험하는 유기체를 실현하고, 유지하고 향상시키는 것이다."(Rogers, 1951, p. 487)에 잘 나타나 있다. 모레노(Jacob L. Moreno)는 그의 심리극에 의해 개인이 자신의 자발성과 유연성을 회복할 수 있다고 믿었다. 프랭클(Victor Frankl)은 자신의 개인적 경험에서 비롯된 의미치료에 의해 개인은 삶의 의미를 찾는 존재라고 믿었다. 글래서(William Glasser)는 개인이 자신의 현명한 선택과 행동하기에 의해 성공정체감과 자신이 정말 원하는 것을 성취할 수 있다고 믿었다. 엘리스(Albert Ellis)와 벡(Aaron Beck)은 개인이 자신의 합리적 신념체계와 긍정적 자동적 사고에 의해 행복한 삶을 영위할 수 있다는 것을 강조하였다.

상담자들은 기본적으로 삶에 대한 긍정적 및 낙관적 태도를 가진다. 그들은 개인의 긍정적 삶의 태도는 그의 자기존중감과 밀접한 관계를 가진다고 믿는다. 만약 어떤 상담자가 삶에 대한 부정적 태도를 가진다면, 그는 내담자들에게 적절한 도움을 줄 수 없다는 것을 기억해야 하며 더 나아가 그의 부정적 태도를 긍정적으로 변화시키는 게 필요하다. 많은 상담사례에서 상담자들의 역할은 내담자들의 부정적인 삶의 태도를 긍정적인 태도로 변화시키도록 내담자들을 조력하는 것이다. 현명한 상담자는 효과적인 조력자가 되기 위해 상담자들이 내담자들을 조력하기 위해 그들의 긍정적 삶의 태도를 보여 줄 수 있어야 한다는 것을 강조한다.

상담자로서 내담자의 문제해결을 위해 조력의 일에 참여한 상담자들이 강조하는 지혜와 잠재적 내담자들이 상담자가 가져야 할 지혜라고 보는 것을 생각해 볼 필요가 있다. 여기서는 필자(No, 1993)가 미국의 상담심리학 교수 및 상담심리학자들이 정의하고 강조하는 상담심리학자의 지혜가 무엇인가를 밝힌 것을 소개하고자 한다.

상담자의 지혜는 아홉 가지 다중 차원적인 영역으로 구성되어 있다. 아홉 가지 영역은 성격, 윤리적 책임감, 태도, 경험에 근거한 지식, 인지적 지식과 지적 기술, 훈련, 인간관계 스타일, 인간 차이에 대한 이해, 그리고 인간성에 대한 이해이다. 이러한 내용에 대해 좀 더 구체적으로 살펴보자.

성격 상담자는 내담자에게 호감을 주는 성격이어야 한다. 경직되지 않는 유연성과 안정성을 보여 줄 수 있는 성격이어야 한다. 높은 호기심과 창의성을 갖추어야 한다. 유머감각이 있어야 하며 상황파악을 잘할 수 있는 민감성이 있어야 한다. 또한 자발성과 인내성이 중요하다.

윤리적 책임감 상담 전문성에서 상담자의 윤리적 책임감은 매우 중요하다. 상담자는 특별한 경우를 제외하고 비밀유지를 지켜야 한다. 상담자는 정직하며 편견이 없는 객관성을 유지해야 한다. 내담자를 위해 다른 전문가에게 도움을 기꺼이 의뢰할 수 있어야 한다. 또한 내담자를 기꺼이 도우려는 의지가 있어야 하며 내담자의 도움 요청에 따른 접근이 용이해야 한다.

태도 상담자는 매사에 진지한 태도를 보이고 내담자에게 신뢰감을 심어 줄 수 있어야 한다. 삶에 대한 긍정적 태도와 삶에 대해 편협하지 않은 폭넓은 견해를 갖는 것이 중요하다. 돌봄에 대한 높은 관심과 함께 겸손한 태도를 갖는 것이 필요하다. 덕의 추구와 실현에 관심을 갖고 자기실현을 위해 노력하는 사람이어야 한다. 상담자는 훌륭한 관찰자의 태도를 가져야 한다. 또한 자신을 긍정적으로 평가하는 태도를 보인다.

경험에 근거한 지식 상담자는 현실 감각을 가져야 하며 언제 상담기법을 사용해야 할지를 알며 그리고 어떻게 사용해야 하는가를 안다. 상담자는 경험을 통해 얻는 보편적 지식을 가지며 지식과 경험을 통합할 능력을 가진다. 내담자를 이해하기 위해 상담자가 내담자로서의 경험을 갖는 것도 중요하다. 상담자는 풍부한 인생경험을 갖는 것이 필요하며 일반적으로 내담자보다 나이가 많을 필요가 있다. 상담자의 직관과 통찰력도 중요하다.

인지적 지식과 지적 기술 상담자는 지적 능력과 기술을 갖고 논리적 사고를 할 수 있어야 한다. 폭넓은 제반 지식이 필요하며 다양한 상담기술이나 기법을 능숙하게 활용할 수 있어야 한다. 폭넓은 독서를 바탕으로 모든 측면을 이해할 수 있는 능력을 갖는 것이 중요하다. 상담자는 전문적 지식을 바탕으로 적절한 질문을 할 줄 아는 사람이다. 상담자는 훌륭한 판단력을 갖는 것이 중요하며 평가와 진단에 대한 지식을 갖는 것이 필요하다.

훈련 상담자는 전문적 훈련을 받고 전문적 활동에 적극적으로 참여하는 것이 필요하다. 상담자는 필요한 전문적인 훈련의 자격증을 따는 것이 중요하다. 또한 전문적 지식과 경험을 갖춘 훌륭한 스승에게 훈련을 받고 또한 자신이 훌륭한 슈퍼바이저 능력을 갖춘다.

인간관계 스타일 상담자의 인간관계는 신용성이 있어야 한다. 상담자는 훌륭한 경청자이며 인간관계의 훌륭한 관찰자이다. 상담자는 의사소통 기술이 좋아야 하며 특히 내담자를 공감해 주는 것이 중요하다. 상담자는 인간관계에서 개방적이며 내담자에게 본보기가 되어야 한다. 상담자는 다양한 사람뿐만 아니라 동료들과 원만한 인간관계를 유지하는 것이 중요하다.

인간 차이에 대한 이해 상담자는 사람들이 갖는 가치관의 차이에 대해 이해할 수 있어야 한다. 더불어 성과 인종 및 문화의 차이에 대한 이해가 필요하다. 상담자는 다른 관점에 대한 이해가 필요하며 내담자에게 자신의 가치관을 강요하지 않아야 한다.

인간성에 대한 이해 상담자는 인간의 고통에 대해 이해할 수 있어야 한다. 상담자는 내담자의 한계와 자신의 한계를 이해하는 것이 중요하다. 상담자는 철학적 지식이 필요하며 철저한 자기이해가 요구된다. 더불어 상담자는 인간의 독특성을 이해하는 것이 중요하다.

이러한 영역이 아주 포괄적이지만 지혜로운 상담자가 되기 위해 스스로 각 영역에 따라 상담자는 자신을 평가해 보는 것이 필요하다. 더불어 상담자는 지혜로운 상담자가 되기 위해 이러한 영역에 따라 다음과 같이 다양하게 질문해 보면서 자각을 확장하는 것이 필요하다.

4) 상담자의 관점

상담자의 관점은 인간에 대한 이해를 바탕으로 한 인간관이며 철학적 관점이다. 상담자는 지식과 경험을 바탕으로 인간관을 형성하며 자신의 인간관에 입각하여 어떻게 내담자를 조력할 것인가에 대한 변화모델을 개발한다. 이러한 변화모델이 상담 접근방식이며 보다 체계적으로 확립된 접근방식은 상담이론이 된다.

상담자가 어떤 상담이론의 입장을 취하는가에 따라 변화를 위한 상담활동은 달라진다. 다시 말하면 상담자의 관점은 내담자에게 막대한 영향을 미친다. 모든 상담자가 내담자를 만날 때마다 공통적으로 흔히 묻는 질문은 다음과 같이 두 가지로 압축될 수 있다.

- 내담자의 문제가 무엇인가?
- 내담자를 어떻게 조력할 것인가?

이 두 가지 질문은 많은 내용을 함축하고 있다. 하지만 첫 번째 질문의 핵심은 가능한 모든 자료를 바탕으로 심리평가를 하여 내담자의 문제를 정확하게 파악하고 이해해야 함을 강조한 것이다. 두 번째 질문은 내담자의 문제해결인 상담목표 달성을 위해 어떤 전략과 기법을 사용할 것인가에 초점이 맞춰져 있다. 신체적인 병을 다루는 약사나 의사의 입장에서 이해하면 첫째 질문은 정확한 진단에 해당하고, 두 번째 질문은 진단에 따른 처방에 해당한다. 이런 점에서 두 질문은 별개가 아니라 서로 밀접하게 관련되어 상담목표 달성에 영향을 주고 있음을 알 수 있다. 따라서 상담자가 인간을 어떻게 보고, 내담자의 문제를 어떻게 이해하고, 내담자를 어떻게 상담할 것인가에 대한 상담자의 관점을 아는 것이 중요하다.

여기서는 이 책에서 다루어질 주요한 상담이론을 개발한 심리학자들의 관점을 간략하게 소개하고자 한다. 여기에 제시한 상담자들은 자신이 겪은 삶의 경험과 문제를 가진 내담자들과의 상담경험을 바탕으로 변화를 위한 모델을 제시하였다.

우리는 각자 크고 작은 문제를 가지고 있다. 쉽게 해결할 수 있는 문제도 있지만 애써 노력해도 해결하기 어려운 문제도 있다. 우리는 삶의 여정에서 다양한 사건에 접한다. 사건에 대한 경험은 우리에게 희로애락을 느끼게 한다. 당신은 삶의 주체로서 당신에게 일어나는 모든 사건이나 가지고 있는 문제를 해결할 책임이 있다. 당신이 문제를 해결하려는 노력은 많은 경우에 당신이 삶을 보는 관점에서 비롯된다. 우리는 타인이나 객관적 관점에서보다 자신의 관점에서 자기중심적으로 생각하고 행동하는 경향이 있다. 그렇기 때문에 당신이 보는 문제의 원인이나 해결의 노력이 제한적일 수 있다.

모든 상담이론이 내담자를 조력한다는 대전제하에 개발되었다. 하지만 주요한 상담이론을 개발한 상담자들은 내담자의 문제에 대해 다양한 관점과 해결방법을 각각 다르게 주장한다. 그러면 주요한 상담이론을 개발한 상담자의 관점과 주요개념 및 기법을 살펴보자.

프로이트의 관점 내담자의 문제는 인생초기의 경험에서 비롯되었다. 과거에 내담자가 억압해서 무의식의 심연에 숨겨 버린 갈등의 경험을 이해해야 한다. 내담자의 문제를 이해하고 해결하기 위해 내담자가 정신의 층 깊숙이 숨겨 버린 보물을 찾아 이해하는 것이 필요하다.

- **정신분석의 주요 개념 및 기법:** 의식의 수준(무의식, 전의식, 의식), 성격의 구조(원초아, 자아, 초자아), 심리성적 발달단계, 불안, 방어기제, 자유연상, 꿈의 해석, 정화, 전이 및 역전이, 저항, 해석 등

아들러의 관점 내담자의 문제는 인생초기에 형성한 생활양식에 의해 크게 영향을 받는다. 하지만 내담자가 가진 긍정적 자질을 계발하고 뚜렷한 목적의식과 노력을 통해 새로운 방향으로 자신을 변화시킬 수 있다. 내담자가 느끼는 열등감은 성취를 위한 초석이 된다.

- **개인심리학의 주요 개념 및 기법:** 열등감과 보상, 우월성 추구, 사회적 관심, 생활양식조사(초기기억, 가족구도, 기본적 오류, 자질), 인생과제(우정이나 사회적 관계, 사랑과 결혼, 일과 직업, 자기지향, 영성), 증상처방, 단추 누르기 기법, 마치 ~처럼 행동하기, 격려하기, 재정향 등

융의 관점 내담자의 문제는 정신적인 내적 갈등에서 비롯되었다. 인간으로서 내담자가 타고난 본성의 소리에 귀를 기울이도록 하는 것이 중요하다. 정신병리학은 내담자가 정신적으로 겪고 있는 고통의 의미를 밝히는 것이다. 내담자는 자신이 겪는 정신의 고통을 해결하기 위해 끊임없는 정신에 대한 자기분석이 필요하다.

- **분석심리학의 주요 개념 및 기법:** 집단무의식, 개성화, 원형(페르소나, 아니마와 아니무스, 그림자, 자기 등), 단어연상법, 증상분석법, 꿈 분석, 심리적 유형(융의 심리적 태도와 기능: 외향성 대 내향성, 사고–감정, 감각–직관에 근거함) 등

모레노의 관점 당신이 삶 속에서 하는 행위인 역할과 역할연기가 당신의 자아를 형성한다. 창조자인 신에 의해 그리고 우리의 부모에 의해 주어진 타고난 아름다움과 용기를 가진 당신이 가진 신체의 지혜를 신뢰하라. 새로운 자기를 형성하기 위해 지금의 역할이 중요하다. 과거에 어수룩하게 수행된 당신의 역할에서 비롯된 훼손된 자발성과 창조성을 회복하라.

- **심리극의 주요 개념 및 기법:** 지금의 철학, 창조성, 자발성, 역할과 역할연기, 텔레와 참만남, 심리극의 구성요소(주인공, 연출자로서 상담자, 보조자아, 관객, 무대), 심리극의 단계(워밍업 단계, 실연 단계, 종결 단계), 실연, 이중자아, 역할교대, 거울기법, 빈 의자 기법 등

스키너의 관점 내담자의 문제는 잘못된 학습에서 비롯된 습관이다. 내담자가 원하는 어떤 행동을 형성하기 위해 그가 원하는 반응을 강화해 주라. 상담자는 내담자에게 문제가 되는 구체적인 행동을 파악하고 평가하여 체계적인 조작적 조건형성 절차를 적용하여 그의 부적절한 행동을 바꿀 수 있다.

- **행동치료의 주요 개념 및 기법:** 강화, 강화계획, ABC분석, 토큰경제법, 타임아웃, 처벌 등

로저스의 관점 내담자의 문제는 긍정적 존중의 욕구를 충족시키려는 노력으로 유기체의 자기조절인 가치화 과정에 어긋나게 가치를 조건화하는 데서 비롯되었다. 만약 내담자가 상담자로부터 진솔하고, 공감적이고, 무조건적인 긍정적 존중을 받는다면, 내담자는 변화될 수 있다.

- **인간중심치료의 주요 개념 및 기법:** 경험 강조, 가치의 조건화, 상담자의 중요한 특성인 진솔성, 공감, 무조건적 긍정적 존중 등

펄스의 관점 내담자의 문제는 그가 유기체의 지혜를 무시한 데서 비롯되었다. 내담자로 하여금 그의 오관을 통해 현재 그가 경험하는 것을 자각하도록 하라. 민감한 자각을 통해 게슈탈트의 순환을 원활히 하도록 하라. 내담자로 하여금 둘로 나누어진 상반된 자기 간의 끊임없는 자기고문 게임을 끝마치고 자신을 통합하도록 하라.

- **게슈탈트치료의 주요 개념 및 기법:** 미해결된 일, 접촉경계 장애(내사, 투사, 반전, 편향, 합류), 강자-약자, 자기고문게임, 과장하기, 빈 의자 기법 등

얄롬의 관점 내담자의 문제는 삶의 궁극적 관심사인 죽음, 무의미성, 고립, 자유와 관련되어 있다. 내담자가 이러한 궁극적 관심사에서 비롯된 불안을 어떻게 처리하느냐가 중요하다. 내담자가 실존적 존재로서 자신의 궁극적 관심사를 자각하고 직면하여 삶의 원동력으로 삼는 것이 필요하다.

- **실존주의 상담의 주요 개념 및 기법:** 궁극적 관심사(죽음, 무의미성, 자유, 고립), 실존주의 상담에서 보는 네 가지 세계(주변세계, 공존세계, 고유세계, 영적 세계)

프랭클의 관점 내담자의 문제는 삶의 의미를 추구하는 의지를 상실한 데서 비롯되었다. 인간은 자기분리와 자기초월을 할 수 있는 능력이 있다. 이러한 능력에 근거한 역설적 의도와 탈숙고를 통해 불안과 공포의 악순환의 고리를 끊으면 심리적 문제를 해결할 수 있다. 그리고 삶의 의미를 추구하는 것이 중요하다.

- **의미치료의 주요 개념 및 기법:** 의미의 원천(일, 사랑, 고통, 과거, 최상의 의미), 역설적 의도, 탈숙고 등

글래서의 관점 내담자의 문제는 자신을 불행하게 하는 행동을 선택한 데서 비롯되었

다. 내담자의 욕구에 따라 정말 그가 원하는 것이 무엇인가를 확인하는 것이 중요하다. 그리고 내담자의 그러한 바람을 달성하도록 계획하고 실천하라. 내담자를 행복하게 하는 현실적인 행동을 선택하여 실천하는 것은 전적으로 내담자의 통제하에 있고 내담자의 책임이다.

- **현실치료의 주요 개념 및 기법:** 기본적 욕구(소속감, 힘, 자유, 흥미, 생존), 전체행동(행동하기, 생각하기, 느끼기, 생리적 행동), 현실치료 과정(WDEP), 상담자 태도(변명 불수용, 처벌금지, 포기하지 않음), 선택이론 등

번의 관점 내담자의 문제는 그가 과거에 받았던 어루만짐에서 비롯되었다. 내담자의 문제해결을 위해 먼저 그가 자신의 성격을 이해하고 대인관계에서 주고받은 의사소통의 유형과 게임을 분석하도록 하라. 타인과 의사소통을 하는 데 있어 나도 당신도 이만하면 괜찮다는 자세를 갖는 것이 필요하다.

- **교류분석의 주요 개념과 기법:** 세 가지 자아상태(부모, 성인, 아동 자아), 기본적 심리적 욕구(자극갈망, 인정갈망, 구조갈망, 입장갈망), 인생각본, 네 가지 분석방법(구조분석, 교류분석, 게임분석, 각본분석), 이고그램 분석 등

엘리스의 관점 내담자의 문제는 일어난 사건이 아니라 그의 비합리적 신념에서 비롯되었다. 인간은 불완전한 존재인데, 자신, 타인, 조건에 대해 당위적으로 기대하고 요구하는 생각이나 신념이 문제다. 내담자가 느끼는 정서적 장애를 해결하기 위해서는 냉정한 이성에 입각한 반박을 통해 이러한 비합리적 신념을 합리적 신념으로 바꾸어야 한다. 우리의 신념은 우리의 감정에 영향을 미친다.

- **인지 · 정서 · 행동치료의 주요 개념과 기법:** 비합리적 신념, 성격의 ABC이론, ABC DEF 치료적 접근, 다양한 인지, 정서, 행동기법들

벡의 관점 내담자의 문제는 그의 부정적인 자동적 사고와 인지적 왜곡에서 비롯되었다. 개인의 생각이 그의 감정과 행동을 결정한다. 따라서 개인은 자신, 타인, 세계를 올바른 가정에 기초한 견해를 갖는 것이 중요하다. 우리가 우울과 같은 부정적 정서를 효과적으로 다루기 위해서 우리의 편견이나 인지왜곡을 제거하는 것이 필요하다.

- **인지치료의 주요 개념과 기법:** 스키마, 중재적 신념, 핵심신념, 자동적 사고, 인지적

왜곡, 특별한 의미 이해하기, 절대성에 도전하기, 재귀인하기, 인지왜곡 명명하기, 흑백논리 도전하기, 파국에서 벗어나기, 장점과 단점 열거하기, 인지적 예행연습 등

이렇게 상담자들은 삶, 문제, 상담을 바라보는 입장이 다르다. 삶의 주체자로서 당신의 관점을 생각해 보라. 그러고서 앞에 제시한 상담자들의 관점과 당신이 삶, 문제, 상담을 보는 입장과 비교해 봄으로써 자신의 경험과 지식의 수평선을 확장할 수 있으리라 본다.

5) 상담자의 윤리

상담전문직은 응용심리학으로서 전문적 지식과 기술을 사람에게 적용하는 학문이다. 상담자는 내담자의 조력욕구를 충족시켜 그가 현재 상태보다 나은 상태로 변화되도록 조력해야 할 책임과 함께 내담자의 이익에 위배되는 행동을 해서는 안 될 의무가 있다. 다시 말하면 상담자는 내담자에게 피해를 주는 어떤 행동도 해서는 안 된다.

다른 어떤 전문직보다 상담전문직은 학문적 특성을 고려해 볼 때 상담자가 지켜야 할 윤리적 책임감이 막중하다고 할 수 있다. 키츠너(Kitchener, 1984)는 상담의 기본적인 윤리적 원리로 자율성(autonomy), 선행(beneficence), 무해성(nonmaleficence), 공정성(justice or fairness), 충실성(fidelity)을 제안하였다. 이러한 내용을 간략히 살펴보면, 자율성은 타인의 권리를 해치지 않는 한 내담자가 자신의 행동을 선택할 권리를 의미한다. 선행은 타인을 위해 착한 일을 하는 것을 말한다. 무해성은 내담자에게 해를 끼치는 행동을 하지 않는다는 것을 말한다. 공정성은 모든 내담자가 그들의 차이(예를 들면, 성, 인종, 지위 등)에 관계없이 동등하다는 전제에 따른 원리이다. 충실성은 상담자가 내담자와 맺은 약속을 잘 지키며 믿음과 신뢰를 주는 행동을 하는 것을 의미한다.

상담자가 내담자의 이익과 보호를 위해 지켜야 할 윤리적 책임감과 관련된 주요한 내용으로 비밀유지, 전문적 한계, 이중 관계, 성적 관계에 대해 살펴보자.

비밀유지 상담전문직에서 비밀유지는 매우 중요하다. 상담자는 신뢰하는 상담관계에서 내담자가 털어 놓은 내담자의 사적 문제를 지켜 줄 책임이 있다. 상담자는 내담자

나 보호자의 요청이 있는 경우를 제외하고 타인에게 상담 내용을 노출해서는 안 된다. 상담자가 비밀유지를 파기할 수 있는 예외는 일반적으로 크게 세 가지 경우이다. 첫째, 내담자가 자신을 해칠 가능성이 있는 경우이다. 둘째, 내담자가 타인을 해칠 가능성이 있는 경우이다. 셋째, 아동학대와 관련된 경우이다. 아동학대은 크게 신체적 학대, 심리적 학대, 성적 학대로 분류된다. 초보상담자는 비밀파기와 관련하여 스스로 판단하기가 힘든 경우에 선배 상담자나 슈퍼바이저의 지도와 자문을 받는 것에 개방적이어야 한다.

전문적 한계 상담자는 자신의 능력과 훈련을 통한 자격을 바탕으로 실천적 활동을 하는 전문가이다. 따라서 상담자는 전문적 책임감과 기술을 가지고 내담자를 조력하는 것이 요구된다. 자신의 능력과 전문가로서 자격 이상의 부적절한 조력활동을 해서는 안 된다. 상담자는 자신의 전문적 한계를 인식하고 내담자에게 적절한 조력을 할 수 없는 경우에 기꺼이 다른 상담자에게 내담자를 의뢰해야 한다.

이중 관계 상담자는 내담자와의 상담관계에 영향을 줄 수 있는 이중 관계를 피해야 한다. 상담자가 내담자의 친인척, 친구, 직장상사 등인 경우에 이러한 관계가 상담의 성과에 영향을 줄 수 있다고 판단되면 다른 상담전문가에게 의뢰해야 한다. 또한 특별한 경우를 제외하고 상담회기 이외에 내담자와 사적 관계를 갖지 않아야 한다. 더불어 내담자와 상담료 이외의 어떠한 경제적 거래관계도 해서는 안 된다.

성적 관계 상담자는 상담관계 중에 있는 내담자와 어떤 종류의 성적 관계도 가져서는 안 된다. 한국상담심리학회 상담심리사 윤리강령에 따르면 상담심리사는 이전에 성적 관계를 가진 사람을 내담자로 받지 말 것과 상담관계가 종결된 이후 최소 2년 내에는 내담자와 성적 관계를 맺지 말 것을 규정하고 있다.

3. 내담자

상담은 조력을 필요로 하는 내담자를 돕는 전문적 활동이다. 내담자는 상담의 주체로서 또 다른 주체인 상담자와 함께 상담활동을 통해 자신의 문제해결인 상담목표를 달성하기 위해 노력한다. 기본적으로 모든 사람들이 조력을 필요로 하는 '잠재적 내담자'라는 관점에서 내담자가 상담에 가져오는 문제는 우리 각자의 문제이다. 상담자는 내담자의 문제가 기본적으로 인간의 문제라는 입장에서 내담자를 보고 이해해야 한다. 로저스는 "주관적 인간은 기본적으로 어떤 중요성과 가치를 가진다. 그가 어떻게 평가되고 명명되건 그는 인간이다."(Rogers & Stevens, 1971, p. x)라고 했다. 이런 관점에서 로저스는 상담자와 내담자의 관계가 인간 대 인간의 관계임을 강조하였다.

상담자가 내담자를 어떻게 보는가의 문제는 그의 인간에 대한 관점이다. 다시 말하면 상담자의 핵심질문인 '내담자의 문제가 무엇인가?'는 바꾸어 말하면 '내담자라고 명명된 인간의 문제가 무엇인가?'이다. 여기서는 상담에서 중요한 내담자 변인과 관련하여 내담자(인간)의 이해, 내담자의 특징, 내담자의 문제에 따른 상담에 대해 알아보자.

1) 내담자의 체계

인간의 삶의 질과 관련하여 최근에 많은 건강심리학자들은 총체적 건강을 강조한다. 인간의 신체건강과 정신건강은 서로 분리해서 생각할 수 없다는 점에서이다. 분명 건강한 신체는 건강한 정신에 영향을 주고 건강한 정신은 건강한 신체에 영향을 준다. 하지만 인간에 대한 철학적 연구는 크게 인간의 정신을 강조한 이성론과 신체적 경험을 강조한 경험론의 입장에서 계속되고 있다. 심리학자들은 인간을 과학적으로 연구하기 위해 편의적으로 세 가지 주요한 체계인 인지/사고, 정서/감정, 행동으로 구분하였다. 물론 이 세 가지 체계는 서로 밀접하게 관련되어 작동한다.

상담자는 내담자의 체계인 사고, 정서, 행동을 바탕으로 내담자를 전체적 조망에서 이해하는 것이 필요하다. 내담자가 호소하는 문제는 대체로 사고, 정서, 행동 중의 어떤 측면이다. 내담자의 체계가 부적절하게 기능할 때 명명된 장애가 사고장애, 정서장애, 행동장애이다. 상담자가 임상 장면에서 일을 할 때는 내담자의 정신장애가 무엇인가를 파악하여 정확한 진단을 할 수 있어야 한다. 미국정신의학회(American Psychiatric Association: APA, 2013)에서 발간한 『정신질환의 진단 및 통계 편람(DSM-5)』의 주요한 장애분류의 준거도 내담자의 사고, 정서, 행동 기능의 부적절성과 관련되어 있다.

또한 상담자가 내담자의 문제해결을 위해 관심을 갖고 탐색하여 변화를 시도하는 것도 내담자의 사고, 정서, 행동이다. 어떤 상담자들은 내담자의 생각을 바꾸는 것에 초점을 두는 반면에 어떤 상담자들은 내담자의 정서에 초점을 둔다. 또 다른 상담자들은 내담자의 행동 변화에 주력한다. 상담이론가들이 내담자의 세 가지 체계 중에 어느 것을 변화시킬 것인가에 초점을 두느냐에 따라 개략적으로 상담이론을 분류해 보면 다음과 같다.

내담자의 행동에 초점 부적절한 행동을 바람직한 행동으로 변화시킬 것을 강조하는 상담이론은 주로 심리학의 제2세력인 행동주의에 이론적 근거를 두고 있다. 파블로프의 고전적 조건형성, 스키너의 조작적 조건형성, 사회적 학습이론 등에 근거한 행동치료는 내담자의 행동 변화가 주요한 관심사이다.

내담자의 감정에 초점 내담자가 겪는 불안, 공포, 우울 등은 그의 경험과 밀접하게 관련되어 나타남을 강조하는 입장이다. 내담자 개개인이 갖는 주관적 가치와 의미가 그의 정서/감정에 밀접하게 관련되어 있다는 것을 강조한다. 여기에 속하는 상담이론은 대체로 심리학의 제3세력인 인본주의에 속하며 인간에 대한 철학적 기조는 현상학과 실존주의이다. 로저스의 인간중심치료, 펄스의 게슈탈트치료, 실존주의적 상담이론이 여기에 속한다.

내담자의 인지에 초점 인지에 초점을 두는 상담자는 내담자의 생각을 바꾸면 정서와 행동에 영향을 준다는 입장을 강조한다. 비합리적 신념을 합리적 신념으로 바꿀 것을 강조하는 엘리스의 인지 · 정서 · 행동치료가 여기에 속한다. 또한 벡은 부적절한 자동적 사고가 내담자의 부적응과 관련됨을 강조한다.

이처럼 내담자의 체계에 대한 이해는 내담자의 이해와 문제파악은 물론 상담자의 접근방식에도 매우 중요하다. 상담자로서 당신은 자신의 문제해결을 위해 사고, 감정, 행동 중에 어느 것이 가장 중요하다고 보는가? 이러한 질문에 대한 탐색은 내담자의 이해는 물론 당신의 상담 접근방식을 이해하는 데도 매우 중요하다.

2) 내담자의 발달연령

상담전문직에서 내담자의 발달연령은 매우 중요한 변인이다. 상담자는 내담자가 발달연령에 따라 겪는 신체적, 심리적, 사회적 발달 특징을 이해하는 것이 중요하다. 우리 각자는 사회에 적응하기 위해 발달연령에 따른 발달과업을 완수하는 것이 필요하다. 상담자는 내담자를 효과적으로 조력하기 위해 발달연령의 주요한 특성에 대한 지식과 경험을 갖는 것이 요구된다. 왜냐하면 내담자의 문제는 대체로 발달연령에 부합한 행동을 하지 못한 것과 관련되어 있기 때문이다. 사회적으로 개인의 적응과 삶의 질 향상을 위해 평생교육이 강조되고 있다. 이미 지적한 것처럼 상담은 과정을 강조하는 학문이며 삶이 지속되는 동안 계속해서 필요한 조력활동이다. 여기서는 내담자의 발달연령에 따라 일반적으로 분류되는 네 가지 상담인 아동상담, 청소년상담, 성인상담, 노인상담에 대해서 간략하게 살펴보자.

아동상담 여기에 속하는 내담자의 연령은 3~4세에서 초등학교를 마치는 시기인 대략 12세까지에 해당된다고 볼 수 있다. 이 시기의 아동들은 주로 발달장애와 관련되어 있다. 아동이 발달연령에 맞는 다양한 지적능력 발달, 언어적 발달, 사회적 발달, 행동발달 등을 이루지 못한 경우이다. 예를 들면, 아동이 발달과업을 이루지 못하거나 부적절한 행동을 보이는 경우에 정신지체, 자폐증, 주의력결핍 과잉행동장애(ADHD), 학습장애, 의사소통장애 등으로 진단된다. 아동을 대상으로 하는 상담자는 이러한 발달장애에 대한 지식과 경험을 쌓는 것이 중요하다. 더불어 상담자는 자녀의 문제로 많은 스트레스를 겪고 있는 부모에 대한 상담도 잘할 수 있는 능력을 키우는 것이 중요하다.

청소년상담 내담자의 발달연령은 중·고등학교에 해당하는 시기로 대략 13세에서 18세까지에 해당된다고 볼 수 있다. 청소년들의 문제도 대체로 아동처럼 발달과업과 관련되어 있다고 볼 수 있다. 이 시기에 청소년들은 친구나 이성 관계, 비행, 정체감 혼란, 학업문제, 진로문제 등으로 고민한다. 따라서 상담자는 청소년들이 정체감을 확립하고 동성이나 이성과 원만한 대인관계를 맺도록 조력한다. 또한 학생들의 현재의 일인 공부와 미래의 직업활동을 위해 학업상담과 진로상담을 한다. 상담자는 더불어 청소년들이 쉽게 말려들 수 있는 비행을 차단하는 데 주력해야 한다.

성인상담 이 시기의 내담자의 발달연령은 19~60세까지 해당된다고 볼 수 있다. 대학생은 보통 성인초기에 해당된다. 성인은 지금까지의 부모 의존적인 지위 상태에서 벗어나 독립적인 주체로서 역할을 수행해야 한다. 내담자들이 성인상담에 가져오는 문제는 매우 다양하다. 에릭슨(Erikson)이 지적한 것처럼 성인은 결혼을 해서 가족을 이루고 가족과 사회에 기여할 수 있도록 생산적인 활동을 할 수 있어야 한다. 다양한 이유로 침체된 성인은 심한 스트레스나 우울 등과 같은 심리적 문제를 가질 수 있다. 상담자는 성인이 가질 수 있는 다양한 문제에 개방적인 자세로 조력할 수 있어야 한다.

노인상담 인간이 나이가 들어 노인이 된다는 것은 필연적 과정이다. 노인상담은 발달연령의 마지막 단계인 노인기에 해당하는 사람들의 상담을 말한다. 현대의학의 발달로 인간의 평균수명이 늘어나면서 노인 인구는 급증하고 있다. 한국 사회도 이미 고령화 시대를 맞아 노인 수가 급격히 증가하고 있는 실정이다. 이러한 시대적 현실을 고려할 때 정신건강 전문가들은 효과적인 상담이나 심리치료를 통해 노인들이 노령화의 도전에 대처할 수 있도록 조력하는 것이 요구된다.

노인들은 조력전문가들에 의해 무시되지 않아야 할 특별한 요구와 문제를 가지고 있다. 상담자들은 노인들이 은퇴 후에도 생산적인 삶을 살고 삶에서 의미를 찾을 수 있도록 다양한 상담전략을 개발하여 그들을 조력할 책임이 있다. 상담자들은 노인들과 상담할 때 노인들이 갖는 문제들, 즉 노령이라는 연령에서 비롯되는 다양한 심리적 문제들을 이해하여 그들이 보다 나은 삶을 영위할 수 있도록 조력해야 한다. 상담자들은 효과적인 조력을 위해 노인들이 갖는 독특한 문제들에 대한 지식을 바탕으로 다양한 상담기술을 개발하는 것이 필요하다.

3) 내담자의 구성인원

상담에 참여하는 내담자의 구성인원에 따라 상담은 크게 개인상담과 집단상담으로 구분된다. 개인상담은 상담에 참여하는 내담자가 한 명이며 집단상담은 내담자의 수가 2명 이상으로 구성된다. 상담자는 내담자가 갖는 특성과 개인상담과 집단상담이 갖는 장점과 단점을 고려하여 상담유형을 결정한다. 여기서는 간략하게 개인상담과 집단상담에 대해 살펴보자.

개인상담 상담자와 내담자가 일대일로 만나 조력활동이 이루어지는 상담을 말한다. 상담자는 내담자와 계약을 체결하여 내담자가 달성하고자 하는 목표가 달성되면 상담을 종결한다. 대체로 내담자가 심각한 심리적 문제를 가진 경우와 집단에 참여하여 별로 도움을 받지 못한다고 여겨진 경우에는 개인상담이 바람직하다.

집단상담 기본적으로 내담자들이 2명 이상으로 구성될 때라고 한다. 이상적인 내담자의 구성인원이 몇 명이어야 한다는 원칙은 없다. 구성인원의 결정은 내담자들의 연령, 문제유형, 문제 심각성 등에 따라 달라질 수 있지만 일반적으로 8~12명이 바람직하다. 집단상담이 교육적이거나 훈련적인 목적이 강할 때는 집단의 수가 더 많아질 수 있다. 집단상담을 효과적으로 운영하기 위해서 상담자는 집단역동성과 집단응집력에 대한 지식과 경험을 갖추어야 한다.

4) 내담자의 조력욕구

상담은 내담자들의 욕구를 확인하고 이러한 욕구를 만족시킬 전략과 서비스를 계획하기 위한 관계를 형성하는 과정이다. 전문적 상담은 역시 사람들이 적극적으로 계획을 수행하는 데 있어 그들이 의사결정을 하도록, 문제를 해결하도록, 자기자각을 확장하도록, 보다 건강한 삶을 영위하도록 조력하기 위해 관계를 형성하는 과정이다. 이러한 전문적 상담을 통한 상담관계의 유형을 크게 세 가지, 즉 예방, 발달, 문제해결로 나누어 살펴볼 수 있다(Schmit, 1999, pp. 2-4). 여기서는 내담자의 욕구에 따른 상담관계 유형을 문제예방상담, 발달과 성장상담, 문제해결상담으로 나누어 살펴보고자 한다.

문제예방상담 최근 빈번하게 일어나는 학교폭력으로 사회가 시끄럽다. 학교에서 상담자는 학교폭력예방을 위해 할 수 있는 다양한 생활지도와 교육 프로그램을 개발하는 것이 필요하다. 적절한 예방은 최적의 발달을 위해 필요하다. 인간의 생존과 발달은 개인들과 집단이 자신의 보호를 위해 만든 예방계획과 관련된다. 상담자는 사람들과 조직이 손실을 예방하고, 위기를 피하고, 교육과 삶의 진전을 방해하는 다른 재앙을 막을 수 있도록 조력한다.

발달과 성장상담 상담자는 내담자가 갖는 잠재력의 개발과 성장을 위해 노력한다. 상담자들은 내담자들이 자신의 잠재력을 최대로 발달시키도록 촉진하는 서비스를 제공해야 한다. 학교에서 이러한 서비스는 다양한 중재, 교육, 정보 서비스를 포함한다.

문제해결상담 상담자가 내담자의 문제해결을 위해 조력하는 상담활동을 말한다. 요즈음 학생들은 자신의 교육적 발달에 영향을 주는 다양한 문제로 도전을 받는다. 아동학대, 가족기능장애, 폭력에 대한 사회의 유혹 등 많은 다른 요인들이 매일매일 아동 및 청소년의 삶에 영향을 준다. 전문상담교사는 개인상담, 집단상담, 부모와 교사들에 대한 자문, 그리고 적절한 지역사회기관과 사설상담자들에게 보냄으로써 학생들이 이러한 도전에 직면해서 해결하도록 조력한다.

요약하면, 상담자들의 상담활동은 조력을 필요로 하는 내담자들의 욕구에 따라 문제예방, 발달과 성숙, 문제해결을 다루는 데에 목적을 두고 있다.

5) 내담자의 문제내용

내담자가 갖는 문제내용에 따라 다양한 상담명칭이 붙여질 수 있다. 또한 상담자의 구체적 전문영역도 내담자의 어떤 문제에 대해서 많은 지식과 경험을 갖느냐에 따라 붙여진다. 예를 들면, 내담자가 성문제로 상담을 원하는 경우에 성상담이라고 하며 상담자를 성상담전문가라고 한다. 내담자가 우울증의 문제를 해결하고자 할 때는 보통 정신건강상담이라고 하며 상담자를 정신건강 상담전문가라고 한다. 내담자가 호소하는 주요한 내용은 수없이 많기 때문에 내용에 따른 상담유형도 또한 많다. 따라서 여기서는 내담자의 문제내용에 따라 크게 분류되는 주요한 열 가지 상담유형을 제시하고자 한다.

정신건강상담 내담자가 갖는 다양한 정신적 문제에 대한 상담을 말한다. 개인이 갖는 심리적 문제가 사회적 적응이나 직무수행을 어렵게 하고 정도가 심해지면 정신장애가 된다. 정신건강 상담자는 미국정신의학회(APA, 2013)에서 발간한 DSM-5의 내용을 숙지하고 내담자의 정신건강 상태를 평가하고 진단할 수 있는 능력을 갖추어야 한다. 또한 내담자의 문제에 따른 상담계획을 확립하여 적절한 상담기법을 적용할 수 있어야 한다.

진로상담 우리 모두에게 직업을 선택하고 취업하여 직무를 수행하는 것은 매우 중요한 삶의 부분이다. 진로상담 전문가는 내담자가 자신의 적성과 능력에 부합한 진로를 선택하여 직업을 구해 생산적인 직무를 수행할 수 있도록 조력한다. 학교에서 특히 학생들을 위한 진로상담은 초등학교에서 대학을 졸업하여 취업을 할 때까지 진로인식, 진로탐색, 진로결정의 연속적 과정에서 이루어지는 것이 필요하다.

성상담 인간에게 성적 정체감은 매우 중요하다. 심리적 문제는 흔히 성과 관련되어 있는 경우가 많다. 성에 대한 호기심, 자위행위, 성 욕구 발산, 이성 관계 문제에서 사회적으로 문제가 되는 성희롱, 성폭력, 성지향성 등에 걸쳐 성에 관련된 문제는 다양하다. 성 상담자는 성에 대한 풍부한 지식과 경험을 바탕으로 다양한 성상담기법을 적용하여 성피해자와 성가해자를 조력한다.

성장상담 많은 내담자들은 상담을 통해 자신의 잠재력을 개발하거나 자기실현을 이루고자 한다. 우리 각자는 현재 특별한 문제가 없다고 하더라도 지금보다 나은 상태로 성장하고자 하는 기본적 욕구를 가진다. 현재 대학의 상담센터나 많은 사회단체에서 자기성장과 관련된 집단상담 프로그램이 많이 실시되고 있다. 기관에서 일하는 상담자들은 구성원들의 자기개발에 대한 욕구를 조사하여 적절한 상담 프로그램을 실시할 수 있어야 한다.

비행상담 청소년 비행은 우리 모두의 사회적 관심사이다. 상담자는 비행청소년들의 특성과 청소년들의 사회적 이탈행동에 대한 지식과 경험을 바탕으로 비행예방상담을 하는 것이 필요하다. 청소년 비행은 대부분 또래나 선·후배와의 유착관계를 바탕으로 일어난다. 비행 상담자가 비행청소년들을 상담할 경우 직접적 개입을 통해 이러한 유착관계를 차단시키는 것이 중요하다.

학습상담 개인은 사회에서 생존하기 위해 끊임없이 학습을 해야 한다. 학생들은 부적절한 학습습관과 학습방법이나 학습기술의 부족으로 자신의 능력을 최대로 발휘하지 못한 경우가 많다. 상담자는 내담자의 학업능력과 학업성취 수준에 관한 평가를 정확히 하여 그에게 적합한 체계적인 학습이 이루어지도록 조력해야 한다.

물질남용과 중독상담 내담자들은 알코올, 니코틴, 약물과 같은 물질남용과 도박이나 게임과 같은 활동중독에 빠져 자기 통제력을 상실한 상태에 있다. 상담자는 내담자가 탐닉한 부적절한 자기파괴 습관에서 벗어날 수 있도록 조력해야 한다. 중독 상담자는 내담자 주변의 사회적 지지를 잘 활용하는 것이 요구된다.

가족문제상담 내담자의 문제는 부분적으로 가족과 관련되어 있다. 우리 각자에게 가장 영향을 주는 사람은 부모라고 할 수 있다. 예를 들면, 청소년 가출, 가정폭력, 아동학대, 부부갈등 등은 가족과 직·간접으로 관련된 문제이다. 상담자는 가족을 하나의 체계로 보는 가족치료를 적용하여 내담자를 조력할 수 있다. 가족치료를 적용하는 상담자들은 내담자가 갖는 많은 문제는 역기능적 가족에서 비롯된다고 믿는다.

위기상담 내담자가 자신이나 타인의 생명을 해칠 수 있는 위급한 상황에 있을 수 있다. 상담자는 내담자를 조력하는 데 있어 시간의 긴박성을 인식하면서 위기상황을 처리할 수 있는 위기관리 능력을 갖추는 게 필요하다. 위기(危機)란 말은 '위험 속에 기회(chance in danger)'가 있다는 것을 의미한다. 내담자가 아무리 위급한 위험한 상황에 직면한다고 해도 상담자가 적절한 조치를 취하면 위기상황을 극복할 수 있다.

목회상담 목회 상담자는 기본적으로 내담자의 종교적 영성과 관련된 문제를 다룬다. 목회 상담자는 내담자가 신에 대한 믿음과 관련된 문제나 종교적 갈등을 해결하도록 한다. 성경, 불전, 코란 등과 같은 경전에서 강조하는 사랑과 자비를 바탕으로 삶을 영위하기를 강조한다.

6) 내담자 조력수단

상담자가 내담자를 조력하는 데 사용하는 주요한 도구나 수단이 무엇인가에 따라 다양한 상담이나 치료유형이 있다. 이러한 상담에 속하는 것으로는 놀이치료, 미술치료, 독서치료, 무용치료, 음악치료, 원예치료 등이 있다. 상담자가 이러한 방법을 사용하여 내담자를 상담하는 경우에는 조력도구와 관련한 체계적 훈련을 받아야 한다.

4. 요약

- 상담자로서 '상담이 무엇인가?'에 대한 질문을 통해 상담의 정의를 내려 보는 것이 중요하다. 필자가 내린 상담의 정의는 다음과 같다.

> 상담은 전문적 훈련을 받는 상담자와 조력을 필요로 하는 내담자가 상담활동의 공동주체로서 내담자의 자각확장을 통해 문제예방, 발달과 성장, 문제해결을 달성함으로써 그의 삶의 질을 향상하기 위해 함께 노력하는 조력과정이다.

- 스트롱은 사회적 영향이론을 제안하여 상담자의 중요한 특성으로서 전문성, 친근감, 신뢰감을 강조하였다.
- 상담자는 내담자가 성장할 수 있도록 돌봐야 한다. 메이어오프가 강조한 돌봄의 구성요소는 지식, 리듬의 변화, 인내, 정직성, 신뢰, 겸손, 희망, 용기이다.
- 상담심리학자들이 강조하는 상담자의 지혜는 아홉 가지 다중 차원적인 영역으로 구성되어 있다. 아홉 가지 영역은 성격, 윤리적 책임감, 태도, 경험에 근거한 지식, 인지적 지식과 지적 기술, 훈련, 인간관계 스타일, 인간 차이에 대한 이해, 그리고 인간성에 대한 이해이다.
- 상담자의 관점은 인간에 대한 이해를 바탕으로 한 인간관이며 철학적 관점이다. 상담자들은 자신의 지식과 경험을 바탕으로 형성된 관점에 따라 내담자를 조력한다.
- 상담자는 내담자의 이익과 보호를 위해 지켜야 할 윤리적 책임감이 있다. 상담자

의 윤리적 책임감과 관련된 주요한 네 가지 범주는 비밀유지, 전문적 한계, 이중 관계, 성적 관계이다.

- 인간으로서 내담자의 체계인 인지, 정서, 행동을 이해하는 것이 중요하다. 상담자가 어디에 초점을 두느냐에 따라 내담자의 문제 이해와 조력전략이 달라질 수 있다.
- 내담자의 발달연령에 따라 아동상담, 청소년상담, 성인상담, 노인상담으로 구분할 수 있으며 내담자의 구성인원에 따라 개인상담과 집단상담으로 나눌 수 있다.
- 내담자의 조력욕구에 따라 문제예방상담, 발달과 성장상담, 문제해결상담으로 구분할 수 있다. 또한 내담자의 문제내용에 근거하여 정신건강상담, 진로상담, 성상담, 성장상담, 비행상담, 학습상담, 물질남용과 중독상담, 가족문제상담, 위기상담, 목회상담 등으로 구분할 수 있다.
- 내담자 조력수단에 따른 상담유형으로는 놀이치료, 미술치료, 독서치료, 무용치료, 음악치료, 원예치료 등이 있다.

효과적 조력을 위한
상담 연습 1

상담자의 특성과 윤리적 책임감 이해하기

연습 1: 다음의 절차에 따라 상담자의 특성 파악을 위한 집단활동을 하라.

첫째, 학생들에게 자신이 잠재적 내담자라 가정하고 원하는 상담자가 가져야 할 특성을 다섯 가지 이상 적도록 한다.

둘째, 학생들이 3~5명씩 조를 구성하도록 한다.

셋째, 각 조는 조장을 뽑고 조장은 각 구성원으로 하여금 상담자의 특성에 대해 설명하도록 한다.

넷째, 구성원들이 원하는 상담자의 특성이 스트롱이 제안했던 전문성, 친근감, 신뢰감과 어떻게 관련되는가를 분류해 보도록 한다.

상담활동은 가치와 밀접하게 관련되어 있다. 상담자는 현명한 방식으로 내담자를 위한 조력활동을 수행하면서 자신의 행동이 내담자의 이익과 권리를 침해하지 않도록 윤리적 책임감을 인식해야 한다. 힐과 오브리언(Hill & O'Brien, 1999)은 초보상담자를 위한 윤리적 지침으로 다음과 같은 일곱 가지를 제안하였다(주은선 역, 2001).

- 당신의 한계를 인식하라.
- 내담자의 요구에 초점을 맞추어라.
- 문화의 역할을 이해하라.
- 당신의 가치관을 자각하라.
- 해로운 이중 관계를 피하라.
- 현명한 방식으로 행동하라.
- 당신이 남을 돌보기 위해서는 먼저 자신을 돌봐라(pp. 95-104).

연습 2: 이러한 내용이 당신이 상담자로서 윤리적 책임감을 다하는 데 중요한 이유를 설명해 보라.

제 2 장

상담의 기본원리

식물에게 물이 필요하듯 인간에게 격려가 필요하다.

-드레이커스(Dreikurs)

2장의 목차

상담심리학자들은 내담자가 삶의 질을 향상시키는 방향으로 변화하고 성장하도록 연구와 경험을 통해 다양한 상담 원리와 방법을 개발해 왔다. 상담자들이 다양하게 사용하는 상담기법들은 각자가 갖는 상담이론에 근거한다. 상담이론을 개발한 심리학자들은 내담자의 변화와 성장을 위한 조력에 자신의 이론에 입각한 적용이 효과가 있다는 것을 입증하였다. 그리고 상담에 관한 대부분의 책을 보면 많은 상담이론들을 소개하고 있다. 초보상담자들은 많은 상담이론과 생소한 용어들로 어려움을 느낀다. 상담을 잘하기 위해서는 모든 상담이론에 통달해야 하는지 특별히 어떤 상담이론과 방법을 잘 알아야 하는지 혼란스러워 한다.

최근 많은 상담전문가들은 자신의 상담 접근방식이 통합적이거나 절충적이라고 말한다. 이러한 추세는 상담전문가들이 다양한 상담이론이 갖는 장점들을 두루 받아들여 내담자를 조력하는 데 사용하고 있다는 것을 반영한다. 처음 상담을 공부하는 사람들은 먼저 다양한 상담이론을 섭렵하는 것이 필요하다. 초보상담자들은 어떤 상담이론 하나에 매이는 것보다는 다양한 상담이론을 공부한 후 자신의 성격이나 인생관에 부합한 상담이론을 개발할 것을 권장한다. 초보상담자가 이러한 노력을 하면서 많은 상담경험을 한 후 전문가가 됐을 때 자신의 입장이 절충적이라고 말하리라고 미루어 짐작해 본다.

상담자로서 경험과 연구결과를 바탕으로 웰펠과 패터슨(Welfel & Patterson, 2005)은 효과적 상담의 기본 원리로 다음과 같은 여섯 가지 내용을 제안하였다.

- 기본원리 1: 사회적 및 문화적 맥락에서 인간 행동을 이해하기

이 지침은 상담이 효과적이기 위해서는 상담자가 사회적 및 문화적 맥락에서 인간 행동을 철저히 이해해서 내담자의 특별한 문제와 환경에 그러한 지식을 적용할 수 있어야 한다는 것을 의미한다.

- 기본원리 2: 성공적 상담의 정의로서 내담자가 원하는 성숙

이 지침은 상담경험의 궁극적 목적은 내담자가 만족하게 여기는 것으로 생각하는 어떤 변화를 달성하도록 그를 조력하는 것을 의미한다.

- 기본원리 3: 내담자 변화의 근간으로서 상담자와 내담자의 긍정적 관계

이 지침은 조력관계의 질이 내담자의 성숙을 위한 분위기를 제공하는 가장 의미 있는 단일요인이라는 것을 강조한다.

• 기본원리 4: 강렬한 경험으로서 상담

이 지침은 상담경험이 상담자와 내담자 모두에게 정서적으로 강렬한 영향을 준다는 것을 의미한다.

• 기본원리 5: 상담과정에서 적극적 파트너로서 내담자

이 지침은 효과적 상담은 내담자가 상담자와의 상호작용에 의해 촉진됨으로써 자기노출, 자기직면, 모험하기 등에 적극적으로 참여하겠다는 그의 다짐에 기반을 두고 있다는 것을 의미한다.

• 기본원리 6: 기본적인 전문적 책임감으로 윤리적 행위

이 지침은 상담전문직의 윤리 강령은 상담자가 내담자의 최선의 이익을 가장 높은 우선순위에 둘 것과 전문직을 위한 행동 강령의 모든 다른 절차를 따를 것을 요구한다는 것을 지적한다(pp. 4-10).

또한 드라이든과 펠썸(Dryden & Feltham, 1992)은 초보상담자들을 위한 실제적 지침으로써 구체적인 상담의 원리를 설명하였다. 이들이 제안했던 보통 1회기에서 20회기까지 진행되는 단기상담의 기본원리들을 여섯 가지 영역인 '상담에 내담자를 적응시키기' '내담자의 문제를 평가하기' '변화를 주도하기' '과제 주기를 통해 변화를 촉진하기' '중간단계에서 상담' '상담 종결하기'로 구분하여 제시하면 다음과 같다.

• 상담에 내담자를 적응시키기

–첫 접촉에서부터 내담자가 당신에게 반응하는 것을 인식하라.
–상담회기를 녹음하는 문제를 고려하고 내담자의 동의를 구하라.
–상담을 의뢰한 사람이 어떤 내용을 얘기했는가를 확인하라.
–단기상담이 조력의 가장 적절한 형태인가를 평가하라.
–만약 다른 상담자에게 의뢰하는 것이 적절하다면 의뢰하라.
–비밀유지의 한계를 고려하고 그것을 얘기하라.
–내담자가 상담에 대해 갖는 두려움을 탐색하라.
–상담 기간에 대한 내담자의 생각을 확인하라.

–내담자에게 도움이 됐던 과거사를 탐색하라.

–상담에 대한 내담자의 견해를 알아보고 당신의 견해를 설명하고 보여 주라.

–실제적인 동의사항을 다루어라.

• 내담자의 문제를 평가하기

–내담자가 얘기하도록 허용하라.

–이야기가 아니라 문제를 경청하고 그것에 반응하라.

–중요하거나 도움이 되는 어떤 정보가 있는지 물어라.

–반영과정을 확립하라.

–내담자의 변화 단계를 확인하라.

–과정에 참여하도록 내담자를 격려하라.

–적절한 언어와 보조 맞추기를 사용하라.

–당신의 전문적 기술을 적절하게 사용하라.

–내담자의 중요한 차이점을 알아차려라.

–구조화를 적절하게 사용하라.

–문제의 우선순위를 정하고 다룰 구체적 문제를 선택하라.

–다루고자 하는 구체적인 문제에 대한 정의와 개념화에 대해 협의하라.

–다루고자 하는 구체적 문제와 관련된 목표들을 구체화하라.

–내담자가 과거에 문제해결에 실패했던 시도를 확인하라.

–내담자가 과거에 상담에서 설정한 구체적 문제해결에 실패했던 시도를 확인하라.

–변화에 대한 장애요인들이 무엇인지를 확인하라.

–구체적 문제에 대한 구체적 중재방법을 고려하라.

–상담자로서 당신이 사용하려고 의도하는 상담 접근방식을 설명하라.

–당신의 접근방식을 내담자에게 맞게 맞추어라.

• 변화를 주도하기

–변화를 위한 작업을 시작하라.

–내담자에게 한 번에 너무 많은 요구나 부담을 주지 마라.

–지지와 지시의 수준을 다양화하라.

–상담회기와 회기 간에 내담자가 어떤 활동을 시작하도록 고려하라.

–내담자가 목표를 달성할 때까지 계속해서 접근방식을 적용하라.

–실제적 장애요인을 다루어라.
–치료적 동맹에 위협이 되는 가능한 사항을 인식하고 반응하라.
–새로이 설정한 구체적 문제에 대한 작업을 시작하라.
–문제보다는 주제를 확인하고 작업하라.

• 과제 주기를 통해 변화를 촉진하기

–일반적으로 내담자에게 과제를 하게 하는 것에 대한 당신의 이유를 설명하라.
–과제의 다른 유형들에 대해 폭넓게 생각하라.
–상담회기 중에 과제 주기를 협약하는 데 필요한 시간을 배정하라.
–구체적인 과제 주기에 대한 당신의 이유를 설명하라.
–서로 협상을 하되 일방적으로 정하지 말라.
–과제가 상담회기의 초점에서 비롯됐는가를 확인하라.
–내담자의 능력, 환경, 학습방식, 과제이행의 과거사를 충분히 파악한 뒤 과제의 내용에 대해 협의하라.
–내담자가 과제와 그것의 목적을 이해하는가를 확인하라.
–내담자가 과제를 수행할 때와 장소에 대해 협의하라.
–'시도할 것이다'와 '수행하다'를 구별하라.
–과제를 완수하는 데 잠재적 장애를 확인하라.
–정신적 예행연습을 하도록 주도하라.
–성공을 위한 준거를 확립하라.
–과제를 이행함으로써 결코 잃는 것이 없다는 것을 설명하라.
–과제를 확인하라.
–내담자가 과제를 성공적으로 했는가의 여부를 확인하라.
–내담자가 과제를 시도했지만 실패했는가를 확인하고 실패에 대한 이유를 발견하라.
–내담자가 과제하기를 시도하지 않는 이유를 발견하라.
–내담자가 과제를 하는 것에 대해 더욱 책임감을 갖도록 격려하라.
–보다 효과적으로 내담자를 조력하고 공감하도록 당신 자신을 위한 과제를 설정하라.

• 중간단계에서의 상담

–주제를 철저히 따르고 도움이 됐던 것을 공고히 하라.
–원래의 문제에 관한 트랙을 계속 유지하라.
–관계요인에서 비롯된 효과와 목표지향에서 비롯된 효과 간의 균형을 유지하라.
–서로 자각하지 못한 가능한 영역을 탐색하고 슈퍼비전을 참조하라.
–내담자의 상담에 대한 의존성과 상담자로서 당신에 대한 의존성을 자각하라. 내담자가 개인적 확신과 자발적 성장을 지향하도록 그를 조력하라.
–내담자가 악화되는 것을 알아차리고 그것에 적절히 반응하라.
–일어날 수 있는 가능한 위기를 다루어라.
–진전을 평가하고 내담자가 진전 정도에 관련해서 가질 수 있는 실망을 다루어라.
–내담자가 호소하는 문제가 다른 문제들을 감추었다는 것이 분명한 경우에는 목표를 재설정하도록 준비하라.
–변화의 비선형적(non-linear) 본질을 내담자가 이해하도록 조력하라.
–장애를 인식하고 다루어라.

• 상담 종결하기
–종결을 위한 준비를 주도하라.
–자기변화를 증진시켜라.
–재발예방과 관련한 주제를 언급하라.
–갑작스럽게 상담 종결을 희망하는 내담자의 권리를 존중하여 그렇게 하도록 하라.
–상담이 확실하게 종결될 것이라는 기대를 반복해서 언급하라.
–마지막 피드백을 하도록 격려하라.
–다양한 형태로 이루어지는 종결의 장점과 단점을 고려하라.
–상담 종결이 때때로 상실 감정을 야기한다는 것을 내담자가 알도록 하라.
–내담자가 미래를 긍정적으로 보도록 학습해 왔던 것을 활용하도록 조력하라.
–상담 종결 시 내담자의 진전을 평가하고 내담자와의 그러한 작업을 통해 당신이 할 수 있는 것이 무엇인지 확인하라.

상담은 인간의 변화와 성장을 위한 활동이다. 내담자의 변화와 성장을 위해 상담자는 온몸과 정신으로 전력해야 한다. 상담자는 자신의 모든 생각, 감정, 행동이 내담자에게 영향을 준다는 것을 명심하며 상담활동에 임해야 한다. 여기서는 이런 점을 고려하여 필자의 지식과 경험을 바탕으로 일반적으로 상담자가 가져야 할 신념과 태도, 내담자의 이해와 문제파악, 변화와 성장을 위한 조력활동의 원리를 소개하고자 한다. 다음에 소개되는 스물세 가지 내용은 상담 접근방식의 입장에서 보면 통합적이고 절충적이라 할 수 있다.

1. 상담자의 신념과 태도

상담자는 내담자와 함께하는 참여적 관찰자이며 촉진자이다. 상담자가 갖는 신념과 상담에 임하는 태도는 내담자에게 영향을 준다. 이런 점에서 상담의 원리로서 상담자가 상담에 임하는 신념과 태도에 관련한 여섯 가지 내용을 알아보고자 한다.

1) 변화에 대한 확신을 가져라

지금까지 상담자들은 상담에 대한 많은 연구결과를 통해 내담자의 변화에 대한 상담의 효과를 입증해 왔다. 상담자는 내담자의 변화를 위한 조력자다. 변화의 조력자가 변화가 일어날까 하는 의구심을 갖고 상담에 임한다면 그것은 상담자의 자기기만이다. 그리고 변화에 대한 의구심 태도는 상담자가 자신의 책무인 상담자의 역할을 소홀히 하거나 포기하게 하는 동인이다. 상담자가 상담활동을 통한 변화에 대한 확신이 없다면 다른 직종으로 전문성을 바꾸어야 한다. 즉, 상담자는 변화에 대한 확고한 믿음을 바탕으로 변화모델을 개발하여 내담자의 성장을 위해 적용할 수 있어야 한다.

2) 윤리적 책임감을 인식하라

상담전문직을 유지하는 기둥의 하나는 비밀유지이다. 상담자가 특별한 경우를 제외하고 내담자의 이익을 위해 비밀유지를 지키는 것은 중요한 윤리적 책임감이다. 상담자는 내담자에게 피해를 줄 수 있는 자신의 언행에 대한 책임감을 인식하는 것이 중요하다. 상담자는 상담 진행 중에 내담자와의 이중관계(예: 성관계, 금전거래 등)를 가져서는 안 된다. 상담자가 상담회기를 통해 내담자에게 제대로 도움을 주지 못하고 있다면 상담관계를 종결하거나 다른 상담자에게 기꺼이 의뢰하는 것이 요구된다. 또한 상담자는 내담자에게 자신의 가치를 받아들이도록 강요해서도 안 된다.

3) 자기자각을 확장하라

상담자는 끊임없이 자신을 이해하기 위한 노력을 해야 한다. 상담과정에서 제기되는 많은 주제는 가치와 관련되어 있다. 때문에 상담자는 내담자와 가치갈등을 가질 수 있는 경우가 많다. 상담자는 슬기롭게 가치갈등을 처리하기 위해 자신의 가치를 확인하는 것이 중요하다. 상담자는 자신의 장점과 약점을 인식하는 것도 중요하다. 내담자가 제기하는 어떤 문제에 대해 자신도 모르게 민감하게 반응하는지 아니면 반응을 회피하는지 알아차리는 게 필요하다.

정신분석적 상담 접근을 사용하는 상담자는 역전이가 상담에 부정적으로 영향을 미칠 수 있다고 지적한다. 따라서 상담자는 자기자각 확장을 통해 자신의 역전이가 상담에 부정적 영향을 미치지 않도록 해야 한다. 소크라테스가 지적한 것처럼 상담자는 "상담자여, 너 자신을 알라."는 말을 자문하며 부단히 자신의 자기자각 확장을 이루어야 한다.

4) 본보기를 보여라

상담활동을 학습과 재학습을 위한 활동이라고도 한다. 상담자가 내담자에게 표현하는 수많은 말보다 행동이 그의 변화를 위해 훨씬 강력하다. 백문이 불여일견이다. 사회적 인지이론을 제안한 반두라가 많은 연구를 통해 관찰학습의 효과를 보인 것처럼 상담자는 내담자에게 모든 면에서 직·간접적으로 영향을 미치는 본보기 역할을 하는 모델이다. 상담자는 또한 상담회기 이외에서 책임 있는 생활인으로서 활동하는 것이 요구된다. 상담회기 중에는 필요한 경우, 상담자는 역할연기를 통해 내담자에게 본보기 역할을 보여 줄 수 있어야 한다.

5) 내담자를 위해 함께함을 보여 주어라

상담자는 내담자가 자기실현을 이룰 수 있도록 진정한 돌봄을 제공할 수 있어야 한다. 메이어오프(Mayeroff, 1990)는 돌봄의 정의를 돌보는 대상이 성숙하고 자기실현 하도록 돕는 것이라고 정의하였다. 그가 제안한 다른 사람의 성숙과 실현을 돕기 위한 돌봄의 주요한 구성요소는 지식, 리듬의 변화, 인내, 정직성, 신뢰, 겸손, 희망, 용기 등이다. 저자가 상담을 가르치면서 상담자가 가져야 할 태도로서 자주 언급하는 말이 "나는 당신과 더불어 있고 당신을 위해 존재한다(I am with you, and I am for you.)."이다. 내담자는 상담자가 자기를 어떻게 대하는가를 관찰하며 상담자에게 반응한다. 상담회기 중에 상담자는 신체언어와 태도를 통해 정말 내담자를 위해 거기에 있음을 보여 줄 수 있어야 한다. 상담자는 내담자에게 전적으로 관심을 기울이며 상담에 임하는 태도를 습관화하는 것이 필요하다. 상담자는 자연스럽게 이러한 태도가 몸에 배도록 노력해야 한다. 상담자는 온통 내담자에게 집중해서 관찰하고 경청하는 습관이 필요하다.

6) 내담자는 문제해결을 위한 자질을 가지고 있다

인간은 누구나 바람직한 방향으로 자신을 변화시킬 수 있는 자질을 갖고 있다. 지혜로운 상담자는 삶에 대한 긍정적 태도를 가진다(No, 2011). 상담자가 갖는 삶에 대한 태도는 자신의 문제해결을 위해 상담에 참여한 내담자의 변화에 중요한 요인으로 작용한다. 상담자는 내담자의 문제해결을 위한 문제해결사가 아니라 그가 스스로 자신의 문제를 해결할 수 있도록 조력하는 '참여적 촉진자(participant-facilitator)'이다. 참여적 촉진자로서 상담자의 역할에 대한 믿음은 그가 갖는 인간에 대한 긍정적 태도에서 비롯된다. 개인심리학을 개발한 아들러는 내담자의 생활양식을 파악하는 데 있어 중요한 요인들 중의 하나로서 내담자의 자질을 제안하였다. 또한 그는 상담자의 역할은 내담자가 열등감을 극복하고 자기실현 혹은 우월성 추구를 통해 성장하도록 돕는 것이라고 하였다.

2. 내담자의 이해와 문제파악

상담자가 묻는 핵심질문 중 하나인 '내담자의 문제가 무엇인가?'에 대한 내용을 살펴보자. 상담자가 내담자의 문제파악을 정확히 하는 것은 상담의 목표달성과 관련하여 매우 중요하다. 여기서는 내담자의 이해 및 문제파악을 위해 필요한 여덟 가지 상담의 원리를 살펴보고자 한다.

1) 적극적 경청을 하라

상담에서 무엇보다 중요한 것은 상담자의 경청이다. 경청만 잘해 주어도 내담자의 문제가 해결된다고 말한다. 사람들의 문제는 대체로 가까운 사람과의 갈등이나 싸움에서 비롯되는 경우가 많다. 내담자들은 자주 "자신을 진정으로 이해해 주는 사람이 없다."고 말한다. 이런 이유로 상담자가 내담자를 잘 경청해 주면 그는 자각의 확장을 통해 스스로 문제를 해결한다. 펄스는 언뜻 보기에 이상한 대립이지만 대인관계에서 진실로 나타나는 현상인 '경청 대 싸움'을 제안하였다. 누군가의 말을 잘 경청하면 그를 이해하고 싸우지 않게 된다. 잘 싸우는 사람은 상대방의 말을 잘 경청하지 않기 때문에 그를 이해하지 못한다. 결국 경청 대 싸움의 양극성의 핵심은 이해라는 것을 알 수 있다.

잘 경청한다는 것의 진정한 의미는 이해다. 경청의 의미를 물었을 때 사람들은 흔히 잘 듣는 것이라고 대답한다. 이 대답은 내용적으로 맞지 않다. 우리가 사용하는 언어에는 음성언어와 신체언어가 있다. 귀로 음성언어만을 잘 듣는 것은 부분적 경청이다. 왜냐하면 눈으로 상대방의 신체언어를 관찰하여 이해하는 것을 고려하지 않았기 때문이다.

저자가 여기서 적극적 경청이라 하는 것은 귀와 눈을 가지고 내담자의 음성언어와 신체언어를 이해하는 것을 의미한다. 상담자는 음성언어보다 신체언어를 훨씬 신뢰한다. 사람들은 언어를 통해 사실을 그대로 기술하기보다 '정신적 조작(mental manipulation)'을 하곤 한다. 상담회기 중에 내담자가 화가 나지 않았다고 말하는데 그의 눈과 얼굴의 표현은 정반대인 경우다. 눈과 귀로 잘 경청하여 내담자가 보이는 불일치를 지적하는 것이 직면시키기이다.

상담자의 중요한 반응기법인 공감은 경청에서 비롯된다. 지적한 것처럼 경청의 핵심은 이해이다. 상담자가 적극적 경청을 통해 내담자를 잘 이해하여 반영해 주는 것이 공감이다.

2) 내담자의 시간관리를 잘 살펴라

정말 시간은 무엇인가? 우리는 살아온 시간을 과거라 하고 앞으로 살 시간을 미래라 한다. 그리고 우리가 지금 경험하고 있는 이 순간을 현재라 한다. 개개인에게 분명하고 중요한 사실은 현재 살아 있고 살 시간을 갖고 있다는 점이다. 인간에게 시간은 실존을 가능하게 하는 가장 중요한 요인이다. 내담자가 시간을 어떻게 사용하고 있는가를 확인하는 것은 그를 이해하는 데 매우 중요하다. 부적응적인 대부분의 사람들은 자신의 인생인 시간을 부적절하게 사용하고 있다. 자신의 시간을 통제하지 못하는 것은 자신의 인생을 제대로 통제하고 관리하지 못하고 있다는 것을 의미한다. 내담자가 시간약속을 제대로 지키지 못한다거나, 게임중독에 빠져 밤새워 게임을 하고 다음날 해야 할 일들을 하지 못한다거나, '어떻게 시간을 죽이지?' 하며 할 일 없이 방황하거나, 자기를 파괴시키는 활동에 참여하고 있는지를 파악하는 것은 그를 이해하는 데 매우 중요하다.

교류분석을 사용하는 상담자는 개인이 시간을 구조화하는 구조갈망을 중요하게 다룬다. 구조갈망은 우리 삶에 필요한 어루만짐을 최대로 받기 위해 시간을 사용하는 수단이다. 사람들이 자신의 시간을 구조화하는 여섯 가지 방법은 철회(withdrawal), 의례적 행동(rituals), 여흥(pastimes), 활동(activities), 게임(games), 친밀성(intimacy)이다. 내담자가 최근 일주일의 생활, 더 나아가 최근 한 달의 생활을 어떻게 시간을 보내면서 지냈는지 확인해 보라. 상담자는 내담자가 보이는 시간관리 행동패턴을 파악하여 바람직한 방향으로 시간관리를 하면서 생활하도록 조력하는 것이 필요하다.

3) 내담자의 분노관리를 잘 살펴라

상담자는 내담자가 분노관리를 어떻게 하는가를 파악하는 것이 필요하다. 일반적으로 심리학자들은 분노를 좌절-공격성 이론으로 설명한다. '지적 지능보다 감성지능이 높으면 성공한다.'는 말은 개인이 자신의 정서관리를 잘할 뿐 아니라 타인의 감정을 잘 이해할 수 있는 공감 능력을 갖추는 것이 필요하다는 것을 의미한다. 골만(Goleman, 1995)은 1995년에 『감성지능(Emotional Intelligence)』이란 책을 출판하여 선풍을 일으켰다. 그는 '아리스토텔레스의 도전'이란 제목하에 '누구나 화를 낼 수 있다-그것은 쉬운 일이다. 그러나 적절한 사람에게, 적절한 정도로, 적절한 시간에, 적절한 목적을 위해,

그리고 적절한 방식으로 화를 내는 것은 쉬운 일이 아니다(Aristotle, The Nicomachean Ethics).'(p. ix)란 글귀를 인용하며 책을 시작하였다. 사람들은 자신이나 타인에게 분노 혹은 화(anger)를 내며 살아간다. 그리고 대체로 자신이 화를 냈던 것에 대해 후회를 한다. 그리고 또 화를 낸다. 그래서인지 미국정신의학회(APA, 1994)에서 발간한 DSM-IV에는 한국 사람들의 문화적 근거에서 비롯된 증상인 화병(hwa-byung) 혹은 울화병(wool-hwa-byung)을 억제된 화에서 야기된 정신장애로 지적하였다(p. 846).

4) 내담자의 이해를 위해 '반복'이란 말을 명심하라

반복되는 행동이 습관이다. 개인의 습관 중에는 좋은 습관도 있고 나쁜 습관도 있다. 좋은 습관은 개인을 성장하게 하는 행동이다. 나쁜 습관은 개인을 파괴시키는 행동이다. 우리는 어떤 행동을 반복하는 것처럼 어떤 감정과 생각을 반복하며 살아간다. 따라서 상담자는 내담자의 문제파악을 위해 인간의 세 가지 체계인 감정, 행동, 인지의 반복을 이해하는 것이 중요하다.

먼저 감정의 반복에 대해 살펴보자. 내담자가 호소하는 문제 중에서 반복해서 나타나는 부적절한 감정을 확인하라. 누구나 느끼는 인간의 대표적인 감정이 불안이다. 건강한 사람에게 불안은 건설적이고 촉진적인 기능을 한다. 건강하지 못한 사람에게 불안은 원만한 인간관계와 수행에 역기능적으로 작용한다. 누구나 시험불안이 있다. 시험불안은 대부분의 학생에게 열심히 공부하도록 하게 한다. 전혀 시험불안을 느끼지 않는 학생은 무사안일하게 행동할 수 있다. 어떤 학생들은 심한 시험불안으로 인해 노력한 것만큼 결과를 얻지 못한다.

다음으로 행동의 반복을 알아보자. 내담자가 반복하는 자기파괴의 역기능적 행동을 파악하라. 행동치료 상담자들은 내담자의 부적절한 행동이나 습관을 제거하는 것에 관심을 둔다. 상담자는 학습된 좋은 행동이 반복해서 나타나도록 강화를 제공한다. 또한 나쁜 행동의 반복을 없애기 위해 처벌을 한다.

마지막으로 인지/생각의 반복을 살펴보자. 엘리스가 지적한 것처럼 합리적 생각의 반복은 합리적 정서와 행동을 야기한다. 비합리적 생각의 반복은 비합리적 정서적 및 행동적 결과를 초래한다. 부적절한 생각의 반복도 습관이다. 글래서가 제안한 성공정체감과 실패정체감도 개인이 겪는 경험에서 비롯된 자신에 대한 생각이다. 성공정체감을 가진 사람은 습관적으로 긍정적이고 건설적인 생각을 한다. 반대로 실패정체감을 가진 사람은 습관적으로 부정적이고 파괴적인 생각을 한다.

상담자는 내담자가 보이는 부적절하거나 자기파괴 혹은 부정적인 감정, 행동, 생각을 파악하여 적절하거나 건설적 혹은 긍정적인 감정, 행동, 생각으로 바꾸기 위해 노력한다.

5) 상담경험을 통한 육감을 발달시켜라

상담은 경험을 강조하는 학문이다. 상담자는 내담자의 문제를 파악하는 데 있어 끊임없이 '정말 이것이 내담자의 문제인가?'란 질문을 자문해야 한다. 상담자는 다양한 접근방식을 통해 내담자를 정확히 평가하고 진단해야 한다. 상담자는 내담자와의 많은 상담경험을 통해 실천적인 조력전문가가 된다. 구체적인 어떤 문제영역에서 내담자들과의 많은 경험은 상담자의 육감(hunch)을 발달시킨다. 전문가의 육감은 추측이 아니다. 경험을 통해 터득한 상담자의 육감은 내담자의 문제를 정확히 파악하기 위한 일종의 가설이다. 경험이 많은 상담자는 육감을 바탕으로 형성한 가설을 입증할 준거들을 찾는다. 내담자가 보이는 감정, 행동, 생각을 바탕으로 충분한 준거들이 수집되었을 때 상담자의 육감은 지지된다. 육감을 지지할 준거들이 불충분할 때 가설은 폐기된다.

6) 가족에 대한 내담자의 생각을 확인하라

개인에게 가장 많은 영향을 주는 곳은 가정이다. '이 세상에 가정과 같은 곳은 없다.'고 한다. 우리 각자에게 가장 많은 영향을 준 사람은 부모이다. 내담자의 문제는 대부분 가족과 직·간접적으로 관련되어 있다. 따라서 상담자는 내담자가 갖는 가족에 대한 생각을 확인하여 그의 문제와의 관련성을 파악해야 한다. 특히 내담자가 지각하는 가족구성원과의 심리적 거리를 확인하는 것은 그를 이해하는 데 매우 중요하다.

아들러학파는 개인이 이 세상을 살아가는 방식인 생활양식을 파악할 것을 강조한다. 내담자에 대한 평가 및 분석에 사용되는 전형적인 생활양식조사 영역은 초기회상, 가족구도, 기본적 오류, 자질, 꿈의 내용 등이 포함된다. 특히 개인심리학 상담자는 이러한 내용 중에 초기기억이나 출생순위와 가족구도 파악을 매우 중요하게 생각한다. 상담자로서 당신이 아들러학파가 아닐지라도 내담자의 이해를 위해 이러한 가족과 관련된 내용을 파악하는 것이 요구된다.

7) 내담자가 표현하는 언어에 함축된 의미를 파악하라

언어는 생각이다. 내담자가 사용하는 언어는 그가 세상을 살아가는 방식을 함축하고 있다. 상담자는 내담자가 표현하는 언어에 내포된 의미를 잘 경청하여 그의 세계관을 파악해야 한다. 최근 상담이론의 주요한 추세인 인지행동치료는 내담자가 사용하는 언어에서 나타나는 비합리적 신념이나 부정적 자동적 사고를 파악하여 그것을 변화시키는 데 주력한다. 역시 대부분의 상담전문가들이 훌륭한 치료자로 여기는 에릭슨(Milton H. Erickson), 펄스(Fritz Perls), 사티어(Virginia Satir)의 상담 축어록 내용을 바탕으로 밴들러와 그라인더(Bandler & Grinder)가 개발한 '신경언어학적 프로그래밍(Neuro-Linguistic Programming: NLP)'도 내담자가 사용하는 언어에 초점을 두고 있다.

내담자가 자주 표현하는 언어가 '항상'이나 '하지 않으면 안 된다'이면 그는 완벽주의나 강박적인 문제로 고통받고 있을 가능성이 높다. 또한 '나는 ~ 할 수 없어'나 다른 사람 탓으로 원인을 돌리는 내담자는 자기패배지향이거나 책임감 결여로 시달리고 있을 가능성이 높다. 상담자는 내담자가 자주 사용하는 언어에 함축된 의미를 파악하여 그들이 강박성보다 유연성, 책임회피보다 책임감, 패배지향성보다 건설지향성을 갖고 살아갈 수 있도록 조력해야 한다.

8) 내담자의 심리평가를 정확히 하라

상담자가 조력을 위해 내담자의 심리상태를 정확히 파악하는 것은 무엇보다 중요하다. 상담자는 특히 '정말 이것이 내담자의 문제인가?'를 끊임없이 자문하면서 내담자의 심리평가를 정확하게 해야 한다. 우리는 흔히 '우리 자신이 자신을 가장 잘 알고 있다.'고 생각한다. 그러나 이러한 생각이 항상 맞는 것은 아니다. 왜냐하면 우리 자신이 모르는 면을 타인이 알고 있는 것도 많기 때문이다. 따라서 상담자는 대부분의 내담자가 자신의 심리상태에 대해 잘 알고 있을 것이라는 가정을 버리고 조력전문가로서 내담자의 심리상태를 정확하게 평가해야 한다. 심리평가의 주요한 세 가지 전략은 면담법, 심리검사법, 행동평가법이다. 상담자는 어떤 한 가지 전략에 너무 의존하여 내담자의 심리상태에 대한 결론을 내려서는 안 된다.

3. 내담자 조력활동

상담자는 내담자의 이해와 문제파악을 정확히 한 후에 문제해결을 위한 조력활동을 한다. 상담자가 어떻게 내담자를 조력할 것인가는 상담자의 이론적 관점과 그의 지식 및 경험 수준에 따라 차이를 보인다. 여기서는 상담자가 어떤 접근방식을 취하는가에 관계없이 일반적으로 내담자를 효과적으로 조력하기 위해 상담자가 유념해야 할 아홉 가지 내용을 알아보고자 한다.

1) 공감적 이해를 견지하라

대부분의 상담자들은 내담자의 주관적 의미와 감정을 이해해서 반영해 주는 공감적 이해를 조력의 필수 요건으로 수용하고 있다. 로저스의 인간중심치료에서는 진솔성과 무조건적 긍정적 수용 태도를 기반으로 상담자의 공감적 이해를 통해 내담자를 충분히 변화시킬 수 있다는 것을 가정한다. 공감을 상담기법으로 보건 상담자의 태도로 보건, 상담자의 공감적 이해는 그 자체로 상담관계 형성뿐만 아니라 내담자가 상담자를 신뢰하고 누구에게도 얘기하지 않았던 자신의 사적 비밀을 털어놓게 하는 상담자의 가장 중요한 반응이다.

아들러는 개인이 사회적 관심이 낮으면 심리적으로 문제가 있는 것으로 보고 있다. 그는 사회적 관심을 "상대방으로 눈으로 보고, 상대방의 귀로 듣고, 그리고 상대방의 마음으로 느끼는 것이다."라고 표현하였다. 즉, 그는 사회적 관심이 높은 사람이 대인관계에서 공감적 이해를 잘하는 사람으로 규정하고 있다. 이런 측면에서 상담관계에서 상담자의 공감은 내담자에게 본보기 역할을 함으로써 그에게 공감적 이해를 가르치는 기능을 하고 있다는 것을 유추해 볼 수 있다. 즉, 내담자가 그가 맺고 있는 대인관계에서 공감적 이해를 타인에게 제대로 못해 주기 때문에 그가 문제해결을 잘하지 못한 사람으로 전락해서 자신의 문제를 더 심화시킨 결과를 초래했을 수 있다. 상담자는 내담자가 누구에게도 털어놓지 못한 자신만의 사적 비밀을 털어놓게 하는 마법적인 반응인 공감적 반응을 능숙하게 사용하는 것이 필요하다.

2) 경험을 통해 느끼게 하라

내담자가 자신의 문제해결을 위해서는 문제에 경험을 통해 직면해야 한다. 그가 문제해결을 하지 못한 주요한 이유는 자신의 문제를 회피하거나 도피해 왔기 때문이다. 내담자는 경험을 통해 자신의 문제에 직면함으로써만 문제를 해결할 수 있다. 놀랍게도 내담자의 문제는 대부분 주입된 가치, 즉 자신이 가지고 있으면서도 자신의 가치와 괴리된 '내사된 가치(introjected value)'로 인한 경험의 결여와 관련되어 있다. 주입식 교육이 문제인 것처럼 주입된 가치가 문제다. 로저스가 강조한 "경험은 나에게 최고의 권위이다."란 말은 우리 모두에게 진실이다. 정신건강 측면에서 보면 '인간은 생각하는 갈대다.'란 말보다 '인간은 경험하는 갈대다.'란 말이 더 적절하다.

내가 가지고 있는데 그것이 내 것이 아니면 문제이다. 내가 먹은 음식물이 소화되지 않고 내 몸 안에 있다면 그것은 내가 아니다. 마찬가지로 내가 가지고 있는 지식을 제대로 이해하지 못한다면 그것은 나의 지식이 아니다. 우리의 감정은 경험에서 비롯된다. 내담자가 겪는 부적절한 감정은 대부분 그가 진실로 경험하지 않고 형성된 것이다. 펄스는 "접촉에서 자각은 강렬하다."고 하였다. 유기체가 겪는 경험의 중요성을 강조한 말이다.

3) 자신의 인간관과 성격에 부합한 상담이론을 개발하여 적용하라

상담자로서 정신역동 접근을 따르건, 행동치료 방식을 따르건, 인본주의적 접근방식을 취하건, 인지행동치료 방식을 취하건 간에 관계없이 당신이 내담자에게 적용하는 방식은 독특하다. 많은 상담자들이 취하는 주요한 상담이론들은 나름대로 인간의 행동변화에 많은 기여를 해 왔다. 그리고 최근 많은 상담자들은 자신의 상담 접근방식이 다양한 상담이론을 절충한 입장이라고 한다. 초보상담자들은 어떤 상담이론을 열심히 배워야 하는지 혼란스러울 수 있다. 이러한 혼란을 피하기 위해 다음과 같은 절차를 따라 자신의 상담이론을 개발하라.

첫째, 주요한 상담이론을 섭렵하라. 주요한 상담이론은 나름대로 내담자의 변화를 위해 효과가 있다고 입증된 이론이다. 따라서 이론이 갖는 인간관, 상담기법, 장 · 단점 등을 철저히 이해하는 것이 중요하다.

둘째, 자신의 인간관과 성격에 대해 이해하라. 상담의 주체로서 상담자는 자신의 이해를 철저히 해야 한다. 주요한 상담이론들은 개발자의 인간관과 내담자와의 경험에서 비롯되었다. 만약 당신이 훌륭한 상담이론을 개발하려 한다면 먼저 자신에 대한 이해가 이루어져야 한다.

셋째, 자신의 인간관과 성격에 부합한 상담이론을 개발하라. 효과적인 상담자가 되기 위해 자신의 성격에 부합한 상담이론을 보다 철저하게 학습하여 적용하면서 자신의 상담 스타일을 개발하는 것이 필요하다. 상담자로서 당신이 로저리안(Rogerian)이라 할지라도 당신은 로저스일 수 없다. 따라서 당신이 내담자에게 적용하는 상담 스타일은 독특하다고 할 수 있다.

4) 상담 면접기법을 숙달하여 사용하라

상담은 과정을 강조하는 학문이다. 상담과정은 상담자가 내담자에게 하는 반응기법에 따라 좌우된다. 상담자는 자신이 적용하는 상담이론과 상관없이 상담과정에서 하는 모든 반응에 대한 철저한 이해와 숙달이 필요하다. 상담자가 상담과정에서 사용하는 반응인 상담자의 면접기법을 적절하게 사용할 수 있도록 철저한 숙달이 필요하다. 상담에 참여한 내담자는 '지금-여기 경험'에 대한 표현과 그것에 대한 상담자의 진솔한 '교정적 피드백(corrective feedback)'을 통해 성장한다. 대인관계 심리치료를 제안한 설리반(Stack Sullivan)은 불안의 원천이 대인관계라는 것을 강조하였다. 또한 그는 치료자로서 '참여적 관찰자(participant-observer)'의 역할을 수행할 것을 지적하였다. 상담자는 내담자들이 성장할 수 있도록 그들에게 바람직한 피드백의 기본원리를 가르치는 것이 필요하다. 몇 가지 바람직한 피드백의 원리는 다음과 같다. 첫째, 지금-여기에서 경험하는 내용을 피드백 하라. 둘째, 과거의 일을 들추어 내지 말라. 셋째, '나-전달법'을 적용하여 피드백 하라. 넷째, 변화 가능성이 있는 행동에 대해 피드백을 하라. 다섯째, 타고난 성격에 대해서는 피드백 하지 말라. 상담자는 이러한 변화를 유도하는 피드백의 기본원리를 내담자가 상담회기 중뿐만 아니라 일상생활에서 실천하도록 지도하는 것이 필요하다.

5) 상담기법을 적절한 시점에서 사용하라

상담자가 어떤 반응과 기법을 언제 사용하여 내담자를 조력할 것인가를 결정하는 것은 매우 중요하다. 경험이 많은 상담전문가들은 상담이나 심리치료가 과학이면서 예술임을 강조한다. 상담전문직이 과학이면서 예술임을 강조하는 이유는 상담기법 적용의 시점(timing)과 관련된다. 효과적인 상담자는 전체적 조망 속에서 조화의 미를 창조해 내는 예술가처럼 상담기법 적용의 적절한 시점을 파악하여 내담자를 조력한다. 예를 들면, 상담자들은 일반적으로 관심 갖기와 공감에 의한 충분한 지지하기를 바탕으로 내담자와의 상담관계가 형성된 후에 직면시키기 기법을 사용할 것을 권장한다.

상담자가 어떤 반응기술이나 상담기법 적용의 적절한 시점을 터득하기 위해서는 내담자와의 상담경험을 많이 쌓는 것이 최선이다. 그리고 상담회기를 가끔 녹음하거나 촬영하여 틈틈이 자신의 반응이나 기법이 적절한 시점에서 바람직하게 이루어졌는가를 확인해 보는 것이다. 이러한 노력이 힘들게 느껴질 수 있지만 이런 방법이 자신의 상담기술 향상을 위해 가장 좋은 피드백을 제공한다는 것을 명심하라.

6) 현재 진행되는 경험을 다루어라

대부분의 상담자들은 '지금-여기 경험'의 중요성을 강조한다. 즉, 상담과정에 참여하고 있는 내담자에게 현재 진행되는 경험을 알아채는 것이 중요하다는 것을 강조한다. 이것은 상담자가 내담자의 모든 문제를 현재로 가져와서 다룬다는 것을 의미한다. 내담자가 과거에 가졌던 중요한 일들이나 미래에 일어날 일들을 현재로 가져와 경험하게 하는 것이다. 과거는 '기억 속의 현재'이며 미래는 '기대 속의 현재'이다. 따라서 우리에게 오직 현재만이 존재한다. 이런 점에서 선사(禪師)들은 "삶은 영원한 현재이다."라고 말하곤 한다. 우리는 과거에 일어난 중요했던 일들을 기억하고 있지만 별로 의미가 없었던 일들은 기억하지 못한다. 그리고 미래에 일어날 중요한 일들에 대해 예견하며 기대불안을 경험한다. 내담자가 기억하고 있는 사건들이 시간적으로 과거에 일어났지만 여전히 그에게 영향을 주고 있다면 그것은 '기억 속의 현재'이다. 마찬가지로 내담자가 기대하는 미래의 일들이 그에게 아직 일어나지 않았지만 그에게 영향을 주고 있다면 그것은 '기대 속의 현재'이다. 따라서 상담자가 초점을 두고 다루어야 할 내담자의 문제는 그가 현재 경험하고 있는 것이다.

7) 대부분의 상담기법이 역설적임을 명심하라

상담의 궁극적 목적은 내담자가 원하고 그의 삶의 질을 높이는 바람직한 방향으로 그를 변화시키는 것이다. 내담자의 비합리적 사고를 합리적 사고로, 부적절한 정서를 적절한 정서로, 자기파괴 행동을 건설적 행동으로 바꾸는 것이다. 이러한 변화는 내담자의 부정적인 측면을 긍정적인 측면으로 바꾸는 것을 말한다. 따라서 상담을 통한 내담자의 변화는 부정적인 것 내에서의 정도의 변화를 의미하는 일차적 변화가 아니라 부정적 차원에서 긍정적 차원으로 변화하는 이차적 변화이다.

상담자가 문제를 가진 내담자로 하여금 그의 의도에 상반되는 행동을 하게 함으로써 문제해결을 가능하게 하는 것이 변화를 위한 역설(paradox)이다. 예를 들면, 심한 발표불안으로 고통받는 내담자는 발표불안을 느끼지 않으려고 발표상황을 회피하거나 도피하는 행동을 한다. 이러한 회피행동을 하는 그의 주요한 의도는 발표불안을 줄이거나 느끼지 않는 것이다. 상담자가 내담자의 의도와 상반되는 처방인 발표불안을 더욱 강하게 체험하도록 하는 것은 내담자의 입장에서 보면 역설이다. 이러한 처방은 내담자를 곤혹스러운 딜레마에 빠지게 한다. 하지만 이러한 처방을 통해 상담자는 발표상황을 도피하는 내담자의 악순환 습관을 바꾸도록 한다. 즉, 상담자는 내담자가 갖는 문제나 증상을 처방함으로써 그가 의도적으로 회피해 온 상황에 직면하도록 한다.

상담자들이 사용하는 대부분의 기법이 역설적인 이유는 내담자를 카오스(chaos) 상태에 빠지게 하여 새로운 관점에서 자신의 감정, 생각, 행동을 이해하게 하기 때문이다. 상담자가 내담자에게 사용하는 역설적 상담기법은 그가 새로운 관점과 경험에 의해 문제를 해결하도록 한다. 요약하면 상담자는 역설을 통해 어떤 행동을 하지 않으려고 하는 내담자에게 그러한 행동을 더욱 하도록, 어떤 감정을 느끼지 않으려고 하는 내담자에게 그러한 감정을 더욱 느끼도록, 어떤 생각을 하지 않으려고 하는 내담자에게 그러한 생각을 더욱 하도록 함으로써 이전과는 다른 새로운 행동, 감정, 생각을 갖도록 한다.

8) 내담자를 끊임없이 격려하라

우리는 누구나 살아가면서 어렵고 힘든 일을 많이 경험한다. 우리는 지금까지 어려운 일에 맞서 참고 헤쳐 온 자신을 생각하면서 대견스러워 한다. 우리는 또한 앞으로도 어려운 일들을 마주치리라는 것을 예견한다. 부적응을 경험하고 있는 사람들은 대부분 심리적으로 낙담한 상태에 있다. 또한 심리적인 문제를 가진 대부분의 내담자들은 낙담하여 좌절한 상태에서 상담을 찾는다. 자신에게는 더 이상 희망이 없다고 포기한 상태에서 조력을 요청한다. 세르반테스(Cervantes)는 "삶이 있는 한 희망이 있다."고 하였다. 아들러학파인 드레이커스(Dreikurs)는 "식물이 물이 필요하듯 인간에게는 격려가 필요하다."고 하였다.

내담자를 조력하는 개인심리학 상담 방법으로 '격려치료'가 있다. 격려치료에서 상담자의 주요한 역할은 낙담한 내담자에게 용기를 불어넣는 것이다. 격려치료에서 보면 심리적으로 문제를 가진 사람은 용기를 잃고 낙담한 사람이다. 우리는 각자 크고 작은 많은 어려움에 부딪히며 삶을 영위한다. 사람들을 크게 두 분류로 나누면, 어려움에 포기하고 용기를 잃고 낙담한 사람들과 자신이 아무리 어려운 상황에 처해도 좌절하지 않고 용기를 가진 사람들로 구분할 수 있다. 정신적으로 건강한 사람이라면 끊임없이 자신을 격려하면서 용기를 잃지 않는 사람이라고 할 수 있다. 심리적으로 고통을 받고 있는 사람이라면 용기를 잃고 자신감과 책임감을 상실한 낙담한 사람이라고 할 수 있다. 그러므로 우리의 삶에 중요한 것은 용기를 갖게 하는 격려이다. 상담자는 격려를 통해 내담자가 '내가 할 수 있다.'는 자신감과 '그것은 내 책임이다.'는 책임감을 갖게 한다.

어떤 어려움에도 좌절하지 않는 용기를 가진 사람은 강한 인내심을 가진다. 심리학자 크로츠(Krausz)는 "참아 내지 못하고 포기한 사람은 환자가 된다(A person who is impatient remains a patient)."고 하였다. 상담자는 내담자를 격려하고, 격려하고, 또 격려하면서 그들의 가슴에 용기를 불어넣는 것이 필요하다.

격려는 내담자에게 아무리 힘이 들더라도 용기를 잃지 않도록 북돋는 것이다. 격려는 칭찬과 질적으로 다른 개념이다. 칭찬은 인간의 수행의 결과에 초점이 맞추어져 있다. 하지만 격려는 수행의 결과보다는 수행 그 자체와 인간에게 초점이 맞추어져 그의 삶의 추진력을 잃지 않도록 용기를 불어넣는 것이다. 따라서 내담자가 삶이 아무리 힘들어도 포기하지 않고 헤쳐갈 수 있다는 용기를 심어 주는 상담자의 격려는 내담자에게 가장 필요한 것이다. 상담자여, 내담자를 격려하고, 격려하고, 또 격려하라.

9) 구체적인 상담목표를 설정하라

상담자와 내담자들은 함께 상담목표를 설정하여 내담자의 문제해결을 위해 노력한다. 상담목표는 회기목표, 단기목표 및 장기목표로 구분해서 설정해야 한다. 상담 매 회기에 달성하고자 하는 목표를 구체적으로 설정하여 내담자들이 회기가 끝났을 때 회기를 통해 이번 회기에는 구체적으로 이것을 배웠다는 만족감을 갖게 하는 것이 필요하다. 항해하는 배가 정착할 항구를 찾아가는 것처럼 상담활동을 통해 달성하고자 하는 목표가 설정되어야 한다. 먼저 내담자가 상담을 통해 달성하고자 하는 구체적인 목표가 무엇인지 확인하라. 상담자는 상담에 대한 내담자의 바람을 바탕으로 그들과 함께 달성할 단기목표와 장기목표를 설정한다. 상담자는 또한 상담목표를 달성하는 데 걸리는 시간제한을 설정하여 상담을 수행해야 한다. 내담자와의 계약을 바탕으로 시간제한을 두어 상담을 진행하는 것이 그들의 동기유발을 촉진하여 상담목표를 달성하는 데 보다 효과적이다.

4. 요약

이 장에서 상담의 기본원리로서 상담자의 신념과 태도, 내담자의 이해와 문제파악, 내담자 조력활동에 대한 스물세 가지를 제안하였다. 이러한 내용은 다음과 같다.

- 상담의 기본원리 중 상담자의 신념과 태도로서 강조된 여섯 가지 내용은 다음과 같다.
  1. 변화에 대한 확신을 가져라.
  2. 윤리적 책임감을 인식하라.
  3. 자기자각을 확장하라.
  4. 본보기를 보여라.
  5. 내담자를 위해 함께함을 보여 주어라.

6. 내담자는 문제해결을 위한 자질을 가지고 있다.

• 상담의 기본원리 중 내담자의 이해와 문제파악으로 강조된 여덟 가지 내용은 다음과 같다.
1. 적극적 경청을 하라.
2. 내담자의 시간관리를 잘 살펴라.
3. 내담자의 분노관리를 잘 살펴라.
4. 내담자의 이해를 위해 '반복'이란 말을 명심하라.
5. 상담경험을 통한 육감을 발달시켜라.
6. 가족에 대한 내담자의 생각을 확인하라.
7. 내담자가 표현하는 언어에 함축된 의미를 파악하라.
8. 내담자의 심리평가를 정확히 하라.

• 상담의 기본원리 중 내담자 조력활동으로서 강조된 아홉 가지 내용은 다음과 같다.
1. 공감적 이해를 견지하라.
2. 경험을 통해 느끼게 하라.
3. 자신의 인간관과 성격에 부합한 상담이론을 개발하여 적용하라.
4. 상담 면접기법을 숙달하여 사용하라.
5. 상담기법을 적절한 시점에서 사용하라.
6. 현재 진행되는 경험을 다루어라.
7. 대부분의 상담기법이 역설적임을 명심하라.
8. 내담자를 끊임없이 격려하라.
9. 구체적인 상담목표를 설정하라.

효과적 조력을 위한
상담 연습 2

내담자의 자기탐색 조력기술

상담자는 내담자가 자신을 이해하도록 자신의 생각, 감정, 행동을 탐색하게 하는 반응을 하는 것이 주요하다. 마이어와 다비스(Meier & Davis, 1997)는 내담자의 자기탐색을 돕는 전략으로 다음과 같은 아홉 가지 내용을 제안하고 있다.

- 조언을 피하라.
- 성급한 문제해결을 피하라.
- 질문에 의존하는 것을 피하라.
- 내담자의 표현을 주의 깊게 경청하라.
- 비언어적 의사소통에 주의를 기울여라.
- 내담자에게 초점을 맞추어라.
- 구체적으로 지적하라.
- 은유적 표현을 경청하라.
- 요약하라.

연습 1: 위 내용이 어떤 측면에서 내담자의 자기탐색을 돕는지 확인해 보라.

연습 2: 위 내용 이외에 내담자의 자기탐색을 돕는 다른 전략들을 생각해 보라.

연습 3: 피터슨과 니센홀즈(Peterson & Nisenholz, 1999, pp. 72-76)는 훈련 중에 있는 상담자에게 공감기술을 발달시키는 방법으로 interviewing보다 자신의 내면을 보게 하는 innerviewing할 것을 강조하였다. innerviewing 모델은 상담자가 내담자의 관점에 맞춰 정확한 공감 반응기술을 사용하여 내담자의 주관적 세계(현상학적 장)의 입장에서 내담자의 생각, 태도, 행동 변화를 추구할 것을 제안한다. 상담자의 공감 반응은 내담자의 자기탐색을 돕는 중요한 반응기술이다. innerviewing을 통한 공감 반응이 내담자의 자기탐색을 촉진하여 내담자의 변화에 어떻게 도움을 주는지 생각해 보라.

제 2 부

상담과정과 기술

Theory and Practice of Counseling Psychology

상담은 진행되는 조력과정이다. 조력과정에 참여한 상담자와 내담자는 서로 음성언어와 신체언어를 통해 대화를 주고받는다. 상담자는 주로 자신의 이론적 입장에 따라 상담목표를 달성하기 위한 상담과정에 참여한다. 이러한 과정에서 상담자는 참여적 관찰자로서, 적극적 경청자로서, 변화를 위한 촉진자로서 내담자의 성숙을 위해 노력한다.

초보상담자는 "어떤 상담과정에 따라 내담자를 조력하는 것이 바람직한가?"란 질문을 하곤 한다. 이러한 질문은 내담자를 최선으로 조력하기 위해 만약 가장 훌륭한 상담과정 모델이 있다면 그러한 모델을 학습하고자 하는 의도에서 일 것이다. 하지만 초보상담자들이 찾는 최선의 상담과정이라고 밝혀진 모델은 없다.

상담과정은 시작에서 끝날 때까지 상담자와 내담자의 역동적인 상호작용 과정이며 일반적으로 순환적이며 중복적인 절차이다. 이론적 관점에 따라 상담과정 단계가 다소 차이를 보이지만 많은 상담전문가들이 함축적으로 중요하게 여기는 단계들이 있다. 여기서는 상담전문가들이 내담자와의 경험을 통해 일반적으로 상담의 시작에서 종결까지에 거치는 주요한 과정을 다섯 단계인 관계형성, 탐색, 이해, 실행, 종결 단계로 나누어 살펴보았다.

상담자가 하는 모든 반응은 내담자에게 영향을 준다. 상담자는 상담을 진행하는 과정에서 효과적으로 내담자를 조력하기 위해 반응기술에 능숙해야 한다. 또한 상담과정에서 주요하게 사용되는 반응기술을 적절한 시점에서 적용할 수 있어야 한다.

제 3 장

상담과정

상담관계는 상담자와 내담자의 신체언어와 음성언어가 서로에게 끊임없이 영향을 주는 역동적 관계이며 관계의 질은 효과적 조력에 매우 중요하다.

3장의 목차

상담은 진행되는 과정이다. 상담자는 바람직한 방향으로 내담자의 변화를 위한 상담목표를 달성하기 위해 상담과정에 참여한다. 상담과정은 상담자와 내담자 관계의 특징을 나타내며 상담자의 이론적 관점에 따라 차이를 보일 수 있다. 그러나 기본적으로 모든 상담자들은 "내담자의 문제가 무엇인가?"와 "내담자의 문제해결을 어떻게 조력할 것인가?"라는 질문에 대한 해결을 위해 상담과정에 참여하여 자신의 입장에 따라 내담자를 조력한다.

초보상담자는 내담자를 잘 조력해야 한다는 다소 강박적인 생각을 갖고 상담활동에 임하면서 어떤 상담과정을 통해 내담자를 조력해야 할지 궁금해 하며 최선의 방법을 찾으려고 한다. 이러한 노력을 하면서 초보상담자는 상담전문가에 따라 다소 다른 상담과정에 따라 내담자를 조력하는 것을 발견하고 혼란에 빠지기도 한다. 최선의 상담과정은 무엇일까? 내담자가 원하는 바를 정확히 이해하여 효과적으로 잘 조력하는 과정이 최선의 방법일 것이다. 우리 각자에게 최선의 상담과정은 지금까지 전문상담자들이 발견했던 가장 보편적인 과정이면서 상담자 각자의 독특한 관점을 반영하여 개발된 것이라고 본다. 초보상담자들은 많은 상담경험을 통해 높은 전문적 식견을 갖게 됨으로써 경험 있는 상담자로 성숙하여 나름의 적절한 상담과정을 개발하게 될 것이다.

여기서는 먼저 상담과정으로 많이 알려진 몇 가지 모델을 소개하고 심리 상담에서 특히 중요한 접수면접에 대해 살펴보고자 한다. 그다음에 보편적인 상담과정을 다섯 단계, 즉 관계형성 단계, 탐색 단계, 이해 단계, 실행 단계, 종결 단계로 구분하여 알아보고자 한다.

1. 상담과정 모델

상담자들은 자신의 경험과 이론적 입장에 근거하여 상담을 진행한다. 여기서는 이건(Egan)의 문제해결 모델, 카커프(Carkhuff)의 공감지향 모델, 홍경자(2001)의 중심과제지향 모델을 간략하게 소개하고자 한다.

1) 문제해결 모델

상담자들은 내담자를 조력하기 위해 자신의 이론적 입장에 따라 다양한 상담과정 모델을 개발하여 왔다. 이건(Egan, 1994)은 그의 잘 알려진 책『능숙한 조력자(The Skilled Helper)』에서 문제해결을 위한 상담과정을 강조하였다. 이건은 가치 있는 조력모델이라면 어떤 모델이든 내담자로 하여금 다음과 같은 네 가지 근본적인 물음에 답할 수 있는 것이어야 함을 강조하였다.

첫째, 현재의 상태는 어떠한가?(현재의 시나리오)

둘째, 현재와 다른 어떤 것을 필요로 하고 또 바라는가?(원하는 시나리오)

셋째, 필요로 하거나 원하는 것을 어떻게 얻을 수 있는가?(행동전략)

넷째, 어떻게 일어나게 하겠는가?(실행)

이건은 이러한 네 가지 질문을 해결하기 위해 문제해결 모델을 제안하였다. 그가 제시한 상담과정의 순환적 모델은 크게 세 단계로 되어 있으며 각 단계는 다시 세 가지 하부 단계로 구성되어 있다. 각 단계에서 상담자가 할 역할을 중심으로 설명한 이건이 제안한 상담과정 단계를 요약하여 제시하면 다음과 같다.

• 단계 I: 현재의 시나리오

첫째 단계에서 상담자는 내담자가 문제해결을 정의하고 명료화하도록 조력한다. 그렇게 하기 위해 상담자의 주요한 역할은 내담자가 현재의 시나리오를 이야기하도록 하는 것이다. 현재의 상태는 어떠한가? 지금 내가 다루어야 할 문제가 무엇인가? 이 물음에 대한 대답이 내담자가 처해 있는 현재의 상태 또는 시나리오를 구성한다. 첫째 단계의 세 가지 하부 단계는 다음과 같다.

〈단계 I-A: 이야기〉

내담자가 자신의 문제를 이야기하도록 조력한다. 내담자로 하여금 자신의 이야기를 있는 그대로 상세하게 털어놓게 한다. 그래야 목표설정으로 나아갈 수 있다.

〈단계 I-B: 맹점〉

도전을 통해 실행에 기여하는 새로운 관점을 발달시킨다. 내담자들은 대개 맹점을 가지고 있어서 자기 자신, 자신의 문제 상황, 아직 활용하지 못한 기회들을 있는 그대로 보지 못한다. 이러한 맹점들을 타파하여 새로운 시각에서 자신의 문제를 볼 수 있게 해야 한다. 내담자가 자기 맹점을 깨닫고 자기 문제를 새로운 안목에서 볼 수 있게 한다면 상황은 훨씬 쉽게 개선될 수 있을 것이다.

〈단계 I-C: 다루어야 할 문제 또는 기회 선택〉

지렛대의 원리에 따라 최선의 도움을 얻기 위한 우선순위를 마련하도록 조력한다. 내담자의 삶에 근본적으로 변화를 가져다 줄 수 있는 문제나 제대로 살리지 못한 기회에 대해 다루도록 도와주어야 한다.

• **단계 II: 원하는 시나리오**

둘째 단계에서 상담자는 내담자가 원하고 선호하는 시나리오를 발전시키도록 조력한다. 내담자에게 일어날 수 있는 보다 나은 미래의 가능성을 최대한 그려 보고, 이러한 가능성들을 바탕으로 앞으로 개선해 나가야 할 문제를 선정한다. 현재와 다른 어떤 것을 필요로 하고 또 바라는가? 이 물음에 대한 대답은 원하는 상태나 시나리오를 구성한다. 이 단계의 세 가지 하부 단계는 다음과 같다.

〈단계 II-A: 보다 나은 미래의 가능성〉

내담자가 미래를 건설하도록 조력한다. 내담자로 하여금 상상력을 총동원하여 보다 나은 미래가 어떤 것일지 생각해 보게 한다. 이러한 작업은 내담자가 문제와 불행에 골몰해 있던 상황에서 벗어나 희망을 가지게 되는데 도움이 된다. 또한 브레인스토밍은 내담자가 문제 상황을 보다 잘 이해할 수 있는 기회가 될 수 있다. 내담자는 자신이 원하는 것이 무엇인지 알기 시작하면서부터 그의 인생에서 가장 중요한 문제가 무엇인지 보다 쉽게 찾을 수 있게 된다.

〈단계 II-B: 변화계획〉

내담자가 생산적인 실현 가능한 목표를 만들도록 조력한다. 내담자로 하여금 첫째 단계에서 찾은 핵심적인 문제와 제대로 활용하지 못한 기회에 대처해 나가기 위해 현실적이고 바람직한 목표를 선정하게 한다. 변화계획이란 내담자로 하여금 원하는 목표에 순위를 정하는 것이다.

〈단계 II-C: 변화추구〉

내담자가 설정한 목표를 실행하도록 조력한다. 상담자들은 내담자들이 필요로 하고 또 원하는 것을 얻을 때까지 이를 추구해 나갈 수 있는 인센티브나 동기를 찾도록 도와주어야 한다.

• **단계 Ⅲ: 행동전략**

셋째 단계에서 상담자는 내담자가 선호하는 시나리오와 행동을 연결하도록 조력한다. 즉, 이 시기에는 내담자가 필요로 하고 원하는 것을 달성하기 위한 방법을 다룬다. 건설적인 변화가 일어나기 위해서는 무엇보다 어떤 결과를 가져다 줄 수 있는 행동을 취해야 한다. 내가 필요로 하거나 원하는 것을 얻으려면 어떻게 해야 하는가? 이 물음에 대한 대답은 목표를 달성하게 할 행동전략을 수립하여 실행하게 하는 것이다. 이 단계의 세 가지 하부 단계는 다음과 같다.

〈단계 Ⅲ-A: 가능한 행동들〉

내담자가 실천을 위한 전략을 발달시키도록 조력한다. 내담자가 목표달성을 위해 취할 수 있는 행동을 다양한 각도에서 보아야 한다. 이를 위해 행동전략의 발달, 다양한 사고와 창의성, 브레인스토밍이 이루어진다.

〈단계 Ⅲ-B: 최적의 전략선택〉

내담자가 최선의 전략을 선택하도록 조력한다. 내담자로 하여금 자신의 재능, 능력, 생활양식, 기질 및 일정에 가장 적합한 행동전략을 선택하게 한다. 전략은 구체적, 현실적, 실제적이어야 한다.

〈단계 Ⅲ-C: 계획 수립〉

내담자가 계획을 세우도록 조력한다. 내담자로 하여금 목표달성을 위한 행동들을 조직화하게 한다. 계획이란 내담자가 원하는 곳으로 갈 수 있도록 안내하는 지도와 같다. 계획은 단순해야 한다.

이상에서 살펴본 것처럼 상담과정은 문제해결을 위해 내담자를 조력하는 과정이다. 상담자가 취하는 이론적 입장에 따라 다소 상담과정이 달라질 수 있지만 궁극적인 목적은 효과적으로 내담자의 문제해결을 돕는 것이다.

2) 공감지향 모델

인본주의 입장을 취하는 카커프(Carkhuff, 1987)는 상담과정의 단계에서 상담자와 내담자가 하는 역할을 구분하여 명료하게 설명하고 있다. 그의 상담과정 모델은 로저스의 이론적 입장을 따른 것으로 공감지향 모델이다. 카커프는 상담자 공감훈련을 위해 대화기술 변별척도를 개발하였다. 상대방을 공감하여 적절하게 상담자로서 반응하는 대화기술을 학습하는 데 그가 제안한 대화기술 변별척도가 활용될 수 있으리라 본다. 간략하게 소개하면 다음과 같다.

3.0: 감정에 반응하기(You feel ~): "당신은 느끼고 있군요." "그러니까 ~하게 느끼지요?"

3.5: 감정과 내용에 반응하기(You feel ~Because or When ~): "~하니까 당신은 ~하게 느끼는 군요." "~할 때 ~하는 감정이 들지요?"

4.0: 개인적인 문제점을 규명하기(You feel ~Because you can't): "자네가 ~할 수 없기 때문에 ~하단 말이지?"

4.5: 개인적인 목표를 설정하기(You feel ~Because you can't ~and you want to ~): 자네가 ~하지 못하니까 ~하게 느껴왔는데 이제는 ~하고 싶다는 거지?"

5.0: 목표에로의 단계를 솔선하기(You first step is ~, and your next step is~, or let's think about the ways to solve the problem): "자, 그러면 그 문제를 해결하기 위한 방법을 함께 생각해 보기로 합시다."

위의 척도에서 만약 당신의 반응이 최소의 공감적 반응을 하면 3.0이 됨을 의미하며 점수가 높을수록 고차적 공감을 의미한다. 그리고 공감적이지 않는 반응은 1.0 ~2.5에 해당한다.

카커프가 제안한 공감지향 모델은 기본적으로 상담과정이 진행됨에 따라 상담자가 보다 고차적 공감을 하여 내담자가 문제해결을 할 수 있도록 조력한다. 그가 제안한 상담과정의 네 단계를 간략하게 소개하면 다음과 같다.

- 단계 1: 상담자-관심주기
  내담자-참여하기

첫째 단계에서 상담자는 내담자에게 관심을 보여 준다. 상담자는 언어적 그리고 비언어적으로 내담자를 조력하려는 강력한 의지와 관심을 보인다. 상담자가 적극적 경청과 관찰을 바탕으로 내담자의 표현에 관심을 보이면, 내담자는 상담관계에 참여하게 된다. 이 단계에서 상담자와 내담자는 신뢰에 기초한 상담관계를 형성한다.

- 단계 2: 상담자–반응하기
  내담자–탐색하기

둘째 단계에서 상담자는 내담자가 표현하는 의미, 감정, 내용을 구분해서 정확하게 반응함으로써 내담자가 자신을 탐색하도록 촉진한다. 상담자는 '바꾸어 말하기'나 5WH(who, what, why, when, where, how)를 통해 내용에 반응한다. 특히 이 단계에서 상담자가 내담자의 내적 참조 틀에 근거한 공감적 반응을 함으로써 내담자의 탐색을 촉진한다.

- 단계 3: 상담자–내담자에게 초점 맞추기
  내담자–이해하기

셋째 단계에서 상담자는 상호교류 관계를 토대로 의미, 문제, 목표, 감정을 내담자에 맞추어 개인화한다. 즉, 상담자가 내담자 자신의 문제에 초점을 맞춤으로써 내담자는 자신의 문제를 파악하고 이해하게 된다.

- 단계 4: 상담자–문제해결을 위한 행동을 주도하기
  내담자–실행하기

넷째 단계에서 상담자는 목표를 정의하고, 프로그램을 개발하고, 계획과 강화를 설계하고, 단계를 개별화하고, 단계 수행을 위해 준비하고, 단계 수행과정의 확인을 주도한다. 이러한 상담자의 주도에 의해 내담자는 행동 착수를 하게 된다.

이러한 상담단계를 통해 내담자가 착수한 행동 결과는 내담자에게 문제해결에 대한 피드백으로 작용한다. 즉, 네 번째 단계에서 실행을 통한 문제해결이 적절하게 이루어지지 않을 때 다시 두 번째 단계로 되돌아가서 문제에 대한 탐색을 하도록 한다.

카커프가 제안한 공감지향 상담과정에서 상담자와 내담자의 역할을 바탕으로 '상담을 정의'해 보면 다음과 같다. '상담자가 내담자에게 진솔한 돌봄의 관심을 보이면 내담자는 상담활동에 적극적으로 참여하게 된다. 내담자의 활성화된 동기유발을 바탕으로 상담자의 공감에 기초한 적절한 반응은 내담자가 자기탐색을 하도록 촉진한다. 또한 상담자는 내담자에게 초점을 맞춤으로써 문제해결의 책임자로서 문제에 대한 정확한 이해를 하도록 한다. 더 나아가 상담자는 내담자가 실행을 통해 문제해결을 할 수 있도록 선도하는 역할을 수행한다.' 요약하면 '상담은 내담자로 하여금 자기탐색을 통해 문제를 정확히 이해하여 그가 행동을 통해 해결하도록 조력하는 과정'이라고 할 수 있다.

3) 중심과제지향 모델

상담자는 상담과정의 각 단계에서 주요하게 다루어야 할 과제를 처리한다. 홍경자(2001)는 동양의 유도와 노자사상의 원리를 바탕으로 상담자가 상담과정의 단계에서 해결해야 할 주요한 중심과제에 초점을 맞춰 자연스럽게 상담과정을 진행할 것을 강조하였다. 여기서는 홍경자의 이러한 입장을 편의상 중심과제지향 모델이라고 명명하여 소개하고자 한다. 홍경자의 중심과제지향 모델의 여섯 단계와 중심과제를 간략하게 소개하면 다음과 같다.

- **첫째 단계**: 상담관계를 수립하고 이끌어 가기—이 단계의 중심과제는 친밀감의 형성과 구조화이다. 내담자에게 관심을 기울이면서 내담자의 이야기를 이끌어 준다.
- **둘째 단계**: 내담자의 마음을 읽어 주기—이 단계의 중심과제는 공감하기이다. 상담자는 감정이나 생각과 의미를 반영해 준다.
- **셋째 단계**: 내담자의 현재 상태와 미래의 꿈을 밝혀 주기—이 단계의 중심과제는 문제점의 규명과 상담의 목표설정이다.
- **넷째 단계**: 내담자의 문제점을 풀어 나가기—이 단계의 중심과제는 대안의 탐색과 계획 및 실천이다.
- **다섯째 단계**: 내담자를 발전과 변화로 인도하기—이 단계의 중심과제는 실생활에서의 일반화이다.
- **여섯째 단계**: 상담관계를 마무리하기—이 단계의 중심과제는 상담효과의 평가와 상담관계의 종결이다.

2. 접수면접

내담자가 상담실을 방문하면 제일 먼저 이루어지는 것이 접수면접이다. 새로운 사람을 만나면 첫인상이 중요한 것처럼 상담에서 접수면접은 매우 중요하다. 많은 대학상담센터, 정신건강기관, 사설상담실 등에서 잠정적인 진단이 접수상담자들에 의해 행해지는 특별한 접수면접 동안에 이루어진다. 접수면접은 내담자의 현재 문제, 일반적인 삶의 상황, 대인관계상의 기능에 대한 정보를 수집하기 위해 내담자와 함께 작업하는 단 한 번의 만남이다. 상담자와 내담자는 접수면접이 정기적인 상담회기와는 별개의 것이며, 통상 정기적인 상담자와는 다른 사람에 의해서 행해진다는 것을 이해한다. 심한 정서장애가 있는 사람들과의 접수면접에서 흔히 사용되는 한 가지 구조화된 도구는 '정신상태 조사'이다. 정신상태 조사는 현재의 행동과 인지 기능을 평가하는 구조화된 면접에 따라 이루어진다. 이러한 종류의 접수면접에서 상담자는 일반적으로 아홉 가지 특별한 정보, 즉 내담자의 외모, 행동/심리동작 활동, 상담자에 대한 태도, 정서와 기분, 말과 생각, 지각장애, 현실에 대한 방향성과 의식, 기억과 지능, 신뢰성과 판단력을 평가한다(Sommers-Flanagan & Sommers-Flanagan, 1993).

접수면접은 몇 가지 제한점을 가진다. 그중에서 가장 중요한 제한점은 상담자와 내담자 간에 신뢰와 협력관계가 발달할 시간도 없이 민감하고 고통스러운 정보를 논의해야 하는 것이다. 내담자는 일단 정기적으로 만날 상담자가 선정되면 다시 자신의 이야기를 반복해서 해야 한다는 가능성에 의해 움츠러들 수 있다. 접수면접의 또 다른 제한점은 직접적인 접수절차가 내담자에게 상담자가 질문하고 논의를 인도하기를 기다리는 것과 같은 수동적 역할이 적절한 것이라는 인상을 줄 수 있다는 점이다. 바꾸어 말하면, 내담자는 상담이 의사와의 만남과 유사한 과정이며 환자의 역할을 하게 된다는 것을 배울 수 있다. 이러한 내담자의 수동성은 문제를 해결하기 위한 효과적인 협력관계를 붕괴시킬 수 있다. 결과적으로 접수체계에서 상담자는 내담자에게 효과적인 상담을 위한 상호관계에 관하여 교육시키고 그 과정에 내담자가 능동적으로 참여하도록 격려하는 책임을 추가로 가지게 된다.

접수면접 동안에 상담자는 상담의 첫 번째 단계에 적절한 적극적 경청기술을 사용하고 감정과 비언어적 행동에 주의함으로써 내담자를 가능한 편안하게 할 특별한 책임을 가진다. 이러한 경청기술에 근거하여 상담자는 조심스럽게 내담자의 문제를 탐색해야 한다.

접수면접에서 수집된 자료가 완전하거나 적절한 것이 아닐 수 있다. 선정된 상담자는 일단 신뢰관계가 확립된 후 내담자의 탐색이 시작되면 접수면접에서 파악된 내용을 재조사해야 한다. 접수면접에서 내려지는 진단은 항상 잠정적인 것이다. 왜냐하면 회기가 짧고 정보의 신뢰성이 확인되지 않았기 때문이다(Patterson & Welfel, 2000, pp. 129-130). 상담자가 접수면접에서 파악하는 주요한 정보를 분류하여 살펴보면 다음과 같다.

내담자에 대한 기본정보 성별, 생년월일, 주소 또는 연락처, 종교, 신체, 정신적 질병에 관한 정보, 투약하고 있는 약이나 영양제, 신체적 결함, 치료경험, 신청경로 등에 대해서 알아본다.

외모 및 행동 내담자의 옷차림, 두발상태, 표정, 말할 때의 특징(예컨대, 말이 매우 빠르고 가끔 더듬는다), 시선의 적절성, 면접자와 대화할 때의 태도, 행동, 예절 등에 관한 면접자의 관찰을 기록한다.

호소문제 내담자가 상담을 받으려는 이유, 상담소에 찾아온 목적이나 배경 등을 듣는다. 호소문제의 간단한 역사를 듣는 것도 필요하다. 즉, 그 문제가 발생한 시기, 상황적 혹은 생물학적 배경, 문제가 발전한 경로, 현재의 상태와 심각성 등이 여기에 해당한다. 또한 그 문제와 관련된 대인관계, 사회적인 직업상 혹은 학업상의 고충이나 변화에 대해서도 듣는다. 어떤 내담자의 경우, 여러 가지 복합적인 문제들을 호소한다. 우울 및 무기력 증세와 함께 아버지에 대한 증오심, 학교 서클에서의 대인관계 고충, 자신의 우유부단함 등을 한꺼번에 쏟아 내기도 한다. 접수면접자는 이런 경우에 내담자를 도와서 문제를 요령 있게 제시할 수 있도록 해야 한다. 여기서의 요령은 내담자로 하여금 문제들을 복합적으로 제시하지 말고 구분하여 제시하도록 도와주는 것이다. 내담자가 제시하려는 문제는 경험 내지는 현상 그 자체이어서 유기적이고 복합적인 것이지만, 그것을 제시하는 채널은 언어이기 때문에 그런 유기성을 간단명료하게 기록하는 작업은 너무나 어렵다. 오히려 문제들을 분류해서 기술한 다음에 그들 간의 관련성을 찾아보는 것이 효율적일 수 있다. 호소문제는 내담자의 말과 용어를 그대로 기록하는 것이 바람직하다. 그렇게 해야만 내담자의 심정, 상황적인 사정, 도움을 요하는 사정 등이 더욱 현실과 가깝게 기술될 수 있고 내담자의 고유한 상황이 반영될 수 있기 때문이다.

현재 및 최근의 주요 기능상태 내담자의 환경적, 심리적, 생화학적 변화가 최근에 급격히 발생했을지도 모르며, 그런 변화가 내담자 문제와 직결되었을 가능성도 높다. 또한 급격한 기능저하가 발생했을 경우는 가능한 한 조속하게 처치를 받을수록 좋은 효과가 기대되므로 주요 기능에 관한 정보를 수집할 필요가 있다. 기능수행 정도에 관한 정보는 "현재 기능이 어떠한가?"와 "지난 1년간 어떠했는가?"의 두 가지로 파악하는 경우가 많다. 내담자의 전반적 기능 상태를 평가하는데 DSM-5(APA, 2013)의 여섯 영역을 36문항으로 평가하는 '세계보건기구 불능평가척도(World Health Organization Disability Assessment Schedule: WHODAS)'를 유용한 자료로 활용할 수 있을 것이다. 여섯 가지 영역은 인지(cognition), 이동성(mobility), 자기돌봄(self-care), 대인관계(getting along), 생활활동(life activities), 사회참여(participation in society)이다.

스트레스 원 내담자에게 스트레스를 주는 원인의 기록은 접수면접자의 분류체계나 용어를 사용하는 것보다 내담자의 말과 표현방식에 의거해서 기록하는 것이 바람직하다. 개인에 따라 스트레스가 될 수 있는 한 현상을 여러 다른 방식으로 표현할 수 있는데, 여기에서 그 사람이 환경과 사건들을 지각하는 스타일을 알아낼 수도 있다. 내담자에게 스트레스가 될 만한 조건들로는 대인관계의 불화, 의사결정, 양자택일해야 하는 상황, 공부, 성적, 시험이나 논문, 재정적 곤란, 신체질병이나 허약, 가족원의 문제, 프로젝트 미수행, 외로움, 권태, 너무 잦은 사회적 모임, 소음이 심한 주거 혹은 근무환경, 매연, 날씨 등등 수없이 많을 것이다. 그리고 어떤 사람은 우리의 상식을 벗어나는 매우 특이한 것에서 스트레스를 받는 경우도 있으므로 면담자는 내담자의 입장에서 그것이 그에게 스트레스의 원인이 될 수 있음을 인식해야 할 것이다.

사회적 지원체계 내담자는 '어려운 일이나 억울한 일 등 문제가 생겼을 때 만나서 상의하거나 하소연하거나 내 편이 되어줄 만한 사람이 주위에 있을까?'라고 생각할 수 있다. 이에 따라 사회적으로 지원할 수 있는 체제는 가족, 친구, 친척, 스승, 선후배, 이웃, 직장동료 등으로 다양하다. 사회적 지원이 없거나 극히 빈약한 사람은 상담자에게 더 의존하거나(혹은 그 반대일 수 있다) 위기를 극복한 능력이 더 떨어지거나, 대인관계 기술이 극히 부족한 사람일 가능성이 높으므로 접수면접자와 상담자가 각별히 신경을 써야 할 대상이다. 지원체제가 적당히 있는 사람은 문제가 생겼을 때 그를 도와줄 수 있는 자원이 풍부한 셈이므로 그만큼 '예후'가 좋다고 예상할 수 있다.

호소문제와 관련된 개인사 및 가족관계 내담자에게 "전에 이와 비슷한 문제로 고민해 본 적이 있으세요?" "전에는 같은 문제가 생겼을 때 어떻게 대처했나요?"와 같은 질문들은 호소문제와 관련된 개인사를 얻어 내는 데 도움이 될 것이다. 가족관계에 대해서 단순히 방만한 정보수집보다는 호소문제와 관련시켜서 정보를 수집하는 것이 바람직하다. 내담자의 호소문제와 관련하여 그 가족들의 행동이나 태도 등을 알아낼 수 있도록 질문을 하는 것이 효과적이다.

3. 관계형성 단계

접수면접에 의해 상담자가 배정되면 상담이 시작된다. 상담실에 찾아오는 내담자들의 실태를 파악해 볼 때 내담자들이 처음부터 자발적이며 동기유발이 된 상태에서 오는 경우는 그렇게 많지 않은 실정이다. 따라서 상담초기에 상담자는 비자발적인 내담자를 자발적으로 바꾸거나 동기유발을 시키는 것이 무엇보다 중요하다.

관계형성 단계에서 상담자는 내담자가 자신의 문제를 털어놓을 수 있는 신뢰 관계를 쌓는 것에 중점을 둔다. 초기에 내담자와의 관계형성을 어떻게 하느냐에 따라 이후에 진행되는 상담과정은 엄청난 차이를 보인다. 상담자가 능숙한 조력기술을 갖추고 있다고 할지라도 내담자에게 신뢰감과 매력을 주지 못하면 그러한 기술을 적용하기도 전에 상담관계가 끝날 수 있다. 상담자가 진솔하게 내담자를 조력하려고 노력하고 있다는 메시지를 흠뻑 느낄 수 있도록 상담자는 자신의 음성언어와 신체언어를 효과적으로 사용하여야 한다. 내담자에게 비추어진 상담자의 태도나 신체언어는 내담자에게 갖는 상담자의 관심을 반영한다. 특히 상담의 초기에 상담자가 내담자에게 보이는 태도는 관계형성에 매우 중요하다. 지적한 것처럼 상담의 공동 주체는 상담자와 내담자이다. 따라서 여기서는 관계형성에서 보이는 내담자와 상담자의 주요한 관심과 행동에 초점을 두고 내담자의 역할과 상담자의 역할을 알아보고자 한다. 더불어 초기 상담 관계형성에 중요한 상담자의 관심주기와 상담의 구조화에 대해 알아보자.

1) 내담자의 역할

초기 단계에서 내담자의 주요한 행동 특징은 수동적이며 상담자에게 많이 의존하는 수동적 역할이다. 내담자가 비자발적으로 참여한 경우는 상담자가 어떻게 하는가를 관찰하면서 상담자의 반응에 따라 마지못해 대답하는 매우 수동적인 역할을 수행한다. 자발적으로 상담을 찾은 내담자도 상담 절차를 모르기 때문에 기본적으로 수동적 역할을 하지만 도움을 받고자 하는 욕구가 강하고 동기유발이 되어 있기 때문에 상담자의 태도와 반응에 따라 능동적으로 상담관계에 참여할 가능성이 높다.

이 단계에서 내담자는 기본적으로 자신의 문제를 털어놓게 되고 상담자가 그러한 문제를 빨리 해결해 주었으면 한다. 상담자가 그에게 보여 주는 태도를 확인하면서 이 상담자가 자신에게 도움이 될 것인가를 평가한다. 내담자가 상담자에 대한 부정적 평가를 하면 상담관계는 종결될 수 있다. 내담자는 상담이 어떻게 진행되는가에 대해 궁금해 하며 상담자의 구조화에 의존해서 행동하게 된다. 내담자는 자신의 문제해결을 위한 상담자의 조력 능력 여부와 상담 절차에 대한 호기심으로 가득 찬 상태에서 드러난 행동의 특징은 수동적이지만 내면적으로 이러한 호기심에 대한 능동적 평가를 하고 있다.

2) 상담자의 역할

상담 관계형성을 위해 초기에 상담자는 내담자를 조력하기 위해 전적으로 그에게 관심을 기울이고 있다는 것이 전달될 수 있도록 노력해야 한다. 상담자는 신뢰에 기초한 관계형성을 위해 개방적이며 정직한 태도로 임해야 한다. 상담자는 내담자가 편안한 심리적 상태로 상담에 참여할 수 있도록 적절한 상담실 환경을 유지해야 한다. 내담자가 호소하는 문제를 잘 경청하면서 그가 상담 절차에 대해 갖는 많은 호기심을 해결해 줄 수 있어야 한다. 상담자는 주로 내담자가 자신의 문제에 대해 얘기할 수 있도록 개방형 질문을 사용하여 문제 내용과 심각성을 확인한다. 비판단적인 자세를 견지하면서 내담자의 행동을 잘 관찰하고 경청하며 수용적인 태도를 보인다. 관계형성 단계에서 상담자의 주요한 역할은 내담자에게 관심 기울이기, 상담자의 태도, 상담의 구조화이다. 이러한 내용에 대해 간략하게 살펴보자.

상담자의 신체언어 상담에서 상담자의 비언어적 태도, 즉 신체언어는 중요하다. 상담자가 내담자에게 관심을 기울일 때 사용할 수 있는 미시적 기술을 이건(Egan, 1994)은 두문자어로 SOLER(Squarely, Open, Leaning, Eye contact, Relaxed)라는 말로 요약하여 설명하였다. 이러한 내용을 소개하면 다음과 같다.

- Squarely: 상담자는 내담자와 서로 마주본다.

내담자에게 관여하고 있다는 자세를 취한다. 이러한 자세는 '나는 당신과 함께 있다. 당신에게 도움이 되고 싶다.'라는 뜻을 전달한다. 상대방에게 말하면서 고개를 다른 곳으로 돌리고 있으면 관심이 적다는 생각을 품게 할 수 있다. 둘러앉아 있을 때라도 어떻게 해서든 말을 걸려는 사람 쪽으로 바로 향하게 하려고 한다. 여기서 '바로'라는 말은 문자 그대로 상대방에게 향하게 할 때, 이는 내담자에게 관심이 있다는 사실을 전달해 준다는 점이다. 어떤 이유로든 바로 쳐다보는 것이 상대방에게 위협으로 느껴진다면 약간 비스듬히 보아도 좋다. 중요한 것은 상담자가 나타내는 관심의 질이다.

- Open: 상담자는 개방적인 자세를 취한다.

상담자는 내담자에게 마음의 문을 열고 있다는 자세를 취하는 것이 중요하다. 상담자가 팔짱을 끼거나 다리를 꼬고 앉아 있는 것은 관심이나 도울 태세가 제대로 갖추어져 있지 않다는 생각을 품게 만들 수 있다. 개방적인 자세는 내담자와 내담자가 하는 말에 마음을 열고 있다는 증거가 될 수 있다. 개방이라는 말 역시 문자 그대로 받아들여도 좋고 은유적으로 받아들여도 좋다. 다리를 꼬고 앉아 있다고 해서 내담자에게 관심이 없다는 뜻은 아니다. 그러나 중요한 것은 '내가 지금 취하고 있는 자세는 내가 개방적이고 돕고 싶은 태세가 갖추어져 있다는 사실을 내담자에게 얼마나 잘 전달하고 있는가?' 하고 자문해 보는 것이다.

- Leaning: 상담자는 내담자를 향해 몸을 기울인 자세를 취한다.

상담자는 내담자를 향하여 몸을 약간 기울여서 그의 말에 관심을 기울이고 있다는 것을 나타내는 자세를 취한다. 중요한 것은 상체의 움직임이다. 앞으로 기울였다 뒤로 뺐다 할 수 있다. 북미 문화권에서 상대방을 향해 상체를 약간 기울이는 것은 '나는 당신과 함께 있다. 당신과 당신이 하는 말에 관심이 많다.'는 뜻을 전달한다. 몸을 뒤로 젖히고 있는 자세는 '당신에게 별 흥미가 없다.' 또는 '따분하다.'는 의미를 전달하기 십상이다. 그러나 몸을 너무 앞으로 구부리거나 그런 동작을 자주 취하면 내담자에게 부담을 주고 친밀감을 강요하는 것 같은 인상을 줄 수 있다. 넓은 의미에서 볼 때 상대방 쪽으로 몸을 '기울이는 것'은 내담자와의 의사소통을 촉진시키는 일종의 신체적 유연성 또는 반응성을 가리킨다.

• Eye contact: 상담자는 내담자와 적절한 시선 접촉을 유지한다.

내담자와 좋은 시선 접촉을 유지한다는 것은 '당신과 함께 있다. 당신에게 관심을 느끼고 있다. 당신이 하는 말을 듣고 싶다.'는 뜻을 전달해 준다. 물론 이따금 시선을 다른 곳으로 돌린다고 해서 나쁠 것은 없다. 사실 상대방을 바라보고 싶지 않으면 그렇게 해야 한다. 그러나 너무 자주 시선을 피하면 상대방과 함께 있거나 관여하기를 꺼린다는 암시를 주거나 상담자가 무언가 불편해한다는 인상을 심어 줄 수 있다.

• Relaxed: 상담자는 편안한 이완된 자세를 취한다.

편안한 자세는 두 가지 사실을 뜻한다. 첫째, 조바심하거나 주의를 흩뜨리는 표정을 짓지 않는다. 그렇게 하면 내담자는 무엇이 상담자를 불편하게 하는지 의아하게 생각할 것이다. 둘째, 개인적 접촉과 표현의 도구인 몸짓을 편안하고 자연스럽게 한다. 이러한 기술을 자연스럽게 사용하면 내담자를 편안하게 만들 수 있을 것이다.

위 다섯 가지 자세는 상담자가 내담자에게 관심을 기울일 때 사용하는 기술을 요약한 것으로, 이런 자세는 문화적 차이점을 알고 주어진 문화권에 맞는 자세를 취하는 것이 효과적이다.

상담자의 태도 상담에서 매우 중요한 관계형성에 가장 기여한 상담심리학자는 단연 로저스라고 할 수 있다. 그가 제안했던 상담자의 세 가지 태도인 진솔성 혹은 일치성, 무조건적 긍정적 존중, 정확한 공감은 상담 관계형성을 위한 상담자의 핵심태도라고 할 수 있다.

상담자가 일관성 있게 내담자를 진실하게 대하고, 그에게 긍정적 존중을 보이며 모든 것을 수용하고, 그의 마음을 읽어 줄 때 분명 내담자는 지금까지 그가 가져왔던 불신에 대한 의구심을 떨치고 서서히 마음의 문을 열기 시작한다.

상담의 구조화 구조화는 상담과정의 본질, 제한조건과 방향에 대하여 상담자가 내담자에게 정의를 내려 주는 것이다. 즉, 상담자가 내담자에게 상담과정의 바람직한 체계와 방향을 알려 주는 것이다. 이러한 구조화를 통해 내담자는 상담관계가 합리적인 계획을 가지고 있다는 점을 알게 된다. 따라서 초기에 구조화가 이루어지지 않으면 상담자에게 의존하게 되고 상담과정과 목표가 혼란에 빠질 수 있다.

구조화에는 두 가지 종류가 있다. 첫째는 암시적인 구조화로서, 이미 알려진 상담자의 역할과 내담자가 처해 있는 상황이 자동적으로 상담관계에 어떤 구조를 가하게 되는 것이다. 둘째는 정규적인 구조화로서, 내담자에게 상담과정에 대해 의도적으로 설명하고 제약을 가하는 것이다. 상담에서는 내담자가 자유롭게 자신의 행동과 결정을 하는 것이 원칙이지만 선택 방향을 제시하는 어느 정도의 참조 틀이 필요하다.

구조화의 일반적인 세 가지 원칙은 다음과 같다. 첫째, 상담자와 내담자가 서로 편안히 느끼도록 구조화가 최소한으로 이루어져야 한다. 둘째, 구조화는 적절한 시점에서 이루어지되 결코 내담자를 처벌하는 식이 되어서는 안 된다. 셋째, 면담시간의 약속과 내담자의 행동규범에 관해서는 구체적으로 정해야 한다.

상담면접에서 구조화는 그 자체가 상담의 목적이 아니라 상담관계를 바람직한 방향으로 안정시키는 수단으로서 중요한 기능을 한다. 제도적 혹은 환경적 제약이 있을 때 구조화를 하지 않으면 내담자의 비현실적 기대 때문에 상담 결과나 과정이 혼란에 빠질 수도 있다. 상담자는 구조화를 통해 상담시간, 내담자의 행동, 상담자의 역할, 내담자의 역할 및 과정목표를 설정한다.

구조화는 필요에 따라 상담과정 중에 언제나 일어날 수 있지만, 특히 상담초기에 적절한 구조화가 이루어지는 게 필요하다. 상담 첫 회기 중에 내담자와 상담자는 그들이 같이 어떻게 작업할 것인가의 패턴을 확립한다. 청년이나 성인 내담자와 상담할 때, 상담자는 비밀유지, 상담회기의 길이와 빈도, 상담의 계획된 지속기간, 내담자와 상담자의 책임, 가능한 상담 성과 등에 대한 논의를 할 것이다. 어린이를 상담할 때는 일반적으로 행동제한이 논의된다.

이전에 상담경험이 있었던 내담자와 상담할 경우에, 상담자는 내담자가 비밀유지를 이해하고 있는지 질문하고 필요성을 상세히 설명하는 것으로 시작할 수 있다. 젊은 내담자나 이전에 노출해 본 적이 없는 내담자들과 상담할 때 상담자는 이렇게 말할 수 있다. "나와 당신이 얘기한 내용은 사적인 것이다. 나는 당신의 허가 없이는 어느 누구에게도 그 내용을 말하지 않을 것이다. 물론 두 가지 예외가 있다. 만일 당신이 자기 자신이나 다른 사람을 해치는 것에 대해 말하거나 혹은 위험에 처해 있는 것을 말하면 나는 도움을 받기 위해 다른 사람을 포함시킬지도 모른다."

상담에서 시간의 틀에 대한 논의는 내담자에게 예정된 것을 알려 주고 내담자가 상담에 어떻게 참여할 것인가의 관점을 갖게 한다. 첫 회기 시작에서 "우리는 오늘 50분 동안 같이 이야기할 것입니다."라고 말하는 것은 내담자에게 시간에 대한 제한 및 시간을 허비하지 않고 상담관계에 열중하도록 해 준다. 만일 추가상담이 결정된다면 상담자에게 만나기로 예약한 특정한 일정(시간, 날짜)을 말해 주어야 한다. 이것은 내담자가 앞으로의 회기를 기대하게 하고 그 상담회기에 어떻게 참여할 것인가를 예상하게 한다.

가장 복잡한 구조화 기술은 내담자에게 상담과정 자체에서 기대할 수 있는 것이 무엇인지를 전달하는 것이다. 왈라스(Wallace, 1986)는 "내담자는 상담이 공동의 노력이라는 것, 내담자가 상담과정에 적극적인 참여자가 되길 기대한다는 것, 비록 상담이 희망을 갖게 하지만 성공을 약속할 수 없다는 것을 명확히 이해하고 첫 회기를 마쳐야 한다."고 지적하였다.

공동의 노력에서 내담자의 역할은 중요하고 때론 위협적인 자료를 노출하여 상담자와 공유하는 것, 문제 해결과 성장의 원인이 되는 것들을 변화시키기 위해 진실한 만남을 만드는 것, 대안을 개발하기 위해 상담자와 같이 일하는 것, 계획을 발전시키는 행동을 하는 것을 포함한다.

상담자의 역할은 내담자가 자신의 이야기를 하도록 돕는 것, 내담자가 자신의 느낌과 동기와 행동을 이해하도록 촉진하는 것, 내담자가 자신의 현실에 대한 자신의 시각적 견해를 재구성하는 것을 돕는 것, 내담자와 행동계획을 짜는 것이다. 여기서 중요한 요소는 내담자가 자신의 인생을 변화시킬 주체라는 것을 명확히 이해시키는 것이다. 상담자는 내담자의 대처기술이 향상되도록 돕지만 그의 문제를 해결해 주지는 못한다.

첫 회기 때 가장 좋은 구조화는 노출의 초기 과정을 시작하는 것이다. 그것은 내담자가 상담에서 기대할 수 있는 것과 기대할 수 없는 것을 이해하도록 돕고, 내담자가 참여하는 방법과 참가하는 시간의 구조를 이해하도록 돕는다.

4. 탐색 단계

탐색 단계의 주요한 특징은 내담자의 자각 확장이다. 상담자와 내담자의 신뢰 관계를 바탕으로 탐색 단계에서 상담자는 내담자가 자신의 문제의 본질을 정확히 파악하도록 탐색하게 한다. 내담자가 초기 관계형성 단계에서 제시한 문제가 실제적 문제가 아닌 경우가 많다. 내담자는 자신의 가족관계, 성격, 단점과 강점, 문제대처 방식 등을 탐색함으로써 현재 문제가 어떻게 해서 비롯되었는가를 알게 된다.

1) 내담자의 역할

탐색의 주체적 역할을 하는 것은 내담자이다. 내담자는 상담자가 문제를 해결해 주는 사람이 아니라 문제해결을 하는 사람은 자신이라는 것을 깨닫게 되고 자신의 문제를 파악하기 위한 노력을 한다. 내담자는 자기노출과 자기탐색을 증가함으로써 이전에는 알아채지 못했던 자신의 장점과 단점을 알게 된다. 내담자에게 큰 충격을 주었던 과거에 일어났던 일이나 미래에 일어날 일에 대한 걱정을 현재로 가져와 경험함으로써 무엇이 문제인가를 알게 된다. 내담자는 자기노출과 경험을 통해 자신의 현재 문제와 비합리적 생각, 부적절한 정서, 자기파괴 행동의 관계성을 자각하게 된다.

2) 상담자의 역할

탐색 단계에서 상담자의 주요한 역할은 내담자가 자기탐색을 확장하도록 촉진하는 반응을 하는 것이다. 카커프(Carkhuff, 1987, pp. 91-123)는 상담자가 내담자가 표현하는 내용, 감정, 의미에 적절한 공감적 반응을 하여 내담자의 자기탐색을 촉진할 것을 강조하였다. 즉, 상담자는 내용의 재진술 혹은 바꾸어 말하기, 감정의 반영, 내용과 감정을 함께 반영하는 반응을 함으로써 내담자의 마음을 읽어 줄 수 있어야 한다.

상담자는 들추어내기 힘든 일들을 자기노출하는 내담자의 노력을 격려하는 역할을 한다. 아들러식 상담자들은 내담자의 생활양식조사를 통해 내담자가 현재 겪고 있는 문제와의 관계성을 탐색한다.

5. 이해 단계

내담자의 자기탐색을 통한 자각은 문제의 본질에 대한 통찰과 이해로 이끈다. 내담자의 통찰은 새로운 관점으로 자신과 주변 세계를 이해함을 말한다. 이러한 이해의 핵심은 내담자가 문제로 이끈 자신의 생각, 행동, 감정의 책임이 자신에게 있고 이것을 변화시킬 책임도 자신에게 있다는 것을 깨닫는 것이다. 지금까지 내담자의 문제해결을 가로막았던 주요 원인인 방어나 책임회피를 벗어 버리고 모든 문제에 직면하여 해결의 책임이 자신에게 있다는 것을 인식한다.

1) 내담자의 역할

탐색을 통한 자각 확장으로 내담자는 전체적 조망에 의한 통찰을 한다. 내담자는 문제의 본질을 이해하고 변화의 책임이 자신에게 있다는 것을 이해한다. 방어를 벗어 버리고 실존적 존재로서 자신의 역할을 경험한다. 내담자는 자신의 행동, 감정, 생각이 어떻게 현재의 문제와 관련되어 있는지를 이해한다. 자신의 왜곡되고 불일치한 경험을 확인하고 보다 일치된 경험을 한다. 내담자는 새로운 관점에서 문제를 보게 되고 어떻게 행동해야 할 것인가에 대한 자기다짐을 한다.

2) 상담자의 역할

이 단계에서 상담자의 주요한 역할은 내담자가 정확하게 자신의 문제를 이해하도록 돕는 것이다. 상담자는 내담자가 새로운 관점에서 문제를 이해하고 자신의 부적절한 행동, 감정, 생각에 대한 책임의 소재가 자신임을 깨닫게 한다. 상담자는 내담자의 이해를 촉진시키기 위해 높은 수준의 공감, 직면, 해석 등의 기법을 사용한다. 특히 내담자가 경험을 통해 이해할 수 있도록 과거나 미래의 미해결된 일을 현재에서 역할연습을 하도록 한다. 카커프(Carkhuff, 1987, pp. 125-153)는 상담자가 내담자의 이해를 촉진시키기 위해 의미, 문제, 목표, 감정을 자신의 관점에서 볼 수 있도록 조력할 것을 강조하였다.

내담자의 이해와 책임감 촉진을 위해서 상담자는 펄스가 제안한 "나는 나의 모든 행동, 감정, 생각에 책임이 있다."라는 기법을 효과적으로 사용할 수 있다. 아들러식 상담자들은 이전 단계에서 파악된 내담자의 생활양식조사를 통해 내담자가 현재 사용하고 있는 생활양식이 적응에 어려움을 주고 있다는 것을 이해하도록 한다.

6. 실행 단계

무엇이 문제인지 알고는 있지만 문제해결을 위해 행동으로 옮기지 못하면 아직 충분히 문제해결이 됐다고 볼 수 없다. 이 단계의 핵심은 문제해결을 위한 실행이다. 어떤 상담자들은 문제에 대한 이해만으로 상담과정이 달성됐다고 보는 경우도 있지만, 대부분의 상담자들은 내담자가 행동으로 옮겨 문제를 해결할 것을 강조한다. 자각의 확장을 통해 성숙한 내담자는 통찰로 얻은 새로운 관점으로 문제해결을 위해 노력한다. 즉, 내담자가 문제에 대한 이해를 바탕으로 상담자와 함께 설정한 목표를 달성하기 위해 실행하는 단계이다.

1) 내담자의 역할

내담자는 이해를 바탕으로 문제해결을 위해 실행한다. 내담자는 설정한 목표를 달성하기 위해 행동으로 옮기면서 경험하는 바를 잘 확인하여 그러한 경험을 상담자와 공유하는 것이 중요하다. 내담자는 생각과 감정을 명료화한다. 목표를 설정하고 달성하기 위해 계획에 따라 이행하며 수행한 행동을 평가한다.

2) 상담자의 역할

상담자는 내담자가 목표를 달성하도록 실행할 것을 촉진한다. 상담자는 정확히 문제를 이해하지만 우유부단해서 행동하기를 주저하는 내담자가 행동하도록 리드하는 역할을 한다. 내담자가 세운 계획을 잘 이행할 수 있도록 적절한 목표 설정과 계획 수립을 하도록 돕는다. 내담자가 지금까지 해 왔던 행동과는 다른 대안적 행동을 해 보도록 촉진한다. 아는 것과 실천하는 것은 매우 다르다는 전제하에 내담자가 실행하면서 겪는 어려움을 충분히 공감해 주어야 한다. 또한 내담자가 시도한 행동 결과의 성패보다는 시도에 초점을 두고 끊임없이 그를 격려해 주는 것이 필요하다.

상담자는 실행을 위해 내담자에게 필요한 정보를 제공하거나 직접적 지도를 할 수 있다. 카커프(Carkhuff, 1987, pp. 155-194)는 상담자가 내담자의 실행을 촉진하기 위해 목표를 설정하고, 프로그램을 개발하고, 계획과 강화를 설계하고, 적절한 단계를 설정하고, 준비를 철저히 하여 단계에 따라 이행하는 것을 리드할 것을 지적하였다. 아들러식 상담자들은 이 단계에서 내담자의 주요한 문제인 부적절한 생활양식을 재정향하기 위해 다양한 기법을 적용한다.

7. 종결 단계

종결은 상담과정을 마무리하는 것으로 상담자와 내담자가 설정한 상담목표가 만족스럽게 달성됐다는 상호동의가 이루어졌을 때 일어난다. 다시 말하면 내담자가 이제 더 이상 상담자의 조력 없이 자신의 힘으로 문제해결을 할 수 있다는 자신감을 갖게 될 때 상담이 종결된다. 물론 이전 단계 중에서 내담자가 문제해결이 안 된 상태에서 상담이 별로 도움이 안 된다고 생각할 때 내담자가 원하면 언제나 종결이 이루어질 수 있다. 그러나 정상적인 절차에서 종결은 내담자의 '미해결 과제(unfinished business)'가 해결되어 상담관계를 마무리하는 것을 말한다.

상담의 종결은 상담자와 내담자가 유지해 온 친숙한 관계를 청산하는 것을 의미한다. 따라서 상담자는 이별에서 비롯되는 내담자의 감정처리가 자연스럽게 이루어질 수 있도록 적절한 절차에 따라 상담을 종결해야 한다.

1) 내담자의 역할

내담자는 상담회기들을 통해 그가 얼마나 성숙했는가를 인식하고 획득한 지식과 기술을 바탕으로 다양한 상황에서 대처할 수 있다는 자신감을 갖는다. 상담활동에 대한 전반적인 요약과 평가를 하면서 내담자는 자신의 변화를 발견한다. 상담자와의 친숙한 조력관계를 청산하면서 겪는 이별의 아픔을 경험하지만 독립적인 삶을 위해 필요한 과정임을 인식한다. 상담관계를 마무리한 후의 새로운 방식의 삶에 대한 계획을 세운다.

2) 상담자의 역할

종결 단계에서 상담자의 중요한 역할은 내담자가 설정한 상담목표가 달성되었는지를 확인하는 것이다. 만약 내담자가 해결하지 못한 어떤 과제가 있으면 상담자는 그러한 미해결 과제를 해결할 수 있도록 조력한다. 내담자의 변화된 상태에 대해 피드백을 제공한다. 상담 전 과정에 대한 요약과 목표달성에 대한 확인을 바탕으로 상담을 종결해도 괜찮은지의 여부를 최종 평가한다.

상담자는 친숙한 관계의 갑작스러운 청산으로 비롯되는 내담자의 상실감을 인식하고 내담자의 특성을 고려하여 종결에 대한 준비를 해야 한다.

8. 요약

- 상담자들은 자신의 경험과 이론적 입장을 바탕으로 상담을 진행한다. 따라서 상담과정은 상담자와 내담자 관계의 특징을 나타내며 상담자의 이론적 관점에 따라 차이를 보일 수 있다.
- 이건의 문제해결 모델은 크게 세 단계인 현재의 시나리오, 원하는 시나리오, 행동전략 단계로 구성되어 있으며 각 단계는 세 가지 하부 단계를 가진다. 현재의 시나리오의 세 가지 하부 단계는 이야기, 맹점, 다루어야 할 문제 또는 기회 선택이다. 원하는 시나리오의 세 가지 하부 단계는 보다 나은 미래의 가능성, 변화계획, 변화추구이다. 행동전략의 세 가지 하부 단계는 가능한 행동들, 최적의 전략선택, 계획

수립으로 구성된다.

- 공감지향 모델은 네 단계로 구성되어 있으며, 상담자와 내담자의 역할을 잘 제시해 주고 있다. 첫 단계에서 상담자가 내담자에게 관심을 주면 내담자는 참여하기 시작한다. 둘째 단계에서 상담자는 적절한 반응을 통해 내담자가 자신의 문제를 탐색하도록 한다. 셋째 단계에서 상담자는 내담자에게 초점을 맞추는 반응을 통해 내담자가 자신의 문제의 본질을 이해하도록 한다. 마지막 단계에서 상담자는 문제해결을 위한 행동을 하도록 주도해서 내담자가 실행하도록 한다.
- 중심과제지향 모델은 여섯 단계로 되어 있으며, 동양의 유도와 노자사상의 원리를 바탕으로 상담자가 상담과정의 단계에서 해결해야 할 주요한 중심과제에 초점을 맞춰 자연스럽게 상담과정을 진행할 것을 강조한다.
- 상담을 원하는 내담자와 첫 만남으로 이루어지는 것이 접수면접이다. 상담자가 접수면접에서 파악하는 주요한 정보는 내담자에 대한 기본정보, 외모 및 행동, 호소문제, 현재 및 최근의 주요 기능상태 등이다.
- 관계형성 단계에서 상담자는 내담자가 자신의 문제를 털어놓을 수 있는 신뢰 관계를 쌓는 것에 중점을 둔다. 이 단계에서 내담자의 주요한 행동 특징은 수동적이며 상담자에게 많이 의존하는 수동적 역할이다. 내담자는 기본적으로 자신의 문제를 털어놓게 되고 상담자가 그러한 문제를 빨리 해결해 주었으면 한다. 상담자는 내담자를 조력하기 위해 전적으로 그에게 관심을 기울이고 있다는 것이 전달될 수 있도록 노력해야 한다. 상담자는 신뢰에 기초한 관계형성을 위해 개방적이며 정직한 태도로 임해야 한다.
- 탐색 단계의 주요한 특징은 내담자의 자각 확장이다. 탐색의 주체적 역할을 하는 것은 내담자이다. 내담자는 자기노출과 자기탐색을 증가함으로써 이전에는 알아채지 못했던 자신의 장점과 단점을 알게 된다. 상담자의 주요한 역할은 내담자가 자기탐색을 확장하도록 촉진하는 반응을 하는 것이다.
- 이해 단계에서 내담자는 자기탐색을 통한 자각을 통해 문제의 본질에 대한 통찰과 이해를 한다. 내담자는 전체적 조망에 의한 통찰을 한다. 상담자의 주요한 역할은 정확하게 내담자가 자신의 문제를 이해하도록 돕는 것이다.
- 실행 단계의 핵심은 문제해결을 위한 실행이다. 내담자는 이해를 바탕으로 문제해결을 위해 실행한다. 상담자는 내담자가 목표를 달성하도록 실행할 것을 촉진

한다.

- 종결은 상담과정을 마무리하는 것으로 상담자와 내담자가 설정한 상담목표가 만족스럽게 달성됐다는 상호동의가 이루어졌을 때 일어난다. 내담자는 상담활동에 대한 전반적인 요약과 평가를 하면서 자신의 변화를 발견한다. 상담자의 중요한 역할은 내담자가 설정한 상담목표가 달성되었는지를 확인하는 것이다.

효과적 조력을 위한
상담 연습 3

상담과정을 통한 상담 이해

연습 1: 카커프가 제안한 상담과정 모델에서 나타난 상담자와 내담자의 역할을 바탕으로 상담을 정의해 보라.

연습 2: 상담자로서 당신이 취하는 이론적 입장에서 이루어지는 상담과정을 기술하고 일반적인 상담과정과의 유사점 및 차이점이 무엇인가를 기술하라.

연습 3: 상담에서 접수면접은 매우 중요하다. 접수면접이 중요한 이유를 설명하고 접수면접에서 얻는 주요한 정보가 무엇인지 기술하라.

연습 4: 이건(Egan)이 제안한 SOLER를 바탕으로 상담자가 내담자에게 보여 주는 태도와 신체언어의 중요성을 논의해 보라.

연습 5: 상담자들은 나름대로 자신의 상담경험을 바탕으로 상담의 구조화를 한다. (1) 먼저 상담의 구조화가 상담과정이나 상담관계에서 중요한 이유를 설명하라. (2) 상담자로서 당신은 어떻게 상담의 구조화를 할 것인가를 기술해 보라. (3) 만약 당신이 어느 정도 경험이 있는 상담자라면 자신이 효과적이라고 생각하는 상담의 구조화 내용을 다른 동료에게 설명하라.

연습 6: 이 장에서 제시한 상담과정의 다섯 단계인 관계형성, 탐색, 이해, 실행, 종결 단계와 당신이 적용하는 상담과정을 비교해서 설명하고 각 단계에서 상담자의 역할에 대해 기술하라.

제 4 장

상담자 반응기술

서양의 지혜는 "연습은 완전하게 만든다."이지만,
동양의 지혜는 "연습은 다르게 만든다."이다.

4장의 목차

우리는 신체와 말을 통해 의사소통을 한다. 우리는 신체언어를 통해 자신의 감정과 행동을 드러내며 음성언어를 통해 감정과 생각을 표현한다. 의사소통의 주요한 목적은 상대방이 표현하는 감정, 행동, 생각을 이해하는 것이다. 내담자는 신체언어를 통해 감정과 행동을 드러내며 음성언어를 통해 자신이 의도한 바를 상담자에게 전달한다. 또한 상담자는 내담자를 조력하려는 의도로 촉진적인 신체언어와 음성언어를 사용하여 반응한다. 상담자는 효과적 조력을 위해 적극적 경청을 통해 내담자를 이해하고, 적절한 반응을 통해 내담자가 문제해결을 할 수 있도록 촉진적 역할을 수행해야 한다. 이런 점에서 상담자는 능숙한 의사소통 기술을 갖는 것이 필요하다.

이 장에서는 먼저 내담자의 이해를 위한 반응으로 중요한 적극적 경청에 대해 살펴보고, 상담자의 반응기술에 대해 살펴보고자 한다.

1. 적극적 경청

여기서 적극적 경청이란 말은 귀로 내담자의 음성언어를 듣고 눈으로 내담자의 신체언어를 관찰함을 의미한다. 상담자는 내담자의 음성언어보다 신체언어를 더 신뢰한다. 상담자는 주의산만을 피하고 내담자에게 초점을 유지하면서 그가 표현하는 모든 감정, 행동, 생각을 이해하려는 노력이 적극적 경청이다.

경험이 많은 상담자들은 "잘 들어주기만 해도 내담자의 문제가 해결된다."고 말하곤 한다. 이것은 상담자가 적극적 경청을 한다는 것을 말한다. 더불어 적극적 경청은 모든 상담자 반응의 선행요건이기 때문이다.

선행연구를 바탕으로 상담자로서 내담자에게 초점을 유지하며 효과적인 적극적 경청을 위해 유용한 지침을 제시하면 다음과 같다(Brems, 2001, pp. 117-125; Peterson & Nisenholz, 1999, pp. 94-95).

- 내담자가 말하는 것에 수용의 태도를 취하라.

- 내담자의 음조를 경청하라.
- 내담자의 감정에 대한 단서를 경청하라.
- 공통적인 감정과 내용의 주제를 경청하라.
- 내담자가 보이는 일반화, 빠뜨린 내용, 왜곡을 경청하라.
- 관심의 초점을 내담자에게 두어라.
- 내담자와 상담자 간의 의사소통 과정에 관한 개인적인 반응, 함축적 의미나 영향을 인식하라.
- 표현된 내용과 방식을 경청하라.
- 비언어적 의사소통에 주의를 기울여라.
- 내담자의 언어적 표현과 비언어적 표현 간의 관계를 인식하라.
- 내담자가 자연스럽게 얘기하도록 적절한 침묵 및 정지를 유지하라.
- 내담자의 얘기 중에 가능하면 끼어들지 말라.
- 내담자의 내용, 정서, 행동, 생각, 맥락, 의미, 강조점 등에 관심을 집중하면서 이야기 전체를 경청하라.
- 경청의 모든 장애물인 부적절한 경청, 평가적 경청, 선별적 경청, 사실 중심적 경청, 동정적 경청을 피하라.
- 내담자가 표현하는 독특한 은유와 상징을 이해하여 숨은 의미를 파악하라.
- 내담자의 언어적 표현과 비언어적 표현에 있는 주제와 유형을 경청하라.
- 내담자의 표현의 불일치(예: 언어적 표현과 비언어적 표현, 생각과 감정, 생각과 행동, 감정과 행동 등)를 인식하라.

이러한 적극적 경청의 원리는 상담관계 형성과 내담자의 문제를 명확히 이해하여 조력하는 데 매우 유용하다. 따라서 상담자는 효과적인 적극적 경청기술을 획득하기 위해 많은 경험과 노력을 기울여야 한다.

2. 신체적 반응하기

상담자의 모든 크고 작은 몸짓이 내담자에게 영향을 준다. 우리는 일반적으로 음성언어보다 신체언어를 신뢰한다. 특히 상담자의 신체언어는 음성언어보다 훨씬 강력하게 내담자에게 영향을 미친다. 상담자의 고개 끄덕임, 웃음, 찡그림, 시선 등 모든 신체적 반응은 내담자에게 영향을 준다. 로저스가 상담자의 태도로서 진솔성을 강조한 것처럼 상담자는 자신의 진실한 태도가 내담자에게 전달될 수 있도록 유연한 태도로 반응해야 한다.

상담자의 의도와 달리 그의 습관적인 신체적 반응이 내담자들에게 달갑지 않게 받아들여질 수 있다. 상담자로서 자신의 신체적 반응을 향상시키기 위해 역할연습을 통해 습관적으로 대화를 나누면서 하는 자신의 부적절한 반응을 확인하여 개선하는 것이 필요하다.

3. 상담자 반응기술

상담면접은 상담자와 내담자가 전체로서 교류하는 관계이다. 따라서 상담자가 내담자에게 하는 모든 반응은 내담자의 변화에 영향을 주는 기술이다. 많은 상담연구자들(Cormier & Cormier, 1991; Hill, 1990; Ivey, 1980; Robinson, 1950)은 상담자의 반응양식을 분류하는 체계를 연구해 왔다. 연구자들 간에 상담자 반응양식의 분류체계에 대해 다소 차이점이 있지만 유사점이 더 많다. 이러한 짐을 고려하여 상담자는 일반적으로 사용되는 다양한 상담자의 반응기술을 획득해서 능숙하게 사용할 수 있어야 한다.

여기서는 즉시성, 최소의 촉진적 반응, 침묵, 승인, 정보제공, 직접적 지도, 질문(폐쇄형 및 개방형 질문), 내용의 재진술, 감정의 반영, 비언어적 참조, 요약, 해석, 직면, 자기노출 등 열네 가지 상담자 반응기술에 대해 살펴보자.

1) 즉시성

상담자가 지금-여기 입장에서 내담자에게 반응하는 것이 즉시성이다. 즉, 즉시성은 상담관계에서 상담자와 내담자 간의 즉각적인 상호작용을 말한다. 그러므로 즉각적인 반응은 그 순간에 상담자의 관계에 대한 내적 경험에 대해 내담자에게 피드백을 제공하는 의사소통이다. 이건(1998)은 즉각적인 반응을 다음과 같이 세 가지로 나누었다.

첫째, 내담자와 전체적인 관계를 검토하는 반응, 둘째, 다른 주제들이 상담에서 일어나는 것처럼 내담자의 태도에서의 변화를 탐색하는 반응, 마지막으로, 현재 내담자에 대한 상담자의 정서적인 반응을 반영하는 자기 관련 진술이다.

전체적인 관계를 다루는 즉각적인 반응은 상담자와 내담자에게 그들이 효과적으로 작업하고 있는지를 탐색할 수 있는 기회를 제공한다. 많은 내담자들은 관계의 어려움을 가지고 상담을 시작한다. 따라서 내담자의 관계를 탐색하는 것은 효과적인 관계기술을 확인하고 자신의 관계기술을 평가해 보고 상담 장면에서 상담자와의 관계와 그 밖의 다른 중요한 사람과의 관계를 비교할 수 있는 기회를 제공한다. 패터슨(Patterson, 1974)은 "상담관계에서의 내담자의 행동과 역할은 다른 대인관계에서의 역할을 나타내는 것이기 때문에 즉시성의 주제는 중요하다."라고 하였다. 예를 들어, 상담관계에 의존적인 내담자는 중요한 타인과의 관계에서도 유사할 것이다. 내담자가 상담 장면에서의 의존성을 인식하고, 이해하고, 관리하도록 도와준다면 내담자의 다른 관계에까지 일반화될 수 있다.

2) 최소의 촉진적 반응

최소의 촉진적 반응은 이해나 동의를 나타내는 짧은 말이다. 이것은 내담자가 수용되고 있다는 것들을 반영하면서 지속적으로 이야기할 수 있도록 힘을 불어넣어 준다. 여기에서는 가치의 판단이 나타나지 않고 중성적인 경향이 있지만, 그럼에도 내담자가 수용되고 있음을 보여 줄 수 있다. 이러한 기법은 상담의 초기 단계에 많이 사용되지만, 내담자가 자신을 깊이 탐색하고 의미 있는 자료를 고통스럽게 진술하는 상담의 중반기에도 사용되는 경우가 있다. 이것은 찬반을 내포하지 않는 모호한 경향이 있다.

최소의 촉진적 반응의 예로 "계속 하세요." "알겠어요." "좋습니다." 등은 대부분의 상담에서 공통적으로 사용되는 반응이다. "음" "응" 등 내담자의 말 중간에 듣고 있음을 표현하는 반응이 바로 이것이다. 언어적인 것이 아니라 할지라도 최소의 촉진적 반응의 예로 볼 수 있는 것이 있다. 내담자를 주목하는 행동과 얼굴 표정과 고개를 끄덕이는 행동, 상담자의 어조와 억양 등에서도 내담자는 수용되고 있다는 느낌을 얻게 된다.

이러한 최소의 촉진적 반응을 단순강화라고도 한다. 단순강화는 내담자의 말을 유도하는 동작이나 말이다. 만약 상담자가 일정한 레퍼토리로 몇 마디의 말을 가지고 있다면 반복적인 말이나 간단한 강화의 사용에 의해 내담자의 마음이 산만해지는 것을 피할 수 있다. 하지만 어떤 내담자는 끊임없이 "음–흠"이나 "알겠어요." 하는 말에 화를 낼 수 있으므로 조심해야 한다.

3) 침묵

처음 상담자가 되었을 때는 침묵을 무시하는 경향을 보이는 것이 일반적이다. 침묵은 상담자 자신이 꼭 무엇인가를 해야 하는 것처럼 자신을 압박하는 것처럼 느껴지기 때문이다. 그래서 초보상담자들은 내담자의 표현 사이에 재빨리 끼어든다. 하지만 침묵은 수많은 의미를 내포하고 있다. 침묵은 상담자와 내담자가 가까워지도록 돕는 역할을 한다. 흔히 우리는 '의미심장한 침묵'과 '공허한 침묵'을 구분하려 한다. '의미심장한 침묵'이 흐르는 가운데 내담자는 자신의 일들을 행하고 있는 것이다. 예를 들면, 상황에 대해 생각하거나 느끼는 것이 지속적으로 그 속에서 일어나고 있다는 것이다. 반면 '공허한 침묵'에서 내담자들은 안절부절못하는 경향을 보인다. 일반적으로 상담자들은 '의미심장한 침묵'을 방해하지 않는 것을 원칙으로 삼고 있다. 반면 '공허한 침묵'은 상담자에 의해 중단되어야 한다. 이 기법에서 주의할 점은 상담자가 자신이 하고 있는 것에 대해 강한 확신을 가지고 있지 않다면 긴 시간의 침묵을 피해야 한다는 것이다.

4) 승인

상담자가 승인의 반응양식을 사용할 때, 그들은 내담자의 어떤 측면이나 행동에 대한 지지, 분명한 승인, 안심, 강화를 나타내는 것일 수 있다. 승인의 반응양식에 속하는 반응은 매우 짧다. 예를 들면, "좋습니다."와 같은 것이 그것이다. 어떤 것들은 이보다 더 길 수도 있다. 승인에 적합한 특별한 반응의 예는 다음과 같다. "걱정하지 마세요." "나는 당신이 옳은 일을 했다고 생각합니다." "모든 사람들이 때때로 그런 기분을 느껴요." "당신이 옳아요."와 같은 반응이 있다.

내담자에게 개인으로서 그리고 일반적인 방법으로서 승인과 지지를 보이는 것이 도움이 되지만 상담이 너무 지지적으로 되면 내담자의 탐색과 도전을 격감시킬 수도 있다. 다른 기법들과 마찬가지로 효과적인 승인과 그렇지 못한 승인을 구별하는 것은 매우 중요하다. 적절할 때의 승인이나 지지는 내담자를 진척시킬 수 있지만, 어떤 종류의 안심은 공허하게 경험되고 성장에 방해가 될 수 있다. 예를 들어, "모든 것이 괜찮을 겁니다."와 같은 반응이 함축하는 것은 종종 공감의 결여로 경험된다. 그러한 안심은 내담자에게 경험이 요구되는 정서를 처리하는 것을 방해할 수 있다.

5) 정보제공

이 범주 안에 해당하는 상담자의 반응은 내담자에게 사실이나 자료, 의견 자원의 형태로 정보를 제공하는 것이다. 이렇게 주어지는 정보는 상담과정, 상담자의 행동, 그리고 만나는 시간, 장소, 상담 비용 등과 같은 상담약속과 관련될 수 있다. 상담에서 정보제공은 매우 중요하다. 동시에 상담자는 간단한 정보가 간혹 기본적인 감정과 태도에 영향을 줄 수 있다는 사실을 망각한 채, 너무 전문적인 정보제공자가 될 수 있다. 상담자는 내담자가 자기탐색과 고통스러운 감정을 회피하는 방법으로 정보를 추구할 가능성에 민감해야 한다.

6) 직접적 지도

직접적 지도는 상담자가 내담자에게 하는 지시, 제안, 조언을 의미한다. 정보제공 양식이 사실과 자료를 주는 것인 반면, 직접적 지도는 내담자에게 어떤 것을 하도록 요구하거나 제안하는 것이다. 두 가지 종류의 직접적 지도를 생각할 수 있는데, 하나는 상담회기 중에 조언이나 지시를 제공하는 것이고, 다른 하나는 상담회기 외에서 어떤 것을 하도록 하는 것이다.

보다 지시적인 치료에서는 조언이 상담과정의 바람직한 요소로 여겨지지만, 많은 상담자들은 특별한 경우를 제외하고는 조언이 바람직한 반응양식이라고 생각하지 않는다. 조언이 요구되는 경우에 반응의 첫 단계는 내담자가 다루어진 상황에 대해서 어떻게 생각하는가, 그리고 다른 대안이 고려됐는가, 갈등상황과 관련해서 내담자의 희망이나 두려움이 무엇인가가 탐색되어야 한다. 자주 이러한 탐색은 상담자의 조언을 불필요하게 한다.

7) 질문

상담자가 질문을 사용하는 세 가지 목표가 있다. 이러한 목적은 첫째, 내담자가 개방하고 더 많은 자기 노출을 하도록 격려하기 위해서, 둘째, 내담자가 더 상세하거나 구체적이 되도록 돕기 위해서, 셋째, 상담자가 내담자의 상황을 더 명확히 이해하기 위해서이다. 하지만 대부분의 상담에서 질문은 필수적인 것이 아니다. 특히 정서적인 문제를 가진 사람을 상담할 때 그렇다. 만약 상담자가 적극적으로 내담자의 말을 경청하고, 이미 배운 기술들을 사용하고, 내담자가 말한 내용과 느낌을 능숙하게 반영해 준다면, 질문을 하지 않아도 상담자가 알고자 하는 대부분의 정보는 자연스럽게 드러나게 된다.

상담경험이 적은 상담자들은 많은 질문을 하는 유혹에 빠진다. 만약 자신이 반복해서 질문을 하고 있다는 것을 발견한다면, 이런 질문들을 하는 당신의 목표가 무엇인지를 스스로에게 물어보아라.

질문에는 개방형 질문과 폐쇄형 질문이 있다. 목적과 효과가 다른 이러한 질문에 대해 살펴보자.

폐쇄형 질문 구체적인 답변을 유도하는 질문으로 답변은 매우 짧다. 상담자가 자료를 모으는 데 사용되며 특정한 대답을 이끌어 내는 질문이다. 폐쇄형 질문에 대한 내담자의 대답은 매우 짧아서, 전형적으로 한두 마디의 대답, 즉 "예"나 "아니요"로 끝나는 한정된 반응으로 이끈다.

폐쇄형 질문은 상담자가 시간을 절약해서 내담자로부터 정확하고 구체적인 정보를 끌어 내는 데 유용하게 사용될 수 있다. 폐쇄형 질문의 단점은 내담자가 대답을 하기 위해 자신의 창의력을 사용하지 못하게 하는 점이다. 따라서 내담자가 창의적이 되도록 격려해 주지 못하고, 내담자에게 제한된 반응만 하도록 하기 때문에 새로운 정보를 공유할 수 없다.

개방형 질문 내담자의 반응에 한계를 정하는 것보다 오히려 내담자에게 많은 여지를 주며 연관된 영역을 탐색하고 명료화하도록 하는 질문이다. 상담자는 개방형 질문을 할 때 보통 구체적이고 짧은 대답을 기대하지 않는다. 상담자는 개방형 질문을 통해 내담자로부터 다양한 대답과 예기치 않았던 부가적인 정보를 얻을 수 있다. 따라서 일반적으로 내담자로부터 구체적인 정보를 구할 때를 제외하고는 폐쇄형 질문보다 개방형 질문을 사용하는 것이 보다 바람직하다.

상담자들은 일반적으로 "왜"로 시작하는 질문을 피하려고 노력한다. 왜냐하면 상담자가 "왜"로 질문을 할 때, 흔히 내담자는 대답하는 데 있어서 지적으로 심사숙고한 이유를 찾는 경향이 있고, 내부에서 일어나는 것들에 초점을 두지 않기 때문이다. 왜 질문에 대한 대답은 내담자의 내부에서부터 오는 것이 아니고 흔히 변명이나 합리화라고 부르는 범주에 해당되는 경우가 많다.

질문에 대한 지침을 요약하면 다음과 같다(Brammer & MacDonald, 1999, pp. 77-78).

첫째, 가능하면 "예"나 "아니요"로 대답하지 않도록 개방형 질문을 사용하라.

둘째, 내담자의 자기탐색으로 이끄는 질문을 사용하라.

셋째, 너무 많은 질문을 하지 말라.

8) 내용의 재진술

내용의 재진술은 내담자가 했던 말을 상담자가 다시 표현하는 것이다. 상담자의 표현은 내담자의 표현보다 명료하고 구체적이다. 이러한 상담자의 내용의 재진술은 내담자로 하여금 그가 말한 내용을 탐색하도록 촉진한다. 상담자는 내용의 재진술을 통해 내담자의 입장을 이해하려고 상담자가 노력하고 있음을 알려 주게 되며, 내담자가 한 말을 간략하게 반복함으로써 내담자의 생각을 구체화시키며, 내담자가 말하고 있는 바를 상담자 자신이 제대로 이해하고 있는지를 확인해 볼 수 있다.

9) 감정의 반영

감정의 반영은 내담자의 진술에 관련된 감정에 대한 명확한 주의와 함께 내담자의 표현을 부연하는 것이다. 감정의 반영은 상담에서 성공적인 치료적 관계를 만드는 데 필수적이다. 하지만 "당신은 ~라고 느끼는군요."와 같은 일반적인 말의 사용은 부적절하게 작용할 수도 있다. 내담자는 형식주의와 같은 말임을 빨리 알아채고 어떤 경우에는 상담자의 능력에 회의를 느끼기도 한다. 그런 말을 너무 빈번히 사용하면 내담자는 가만히 듣다가 "왜 당신은 '당신은 ~라고 느끼는군요'라는 말을 그렇게 많이 하죠?"라고 물을지도 모른다.

상담자에 의해 반영되는 감정은 내담자에 의해 진술되었거나 함축적으로 표현되었을 수 있다. 함축적인 경우에, 상담자는 내담자의 비언어적인 행동이나 그의 모든 의사소통으로부터 내담자의 감정을 추론한 것이다. 진술되지 않는 감정을 반영하기 위해 상담자는 내담자의 내적 참조 틀에 근거해서 그의 감정을 파악할 수 있도록 적극적인 경청을 하는 것이 필요하다. 상담자는 반영을 할 때 자신의 관점을 덧붙이지 않고 내담자의 표현 이면에 숨어 있는 감정을 표면적으로 드러낸다. 이런 의미에서 상담자는 내담자가 탐색을 위해 몸부림치는 그의 깊은 감정을 반영해 주는 거울이다.

10) 비언어적 참조

비언어적 참조는 내용의 재진술이나 감정의 반영과 유사하지만 내담자의 감정을 나타내 주는 그의 비언어적 행동을 지적하는 것이다. 즉, 내담자가 비언어적으로 표현하는 몸자세, 얼굴 표정, 목소리의 고저, 손짓 등에 대해 상담자가 부연해서 지적하는 것이다.

11) 요약

요약은 내담자가 표현했던 주요한 주제를 상담자가 정리해서 말로 나타내는 것이다. 요약은 상담회기의 일부, 상담회기의 전부 혹은 전체적인 상담진행에 대한 내용을 다룰 수 있다. 상담자의 요약은 내담자가 미처 의식하지 못한 면을 학습시키고 문제해결의 과정을 밝히며 자신의 생각과 느낌을 탐색하도록 돕는다. 또한 매 회기의 상담을 자연스럽게 종결하며 많은 생각을 정리하고 통합하고 새로운 해결책을 강구하게 한다. 상담자는 내담자의 말을 요약하여 줌으로써 그의 말에 주목하고 그를 이해하고 있음을 확신시킨다.

12) 해석

상담자 반응 중에서 아마 가장 복잡한 것이 해석이다. 해석은 대단한 기술을 필요로 하고, 내담자의 문제해결을 진전시키거나 방해하는 것에 가장 큰 잠재력을 가질 수 있다. 부연기법은 내담자가 표현한 진술에서 상담자가 들은 바를 되돌려 주는 것인 반면, 해석은 내담자가 진술했거나 인식하고 있는 것 이상에 대한 상담자의 지적이다. 상담자는 해석을 통해 새로운 의미를 제공하거나 내담자의 행동과 감정 이면에 깔린 원인을 지적한다.

해석의 복잡한 현상은 이 반응이 몇 가지 다른 유형을 수반하기 때문인데, 힐(Hill, 1985)의 분류 체계에서 기술된 다섯 가지 유형은 다음과 같다.

첫째 유형은 가장 일반적인 것으로 서로 분리된 진술, 문제, 사건 간에 연결을 형성하는 해석이다.

둘째 유형은 내담자의 행동이나 감정에 있는 주제나 패턴을 지적하는 해석이다.

셋째 유형은 방어, 저항, 전이의 해석이다.

넷째 유형은 현재의 사건이나 경험 혹은 느낌을 과거와 관련시키는 해석이다.

다섯째 유형은 감정, 행동 혹은 문제에 대한 새로운 틀을 제공하는 해석이다.

상담자가 해석을 사용하는 데 몇 가지 중요한 지침은 다음과 같다.

- 치료적 관계에서 확고한 동맹이 형성될 때까지 해석적 과정을 시작하지 않는다.
- 해석은 공손하고 조심스럽게 말해야 한다.
- 해석은 내담자에게 비난, 공격, 적대감, 비웃음으로 행해져서는 안 된다.
- 해석은 내담자의 방어를 최소화하여 말할 필요가 있다.
- 해석은 각 내담자에게 독특하게 맞추어 적용되어야 한다.
- 내담자에 대한 부분적 해석은 피해야 한다.
- 해석은 내담자가 이해할 수 있는 일반 언어로 말해야 하며 특수용어로부터 자유로워야 한다.

13) 직면

직면은 내담자의 행동, 사고, 감정에 있는 어떤 불일치나 모순에 도전하는 상담자의 어떤 반응으로 정의할 수 있다. 상담자의 직면을 통한 도전은 내담자에 관련되어 있으나 문제해결에 방해가 되는 불일치, 왜곡, 회피, 게임, 속임수, 핑계, 연막에 초점이 맞추어진다. 직면의 목적은 내담자를 성장을 방해하는 방어에 대한 도전으로 이끄는 것이다. 직면의 기법들은 공격적이거나 부드럽게 행해질 수 있으나, 가장 효과적인 직면은 돌봄의 관계에서 행해지는 것이다.

직면은 일반적으로 두 가지 종류로 나누어진다. 첫째, 내담자의 행동 측면에 대한 상담자의 지적이나 진술이다. 둘째, 불일치에 대한 지적이다. 해석과는 달리 직면에서는 이러한 불일치의 원인에 대하여 기술하지 않는다는 점을 유의하라. 직면은 전형적으로 내담자가 지각하지 못하고, 직면하기를 회피하며, 다룰 수 없는 모순을 깨닫도록 돕는다.

상담자는 직면을 언제 사용할 것인가에 대한 상황을 아는 것이 필요하다. 직면이 적절하게 사용될 많은 상황이 있다. 예를 들어, 직면은 다음과 같은 경우에 적합하다.

- 걱정이 되는 기본적인 문제들을 내담자가 피하고 있다.
- 자기 자신에게 해악이 되는 행동을 내담자가 모르고 있다.
- 내담자가 그의 행동이 초래할 심각한 결과를 모르고 있다.
- 내담자가 현실과 동떨어져 있다.
- 내담자가 자기 모순적인 말들을 하고 있다.
- 내담자가 지나치게 과거나 미래에 얽매어 있어서 현실에 초점을 맞출 수가 없다.
- 내담자가 같은 이야기를 여러 번 반복한다.
- 내담자의 언행이 일치하지 않는다.
- 내담자와 상담자 사이에 일어나고 있는 상황에 주의가 요구된다.

상담자가 직면을 사용할 때 따라야 할 몇 가지 주요한 지침은 다음과 같다.

- 직면의 목적, 의미, 기원(즉 직면을 위한 맥락을 가질 것)을 이해한 후 직면을 시작하라.

- 치료적 직면과 사회적 직면을 혼동하지 말라. 치료적 직면은 도전하기 위해 사용하는 것이 아니라 분명하게 하기 위해 사용한다.
- 공감과 염려의 환경 안에서 배려와 함께 주의 깊게 직면을 사용하라.
- 치료적 징후가 보일 때 직면의 과정을 시작하라.
- 조급하게 직면하려 하지 말고 라포(rapport)가 형성되는 것에 보조를 맞추어라.
- 직면의 첫 단계에서는 가능한 한 자세하고 구체적인 방법을 사용하라.
- 내담자가 심리적, 정서적으로 직면을 참아 낼 수 있을 때 직면의 과정을 시작하라.

14) 자기노출

자기노출은 상담자가 상담과정에서 자신의 행동, 생각, 감정을 내담자에게 드러내는 것이다. 자기노출의 가치와 장점에 대해서는 상담에서 수 년 동안 논의되어 왔다. 일반적으로 인간주의적인 상담자들은 자기노출이 상담자와 내담자 사이의 나-당신(I-thou)관계를 형성하는 데 매우 도움이 된다고 믿는다. 정통적 정신분석학 치료자들은 이것을 반대하는데, 그들은 자기노출이 발생하고 있는 전이를 오염시키며, 보다 중요하게 자기노출은 내담자로 하여금 자신을 이해하게 하는 것보다는 상담자를 의식적, 무의식적으로 모방하도록 촉진한다고 생각한다.

일반적으로 자기노출은 자기관련 진술과 자기노출 진술로 나누어진다. 자기관련 진술은 상담자가 내담자와 관계에 대한 자신의 감정이나 지각을 내담자에게 이야기하는 것이다. 이에 반해 자기노출 진술은 상담자가 내담자나 관계에 직접적으로 관련되지 않는 자신의 생활에 대한 것을 내담자에게 노출하는 것을 말한다.

이러한 구분 외에 자기노출을 긍정적 노출과 부정적 노출로 나눌 수 있다. 긍정적 노출은 내담자의 관점을 지지하고 강화해 준다는 점에서 내담자를 안심시켜 주는 데 기여한다. 이에 반해 부정적 노출은 내담자의 관점, 사고방식, 행동에 직면한다는 점에서 도전적인 경향이 있다.

이와 같은 상담자의 반응은 상담자가 상담과정에서 관계형성, 문제탐색, 문제이해, 목표설정, 문제해결을 위한 실행을 위해 적절한 시점에 사용되어야 한다. 효과적인 상담자가 되기 위해 이상에서 언급한 상담자 반응기술을 배우고 연습하여 필요한 상황에서 적절히 사용하는 것이 요구된다.

4. 요약

- 적극적 경청이란 귀로 내담자의 음성언어를 듣고 눈으로 내담자의 신체언어를 관찰함을 의미한다. 상담자는 내담자의 음성언어보다 신체언어를 신뢰한다.
- 상담자로서 자신의 신체적 반응을 향상시키기 위해 역할연습을 통해 습관적으로 대화를 나누면서 하는 자신의 부적절한 반응을 확인하여 개선하는 것이 필요하다.
- 상담자 반응기술로서 즉시성, 최소의 촉진적 반응, 침묵, 승인, 정보제공, 직접적 지도, 질문(폐쇄형 및 개방형 질문), 내용의 재진술, 감정의 반영, 비언어적 참조, 요약, 해석, 직면, 자기노출 등이 있다.
- 즉시성은 상담자가 지금-여기 입장에서 내담자에게 반응하는 것이 그 순간에 상담자의 관계에 대한 내적 경험에 대해 내담자에게 피드백을 제공하는 의사소통이다.
- 최소의 촉진적 반응은 내담자의 표현을 상담자가 이해하거나 동의한다는 것을 나타내는 상담자의 짧은 말이다.
- 상담자의 적절한 침묵 반응은 내담자의 자기탐색에 기여하며 상담자에게는 불필요한 반응을 자제하게 해 준다. 승인은 내담자의 생각이나 행동에 대한 지지, 승인, 안심, 강화하는 기능을 한다.
- 정보제공은 상담자가 내담자에게 필요한 사실이나 자료를 제공하는 것이며, 직접적 지도는 내담자에게 어떤 것을 하도록 요구하거나 제안하는 것을 말한다.
- 질문에는 폐쇄형 질문과 개방형 질문이 있다. 내담자로부터 구체적인 정보를 구할 때를 제외하고는 폐쇄형 질문보다 개방형 질문을 사용하는 것이 보다 바람직하다.
- 내용의 재진술은 상담자가 내담자가 했던 말을 다시 표현하는 것으로 내담자로 하여금 그가 말한 내용을 탐색하도록 촉진한다.
- 감정의 반영은 내담자의 진술에 관련된 감정에 대한 명확한 주의와 함께 내담자의 표현을 부연하는 것으로 성공적인 치료적 관계를 만드는 데 필수적이다.
- 비언어적 참조는 내용의 재진술이나 감정의 반영과 유사하지만 내담자의 감정을 나타내 주는 그의 비언어적 행동을 지적하는 것이다.

- 요약은 내담자가 표현했던 주요한 주제를 상담자가 정리해서 제공하는 것으로 내담자가 미처 의식하지 못한 면을 학습시키고 문제해결의 과정을 밝히며 자신의 생각과 느낌을 탐색하도록 돕는다.
- 해석은 내담자가 진술했거나 인식하고 있는 것 이상에 대한 지적으로, 상담자는 해석을 통해 새로운 의미를 제공하거나 내담자의 행동과 감정 이면에 깔린 원인을 지적한다.
- 직면은 내담자의 행동, 사고, 감정에 있는 어떤 불일치나 모순에 대한 상담자의 반응으로, 내담자의 성장을 방해하는 방어에 그가 도전하도록 이끈다. 자기노출은 상담자가 상담과정에서 자신의 행동, 생각, 감정을 내담자에게 드러내는 것이다.

효과적 조력을 위한
상담 연습 4 **자기상담 축어록 작성해 보기**

다음에 있는 자료는 필자의 고급상담심리학 수업에서 부과된 과제로 제출된 '자기상담 축어록'이다. 여기서 '자기상담'이란 자신이 동시에 상담자와 내담자가 되어 역할연습을 하는 것을 말한다. 상담자 반응의 마지막 괄호 안에 자신의 반응이 어떤 상담 반응기술에 해당되는가가 적혀 있다. '자기상담 축어록'을 읽고 다음과 같은 연습을 하시오.

연습 1: 먼저 괄호 안에 있는 상담자의 반응기술들이 옳고 틀린지 여부를 판단하시오. 만약 틀리다면 어떤 반응기술인지 적어 보시오.

연습 2: 당신 스스로 자기상담을 하여 축어록을 작성한 후 상담자의 반응이 어떤 반응기술에 해당하는지 적어 보시오.

자기상담 축어록*

1. 내담자: 만 39세의 기혼여성, 대학원 박사과정 재학 중, 남편과 자녀 둘이 함께 살고 있음. 대학을 졸업하고 5년간 교직에 있다가 큰 자녀 출산으로 그만둔 후 대학원 진학 전까지 전업주부로 지냄. 1996년 36세 때 대학원 석사과정(심리학)에 진학하여 1999년 2월 졸업과 동시에 박사과정에 진학함.

2. 가족관계

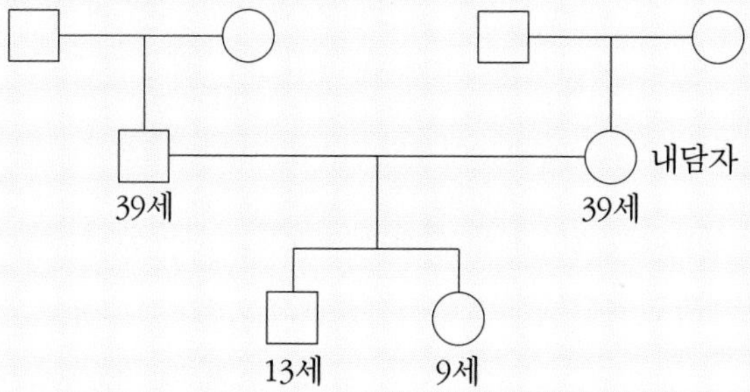

내담자: 안녕하세요?

상담자: 네. 안녕하세요. 비가 오네요. 오시는 길에 불편하시지는 않으셨어요?

내담자: 아니오. 괜찮았어요. 저는 비 오는 날을 좋아해요. 특히 비 오는 날 운전하는 것을 좋아하지요. 자동차 유리창에 쏟아지는 빗물을 와이퍼가 닦아 내는 모습을 보고 있노라면 제 마음속 답답한 것이 닦이는 것만 같아 무척 시원해져요.

상담자: 마음속에 답답한 것이 많으신가 봐요.(반영)

내담자: 그래요. 오늘 선생님을 찾아온 것도 실은 마음이 답답해서예요.

상담자: 무엇이 당신의 마음을 그렇게 답답하게 하지요? (개방형 질문)

내담자: 저는 지금 제가 매달리고 있는 연구주제가 박사과정의 연구주제로서 가치가 있는 것인지 자신이 없어요.

* 이 자료는 본인의 허락을 받고 게재한 것임.

상담자: 그렇게 말하는 당신의 목소리가 힘이 없군요. (비언어적 참조)

내담자: 그래요. 저는 그 생각만 하면 자신이 없어져요. 석사과정을 밟을 때는 그저 공부가 하고 싶어 미친 듯이 공부만 했어요. 논문 주제도 제가 궁금해했던 것을 다루었어요. 그러나 박사과정에서 다루어야 하는 주제는 나의 관심사를 뛰어넘는 뭔가 사회가 필요로 하는 것이어야 한다는 생각이 들어요.

상담자: 박사과정의 연구주제는 석사과정과는 다른 좀 더 가치 있는 것이어야 한다는 생각이 당신을 괴롭히고 있군요. (해석)

내담자: 네, 그래요. 하지만 적절한 주제를 찾을 수가 없어요. 그럴 때면 내가 무능하다는 생각이 들어 견딜 수가 없어요. (침묵) 마치 내가 능력이 없으면서 지적인 사치를 부리며 허영심을 부리고 있다는 생각이 자꾸만 나를 괴롭혀요.

상담자: 나는 그렇게 생각하지 않아요. 당신이 지금까지 보여 주었던 결과들을 보면 당신이 매우 유능하다는 생각이 드는데요. (해석)

내담자: 그렇지 않아요. 지금까지는 정해진 공부만 하면 되는 것이었어요. 그것은 쉬웠어요. 하지만 이제는 다른 방식으로 공부해야 한다고 생각해요. 막연히 자기의 지적 호기심을 충족시키는 데서 벗어나 좀 더 생산적으로 사회에서 필요한 역할을 수행할 수 있는 능력을 기르기 위해 창의적인 공부를 해야 한다는 생각이 들어요.

상담자: 지금 현재 당신의 상태가 마음에 들지 않는군요. (재진술)

내담자: 네, 맞아요. 과정을 끝낸 후 제 진로를 위해서는 뭔가 다른 것을 찾아야 한다는 생각에 자꾸만 쫓기는 심정이에요.

상담자: 무엇이 당신을 이렇게 쫓기도록 만들고 있지요? (개방형 질문)

내담자: 다른 박사과정 학생들은 모두 자신의 일을 가지고 있어요. 그들은 졸업 후를 염려할 필요가 없지요.

상담자: 그 점이 당신이 연구하기에 유리한 점 아닌가요? (해석)

내담자: 맞아요. 하지만 나는 과정이 끝난 후에 나의 분명한 모습을 그릴 수 있었으면 좋겠어요.

상담자: 당신은 과정을 끝낸 후 무슨 일을 하고 싶은가요? (개방형 질문)

내담자: (침묵) 글쎄요. 제가 무슨 일을 할 수 있을지 모르겠어요.

상담자: 당신은 과정을 끝내면 가르치는 일과 연구를 할 수도 있으며, 독립적으로 어떤 기관을 운영할 수도 있어요. (정보제공)

내담자: 아니에요. 제 나이에도 불구하고 저를 채용할 정도로 제가 실력을 갖출 수 있다는 생각은 안 들어요. 그리고 저는 독립적으로 어떤 기관을 운영할 자신도 없어요.

상담자: 당신은 굉장히 의기소침해 있군요. (반영)

내담자: (침묵)

상담자: 당신은 자신을 인정하는 데 몹시 인색하군요. (해석)
자, 당신이 무엇을 잘할 수 있는지 함께 생각해 봅시다.
당신은 학부에서 음악을 전공하셨고 음악치료도 배우셨지요? 음악치료라면 앞으로 많이 쓰일 것 같고 당신도 재능을 발휘할 수 있을 것 같은데…. (직접적인 지도)

내담자: 물론 연구하고 가르치고도 싶고, 상담과 치료현장에서 일하고 싶은 마음도 간절해요. 하지만 그러기 위해서는 많은 것이 갖춰져야 하는데 저는 턱없이 부족하다는 생각만 들어요.

상담자: 당신은 하고 싶은 역할에 비해 준비된 것이 없다는 생각에 많이 힘들어만 할 뿐 선뜻 그 상황을 해결하려고 하지는 않는군요. (직면)
무엇이 당신을 그렇게 주저하게 만드는지 궁금해요. (개방형 질문)

내담자: 제가 준비된 것이 아무것도 없어 갈 길이 너무 멀다는 생각이 저를 힘들게 하고요, 또 그러다 보니 제가 너무 늦었다는 생각이 들어요. 필요한 많은 능력을 갖추기에는.

상담자: 당신이 지금까지 이뤄 온 결과들을 보면 당신이 앞으로도 잘 해낼 것이라고 나는 확신할 수 있어요. (상담자의 긍정적 자기공개)
당신은 학위과정이 끝난 후 당신의 진로에 대해 염려하고 있으며, 또 그것을 이루기 위해서는 현재의 당신 능력으로는 준비해야 할 것들이 아주 많은데 준비하기

에는 당신이 너무 늦었다고 생각하고 있어요. 그 점이 당신의 마음을 답답하게 하고 있군요. (요약)

다음 시간에는 당신의 미래를 위해 필요한 것들 중 현재 당신이 갖추고 있는 것과 앞으로 더 보완해야 할 것들을 살펴보고, 당신이 너무 늦었다고 생각하는 점에 대해 더 깊이 이야기해 보도록 합시다.

제 5 장

상담기술 적용에 따른 고려사항

행복이란 삶의 목표이며, 삶의 모든 몸짓은 행복을 향해 가는 것이다.

—달라이 라마(Dalai Lama)

5장의 목차

상담자는 자신이 배운 다양한 상담기술을 내담자에게 적용하여 내담자의 삶의 질을 향상시키는 전문적 활동을 수행한다. 상담자가 이러한 역할을 수행하는 데 있어 내담자의 안녕과 자신의 복지를 위해 고려해야 사항들이 있다. 기본적으로 상담자는 전문적 활동을 하는 데 있어 상담자로서 지켜야 할 윤리적 원리에 충실함으로써 내담자를 보호할 뿐만 아니라 자신을 법적으로 보호할 수 있다는 것을 명심해야 한다. 이 장에서는 상담기술을 적용하는 데 있어 고려할 사항을 세 영역, 즉 가치문제, 상담기술을 적용할 수 있는 상황들, 상담자의 능력 개발로 구분하여 살펴보고자 한다.

1. 가치문제

1) 상담을 해야 하는가

상담을 시작하기 전에 상담이 당면한 특정 상황에 적절한지 의문을 가져야 함은 당연하다. 왜냐하면 음악, 연극, 신체활동, 약물치료나 명상과 같은 다른 조력수단이 더욱 적절할지도 모르기 때문이다. 상담을 할 것인지 말 것인지를 결정할 때 고려해야 할 가장 중요한 것은 내담자의 복지와 권리이다. 내담자가 상담을 원하는지가 최우선적으로 고려되어야 한다. 그러나 만약에 내담자가 비행청소년인 경우이거나 또는 내담자의 생활이나 건강이 위기 상황에 직면해 있다면, 반드시 내담자의 뜻에만 얽매일 필요는 없다.

상담자는 내담자가 변화하도록 도와주는 것이 그의 가족관계를 변경시키고 그가 지금까지 가족 내에서 해 왔던 역할(예: 속죄양 역할)을 새롭게 하도록 엄청난 압력을 가하는 결과를 초래하기도 한다는 점을 깨닫지 않으면 안 된다. 상담자는 가족 패턴을 변경시키는 것에 대해 주의해야 한다. 왜냐하면 한 사람을 변화시키면 가족 내의 다른 사람들에게 영향을 미치기 때문이다. 또 상담자는 자신이 내담자에게 도덕적, 종교적 또는 사회 · 경제적 입장을 나타내 보일 수 있다는 점을 유념해야 한다. 강력한 영향력을 가진 상담자가 내담자로 하여금 그가 진정으로 원하지 않는 것을 받아들이도록 부적절하게 영향력을 행사할 가능성이 있기 때문이다.

또한 상담자는 다른 사람들이 선택할 수도 없고 도달할 수도 없는 높은 수준의 개인적 기능을 요구할지도 모른다. 상담자는 내담자에게 엄청난 정신적 고통에 대처할 것을 요구하고 있을 수도 있다. 어떤 의미에서 그 과정은 수술과 비슷할 수도 있다. 환자들은 수술에 대한 설명을 듣고 나서 수술을 승낙하거나 거절할 권리를 갖고 있다. 상담을 원하는 내담자들도 이와 비슷한 권리를 가져야 한다.

2) 상담자의 가치와 상담에서 가치갈등

인간은 각자가 가치 및 신념을 가지며 자신의 가치 및 신념에 따라 행동한다. 상담에서 가치의 문제는 중요하다. 왜냐하면 도움을 받기 위해 찾아온 내담자는 심리적으로 문제가 있어 올바른 판단을 내리지 못하는 경우가 많기 때문이다. 상담에서 상담자의 일거수일투족은 내담자에게 영향을 미친다. 따라서 상담자는 자신도 모르게 자신이 가진 가치를 내담자에게 전달할 수 있다. 이런 이유로 상담자는 자신의 가치에 대한 인식은 물론 내담자에게 미칠 영향에 대해 항상 유의해야 한다. 상담자는 자기탐색 과정을 통해 자신의 가치가 상담에 영향을 미치는 방식을 고찰하는 것이 필요하다. 상담은 상담자가 내담자들에게 올바른 방식으로 행동하고 혹은 느끼도록 설득하는 주입식의 형태가 아니다. 상담은 설교나 교수의 동의어가 아니다.

상담의 실제적 측면에 돌입하게 되면, 상담자는 다양한 가치갈등의 사태에 직면하게 된다. 상담자는 가치중립적이어야 하며 그러한 태도가 올바른 상담자의 태도라는 견해도 있지만, 현실적으로 상담이라는 활동에 참여한 상담자는 가치중립적인 입장을 취하는 것은 불가능하다. 따라서 가치중립을 지키려고 노력하는 것보다 오히려 상담자는 다음과 같은 자세를 갖는 것이 필요하다.

첫째, 상담자는 가치문제에 대한 다양하고 유연한 자세를 견지할 필요가 있다.

둘째, 상담자는 내담자에게 자신의 가치를 주입하거나 강요해서는 안 되며, 자신도 모르게 이러한 일이 일어날 수 있는 것에 대한 자기자각이 필요하다.

셋째, 상담자와 내담자가 현격하게 다른 가치 기준을 가진 경우, 상담자는 가능한 한 그러한 기준에 대한 논란을 피하고 상담의 본래 목적에 충실하는 것이 바람직하다.

넷째, 부득이 상담자와 내담자의 가치가 달라서 원만한 상담활동이 어렵다고 판단되면 조심스럽게 다른 상담자나 슈퍼바이저에게 의뢰해야 한다.

다음은 상담자와 내담자 간에 가치 유사성 혹은 가치 차이의 문제를 일으키는 주제들이다. 이런 유사한 주제와 관련해 상담자가 어떤 입장을 취하고 있는가를 아는 것이 반대 가치를 가진 내담자와 무엇을 할지 결정하는 데 도움이 될 것이다(Brems, 2001, pp. 39-46).

〈가치와 관련되는 상담 주제〉

• 낙태	• 건강관리 선택방법
• 동물권리	• 안락사
• 산아제한	• 직업선택
• 아동학대	• 아동 양육태만
• 자살	• 체중과 체중감소
• 일하는 부모	• 교육에 대한 열망
• 범죄활동	• 죽음
• 다이어트 선택	• 가정폭력
• 노인학대	• 폭력집단
• 종교의식	• 종교적 선호
• 불임	• 친밀한 관계에서의 권력문제
• 결혼과 동거	• 조직화된 종교
• 부모역할	• 개인적 책임감
• 정치	• 혼전 성관계
• 인종차별주의	• 남녀차별주의
• 성적 지향	• 성행위의 관습
• 약물남용	• 선택에 의해 자식을 갖지 않음
• 전통적 성역할 지향	• 불안전한 성행위

이러한 모든 가치 관련 주제에 대해 개인으로서 상담자는 나름대로 입장을 가진다. 따라서 상담자는 가치와 관련된 많은 주제에 대해 내담자와 일하기 전에 나름대로 명료

화하는 것이 필요하다. 가치 명료화 과정은 탐색, 선택, 행동의 세 단계로 이루어진다.

첫째, 가치가 개입하는 영역이 탐색된다. 사실상 인간 삶의 모든 측면이 가치와 관련되어 있는 영역이다.

둘째, 일단 영역과 옵션이 탐색되면 선택이 이루어진다. 물론 이는 안정된 과정은 아니며 사람은 마음을 바꿀 권리가 있다. 그러나 최소한 상담자가 지금 이 순간 어디에서 있느냐를 생각하는 것은 중요하다. 숙고한 후에도 확고한 입장이 없다면 그것 또한 입장이다. 그것은 단순히 상담자가 아직 결정을 못했다는 의미이고 상담 중에 어떻게 반응할지를 알아야 한다.

셋째, 일단 가치에 대한 결정이 이루어지면 일치하게 행동하는 것이다. 어떤 가치를 명료화하는 것은 상담자가 자신과 내담자의 가치가 갈등하고 문제를 야기할 때 이런 경우를 빨리 자각하는 데 도움이 된다. 내담자가 강력하게 반대 입장에 설 때 상담자가 다른 데로 내담자를 소개해야 할 가치가 있을 수 있다. 예를 들면, 생명의 불가침성을 확고히 믿는 상담자는 모든 자살을 반대하므로 안락사를 준비하는 내담자를 돕는 데 커다란 어려움이 있다.

로저스가 지적한 것처럼 인간은 가치덩어리이며 가치화 과정에 있다. 따라서 상담 활동 자체는 대부분 가치와 관련되며 상담 상황에서 상담자와 내담자 간의 가치갈등은 피할 수 없는 필연적 과정으로 나타난다. 그러므로 상담자가 가치갈등에 현명하게 대처하는 것이 요구된다. 상담자가 내담자와의 가치갈등에 대처하기 위해서는 다음과 같은 일반적인 지침을 따르는 것이 도움이 될 수 있다.

- 모든 사람은 자신의 양심을 따를 권리를 갖고 있다.
- 자신에게 진실하기 위해서는 상담자는 자신의 사회적, 도덕적, 영적 가치로부터 자신을 분리해 낼 수 없다. 상담자는 이러한 가치에 대한 권리를 갖고 있다. 그러나 상담자는 자신을 알아야 하고, 자신의 가치를 알고 그 가치들에 대해 정직해야 한다.
- 상담자가 해야 할 일은 내담자가 자신의 가치를 합리적으로 검토하고, 스스로 결정하고(해로운 극단적인 결정은 피하는 것이 좋다), 또 자신의 정체성을 확립하도록 도와주는 것이다.
- 젊은 사람들은 거짓된 가치를 특히 재빨리 꿰뚫어 보고 이중적인 기준에 도전한

다. 상담자는 상담기관과 자신의 동료를 무조건 방어하기보다는 내담자들의 주장 속에서 정당한 것을 정직하게 인정해야 한다. 내담자에게 그 체제에 도전하는 적절한 방법을 가르치는 것은 가능하다.

- 상담자는 자신의 가치를 내담자에게 강요할 권리를 가지고 있지 않다.
- 상담자의 입장은 판단하는 입장이 아니다. 또 상담자의 기능은 벌이나 면죄부를 주는 것이 아니라, 내담자로 하여금 어떤 태도나 기준 그리고 행위에 대해 객관적으로 평가하도록 격려하는 것이다.
- 많은 내담자는 자신이 판단받고 있을 것이라는 기대와 불안을 갖고 있다. 그들은 자신의 도덕규범이나 가족의 도덕규범 또는 사회의 도덕규범을 위반했기 때문에 이미 죄의식을 느끼고 있다. 내담자들의 행동을 일탈적인 것으로 간주할 필요가 없다고 하면서 이러한 갈등의 실체를 부정하는 것은 도움이 되지 않는다.
- 상담자는 고립적으로 업무를 수행하지 않는다. 상담자는 일종의 사회기관이다. 그래서 법률과 사회의 기본 가치체계 내에서 활동할 것으로 기대된다. 그의 활동 영역은 정부 부서 내의 사회사업가의 경우처럼 매우 좁게 정해질 수도 있고, 일반적인 청소년지도자의 경우처럼 그 영역이 넓게 정해질 수도 있다. 그러나 어느 정도의 범위가 적절한가에 대한 결정이 이루어져야 한다.
- 만약에 판단을 해야 할 경우가 있다면, 판단되어야 할 대상은 행동이 되어야지 결코 사람이 되어서는 안 된다. 가치문제는 상담과정에 매우 중요한 핵심 사항이다.

다음에 제시한 로키츠(Rokeach, 1973)가 확인한 중심적 삶의 가치는 가치 명료화를 시도하는 상담자들에 의해 탐색될 수 있는 몇 가지 개인적 자기자각 영역을 제공해 준다. 중심적 삶의 가치 항목은 로키츠에 의해 필수적이고 중심적 삶의 가치로 확인된 36가지 가치에 근거한 것이다. 절반은 도구적 가치, 절반은 궁극적 가치를 나타낸다. 상담자는 도구적 가치의 경우에 연속선상에서 개인의 선호가 어디쯤인지를 명확히 할 수 있다. 예를 들면, '야망 있는'에서 '야망 없는'까지 연속선상에서, 1 = 매우 야망 있는, 7 = 전혀 야망 없는 등으로 범위를 수치화할 수 있고, 도구적 가치가 적용되는 삶의 영역에 따라 다른 야망의 수준을 가지고 일, 가정생활, 취미 등의 맥락에서 야망의 수준을 파악할 수 있다. 로키츠가 확인한 가치 목록이 상담자가 명확히 해야 할 유일한 가치는 아니지만 자기탐색의 시작점으로 고려하면 도움이 되리라 본다(Brems, 2001, pp. 47-48).

로키츠의 중심적 삶의 가치	
〈도구적 가치〉	〈궁극적 가치〉
야망 있는 대 야망 없는	안락한 생활
넓은 마음 대 좁은 마음	성취감
능력 있는 대 무능한	평화의 세계
깨끗한 대 불결한	미의 세계
용기 있는 대 겁이 많은	활기찬 생활
용서하는 대 용서하지 않는	평등
도움되는 대 도움되지 않는	가족안전
정직한 대 부정직한	자유
상상력이 풍부한 대 상상력이 없는	건강
독립적 대 의존적	내적 조화
지적인 대 지적이지 않는	성숙
논리적 대 비논리적	국가 안정
애정이 깊은 대 애정이 없는	기쁨
충실한 대 불충실한	구원
순종하는 대 불순종하는	자아존중
공손한 대 무례한	사회적 인정
책임 있는 대 무책임한	진실한 우정
자기통제적 대 충동적인	지혜

3) 비밀보장

상담관계는 신뢰에 바탕을 둔 사적인 것이기 때문에 내담자가 비밀을 보장받을 수 있는 권리는 기본적인 것으로 간주된다. 비밀보장이란 상담 중에 내담자가 노출한 내담자에 관한 어떤 정보에 대해서도 비밀을 지키는 것을 의미한다. 불행히도 인간의 오류 가능성, 상담자 간 협의, 그리고 기관 내 정보 공유, 또는 정보누설에 대한 내담자의 허락 등으로 인하여 완벽한 비밀보장은 아마 어려울 것이다.

대부분의 내담자들은 그들이 상담자와 신뢰감을 공유하고 있다는 믿음에서 자신의 상황, 과거, 그리고 내적 감정에 대한 정보를 노출한다. 왜냐하면 도움을 얻기 위해서도 정보 노출이 필요하기 때문이다. 내담자들은 그러한 정보가 비밀에 부쳐질 것이라는 점에서 상담자를 믿는다. 한계가 있기는 하겠지만 비밀보장은 반드시 존중되어야 한다.

비밀보장과 관련하여 일반적으로 권장할 만한 지침은 다음과 같다.

첫째, 내담자는 비밀보장과 관련하여 자신이 어떤 위치에 있는지를 알아야 한다. 예를 들어, 만약 상담기관 내에 사례연구의 발표 사례로 정해졌다면 내담자에게 이 점을 알려 주어야 한다.

둘째, 다른 기관에 위탁하거나 다른 가족구성원의 조언을 구하는 것이 적절하다고 생각되면 먼저 내담자의 허락을 구해야 한다.

셋째, 내담자가 어떤 특정한 노출사항에 대해 비밀보장을 특별히 요구하면, 이는 꼭 존중되어야 한다.

넷째, 만약에 법률이나 내담자의 생활상의 위험 때문에 비밀을 지킬 수 없는 경우에는 가능한 한 빨리 내담자에게 이 사실을 알려 주어야 한다.

다섯째, 면담 내용은 최소한의 것만 기록해야 한다. 즉, 특정 기관의 상황에 꼭 필수적인 것만 적어야 한다. 기록한 내용은 잠금 장치로 보관해야 하고, 비밀보장을 할 수 있는 자격이 있는 사람에게만 보여질 수 있다. 그리고 기록된 내용은 상담관계가 종결되면 폐기하여야 한다.

여섯째, 비밀보장에 대한 어떤 말보다도 비밀보장이 된다고 느낄 수 있는 분위기가 훨씬 더 중요하다. 예를 들어, 면담 중에 기록이 꼭 필요하다면, 기록되고 있는 내용을 내담자가 볼 수 있게 하거나 또는 내담자에게 기록을 하게 할 수도 있다. 그렇게 하면 비밀보장은 내담자에게 새로운 의미를 갖는다.

일곱째, 비밀보장은 전문가 윤리규약의 하나로서 신봉되어야 한다.

4) 신체적 접촉

또 다른 윤리적 문제는 상담자와 내담자 간의 신체적 접촉에 관련된 것이다. 어떤 상담자들은 가끔 내담자의 손을 잡는다든지, 내담자의 어깨에 팔을 두른다든지, 또는 심지어 내담자를 껴안기도 한다고 말한다. 문제는 그러한 행동이 내담자를 돕는 수단으로서 윤리적으로 그리고 전문적으로 정당화될 수 있느냐이다.

병원과 같은 기관에서는 학교에서보다 상담자와 내담자 간의 신체적 접촉이 비교적 더 잘 받아들여진다. 심지어 동일한 기관에서도 어떤 상황에서는 다른 상황에서보다 더 정당화되기도 한다. 즉, 단지 논리적인 토론이 중심이 되는 면접상황보다 심한 정서적 혼란을 가져오는 면담과 같은 경우에 보다 더 정당화될 수 있다. 마지막으로 어떤 상담자-내담자 사이에서는 다른 상담자-내담자 사이보다 신체적 접촉이 더 잘 수용되기도 한다. 예를 들면, 여자 상담자와 소녀 내담자의 경우가 남자 상담자와 소녀 내담자의 경우보다 수용이 더 잘 된다. 규준이 변화되고 있기는 하지만 아직도 여자 상담자가 남자 내담자와 여자 내담자 모두에게 그러한 신체적 접촉을 더 자연스럽고 효과적으로 하는 것처럼 보인다.

내담자가 상담자와의 신체적 접촉을 통하여 자신의 문제(상담의 목적)를 해결하는 데 도움을 받을 수 있는 상황도 많다. 반면에 의학적인 상황이 아닌 경우에서는 신체적 접촉을 하는 데 아직도 위험요소가 남아 있다. 그러므로 상담자는 "신체적 접촉 문제가 언제 제기되고, 그러한 접촉에 의해서 내담자의 욕구가 어떻게 충족될 것인가?"를 늘 자문해 보아야 할 것이다.

2. 상담기술 적용의 상황

지금까지 상담자가 내담자와 일대일로 만나 개인상담을 하는 상황을 가정하고 여러 가지 상담기술에 대해 기술하였다. 그러나 앞에서 살펴본 상담기술들은 이와는 다른 상황에서 내담자를 돕는 사람들에게도 매우 유용할 것이다. 그 대표적인 세 가지 상황에 대해서 간략히 살펴보고자 한다.

1) 집단상담

집단이란 그 속에 포함된 사람들이 각자 자신을 개인으로 인식하고 다른 사람들을 집단의 구성원으로 인식하고 있는 사람들의 모임이다. 그리고 집단에는 사람들이 참여하게 된 공통의 이유가 있다. 비슷한 욕구와 문제를 가지고 있는 소수의 내담자를 집단으로 모아서 하는 집단상담은 대부분의 경우에 개인상담만큼 효과적이다. 집단상담에 일부 한계가 있기는 하지만, 개인상담보다 나은 장점을 몇 가지 제시하면 다음과 같다.

- 상담자의 시간과 기술을 보다 경제적으로 사용할 수 있다.
- 개인상담에 비해 상황이 보다 자연스럽고 현실적이다.
- 내담자는 자신의 문제가 자기에게만 있는 것이 아니라는 점을 알게 된다.
- 내담자는 문제를 다루기 위한 대안적인 방법과 그 결과를 관찰할 수 있는 직접적인 기회를 가질 수 있다.
- 내담자는 안전한 상황 속에서 새로운 행동을 시도해 볼 수 있는 기회를 가질 수 있다.
- 다른 사람들을 도와줌으로써 내담자는 다른 사람의 도움을 더 잘 받아들일 수 있다.
- 집단의 규범을 내담자에게 해석해 줌으로써 집단의 힘으로 내담자가 계속해서 부정적 행동을 하는 것을 제어할 수 있다.
- 집단의 실제성과 즉시성은 토론의 효과를 증진시킨다.
- 긴장이 완화될 수 있다.

모든 상담집단은 다음과 같은 두 가지 목적을 갖는다.

- 어떤 특정한 일을 성취하기 위한 목적(예: 사회적 기술을 배우기 위한 것, 전문적인 발달을 촉진하기 위한 것)
- 집단구성원들의 욕구, 특히 정서적 욕구에 대처함으로써 집단 그 자체를 유지하기 위한 목적

집단에 한 명의 정해진 상담자가 있든지, 집단구성원들이 공동으로 상담자의 역할을 맡든지 간에 상담기술들을 사용함으로써 집단기능을 촉진할 수 있다. 자기소개 준비, 정보제공, 명료화, 진술 확대하기, 요약하기, 집단 일치성 검증하기와 같은 기술을 사용함으로써 집단이 그 목적을 달성하도록 도울 수 있다. 또 격려, 집단의 갈등 해결 조력, 참여 촉진, 합의, 기준 설정 등의 기술은 집단으로 하여금 집단의 정서적 상태를 유지하고 집단의 과제를 수용하도록 돕는 기술이다. 상담자가 해야 할 또 다른 필수 과제는 집단으로 하여금 때때로 무엇이 이루어지고 있는가를 검토해 보도록 돕는 것이다.

집단의 목적이 무엇이든 간에 상담자가 집단의 발달단계를 알고 있으면 집단의 목적을 훨씬 더 잘 달성할 수 있고, 집단구성원들의 만족감도 높아질 가능성이 많다. 집단의 발달단계는 상담과정에 대해 기술했던 시작 단계, 유지와 탐색 단계, 이해 및 계획수립 단계, 실행 단계와 매우 비슷하다.

시작 단계에서는 관계에 대한 시험적인(임시적인) 검토가 시작된다. 이 단계에서는 집단의 특성, 집단 내에서의 구성원의 위치, 상담자의 역할, 그리고 논의할 주제 등을 분명하게 하려는 시도가 이루어진다. 두 번째 단계에서 집단구성원들은 집단의 한계를 정하고, 각자의 역할을 철저히 하고, 또 활동방식을 협의한다. 마지막 단계에서는 집중적인 의사소통, 감정의 표현, 그리고 해결방안의 산출이 이루어진다. 이 마지막 단계에서는 하나의 하위 단계를 따로 분리시키면서 끝나는데, 이 하위 단계에서 참여자들은 서로가 집단생활의 따스함과 깊이에 공헌한 데 대해 감사하고 집단을 떠날 대비를 한다. 이미 잘 형성된 집단은 바로 세 번째 단계에 활동을 집중할 수 있으나, 이제 새로이 형성된 집단은 보통 충분한 시간과 능력 있는 리더십이 있어야 활동이 효과적으로 이루어질 수 있다.

상담자는 다음과 같은 몇 가지 기본적인 규칙을 알아 두면 집단이 보다 잘 기능하도록 도울 수 있다.

- 일반적으로 과거보다 현재를 다루는 것이 보다 생산적이다.
- 신뢰감이 유지되기 위해서 집단구성원들이 각 집단원에 대한 사적인 사항들을 집단 밖의 사람들에게 전해서는 안 된다.
- 각 참여자들은 어느 정도로 자신의 사적인 사항을 노출할 것인지를 자유롭게 결정할 수 있다.
- 각 참여자들은 자신이 집단 내에서 한 행동에 대해 책임을 진다.
- 각 참여자들은 다른 집단원이나 집단 전체를 대신해서가 아니라 자기 스스로 말하도록 격려받아야 한다.
- 모든 집단구성원들은 다른 집단원의 감정을 판단하기보다는 수용해야 한다.

만약 집단구성원들 간의 관계가 온정적이고 수용적이며 위협적이지 않다면, 그리고 집단구성원들이 자신과 다른 사람, 그리고 집단이 어떻게 움직이는지에 대해 협동해서 학습할 준비가 되어 있다면, 집단은 효과적으로 작동할 가능성이 훨씬 높아진다. 모든 집단구성원들은 규칙적으로 참여하겠다는 자발적인 책임의식을 가져야 하며, 또 모두 상담자의 역할을 공동으로 맡는다는 점에 대해 자유롭게 느껴야 한다. 경험은 도전적이고 시도해 볼 만한 가치가 있는 것이어야 한다. 마지막으로, 집단이 행한 것에 대한 평가과정은 집단의 전체 과정의 하나가 되어야 한다.

집단활동이 효율적으로 이루어지도록 하기 위해 집단구성원이 공헌할 수 있는 방법은 많다. 자신의 생각이나 정보 또는 의견을 제공하고, 감정을 노출하며, 타인의 말을 주의 깊게 경청하고, 다른 사람을 격려하고, 피드백을 주고받고, 상담자의 역할을 함께 떠맡을 자세가 되어 있는 것들은 모두 집단활동에 도움이 되는 것이다. 상담자는 집단구성원들 간에 이루어지는 토론의 내용에도 주의를 기울여야 할 뿐만 아니라 집단의 분위기와 각 개인이 갖는 느낌에 대해서도 민감해야 한다. 상담자는 아마 자리를 정리하고 소개를 하면서 토론을 시작할 것이다. 그런 다음 집단구성원들이 집단의 규칙을 분명히 알도록 하고, 토론과정을 통제하거나 지배하지 않으면서 토론을 촉진시키고 질문하고 반응을 해석하며, 또 집단구성원들로 하여금 집단의 발전과정을 평가하도록 도울 것이다.

상담자는 이전 장에서 기술했던 상담기술들을 집단활동에 적용하는 주요 기술들로 삼아야 할 것이다. 집단상담자의 역할을 할 때, 상담자는 모델링과 함께 이러한 기술들을 사용하면 크게 도움이 될 것이다. 즉시성을 한 예로 생각해 볼 수 있다. 만약에 집단의 흐름이 겉으로 드러나지 않는 내면적인 감정에 의해서 막힌 것 같으면, 상담자는 다음과 같이 말할 수 있다. "나는 지금 불만스러워요. 그리고 여기에서 어떤 저항이 느껴지네요. 영철 씨, 나는 당신이 마지막에 한 말에서 당신이 현재 진행과정을 곤혹스러워하는 것이 아닌가 하는 궁금한 생각이 들어요." 이 예에서 상담자는 곤혹스러워하는 감정을 조용히 공개적으로 언급하고 나서, 집단구성원에게 반응을 하도록 직접 요청함으로써 다른 집단구성원들이 그들의 감정을 표현할 길을 열어 주고 있다. 개인상담에서와 마찬가지로, 집단 내에서의 감정과 진행과정에 대한 공개적인 토론이 시간 낭비가 되는 경우는 거의 없다.

만약 모의게임과 같은 구조화된 연습을 이용한다면, 상담자는 다음과 같은 점들을 알아야 할 필요가 있다.

- 구조화된 연습은 단지 학습을 격려하기 위한 기제일 뿐이다. 구조화된 연습이 집단에 대해서 갖는 가치는 연습 그 자체에 있다기보다는 연습에 의한 상호작용과 그 후의 토론에 있다.
- 활동은 집단의 관심사와 필요, 능력에 맞는 적절한 것을 선택해야 한다.
- 구조화된 연습을 할 때는 집단구성원들의 읽기 능력과 구술 능력이 고려되어야 한다.
- 진행 순서는 비교적 위협이 적거나 정서적 활동이 적게 요구되는 것을 먼저 연습하고 점차 더 큰 개인적 위험을 포함하는 활동을 연습하는 것이 도움이 된다.
- 연습 내용을 다양하게 하는 것이 바람직하다.
- 집단이 구조화된 연습이나 전반적인 토론을 하는 동안에 집단구성원들 중 한두 사람을 지명하여 관찰자로 행동하도록 하면 도움이 될 것이다. 관찰자는 각 집단원이 공헌한 횟수를 단순히 기록하거나 집단이 잘 기능하도록 하는 행동과 그렇지 않은 행동들의 목록을 만들 수도 있다. 또는 그들은 시선 접촉이나 방해행동, 또는 절차상의 제안과 같은 어떤 구체적인 행동에 초점을 맞출 수도 있다. 이러한 관찰은 집단토의를 충실하게 할 수 있는 토대가 된다.

개인상담과 집단활동 간의 주요한 차이점은 상담자가 집단 내에서 구성원 간의 힘의 마찰과 갈등을 다뤄야 하고, 또 집단이 크기와 강도와 동기가 완전히 드러나지 않은 하위 그룹으로 나누어지는 문제를 다루어야 한다는 점이다. 만약 이러한 요인들이 집단활동을 방해한다면, 상담자는 문제점을 피하기보다는 현재 진행되고 있는 것에 대해 자신이 느낀 바를 집단구성원들에게 공개적으로 이야기하고 나서 피드백을 요청해야 한다. 상담자가 어떤 한 사람이나 한쪽 사람들만 편들지 않는 것으로 보여야 한다는 점이 특히 중요하다. 상담자는 집단의 목표와 최초로 인식한 차이점을 언급하기 위한 노력을 많이 해야 한다. 그런 다음에 그러한 목적과 차이점을 향하여 개방적이고, 합리적으로, 그리고 공평하게 활동해야 한다.

2) 가족상담

가족과의 활동은 특수한 형태의 집단활동이다. 가족은 내담자의 생활에 중요한 한 부분이다. 여기서 말한 가족은 단지 한 사람의 타인을 의미하기도 하고, 내담자와 함께 살고 있는 크고 작은 모든 집단을 의미하거나, 또는 멀리 살고 있는 친척을 의미할 수도 있다. 내담자가 그의 가족과 상호작용하는 것을 봄으로써 또는 내담자로 하여금 그의 가족에 대해 이야기하게 함으로써 상담자는 내담자를 더욱 잘 이해할 수 있는 경우가 많다. 내담자의 시각이나 행동을 변화시켜 주기 위해서는 내담자와 그의 가족이 함께 활동할 필요도 있다. 가족 내의 활동에서 무엇이 영향을 미치는지를 알아내기까지는 보통 상당한 시간이 걸린다. 그러므로 보통 개인상담을 하고 있는 상담자는 다음과 같은 가족관계의 몇몇 특징을 알아야 한다.

- 가족구성원들 간의 상호작용은 매우 다양하다(예: 습관적인 상호작용, 경제적 관계 위주의 상호작용, 지지하고 보호하는 상호작용, 성적 관계 위주의 상호작용, 설득 위주의 상호작용, 또는 농담을 즐기는 상호작용 등).
- 각 가정이 갈등을 해소하는 방법들은 서로 다르다(예: 어떤 가정에서는 문제들을 개방적이고, 공개적으로, 그리고 비교적 완전하게 해결하지만, 또 다른 가정에서는 '미완의 과제'로서 해소되지 않은 감정을 그대로 남겨 둔 채로 단지 부분적으로만 해결하기도 한다).
- 모든 가정에서 가족구성원들이 어느 정도의 역할을 떠맡는 것은 불가피하다. 그렇지만 때로는 어떤 구성원들에게 부여된 역할이나 그 구성원들이 받아들인 역할이 너무 고착되어서 그 역할(예: 어릿광대 역할, 병약자 역할, 가정 내의 반역자 역할, 대장의 역할)을 변화시키기 어렵게 되는 경우도 있다.
- 대부분의 가정에서 가족구성원들은 마치 하나의 체제를 구성하고 있는 부분들처럼 서로 관련되어 있다. 그래서 보통 한 구성원이 도움을 구하고 긴장에서 벗어나면 나머지 구성원들은 긴장이 높아짐을 느낀다.
- 가족 내에서 어떻게 해서 규칙이 만들어지고 강요되고 또 정착되는지를 적어 보면 도움이 된다. 가족 내에서 작용하고 있는 규칙들을 적어봄으로써 유용한 통찰을 얻을 수도 있다. 어떤 규칙은 잘 지켜지고 공개적으로 이야기된다(예: 그는 일주일에 하루를 외박한다). 그리고 어떤 규칙은 공개적으로 이야기되지 않지만 늘 지켜진다(예: 그가 차에 타고 있을 때 그녀는 결코 운전을 하지 않는다). 또 어떤 규칙은 가족 밖의 사람들에게는 분명해 보이지만 정작 당사자들인 가족구성원들은 부정한다(예: 중요한 결정은 그녀가 내린다).

이러한 요소들을 잘 알고 있다면, 상담자는 앞에서 기술한 대부분의 개인 상담기술의 용도를 알게 될 것이다. 가족구성원 중에서 두드러지게 약한 한 구성원이 중요한 정보를 움켜쥐고 있거나 어떤 주제에 관한 논의를 거부함으로써 다른 구성원들에게 온당치 못한 영향력을 행사하고 있는 사례를 생각해 보자. 이 사례는 가족 밖의 제삼자가 개입하여 직면을 사용해서 가족으로 하여금 그러한 상황에 대처하도록 도와줄 필요성이 있다. 두 편으로 갈라진 가족 상황에서는 상담자의 객관적 태도와 어느 한쪽에 휘말리지 않는 태도가 중요하다. 왜냐하면 객관성을 잃은 태도가 가족구성원들로 하여금 각자 서로를 동등하게 대하지 않도록 만들기 때문이다. 이러한 상황이 일어났을 때에는 반영기법을 사용하는 것이 효과적이다. 즉, 반영기법을 통해 가족구성원들로 하여금 상황을 다시 생각해 보게 할 수 있다.

상담자는 가능한 한 긍정적인 측면을 보려고 해야 한다. 그리고 문제가 되고 있는 인간관계를 새로운 방식으로 규정하고자 노력해야 한다. 변화가 일어나도록 하기 위해서는 가족들이 보통 규정하는 것과는 다르게 인간관계를 규정하는 것이 도움이 된다.

가족상담에서도 개인상담에서와 마찬가지로 새로운 행동들이 중요하다. 가족구성원들이 가족의 기능에 대해서 통찰을 얻는 것보다는 몇 명이라도 이제까지와는 다르게, 아주 조금이라도 다르게 행동하는 것이 더 도움이 된다. 예를 들면, 약한 구성원이 단 한 번이라도 '아니요.'라고 말하도록 연습할 수 있다. 돈을 더 많이 달라고 하는 구성원에게는 꼭 필요한 것이 아닌 어떤 한 가지 물건을 사지 않도록 격려할 수 있다. 또는 조용한 사람에게는 위협적이지 않은 어떤 주제에 대해 이야기를 하게 할 수 있다.

가족문제는 보통 의사소통의 잘못으로 여겨진다. 때때로 이는 적절한 모델이 없어서 생긴다. 가족 내에서 의사소통이 원할하지 못한 데에는 여러 가지 요인이 있을 수 있다. 한쪽 부모가 절박한 문제를 가지고 있을 수도 있고, 양친 모두가 자녀의 행동이나 학교 공부에 대해 완고하고 비현실적인 생각을 가지고 있을 수 있다. 또 부모가 자동차, 음주, 섹스와 관련된 청소년의 모험에 대해 수긍할 만한 걱정을 할 수도 있고, 어떤 부모들은 자녀의 직업 선택과 신앙생활을 통제하고자 하는 강한 바람을 가지고 있기도 하다. 상담자는 이러한 문제(논쟁)의 옳고 그름을 결정하지는 않는다. 그렇지만 가족들이 해결책을 찾도록 도와줄 수 있을 것이다.

의사소통이 만족스럽지 못한 경우에 상담자는 모든 가족구성원들로 하여금 서로 새로운 방식으로 이야기하도록 방향을 제시함으로써 많은 도움을 줄 수 있다. 전체 가족구성원이 함께 자리해서 실제로 서로 어떤 문제에 대해서 이야기하려고 노력할 때 상담자가 중재를 통해 방향을 제시하는 것이 가장 좋다. 상담자는 간단한 규칙을 가지고 방향 제시를 할 필요가 있다. 상담자는 가족구성원들이 가족 내에서 다른 사람들과 겪는 어려움을 가려 내기를 원할 때마다 모든 가족구성원이 예외 없이 이러한 규칙을 따르도록 요청해야 한다.

유용하게 활용할 수 있는 규칙들은 다음과 같다.

- 현재 이 자리에 있는 사람들에 관해서 이야기하지 말고, 그들에게 이야기하라. 그리고 이야기를 할 때는 상대방을 쳐다보고, 상대방의 이름을 사용하라.
- 당신이 말하고자 하는 것을 직접적으로 이야기하되, 긍정적으로 하려고 노력하라. 다른 사람에게 그만하기를 바라는 것뿐만 아니라, 하기를 바라는 것도 이야기하라.
- 늘 문제와 감정에 대해 느끼는 대로 이야기하라. 다른 사람들에게 당신이 어떻게 느끼고 있는가를 이야기하라. 분노의 감정을 억누르지 말고, 또 좋지 않은데도 불구하고 모든 것이 좋은 체하지 말라.
- 다른 사람들이 당신에게 이야기할 때, 그들의 말을 들어 주어라. 그들이 말하는 중간에 끼어들거나 말을 중단시키려고 하지 마라. 더 나아가 당신에게 하는 말은 모두 주의 깊게 들어라. 특히 감정에 관해 이야기할 때는 더욱 그래야 한다.
- 다른 사람들이 한 행동 중에서 당신이 좋아하는 것이 있으면, 그들이 그 행동을 할 때 말하든지 아니면 그 행동을 하고 난 직후에 가능한 한 빨리 말하고, 좋은 점을 강조하라.

3) 위기상담

대부분의 사람은 삶을 영위하면서 크고 작은 위기 상황을 맞이한다. 영어 단어 'crisis'는 단지 위험한 상황에 처해 있는 개인을 상기시킨다. 하지만 위기의 한자인 '危機'는 '위험 속에 기회가 있다.'는 뜻을 함축하고 있다. 즉, 우리가 위기를 적절히 대처하면 위험한 상황을 벗어날 기회를 얼마든지 잡을 수 있다는 것을 의미한다.

위기란 보통 갑작스럽고 예기치 못한 고통스러운 경험을 말하며, 거의 모든 피해자에게서 에너지와 정신을 빼앗아 버린다. 이러한 위기감은 심한 정서적 고통과 생활의 일상적인 요구에 대처할 수 없는 무능력감 때문에 더욱 높아진다. 위기는 상실(예: 이혼, 가족의 죽음)이나 변화(예: 새로운 직장) 또는 정서상태의 심한 변화로 인하여 생길 수도 있다. 오래 지속된 심한 병이나 죽음에 대한 반응으로서의 슬픔은 하나의 특수한 위기라고 볼 수 있다. 자신의 죽음이 곧 닥치리라고 예견하는 것 역시 마찬가지이다.

대부분의 어른은 자신이 직접 위기를 경험하고 슬퍼한 적도 있고, 또 반대로 위기에 처한 타인을 지지해 주도록 요청받은 적이 있다. 위기의 보편성 때문에, 그러한 때에 위기의 희생자와 조력자가 행한 대부분의 것은 문화적 또는 하위 문화적 신념의 표현이다. 그래서 피해자에게 제공되고 피해자에 의해서 수용된 많은 지지들은 인습적이고 의례적인 형태로 나타난다.

그러나 많은 사람들은 가족이나 친구로부터의 지지가 불충분하거나 전혀 없는 고통스러운 상황에 직면한다. 상담자와 사회사업가는 배우자가 도망쳤다든지, 직업을 잃었다든지, 자살을 시도하려고 한다든지, 또는 입원치료가 필요한 경우와 같은 위기 상황에 처해 있는 사람을 도와달라는 요청을 종종 받는다. 많은 상담자들이 전화상담, 약물회복, 법률 조언, 강간위기센터, 여성보호센터, 시민의 조언 센터, 그리고 지역 건강기관 등을 통하여 전문적인 위기 상담활동을 하고 있다. 이러한 상담기관 중에는 특수한 상담 규칙들을 만들어 놓고 있는 곳이 있는데, 그중에 많은 규칙은 법률을 고려하여 만들어진 것이다. 그 과정에서 각 기관들은 그 기관에서 취급하고 있는 문제들은 그 기관의 상담자들이 더 잘 다루도록 도움이 되는 많은 제안을 해 주고 있다.

개인상담 기술들을 현명하게 잘 사용하면 위기에 대처하고자 하는 사람들을 도와줄 수 있다. 그러나 다음 몇 가지 점을 특별히 유념할 필요가 있다.

- 잡담, 안심시키는 말, 그리고 유쾌한 말은 위기에 처한 내담자들에게 거의 도움이 되지 않는다. 내담자들의 당면한 관심사는 자신의 문제의 절박성과 긴장감이다. 그러므로 상담자는 우선 이러한 당면한 문제에 초점을 맞추고 보다 더 근본적인 문제를 해결하려고 하는 것은 피해야 한다.
- 침착한 태도는 상담자와 내담자 모두에게 매우 가치가 있다. 상담자의 침착한 태도는 내담자에게 전달되어서 내담자로 하여금 자신의 문제에 객관적으로 초점을 맞추도록 도울 수 있다. 상담자의 이러한 태도는 상담자 스스로 내담자가 느끼는

공포감을 갖지 않도록 방어하는 기능도 한다. 미친 듯이 괴로워하는 내담자 앞에서 상담자가 침착한 태도를 갖기는 어렵다. 그러나 만약에 상담자가 '내가 이 내담자를 도울 수 있을까?' 하는 자신의 두려움에 집중하지 않고, 내담자에게 집중하면(당연히 그래야만 한다) 이러한 태도를 유지할 수 있다.

- 그럼에도 불구하고, 내담자의 감정 표현을 억지로 가로막지 않는 것이 중요하다. 상담자는 내담자가 자신의 감정을 확인하고, 탐색하고, 표현하고, 감정과 타협하도록 도와줌으로써 내담자가 자신의 감정을 다루어 나가도록 도와주어야 한다. 이러한 과정은 종종 오랜 시간을 요한다. 어떤 위기 상황, 대표적으로 죽음에서는 감정에 대처하는 일은 몇 주 이상 걸릴 수도 있다. 그러므로 감정에 대처하는 것을 이성적 계획에 따라 단순히 준비하는 것으로만 여겨서는 안 된다.
- 초기 단계에서 실질적인 고려사항들이 검토되어야 한다. 이러한 고려사항들 중 어떤 것은 즉각 해결되어야 한다. 내담자나 혹은 다른 어떤 사람이 신체적 위험에 직면해 있지는 않은가, 음식물을 필요로 하는가, 의사의 도움이나 입을 옷, 거처, 또는 돈을 필요로 하는가? 도움을 위해 지역사회 기관과 친구 그리고 친지들로부터 어떤 지원을 동원할 수 있는가? 법률적, 종교적, 또는 다른 문제들이 수반되는가? 등을 검토해야 한다.

다음 제안들은 위기에 처해 있는 내담자를 상담하는 상담자에게 도움이 될 것이다.

- 내담자가 말하고 있는 것이 무엇인지를 주의 깊게 들어라.
- 당신이 내담자를 걱정하고 있고 기꺼이 도와주고 싶어 한다는 점을 전달하라.
- 지금 현재의 위기에만 초점을 맞추어라.
- 직접적인 용어를 사용하라.

  (예) '다소의 걱정이 있다.'라는 말보다는 '폭행으로 유죄 선고를 받았다.'는 말을 사용하라.
- 내담자가 문제를 자기가 다룰 수 있는 몇 개의 부분으로 분류하도록 도와주어라.
- 내담자가 스스로 무엇을 할 필요가 있는지를 결정하도록 도와주어라.
- 내담자로 하여금 대안을 생각해 보고 그 결과를 신중하게 고려해 보도록 하라.
- 내담자가 달성 가능한 목표를 선택하도록 도와주어라.

- 위기 상황을 막는 행위에 대해서 내담자가 느낄 수 있는 감정에 관해 내담자와 함께 이야기하라.
- 내담자로 하여금 어떤 것을 스스로 하도록 격려하라.
- 아무리 작은 것일지라도 긍정적인 행동이 좋은 느낌을 가져온다는 점을 지적해 주어라.
- 다음 만남을 안내해 주면서 내담자가 상담자를 쉽게 만날 수 있도록 해 주어라.

3. 상담자의 능력 개발

우리는 앞에서 여러 가지 상담기술을 살펴보고 실제 연습도 하였다. 그러나 이 책을 계속 읽어 오면서 상담자들은 배운 것을 모두 다 기억하고 적용하기가 점점 더 어렵다고 느꼈을 것이다. 뿐만 아니라 이러한 기술들을 실행에 옮겨 보려고 할 때 다소 부자연스럽고 어색하다고 느낄 수도 있을 것이다. 그러나 이러한 상담기술들을 습득하고 실제 상담에 적용해 본 사람들이 처음에는 도움이 되기보다는 방해가 되는 것 같았다고 보고한 점을 알면 다소 안심이 될지도 모르겠다. 이러한 느낌은 실습을 계속하고 시간이 지남에 따라 차츰 줄어든다. 다시 말해서, 상담자가 다양한 기술을 실제 상담 상황에서 실습해 나가면서 상담자는 그러한 기술들을 거의 자동적으로 사용하기 시작할 것이고, 자신의 수행을 그렇게 의식하지 않게 될 것이다. 그러면서 편안하면서도 기술에 토대를 둔 개인적인 스타일을 개발하기 시작할 것이다.

내담자에게 전적으로 주의를 기울이려고 노력하는 자세는 이러한 과정을 돕는 하나의 방법이 될 수 있다. 그렇게 함으로써 상담자는 내담자를 보다 잘 도와줄 수 있게 되고, 기술들을 적절히 사용할 가능성을 높이고, 또 자신이 무엇을 말하고 해야 할 것인지에 대한 걱정을 덜게 될 것이다. 이러한 일을 할 수 있게 되면, 상담자는 상담의 실제 목적, 즉 내담자를 알고, 이해하고, 도와주는 것에 자신의 에너지를 더욱 많이 쏟아 넣을 수 있게 될 것이다.

1) 진전 정도의 평가

상담의 본질적인 부분 중의 하나는 상담자가 어느 순간에 자신이 상담 진행과정의 어느 곳에 있는지를 평가할 수 있어야 한다는 점이다. 결국 상담은 예측이 가능한 일련의 단계들을 따르는 목적적 활동이다. 지금까지 어느 정도 진전이 이루어졌는지 그리고 무엇이 아직 더 이루어져야 하는지를 알아야 한다는 점은 상담자와 내담자 모두에게 중요하다.

이 책에서는 그 과정을 크게 다섯 단계로 구분하였다.

첫째, 내담자와의 관계를 시작하는 단계

둘째, 관계를 유지시키고 내담자가 자신의 문제를 탐색하도록 돕는 단계

셋째, 내담자가 면밀한 탐색을 통해 정확히 자신의 문제를 이해하도록 돕는 단계

넷째, 이해한 문제를 실제적인 해결을 위해 행동하도록 조력하는 단계

다섯째, 효과적으로 상담관계를 종결하는 단계

상담자는 자신이 사용하고 있는 상담기술과 내담자의 진술 형태를 적어봄으로써, 또 스스로 몇 가지 구체적인 질문들에 대답해 봄으로써 자신과 내담자가 상담과정의 어느 단계에 와 있는가를 알 수 있다.

앞에서 살펴보았던 상담기술은 상담과정의 각 단계에서 그 기술들이 갖는 적절성과 효과성에 따라 구분될 수 있다. 그래서 만약 상담자가 주로 반응기술과 유도기술을 사용하고 있다면, 그때 그러한 기술들을 사용하는 것이 적절하다고 판단하고 있다면 자신과 내담자는 아마 상담과정의 두 번째 단계에 있는 것이다. 즉, 내담자가 자신의 문제를 탐색하고 명료화하고, 규정하는 단계에 있다.

상담자는 내담자의 진술을 보고 상담의 진전 정도를 판단할 수도 있다. 예를 들어, 내담자가 일방적이고 다소 모호하게 진술하는 것은 상담과정이 아직 관계형성 단계에 있음을 나타낸다. 그러한 진술의 예는 다음과 같다. 즉, "나는 정말 확실하지는 않지만, 내가 알고 있는 모든 것을 누군가에게 이야기해야 한다는 것입니다." 그리고 "음, 당신은 어떻게 생각하십니까? 나에게 문제가 있다고 생각합니까?" 등이다. 내담자가 감정, 생각, 말, 상황 또는 대안을 명료화하거나 구체화하기 위한 노력을 보여 주는 진술을 많이 하고 있다면 상담의 과정은 문제를 명료화하는 단계에까지 나아 갔음을 나타낸다. 이러한 진술의 예는 다음과 같다. 즉, "아니요, 그것이 항상 일어나는 것은 아니고,

단지 내가 도움을 거절할 때에만 그래요." 또는 "그래요. 나는 분명히 화가 나 있었어요! 그리고 그 사실을 말할 수 있다는 게 좋아요!" 등이다.

또 내담자가 어떤 해결방안을 이행하려는 시도나 새로운 행동연습에 관한 진술을 하고 있거나 실제로 변화를 시도한 것에 대한 코멘트를 하고 있다면, 이는 상담과정이 세 번째 단계 또는 문제해결 단계에까지 이르렀음을 나타낸다. 그러한 진술의 예는 다음과 같다. 즉, "예, 나는 그렇게 하려고 노력했어요. 그러나 몇 가지 이유 때문에 잘 되지 않았어요." 또는 "내가 말을 더 적게 하려고 할 수 있었을 것 같아요. 그는 아마 내가 그렇게 하는 것을 더 좋아했을 것 같아요." 등이다.

상담자는 또 스스로 몇 가지 구체적인 질문을 해 봄으로써 현재 어느 단계의 상담과정이 진행되고 있는가를 알 수 있다. 다음 질문에 대한 긍정적인 대답은 그 단계의 주요과제가 달성되었음을 나타낸다. 부정적인 대답은 다음 단계로 넘어가기 전에 아직도 해야 할 일이 남아 있음을 의미한다.

- 상담관계의 발달단계
  - 내담자가 나를 신뢰하는가?
  - 이 상황에서 내담자의 긴장이 이완되어 있는가?
  - 내담자가 나와 이 새로운 상황에 대해서보다는 내담자 자신의 문제에 초점을 둘 수 있는가?
  - 나는 이 내담자와 상담할 준비가 되어 있는가?
- 관계를 유지하고 문제를 명료화하도록 돕는 단계
  - 문제에 대해 내담자가 가지고 있는 느낌과 생각을 우리 둘 다 분명히 이해하고 있는가?
  - 문제가 명료하게 구체화되었는가?
  - 우리 둘 다 문제를 해결하기 위해 노력할 준비가 되어 있는가?
- 문제해결 단계
  - 내담자는 자기가 무엇을 해야 할 필요가 있는지를 이해하고 있는가?
  - 내담자는 해야 할 필요가 있는 것을 할 수 있는가?
  - 내담자는 이 계획을 행동으로 옮길 마음의 태세가 되어 있는가?
  - 내담자가 실패에 대처할 수 있는가?

2) 상담효과의 평가

효율적인 상담자가 되기 위해서는 전반적인 효과성에 대해서 평가를 해 보는 것이 반드시 필요하다. 여기에는 상담자 자신의 스타일과 그 스타일이 내담자에게 미치는 효과, 구체적인 상담기술의 원리와 적용에 대한 이해, 그리고 내담자가 그의 욕구에 적절히 대처해 나가도록 성공적으로 도와주는 것이 포함된다. 이러한 일들을 해 나가는 데 있어서 상담자는 자기 자신 외에도 다른 수많은 자원을 체계적으로 이용할 필요가 있다.

- 상담자는 자신의 수행을 평가해 보기 위해서 '상담자의 자기점검척도'를 사용할 수 있다. 상담과정 중에 자기가 한 행동과 말한 것에 대해 주의 깊게 생각해 봄으로써 상담자는 자신의 스타일과 그 스타일이 다른 사람들에게 미치는 영향에 대해 더욱 잘 이해하게 될 것이다.
- 내담자에게 '상담면접과 상담자행동에 대한 평정척도' 같은 것에 응답하게 할 수 있다. 여기에서 내담자는 상담면접의 전반적인 면과 상담자의 구체적인 행동에 모두 코멘트를 하게 된다. 이러한 방법을 통해서 상담자는 내담자가 유용하다고 생각했거나 방해가 되었다고 생각하는 것, 또는 도전적이었거나 지지적이었다고 생각한 것에 대해 '고객'인 내담자로부터 피드백을 받을 수 있을 것이다.
- 때로는 동료상담자가 상담자가 상담하는 것을 동석해서 관찰하거나 또는 그 회기를 녹음하거나 녹화한 것을 보고 관찰할 수도 있다. 이와 같은 동료상담자의 관찰과 코멘트로부터 얻은 정보는 매우 가치가 있다.
- 상담자는 상담자 조직에 가입해서 그 집단의 사업이나 활동에 참여할 수 있다. 그렇게 함으로써 비슷한 일을 하는 사람들과 사귀고, 생각을 교환하고, 또 상담이라는 전문직을 수행하면서 직면하는 더 큰 문제들에 대해서 생각하게 될 것이다.
- 상담자는 매주 일정한 시간을 정해서 관심 있는 분야의 책을 읽을 수도 있다. 그는 상담에 관한 일반 지식을 넓히기 위해서도 책을 읽을 수 있고, 특별히 알고 싶은 내용이나 관심 있는 구체적인 문제나 상담분야에 관한 지식을 넓히기 위한 목적으로도 책을 읽을 수 있을 것이다.
- 모든 상담자는 내담자를 위해 현직 훈련을 통하여 자신의 전문적인 기술과 판단력

을 증진시키는 노력을 해야 할 의무가 있다.

4. 슈퍼비전

상담 효과성에 대해 좀 더 자세히 논의해 볼 수 있는 또 하나의 평가방법이 슈퍼비전이다. 슈퍼비전은 상담자들로 하여금 상담의 실제에서 자신의 강점을 정확하게 파악하고 한계를 극복할 수 있게 하는 학습 관계이다. 슈퍼비전에는 최소한 네 가지 서로 다른 모형이 있다. 첫째, 교수활동으로서의 슈퍼비전이다. 이 모형의 주된 목표는 상담기술의 습득이다. 둘째, 상담활동으로서의 슈퍼비전이다. 이 모형의 주된 목표는 상담자의 개인적 성장과 자기통찰이다. 셋째, 행정으로서의 슈퍼비전이다. 이 모형의 주된 목표는 기관의 행정과 상담사례의 관리이다. 네 번째 모형은 이 세 가지 모형 각각의 측면을 모두 포함하고 있으면서도, 그 초점은 상담기관 속에서의 상담자의 생존에 두고 있는 것이다. 이 모형의 주된 목표는 기관 내의 권력과 영향력, 그리고 기관의 정책을 이해하는 것이다. 경험이 있든 없든 간에, 모든 상담자는 다양한 시점에서 이 네 가지 슈퍼비전 모형으로부터 유익한 도움을 얻을 수 있다.

- 누가 슈퍼비전을 해야 하는가?: 슈퍼바이저로서의 경험이 많고 잘 훈련받은 상담자를 슈퍼바이저로 선택했을 때, 가장 많은 도움을 받을 수 있을 것이다. 신뢰할 수 있고, 존경할 수 있으며, 지도받는 사람들에게 전문가가 되도록 도전시키는 사람을 슈퍼바이저로 선택하는 것이 중요하다. 슈퍼바이저의 역할과 함께 직속상관이나 평가자의 역할을 이중적으로 갖는 사람에게 슈퍼비전을 부탁하는 것은 피해야 한다. 어느 누구도 자신의 지위나 역할을 다른 사람에게 영향력을 행사하거나 조종하는 데 사용해서는 안 된다.
- 어디에서 슈퍼비전을 해야 하는가?: 슈퍼비전은 외부의 간섭이나 방해(예: 전화 호출, 방문객)를 가장 적게 받을 수 있는 곳에서 하는 것이 좋다. 그래야 슈퍼비전의 과정이 충실하게 진행될 수 있다.
- 얼마나 자주, 얼마나 오래 해야 하는가?: 이상적으로 말하면, 슈퍼비전은 매주 실시하는 것이 좋다. 그것이 힘들다면 2주일에 한 번(격주로) 하는 것도 좋다. 각 회기

의 길이는 기본적으로 참석자들과 합의해야 하지만, 보통 45~60분 정도가 적당한 것으로 권장된다. 슈퍼비전 관계를 얼마나 오랫동안 유지할 것인가에 대해서는 슈퍼비전을 시작하기 전에 협의해야 한다. 이 모든 점에 대해서 시작 단계에서 분명히 해 둘 필요가 있다.

• 슈퍼비전은 어떤 식으로 진행하는가?: 다음에 제시하는 방법이 꼭 이상적인 것은 아니지만, 아직 경험이 많지 않은 슈퍼바이저의 경우라도, 이 모형을 따라하면 비교적 쉽게 효과적인 슈퍼비전을 할 수 있을 것이다.

① 먼저, 상담자에게 어떤 문제를 다루고 싶은지를 물어보면서 슈퍼비전을 시작한다. 즉, 슈퍼바이저에게 하고 싶은 말이 무엇인지, 그리고 슈퍼바이저로부터 듣고 싶은 내용이 무엇인지를 구체적으로 말하게 한다.

② 상담자에게 논의할 주제에 대해 충분한 배경지식을 이야기하게 한다.

③ 상담자에게 그 사례의 이슈나 상담상황에 대해 간단하게 주관적인 평가를 해 보게 한다.

④ 그런 다음, 만약 상담회기를 녹음하거나 비디오로 녹화한 자료가 있다면, 그 일부 내용을 틀어 본다. 이때 상담자나 슈퍼바이저 그 누구라도 코멘트를 할 필요가 있을 때에는 테이프 재생을 중단시킬 수 있다.

⑤ 슈퍼비전을 하면서 슈퍼바이저는 상담자에게 그가 상담에서 실제로 사용한 상담기술, 의문시되는 관계의 측면, 상담의 전반적인 흐름이나 방향, 내담자–상담자 간의 신뢰나 이해와 같은 기본적인 문제에 주의를 집중하도록 도와주어야 한다.

⑥ 슈퍼바이저는 상담자에게 스스로를 평가하고, 상담과정 중에 자신이 한 행동 중에서 모호한 점이나 의문난 점에 대해 말해 보도록 격려해야 한다.

⑦ 상담자로 하여금 오직 내담자와 그 사례의 세부적인 내용만 보지 않고, 좀 더 폭넓은 시야를 갖도록 한다.

⑧ 슈퍼비전 과정 중간중간에, 현재 진행하고 있는 슈퍼비전의 방식과 방향이 상담자에게 도움이 되고 적절한지를 점검해 보아야 한다.

⑨ 슈퍼비전 회기를 마칠 때, 그 회기의 내용을 메모해 두어야 한다. 그리고 상담자는 각 회기를 마칠 때, 앞으로의 상담에서 추구해야 할 목표와 목적을 분명하게 가질 수 있어야 한다.

- 녹음기나 비디오로 녹음(녹화)해야 하는가?: 둘 중 어느 것도 효과적인 슈퍼비전에 필수적이지는 않지만, 이들을 사용함으로써 상담과정 중에 실제로 어떤 일이 일어났는지를 좀 더 객관적이고 주의 깊게 검토할 수 있다. 그러나 녹음(녹화)은 단지 슈퍼비전을 위한 조력 수단일 뿐이다. 그러므로 그 자체가 목적이 되어서는 안 된다.
- 슈퍼비전은 어떻게 종결하는가?: 슈퍼비전을 얼마나 오랫동안 할 것인가는 슈퍼비전이 실제로 시작되기 전에 슈퍼바이저와 상담자 간에 서로 합의를 해야 한다. 만약 슈퍼바이저와 상담자 중 어느 한 사람이라도 슈퍼비전 과정에 만족하지 못하면, 둘 다 슈퍼비전을 종결하는 데 거리낌이 없어야 한다.

만약 상담자들이 자신의 상담 효과성을 평가하고 증진시키기 위해 지금까지 언급한 단계들을 잘 따른다면, 그들은 스스로 상담에서의 자신감과 효과성이 증진됨을 느낄 수 있을 뿐만 아니라 그들이 만나는 내담자들에게 더욱 유용한 도움을 줄 수 있을 것이다.

1) 슈퍼비전이 필요한 이유

상담자는 효과적으로 내담자를 조력하기 위해 계속적인 훈련을 받아야 한다. 상담에서 슈퍼비전은 경험이 많은 선배 상담자로부터 지식과 경험을 전수받는 것이라 할 수 있다. 즉, 슈퍼비전을 통해 상담자는 자기자각(self-awareness)을 향상시키고, 전문적인 상담기술이나 기법을 습득하며, 상담과정에 대해 세세히 이해하고, 내담자에 대한 철저한 사례이해를 통해 내담자의 복지를 위한 전문적 노하우를 획득하게 된다. 초보상담자는 배운 지식이나 기술을 내담자에게 적용하는 데 있어 다양한 문제에 직면하게 된다. 때로는 직면한 문제를 자기성찰과 문헌을 통해 해결할 수도 있지만 참여적 조력자로서 그렇지 못하는 경우가 많다. 이것은 상담이 경험적 지식과 실천에 관련되어 있기 때문이다.

초보상담자가 직면하는 다양한 문제는 비슷한 경험을 통해 성숙한 선배 상담자로부터 슈퍼비전을 통해 대부분 해결할 수 있다. 상담자는 직면하는 문제들을 본인이 이해할 수도 있지만 그렇지 못한 경우도 많다. 상담의 궁극적인 목적인 내담자의 복지에 어긋난 결과가 상담자 자신의 미숙한 문제처리로 일어날 수 있다. 슈퍼비전을 통해 상담자가 고민하는 문제를 해결하고 더불어 실제적인 상담기술 및 전략의 습득을 배울 수 있다고 볼 때, 현장에서 실습 중인 모든 상담자에게 슈퍼비전은 꼭 필요한 과정이라고 할 수 있다.

본드(Bond, 1993)는 상담자에게 상담 슈퍼비전이 필요한 이유에 대하여 다음과 같이 다섯 가지로 설명하고 있다.

첫째, 슈퍼비전은 상담자를 위한 개인적 지지체계를 제공한다.

슈퍼비전의 필요성은 영국상담협회(British Association for Counseling: BAC, 1992)의 슈퍼비전에 관한 정보를 제공하는 책자에서 다음과 같이 강조되었다. 본질적으로 상담은 상담자에게 많은 것을 요구한다. 슈퍼비전은 상담에서 발생되는 어려운 면들을 극복하도록 도와준다. 상담자는 어떤 특별한 내담자와 상담에서 일어난 일과 관련해서 지나치게 관여하게 되거나, 어떤 중요한 내용을 무시하거나, 혼란스러울 수 있다. 상담자는 자신의 유용성을 심하게 의심할 수 있다.

내담자들의 고통과 어려움을 상담하는 일은 상담자에게 영향을 줄 수 있다. 예를 들면, 상담자는 개인적으로 자신에게 고통스러운 영역을 피하려고 할 수 있다. 그러나 이러한 회피는 내담자를 위한 치료를 방해할 수 있다. 좋은 슈퍼비전 관계는 상담자들이 자신과 내담자들에게 개방적으로 머무르도록 해 주는 최선의 방법이다(Hawkins & Shohet, 1989).

둘째, 상담자들이 하는 상담실습에 대해 체계적 슈퍼비전과 지지를 제공하는 것은 비밀보장을 보호하는 데 도움이 된다. 체계적 슈퍼비전은 개인적 지지를 얻기 위해서 부적절하게 정보를 노출할 필요를 느끼는 상담자의 위험을 감소시킨다.

셋째, 상담은 복잡한 과정이다. 상담이 요구하는 것처럼 관계에 개인적으로 참여하고 동시에 객관성의 어떤 정도를 유지하는 것은 어렵다. 추가적으로 슈퍼바이저의 독립성은 상담자가 이전에 인식하지 않았던 다른 일들이 탐지될 수 있게 한다.

넷째, 슈퍼비전은 상담자의 발달을 돕는다. 상담 슈퍼비전은 더 많은 학습을 위한 중요한 포럼을 제공한다.

다섯째, 독립적인 슈퍼바이저는 간과될 수 있는 실습의 윤리적 문제와 규준에 상담자가 주의를 갖도록 할 수 있다.

이상에서 살펴본 것처럼 슈퍼비전은 다양한 상담기술을 실제적으로 배우며, 사례이해를 위한 탐색과 절차에 대한 방법을 배우며, 상담자 자신의 이해를 돕는 데 필요한 중요한 훈련이라고 할 수 있다. 즉, 슈퍼비전은 교육, 지도, 자문, 감독 외에도 상담자의 자기탐색, 자기이해, 자기성장을 돕는 도제적 특성을 갖는 전문적 훈련이다. 상담자는 슈퍼비전에서 받을 수 있는 질책과 수모를 두려워해서 회피하는 태도를 가져서는 안 된다. 많은 경우에 슈퍼비전은 초보상담자의 개인적 문제에 대한 이해와 전문가로서 관점과 시야를 확대하는 데 필요한 좋은 기회를 제공한다.

2) 슈퍼비전의 기능

상담 슈퍼비전은 궁극적으로 내담자의 복지를 위해 이루어진다. 상담실습 중에 있는 학생이나 초보상담자가 상담교육과 훈련을 통해 지금까지 배워 온 지식과 기술을 직접적으로 내담자에게 적용하면서 겪는 불안, 갈등, 의구심 등을 슈퍼비전을 통해 해결한다. 슈퍼비전은 상담자에게 자기에 대한 이해를 높여 주고 상담기술과 전략을 적용하는데 있어 자신의 능력을 향상시키는 기회를 제공해 준다. 슈퍼비전 중에 슈퍼바이저는 상담자에게 새로운 방법으로 시도해 보도록 자주 제안한다. 슈퍼비전에서 상담자의 성격 스타일의 자기조사, 대인관계 스타일 및 갈등처리에 대한 이해는 적용한 상담기술의 평가나 새로운 상담기술의 획득처럼 매우 중요하다.

슈퍼비전은 상담자에게 영향력 있는 역할 모델을 본받을 수 있는 기회를 제공한다. 보이틀러와 맥나브(Beutler & McNabb, 1980)는 슈퍼비전 경험의 잠재적 의미를 강조하였는데 그것은 자주 실습 중에 있는 상담자가 특별한 치료적 접근방식을 채택할 수 있는 체계적인 자기평가를 제공할 수 있는 첫 번째 기회이기 때문이다. 유사하게, 랭스(Langs, 1979)는 초보상담자들이 자신의 효율성을 평가하고 향상시키는 능력을 개발하는 데 상담 슈퍼비전의 역할이 중요하다고 강조하였다.

슈퍼비전의 주요한 기능이 초보상담자나 훈련생을 훈련시키는 것이라 한다면, 슈퍼비전에 임하는 상담자는 전문가로서 성숙하기 위해서 적극적인 자세로 참여해야 한다. 상담자는 상담 프로그램이나 자격을 갖추기 위한 요구의 일환으로서 보다 참여적 학습자로서 내담자와의 상담과정에서 가진 의문을 해결하는 데 능동적인 태도로 슈퍼비전에 참여하는 것이 필요하다.

상담 슈퍼비전의 요점은 슈퍼비전을 받는 상담자가 내담자를 효과적으로 조력하도록 그의 능력을 향상시키려는 시도이다. 그러므로 상담자가 내담자를 충분히 이해하여 성공적으로 중재할 능력을 갖도록 슈퍼비전을 통해 그를 지도하는 것은 슈퍼비전의 핵심 과업이다.

코너(Conner, 1994)는 훈련 중에 있는 상담자를 위한 슈퍼비전의 세 가지 기능을 훈련, 지지, 관리 기능이라고 분류하였으며, 이러한 기능은 개인 혹은 집단 슈퍼비전을 통해 상담자에게 제공될 수 있다고 지적하였다. 이와 유사하게 카두신(Kadushin, 1985)은 슈퍼비전의 세 가지 기능을 교육, 지지, 관리 기능으로 분류하여 설명하였다. 교육 기능은 상담자의 내담자와의 작업에 관한 탐색과 숙고를 통해 상담자의 기술, 이해, 능력, 전문적 정체감을 발달시키는 것을 의미한다. 지지 기능은 상담자가 슈퍼바이저가 제공하는 수용과 확인을 통해 친밀한 상담작업의 정서적 효과를 처리하고 보고하여 풀 수 있도록 해 준다. 관리 기능은 슈퍼비전의 질적 통제를 제공하는 것이다. 즉, 슈퍼바이저는 내담자의 욕구가 명확히 정의된 윤리적, 전문적 실천의 규준 내에서 언급되고 있는가를 분명히 하기 위해 상담자를 조력한다.

보다 구체적으로 슈퍼비전의 기능이 무엇인가를 알아보기 위해서 주요한 슈퍼비전 모델인 발달 모델과 체계접근 모델에서 어떻게 설명하고 있는지 살펴보자.

슈퍼비전의 발달 모델은 상담자의 발달수준에 맞춰 슈퍼비전이 이루어져야 한다는 점을 강조한다. 발달이론에 근거해서 네 가지 슈퍼비전의 기능을 제시한 내용을 살펴보면 다음과 같다(Loganbill, Hardy, & Delworth, 1982).

첫째, 내담자의 복지를 위해 감독하는 기능이다. 이러한 기능과 관련된 것으로 슈퍼바이저의 윤리적 책임이 강조된다. 슈퍼바이저는 상담자의 발달을 위해 상담기술이나 중재전략을 가르치지만 내담자의 복지가 우선적으로 고려되어야 한다고 본다.

둘째, 발달단계 내에서의 슈퍼비전을 받은 상담자의 성장을 향상시키는 기능이다. 슈퍼비전의 발달 모델의 요점은 단계과정이다. 슈퍼바이저의 과업은 상담자가 단계에 따라 발달하도록 하는 것이기 때문에 다음 단계로 조속한 이동은 바람직하지 않다고 본다. 즉, 어떤 단계의 과정이 상담자에게 고통스러운 것일 수 있지만 상담자가 충분히 그러한 과정을 경험하는 것이 중요하다고 본다.

셋째, 현 단계에서 다음 단계로의 전환을 돕는 기능이다. 슈퍼바이저는 직면적 중재(confrontive interventions)와 개념적 중재(conceptual interventions)를 통해 상담자가 각 단계로 전환하도록 조력한다.

넷째, 슈퍼비전을 받은 상담자를 평가하는 기능이다. 평가의 여러 가지 유형이 경우에 따라 사용될 수 있다. 슈퍼바이저가 내리는 상담자에 대한 평가는 상담자의 권익과 관련된 경우에는 보다 신중하게 이루어져야 하며, 상담자의 발달을 위한 피드백이 되는 평가가 신뢰할 수 있는 관계에서 이루어지는 것이 바람직하다.

슈퍼비전의 체계접근 모델을 제안한 홀러웨이(Holloway, 1995)는 슈퍼비전의 주요한 기능으로서 다섯 가지를 제시하고 있다. 그녀가 제시한 기능은 훈련 중인 상담자의 과업을 성취하기 위해 노력하는 슈퍼바이저의 역할과 관련되어 있다. 이러한 다섯 가지 기능은 다음과 같다.

첫째, 슈퍼비전 회기에서 슈퍼바이저는 상담자의 상담기술 적용과 수행에 대해 조정하고 평가하는 기능을 한다. 이것은 주로 상담자의 행동에 대한 슈퍼바이저의 판단과 평가에 제한된다.

둘째, 슈퍼바이저와 상담자의 관계가 '교사-학생'의 관계처럼 지도와 충고를 하는 기능을 한다. 슈퍼바이저는 상담자의 사례이해, 상담기술 등의 상담자의 과업을 지도하고 충고하는 것을 의미한다.

셋째, 슈퍼바이저는 전문적 행동에 대한 모델로서 상담자에게 영향을 주는 본보기 기능을 한다. 슈퍼바이저는 상담에 대한 전문성에 관한 지식과 능력을 갖춘 사람으로서 본보기를 통해 영향력을 주는 것을 의미한다.

넷째, 슈퍼바이저는 상담자에게 질문하여 견해나 정보를 추구하여 임상적, 전문적 상황의 문제를 해결하도록 촉진하고, 상담자와 신뢰할 수 있는 관계에서 주요한 문제에 대해 자문하는 기능을 한다.

다섯째, 슈퍼바이저는 공감적 주의, 격려, 건설적 직면 등을 통해 상담자가 자기의 과업을 수행하면서 가질 수 있는 어려움을 극복하고 자신감을 갖고 전문성을 발달시키도록 지지와 공유해 주는 기능을 한다.

이상에서 살펴본 것처럼 슈퍼비전의 기능은 상담자의 전문적 성숙을 위해 슈퍼바이저가 하는 역할과 관련되어 있다. 때문에 상담자들은 적극적으로 슈퍼비전에 참여하여 상담 전문성을 향상시키는 것이 필요하다. 칸퍼와 쉐프트(Kanfer & Schefft, 1988)는 슈퍼비전 경험을 통해 많은 것을 배우기 위해서 상담자가 해야 할 몇 가지를 제안하였는데 그 내용을 살펴보면 다음과 같다.

첫째, 상담자는 슈퍼바이저에게 녹음, 축어록, 개인적 반응 등 가능한 한 상담면접에 대한 많은 정보를 제공해야 한다. 이러한 정보를 바탕으로 상담자는 궁금한 질문을 유도하고 개인사례에 한정되지 않는 임상적 문제에 대해 논의할 기회를 충분히 이용해야 한다.

둘째, 상담자는 상담면접을 실시하는 데 있어 자신의 구체적인 강점과 약점에 대해 슈퍼바이저로부터 피드백을 받도록 노력해야 한다. 상담자는 적극적인 자세로 자신의 개인적 기술과 상담면접 기술에 대해 상담경험이 많은 슈퍼바이저로부터 피드백을 받음으로써 개인적 성장을 이룰 수 있다.

마지막으로, 슈퍼비전을 받은 상담자는 내담자와 내담자의 반응에 대한 자신의 느낌과 반응을 자유롭게 토의하도록 노력해야 한다. 슈퍼바이저와 내담자에 대한 개인적 반응을 토의함으로써 초보상담자는 자신의 가치와 신념, 정서적 반응, 개인적 스타일 등에 대한 이해를 높일 수 있고 이러한 개인적 요인들이 실제 상담에서 어떻게 영향을 주고 있는가를 배우게 된다.

상담자의 이러한 적극적 자세와 슈퍼바이저의 전문적 역할이 결합될 때 슈퍼비전의 기능은 충분히 발휘될 것이다. 슈퍼비전의 기능은 슈퍼비전 과정의 주요한 측면이다. 상담자들은 슈퍼비전을 통해 여러 가지 전문적 영역에 있어 실제적 향상을 가져온다고 보고 있다(Hosford, 1969). 이러한 상담자의 성숙은 다양하게 나타난다. 먼저 상담자는 자신에 대한 자각의 향상과 자신의 성격에 대한 이해를 하고, 내담자와 보다 효율적으로 상담관계를 형성하고 유지할 수 있게 된다. 또한 상담자는 학습한 것을 정교화 하고, 상담이론의 구성개념을 상담실제에 통합할 수 있게 된다. 상담자는 자신의 행동의 역동성과 그것이 내담자에 미치는 효과를 이해하게 되며, 상담 연구결과를 상담실제에 통합할 수 있게 성숙한다. 요약하면, 홀러웨이(Holloway, 1995)가 슈퍼비전의 체계접근 모델에서 지적한 것처럼 슈퍼비전의 기능은 상담자의 과업인 상담기술, 사례이해, 전문적 역할, 정서적 자각, 자기평가에 있어 성숙을 가져오도록 하는 것이라고 할 수 있다.

3) 슈퍼바이저의 역할

슈퍼바이저의 역할을 위한 준비는 슈퍼바이저의 기능과 관련한 이전의 훈련과 전문경험을 토대로 시작된다고 볼 수 있다. 많은 슈퍼비전에 관한 연구자들은 슈퍼바이저를 교사, 상담자, 자문가로 보았다. 그리고 대부분의 슈퍼바이저들은 적어도 한 번 이상 이러한 역할에 대한 경험을 해 본 적이 있다. 역시 슈퍼바이저들은 훈련생의 역할을 통한 경험에서 간접적으로 슈퍼비전에 대해서 배웠다. 어떤 사람들은 실습에 있는 상담자들을 슈퍼비전하는 역할을 수행했을 수도 있고 상담 슈퍼비전 과정을 이수했을 수도 있다.

효율적인 전문적 상담 슈퍼바이저의 역할이 무엇인가에 대한 이해를 위해 미국상담협회(American Counseling Association: ACA)에서 1989년에 채택한 상담 슈퍼바이저의 지식과 전문능력에 대해 11개 영역으로 나누어 제시하고자 한다.

1. 전문적 상담 슈퍼바이저는 훈련, 교육, 슈퍼비전의 경험을 통해 지식과 전문능력을 획득한 효율적인 상담자이다. 그렇게 하는 데 있어 상담 슈퍼바이저는
   ① 다양한 상담이론, 체계, 그들의 관련된 방법의 지식을 보여 준다.
   ② 상담에 대한 자신의 개인적인 철학적, 이론적, 방법론적 접근방식을 보여 준다.
   ③ 자신의 인간에 대한 가정의 지식을 보여 준다.
   ④ 슈퍼비전 상황에 적절한 상담이론과 방법을 적용하는 기술을 보여 준다.

2. 전문적 상담 슈퍼바이저는 역할과 일관된 개인적 특성을 보여 준다. 그렇게 하는 데 있어 상담 슈퍼바이저는
   ① 자신의 상담 및 슈퍼비전 기술을 계속해서 갱신한다.
   ② 개인차에 민감하다.
   ③ 자기평가와 다른 사람들로부터의 피드백을 통해 자신의 제한점을 인식한다.
   ④ 촉진적이고, 낙관적이며, 동기가 있다.
   ⑤ 유머 감각을 가진다.
   ⑥ 슈퍼바이저 역할에 내재한 권위에 안정감을 느낀다.
   ⑦ 슈퍼바이저의 역할에 대한 약속을 행동으로 보여 준다.
   ⑧ 슈퍼바이저로서 자신의 강점과 약점을 확인할 수 있다.
   ⑨ 대인관계에 있어 자신의 유형을 기술할 수 있다.

3. 전문적 상담 슈퍼바이저는 전문성의 윤리적, 법적, 규정적 측면에 관해 잘 알고 있으며, 이러한 지식을 적용하는 데 능숙하다. 그렇게 하는 데 있어 상담 슈퍼바

이저는
① 상담자에게 전문적인 윤리조항에 관한 지식을 전달한다.
② 윤리적, 전문적 규준에 따르는 것을 보여 주고 따르도록 강요한다.
③ 법적, 규정적 서류와 그들의 전문직에 미치는 영향을 이해하여 상담자에게 전달한다(예: 자격증, 면허, 경고의 의무, 아동의 기록에 대한 부모의 권리, 제삼자의 지불).
④ 전문적 표준에 관한 현재의 정보를 제공한다.
⑤ 상담자의 권리에 관한 지식을 알리고 기관에 구체적인 절차를 따르도록 요구할 수 있다.
⑥ 이중관계, 만기과정, 평가, 사전동의, 비밀성의 보장, 대리적 의무 등을 포함하는 슈퍼비전 과정에 수반하는 윤리적 고려사항에 대한 지식을 상담자에게 얘기한다.

4. 전문적 상담 슈퍼바이저는 슈퍼비전 관계와 개인적, 전문적 본질에 대한 개념적 지식을 실제로 보여 주고 이러한 지식을 적용하는 데 능숙하다. 그렇게 하는 데 있어 상담 슈퍼바이저는
① 성별, 인종, 민족, 문화와 관련한 개인차의 지식을 보여 주며 슈퍼비전 관계에서 이러한 특성의 중요성을 이해한다.
② 상담자의 개인적, 전문적 욕구에 민감하다.
③ 상담자가 자신의 행동의 결과에 책임질 것을 기대한다.
④ 슈퍼비전의 평가적 본질에 민감하고 수행평가와 관련한 상담자의 불안에 효과적으로 반응한다.
⑤ 적절하고 전문적 성숙을 보여 주는 수단으로써 자기평가를 한다.
⑥ 촉진적 조건(공감, 구체성, 존경, 일치성, 진솔성, 즉시성)을 제공한다.
⑦ 상담자와 상호 신뢰적 관계를 확립한다.
⑧ 적절한 균형으로 도전과 지지를 제공한다.
⑨ 상담이나 자문회기 동안에 일어난 상담자의 감정과 생각을 끌어 내어 슈퍼비전 과정을 향상시키는 방법으로 반응한다.

5. 전문적 상담 슈퍼바이저는 슈퍼비전 방법과 기법에 관한 개념적 지식을 보여 주

고 상담자 발달을 향상시키기 위해 이러한 지식을 능숙하게 사용한다. 그렇게 하는 데 있어 상담 슈퍼바이저는

① 슈퍼비전의 목적을 진술하고 사용된 절차를 설명한다.
② 상담자를 위한 학습경험의 필요한 방향과 관련한 상호적 결정을 위해 협상한다.
③ 역할연습, 역할전환, 생동적 슈퍼비전, 본보기, 대인관계 과정 회상, 미시적 기술훈련, 제안과 충고, 오디오와 비디오 테이프의 검토 등을 포함하는 적절한 슈퍼비전 중재에 참여한다.
④ 적절하게 교사, 상담자, 자문가의 역할로서 슈퍼바이저의 기능을 수행할 수 있다.
⑤ 내담자에 대한 해결책, 기법, 반응을 찾기 위해 상담자로부터 새로운 대안을 끌어낸다.
⑥ 자신의 대인관계 스타일과 슈퍼비전의 지식을 통합한다.
⑦ 슈퍼비전에서 자신의 역할을 명료화한다.
⑧ 학습을 향상시키기 위해 필요한 교육기재(복사물, 녹음기, 비디오)를 사용한다.
⑨ 상담자의 자기탐색과 문제해결을 촉진하는 방식으로 상담자와 상호작용한다.

6. 전문적 상담 슈퍼바이저는 상담자의 발달과정에 대한 개념적 지식을 보여 주고, 이러한 지식을 적용하는 데 능숙하다. 그렇게 하는 데 있어 상담 슈퍼바이저는

① 슈퍼비전의 발달적 본질을 이해한다.
② 다양한 슈퍼비전의 이론적 방법에 대한 지식을 보여 준다.
③ 특별한 작업 상황에서 상담자의 역할과 기능을 이해한다.
④ 상담자의 학습욕구를 확인할 수 있다.
⑤ 상담자의 개인적 특성, 개념적 발달, 훈련, 경험을 근거하여 협의 내용을 조정한다.
⑥ 상담자의 개념적 발달, 훈련, 경험의 수준에 적절한 슈퍼비전 방법을 사용한다.

7. 전문적 상담 슈퍼바이저는 사례이해와 관리에 관한 지식과 전문 능력을 보여 준다. 그렇게 하는 데 있어 상담 슈퍼바이저는

① 슈퍼비전의 일차목표는 상담자의 내담자를 조력하는 것이라는 점을 인식한다.
② 다른 전문가들(예: 정신과의사, 심리학자, 사회사업가)의 역할을 이해하고, 적절할

때 내담자를 다른 전문가에게 의뢰하는 과정에 조력한다.
③ 상담 역동성에 대한 상담자의 지각을 끌어 낸다.
④ 자료수집 절차를 선택하고 집행하는 데 있어 상담자를 조력한다.
⑤ 객관적으로 자료를 분석하고 해석하는 데 있어 상담자를 조력한다.
⑥ 효과적인 내담자의 목표와 목적을 계획하는 데 있어 상담자를 조력한다.
⑦ 내담자의 목표와 목적을 설정하기 위해 관찰과 평가를 사용하는 데 있어 상담자를 조력한다.
⑧ 내담자의 심리적, 행동적 특성을 통합된 사례이해로 종합하는 데 있어 상담자를 조력한다.
⑨ 상담목표와 목적의 우선순위를 설정하는 데 있어 상담자를 조력한다.
⑩ 상담절차에 대한 원리를 제공하는 데 있어 내담자를 조력한다.
⑪ 계속적인 사정과 평가에 근거한 목표달성을 위한 진행 단계를 조정하는 데 있어 상담자를 조력한다.

8. 전문적 상담 슈퍼바이저는 내담자 사정과 평가에 있어 지식과 전문 능력을 보여 준다. 그렇게 하는 데 있어 상담 슈퍼바이저는
① 검사의 사용과 검사해석을 조정한다.
② 평가절차를 위한 원리를 제공하는 데 있어 상담자를 조력한다.
③ 평가절차와 원리를 의사소통하는 데 있어 상담자를 조력한다.
④ 내담자와 상담자의 변화에 대한 기술, 측정, 서류작성을 하는 데 있어 상담자를 조력한다.
⑤ 적절한 추천을 하기 위해 결과와 관찰을 통합하는 데 있어 상담자를 조력한다.

9. 전문적 상담 슈퍼바이저는 구두 및 서류 보고와 기록에 있어 지식과 전문 능력을 보여 준다. 그렇게 하는 데 있어 상담 슈퍼바이저는
① 책무(accountability)의 의미와 그것을 향상시키는 데 있어 슈퍼바이저의 책임감을 이해한다.
② 슈퍼비전과 상담 관련된 상호작용을 효과적으로 서류화하는 데 있어 상담자를 조력한다.

③ 내담자와 슈퍼비전의 기록에 대한 비밀보장을 보호하기 위해 정책과 절차를 확립하고 따르는 데 있어 상담자를 조력한다.
④ 구두나 서류 보고에 포함될 적절한 정보를 확인하는 데 있어 상담자를 조력한다.
⑤ 논리적이고, 정확하고, 순서에 따른 방법으로 정보를 제시하는 데 있어 상담자를 조력한다.
⑥ 구두나 서류 보고를 작업환경과 의사소통 상황에 맞게 적용하는 데 있어 상담자를 조력한다.

10. 전문적 상담 슈퍼바이저는 상담수행의 평가에 관한 지식과 전문 능력을 보여 준다. 그렇게 하는 데 있어 상담 슈퍼바이저는
① 평가자의 관점에서 상담자와 상호작용할 수 있다.
② 상담자의 전문적, 개인적 강점과 약점을 확인할 수 있다.
③ 사례이해, 방법과 기법의 사용, 관계기술, 평가와 같은 수행에 대한 구체적 피드백을 제공한다.
④ 상담자가 자신의 개인적 상담이론을 발달시키고 적용한 정도를 결정한다.
⑤ 프로그램과 상담자 목표달성을 결정할 평가절차와 도구를 개발한다.
⑥ 상담자가 자신의 진전과 성취를 기술하고 측정하는 데 있어 상담자를 조력한다.
⑦ 등급결정, 인턴십 요구의 완성, 전문적 향상 등의 목적을 위해 상담기술을 평가할 수 있다.

11. 전문적 상담 슈퍼바이저는 상담과 상담자 슈퍼비전에 관한 연구에 대하여 많이 알고 있으며 일관성 있게 이러한 지식을 슈퍼비전 과정에 통합시킨다. 그렇게 하는 데 있어 상담 슈퍼바이저는
① 프로그램, 서비스, 기법의 효과를 결정하기 위해 연구를 촉진하고 조정한다.
② 상담과 슈퍼비전에 관한 연구결과를 읽고, 해석하고, 적용한다.
③ 상담과 슈퍼비전에 관한 연구문제를 형성할 수 있다.
④ 상담과 슈퍼비전에 관한 연구결과를 보고하고 발표한다.
⑤ 연구결과를 개인적 사례관리에 통합하는 것을 촉진한다.

5. 요약

- 상담자가 수행하는 상담활동은 내담자의 삶의 질을 향상하기 위한 것이기 때문에 상담은 항상 가치와 관련한 주제와 밀접하게 연관된다.
- 기본적으로 상담자는 자신의 가치를 일방적으로 내담자에게 주입해서는 안 되며 내담자와 가치갈등을 야기할 때는 슬기롭게 대처해야 한다.
- 상담자가 상담기술을 적용하면서 고려할 사항으로 먼저 가치문제와 관련하여 상담을 해야 하는가의 문제와 함께, 상담자의 가치와 상담에서 가치갈등, 비밀보장, 신체적 접촉 등을 살펴보았다.
- 상담자는 습득한 상담기술들을 개인상담뿐만 아니라 집단상담, 가족상담, 위기상담 등에서 다양하게 내담자들의 문제해결을 위해 사용할 수 있도록 역량을 확장해야 한다. 즉, 상담자는 다양한 상황에서 효과적으로 내담자를 조력하기 위해 끊임없이 자신의 능력개발을 위해 노력하는 것이 요구된다.
- 상담자의 능력 개발과 관련하여 진전 정도의 평가, 상담효과의 평가에 대해 다루었다.
- 마지막으로 상담훈련의 도제적인 특성에 해당하는 슈퍼비전과 관련된 내용으로 슈퍼비전이 필요한 이유, 슈퍼비전의 기능, 슈퍼바이저의 역할 등에 대해 알아보았다.

효과적 조력을 위한
상담 연습 5

상담기술 적용

연습 1: 로저스(Rogers, 1951)는 '개인이 자신의 자아구조 내로 자신의 신체적 경험을 보다 많이 지각하고 수용할 때, 그는 계속되는 유기체적 가치화 과정(valuing process)에 따라 대체로 왜곡으로 상징화되었던, 내사에 근거한 자신의 현재의 가치체계를 바꾸고 있다는 것을 알게 된다.'고 지적하였다. 이러한 로저스의 입장은 인간이 가치덩어리로서 계속되는 가치화 과정에 있음을 강조한 것이다. 다른 동료상담자와 함께 인간의 가치화 과정에 대해 논의하라.

연습 2: 사이먼, 하우, 커첸바움(Simon, Howe, & Kirschenbaum, 1972)은 사람들이 구조화된 활동을 통해 자신의 가치를 처리하도록 돕는 가치명료화를 위한 체계적인 일곱 단계 접근방식을 개발하였다. 그들이 제안했던 가치명료화의 일곱 단계는 다음과 같다.

1단계: 자신의 신념과 행동을 소중히 여기고 간직하기
2단계: 적절한 경우에 자신의 신념과 행동을 타인들에게 주장하기
3단계: 다른 대안들을 고려해서 자신의 신념과 행동을 선택하기
4단계: 결과를 고려한 후 다른 대안들을 고려해서 자신의 신념과 행동을 선택하기
5단계: 자신의 신념과 행동을 자유롭게 선택하기
6단계: 자신의 신념에 따라 행동하기
7단계: 일관적이고 반복적으로 자신의 신념에 따라 행동하기

글래서와 커첸바움(Glaser & Kirschenbaum, 1980)은 상담자들이 위에서 제시한 일곱 단계 가치명료화 과정에 따라 내담자를 돕는 데 사용할 수 있는 질문의 예들을 다음과 같이 제시하였다.

1단계 질문의 예: (1) 그것이 당신에게 중요한 것입니까?
(2) 당신이 그것을 처리했던 방법에 대해 자랑스럽게 생각합니까?

2단계 질문의 예: (1) 이것이 다른 사람들과 공유하고자 하는 것입니까?
(2) 당신은 누구에게 그것을 기꺼이 말하고자 합니까?

3단계 질문의 예: (1) 당신은 그것에 대한 어떤 다른 대안들을 고려해 봤습니까?
(2) 결정하기 전에 당신은 얼마 동안 이것저것 고려했습니까?

4단계 질문의 예: (1) 그러한 아이디어에 대해 당신이 가장 좋아하는 것은 무엇입니까?
(2) 모든 사람이 당신의 신념을 수용한다면 무슨 일이 일어날 것 같습니까?

5단계 질문의 예: (1) 그것은 정말 당신 자신의 선택입니까?
(2) 그 생각을 처음 갖게 된 것은 어디라고 봅니까?

6단계 질문의 예: (1) 그것은 당신이 기꺼이 하고자 하는 것입니까?
(2) 만약 당신이 그러한 방향을 따르려고 선택했다면 당신의 다음 단계는 무엇일 것 같습니까?

7단계 질문의 예: (1) 당신은 이런 행동을 전형적으로 합니까?
(2) 당신은 다시 그런 행동을 할 것입니까?

상담자로서 당신이 갖는 동성애에 대한 가치를 명료화하는 데 앞에서 제시한 가치 명료화 단계를 사용하여 동료상담자와 짝을 지어 역할연습을 해 보라.

연습 3: 17세인 여고 1년생이 당신에게 상담을 받으러 와서 자신이 임신했다는 것과 아이를 낳아서 기르고 싶다고 주장한다. 이런 경우에 당신이 이 내담자를 어떻게 조력할 것인지를 동료상담자와 짝을 지어 논의해 보라.

연습 4: 상담 상황에서 상담자와 내담자의 가치갈등은 흔히 발생한다. 가치갈등이 발생했을 경우에 대처하는 현명한 방법들에 대해 3~4명씩 짝을 지어 논의해 보라.

연습 5: 상담전문직에서 자상담자가 내담자의 사적 내용에 대한 비밀을 지켜 주는 것은 매우 중요하다. 하지만 상담자는 내담자가 밝힌 모든 내용에 대해 비밀보장을 하지는 않는다. 비밀보장의 예외가 무엇인지에 대해 생각해 보고 이러한 예외를 내담자에게 어떻게 전달할 것인지를 동료상담자와 짝을 지어 논의하라.

연습 6: (1) 개인상담보다 집단상담이 갖는 장점이 무엇인가에 대해 4~5명씩 짝을 지어 논의하여 목록을 만들어 보라.

(2) 만들어진 목록을 바탕으로 제이콥스, 매슨과 하빌(Jacobs, Masson, & Harvill, 1998)이 제안했던 집단상담을 하는 이유인 효율성, 공통성의 경험, 자원과 관점의 다양성, 소속감, 기술 실습하기, 피드백, 대리적 학습, 실생활의 축소판, 집단 앞에서 서약하기 등과 관련시켜 집단상담의 장점을 논의하라.

연습 7: (1) 가족상담은 가족이란 체계를 강조하는 체계적 접근이다. 개인상담과 가족상담의 주요한 차이점에 대해 논의해 보라.

(2) 경험적 가족치료 접근방식을 취하는 사티어(Virginia Satir)는 가족의 역기능적인 의사소통으로 비난형, 초이성형, 산만형, 아첨형을 지적하였다. 이러한 의사소통 유형의 의미를 밝히고 가족구성원들을 형성하여 각각의 의사소통에 대한 역할연습을 수행해 보라. 그리고 당신이 어떤 의사소통을 했을 때 가장 편안한지를 확인해 보라.

연습 8: 위기에 처해 있는 내담자를 조력하는 기본적인 전략은 보통의 개인상담과 매우 다르다. 마이어와 다비스(Meier & Davis, 1997)는 위기중재 전략으로 다음과 같은 네 가지를 제안하였다.

- 상황을 통제하라.
- 실제 내담자가 누구인지를 결정하라.

- 강점을 강조하라.
- 사회적 자원을 동원하라.

지금 모든 집단구성원이 위기상담을 한다고 가정하고 4~5명씩 집단을 형성하여 앞에 기술한 전략을 바탕으로 전화상으로 자살에 대해 얘기하는 내담자를 조력하는 전략에 대해 논의해 보라.

연습 9: 상담자로서 자신의 상담 능력을 향상시키기 위해 지금까지 어떤 노력을 해 왔는가를 3~4명씩 조를 짜서 서로에게 얘기해 보라. 특히 능력개발에 도움이 됐던 활동들에 대해서 서로에게 얘기하라.

연습 10: (1) 먼저 상담자 훈련을 위해 슈퍼비전이 필요한 이유를 슈퍼비전의 기능을 바탕으로 설명해 보라.
(2) 상담자로서 상담사례에 대한 슈퍼비전을 받으면서 배웠던 경험을 3~4명씩 조를 짜서 서로에게 얘기해 보라.

제 3 부

정신역동적 관점

Theory and Practice of Counseling Psychology

인간 이해와 조력을 위한 정신역동적 관점은 일반적으로 프로이트의 정신분석의 영향을 직 · 간접적으로 받아 형성된 이론들을 말한다. 물론 엄밀한 입장에서 보면 프로이트의 영향을 받지 않는 상담이론가를 찾기가 쉽지 않다. 왜냐하면 대부분의 새로 탄생된 상담이론이 프로이트의 정신분석을 확장하거나 비판하면서 나타났기 때문이다. 셀리그만(Seligman, 2001)은 프로이트의 영향을 받아 형성된 정신역동적 관점에 속하는 상담이론들이 배경과 맥락을 강조한다는 점에서 유사함을 지적하고 있다. 이러한 주장에 동의하면서 여기서는 먼저 프로이트의 정신분석을 다루고 나서 정신분석을 비판하면서 탄생한 아들러의 개인심리학적 상담이론, 융의 분석심리학적 치료, 그리고 모레노의 심리극을 통한 상담을 살펴보고자 한다.

상담을 공부하는 사람들이 기본적으로 갖추어야 할 지식이 프로이트의 정신분석이다. 인간이 생물학적 존재라는 기본적 가정에서 본능이론을 토대로 형성된 정신분석은 발달 초기의 중요성을 강조한다. 정신분석은 집을 짓는 데 기초공사가 중요한 것처럼 인생 초기의 경험이 막대하게 삶에 영향을 준다는 점에 기초한다. 삶의 에너지가 입에서 항문을 거쳐 성기로 이동하여 작동하는 5세까지의 경험이 나머지의 삶에 결정적인 역할을 한다는 것이다. 이런 입장에서 보면 우리가 출생외상을 경험하면서 태어나서 의미 있는 대상인 부모와의 초기 경험이 우리의 삶에 매우 중요하다. 대부분의 상담자들이 수용하는 상담과 심리치료에서 중요한 개념인 전이는 유아에게 의미 있는 대상인 부모와의 초기 경험에서 비롯된 무의식적인 생각, 감정, 행동의 표현이다.

아들러는 우리 모두가 갖고 있는 열등감을 바탕으로 개인심리학을 개발하였다. 아들러는 나눌 수 없는 개인이 사회적 존재로서 창조적 자기를 개발한다고 보았다. 더불어 개인이 갖는 모든 문제는 사회적 관심의 결여, 용기의 결여, 상식의 결여와 관련되어 있다고 지적하였다. 프로이트가 인생 초기 5세까지의 경험을 강조한 반면, 아들러는 우리가 기억할 수 있는 5세에서 11~12세까지의 경험을 중요하게 생각하였다. 이 시기에 형성한 생활양식이 우리의 현재 삶과 밀접하게 관련되어 있음을 강조하였다. 아들러식 상담자의 주요한 역할은 낙담한 내담자가 용기를 갖고 살아가도록 격려하며 내담자의 부적절한 생활양식을 재정향하도록 돕는 것이다.

융은 타고난 정신적 소인인 원형들로 구성된 집단무의식을 바탕으로 분석심리학을 개발하였다. 우리 모두가 집단무의식의 주인인 자기를 실현하기 위해 분화와 통합을 노력하는 존재임을 강조하였다. 우리 자신을 이해하기 위해 정신문화의 뿌리인 동화나 신화의 중요성을 지적하였다. 분석심리학적 치료자의 주요한 역할은 내담자가 타고난 심리적 유형을 바탕으로 자기를 찾아가는 개성화 과정을 이루도록 조력하는 것이다.

심리극의 기원은 모레노가 1921년에 비엔나에서 시작했던 '자발성 극장'으로 본다. 심리극에 근거한 상담자는 심리극 참여자들 중에서 선발된 주인공의 문제와 관련하여 역할연기 등 다양한 심리극 기법들을 적용하여 심리극을 진행한다.

제 6 장

정신분석

우리가 알고 있는 의식의 영역은 빙산의 일각에 불과하다.

—프로이트(Freud)

6장의 목차

지난 20세기의 위대한 사상가로 꼽히는 인물이 프로이트(Freud)이다. 지금도 '프로이트가 살아 있는가?'란 은유적 질문에 그가 살아 있다고 대답한다. 개인의 삶은 유한하지만 개인이 남긴 사상이나 예술은 무한하다. 개인의 사상은 시대정신(zeitgeist)을 반영한다. 지금까지 서구 역사에서 엄청난 사건 중의 하나는 1859년 다윈(Darwin)이 『종의 기원』을 통해 인간이 신에 의한 창조적 존재가 아니라 적자생존의 법칙에 따라 진화되어 온 생물학적 존재라고 주장한 것이다. 이러한 시대정신을 반영하여 19세기 후반에 탄생한 이론이 프로이트의 정신분석 이론이다. 지금도 '인간은 신의 창조물인가? 아니면 진화되어 온 생물학적 존재인가?'에 대한 논쟁은 계속되고 있다.

중요한 사실은 프로이트가 인간을 생물학적 존재로 보고 본능이론을 바탕으로 정신분석을 개발했다는 점이다. 많은 사람들이 프로이트가 창조해서 강조한 주요개념인 무의식, 전이, 꿈의 해석 등의 개념을 토대로 그의 이론을 이성론적 및 형이상학적인 입장해서 이해하려는 경향이 있다. 사람들이 암묵적으로 프로이트의 정신분석을 이성론적 입장에서 이해하는 것은 그가 창조한 정신분석 이론이 갖고 있는 모순이다. 이러한 모순의 이유는 프로이트가 놀랄 만하고 정교하게 인간을 보는 매우 대립되는 관점인 다윈의 진화론과 플라톤의 이데아론을 결합해서 그의 이론을 개발하였기 때문이다.

대부분의 사람은 이 지구상에서 자신을 가장 잘 알고 있는 사람이 자기 자신이라고 생각한다. 당신은 어떻게 생각하는가? 만약 당신이 '그렇다.'고 생각한다면, 당신 자신의 행동에 대해 자신 있게 설명할 수 있어야 한다. 그렇다면 다행이지만 대부분의 사람은 때때로 자신도 모르는 행동을 한다. 프로이트는 "우리가 알고 있는 의식의 영역은 빙산의 일각에 불과하다."고 하였다. 당신이 모르는 무의식의 영역이 훨씬 더 당신을 지배하고 있다는 말이다. 다시 말하면 나도 모르는 나 자신이 나의 일거수일투족에 영향력을 발휘하고 있다는 설명이다.

인간 이해의 확장을 위한 노력의 과정에서 두드러진 사건 중의 하나가 무의식의 발견이다. 정신분석은 우리의 삶에 의식보다 무의식이 훨씬 영향을 준다는 입장을 체계화한 이론이다. 정신의학에서 심리치료라고 하면 보통 정신분석을 의미한다. 정신분석이 직접·간접적으로 대부분의 상담이나 심리치료 이론에 영향을 주었다는 것은 부정하기 어렵다. 지난 20세기의 위대한 사상가로서 인간 이해의 폭을 넓힌 가장 영향력 있는 인물을 든다면 프로이트라고 말할 수 있다. 프로이트가 개발한 정신분석은 여전히 인간을 이해하는 데 막대한 영향력을 행사하고 있다. 정신분석은 우리가 알고 있는 의식 영역보다 억압해서 쉽게 의식화할 수 없는 무의식 영역을 보다 강조한다는 점에서 심층심리학이라 불린다. 또한 쾌락을 추구하는 본능과 현실세계와의 마찰에서 비롯된 불안을 처리하면서 겪는 인간의 갈등을 다룬다는 점에서 갈등심리학이라고도 한다.

정신분석을 바탕으로 보다 진전된 이론이 탄생했을 뿐만 아니라 정신분석을 비판하면서 다양한 심리학 이론이 태동하였다. 이 장에서는 프로이트의 생애, 프로이트의 정신분석에서 보는 인간관, 주요개념, 상담목표, 상담과정, 상담기법을 살펴보고자 한다.

1. 프로이트의 생애

프로이트(Sigmund Freud, 1856~1939)는 1856년 모라비아(현 체코)의 프라이베르크(Freiberg)에서 태어났다. 프로이트가 네 살 때인 1860년에, 그의 가족은 모라비아에서 비엔나[Vienna, 오스트리아 빈(Wien)의 영어 이름임]로 이주하였으며, 프로이트는 비엔나에서 삶의 대부분을 보냈다. 프로이트는 어려서부터 뛰어난 재능을 보였으며 가족, 특히 어머니로부터 많은 격려를 받았다. 그는 17세에 김나지움을 우수한 성적으로 졸업한 후 의학 및 과학적 연구를 위해 비엔나 대학에 입학하였다. 의학 외에 생물학, 생리학, 교육 등에 대한 다양한 관심 때문에 그는 대학에서 8년을 보내게 되었다. 마침내 프로이트는 의사자격시험을 치르고, 1881년에 임상 신경학자로서 개업을 하였다. 프로이트는 사랑에 빠졌던 베르내이스(Martha Bernays)와 약혼한 지 4년이 지난 1886년에 결혼하였다.

프로이트는 1884년에 브로이어(Josef Breuer)와 관계를 맺으면서 정신분석에 대한 관심을 갖게 되었다. 프로이트는 브로이어로부터 히스테리적 신경증을 위한 '담화치료'(talking cure)와 최면의 사용에 대해 배웠다. 1885년, 프로이트는 프랑스에 가서 샤르코(Jean Charcot)와 함께 최면을 연구하며 4개월 반을 보내면서 샤르코에게서 환자들의 문제가 성적 근거를 갖는다는 얘기를 듣게 되었다. 신경증이 성적 근거를 갖는다는 아이디어를 마음속에 간직하다가, 1890년대 중반에서야 프로이트는 신경증을 지배하는 문제가 부적절한 성적 발달이라고 확신하였다.

브로이어와 프로이트는 1895년에 공동연구로서 흔히 정신분석의 시작으로 지적되는 『신경증에 관한 연구(Studies on hysteria)』를 발표하였다. 프로이트는 1897년 자기분석에 착수하였으며 자신의 신경증 문제를 불안 신경증으로 진단하였다. 그리고 이러한 문제가 성적 긴장의 누적에 의해 기인한다고 주장하였다. 프로이트가 사용한 자기분석의 방법은 '꿈 분석(dream analysis)'이었다. 꿈 분석은 약 2년 동안 계속되었으며 그러한 결과가 누적되어 그의 주요 저서인 『꿈의 해석(The Interpretation of Dreams)』으로 1900년에 발표되었다.

프로이트는 1902년까지 정신분석의 이론과 실제를 향상시키는 데 관심을 기울였으며, 이 무렵에 아들러를 포함한 소집단이 프로이트의 집에서 열린 주말 토의집단에 참여하였다. 신경증의 문제에 대한 이러한 초기 논의는 심층심리학의 네 주역이라 할 수 있는 프로이트, 아들러, 랭크(Otto Rank), 융의 다른 이론적 신념과 응용기법의 발달에 중요하게 기여하였다. 프로이트는 1905년에 『성 이론에 관한 세 편의 에세이(Three essays on the theory of sexuality)』를 발표하였고, 1909년에는 홀(Stanley Hall)에 의해 미국에 초빙되어 클라크 대학에서 강연한 후 그의 명성이 국제적으로 알려지게 되었다.

아들러, 융, 랭크가 각각 자신의 이론과 스타일을 발달시킴으로써 초기 정신분석 집단은 갈등과 반목으로 붕괴되었다. 아들러는 1911년, 융은 1914년에 정신분석 집단에서 이탈하였다. 하지만 프로이트의 명성은 1919년부터 그가 죽은 해인 1939년까지 최고조에 달했다. 1920년대에 프로이트는 인간의 동기에 근거한 성격이론과 체계를 발달시켰으며 이러한 이론의 영향은 장애를 가진 사람들의 치료기법 이상으로 확장되었다.

정신분석을 통해 프로이트는 저항(resistance)을 자신의 고통에 직면하지 않으려는 보호형태이며, 억압(repression)을 의식적 자각에서 그러한 고통을 제거하는 방식이란 것을 확인하였다. 억압은 정신분석의 근본적 원리가 되었다. 즉, 억압된 자료는 장기간의 정신분석에서 사용되는 기법인 꿈 분석과 자유연상(free association)을 통해 밝혀지게 된다. 정신분석에서 효과적인 치료 작업은 환자와 치료자의 인간적 관계 혹은 전이(transference)에 따라 결정된다. 프로이트는 환자가 치료자에 대해 갖는 정서적 태도인 전이가 신경증 치료를 위해 필수적이라고 믿었다.

2. 인간관

기독교 정신에 의해 점철된 서구 역사에서 엄청난 사건 중의 하나는 1859년 다윈이 『종의 기원』을 통해 진화론을 주창한 것이다. 프로이트는 인간을 생물학적 존재로 보는 당시의 시대정신을 반영하여 정신분석을 개발하였다. 그에 따르면 인간은 삶 본능인 리비도를 타고났다. 이러한 본능은 만족이나 쾌락을 추구한다. 쾌락을 추구하는 본능의 욕구는 사회현실과 마찰을 빚는다. 인간은 내적 욕구와 외적 요구 간에 끊임없는 갈등을 한다.

프로이트는 인간을 갈등의 존재로 보았다. 본능이 추구하는 쾌락과 현실의 갈등, 자아와 외부세계와의 갈등, 적극성과 수동성의 갈등이 우리를 지배한다. 때문에 프로이트는 인간은 삶이 지속되는 한 갈등을 겪는다고 주장한다. 즉, 삶이 지속되는 동안 우리가 가진 세 가지 자아인 원초아(id), 자아(ego), 초자아(superego)가 서로 갈등을 겪는다는 것이다. 이러한 세 가지 자아는 고대 그리스의 철학자인 플라톤(Plato)이 제안한 서로 갈등을 겪는 정신의 세 가지인 욕구(appetite), 이성(reason), 영혼(spirit)과 유사한 개념이다. 플라톤은 사람들이 쉽게 이해하도록 인간의 정신을 두 마리의 말이 이끄는 이륜마차의 전차에 비유하여 설명하였다. 이 비유에서 두 마리 말 중에서 길들여지지 않은 '거친 말'은 욕구를, '철저하게 훈련된 순종의 말'은 영혼을, 말을 통제하며 전차를 이끄는 '마부'는 이성을 나타낸다.

프로이트의 인간관은 기본적으로 결정론적이다. 즉, 비이성적인 힘인 본능적 추동이나 무의식적 동기가 인간의 행동을 결정한다고 본다. 모든 사람이 그가 제안한 심리성적 발달단계에 따라 성격발달이 이루어진다고 본다.

프로이트는 인간을 비관론적 존재로 보았다. 그는 인간을 어두운 지하실에서 끊임없이 갈등하는 존재로 비유하였다. 프로이트는 인간이 쾌락을 추구하는 생물학적인 존재로 보고 본능의 중요성을 강조했다. 인간을 지배하는 두 가지 본능인 삶 본능과 죽음 본능은 쾌락과 공격성을 추구하는 추동이다.

요약하면, 프로이트는 인간을 본능이 지배하는 생물학적인 존재, 생물학적 추동에 의해 통제되고 정신에너지 체계인 세 가지 자아가 갈등하는 비관론적 존재, 비이성적이며 비사회적인 본능에 의해 통제되고 지배되는 결정론적 존재로 보았다.

3. 주요개념

여기서는 프로이트의 정신분석을 이해하기 위해 필요한 주요개념인 성격구조, 불안, 방어기제, 심리성적 발달단계에 대해서 살펴보자.

1) 성격구조

프로이트는 성격은 세 가지 자아로 구성되어 있다고 보았다. 이 세 가지 자아는 원초아, 자아, 초자아이다.

원초아 원초아는 인간이 생물학적 존재로서 태어나면서 유전적으로 가지고 온 것으로 본능의 지배를 받는다. 원초아는 세 가지 자아 중 가장 막대한 힘을 가진다. 원초아는 무의식이 지배하며 쾌락의 추구가 주요한 목적이다. 주요한 유기체의 본능적 욕구는 삶을 위해 필수적인 생물학적 욕구이다. 심한 갈증을 느낄 때 마시는 물은 당신에게 갈증해소의 만족을 준다. 몹시 허기질 때 먹은 음식은 우리에게 큰 만족을 준다. "배고픔에 장사 없다." "금강산도 식후경이다." 이런 말들은 식욕 본능을 반영한 말이다. 인간은 살기 위해서 먹고, 잘 먹고 살기 위해서 열심히 일한다. 배고픔의 서러움과 고통을 겪어 보지 않은 요즈음의 젊은 세대는 보릿고개란 말을 이해하지 못한다. 북한의 식량난은 생사의 문제이다. 당신이 식도락가가 아닐지라도 먹는 기쁨이 얼마나 중요한가를 매일매일 느낄 것이다. 먹고사는 것과 더불어 중요한 생물학적 욕구가 성욕이다. 인간의 종 보존과 쾌락을 주는 주요한 본능적 욕구는 성욕이다.

자아 자아는 의식의 세 수준인 의식, 전의식, 무의식으로 구성되어 있으며 출생 이후에 개인의 경험을 통해 형성된다. 자아도 역시 쾌락을 추구하지만 현실을 고려하면서 쾌락을 추구한다. 즉, 외부세계에서 경험하는 현실과 쾌락을 원하는 원초아를 조정하며 쾌락을 찾는다. 자아는 욕구를 만족시키거나 긴장을 감소시킬 대상을 발견할 때까지 에너지 방출을 미루는 현실 원리에 의해 작동한다. 원초아는 막무가내로 충동을 표출하지만 자아는 긴장을 참고 만족을 지연시킬 수 있다. 자아의 지배자는 원초아, 초자아, 현실이다. 자아는 이 세 지배자를 조정하며 기능하는 성격의 집행자이다.

초자아 초자아도 자아처럼 의식, 전의식, 무의식으로 구성되어 있다. 초자아는 부모의 가치기준을 동화함으로써 자아에서 발달된다. 즉, 초자아는 주로 부모나 사회 환경의 영향을 받아 인생 초반기에 오이디푸스나 엘렉트라 콤플렉스를 겪으면서 형성된 것이다. 초자아는 성격의 도덕적, 사회적, 판단적 측면을 나타낸다. 초자아는 쾌락이나 현실 원리보다는 도덕이나 완벽 원리에 의해 작동한다. 역시 초자아도 인간으로서 지켜야 할 외부적 요구와 원초아의 쾌락 추구 간에 갈등을 겪고 있다.

프로이트는 원초아와 초자아가 가진 한 가지 공통점은 과거의 영향으로 인해 형성됐다는 것이다. 즉, 원초아는 유전의 영향을 받았으며, 초자아는 의존적인 어린 시절에 부모나 의미 있는 다른 사람들에 의해 영향을 받아 형성됐다고 본다.

2) 불안

프로이트는 정신의 구조를 원초아, 자아, 초자아로 보고 이 세 가지 자아 간의 마찰이 불안을 야기하는 것으로 보았다. 프로이트는 정신적 갈등을 겪는 동안 양심이 의식과 무의식의 양 수준 모두 혹은 그중 하나에서 작용할 수 있다는 것을 인식하였다. 또한 마음이 불안으로부터 자신을 보호하는 방식조차도 무의식적이라는 것을 알게 된 후, 우리 마음이 구조적으로 조직되어 있다는 관점에서 자신의 이론을 재구성하였다. 정신적 기능들은 그들이 갈등 내에서 담당하는 역할에 따라 달랐다. 자아는 개체를 외부세계로 지향시키는 일군의 기능을 포함하며 외부세계와 내부세계를 중재한다. 사실상 자아는 충동의 집행자로 활동하며 원초아의 요구들을 적당한 수준에서 양심 및 외부세계인 현실과 관련시킨다. 원초아는 근본적으로 성적이고 공격적인 충동으로, 마음에 대한 본능적 압력의 총체적 조직을 나타낸다. 초자아는 현실적 자아에서 분리된 부분으로 개인이 생의 초기에 받는 도덕적 훈련의 잔재이며 가장 중요한 아동기 동일시와 이상적 포부의 침전물이다.

프로이트는 원인에 대한 명확한 대상이 없이 두려움을 느끼는 것을 불안으로 보았으며 모든 불안의 원형이 출생외상이라고 생각하였다. 불안은 무엇인가를 하기 위해 동기화시키는 긴장상태를 말한다. 불안은 억압된 무의식적 욕구가 의식 속으로 침투할 때 부수되어 일어나는 압도적인 불안이나 공황의 위험에 대하여 자아에게 경고하는 신호로 작용한다. 그가 제안했던 세 가지 유형의 불안은 '현실적 불안' '신경증적 불안' '도덕적 불안'이다. 이러한 불안은 앞에서 설명한 성격의 세 가지 구조와 관련해서 이해할 수 있다. 즉, 현실 및 세 가지 자아 간의 갈등에 의해 불안이 야기된다.

현실적 불안 자아가 현실을 지각하여 두려움을 느끼는 불안으로 실제적 위험에서 우리를 보호하는 데 기여한다. 실제 외부의 생활에서 오는 불안으로 불안의 정도는 실제 위험에 대한 두려움의 정도와 비례한다. 현실세계로부터 위협에 대한 반응의 예로, 차가 내게 달려드는 것을 볼 때 불안을 느낀다. 현실적 불안은 기본적으로 공포와 같으며, 위험을 피하기 위해 무엇인가 하는 게 좋음을 경고한다.

신경증적 불안 현실을 고려하여 작동하는 자아와 본능에 의해 작동되는 원초아 간의 갈등에서 비롯된 불안이다. 이러한 불안은 막대한 힘을 가진 원초아에 의해 충동적으로 표출된 행동이 처벌되지 않을까 하는 무의식적 두려움이다. 즉, 원초아의 충동이 의식으로 분출되어 나온다는 위협에 대한 반응이다. 자아가 원초아로부터의 본능적 위협을 감지하면 우리는 언제나 불안을 느낀다.

도덕적 불안 원초아와 초자아 간의 갈등에서 비롯된 불안으로 본질적으로 자신의 양심에 대한 두려움이다. 만약 당신이 자신의 도덕적 원칙에 위배되는 본능적 충동을 표현하도록 동기화되면, 초자아는 당신으로 하여금 수치와 죄의식을 느끼도록 한다. 즉, 도덕적 불안은 자신의 행동이 도덕적 기준에서 위배된 생각이나 행동을 했을 경우 생기는 불안이다. 이것은 개인 내부의 힘의 균형에 대한 위협으로부터 오는 불안이다.

3) 방어기제

불안은 자아에게 닥친 위험을 알리는 신호이다. 불안은 세 가지 자아 간의 갈등으로 끊임없이 야기된다. 자아는 충동적으로 쾌락을 추구하는 원초아와 완벽성을 추구하는 초자아와의 갈등을 감소시키려고 노력한다. 즉, 불안을 피하려고 노력한다. 프로이트는 모든 행동이 본능에 의해 동기화되는 것처럼 역시 불안을 피하려고 한다는 점에서 방어적이라고 보았다. 인간은 기본적으로 불안을 원치 않으며 그것을 벗어나기를 원한다. 따라서 인간은 갈등에서 비롯된 불안으로부터 자신을 보호하기 위해 다양한 방어기제를 사용한다.

방어기제는 고통에서 우리를 보호한다는 점에서 유용한 목적에 기여하지만, 그것이 무분별하고, 충동적으로 사용될 때는 병리적이 된다. 예를 들면, 원초아의 추동을 일, 유머, 창조적 예술활동과 같은 수용할 수 있는 사회적 행동으로 변형하는 방어기제가 승화이다. 이러한 승화는 건전하지만 의식에서 밀어냄으로써 고통을 제거하려고 하는 억압이나 초기 발달단계로 돌아감으로써 위협적 상황을 피하려고 하는 퇴행은 정신건강에 해롭다. 다양한 방어기제가 작동되는 구체적 내용에 있어 다르지만 공통적인 두 가지 특성을 가진다. 첫째, 현실의 부정 혹은 왜곡이다. 둘째, 방어기제는 무의식적으로 작동된다는 점이다. 주요한 방어기제로는 억압, 합리화, 투사, 부정, 반동형성, 전위, 승화, 퇴행 등이 있다.

4) 심리성적 발달단계

프로이트가 제안한 심리성적 발달단계는 생물학적 발달측면에서 볼 때 생존의 본능적 쾌락이나 기쁨의 단계라고 말할 수 있다. 프로이트가 만들어 낸 리비도란 용어는 '성적 추동의 에너지'를 의미한다. 쾌락을 주는 성적 추동 에너지의 집중(cathexis)이 신체의 어떤 부분에 나타나느냐에 따라 발달단계를 설명한다. 심리성적 단계의 주요한 특징은 정신 에너지인 리비도가 신체 부위의 어디에 집중되느냐에 따라 다섯 단계로 구분된다. 이러한 다섯 단계는 구강기, 항문기, 성기기, 잠재기, 생식기이다. 여기서는 프로이트가 제안한 심리성적 발달단계의 주요한 특징을 살펴보고자 한다.

구강기 리비도의 집중이 이루어지는 첫 번째 신체부분은 입이다. 영아가 출생하여 1세까지의 심리성적 발달의 첫 단계가 구강기이다. 태내에 있는 태아가 탯줄을 끊은 순간 생물학적 독립을 이룬다. 돌봄이 없으면 영아처럼 나약한 존재가 없다. 태어난 영아가 생존하고 기쁨을 느끼기에 필요한 것은 엄마의 젖꼭지나 우유꼭지를 빠는 것이다. 빨아야 할 때 빨 것이 없으면 울어 댄다. 영아는 빨아 생존하기 위해서 운다. 입으로 빠는 것은 기쁨과 생존을 위한 몸부림이다. 영아는 입을 통해 빨고, 먹고, 깨무는 행위에서 긴장감소와 쾌락을 경험한다. 영아는 리비도의 일차적 대상인 어머니의 젖을 빨면서 어머니에게 전적으로 의존한 상태에서 이 세상에 대한 지각을 배운다. 구강기 동안에 나타나는 두 가지 행동방식은 구강 수용적 행동과 구강 공격적 행동이다. 영아로서 구강 만족적 욕구가 지나치게 만족되면, 성인이 되어 세상에 대하며 지나치게 낙관론을 갖거나 의존적인 성격을 갖는 경향성이 있다. 구강 공격적 행동에 고착된 사람은 지나친 비관론과 공격성을 보이는 경향이 있다.

항문기 빠는 단계를 지나 나타나는 중요한 시기가 배설하는 단계이다. 심리성적 발달단계의 두 번째는 보통 1~3세까지 진행되는 것으로 리비도가 항문에 집중되는 항문기이다. 이 시기의 성격형성은 본능적 충동인 배설과 외부적 현실인 배변훈련과 관련되어 결정된다. 배설물을 방출하는 것은 아이에게 쾌락이지만, 배변훈련의 시작과 함께 아이는 이 쾌락을 지연시키는 것을 배우게 된다. 만약 배변훈련이 순조롭게 진행되지 않으면, 아이는 두 가지 방식으로 반응할 수 있다. 한 가지 방식은 부모가 하지 말라고 한 시간과 장소에 배변을 함으로써 부모의 요구를 거절하는 행동을 한다. 아이가 이러한 행동을 좌절을 감소하기 위한 만족스러운 행동으로 여기고 자주 하면, 항문 공격 성격을 발달시킬 수 있다. 아이가 배변훈련의 좌절에 반응할 수 있는 두 번째 방식은 배설을 보유하는 것이다. 배변을 보유하면서 만족을 느끼고 부모를 조작하는 아이는 고집이 세고 구두쇠로 특징 되는 항문 보유 성격 발달을 형성할 수 있다.

인간이 되기 위해 어린아이는 배변훈련을 통해 배설하는 때와 장소를 학습한다. 당신은 항문을 통해 배설하는 시원한 기쁨을 경험해 본 적이 있는가? 당신의 어린 자녀가 다리를 비비꼬거나 궁둥이를 흔들면서 배설하지 않고 있는 행동을 본 적이 있는가? 어린아이는 똥을 배설하거나 보유하는 것으로 기쁨을 느낀다. 우리는 부모에게서 우리를 어떻게 키웠는가 하는 얘기를 듣곤 한다. 대부분의 부모는 자기 자식의 구린내 나는 똥을 치우는 데 역겨움을 느끼지 않는다고들 한다. 이러한 경험이 부모의 자식 사랑이다. 즉, 아무리 자식의 똥이라 할지라도 그래도 똥인데 좋은 냄새는 아니지만 다른 아이의 똥과는 주관적으로 다르게 지각하고 경험한다.

성기기 프로이트의 심리성적 발달단계 중 성격형성에 가장 중요한 시기가 4~5세 중에 나타나는 성기기이다. 필자가 이 단계를 남근기로 쓰지 않는 이유는 남근기라고 하면 프로이트의 심리성적 단계가 여성을 배제한 것으로 여겨지기 때문이다. 아이의 리비도의 초점, 즉 쾌락의 초점이 항문에서 성기로 옮겨진다. 이 단계에서 아이는 성기를 만지거나 환상을 통해서 쾌락을 느낀다. 성기기의 갈등은 아이의 반대 성인 부모와 관련한 근친상간 욕망에 대한 환상과 관련되어 있다(프로이트의 초기 이론은 성적 유혹이론이었으나 후기 이론은 성적 환상이론이다).

남자아이가 반대 성인 어머니에 대한 무의식적 욕망에서 비롯된 갈등이 '오이디푸스 콤플렉스'이다. 프로이트는 이 용어를 아들과 어머니의 성 관계와 그 결과를 비극적으로 묘사한 그리스 신화로부터 따왔다. 이 단계에서 어머니는 남자아이의 사랑의 대상이 된다. 남자아이는 환상과 행동을 통해 어머니에 대한 성적 소망을 나타낸다. 그러나 남자아이는 아버지를 어머니에 대한 경쟁자이며 위협적 존재로서 여긴다. 또한 그는 아버지와 어머니가 특별한 관계에 있음을 지각하고, 아버지에 대해 질투심과 적대심을 가지게 된다. 연약한 아이가 힘 있는 적대자인 아버지로부터 자신의 성기가 잘리지 않을까 하는 두려움을 갖게 되는 것을 거세불안이라고 한다. 부모는 어린아이가 슬기롭게 이러한 시기를 거쳐 갈 수 있도록 하기 위해 아이들이 성기를 가지고 노는 행동에 대해 막무가내로 윽박지르며 위협적인 태도로 야단치는 것은 삼가해야 할 것이다.

남자아이는 자신을 아버지와 동일시함으로써 이러한 오이디푸스 콤플렉스를 극복한다. 더불어 사회적 규범, 도덕적 실체라고 할 수 있는 아버지에 대한 동일시를 통해 초자아를 형성하게 된다. 여자아이가 성기기에 겪는 갈등을 프로이트는 '엘렉트라 콤플렉스'라고 하였다. 그리스 신화에서 엘렉트라는 동생을 설득해서 아버지를 살해했던 어머니와 그녀의 정부를 살해하게 했다. 성기기 중에 아버지는 여자아이의 애정의 대상이 된다. 프로이트는 남자아이의 거세불안과 상반되게 여자아이는 남근선망을 갖는다고 보았다. 즉, 여자아이는 자신의 성기를 잃었다고 믿고, 남자아이는 자신의 성기를 잃을까 두려워한다. 여자아이는 어머니와 동일시를 통해 엘렉트라 콤플렉스를 해결하고 초자아를 형성하게 된다.

잠복기 잠복기는 6세에서 사춘기까지로 실제로는 심리성적 단계가 아니다. 이 시기에 성적 본능은 휴면을 취한다. 아이는 부모를 떠나 학교에서 친구들과 어울리면서 사회화되기 시작한다. 이 시기에 초자아는 더욱 발달한다. 아이들은 이 기간 동안 학교활동, 취미, 스포츠, 우정관계 등을 통해 성적 충동을 승화시킨다.

생식기 심리성적 발달의 마지막 단계인 생식기는 사춘기에 시작한다. 이 단계에 청소년의 발달 특징은 급격한 신체적 성장과 더불어 호르몬의 변화이다. 이 시기에 여자아이는 가슴이 부풀어 오르고 월경이 시작된다. 남자아이는 성호르몬 분비와 함께 몽정이 시작되는 시기이다. 비로소 아이들은 생식기에 접어들어 종의 보존을 위한 신체적 능력을 갖추게 된다. 이러한 신체적 변화에 따라 오랫동안 휴면에 있었던 리비도가 성기에 집중되면서, 청소년은 이성에 대한 관심과 함께 성행위를 추구하기 시작한다. 소년과 소녀는 서로 다른 성적 정체감을 인식하면서 성 및 대인관계 욕구를 충족할 방법을 찾는다. 생식할 능력을 갖춘 존재로서 인간은 타인과의 관계를 통해 만족을 추구하며 직접적으로 성행위를 충족시키지 못할 경우 자위행위를 통해 긴장을 해소하면서 쾌락을 경험한다.

4. 상담목표

정신분석을 통한 상담목표는 내담자로 하여금 불안을 야기하고 있는 억압된 충동을 자각하게 하는 것이다. 프로이트에 따르면 왜곡되고 억압된 성적 쾌락이 내담자의 주요한 문제가 된다. 정신분석자는 억압해서 무의식에 숨겨진 비밀을 찾는 작업을 수행한다.

프로이트는 그의 환자인 늑대인간(Wolf man)에게 "정신분석자는 발굴 작업을 수행하고 있는 고고학자처럼 가장 깊숙이 감추어진 가장 값진 보물을 찾을 때까지 환자의 정신을 한 층 한 층 벗겨가야 한다."라고 말했다. 당신의 심리적 문제를 해결하기 위해 당신의 숨겨진 보물을 찾아라. 당신이 만든 수수께끼는 당신이 해결할 수 있다. 도저히 실마리를 잡지 못할 정도로 당신이 혼란스럽다면 전문가를 찾아라. 억압된 내용을 표현하고 밝힘으로써 당신은 보다 진솔한 당신의 모습을 발견할 것이다. 비록 그러한 내용이 죄의식과 공격적인 내용일지라도 그것을 인간의 모습으로, 당신 자신의 모습으로서 수용하는 용기가 필요하다. 진실한 사랑과 보람 있는 일을 통해 당신의 원초적 욕망을 승화시키는 것도 결국 당신이 결정할 문제이다.

인간에게 문제가 되는 것은 자신도 잘 모르는 내용이다. 자기도 모르게 의식하지 않으려고 숨겨 버린 내용이다. 직면해서 똑바로 보면 괴롭고 두렵고 불안하기 때문에 생각하기 싫어 마음속 깊은 곳에 숨겨 버린 내용이다. 당신은 쾌락을 추구하는 본능적 욕망과 현실의 갈등에서 비롯된 불안을 어떻게 처리하는가? 인간은 누구나 불안을 원치 않는다. 우리는 불안을 원치 않기 때문에 불안을 피하기 위해 방어기제를 사용한다. 불안을 주는 주요한 내용이 억압되어 의식에서 무의식으로 숨어 버린다. 당신이 모른다고 해서 억압된 내용이 사라진 것은 아니다. 그런 점에서 정신적 기능과 관련해 '보지 않으면 마음이 멀어진다(out of sight, out of mind).'는 말은 정신분석 입장에서 보면 틀린 얘기이다. 지나친 방어를 통해 당신에게 나타나는 불안을 의식하지 못한다면, 당신은 보다 본능이 지배하는 원초아의 영향을 받아 신경증적 불안으로 고통받을 것이다. 변화를 위해 당신 자신을 수용하는 것이 필요하다. 왜냐하면 정신분석에서 저항의 해결이 치료의 법칙이기 때문이다.

치료자는 정신분석을 통해 내담자에게 불안을 야기하는 무의식에 억압된 충동을 의식할 수 있도록 한다. 프로이트가 말한 정신분석의 목적을 세 가지로 요약해 볼 수 있다. 첫째, 신경증적 고통을 인생살이에서 흔히 만나는 현실적 고통으로 변하게 하는 것이다. 둘째, '원초아가 있었던 곳에 자아가 있어야 할 것이다(Where Id was, there Ego shall be).' 이 말은 원초아가 있던 자리에 자아로 대체함으로써 자각과 함께 갈등이 해결되는 것을 말한다. 즉, 현실 원리를 따르는 자아가 무의식에 억압된 충동을 이해하고 원초아와의 갈등을 해결하여 본능적 충동에 의해 지배되지 않고 현실적이고 합리적으로 적응하게 하는 것을 의미한다. 셋째, 정신건강을 회복시켜 사랑과 일을 할 수 있는 능력을 갖게 하는 것이다(이무석, 1995, pp. 47-50; Wolitzky, 1995, pp. 24-25).

5. 상담과정

프로이트는 정신분석의 과정을 장기(chess) 게임을 하는 것에 비유하였다. 장기 두는 것의 시작 단계와 마무리 단계의 과정은 꽤 표준 절차에 따르지만 중간 단계는 다양한 변화에 개방적이며 예측하기가 힘들 정도로 복잡하다. 마찬가지로 정신분석적 치료자들은 시작 단계(치료동맹), 중간 단계(훈습), 종결 단계로 정신분석 과정을 구분하며 중간 단계인 훈습에서 가장 많은 시간을 요하는 작업을 수행한다. 아로우(Arlow, 2005, pp. 35-37)는 정신분석의 과정을 개시, 전이 발달, 훈습, 전이 해결의 네 단계로 구분하여 제시하였다. 여기서는 정신분석의 과정을 세 단계인 치료동맹, 훈습, 종결에 따라 간략하게 살펴보고자 한다.

1) 치료동맹

내담자가 분석에 적절한 사람인가를 평가하여 치료계약을 맺고 전이관계를 형성할 때까지가 치료의 초기 단계이다. 다시 말하면 아로우(Arlow, 2005)가 지적한 개시와 전이 발달단계가 초기 단계로 치료동맹 혹은 작업동맹이 이루어지는 것을 말한다.

정통적인 방법에 따른 정신분석은 장기간 동안 진행되는 강렬한 과정이다. 따라서 시작하여 먼저 내담자가 정신분석에 적절한 능력을 가진 사람인가를 평가하는 것이 요구된다. 니콜라이(Nicholi, 1988)가 제안한 분석에 적합한 다섯 가지 능력은 다음과 같다.

첫째, 치료동맹을 맺을 수 있는 능력이 있어야 한다.

둘째, 치료 작업을 위한 충분한 시간과 경제 능력이 있어야 한다.

셋째, 치료적인 퇴행을 견딜 수 있는 능력과 퇴행으로 인한 불안을 극복할 능력이 있어야 한다.

넷째, 전이신경증을 형성할 수 있는 사람이어야 한다.

다섯째, 환상과 현실을 구별할 능력이 있어야 한다(이무석, 1995, pp. 51-52에서 재인용).

치료자는 정신분석에 적합한 내담자와 치료계약을 맺어 분석이 시작된다. 치료자는 치료동맹을 형성하는 데 있어 비판하지 않고 공감적으로 경청하며 역전이 반응을 알아채고 필요한 정도로 내담자에게 치료의 규칙과 기본 틀을 설명한다.

2) 훈습

훈습(working through)은 환자의 통찰을 변화로 이끄는 것을 방해하는 저항을 반복적이고 점진적으로 정교하게 탐색하는 것을 말한다(Greenson, 1967, p. 42). 정신분석의 중기의 초점은 환자로 하여금 전이신경증을 훈습하게 할 목적으로 전이와 저항을 분석하는 것에 있다. 분석적 과정에서 무수하게 반복해서 일어나는 일련의 절차는 ① 환자의 저항, ② 분석자의 저항에 대한 해석, ③ 환자의 해석에 대한 반응이다(Weinshel, 1984).

3) 종결

전이의 해결이 분석의 종결 단계에서 이루어진다. 즉, 치료자와 내담자가 분석의 주요한 목적이 달성되고 전이가 충분히 이해됐다는 것을 받아들일 때 정신분석은 종결된다.

6. 상담기법

정신분석 과정에서 사용되는 주요한 상담기법인 자유연상, 꿈 분석, 정화, 전이와 역전이, 저항, 해석에 대해 살펴보자.

1) 자유연상

프로이트가 사용해 오던 최면술을 버리고 무의식 탐구를 위해 개발한 방법이 자유연상(free association)이다. 브로이어가 사용한 담화치료는 프로이트가 1892년에 본 환자인 엘리자베스를 통해 자유연상으로 변형되어 나타났다. 자유연상이란 치료자가 내담자로 하여금 마음에 떠오르는 모든 내용, 즉 그러한 내용이 아무리 바보 같고, 괴상하고, 시시하게 보일지라도 검열하지 말고 표현하게 하는 것이다. 자유연상에서는 어떤 검열과 자기비판도 금지된다. 자유연상은 내담자가 방어기제를 사용하여 억압한 무의식에 숨겨진 진실을 찾기 위해 사용하는 기법이다. 내담자에게 무엇이나 떠오르는 내용을 표현하게 하라. 하나하나의 내용은 무의미할 수 있다. 연상을 통해 표현된 무의미한 여러 가지 내용이 함께 조각조각 맞추어질 때 의미를 갖게 된다.

2) 꿈 분석

수면 중에 자아는 억압을 감소시키며 꿈을 통해 소망충족을 나타낸다. 수면 중에도 자아는 검열을 유지하며 잠재적 꿈 사고는 현재 꿈의 내용을 덜 위협적으로 만들기 위해 왜곡된다. 꿈은 원초아의 억압된 충동과 자아의 방어적 조작 간의 합의를 나타낸다. 꿈의 해석은 꿈 작업 과정에서 위장된 잠재 꿈의 내용을 이해하도록 하는 것을 수반한다. 프로이트는 "꿈의 해석은 정신의 무의식적 활동을 이해하는 왕도이다."라고 하였다. 무의식의 영역에 숨겨진 과거에 왜곡되어 억압된 내용을 찾고 이해하는 데 꿈은 최고의 메시지를 전달한다는 의미이다.

3) 정화

프로이트와 브로이어는 자신들의 발견을『히스테리에 관한 연구(Studies on Hysteria)』(1895)라는 저서에 요약 발표하였는데, 여기에서 그들은 히스테리 증세가 매우 고통스러운 기억과 연결되는 방출되지 못한 다량의 정서 때문에 생긴다고 추론하였다. 이 기억들은 마음의 다른 부분과는 연결이 끊어져 있었으나 증상의 형태로 계속 역동적이고 침투적인 효과를 미친다. 따라서 치료의 과제는 방출되지 못한 정서에 대한 정화적 소산(cathartic abreaction)과 함께 망각된 사건들을 회상토록 하는 데 있었다. 프로이트는 히스테리를 일으키는 충격적인 사건들은 아동기에 일어나며 언제나 성적인 성질을 갖는다고 결론지었다.

4) 전이와 역전이

전이(transference)와 역전이(countertransference)는 정신분석의 주요한 기법이다. 왜냐하면 정신분석자는 치료과정에서 내담자로 하여금 전이를 유도하고 전이를 해결하는 작업을 수행하기 때문이다. 그리고 치료자가 내담자에게 역전이를 하고 있는 것을 이해하지 못하다면 효과적인 치료에 방해가 되기 때문이다. 정신분석의 목표는 내담자로 하여금 불안을 야기하고 있는 억압된 충동을 자각하게 하는 것이다.

전이 정신분석 과정에서 내담자는 인생 초기의 의미 있는 대상(주로, 부모)과의 관계에서 발생했으나 억압되어 무의식에 묻어 두었던 감정, 신념, 욕망을 자기도 모르게 치료자에게 표현하는 현상이다. 파인(Pine, 1998)은 성격에 확고하게 형성된 오래된 관계 패턴이 현재에서 반복되어 나타나는 것을 전이라고 하였다. 전이는 아동기에 정서적으로 의미 있는 대상에 밀접하게 관련된 감정이 치료자에게 이동되어 나타나는 것으로 정의할 수 있다. 즉, 전이는 내담자가 어린 시절에 부모에 관련된 그의 환상적 소망의 반복을 치료자에게 나타내는 고도의 정서적 태도이다. 내담자는 치료자에게 감정을 전이함으로써 현재의 어려움을 야기시키는 초기의 인생갈등을 정서적으로 다시 경험할 수 있다.

정신분석에서 치료자의 주된 업무의 하나는 전이를 유도하고 해석하는 것이다. 전이는 내담자가 상담자에게 부여하는 모든 투사의 총합이다. 실제 심리치료 관계에서 전이현상이 일어나면 치료자에 대한 지각이 왜곡되고 상황에 걸맞지 않는 체험과 행동양식이 일어난다. 즉, 이전에 관계양상이 활성화되는 성향으로 많은 옛 체험들이 과거에 지나간 것이 아니라 심리치료자라는 한 인간과의 실제 관계에서 다시 생생해진다.

전이는 이전의 반복일 뿐만 아니라 이전에는 결코 체험하지 못했던 생각할 수조차 없었던 동경과 감행하지 못한 행동 등을 이제야 처음으로 체험해 볼 수 있는 새로운 관계 체험이다. 치료자의 분석은 내담자가 이전의 의미 있는 사람으로부터 치료자에게 전이되는 감정의 실제와 환상 사이를 구별하는 것을 돕는다. 또한 내담자는 자신이 얼마나 잘못 인식하고 있고 잘못 해석하고 있으며 과거에서 현재와 관련되어 있는지를 이해하도록 돕는다. 대부분의 전이의 감정은 무의식적이며 치료자의 기술은 내담자가 이러한 왜곡된 관계를 재편성하도록 돕는다.

역전이 상담자가 내담자에게 일으키는 전이 현상을 역전이라고 한다. 즉, 상담자가 자신의 갈등으로 파생되는 왜곡된 관념이 내담자로 인하여 발달되는 경우이다. 이것은 내담자를 싫어하는 감정이나 과잉애착 또는 과잉관여로 나타난다. 이러한 상담자 자신의 왜곡된 반응은 상담의 진전을 방해하기 마련이다. 따라서 효과적인 상담을 위해 상담자는 내담자의 분노, 사랑, 아첨, 비판 등의 강력한 감정을 받을 때 발생하는 역전이를 객관적으로 처리할 수 있어야 한다.

역전이는 상담자의 자기자각의 부족을 통해 상담에 영향을 미친다. 왜냐하면 역전이는 상담자가 자신의 신념, 욕구, 특성, 태도가 상담관계 형성 및 상담과정에 영향을 준다는 것을 인식하지 못하고 있다는 가정에서 일어나기 때문이다. 역전이는 전통적으로 상담자의 무의식적인 불안과 특정 갈등에 기초한 내담자에 대한 상담자의 반응으로 정의된다.

5) 저항

치료자의 분석과 해석으로 내담자가 느끼는 불안의 위협은 자아 방어체계를 작동시켜 저항을 통해 억압을 유지하려고 시도한다. 저항은 변화보다는 현재 상태를 유지하려고 하는 관성적인 힘이다. 내담자가 저항을 하는 주요한 이유는, 첫째, 변화에 대한 두려움이다. 둘째, 무의식적 소원과 욕구의 충족을 계속 유지하고 싶어서이다. 셋째, 무의식적 갈등을 직시하는 것이 두려워서이다(이무석, 1995, p. 82). 치료자는 저항을 극복하는 것이 치료의 법칙임을 알고 많은 시간을 들여 저항을 해결하기 위해 부단한 노력을 기울여야 한다.

6) 해석

해석은 내담자가 자유연상에서 보고한 자료, 꿈의 자료, 실언, 증상, 전이 등의 의미를 깨닫도록 하는 치료자의 시도이다. 치료자의 해석은 환자가 사용해 온 방어기제와 저항에 대한 통찰을 얻게 한다. 치료자가 해석을 하는 시점은 매우 중요하다. 조속한 해석은 환자의 강한 저항에 휘말리게 된다.

7. 요약

- 프로이트는 인간을 생물학적 존재로 보고 본능이론에 기초해서 정신분석을 개발하였다. 그의 인간관은 결정론과 비관론이다.
- 성격은 원초아, 자아, 초자아로 구성되어 있다. 원초아는 쾌락 원리에, 자아는 현실 원리에, 초자아는 도덕 원리에 의해 지배된다.
- 성격의 세 가지 자아의 갈등은 불안을 야기한다. 프로이트는 인간을 어두운 지하실에서 끊임없이 갈등하는 존재로 보았다. 불안에는 주로 자아와 관련된 현실적 불안, 초자아와 관련된 도덕적 불안, 원초아와 관련한 신경증적 불안이 있다.
- 세 가지 자아 간의 갈등에서 비롯된 불안으로부터 자신을 보호하기 위해 방어기제를 사용한다. 방어기제의 특성은 현실을 부정하거나 왜곡하고 무의식적으로 작

동된다는 점이다. 주요한 방어기제로는 억압, 합리화, 투사, 부정, 반동형성, 전위, 승화, 퇴행 등이 있다.

- 심리성적 발달단계는 정신 에너지인 리비도가 신체 부위의 어디에 집중되느냐에 따라 다섯 단계인 구강기, 항문기, 성기기, 잠재기, 생식기로 구분된다. 가장 중요한 단계는 성기기이며 이 시기에 남자아이는 반대 성인 어머니에 대한 무의식적 욕망에서 비롯된 갈등이 오이디푸스 콤플렉스(여자아이는 엘렉트라 콤플렉스)를 경험한다.
- 성기기 중에 남자아이는 거세불안을, 여자아이는 남근선망을 느낀다. 어린아이는 자신을 아버지나 어머니와 동일시함으로써 오이디푸스 콤플렉스나 엘렉트라 콤플렉스를 극복하고 더불어 사회적 규범, 도덕적 실체라고 할 수 있는 부모에 대한 동일시를 통해 초자아를 형성한다.
- 프로이트는 "정신분석자는 발굴 작업을 수행하고 있는 고고학자처럼 가장 깊숙이 감추어진 가장 값진 보물을 찾을 때까지 환자의 정신을 한 층 한 층 벗겨가야 한다."라고 말했다.
- 정신분석의 목표는 내담자로 하여금 불안을 야기하고 있는 억압된 충동을 자각하게 하는 것이다. 정신분석의 목적을 세 가지로 요약해 보면, 첫째, 신경증적 고통을 수용할 수 있는 현실적 고통으로 바꾸고, 둘째, 원초아가 있었던 곳을 자아로 대체시켜 합리적 삶을 유지하고, 셋째, 정신건강을 회복시켜 사랑과 일을 할 수 있는 능력을 갖게 하는 것이다.
- 정신분석의 과정은 치료동맹, 훈습, 종결 단계로 구분할 수 있다. 내담자가 분석에 적절한 사람인가를 평가하여 치료계약을 맺고 전이관계를 형성할 때까지 치료의 초기 단계에 치료동맹이 형성된다. 훈습은 환자의 통찰을 변화로 이끄는 것을 방해하는 저항을 반복적이고 점진적으로 정교하게 탐색하는 것을 말한다.
- 정신분석 과정에서 사용되는 주요한 기법으로 자유연상, 꿈 분석, 정화, 전이와 역전이, 저항, 해석 등이 있다.
- 전이는 인생 초기의 의미 있는 대상(주로, 부모)과의 관계에서 발생했으나 억압되어 무의식에 묻어 두었던 감정, 신념, 욕망을 자기도 모르게 치료자에게 표현하는 현상이다. 역전이는 치료자가 내담자에게 일으키는 전이 현상이다.
- 정신분석에서 저항의 해결은 무엇보다 중요하다. 저항은 변화보다는 현재 상태를

유지하려고 하는 관성적인 힘이다. 저항의 주요한 이유는, 첫째, 변화에 대한 두려움이고, 둘째, 무의식적 소원과 욕구의 충족을 계속 유지하고 싶어서이고, 셋째, 무의식적 갈등을 직시하는 것이 두려워서이다.

- 해석은 내담자가 자유연상에서 보고한 자료, 꿈의 자료, 실언, 증상, 전이 등의 의미를 깨닫도록 하는 치료자의 시도이다.

효과적 조력을 위한
상담 연습 6

무의식적 행동에 대한 탐색

정신분석 입장에서 상담자로서 내담자를 효과적으로 조력하기 위해 상담자는 자신의 역전이 현상을 감지하는 것이 중요하다. 코틀러(Kottler, 2002, pp. 57-58)는 역전이가 진행되고 있을 수 있다는 것을 알려 주는 가장 쉽게 확인할 수 있는 징후로 다음과 같은 내용을 지적하였다.

- 내담자의 충동과 감정에 병행하는 해결되지 않는 개인적 갈등에서 나타나는 죄의식
- 내담자에 대한 존경과 돌봄을 느끼기 어렵게 하는 공감 능력의 손실
- 당신의 동일시와 투사로 인해 내담자의 감정에 대한 부정확한 해석
- 일반적으로 어떤 특별한 내담자에게서 갖는 무기력감이나 좌절감
- 내담자와 상담 중에 갖는 내면적인 권태나 조급함
- 사례의 자세한 내용에 대해 보통과 다르게 기억이 나지 않는 경우
- 내담자가 당신의 가치를 따르기 시작하고 당신은 내담자의 병리를 나타내는 상호적 행동 표출
- 상스러운 용어로 내담자에 대해 이야기하는 경향성
- 내담자보다 당신이 더 열심히 일하고 있다는 인식

연습 1: 전이와 역전이를 정의하고 역전이가 상담관계에 미치는 영향을 설명하라.

연습 2: 코틀러가 제안한 상담자의 역전이 파악을 위한 징후를 바탕으로 당신의 일상생활이나 상담관계에서 이러한 경험을 탐색하도록 하라.

연습 3: 흔히 정신분석의 고고학적 은유라고 언급되는 "정신분석자는 발굴 작업을 수행하고 있는 고고학자처럼 가장 깊숙이 감추어진 가장 값진 보물을 찾을 때까지 환자의 정신을 한 층 한 층 벗겨가야 한다."라는 말을 정신분석에서 사용되는 용어를 바탕으로 설명해 보라.

연습 4: (1) 먼저 일상적으로 많이 사용되는 다양한 방어기제에 대해 설명해 보라.
(2) 당신의 친한 친구나 당신을 잘 알고 있는 사람에게 당신이 인식하지 못하는 당신의 행동에 대한 솔직한 피드백을 요청하라.
(3) 이러한 피드백을 바탕으로 당신이 사용하는 방어기제를 파악하도록 시도하라.

제 7 장

개인심리학적 상담

사회적 관심은 다른 사람의 눈으로 보고, 다른 사람의 귀로 듣고,
다른 사람의 마음으로 느끼는 것을 의미한다.

—아들러(Adler)

7장의 목차

개인은 나누어질 수 없는 전체로서 사회 내에서 자신이 설정한 목표를 달성하기 위해 끊임없이 노력한다. 인간에 대한 이러한 기본적 전제를 가지고 아들러(Adler)는 개인심리학((individual psychology)을 개발하였다. 그는 인간을 목적론적 존재로서 보았으며 인간으로서 누구나 느끼는 열등감을 극복하여 자기완성을 이룰 것을 강조하였다. 아들러의 생애 자체는 열등감을 극복하기 위한 삶이었다. 허약한 몸, 동생의 죽음, 급성폐렴으로 죽음에 대한 직접적 경험을 하며 불행한 어린 시절을 보냈던 아들러는 성장하면서 자신의 열등한 측면을 극복하기 위해 최선을 다하였다. 그가 개발한 개인심리학은 이러한 자신의 초기경험을 바탕으로 형성된 것이다.

인간이 사회적 존재라는 기본전제하에 사회 속에서 더불어 사는 지혜로서 아들러는 사회적 관심(social interest)의 중요성을 강조하였다. 그가 지적한 사회적 관심은 다른 사람을 배려하고 공감하는 태도이다. 그의 이러한 이론적 입장에 근거하여 그는 '서양의 공자(Confucius of the West)'로 호칭되곤 한다(Yang, Milliren, & Blagen, 2010, p. 11). 개인이 속한 사회에서 맺는 인간관계에 대한 그의 강조 때문에 아들러는 역시 사회심리학의 선구자로 여겨진다. 개인심리학에 근거한 상담자는 개인이 인생초기에 가족에서 맺는 가족관계는 나중에 그가 사회생활을 하면서 타인과 맺는 친구관계, 학교에서 또래관계, 직장동료관계 등의 인간관계에 밀접하게 관련된다고 본다.

아들러는 당대의 정신분석의 권위자인 프로이트와 9년간(1902~1911)의 밀월기간을 가졌다. 그러나 그와 결별하고 자신의 신념과 철학적 입장에 따라 개인심리학을 창립하였다. 아들러는 정신질환자들보다 일반대중에 대한 관심이 많았으며, 무의식보다 현실의 주관적 지각을 더 중요하게 강조하였다. 특히 인간은 사회 속에서 사회적 관심을 얻기 위한 노력을 끊임없이 생애 동안 계속한다는 점을 강조하였다. 이런 점에서 그의 이론의 주요개념인 열등감과 보상은 사회적 관심과 밀접하게 관련되어 있다.

1. 아들러의 생애

아들러(Alfred Adler, 1870~1937)는 1870년 비엔나에서 육 형제 중 두 번째로 태어났다. 그는 형의 그늘에 가려 어린 시절을 보냈다. 아들러는 어렸을 때 구루병(골연화증)을 앓아서 형제나 친구들에 비해 신체적으로 열등했을 뿐만 아니라 네 살 때 폐렴으로 거의 죽을 뻔 했으며, 길거리에서 손수레에 치여 두 번이나 죽을 고비를 넘겼다. 아들러는 이러한 신체적 열등감 때문에 엄마로부터 특별한 보호를 받아 왔지만 동생들의 출생으로 그런 보호는 더 이상 받지 못하게 됐다. 아들러는 학교에서 수학 성적이 매우 낮아 그 과정을 반복해야 했고, 그의 선생님이 아들러의 아버지에게 학교를 그만두고 구두제조자로 일하도록 종용할 정도로 심한 열등감을 경험했다. 이러한 일련의 사건들이 아들러에게 특별한 동기부여가 되어 그가 열심히 공부한 결과 학급에서 수학 성적이 가장 높은 학생이 되었다.

아들러는 1897년에 모스크바의 기독교 집안에서 자란 급진적 사회주의 학생인 라이사 엡스타인(Raissa T. Epstein)과 결혼하여 세 명의 딸과 한 명의 아들을 두었다.

1895년에 아들러는 비엔나 의과대학을 졸업한 후 일반의가 되었다. 아들러는 한번도 프로이트 밑에서 공부해 본 적이 없었으며 정신분석자가 되는 데 필요한 정신분석을 결코 받지 않았다. 프로이트와의 관계 시작은 1902년, 아들러가 지역신문에서 프로이트의 꿈분석 이론을 공격하는 것을 방어한 것이 계기가 되었다. 프로이트는 아들러의 논박에 감명을 받아 자신의 집에서 수요일마다 열리는 토론집단에 아들러를 초청하게 되었다.

아들러는 1907년에 『기관 열등감과 정신적 보상(Organ inferiority and its psychical compensation)』을 출판하였고, 1908년에 '공격성 추동'에 대한 글에서 성 대신에 공격성을 일차적 추동으로 대체시켰다.

아들러는 1910년에 정신분석학회의 초대 회장으로 임명되었지만 프로이트와 계속 마찰이 일어나자 1911년에 사표를 냈다. 같이 탈퇴한 몇몇 사람이 아들러와 합류하여 '자유정신분석학회'라는 모임을 결성하였다. 이 명칭은 프로이트의 이론을 고수하려는 집단에 반대한다는 표시로 명명되었다. 1912년에 아들러는 '개인심리학회'로 명칭을 변경하고 저널을 발간하기 시작하였으며, 프로이트의 정신분석 이론의 대안적인 해석을 광범위하게 받아들였다.

1912년에 아들러는 『신경증 체제(The Neurotic Constitution)』란 책에서 자신의 새로운 심리학을 제시했는데, 이 책에 사회적 관심을 제외한 그의 주요개념이 포함되어 있다. 아들러는 자신의 개념 중 가장 중요한 우월성 추구와 열등감이라는 개념을 정신건강에 도입하기 시작했다. 아들러식 상담자들은 격려를 통해서 환자들의 자존감을 향상시키고 개인의 사회적 관심을 강화시키는 방법을 사용했다. 아들러식 상담자들은 사회적으로 유용한 행동을 하게 하고 올바른 방향으로 재정향을 하도록 촉구했다. 특히 초기회상과 출생순위, 꿈 등은 내담자의 생활양식을 이해하는 데 도움을 주는 개념들이다.

1920년대 아들러는 주로 예방에 관심을 갖게 되었다. 1922년에는 아마도 최초라고 할 수 있는 아동생활지도 클리닉을 창설하였다. 더불어 비엔나 아동기관에서 교사들을 대상으로 아동생활지도 훈련을 실시하였고 이를 계기로 공립학교에 수많은 아동생활지도센터가 설립되었다. 1926년부터 아들러는 미국을 정기적으로 드나들면서 폭넓은 청중들을 대상으로 강의를 한 훌륭한 연설가였다. 1932년에 뉴욕의 롱아일랜드 의과대학의 교수로 임명되었으며 1934년에 뉴욕시에 영구적으로 정착하게 되었다. 아들러는 순회강연 중에 스코틀랜드 에버딘에서 1937년 5월 심장마비로 사망하였다.

2. 인간관

아들러는 불완전한 존재로서 인간은 누구나 어떤 측면에서 열등감을 느끼고 있다고 보았다. 그는 "인간이 된다는 것은 자신이 열등하다는 것을 느끼는 것을 의미한다."고 기술하였다. 인간의 열등감은 연약한 유아로서 경험을 통해 시작되었다고 본다. 인간은 사회적 존재로서 다른 사람들과 비교하여 자신을 평가한다. 열등감은 비교에 의해 자신이 떨어지거나 부족하다는 느낌으로 개인에게 극복해야 할 동기로서 기여한다. 아들러는 "개인은 계속해서 열등감으로 채워지며 열등감에 의해 동기화된다."(Ansbacher & Ansbacher, 1964, p. 117)고 하였다. 더불어 아들러는 우리 각자가 자기완성을 이루기 위해 자신이 느끼는 열등감을 극복해야 한다는 것을 강조하였다. 아들러는 자기완성을 위한 필수요인으로서 열등감을 봄으로써 열등감을 긍정적인 측면에서 보았다. 개인이 자신의 부족한 점을 스스로 인정하고 그것을 극복하려는 의지와 노력이 중요하다고 생각하였다. 즉, 개인이 열등감을 파악하고 지배하는 게 필요하다고 보았다. 개인이 열등감에 사로잡혀 열등감의 지배를 받는 상태가 열등감 콤플렉스이다.

아들러는 인간을 전체적, 현상학적, 사회적, 목적론적 존재로 보았다. 아들러 학파들은 개인(individual)을 '나누어질 수 없는(in+divisible)' 존재로 생각한다. 인간은 전체로서 사회 속에서 의미를 부여하며 살아가는 존재이다. 인간은 자신이 경험하고 있는 현재의 상태에서 매순간 주관적으로 선택하는 현상학적 존재이다. 인간은 사회적 관심을 받기 위해 노력하는 존재이다. 더불어 현재를 바탕으로 미래지향적인 삶의 목적을 향해 노력하는 목적론적 존재이다.

아들러는 인간을 낙관적으로 보았으며 우리 스스로가 우리 자신을 개발하고 우리의 운명을 형성한다고 주장한다. 무의식을 강조한 프로이트와 다르게 우리가 볼 수 없고 통제할 수 없는 무의식의 힘보다 의식의 힘을 강조한다. 우리는 스스로 자신의 삶을 위해 힘을 형성하고 창조적 방법으로 자신의 독특한 생활양식을 구성하기 위해 그 힘을 사용하는 존재이다. 인간은 누구나 독특성이 있고 자기 자신을 보다 훌륭하게 창조하고 완성하기 위한 자유의지와 선택을 가지고 있다고 보았다. 아들러는 인간은 성적 동기보다 사회적 동기에 의해 주로 동기화된다고 본다. 개인은 사회 속에서 목표 지향적으로 행동한다. 개인은 자신의 행동을 선택하며 그에 대한 책임을 진다. 사회 속에서 삶의 의미, 성공, 완전성을 추구한다.

모삭과 마니아치(Mosak & Maniacci, 1999)는 개인심리학의 기본 가정으로 열두 가지를 제안하였다. 이러한 내용은 ① 전체론, ② 목적론, ③ 창조적 자아, ④ 유연한 결정론, ⑤ 현상학, ⑥ 사회적 장이론, ⑦ 우월성 추구, ⑧ 개체기술 지향, ⑨ 사용의 심리학, ⑩ '마치 ~처럼' 행동하기, ⑪ 자기충족 예언, ⑫ 낙관론이다(pp. 12-28). 이러한 기본 가정은 개인심리학에서 강조하는 인간관을 포괄적으로 이해하는 데 도움이 되리라 본다.

요약하면, 인간은 사회적 맥락에서 끊임없이 변화하고 발전하는 존재이다. 인간은 각기 독특한 인지적 구조를 갖고 스스로를 창조해 가며 자신이 갖는 열등감을 극복하여 자기완성을 추구하는 존재이다. 인간은 자신의 운명을 위해 선택하는 존재이며 역시 그러한 선택에 책임을 져야 하는 것도 자신이다. 아들러의 '허구적 최종목적론(fictional finalism)'도 각자에게 주어진 오직 한 번뿐인 값진 인생을 가공적 소설을 쓰는 것처럼 의미 있게 메워 나가는 것이 우리 각자의 선택이며 책임이라는 그의 철학적 신념에서 비롯되었다.

3. 주요개념

여기서는 아들러 개인심리학의 주요개념인 우월성 추구, 사회적 관심, 생활양식, 인생과제, 허구적 최종목적론, 열등감, 가족구도 및 출생순위 등에 대해서 살펴보고자 한다.

1) 우월성 추구

아들러는 '우월성 추구(striving for superiority)'란 개념을 자기완성 추구 혹은 성공 추구란 의미로 사용하였다. 아들러는 인간의 자기 신장, 성장, 능력을 위한 모든 노력의 근원이 열등감이라고 말했다. 그러나 '인간이 추구하는 궁극적인 목적은 무엇인가?' '삶의 일관성과 통일성을 부여하는 것은 무엇인가?' '인간은 단지 열등감의 해소만을 추구하는가?' '인간은 단지 타인을 능가하기 위해서만 동기화되는가?' 아들러는 이러한 질문들에 대해 1908년까지는 '공격성'으로, 1910년경에는 '힘에 대한 의지'로, 그 후부터는 '우월성 추구'의 개념으로 설명하였다.

우월성의 추구는 삶의 기초적인 사실로 모든 인간이 문제에 직면하였을 때 부족한 것은 보충하며, 낮은 것은 높이고, 미완성의 것은 완성하며, 무능한 것은 유능한 것으로 만드는 경향성이다. 즉, 우월성의 추구는 모든 사람의 선천적 경향성으로 일생을 통해 환경을 적절히 다스리며 동기의 지침이 되어 심리적인 활동은 물론 행동을 안내한다. 아들러는 우월성의 추구를 모든 인생의 문제해결의 기초에서 볼 수 있으며 사람들이 인생의 문제에 부딪치는 양식에서 나타난다고 하였다. 출생에서 사망에 이르기까지 우월성을 추구하기 위한 노력은 인간을 현 단계에서 보다 넓은 다음 단계의 발달로 이끌어 준다. 모든 욕구는 완성을 위한 노력에서 힘을 얻고 있기 때문에 분리된 욕구란 존재하지 않는다.

아들러는 우월성의 추구가 건전하게 이루어진 성격에 사회적 관심을 가미하고 있다. 즉, 사회적 관심을 가진 바람직한 생활양식을 바탕으로 한 우월성 추구가 건강한 삶이라고 할 수 있다.

2) 사회적 관심

개인심리학은 인간이 사회적 존재로서 사회에 참여하여 타인에 기여할 수 있는 애타적인 측면을 강조한다. 아들러는 개인은 본질적으로 집단에 소속되어 사회적 문제의 해결을 추구하는 사회적 존재라고 믿었다. 안스바처(Ansbacher, 1968)는 아들러의 개인심리학에서 가장 구별되는 중요한 개념을 사회적 관심으로 보았다. 사회적 관심의 동의어는 지역사회에 대한 감정, 우정, 동료애, 이웃사랑, 애타적 마음 등으로 매우 다양하게 표현된다. 아들러는 "사회적 관심은 다른 사람의 눈으로 보고, 다른 사람의 귀로 듣고, 다른 사람의 마음으로 느끼는 것을 의미한다."고 하였다(Ansbacher & Ansbacher, 1964, p. 135). 즉, 사회적 관심은 공감, 타인과의 동일시, 타인지향을 의미한다. 개인심리학에서는 사회적 관심을 개인의 정신건강에 중요한 준거로 본다. 즉, 사회적 관심을 가진 사람은 정신적으로 건강하고 행복하며 사회에 기여하는 사람이다. 반면에 사회적 관심이 결여된 사람은 부적응한 사람으로 인생의 실패자이다. 부적응한 사람은 단지 자신의 욕구에만 관심을 두며 사회적 맥락에서 타인 욕구의 중요성을 인식하지 못한다.

3) 생활양식

생활양식(life style)은 삶을 영위하는 근거가 되는 기본적 전제와 가정을 의미한다. 생활양식은 삼단논법에 의해 "나는 ~이다; 세상은 ~다; 그러므로, ~다."로 표현될 수 있다. 우리는 생활양식에 따라 생각하고, 느끼고, 행동한다.

생활양식이 어떻게 발달하는가를 이해하기 위해서는 열등감과 보상의 개념을 이해하는 것이 필요하다. 왜냐하면 이 개념들이 생활양식의 근본을 결정하기 때문이다. 아들러는 우리가 어릴 때 모두 상상이든 실제로든 열등감을 경험하고, 이것은 우리로 하여금 어떤 방법으로 보상을 하게끔 만든다고 가정하였다. 구체적으로 말하면, 신체적으로 허약한 어린이는 체력을 보다 훌륭하게 발달시키는 쪽으로 보상하려고 애쓸 것이다. 개인의 행동은 자기의 신체적 한계점을 의식함으로써 형성되는 것이므로, 이것은 차츰 그의 생활양식, 즉 열등감을 보상하기 위한 행동이 되어 버린다. 따라서 우리의 생활양식은 우리의 독특한 열등감을 극복하기 위한 노력을 나타낸다.

아들러의 견해에 따르면, 생활양식은 대부분 4~5세 때 형성되며, 이 시기 이후 개인의 생활양식은 변화하지 않는다. 물론 사람들은 계속 그들의 독특한 생활양식을 새로운 방식으로 나타내는 것을 배우지만, 그것은 단순히 어릴 때 정착된 기본 구조의 확대일 뿐이다. 이렇게 형성된 생활양식은 계속 유지되어 그 후의 행동의 뼈대를 이룬다.

개인의 독특한 생활양식은 그가 생각하고 느끼고 행하는 모든 것의 기반이 된다. 일단 생활양식이 형성되면, 이것은 우리의 외부 세계에 대한 전반적인 태도를 결정할 뿐 아니라 우리의 기본 성격구조가 일생을 통하여 일관성이 유지되게 한다. 이런 점에서 아들러는 생활양식이라는 것은, 서로 연관되어 있는 세 가지 중요한 인생과제인 직업, 사회, 사랑에 대해 개인들이 어떻게 접근하는지를 관찰함으로써 이해할 수 있다고 하였다.

아들러는 직업, 사회, 사랑을 다루는 방식에 있어서 지나치게 단순화시켰다는 점을 인식하고, 생활양식을 일반적인 유형으로 범주화시켰다. 이러한 생활양식은 사회적 관심과 활동수준으로 구분되는 이차원적인 모형이다. 사회적 관심은 인간 각 개인에 대한 공감을 말하며, 이는 개인의 이익보다는 사회발전을 위해 다른 사람과 협력하는 것을 뜻한다. 아들러 이론에 있어서 사회적 관심은 심리적 성숙의 주요 기준이 되며 이기주의적인 것과 상반된다. 활동수준이란 인생 문제를 다루는 데 있어서 개인이 보여 주는 에너지의 양을 말한다(Sharf, 2000). 이 활동수준은 보통 어릴 때 형성되는데, 아주 무기력하고 우유부단한 사람에서부터 끊임없이 왕성하게 활동하는 사람까지 다양하다. 그러나 활동수준이 건설적으로 되는지 또는 파괴적으로 되는지의 여부는 그것이 사회적 관심과 결합될 때이다.

아들러는 사회적 관심과 활동수준에 따른 생활양식을 네 가지, 즉 지배형(the ruling type), 기생형(the getting type), 회피형(the avoiding type), 사회적 유용형(the socially useful type)으로 설명하였다. 지배형, 기생형, 회피형은 바람직하지 않은 유형으로, 사회적 관심이 부족하다는 공통점이 있으나 활동수준에는 차이가 있다. 사회적 유용형은 바람직한 유형으로 사회적 관심과 아울러 활동 수준도 높다. 아들러는 이러한 생활유형은 가정에서 어린 시절에 부모의 영향하에서 주로 형성된다고 보았다(노안영, 1998).

지배형 지배형은 부모가 지배하고 통제하는 독재형으로 자녀를 양육할 때 나타나는 생활양식이다. 민주사회에서 요구하는 바람직한 시민상을 고려할 때 상대방에게 지배와 복종을 강요하는 생활양식이 적절하지 않다는 것을 쉽게 알 수 있다. 우리 사회가 오랫동안 가부장적 가족문화, 유교문화로 권위를 중시한 문화였기 때문에 아직도 아버지가 가정에서 힘을 휘두르는 경우가 많다고 여겨진다. 부모가 막무가내로 힘을 통해 자녀를 지배하고 통제할 때 자녀의 생활양식은 지배형으로 형성된다.

기생형 기생형의 생활양식의 주요한 특징은 의존성이다. 이러한 생활양식은 부모가 자녀를 지나치게 과잉보호할 때 나타나는 태도이다. 부모가 자식사랑이란 미명 아래 자녀를 지나치게 보호하여 독립심을 길러 주지 못할 때 생기는 생활태도이다. 우리는 누구도 자녀가 사회의 기생충이 되기를 원하지 않는다. 스스로 자신의 문제를 해결하고 자신의 인생을 개척해 갈 수 있는 사람을 원한다. 자신이 노력하여 떳떳하게 성취할 수 있는 사람을 원한다. 사랑하는 자녀가 원한다 하여 무엇이나 들어줄 때 자녀는 이러한 기생형의 생활양식을 배운다는 것을 명심할 필요가 있다. 새가 껍질을 깨는 아픔을 겪고 태어나 많은 시련을 통해 나는 것을 배우는 것처럼 자녀가 스스로 어떤 일을 할 수 있도록 조력하는 것이 필요하다. 자본주의 사회에서 부모의 재산을 보고 빈둥대는 많은 사람들이 기생형의 한 예라 볼 수 있다.

회피형 회피형의 생활양식을 가진 사람은 매사에 소극적이며 부정적인 특징을 가진다. 이러한 생활양식을 가진 사람은 자신감이 없기 때문에 적극적으로 직면하는 것을 피한다. 현대사회에서 살아남기 위해서 벤처기업이 필요하다는 것을 강조한다. 토인비가 인류역사를 도전과 응전의 역사라고 얘기했던 것처럼 각 개인에게 있어서도 보다 나은 삶을 위해서 과감하게 도전하는 자세가 필요하다. 그러나 회피형의 사람은 마냥 시도하지도 않고 불평만 하기 때문에 사회적 관심이 떨어져 고립되게 된다. 부모가 자녀교육을 할 때 자녀의 기를 꺾어 버리는 것이 이러한 회피형 생활양식을 갖게 할 수 있다. 기를 살려 주는 자녀교육이 필요하다. 부모로서 사회적 관심을 갖고 매사에 적극적으로 참여하는 태도를 자녀에게 보여 주는 것 또한 필요하다.

사회적 유용형 이러한 유형은 높은 사회적 관심과 높은 활동수준을 가지고 있다. 아들러 이론에서 이 유형의 사람은 성숙하고 긍정적이고 심리적으로 건강한 사람의 표본이 된다. 이들은 사회적인 관심이 많아서 자신과 타인의 욕구를 동시에 충족시키는 한편, 인생과업을 완수하기 위해 기꺼이 다른 사람들과 협동한다. 이들은 사회문제를 해결하기 위해서는 협동, 개인적인 용기, 그리고 타인의 안녕에 공헌하려는 의지가 필수적임을 인식하고 있다.

4) 인생과제

아들러는 사람이면 누구나 적어도 세 가지 주요 인생 과제인 '일과 여가' '우정이나 사회적 관계' '사랑과 결혼'에 직면하게 된다고 믿었다. 그 후 수십 년간의 연구들을 통해 이 세 가지 주요 인생 과제야말로 건강과 안녕에 핵심이라는 입장을 더욱 공고히 해왔다. 모삭과 드레이커스(Mosak & Dreikurs, 1967)는 아들러에 의해 암시되기만 했던 다른 두 가지 인생 과제를 확인하였다. 네 번째 인생 과제는 '영성'으로서, 우주, 신과 관련된 개인의 영적 자아를 다루는 것이다. 다섯 번째 과제는 '자기지향성'으로 주체로서의 나와 객체로서의 나를 다루는 데 있어 개인의 성공을 다루고 있다. 자기지향성을 구성하는 열두 가지 내용은 가치감, 통제감, 현실적 신념, 정서적 자각 및 대처, 문제해결 및 창의성, 유머감, 영양, 운동, 자기 보살핌, 스트레스 관리, 성정체감, 문화정체감이다.

5) 허구적 최종목적론

아들러는 인간을 현재를 바탕으로 미래지향적인 삶의 목적을 향해 노력하는 존재로 보았으며, 이러한 삶의 목적은 최소한 사회에 기여할 수 있는 유용한 생활양식을 바탕으로 설정되는 것이 필요하다고 주장하였다. 개인심리학에서는 모든 인간의 행동은 목적을 가진다고 가정한다. 아들러는 목적론으로 프로이트의 결정론적인 설명을 대신하였다. 아들러는 인간의 행동을 유도하는 상상된 중심 목표를 설명하기 위해 허구적 최종목적론이란 용어를 사용하였다.

허구적 최종목적론이란 허구나 이상이 현실을 보다 더 효과적으로 움직인다는 바이힝거(Hans Vaihinger)의 말에서 영향을 받은 개념이다. 그는 1911년 그의 책 『마치 ~처럼 철학(The philosophy of as if)』에서 인간은 현실적으로 전혀 실현 불가능한 많은 가공적인 생각에 의해서 살아가고 있다는 색다르고 흥미 있는 견해를 제시하였다. 예를 들면, '모든 사람은 동등하게 만들어졌다.' '정직이 최선의 길이다.' '목적이 수단을 정당화한다.'와 같은 허구는 현실보다도 더 효과적으로 사람들을 움직이게 한다는 것이다. 아들러는 인간의 행동이 과거 경험에 의해 좌우되기보다는 미래에 대한 기대에 의해서 더 좌우된다는 생각을 하였다. 허구적 최종목적은 미래에 실재하는 것이기보다 주관적으로 또는 정신적으로 현재의 행동에 영향을 주는 이상으로 지금-여기 존재하는 것이다.

아들러는 인간의 모든 심리현상은 이 허구적 목적을 이해함으로써 설명될 수 있다고 주장하였다. 인간의 궁극적 목적은 허구로서 그것이 실현 불가능할지도 모르나 행동의 원인, 충동, 본능, 힘 등을 넘어서 행위의 최종 설명이 될 수 있다는 것이다. 즉, 최종의 목적만이 인간의 행동을 설명할 수 있다는 것이다. 이 최종의 목적 때문에 인간은 무엇을 진실로서 수용하게 될 것인가, 어떻게 행동할 것인가, 그리고 사건들을 어떻게 해석할 것인가를 위한 창조적 힘을 갖는다.

개인심리학은 모든 심리적 현상의 이해를 위해 목적론의 불가역성을 절대적으로 주장하고 있으며, 최종 목표에 대한 개인의 관점만이 인간의 행동을 설명할 수 있다고 본다.

6) 열등감

인간은 누구나 어떤 측면에서 열등감을 느끼고 있다. 왜냐하면 인간은 현재보다 나은 상태인 완전성을 실현하기 위해 노력하는 존재이기 때문이다. 그리고 사회적 존재로서 다른 사람들과 비교하여 자신을 평가하기 때문이다. 더불어 아들러는 우리 각자가 자기완성을 이루기 위해 자신이 느끼는 열등감을 극복해야 한다는 것을 강조하였다. 아들러는 자기완성을 위한 필수요인으로서 열등감을 봄으로써 열등감을 긍정적인 측면에서 보았다.

좀 더 구체적으로 열등감이 심리적 건강 혹은 신경증에 이르는 과정을 살펴보자. 개인이 자신의 열등감을 극복하면서 우월성 추구를 하면 건설적 생활양식을 갖게 되어 심리적 건강을 달성한다. 이러한 사람은 자신의 부족한 점을 스스로 인정하고 그것을 극복하려는 의지와 노력을 통해 자기완성을 이루기 위해 매진한다. 즉, 심리적 건강을 위해 우리가 열등감을 지배하는 게 필요하다. 반면에 개인이 열등감을 개인적 우월성 추구에 집착하면 파괴적 생활양식을 갖게 되어 신경증에 빠지게 된다. 열등감에 사로잡혀 열등감의 노예가 된다면 열등감이 우리를 지배하게 된다. 이렇게 되면 우리의 삶은 열등감 콤플렉스에 빠져 버린다.

아들러는 열등감 콤플렉스에 빠진 사람을 "주어진 문제를 사회적으로 유용한 방식으로 해결하기에 충분히 강하지 않는 사람"이라고 말했다. 이러한 콤플렉스는 아동기 때 어른들이 그들의 아이들을 다루는 방식에 의해 나타나는 것임을 발견했다. 아들러는 열등감 콤플렉스의 세 가지 원인을 기관열등감, 과잉보호, 양육태만이라고 하였다.

기관열등감 이 열등감 원천은 개인의 신체와 관련된 것이다. 즉, 개인이 부모에게서 물려받은 자신의 신체에 대하여 어떻게 생각하는가와 관련된 것이다. 외모에 대해서 어떻게 생각하는가? 신체적으로 건강한가? 아니면 자주 아픈가? 신체적으로 불완전하거나 만성적으로 아픈 아이들은 다른 아이들과 성공적으로 경쟁할 수 없다. 그래서 이런 아이는 열등감이라는 소라껍질 속에 움츠러든다.

과잉보호 이 원천은 부모의 자녀교육과 관련된 것이다. 자녀를 얼마나 독립적으로 키우느냐 의존적으로 키우느냐는 부모의 교육방식에 따라 달라진다. 가족이 핵가족화됨으로써 '내 자식 위주'의 사고를 가진 부모들이 많아졌다. 아이가 학교나 사회에서 어떤 문제를 일으켰을 때, 아이 스스로 해결할 수 있도록 기회를 주기보다는 부모들이 먼저 나서서 모든 일을 해결해 버리는 경우가 많다. 과거 한참 유행이었던 '마마보이'라는 말은 부모의 과잉보호로 인해 부모 없이는 아동 스스로 아무것도 결정할 수 없다는 것을 비꼬는 말이었다. 과잉보호로 자란 아이들은 다른 사람들이 항상 그를 위해 모든 것을 해 주기 때문에 자신감이 부족하게 되어 자신이 인생의 어려운 고비에 부딪혔을 경우 해결할 능력이 없다고 믿고 깊은 열등감에 젖게 된다.

양육태만 이 원인은 부모가 자녀에 대한 최소한의 도리를 하지 않는 것과 관련된다. 아이들의 성장에서 부모의 사랑과 관심은 매우 중요한 요소이다. 아이들은 부모와의 신체접촉, 놀이를 통해 안정된 정서를 가지게 되며 자신의 존재 가치를 느끼게 된다. 사회의 급격한 변화와 더불어 이혼율과 여성의 사회참여가 증가하면서 자녀에 대한 사랑과 관심이 줄어들고 있다. 특히 가정에서 컴퓨터를 통한 온라인 교육이라는 명목하에 아이들에게 홀로 컴퓨터를 하게 함으로써 부모의 역할을 태만히 하는 경우가 많다. 이러한 양육태만된 아이들은 근본적으로 자신이 필요하지 않다고 느끼고 있기 때문에 열등감을 극복하기보다는 오히려 문제에 대해 회피하거나 도피한다. 즉, 이러한 아이들은 자신의 능력을 인정받고 애정을 얻거나 남으로부터 존경을 받을 수 있다는 자신감을 잃고 세상을 살아간다. 이러한 세 가지 어릴 때의 상황은 성년이 된 후에 신경증을 일으키는 중요한 요인이 된다.

이처럼 부모역할이 아동, 즉 인간의 생활양식에 강력한 영향을 준다는 것을 아들러 개념을 통해 이해할 수 있다. 최근에 부모역할훈련에 활발하게 사용되고 있는 아들러 상담이론에 근거한 '효과적 부모역할을 위한 체계적 훈련(Systematic Training for Effective Praining: STEP)'이나 '현대의 적극적 부모역할(Active Parenting Today: APT)'에서 강조하는 민주적 부모역할도 아동의 생활양식의 형성과 밀접하게 관련되어 있다. 즉, 독재형이나 허용형의 부모역할로 양육된 아동은 부정적인 생활양식을 형성하게 된다는 것을 쉽게 이해할 수 있다.

7) 가족구도/출생순위

아들러는 이러한 생활양식의 문제 외에 가족구도(family constellation)와 출생순위(birth order)가 우리의 생활양식 형성에 중요하다는 것을 강조하였다. 가정에서 부모를 중심으로 자녀와의 가족관계가 어떠한 가족구도를 형성하고 있는가는 자녀의 생활양식을 형성하는 데 중요하다. 역시 자녀의 수가 몇 명인가와 출생순위도 성격형성에 영향을 준다. 결혼을 해서 낳은 첫째 아이가 부부가 정말 원해서 출생하였는가의 여부, 첫째 아이가 남자인 경우 혹은 여자인 경우, 독자인 경우 등에 따라 부모가 자녀를 대하는 심리적 태도가 다를 수 있다. 요즘에는 자녀들이 하나 아니면 둘이지 세 명 이상인 경우는 많지 않다. 부모를 중심으로 한 가족구도 속에서 부모가 민주적으로 모든 자녀에게 대등한 관계에서 자녀를 양육하지 못할 경우 어떤 자녀는 심리적 상처를 받을 수 있다.

출생순위와 가족 내 위치에 대한 해석은, 어른이 되었을 때 세상과 상호작용하는 방식에 큰 영향을 미친다. 아동기에 타인과 관계하는 독특한 스타일을 배워서 익히게 되며, 그들은 성인이 되었을 때도 그 상호작용 양식을 답습한다. 아들러 학파 치료에서는 가족역동 특히 형제간의 관계를 다루는 것을 매우 중요시한다. 개인을 어떤 유목으로 전형화하는 것은 피해야 할 일이지만 아동기에 형제간의 경쟁의 결과로 생겨난 성격 경향이 개인의 남은 삶을 통해서 재현되는가를 살피는 것도 도움이 될 것이다.

4. 상담목표

아들러는 사람들의 주요한 문제가 세 가지 측면에서의 결여, 즉 '사회적 관심의 결여' '상식의 결여' '용기의 결여'라고 하였다. 다시 말하면 아들러식 상담자들은 내담자의 문제해결을 위해 그에게 부족한 사회적 관심, 상식, 용기를 불어넣어 바람직한 삶을 영위하도록 조력한다.

내담자를 조력하는 아들러식 상담방법으로 '격려치료'가 있다. 격려치료에서 상담자의 주요한 역할은 낙담한 내담자에게 용기를 불어넣는 것이다. 격려치료에서 보면 심리적으로 문제를 가진 사람은 용기를 잃고 낙담한 사람이다. 우리는 각자 크고 작은 많은 어려움에 부딪히며 삶을 영위한다. 사람들을 크게 두 분류로 나누면, 어려움에 포기하고 용기를 잃고 낙담한 사람들과 자신이 아무리 어려운 상황에 처해도 좌절하지 않고 용기를 가진 사람들로 구분할 수 있다. 정신적으로 건강한 사람이라면 끊임없이 자신을 격려하면서 용기를 잃지 않는 사람이라고 할 수 있다. 심리적으로 고통을 받고 있는 사람이라면 용기를 잃고 자신감과 책임감을 상실한 낙담한 사람이라고 할 수 있다. 그러므로 우리의 삶에 중요한 것은 용기를 갖게 하는 격려이다.

어떤 어려움에도 좌절하지 않는 용기를 가진 사람은 강한 인내심을 가진다. 심리학자 크로츠(Krausz)는 "참아내지 못하고 포기한 사람은 환자가 된다(A person who is impatient remains a patient)."고 하였다. 격려하고, 격려하고, 또 격려하면서 모든 사람이 가슴에 용기를 갖게 하는 것을 매우 중요하게 생각한다.

상담자들은 상담을 통해 내담자의 생활양식을 파악하여 바람직한 방향으로 생활양식을 바꾸도록 재교육이나 재정향을 위해 노력한다. 아들러 상담이론을 체계화한 드레이커스(Dreikurs, 1967)는 상담은 생활양식의 변화를 목표로 하는 것이고, 상담의 목표는 현존하는 생활양식 내에서 행동이 변화하는 것이라고 믿었다. 그는 또한 상담의 초기와 종결에 있어서 초기 회상에 대한 의미 있는 변화가 일어난다면, 이것은 생활양식의 변화를 반영하는 것이라고 느꼈다.

열등감과 우월감은 동전의 양면이다. 아들러가 지적한 것처럼 열등감을 어떻게 극복하느냐가 자기완성을 위해 중요하다. 아들러는 니체가 초인을 강조한 것처럼 인간이 가진 힘에 대한 의지를 믿었다. 당신을 완성하려는 힘은 당신 자신의 노력을 통해 발휘된다. 더불어 나약한 인간으로서 부딪히는 시련을 극복하기 위해서는 용기가 필요하다. 특히 불완전할 용기를 갖는 것이 열등감의 극복과 자기완성에 중요하다.

5. 상담과정

아들러 학파가 일반적으로 가정하는 상담과정의 네 가지 단계는 상담관계 형성, 평가 및 분석, 해석, 재정향이다(Dreikurs, 1967; Dinkmeyer & Sperry, 2000). 여기서는 이러한 단계에 대해 살펴보자.

1) 상담관계 형성

아들러 학파는 상담자와 내담자가 우호적이며 대등한 관계를 형성할 것을 강조한다. 관계형성은 협동적인 관계의 유지가 필수이다. 또한 상담자들의 관심과 경청을 바탕으로 공감적 관계를 형성한다.

2) 평가와 분석

상담자는 내담자의 부적절한 생활양식에 영향을 준 요인들을 평가하고 분석한다. 내담자에 대한 평가 및 분석에 사용되는 전형적인 생활양식조사 영역은 초기회상, 가족구도, 기본적 오류, 자질, 꿈의 내용 등이 포함된다. 이러한 내용의 조사를 통해 현재의 부적절한 생활양식을 파악하고 내담자의 역동성을 탐색하여 그의 신념, 감정, 동기, 목표를 이해한다.

3) 해석과 통찰

상담자는 파악한 생활양식조사의 내용에 대한 평가와 분석을 바탕으로 내담자의 부적응에 대한 해석을 한다. 상담자는 해석을 통해 자기이해와 통찰을 촉진한다. 아들러 학파의 해석은 생활양식과 관련된다. 이것은 개인의 삶의 방향과 목표에 대한 자각을 일깨우고 개인적 논리를 각성시키며 그것이 어떻게 현재 행동에 작용하는지를 알게 해 준다. 즉, 해석을 바탕으로 내담자로 하여금 자신의 잘못된 목표와 자기패배적 행동에 대한 통찰을 발달시킨다.

4) 재정향

내담자가 새로운 방향을 갖도록 조력한다. 즉, 상담자는 재정향이나 재교육을 통해 내담자가 목표를 성취할 신념과 행동에 있어 변화를 만들도록 한다. 초기회상, 가족역동성, 꿈에서 도출된 통찰을 바탕으로 이전에 가졌던 비효과적인 신념과 행동에 대해 대안적인 방안을 찾도록 도와준다. 아들러 학파는 재정향 기법을 다양하게 사용한다.

6. 상담기법

상담의 궁극적 목표인 생활양식의 재정향을 성취하기 위해 내담자의 신념과 행동을 변화시키는 것이다(Dreikurs, 1967). 초기회상, 가족의 역동성, 그리고 꿈으로부터 이끌어 낸 통찰은 내담자와 치료자가 내담자의 생활양식을 탐색함으로써 수정된 상담목표를 내담자가 달성하도록 돕는 데 사용된다. 내담자는 자신의 삶의 초기에 형성된 행동에 대한 변화를 가져오기 위해서는 위험을 무릅써야 한다. 아들러 학파는 행동의 새로운 양식을 이끌 수 있는 행동-지향적인 기법을 발달시키는 데 풍부한 상상력을 발휘했다(Dinkmeyer, Dinkmeyer, & Sperry, 1987). 생활양식의 재정향을 위해 사용되는 기법들을 살펴보면 다음과 같다.

1) 즉시성

상담 중에 나타나는 내담자의 경험의 표현을 즉시성이라고 한다. 즉시성은 상담 중에 일어나는 것이 일상생활에서 생기는 것의 표본이라는 사실을 내담자가 깨닫도록 해야 한다. 언어적이거나 비언어적인 내담자의 의사소통은 치료의 목표와 연관된다. 내담자가 보이는 의사소통은 내담자에게 갑자기 나타나는 것이 아니기 때문에 상담자가 이러한 의사소통에 대해 추측할 수 있도록 도와준다.

2) 격려

아들러 상담의 가장 중요한 중재기법 중의 하나가 격려, 즉 내담자의 기를 살려 주는 작업이다. 격려는 아들러 학파의 심리치료 과정 동안 계속해서 사용되며, 내담자의 생활양식에 접근하고 관계를 형성하는 데 유용하다. 재정향 단계에서 격려는 행동과 변화를 가져오는 데 유용하다. 신념과 자기지각에 초점을 맞춤으로써 치료자는 내담자가 열등감과 낮은 자기개념을 극복할 수 있도록 도울 수 있다. 재정향 단계에서는 개인이 기꺼이 위험을 무릅쓰고 새로운 것에 대해 시도하는 것이 지지된다.

3) '마치~처럼' 행동하기

이 기법은 내담자가 행동이 실패할 거라고 믿는 것 때문에 두려워하는 행동을 하도록 도와준다. 내담자는 '마치 ~인 것처럼 행동하도록' 요청된다. 만약 내담자가 새로운 행동을 시도하기를 원하지 않는다면, 새 옷을 한 번 입어 보듯이 새로운 역할을 시도해 보도록 제안한다. 매력적인 옷은 내담자를 새로운 사람으로 만들지는 않지만, 이것은 내담자에게 새로운 감정, 아마도 자신감을 줄 것이다.

4) 자기모습의 파악

내담자가 자신의 목표를 이해하고 변화하려고 노력함에 따라 자신이 열망하는 변화된 행동을 하기 위해서는 '자기 모습을 있는 그대로 파악해 보는 것'이 필요하다. 행동은 내담자의 인생 동안 계속해서 반복되기 때문에, 내담자는 '자기 모습을 있는 그대로 파악하는' 부가적인 노력이 필요하다. 비록 처음에는 성공하지 못하고 행동을 한 후에 자기 모습을 파악한다 할지라도, 행동으로 옮기기 전에 자기 모습을 파악하는 것을 연습함으로써 변화하기를 원한다. 이렇게 함에 따라 내담자는 효과적인 변화를 실행하는 것을 배우고 더 쉽게 자신의 목표를 성취할 수 있음을 안다. 이렇게 함으로써 내담자는 '아하' 반응을 하게 된다.

5) 질문

질문은 일반적으로 내담자의 문제가 성격상 신체적인 것인지, 또는 심리적인 것인지 결정하기 위한 진단도구로 사용되지만, 내담자가 하는 응답에 대하여 반영하거나 해석할 수 있다는 점에서 치료적 가치도 지닌다.

모든 행동은 목적이 있기 때문에 심인성 증상은 심리적인 목적을 가질 것이며, 기질적 증상은 신체적인 목적을 가질 것이다. 아들러 학파는 다음과 같은 질문을 할 수 있다. 즉, "만일 내가 당신의 증상들을 즉시 제거할 수 있는 마술 지팡이나 마술 약을 가지고 있다면, 당신의 인생에서 무엇이 달라지겠습니까?" 이때 내담자가 "나는 더 자주 사교 모임에 갈 것입니다." 혹은 "나는 책을 쓸 것입니다."라고 대답한다면 그 증상은 심인성일 가능성이 크다. 만일 내담자가 "나는 이러한 격심한 고통을 받지 않겠지요."라고 반응한다면, 그 증상은 기질적일 가능성이 매우 크다.

이 질문에 대한 응답에 따라 치료자는 내담자의 문제를 다루는 방식을 달리 할 수 있으며, 필요한 경우 신체적 치료를 받도록 조치를 취할 수 있다.

6) 내담자의 수프에 침 뱉기

이 기법은 기숙학교 아이들이 흔히 다른 사람의 음식을 얻기 위해서 음식에 침을 뱉는 방법으로부터 유래한 것이다. 상담자가 내담자의 어떤 행동의 목적과 대가를 인식하게 되면 상담자는 곧바로 그 행동이 총체적으로 손해되는 행동이라는 사실을 내담자에게 분명하게 보여 줌으로써 내담자가 더 이상 손해되는 게임을 하지 못하도록 한다. 예를 들면, 아이들에게 더 좋은 생활용품을 사 주기 위해 자신이 열심히 일하고 있다는 사실을 아이들에게 계속 말하는 아버지가 있다고 하자. 상담자는 그가 자신의 희생적인 입장을 직면하도록 하고, 그가 아이들로부터 인정을 받으려고 한다는 사실을 보여 준다. 상담자는 그가 아이들에게 하는 자신의 이야기를 변화시키도록 설득하는 역할을 하는 것이 아니라 그가 이 방식에서 어떤 대가를 지불하고 있는지를 보여 준다. 내담자는 같은 행동을 계속할 수도 있으나, 더 이상 자기를 속일 수 없으므로 대가는 지불하지 않아도 된다.

7) 악동 피하기

자기패배적인 행동은 변화되기 어렵고 특별히 내담자에게는 중요할 것이다. 비록 이 양식이 그릇된 가정에 기초하고 있고 목표를 성취하지 못하는 결과를 가져온다 할지라도, 내담자는 낡은 행동양식을 고수할 것이다. 더 나아가 내담자는 자기패배적인 자기 지각을 유지시키기 위해서, 치료자도 다른 사람이 행동하는 것처럼 행동한다고 생각하려고 할 것이다. 예를 들면, 자신이 가치 없다고 느끼는 내담자는 다른 사람이 자신에게 했던 것처럼 치료자도 결국은 그렇게 반응하도록 상황을 조작하려 한다. 치료자는 이러한 함정에 빠지는 것을 피해야 하며 악동의 접촉을 막아야 한다. 오히려 치료자들은 내담자의 비효율적인 지각이나 행동을 언급하는 대신에 더 큰 심리적인 건강을 가져올 수 있도록 격려의 행동들을 해야 한다.

8) 단추 누르기 기법

단추 누르기 기법은 내담자가 유쾌한 경험과 유쾌하지 않은 경험을 번갈아 가면서 생각하도록 하고 각 경험과 관련된 감정에 관심을 가지도록 하는 것이다. 이 기법의 목적은 내담자에게 그들이 무엇을 생각할지를 결정하여 자신이 원하는 감정은 무엇이든지 만들어 낼 수 있다는 사실을 가르치려는 것이다. 단추 누르기 기법을 통해서 아들러학파는 내담자가 자신이 우울을 선택했으며, 우울은 자기 생각의 산물임을 인식하도록 도와준다. 상담자는 내담자에게 아주 즐거운 사건을 회상하도록 하고, 다음에 아주 불쾌한 사건을 회상하고, 그다음에는 또 사건이 자신이 바라는 식으로 판명되는 것을 상상하게 하는 시각적 과정을 사용할 수도 있다. 내담자에게 마지막 사건을 재현하고, 사고의 산물로 창출된 감정을 덧붙이라고 한다. 상담자는 그 사람에게 두 가지 단추, 즉 우울 단추와 행복 단추를 가지고 집에 가라고 하며, 그에게 앞으로 겪게 될 사건에 어느 단추를 쓸 것인지는 자기가 통제할 수 있다고 말한다.

9) 역설적 의도

아들러는 변화를 위한 책략으로 역설적 전략을 처음 사용하였다. 이 기법은 '증상 처방 기법' 혹은 '반 암시'라고 한다. 역설적 의도란 내담자에게 자신을 나약하게 만드는 생각이나 행동에 의도적으로 관심을 가지고 과장하는 것을 말한다. 결과적으로 그 상황에서는 매우 많은 증상을 보인다. 역설적 전략은 자기모순적으로 보일 수도 있고, 때로는 터무니없는 치료 중재로 보일 수도 있다. 이 기법의 핵심은 내담자의 저항에 대항하기보다는 편승하는 것이다.

역설적 전략은 때로 우유부단한 사람에게도 적용된다. 예를 들면, 늑장을 부리는 내담자들에게 과제를 더 미루라고 말한다. 오랫동안 걱정하는 내담자들에게는 매일매일 가능한 모든 것에 대해 걱정하는 데에만 전적으로 전념하는 시간 계획을 짜도록 할 수도 있다. 교실에서 말하는 것을 두려워하는 내담자에게는 교실 뒤에 앉아서 아무 말도 하지 않도록 한다. 이 절차를 사용하여 특정 시간 동안 행동 양상을 과장하도록 함으로써 내담자들은 자신이 이 실험에서 무엇을 배울지를 스스로 알도록 하는 것이 좋다. 역설적 의도가 사람들이 어떤 상황에서 자신이 어떻게 행동하는지를 극적으로 인식할 수 있도록 도와주고, 그 행동의 결과에 대한 책임이 자신에게 있다는 사실을 보여 주는 것이 역설적 의도의 논리이다. 내담자의 저항에 반대하지 않고 오히려 동참함으로써 그 행동을 덜 매력적으로 만들어 버린다. 증상은 내담자의 눈에도 어리석은 것으로 보이게 될 것이다. 더구나 내담자가 과장된 방식으로 문제에 직면했을 때, 그들은 자신이 원하는 것을 얻을 수 있는 다른 방식을 할 수 있게 된다.

10) 심상 만들기

아들러는 간결한 말로 내담자들을 묘사하기를 좋아했는데, 예를 들면, "왕이 된 거지."라는 말이 있다. 다른 아들러 학파들도 비슷하게 내담자들에게 간략한 심상을 부여하는데, 이는 '하나의 그림이 천 마디 말만큼이나 가치가 있다.'는 금언을 확인하는 것이다. 이러한 심상을 기억하면서 내담자는 자신의 목표들을 상기할 수 있으며, 그 후의 단계에서 자신을 비웃는데 그 심상을 사용하는 것을 배울 수 있다. '슈퍼맨'이라고 명칭이 붙여진 과도한 야망을 지닌 한 내담자는 어느 날 셔츠 단추를 끄르기 시작했다. 치료자가 질문을 하자 내담자는 웃으면서 "그러면 당신은 커다란 'S'자가 쓰인 나의 푸른 셔츠를 볼 수 있을 거예요."라고 대답했다.

신경증적 방어를 시각적 장면으로 상상해 보는 것은 내담자에게 그의 행동이 얼마나 어리석은가를 명백히하고 구체화하는 데 매우 도움이 될 수 있다. 역설적 의도와 밀접하게 관련되는 장면 상상하기는 내담자에게 위협적인 사회적 상황에 관련되기 시작할 때 그 우스꽝스러운 장면을 상상해 보도록 요구하는 것이다.

11) 과제설정과 이행

상담자와 내담자는 때때로 문제에 대한 특별한 행동들을 계획한다. 선택이 이루어질 때, 치료자와 내담자는 선택을 이행하기 위한 최선의 방법을 결정한다. 만약 그 과제가 간단하고 성공할 확률이 매우 높으면 적절하다고 할 수 있다. 이것은 상담자가 쉽게 내담자에게 용기를 줄 수 있게 해 준다. 만약 내담자가 성공하지 못하면, 상담자와 내담자는 더 효과적으로 변화시킬 수 있는 계획을 세워야 한다.

12) 숙제주기

내담자가 과제를 성공시키도록 돕기 위해서 아들러 학파는 숙제를 내 준다. 숙제는 대개 치료회기 동안에 충분히 해낼 수 있는 것들이다. 상담자가 내담자의 인생에 직접적으로 끼어들지 않기 위해서 숙제는 주의 깊게 내 준다.

7. 요약

• 아들러는 불완전한 존재로서 인간은 누구나 어떤 측면에서 열등감을 느끼고 있다

고 보았으며 인간을 전체적, 현상학적, 사회적, 목적론적 존재로 보았다.

- 개인심리학에서 우월성 추구란 자기완성 추구 혹은 성공 추구를 의미한다. 우월성의 추구는 삶의 기초적인 사실로 모든 인간이 문제에 직면하였을 때 부족한 것은 보충하며, 낮은 것은 높이고, 미완성의 것은 완성하며, 무능한 것은 유능한 것으로 만드는 경향성이다.
- 사회적 관심의 동의어는 지역사회에 대한 감정, 우정, 동료애, 이웃사랑, 애타적 마음 등으로 매우 다양하게 표현된다. 사회적 관심은 공감, 타인과의 동일시, 타인 지향을 의미하며 개인심리학에서는 사회적 관심을 개인의 정신건강에 중요한 준거로 본다.
- 생활양식은 개인이 삶을 영위하는 근거가 되는 기본적 전제와 가정을 의미하며 대부분 4~5세경에 형성된다. 사회적 관심과 활동수준에 따라 구분되는 네 가지 생활양식은 지배형, 기생형, 회피형, 사회적 유용형이다.
- 아들러가 지적한 세 가지 인생과제는 일과 여가, 우정, 사랑이며 아들러 학파인 모삭과 드레이커스는 영성과 자기지향성을 추가하였다.
- 허구적 최종목적론은 허구나 이상이 현실을 더 효과적으로 움직인다는 주장에 근거한다. 인간의 궁극적 목적은 허구로서 그것이 실현 불가능할지도 모르나 행동의 원인, 충동, 본능, 힘 등을 넘어서 행위의 최종 설명이 될 수 있다는 것이다.
- 인간은 누구나 어떤 측면에서 열등감을 느끼고 있다. 아들러는 자기완성을 위한 필수요인으로서 열등감을 봄으로써 열등감을 긍정적인 측면에서 보았다. 열등감 콤플렉스의 세 가지 원인을 기관열등감, 과잉보호, 양육태만이라고 하였다.
- 아들러는 가족구도와 출생순위가 우리의 생활양식 형성에 중요하다는 것을 강조하였다. 아들러 학파들은 상담에서 가족역동 특히 형제간의 관계를 다루는 것을 중요시한다.
- 아들러식 상담자들은 내담자의 문제해결을 위해 그에게 부족한 사회적 관심, 상식, 용기를 불어넣어 바람직한 삶을 영위하도록 조력한다. 상담자들은 상담을 통해 내담자의 생활양식을 파악하여 바람직한 방향으로 생활양식을 바꾸도록 재교육이나 재정향을 위해 노력한다.
- 아들러 학파가 일반적으로 가정하는 상담과정의 네 가지 단계는 상담관계 형성, 평가 및 분석, 해석과 통찰, 재정향이다.

- 생활양식의 재정향을 위해 사용되는 기법으로 즉시성, 격려, '마치~처럼' 행동하기, 자기 모습의 파악, 질문, 내담자의 수프에 침 뱉기, 악동 피하기, 단추 누르기 기법, 역설적 의도, 심상 만들기, 과제설정과 이행, 숙제 등이 있다.

효과적 조력을 위한 상담 연습 7　열등감 극복과 인생과제 평가

아들러식 상담자는 내담자의 문제는 그의 열등감과 관련되어 나타나는 것에 주목한다. 아들러는 "인간이 된다는 것은 자신이 열등감을 느끼는 것이다."라고 지적하면서 우리 모두가 나름대로 갖고 있는 바람직한 방법으로 열등감을 극복할 것을 강조하였다.

연습 1: 당신이 가졌던 크고 작은 열등감을 극복했던 경우를 구체적인 예를 들어 설명해 보라.

연습 2: 당신이 현재 가장 심각하게 느끼고 있는 열등감이 무엇인지 기술하고 그것을 6개월 이내에 어떻게 극복할 것인지를 구체적으로 계획을 세워 실천하라.

연습 3: 아들러식 상담자들은 사회적 관심, 일과 여가, 사랑과 결혼, 자기지향성, 영성을 주요한 다섯 가지 인생과제로 여긴다. 다음 내용은 인생과제 중에 자기지향성을 측정하는 척도이다. 당신이 자신에 대해 어떻게 생각하는지를 보기에 따라 평가해 보라.

〈보기〉

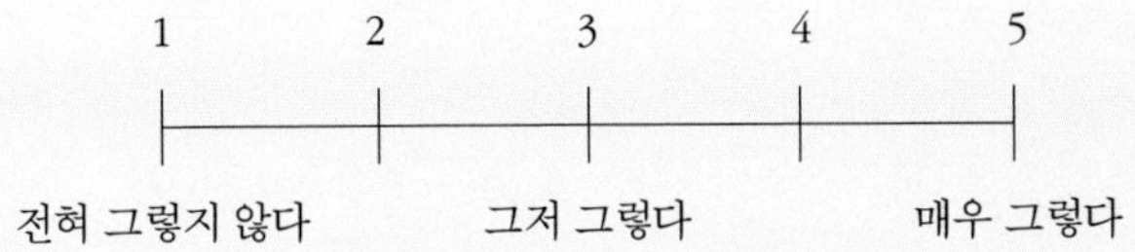

1. 나는 가치 있는 사람이다. 1 2 3 4 5
2. 스트레스에 효과적으로 대처하고 있다. 1 2 3 4 5
3. 남성 혹은 여성으로서 나의 역할에 만족하고 있다. 1 2 3 4 5
4. 내가 소속되어 있는 집단의 문화는 독특하며 유익한 측면들이 많다. 1 2 3 4 5
5. 내 자신이 불만족스럽다. 1 2 3 4 5
6. 내가 겪는 스트레스를 잘 처리하지 못한다. 1 2 3 4 5
7. 주위 사람들로부터 유머감각이 풍부하다는 말을 자주 듣는다. 1 2 3 4 5
8. 나는 남성(여성)으로서 나의 역할에 불만이 많다. 1 2 3 4 5
9. 나의 일처리 능력에 만족하지 못한다. 1 2 3 4 5
10. 새로운 문제 상황에서 적절하게 대처하지 못한다. 1 2 3 4 5

11. 유머감각이 풍부한 사람을 보면 부러움을 느낀다.	1	2	3	4	5
12. 건강과 관련하여 음식조절 능력이 부족하다.	1	2	3	4	5
13. 내가 종사하고 있는 영역에서 성공할 수 있는 충분한 능력을 가지고 있다.	1	2	3	4	5
14. 건강과 관련하여 신체적 활동에 관심이 없다.	1	2	3	4	5
15. 나의 비합리적인 사고나 행동 때문에 자주 비난을 받는다.	1	2	3	4	5
16. 나는 정서 상태에 대한 이해나 표현이 부족하다.	1	2	3	4	5
17. 나는 나 자신을 돌보는 데 소홀하다.	1	2	3	4	5
18. 내가 소속한 집단의 문화에 이질감을 느낀다.	1	2	3	4	5
19. 나는 합리적이고 현실적으로 느끼며 행동한다.	1	2	3	4	5
20. 나는 규칙적으로 운동을 한다.	1	2	3	4	5
21. 나의 정서 상태를 잘 이해하고 있으며 이를 적절하게 표현한다.	1	2	3	4	5
22. 나는 평소에 창의적으로 생각하며 문제를 해결한다.	1	2	3	4	5
23. 나는 영양섭취에 관심이 많다.	1	2	3	4	5
24. 철저한 안전 습관, 건강 검진 등을 통하여 내 스스로를 보살핀다.	1	2	3	4	5

〈채점 요령〉 문항 번호 5, 6, 8, 9, 10, 11, 12, 14, 15, 16, 17, 18번은 도치 문항들입니다. 이러한 문항들은 바꾸어서 채점하시기 바랍니다(예: 1 → 5, 4 → 2 등). 자기지향성의 열두 가지 영역에 해당하는 내용과 문항들은 다음과 같습니다.

가치감: 1, 5; 통제감: 9, 13; 현실적 신념: 15, 19; 정서적 자각 및 대처: 16, 21; 문제해결 및 창의성: 10, 22; 유머감각: 7, 11; 영양: 12, 23; 운동: 14, 20; 자기 보살핌: 17, 24; 스트레스 관리: 2, 6; 성정체감: 3, 8; 문화정체감: 4, 18.

〈해석 요령〉 자기지향성의 열두 가지 영역 중에서 가장 높은 점수부터 3~4개의 영역은 당신이 자기지향을 위해 잘하고 있는 측면들입니다. 반대로 가장 낮게 나온 점수부터 3~4개는 당신이 잘못하고 있는 영역들입니다. 그러한 영역이 무엇인지 확인하여 그러한 측면을 보완하도록 노력하시기 바랍니다.

제 8 장

분석심리학적 치료

나의 인생은 무의식의 자기실현에 관한 이야기이다.

—융(Jung)

8장의 목차

1. 융의 생애
2. 인간관
3. 주요개념
   1) 정신의 구조
   2) 정신에너지의 원리
   3) 원형
4. 상담목표
5. 상담과정
   1) 고백 단계
   2) 명료화 단계
   3) 교육 단계
   4) 변형 단계
6. 상담기법
   1) 꿈 분석
   2) 상징의 사용
   3) 단어연상검사
   4) 증상분석
   5) 사례사
   6) MBTI
7. 요약

〈상담 연습 8〉 개성화를 통한 자기실현

우리는 인류역사의 마지막 산물이다. 그런 점에서 보면 우리가 서로 개인차가 있다 할지라도 아마도 만년 후쯤 고고학자들이 21세기 초의 인간을 연구할 때는 미루어 생각해 보건데 그들에게 우리 각자는 신비 덩어리일 것이다. 그리스 신화에 등장하는 인간에 대한 묘사는 여전히 현대인에게 감명을 준다. 그것은 아마도 우리가 오랜 역사를 통해 우리 선조들의 정신적 소인을 대대로 물려받았기 때문일 것이다. 개인의 정신에는 동시대적 상황에서 생활한 사람들의 정신적 문화가 반영되어 있다. 이러한 집단의 정신인 문화가 개인에게 반영되어 집단무의식(collective unconscious)으로 잠재되어 있다는 지혜를 터득한 사람이 융(Jung)이다. 다시 말하면 융은 그가 개발한 분석심리학(analytical psychology)을 통해 우리 각자의 현재 정신 작용을 이해하는 데 인간 정신의 근원에서부터 지금까지 변화를 통해 전달되어 온 정신적 소인을 밝히려고 하였다.

인간의 무의식을 프로이트보다 한층 더 심층적으로 연구한 사람이 융이다. 융은 프로이트가 평생을 통해 주장한 심리성적 발달과 인생초기에 성격이 결정된다는 결정론에 반대하여 인간 정신에 대한 분석을 주관적 체험과 현상학을 바탕으로 체계화하였다. 융을 추종하는 사람들과 프로이트를 추종하는 사람들이 각기 다르게 그들의 관계를 주장한다. 하지만 융에게 가장 많은 영향을 준 사람이 프로이트라는 것은 누구도 부정할 수 없을 것이다. 니체(Nietzsche)가 『차라투스트라는 이렇게 말했다』에서 기술한 "제자가 스승을 앞서지 못하면 제자의 도리가 아니다."라는 구절에 융이 충실했다면 프로이트보다 그를 높이 평가할 수도 있을 것이다.

하지만 융이 프로이트를 떠나지 않고 그의 영향력하에서 계속 있었더라면 어떻게 되었을까? 이러한 가정적 질문에 대한 대답을 두 가지로 생각해 볼 수 있다. 한 가지는 정신분석을 보다 확장하고 체계화했을 것이다. 다른 한 가지는 무의식의 확장적인 연구를 통한 체계화의 산물인 분석심리학이 탄생하지 못했을 것이다. 신화(mythology)의 연구를 통해 인간의 정신문화를 확장한 캠벨(Joseph Campbell, 1904~1987)이 프로이트보다 융을 훨씬 높게 평가하고 있다는 점을 생각해 볼 때, 융이 얼마나 대단한 인물이었는가를 짐작해 볼 수 있다. 캠벨은 융의 이론을 지지하는 입장에서 "신화는 집단무의식의 표현이다."라고 주장하였다.

융은 분석심리학을 통해 인류역사 이래로 대대로 개인들에게 물려 내려온 집단의 정신문화인 집단무의식을 찾고 이해하려고 노력하였다. 융도 프로이트처럼 정신을 의식과 무의식의 구조로 보았다. 하지만 그는 인간이 생물학적인 본능에 지배되는 것 이상으로 인류의 역사를 통해 발달된 인간의 정신구조를 이해하려고 시도하였다. 융은 언제나 자기 자신이 마음의 의사임을 자처하였거니와 인간심리를 해석하는데도 그 해석이 논리적으로 타당한지 아닌지보다는 해석을 받은 당사자에게 얼마만큼 효과적이냐에 역점을 두었다.

1. 융의 생애

융(Carl Gustav Jung, 1875~1961)은 스위스의 정신분석자였으며 분석심리학의 창시자였다. 융은 1875년 스위스의 작은 마을인 케스빌에서 태어났다. 그는 내적 경험과 그가 몰두하게 된 생각을 아무도 이해할 수 없다고 느꼈기 때문에 주로 혼자서 지내는 상당히 내성적인 아이였다. 스위스의 행복치 못한 가정에서 태어나 자랐고, 자신의 내부적 자원에 의지하는 법을 일찍부터 배웠다. 융은 아동기의 많은 시간을 꿈의 의미와 그가 경험했던 초자연적인 환상에 깊이 빠져서 보냈다. 그가 열 살이 되었을 때 나무로 2인치 정도 되는 인간의 형상을 조각했다. 그는 그 형상을 숨겨 놓고 혼자 있을 때 그 형상과 이야기하고 때때로 얘기한 내용을 비밀스러운 부호로 기록했다.

자신을 이해하려는 융의 열망은 그를 정신의학의 새로운 분야로 이끌었다. 그는 1900년에 바젤 대학에서 의학학위를 받았다. 취리히 대학의 정신병 진료소에 임명되어 정신분열증 연구로 유명한 브룰러(Eugen Bleuler) 밑에서 일했다. 융은 역시 히스테리아 및 다중성격으로 잘 알려진 프랑스 심리학자인 자네(Pierre Janet)와 함께 공부했다. 1905년에 융은 바젤 대학에서 정신병리학을 강연했다.

인간 마음에 대한 융의 호기심은 곧 프로이트의 연구와 연관되었다. 융은 1900년에 프로이트의 『꿈의 해석(The interpretation of dream)』을 읽은 후에 프로이트와 서신왕래를 시작했다. 1907년에 프로이트를 만나 13시간 동안 두 사람은 대화를 나눴다. 1909년에 프로이트를 따라 미국에 갔으며 클라크 대학에서 강연을 하였다. 1911년에 융은 프로이트의 후원을 받아 국제정신분석학회장이 되었다. 그러나 정신분석, 무의식, 리비도에 대한 융의 해석과 이론은 프로이트의 입장과 달랐다. 융이 『무의식의 심리학(Psychology of Unconscious)』을 발간한 후에, 그와 프로이트 사이에 불화가 생겨났고, 1914년에 그들은 결별하였다. 그런 후에 융의 이론과 실제는 분석심리학으로 알려지게 되었다.

1913년에 융은 내적 혼란으로 고통을 받았으며 그것은 약 3년 동안 지속되었다. 프로이트처럼, 그는 자신의 정서적 혼란을 해결하기 위해 꿈 해석을 통한 자기분석을 하였다. 이 기간은 융으로 하여금 성격이론에 대한 독특한 접근으로 이끈 창조력과 성장의 시간이었다. 융은 역사를 통해 전해 내려온 인류의 상징과 신화를 평가했다.

융의 분석심리학과 프로이트의 정신분석의 기본적인 차이는 리비도와 연관된다. 프로이트는 리비도를 성적 에너지라고 주장했고 반면에 융은 일반적인 생활에너지로 간주했다. 두 번째 차이는 성격에 있어서 어린 시절의 영향에 대한 프로이트의 결정론적 견해에 있다. 융은 성격은 생활 속에서 후천적으로 변할 수 있고 미래의 목표와 열망에 의해 형성된다고 믿었다.

융은 집단무의식의 요인을 원형(archetypes)이라고 불렀다. 원형에는 영웅, 부모, 죽음, 탄생과 부활, 일관성, 아이들, 신, 악마 등을 포함한다. 어떤 원형은 성격과 분리된 체계로 확인되었다. 잘 알려진 대표적 원형으로 페르소나 혹은 외부로 드러난 적응 성격, 아니마(anima)와 아니무스(animus) 혹은 양성적 성격, 그림자(shadow) 혹은 인간 본성의 동물적인 부분, 무의식의 모든 부분으로 구성된 자기(self) 등이 있다. 자기는 만다라라는 원의 상징으로 표현되며 일관성과 평정을 위해 노력한다. 자기는 성격의 통합, 자기실현, 조화를 위한 노력을 한다.

융은 『심리적 유형(Psychological Types)』(1921)이라는 책에서 보여 준 내향성과 외향성이라는 성격 지향성에 대한 설명으로 잘 알려졌다. 그는 또한 네 가지 심리적 기능으로 사고와 감정, 감각과 직관을 제안하였다. 과학적인 심리학이 융의 이론에서는 무시되었을지라도 융의 연구는 이러한 성격 특징의 일반화에 기여하였다.

융은 1961년에 사망할 때까지 생애 마지막을 개인치료, 여행, 독서, 공부를 하며 보냈다. 이러한 경험을 통해 그의 관찰은 계속적인 자기반성과 결합되었고, 막대한 양의 책과 강연을 생산해 내는 결과를 초래했다. 융의 많은 저술은 반유태인적 기질을 암시하는 발언들을 포함하여 논쟁의 대상이 되어 왔다. 그럼에도 불구하고 인간의 성격에 대한 그의 생각은 세계의 독자들을 계속해서 매혹시키고 있고, 흥분시킨다.

2. 인간관

인간은 긴 역사의 산물로 신비한 존재이다. 또한 개인은 독특한 현상학적 존재로서 자기실현을 위해 노력한다. 우리에게 영향을 미치고 우리를 지배하는 힘의 원동력은 인류역사와 더불어 시작되었다. 인간은 생물학적 유전뿐만 아니라 문화적, 정신적 유전을 우리의 선조로부터 물려받았다. 서양과 동양 사람들이 생각하는 이상적인 어머니 상은 분명 다르다. 다양한 민족에서 내세우는 영웅의 이미지는 다르다. 한국 사람들에게 돼지꿈은 좋은 꿈이지만 서양 사람들에게는 그렇지 않다. 하지만 융은 문화나 민족에 따라 다소 다르지만 집단무의식을 통해 인간이 갖는 기본적인 정신이 유전된다고 보았다. 그는 이러한 지각, 정서, 행동에 대한 생득적인 정신적 소인을 원형이라고 부른다. 원형은 타고난 생각이나 기억으로, 개인이 어떤 방식으로 자신이 접하는 세계를 지각하고, 경험하고, 반응하게 하는 정신적 소인이다. 집단무의식에는 페르소나, 그림자, 아니마와 아니무스, 자기 등 다양한 원형이 있다. 따라서 나를 이해하고 실현시키는 작업은 인간의 뿌리인 다양한 원형을 이해하고 파악하는 작업이다. 그런 점에서 융이 지적한 "나의 인생은 무의식의 자기실현에 관한 이야기이다."(Jung, 1961, p. 3)란 말은 함축적인 의미를 내포하고 있다.

우리의 내부에서 역동적으로 작용하는 정신에너지가 있다. 정신은 신체에 영향을 주고 신체는 정신에 영향을 준다. 이러한 정신에너지는 무엇인가를 표현하려고 끊임없이 노력한다. 당신이 현실적으로 자기(self)라고 알고 있는 것은 무엇인가? 당신은 이러한 자기에 대해서 얼마나 알고 있는가? 우리가 의식해서 알고 있는 자아(ego)는 태어난 이후에 현실 경험을 통해 형성된 것이다. 우리는 각자 다른 경험을 하며 독특한 자신을 실현하려는 작업을 수행한다.

인류가 보다 발전하기 위해 그리고 각 개인이 자기실현을 이루기 위해 필요한 것은 인류의 뿌리를 이해하는 것이다. 인류 역사의 이해는 나를 이해하는 데 소중하다. 문화유산을 이해하는 것은 내가 누구인가를 파악하는 데 귀중한 자료이다. 단군신화를 비롯하여 많은 신화와 전래 동화는 우리 민족의 정신에 영향을 미쳐 왔다. 흥부전, 춘향전 등에서 흘러나오는 가락을 통해 우리는 한민족의 정서를 느낀다. 그러한 정신적 유산은 당신의 자아를 형성하는 데 주요한 역할을 해왔다. 주관적으로 자기를 실현하는 것은 의식보다 더 크게 우리를 지배하는 무의식의 갈등을 이해하는 것이다. 이런 점에서 융은 우리의 무의식을 이해하기 위해 프로이트보다 훨씬 더 꿈의 해석을 강조하였다. 꿈은 무의식의 메시지를 상징적으로 전달한다. 융에 따르면 꿈은 의식이 억압되어 무의식에 있는 메시지를 전달하는 것이 아니라 드러나려고 애쓰는 무의식이다.

융의 분석심리학의 체계에 대한 기본 가정은 다음과 같다(Manduro & Weelwright, 1977, pp. 89-105; Patterson & Watkins, 1996, pp. 41-43).

- 성격은 집단무의식과 그것의 활동에 의해 영향을 받는다.
- 자아에 수용될 수 없는 무의식적 요소는 개인무의식에 머무르게 된다.
- 콤플렉스는 활동적 원형 이미지 주변에서 형성되어 작동된다.
- 자아는 무의식과 외부세계를 중재한다.
- 자기는 전체를 의미하며 조직화된 원형이다.
- 원형은 집단무의식의 기관으로서 기능한다.
- 무의식적 내적 세계인 정신적 현실은 외적 세계처럼 중요하다.
- 융의 심리학은 오이디푸스 시기의 갈등보다 그 이전의 중요한 경험, 불안, 방어에 관심을 둔다.
- 성격의 성숙은 평생에 걸쳐 진행되며 생의 후반기에 개성화 과정에서 가속화될 수 있다.
- 자기조절체계인 정신은 건설적인 무의식적 보상의 원리를 이용한다.
- 정상적이거나 병리적 자아방어는 자기조절적인 정신 내에서 갈등을 다루기 위해 대립되는 힘이다.
- 정신은 자발적으로 심리적 전체, 의식과 무의식의 통합, 자기치료를 추구한다.
- 퇴행은 적응적 의미를 가질 수 있으며 자아와 자기에 대한 기여로 일어난다.
- 정신에너지는 정신적 과정과 표상에 기여하는 일반적인 가설적 에너지이다.
- 개성화 과정은 개인의 심리적 유형과 관련해서 생애에 걸쳐 진행된다.

이러한 가정에 대한 탐색은 분석심리학의 인간관을 이해하는 데 기여하리라 본다.

3. 주요개념

여기에서는 융이 제안한 주요한 개념인 정신의 구조, 정신에너지의 원리, 원형 등을 살펴보고자 한다.

1) 정신의 구조

융이 정신의 구조를 의식과 무의식으로 구분한 것은 프로이트와 비슷하지만 무의식을 이해하는 데 있어서는 큰 차이점을 보인다. 융은 무의식을 개인무의식과 집단무의식으로 구분하였다. 개인무의식은 프로이트가 제안한 무의식과 유사한 개념이며 집단무의식은 융이 독창적으로 주장한 그의 이론의 가장 중요한 개념이라 할 수 있다. 그는 집단무의식을 중심으로 그의 분석심리학을 확립하였다. 의식의 주인은 자아(ego)이며 집단무의식의 주인은 자기(self)란 원형이다. 융은 자아를 자기 원형에서 분화되어 발달되다가 다시 자기로 통합되는 것으로 설명하였다. 여기서는 정신의 구조인 의식, 개인무의식, 집단무의식에 대해 살펴보고자 한다.

의식 우리가 직접 알고 있는 정신의 부분이 의식이다. 의식은 자아에 의해 지배된다. 자아는 비록 정신 전체 속에서는 작은 부분을 차지하고 있지만 의식에 이르는 문지기라는 대단히 중요한 역할을 하고 있다. 인간은 자아를 통해 자신을 외부에 표현하고 외부 현실을 인식한다. 의식과 관련하여 중요한 내용인 태도와 기능을 이해하는 것이 필요하다.

첫째, 태도는 의식의 주인인 자아가 갖는 정신적 에너지의 방향이다. 즉, 자아가 외부 대상에 지향하는 방향이 수동적인가 능동적인가에 따라 성격 태도가 결정된다. 능동적인 태도를 외향성(extraversion)이라 한다. 외향성은 의식을 외적 세계 및 타인에게 향하게 하는 성격태도이다. 내향성(introversion)은 의식을 자신의 내적 주관적 세계로 향하게 하는 성격태도이다. 융은 우리가 이러한 두 가지 성격태도를 모두 가지고 있으며 둘 중 어느 태도가 지배적이냐에 따라 태도가 결정된다고 보았다.

둘째, 의식의 기능은 주관적 세계와 외부 세계를 지각하고 이해하는 서로 다른 방식을 의미한다. 융이 제안한 정신적 기능의 구성요소는 사고, 감정, 감각, 직관이다. 이러한 구성요소는 그가 제안한 정신의 반대의 원리에 따라 합리적 차원(사고-감정)과 비합리적 차원(감각-직관)으로 구분된다. 이러한 기능 중 어느 것을 우선적으로 사용하는가에 따라 기본적인 성격이 달라진다고 하였다. 융은 심리적 태도와 기능을 조합하여 여덟 가지 심리적 유형, 외향적 사고형, 외향적 감정형, 외향적 감각형, 외향적 직관형, 내향적 사고형, 내향적 감정형, 내향적 감각형, 내향적 직관형이 결정된다고 보았다. 인간의 타고난 성격유형을 검사하는 데 현재 많이 쓰이는 MBTI(Myers-Briggs Type Indicator)는 이러한 융의 이론에 기초하고 있다.

개인무의식 개인무의식은 의식에 인접해 있는 부분으로 쉽게 의식화될 수 있는 망각된 경험이나 감각경험으로 구성된다. 개인무의식의 자료는 개인의 과거경험으로 비롯된 내용이다. 이런 점에서 개인무의식은 프로이트의 전의식과 유사한 개념이지만 무의식까지 포함한 개념이라고 할 수 있다. 개인무의식은 의식되었지만 그 내용이 중요하지 않거나 고통스러운 것이기 때문에 망각되었거나 억제된 자료의 저장소이다. 즉, 너무 약하기 때문에 의식에 도달할 수 없거나, 또는 의식에 머물 수 없는 경험은 모두 개인무의식에 저장된다.

집단무의식 융이 제안한 독창적 개념으로 분석심리학의 이론 체계에서 가장 핵심적인 개념이다. 집단무의식은 개인적 경험이 아니라 사람들이 역사와 문화를 통해 공유해 온 모든 정신적 자료의 저장소이다. 융은 인간의 정신적 소인이 유전된 것으로 생각하였다. 따라서 집단무의식은 인류역사를 통해 선조로부터 물려받는 우리의 행동에 영향을 주는 정신적 소인이 수없이 많은 원형으로 구성되어 있다. 집단무의식은 직접적으로 의식화되지는 않지만 인류역사의 산물인 신화, 민속, 예술 등이 지니고 있는 영원한 주제의 현시를 통해 간접적으로 관찰될 수 있다.

2) 정신에너지의 원리

융은 전체적 성격을 정신이라고 불렀으며, 정신에너지인 리비도를 통해 지각하고, 생각하고, 느끼고 소망하는 심리적 활동이 수행된다고 보았다. 융에게 리비도는 전반적인 '인생과정 에너지(life process energy)'로 프로이트의 성적 충동은 그러한 에너지의 한 측면이었다. 여기서는 융이 제안했던 정신에너지가 기능하는 세 가지 원리인 대립(opposition), 등가(equivalence), 균형(entropy)에 대해서 살펴보자.

대립 원리 융은 정신을 대립 원리에 작동하는 실체로서 생각하였다. 융은 대립 원리는 신체에너지 내에 반대되는 힘이 대립 혹은 양극성으로 존재하여 갈등을 야기하며 이러한 갈등이 정신에너지를 생성하는 데 필요하다고 생각하였다. 즉, 융의 체계에서 정신에너지는 성격 내에 있는 힘들 간의 갈등의 결과로 여겨졌다. 갈등이 없으면 에너지가 없으며 인생도 없다고 본다. 즉, 개인의 사랑과 증오는 정신 내에 존재하면서 행동으로 표현을 추구하는 긴장과 새로운 에너지를 창조한다. 이러한 대립 혹은 양극성의 갈등이 모든 행동의 일차적 동인이며 모든 에너지를 창조한다. 따라서 양극성들 간에 갈등이 커질수록 에너지는 더 많이 생성된다.

등가 원리 융은 물리학의 열역학 법칙인 에너지 보존 원리를 정신적 기능에 적용하여 등가 원리를 가정하였다. 등가 원리는 어떤 조건을 생성하는 데 사용된 에너지는 상실되지 않고 성격의 다른 부분으로 전환되어 성격 내에서 에너지의 계속되는 재분배가 이루어진다는 것이다. 그러므로 어떤 특별한 영역에서 정신가치가 약해지거나 사라지면, 그러한 에너지는 정신 내에 다른 영역으로 전환된다. 예를 들면, 우리가 어떤 취미활동(당구)에 관심을 잃으면, 그러한 활동에 쏟았던 정신에너지가 새로운 취미활동(골프)으로 전환된다. 또한 우리가 깨어 있는 동안에 의식활동을 위해 사용하는 정신에너지는 잠자는 동안에는 꿈으로 전환된다. 여기서 등가란 말은 에너지가 변환된 새로운 영역이 동등한 정신가치를 가져야 한다는 것을 함축한다. 에너지가 어떤 방향이나 방식으로 이동하든 간에 등가 원리는 그러한 에너지가 계속적으로 성격 내에서 재분배된다는 것을 제안한다.

균형 원리 물리학에서 균형 원리는 에너지 차이의 평형을 의미한다. 예를 들면, 뜨거운 대상과 차가운 대상이 접촉하면 열은 같은 온도로 평형 상태가 될 때까지 뜨거운 대상에서 차가운 대상으로 이동한다. 융은 이러한 열역학 원리를 정신에너지에 적용하여 성격 내에 균형 혹은 평형에 대한 경향성이 있다는 균형 원리를 제안하였다. 만약 두 가지 욕망이 정신가치에서 크게 다르다면, 에너지는 보다 강한 욕망에서 약한 욕망으로 흐를 것이다. 이상적으로, 성격은 모든 측면에서 정신에너지의 동등한 분배를 가지지만, 이러한 이상적 상태는 결코 성취되지 않는다. 만약 완전한 균형 혹은 평형이 달성되면, 성격은 전혀 정신에너지를 갖지 못할 것이다. 왜냐하면 이미 지적한 것처럼, 대립 원리가 정신에너지를 생성하기 위해서 갈등을 요구하기 때문이다.

3) 원형

집단무의식을 구성하고 있는 인류역사를 통해 물려받은 정신적 소인이 원형이다. 원형은 형태를 가진 이미지나 심상이지 내용은 아니다. 상징은 원형의 내용이며 원형의 외적 표현이다. 원형은 꿈, 신화, 동화, 예술 등에서 나타나는 상징을 통해서만 표현된다(Sharf, 2000, p. 94). 원형은 인간이 갖는 보편적, 집단적, 선험적인 심상들로 융의 분석심리학에서 성격의 주요한 구성요소이다. 지적한 것처럼 원형의 수는 무수히 많다. 예를 들면, 신, 악마, 부모, 대모, 현자, 사기꾼, 영웅, 지도자 등 사람들이 삶을 영위하면서 형성해 온 수없이 많은 원초적 이미지가 원형이다. 여기서는 융이 언급한 대표적인 원형인 페르소나(persona), 아니마와 아니무스(anima & animus), 그림자(shadow), 자기(self)에 대해서 알아보자.

페르소나 페르소나는 환경의 요구에 조화를 이루려고 하는 적응의 원형이다. 즉, 페르소나는 개인이 사회에 대한 이해를 바탕으로 사회에서 가정하는 자신의 역할을 의미한다. 페르소나는 가면을 뜻하는 희랍어로 개인이 사회적 요구들에 대한 반응으로서 밖으로 내놓는 공적 얼굴이다. 우리는 페르소나를 통해 다른 사람과 관계하면서 좋은 인상을 주거나 자신을 은폐한다. 겉으로 표현된 페르소나와 내면의 자기가 너무 불일치하면 표리부동한 이중적인 성격으로 사회적 적응에 곤란을 겪게 된다.

아니마와 아니무스 융은 인간이 태어날 때 본질적으로 양성을 가지고 태어났다는 양성론적 입장을 취했다. 이러한 이론적 입장을 반영한 개념이 아니마와 아니무스이다. 즉, 남성의 내부에 있는 여성성을 아니마라고 하고, 여성의 내부에 있는 남성성을 아니무스라고 한다. 남성성의 속성은 이성(logos)이고 여성성의 속성은 사랑(eros)이다. 인간은 누구나 양성성을 가지고 태어났기 때문에 이성과 사랑을 겸비하고 있다고 볼 수 있다. 따라서 성숙된 인간이 되기 위해서 남자는 내부에 잠재해 있는 여성성, 즉 사랑을 이해하고 개발해야 하며 여자는 내부에 있는 남성성, 즉 이성을 이해하고 개발하는 것이 필요하다. 즉, 현명한 여자가 되기 위해서는 사랑뿐만 아니라 이성을 갖추는 게 요구된다.

그림자 그림자는 인간의 어둡거나 사악한 측면을 나타내는 원형이다. 즉, 인류역사를 통해 의식에서 억압되어 어두운 무의식에 있는 자료 및 인간의 원초적인 동물적 욕망에 기여하는 원형이다. 그림자는 사회가 나쁘다고 생각하는 측면이 있기는 하지만, 또한 생명력, 자발성, 창조성의 원천이 되기도 하여 이로움을 주기도 한다. 그림자는 인간의 양면성, 밝고 긍정적인 면과 어둡고 부정적인 면을 반영한 원형이다. 빛이 없이 그림자를 상정할 수 없다. 사회에서 부정되거나 부도덕하고 악하다고 생각되는 것은 그림자 원형과 관련되어 있다. 따라서 상담 및 심리치료에서 가장 장애가 되는 원형이 그림자이다. 상담자는 인간의 이러한 부정적인 측면을 내담자가 조절할 수 있도록 돕는 게 필요하다.

자기 자기는 모든 의식과 무의식의 주인이다. 융은 인간이 실현하기 위해 타고난 청사진을 자기로 보았다. 자기는 전체로서 인간 성격의 조화와 통합을 위해 노력하는 원형이다. 다양한 문화에서 발달된 상징이 이 원형에서 나타난다. 자기는 정신의 중심인 의식과 무의식의 양극성 사이의 평형점이다. 자기는 다른 정신 체계가 충분히 발달할 때까지 나타나지 않는다. 융의 이론에 따르면, 자기는 인생의 가장 결정적인 변화의 시기인 중년의 시기에 나타난다. 개인의 자기실현은 자신에 대한 정확한 지각과 미래의 계획 및 목표를 수반한다.

4. 상담목표

분석심리학의 상담목표는 내담자로 하여금 무의식적으로 작동하는 정신 원리를 의식화하고 개성화 과정을 촉진하는 것이다. 융에 있어 인간의 성격발달의 목표는 개성화 혹은 자기실현이다. 개성화는 인생의 전반기에는 분화를 통해 이루어지고 인생의 후반기에는 통합을 통해 달성된다. 즉, 전체로서 집단무의식을 갖고 태어난 개인은 인생의 초기에 자기에서 분화된 자아가 인생 중반까지 발달하다가 다시 자아가 자기에게 통합되는 과정이 인생 중반 이후에 이루어진다. 따라서 상담자는 내담자를 돕기 위해 분화와 통합과정을 통해 성격발달이 이루어지는 단계의 특징을 이해하는 것뿐만 아니라 타고난 자기의 목소리에 귀를 기울여 그것을 이해하는 것이 필요하다.

융은 프로이트보다 훨씬 꿈의 해석을 상담 및 심리치료의 방법으로서 중요시하였다. 무의식의 의미를 파악하는 데 꿈은 가장 의미 있는 자료로서 우리에게 상징으로서 메시지를 전달하는 것으로 본다. 꿈은 우리에게 무엇인가를 알리려고 한다. 현상학적 관점에서 꿈을 해석함으로써 자신의 무의식적 주인의 목소리를 경청하는 태도가 우리가 갖는 문제를 해결하는 데 요구된다고 볼 수 있다. 우리가 꿈을 꾸고 꿈을 실현시키려고 노력하는 것처럼 자신의 깊은 무의식의 외침인 꿈을 파악하여 부단한 자기분석을 통해 자기실현을 이루는 게 필요하다.

알게 모르게 물려받은 인류의 정신적, 문화적 유산을 통해 오늘의 우리가 존재한다. 우리가 지닌 수없이 많은 집단무의식의 원형을 파악하여 이해하는 것은 자신을 성숙시켜 자기실현으로 이끄는 데 도움이 될 것이다. 더불어 융이 "심리치료는 끊임없는 나의 분석의 반영이다."라고 지적한 것처럼 타인의 문제를 이해하고 돕는 데에도 기여하리라 본다.

5. 상담과정

융은 신경증이란 개성화 혹은 자기실현을 향한 개인의 성장이 멈춘 심각한 질환이라고 믿었다. 융은 중년의 문제를 다루는 데 자신의 노력을 기울였다. 때문에 융의 분석적 심리치료는 '생애 후반기 심리학'으로 불렸다. 심리치료는 내담자가 자신의 내면의 삶을 탐색함으로써 성격을 확장시켜 나갈 수 있으며 자신의 존재에 대한 영적 혹은 종교적인 태도를 개발해 나가는 과정이라고 여겼다. 융이 제안한 치료과정은 고백(confession), 명료화(elucidation), 교육(education), 변형(transformation)의 네 단계로 구분된다(Douglas, 2005, pp. 111-112). 이러한 네 단계에 대해 살펴보면 다음과 같다.

1) 고백 단계

이 단계의 주요한 특징은 내담자의 강렬한 정서의 방출과 치료적 동맹 형성이다. 내담자는 자신의 개인사를 고백함으로써 정화를 경험하며 의식적 및 무의식적 비밀을 치료자와 공유한다. 치료자는 판단하지 않고 공감적 태도를 유지한다. 내담자는 자신의 제한점을 치료자와 나누며 모든 사람이 약점을 가지고 있다는 점을 자각하면서 인류와의 유대감을 느낀다. 고백을 통해 내담자와 치료자와 치료적 동맹 관계가 이루어지면서 내담자는 전이를 형성하게 된다.

2) 명료화 단계

이 단계의 목표는 내담자가 정서적이거나 지적으로 자신의 문제에 대한 통찰을 얻게 하는 것이다. 내담자가 갖는 증상의 의미, 아니마와 아니무스, 그림자, 현재 생활 상황과 고통 등이 명료화된다. 또한 현재 겪는 정서적 어려움이나 비현실적 생각과 환상이 아동기에 어떻게 시작되었는가에 대한 해석이 이루어진다. 이 단계에서 전이와 역전이가 탐색된다. 전이를 이해하는 과정에서 내담자는 치료자가 명료화하는 무의식적인 내용을 표면으로 이끌어 낼 수 있게 된다. 내담자는 명료화 과정을 통해 문제의 기원에 대해 알게 된다.

3) 교육 단계

이 단계에서는 내담자가 사회적 존재로서 부적응이나 불균형적 삶을 초래한 발달과정의 문제에 초점이 맞춰진다. 즉, 고백과 명료화 단계에서는 초점이 개인무의식에 맞춰지지만 교육 단계에서는 내담자의 페르소나와 자아에 초점을 맞춰 슬기롭게 현실적인 사회 적응을 할 수 있도록 한다. 많은 경우에 내담자는 이 단계를 마치고 치료를 종결한다.

4) 변형 단계

이 단계에서는 내담자와 치료자 간의 역동적인 상호작용을 통해 단순히 사회에 대한 적응을 넘어서 자아실현에로의 변화가 도모된다. 이런 점에서 융은 변형 단계를 자기실현 기간으로 기술하였다. 이 단계에 있는 내담자는 의식적 경험과 무의식적 경험에 가치를 둔다. 요약하면 변형 단계의 초점은 내담자의 의식과 무의식을 포함한 전체적 성격의 주인인 자기(self)의 실현을 이루기 위한 과정, 즉 개성화를 지향하는 과정에 맞춰진다.

6. 상담기법

분석심리학자들이 개인을 이해하고 조력하기 위해 사용하는 기법은 객관적 검사와 투사법에서 꿈 분석의 사용에 걸쳐 다양하다. 융이 개인을 이해하는 데 사용한 주요한 평가방법은 꿈 분석, 상징의 사용, 단어연상검사, 증상분석, 사례사이다. 꿈 이외에 다른 많은 상징을 이용하여 내담자를 조력하였다. 또한 융은 개인의 성격태도와 기능을 바탕으로 한 심리유형을 분류하였다. 이러한 융의 이론을 기초로 하여 만들어진 표준화된 성격검사로, 현재 광범위하게 적용되는 성격유형검사인 MBTI(Myers-Briggs Type Indicator)가 있다. 여기서는 이러한 기법에 대해 간단하게 살펴보고자 한다.

1) 꿈 분석

꿈 분석은 융의 분석심리학에서 가장 중요한 방법으로 환자의 무의식을 이해하는 데 사용된다. 융은 꿈이 무의식에 이르는 왕도라는 점에서 프로이트의 견해에 동의하였다. 하지만 융의 꿈 분석은 꿈의 원인 이상에 관심을 두었다는 점에서 프로이트의 관점과 달랐다. 융은 꿈은 무의식적 소망 이상의 의미를 가지고 있다고 믿었다. 프로이트와 달리, 첫째, 융은 꿈이 미래를 예견해 준다고 보았다. 따라서 꿈은 개인으로 하여금 그가 일어나리라고 기대하는 경험과 사건을 준비하도록 도와준다고 믿었다. 융이 제안했던 자기실현으로 이끄는 주요한 개념인 동시성(synchronicity)은 꿈의 예견성을 뒷받침해 주는 것이다. 동시성은 두 사건이 동시에 혹은 근접한 시간에 독립적으로 일어나지만 서로 밀접하게 관련된 의미를 가지는 현상이다. 즉, 동시성은 두 사건이 논리적으로 인과관계가 없이 독립적으로 일어나지만 서로 밀접하게 관련된 의미를 가지는 현상을 의미한다. 예를 들면, 당신이 오랫동안 보지 못했던 친구를 꿈에서 보았는데, 다음날 당신이 그 친구가 전날 밤에 죽었다는 소식을 듣는 것이다. 둘째, 융은 꿈이 보상적이라고 믿었다. 즉, 꿈은 어떤 정신구조의 지나친 발달을 보상함으로써 상반되는 정신과의 균형을 유지하도록 도와준다고 보았다. 이런 점에서 꿈은 적응을 위한 노력이며, 성격의 결함을 교정하려는 시도이다(Ryckman, 2000, p. 102). 예를 들면, 몹시 수줍어하는 사람은 자신이 파티에서 매우 활동적인 역할을 하는 꿈을 꿀 수 있다. 또한 사업에 실패한 사람이 벤처기업을 하여 성공한 꿈을 꿀 수 있다.

융은 꿈을 해석하는 데 있어 프로이트처럼 각각의 꿈을 따로따로 해석하지 않고 일정한 기간에 걸쳐 환자가 보고하는 일련의 꿈들을 함께 분석하였다. 이러한 방식으로 융은 환자의 무의식에 지속된 반복되는 주제, 문제를 발견할 수 있다고 믿었다. 또한 융은 꿈이 보여 주려고 하는 가능한 의미를 밝히기 위해 확충법을 사용하였다. 특별한 상징으로 시작하여 그것에서 점점 발전해 가는 자유연상과 다르게, 확충법은 환자와 분석자가 상징들의 이해를 확장하려는 시도로 어떤 주제가 탐색될 때까지 같은 상징들을 계속해서 재평가하고 재해석하는 치료기법이다. 융은 단일 꿈의 분석은 잘못된 해석으로 이끌 수 있지만, 일련의 꿈들의 분석은 환자가 직면하는 문제에 대한 보다 정확한 해석을 달성하는 수단으로서 기여할 수 있다고 믿었다.

2) 상징의 사용

융의 정신 모델은 자기와 원형의 개념에 의존한다. 따라서 융은 내담자의 사고, 감정, 행동을 추동하는 역동성과 패턴을 상징적으로 생각하고 이해할 능력을 강조하였다. 이러한 패턴은 내담자의 꿈, 증상, 환상 등에서 상징적이거나 간접적 형태로 나타날 수 있다. 치료자가 이러한 심리적 숨은 의미를 이해할 능력은 우리의 문화적 저장고인 신화, 동화, 예술작품, 문학, 종교 등에서 발견되는 많은 상징을 이해함으로써 향상될 수 있다(Seligman, 2001, p. 111).

3) 단어연상검사

이 검사는 개인이 어떤 자극단어에 마음속에 떠오르는 어떤 단어로 반응하는 투사기법이다. 1900년대 초에 융은 정서를 야기하리라고 믿었던 100 단어 목록을 가진 단어연상검사로 그의 환자들이 갖는 콤플렉스를 밝히는 데 사용하였다. 융은 각 자극단어에 환자가 반응하는 데 걸리는 시간 및 자극단어의 정서적 효과를 결정하기 위해 생리적 반응을 측정하였다. 융에 의해 시작된 이래로, 피험자가 자극단어에 즉각적으로 마음속에 떠오르는 어떤 단어로 반응하는 단어연상검사는 실험적 및 임상적 도구로 심리학 연구에 적용되어 왔다.

4) 증상분석

이 기법은 환자가 보고하는 증상에 초점을 둔다. 즉, 분석자는 환자로 하여금 증상에 대한 자유연상을 하도록 하여 그러한 내용을 해석하는 것으로, 프로이트의 정화방법과 유사하다. 환자의 증상은 분석자의 증상 원인에 대한 해석을 통해 감소되거나 사라지게 된다. 융은 이 기법이 단지 '외상후 스트레스 장애'에 도움이 된다고 생각하였다(Sharf, 2000, pp. 100-101).

5) 사례사

이 방법은 심리적 장애의 발달사를 추적하는 데 사용된다. 융은 이 방법이 자주 환자로 하여금 태도 변화를 야기하는 데 도움이 된다는 것을 발견하였다. 융은 자신의 사례연구를 '생애사 재구성'이라고 불렀다. 융은 환자로 하여금 과거경험에 대해 회상하도록 하여 조사함으로써 현재의 신경증을 설명할 수 있는 발달패턴을 확인하여 생애사 재구성을 하도록 한다.

6) MBTI

성격유형을 측정하는 검사로서 MBTI(Myers-Briggs Type Indicator)가 광범위하게 사용되고 있다. MBTI는 융의 심리유형론을 근거로 하여 브릭스와 마이어스(Katharine Cook Briggs & Isabel Briggs Myers)가 보다 쉽고 일상생활에 유용하게 활용할 수 있도록 고안한 자기보고식 성격유형지표이다. 융의 심리유형론은 인간행동이 그 다양성으로 인해 종잡을 수 없는 것 같이 보여도, 사실은 아주 질서정연하고 일관된 경향이 있다는 데서 출발하였다. 그리고 인간행동의 다양성은 개인이 지각하고 판단하는 특징이 다르기 때문이라고 보았다.

MBTI의 바탕이 되는 융의 심리유형론의 요점은 각 개인이 외부로부터 정보를 수집하고(지각기능), 자신이 수집한 정보에 근거해서 행동을 위한 결정을 내리는 데(판단기능) 있어서 각 개인이 선호하는 방법이 근본적으로 다르다는 것이다. 융의 심리유형론을 경험적으로 감각과 지각으로 구분하여 사물, 사람, 사건, 생각들을 지각하게 될 때 나타나는 차이점을 이해할 수 있도록 해 주며, 판단과정은 사고와 감정으로 구분하여 우리가 인식한 바에 의거해서 결론을 이끌어 내는 방법 간의 차이점을 알 수 있도록 해준다. 그리고 이러한 기능을 사용할 때 어떤 태도를 취하는가에 따라 외향성과 내향성 및 판단과 지각으로 구분하여 심리적으로 흐르는 에너지의 방향 및 생활양식을 이해할 수 있도록 해 준다.

요약하면, MBTI는 융의 이론에 바탕을 둔 성격유형 검사로서 네 가지 차원을 조합한 것이다. 이러한 네 가지 차원은 다음과 같다.

첫째, 자아(ego)와 대상(object)과의 관계에서 자아가 주체가 되어 반응하는 외향성과 외부 자극이 왔을 때만 반응을 나타내는 내향성이다(내향성-외향성).

둘째, 자아와 관련된 정신적 기능에서 합리적 차원인 사고-감정이다.

셋째, 자아와 관련된 비합리적 차원의 직관-감각이다.

넷째, 감각과 직관을 통한 지각과 사고와 감정을 통한 판단으로 이루어진 지각-판단 차원이다.

이러한 네 가지 차원을 조합하여 MBTI는 $2^4 = 16$가지 성격유형으로 나타낼 수 있다. MBTI 검사는 대인관계나 부부관계의 갈등에서 서로 다른 성격유형을 서로가 이해하게 되면서 상대방의 독특성을 수용하고 인정하게 함으로써 해결의 실마리를 제공할 수 있게 한다.

7. 요약

- 인간은 긴 역사의 산물로 신비한 존재이며, 개인은 독특한 현상학적 존재로서 자기실현을 위해 노력한다. 자각, 정서, 행동에 대한 정신적 소인은 유전된다.
- 정신은 의식, 개인무의식, 집단무의식으로 구성된다. 의식의 주인은 자아이며 태도와 심리적 기능에 의해 작동된다.
- 정신에너지는 세 가지 원리인 대립, 등가, 균형의 원리에 따라 기능한다.
- 집단무의식을 구성하고 있는 인류역사를 통해 물려받은 정신적 소인이 원형이다. 원형은 형태를 가진 이미지나 심상이지 내용은 아니다. 원형의 수는 무수히 많으며 융이 언급한 대표적인 원형으로 페르소나, 아니마와 아니무스, 그림자, 자기가 있다.
- 분석심리학의 상담목표는 내담자로 하여금 무의식적으로 작동하는 정신 원리를 의식화하고 개성화 과정을 촉진하는 것이다.
- 분석심리학의 상담과정은 고백, 명료화, 교육, 변형의 네 단계로 구분된다.
- 융이 개인을 이해하고 조력하는 데 사용한 주요한 방법은 꿈 분석, 상징의 사용, 단어연상검사, 증상분석, 사례사이다. 또한 융은 개인의 성격태도와 기능을 바탕으로 심리유형을 분류하였다. 이러한 융의 이론을 기초로 하여 만들어진 표준화된 성격검사로 현재 광범위하게 적용되는 성격유형검사가 MBTI이다.

효과적 조력을 위한
상담 연습 8

개성화를 통한 자기실현

융은 타고난 정신적 소인인 원형들을 바탕으로 인간 이해를 시도하였다. 융의 이론에 따르면 우리는 생애 과정을 통해 자기실현을 위해 노력하고 있다고 할 수 있다. 인생의 전반기는 분화를 통해 밖에서 자기를 찾으려 하고 인생 후반기는 통합을 통해 다시 원래 타고난 자기를 이해하려고 시도한다고 볼 수 있다.

연습 1: 당신이 '자기'를 찾기 위한 여행을 하고 있다고 가정하자. 당신이 찾고 있는 '자기'가 무엇인가? 그리고 당신은 현재 어떻게 '자기'를 찾기 위한 노력을 하고 있는가?

연습 2: 융은 인간이 양성성을 갖고 태어났다고 본다. 만약 당신이 남성이라면 당신 내부에 있는 여성성인 아니마를 개발하기 위해 어떤 노력을 하고 있는지 설명해 보라. 만약 당신이 여성이라면 당신 내부에 있는 남성성인 아니무스를 개발하기 위해 어떤 노력을 하고 있는지 설명해 보라.

연습 3: 우리는 흔히 남녀관계가 복잡하다고 말하곤 한다. 당신이 이성이나 부부관계에 문제가 있는 내담자를 조력한다고 가정하고 융의 이론을 어떻게 적용할 것인지에 대해 설명해 보라.

연습 4: 융이 제안했던 여덟 가지 심리적 유형에 대해 설명해 보라. 그리고 당신이 어떤 심리적 유형에 해당할 것인가에 대해 생각해 보라.

연습 5: 융은 프로이트 이상으로 꿈의 중요성을 강조하였다. 그는 꿈이 주려고 하는 메시지를 경청하라고 하였다. 프로이트와 융의 꿈에 대한 견해에 대해 당신은 누구의 입장을 지지하는지와 그 이유를 자신의 경험을 바탕으로 얘기해 보라.

제 9 장

심리극을 통한 상담

둘의 만남: 눈 대 눈, 얼굴 대 얼굴.
그리고 당신이 가까이 있을 때 나는 당신의 눈을 떼어 내어
나의 눈과 대체시키고,
당신은 나의 눈을 떼어 내어 당신의 눈과 대체시킬 것이다.
그러면 나는 당신의 눈으로 당신을 볼 것이며
당신은 나의 눈으로 나를 볼 것이다.

−모레노(Moreno)

9장의 목차

인생은 연극이고 우리 각자는 연극의 주인공이다. 우리가 하는 역할이 우리의 자아를 결정한다. 삶이라는 연극에서 모든 개인은 주인공으로서 역할을 하며 주변 사람들과 다양한 역할연기를 하며 살아가고 있다. 개인은 자신의 삶의 주체인 주인공으로서 어떻게 역할을 수행해 왔는가에 따른 다양한 경험을 통해 자신이 누구인가를 인식한다. 심리극(psychodrama)은 개인이 항상 타인과의 관계를 맺으며 삶을 연극처럼 살아간다는 전제에서 개발되었다. 심리극은 전문적 지식과 훈련을 가진 연출가가 심리극에 참여한 내담자들을 대상으로 역할연기, 행동시연 등과 같은 다양한 활동을 통해 그들의 자발성과 창조성을 촉진하는 집단치료로 행동 접근방식이다. 심리극의 기원은 모레노(Moreno)가 1921년에 비엔나에서 시작했던 '자발성 극장'으로 본다. 모레노가 1925년에 미국으로 이민을 온 후 어느 정도 이론적 기틀을 형성한 후인 1930년대 중반에 창조되었으며 그의 부인인 젤카 모레노(Zerka Toeman Moreno, 1917~2016)와 추종자들에 의해 발달되어 왔다.

심리극에 근거한 상담자는 심리극 참여자들 중에서 선발된 주인공의 문제와 관련하여 역할연기 등 다양한 심리극 기법을 적용하여 심리극을 진행한다. 주인공과 심리극을 실연하는 과정에서 참석한 다른 참여자들은 주인공의 보조자아 역할로 심리극 활동에 동참한다. 주인공을 대상으로 심리극 실연이 끝난 이후에 관객으로 참여한 다른 내담자와 심리극에서 다루어진 다양한 주제에 대해 공유와 토론의 시간을 갖는다.

1. 모레노의 생애

심리극의 창시자인 모레노(Jacob Levy Moreno, 1889~1974)는 1889년 5월 18일에 루마니아의 부카레스트에서 스페인계 유태인 부모로부터 육남매 중 장남으로 태어났다. 모레노가 5세경에 그의 가족은 비엔나로 이사를 했으며, 그는 10대 청소년 시절에 철학 및 종교 서적을 탐독했다. 모레노는 1911년에 비엔나 의대에 입학하였으며 의과대학 시절에 그의 주요한 관심은 연극이었고 그에게 연극은 상상력을 위한 자연적 수단이었다. 그러나 모레노는 그 당시의 연극이 엄격한 전통에 매여 있고 퇴폐적이고 진리의 활력이 부족하다고 느꼈다. 그는 1917년에 의학박사 학위를 취득하였으며 비엔나의 외곽에 있는 피난민 캠프에 의료자문관으로 배정되어 근무했던 제1차 세계대전 중에 모레노의 응용사회학에 대한 관심은 촉발되어 사회측정학의 개념을 발전시켰다. 1921년 비엔나에서 심리극의 기원으로 여겨지는 '자발성 극장(Theater of Spontaneity)'을 시작하였다. 자발성 극장을 진행하는 기간 중에 모레노는 즉흥적인 드라마의 치료적 잠재력을 보기 시작하였다.

제1차 세계대전 후 유럽 경제 붕괴로 모레노는 1925년에 미국으로 이민을 갔다. 1931년에 미국정신의학회 연례모임에 참석해서 논문을 발표하였는데 그 논문에서 죄수들을 집단으로 어떻게 잘 다룰 수 있는 것과 관련하여 '집단심리치료(group psychotherapy)'란 용어를 처음 신조어로 사용하였다. 모레노는 1930년대 초에 뉴욕 주 위쪽에 있는 소녀들 훈련학교에 자문자로서 심리적 조화를 증진시킨 방법인 사회측정이론의 몇 가지를 검증할 수 있었다. 이러한 생각과 방법을 바탕으로 그는 첫 저서인 『누가 생존할 것인가?(Who shall survive?)』(1934)를 출판하였다. 이 책은 역시 역할이론 및 역할연기의 시작, 심리극의 근원을 제공하였다. 1942년에 모레노는 집단심리치료에 기여한 첫 전문학회인 집단심리치료 및 심리극을 위한 미국협회(American Society for Group Psychotherapy and Psychodrama)를 창립하였다. 1946년에 『심리극 Vol. 1』이 출간되었으며, 『심리극 Vol. 2』는 1959년에, 그리고 『심리극 Vol. 3』은 1969년에 출간되었다. 1949년에 젤카 모레노(Zerka Toeman Moreno, 1917~2016)와 세 번째 결혼을 하였으며 그녀는 심리극의 발전에 사망 전까지 큰 기여를 하였다. 모레노는 1974년 5월 14일 85세 나이로 평화롭게 사망하였다. 그의 묘비에는 "여기 정신의학에 웃음과 기쁨을 다시 가져왔던 사람이 잠들어 있다."고 적혀 있다.

2. 인간관

모레노는 행위, 사람들이 하는 역할, 역할연기를 통해 그들의 심리적 상태를 이해하려고 시도하였다. 심리극은 실존적 존재로서 인간의 창조적이며 자발적인 행위를 강조하는 접근방식이다. 모레노는 "태초에 실존이 있었다. 태초에 행위가 있었다."고 언급하였다(Moreno, 1977, p. I). 역할연기는 자기의 출현 이전에 존재한다. 역할은 자기로부터 출현하지 않지만, 자기는 역할에서 출현한다(Moreno, 1977, p. II & p. 157).

심리극에서 다루는 모든 것은 구성원들이 현재 하고 있는 연기인 역할연기에서 비롯된다. 심리극에서 주인공이 하는 모든 연기는 현재 일어나고 있는 것처럼 진행된다. '지금의 철학(philosophy of the moment)'의 토대가 되는 것은 개인은 누구나 무한한 자발성과 창조성을 가지고 있다는 모레노의 믿음에 근거한다. 심리극 연출자는 주인공에게 과거에 있었던 일 그리고 미래에 일어나리라고 예견하는 일을 지금 연기를 통해 경험하게 함으로써 좀 더 슬기로운 역할을 하며 세상을 살아가도록 조력한다. 심리극 참가자들은 현재에서 과거에 있었던 의미 있는 사건을 심리극의 다양한 기법을 통해 재현해 봄으로써 통찰에 의한 학습을 통해 그 사건에 새로운 의미를 부여할 수 있게 된다.

모레노는 창조성에 대한 인간의 잠재력이 성격의 핵심요인이라고 믿었다. 모레노가 "신은 존재하고 자신이 신이다."라고 표현한 것은 창조자로서 신처럼 인간의 창조성을 강조한 은유적 표현이다. 모든 개인은 창조자로서 그가 하는 모든 행위는 창조적 표현이다. 이런 점에서 심리극에서 주인공이 하는 모든 역할연기는 그의 창조성의 표현이다. 상담자는 구성원들이 과거에 얽매이지 않고 그들의 본성인 창조성을 바탕으로 창조적인 삶을 영위하도록 조력한다. 창조적 행위는 그림, 시, 교향곡, 연극, 영화 같은 작품으로 나타난다. 모레노는 이러한 것들을 '문화적 보존성(cultural conserve)'이라 하였다. 작품이 완성되는 순간 창조적 행위는 끝난다. 따라서 작품의 창조자가 계속 자발성을 가지고 창조한 작품에 접근하지 않으면 창조적 특성을 상실하게 된다. 유사하게 개인이 이미 행해서 습관이 된 행동, 생각, 감정에 매여 나타나는 행위가 성격 역동에 반대되는 경향성으로 문화적 보존성이라 할 수 있다. 이러한 경향성에 의존하는 사람은 책임감을 회피하고 이미 창조된 것에 의존하려는 태도를 보인다. 창조성이 결여된 이러한 문화적 보존성이 자동적 사고와 경직된 태도의 근원으로 작동하게 된다.

모레노는 자발성이 지금-여기에서 이루어진다고 하였다. 자발성은 개인이 지금-여기에서 새로운 환경에 적절하게 반응하는 내적 잠재력으로 창조성의 근원이다. 창조성의 본질을 결정하는 것이 자발성이기 때문에 창조성은 단지 자발성의 도움으로 창조적 결과를 생성한다. 개인이 그가 접하는 환경에 대한 반응의 적절성 정도는 자발성에 의해 촉발된다. 새로운 환경에서 개인은 무반응, 습관적 반응, 그리고 새로운 반응을 보일 수 있다. 적절하고 새로운 반응은 시점, 적절성, 자율성을 필요로 한다. 모레노의 가장 중요한 통찰 중의 하나는 자발성이 창조적으로 행동하기 위한 가장 훌륭한 태도와 활동이라는 것이다(Blatner, 2005, p. 413).

요약하면 모레노는 인간을 실존적 존재로 보고 신체의 행위를 통한 역할 및 역할연기가 무엇보다 중요하다는 것을 강조하였다. 역시 그는 심리극의 주요 개념으로 지금의 철학과 인간의 창조성 및 자발성을 강조함으로써 우리가 현재 즉흥적으로 행위를 통해 끊임없이 새로운 자아를 형성해 가는 실존적 존재라는 것을 보여 주려고 노력하였다.

3. 기본원리

심리극은 실존적 존재로서 인간의 창조적이며 자발적인 행위를 강조하는 접근방식이다. 모레노는 '태초에 실존이 있었다. 태초에 행위가 있었다.'고 언급하였다(Moreno, 1977, p. I). 심리극을 창조한 모레노(Moreno, 1977)가 저술한 『심리극 Vol. 1』에서 언급한 주요한 내용을 바탕으로 심리극의 원리를 살펴보고자 한다. 모레노가 책 서두에 제시한 심리극의 모토(motto), 즉 함축된 원리는 다음과 같다.

- 과학보다 더 중요한 것은 그것의 결과이며, 하나의 답은 백 가지 질문을 자아낸다(More important than science is its result, one answer provokes a hundred questions).
- 시가보다 더 중요한 것은 그것의 결과이며, 하나의 시는 백 가지의 영웅적인 행위를 야기한다(More important than poetry is its result, one poem invokes a hundred heroic acts).
- 인식보다 더 중요한 것은 그것의 결과이며, 그 결과는 고통과 죄의식이다(More important than recognition is its result, the result is pain and guilt).
- 출산보다 더 중요한 것은 그 결과인 아동이다. 창조의 진화보다 더 중요한 것은 창조자의 진화이다(More important than procreation is the child. More important than evolution of creation is the evolution of the creator).
- 정복된 지역에 정복자가 들어선다. 창조된 지역에 창조자가 들어선다. 둘의 만남: 눈 대 눈, 얼굴 대 얼굴. 그리고 당신이 가까이 있을 때 나는 당신의 눈을 떼어 내

어 나의 눈과 대체시키고, 당신은 나의 눈을 떼어 내어 당신의 눈과 대체시킬 것이다. 그러면 나는 당신의 눈으로 당신을 볼 것이며 당신은 나의 눈으로 나를 볼 것이다(In the place of the imperative steps the imperator. In the place of the creative steps the creator. A meeting of two: eye to eye, face to face. And when you are near I will tear your eyes out and place them instead of mine, and you will tear my eyes out and will place them instead of yours, then I will look at you with your eyes and you will look at me with mine).

- 그러므로 흔히 있는 일조차 침묵으로 이해가 되고 우리의 만남 그 자체가 속박 없는 목표가 된다: 결정되지 않은 인간에게 결정되지 않은 장소, 시간, 그리고 언어(Thus even the common thing serves the silence and our meeting remains the chainless goal: The undetermined place, at an undetermined time, the undetermined to the undetermined man).
- 이어지는 다음 쪽에 "신은 자발성이다. 그러므로 신의 계율은 '자발적이어라!'이다(God is spontaneity. Hence, the commandment is: "Be spontaneous!")"라는 것이 제시되어 있다.
- 역할연기는 자기의 출현 이전에 존재한다. 역할은 자기로부터 출현하지 않지만, 자기는 역할에서 출현한다(Role playing is prior to the emergence of the self. Roles do not emerge from the self, but the self emerges from roles) (Moreno, 1977, p. II & p. 157).
- 텔레는 개인들이 서로에게 느끼는 감정으로 집단들을 함께 묶는 시멘트이다. 주인공, 치료자, 보조자아들, 그리고 그들이 묘사하는 세계의 의미 있는 드라마 속의 인물들과의 텔릭 관계는 치료적 과정에 매우 중요하다(Tele is feeling of individuals into one another, the cement which holds groups together. The telic relationships between protagonist, therapist, auxiliary egos, and the significant dramatis personae of the world which they portray are crucial for the therapeutic progress) (Moreno, 1977, p. XI).

앞에서 언급한 심리극을 개발한 모레노의 모토 및 핵심적 표현을 통해 심리극의 기본원리를 다음과 같이 유추해 볼 수 있다. 심리극의 인간 이해 및 변화의 기본원리는 실존적 존재로서 신체를 통한 경험, 창조자로서 인간의 행위, 참만남, 역할 및 역할연기, 그리고 개인들 간의 텔릭 관계의 강조이다. 심리극의 원리로서 토반(Tauvon, 1998)은 모레노가 제안했던 심리극의 아홉 가지 원칙적 개념에 행위를 추가하여 열 가지를 제안하였다. 이러한 개념은 워밍업 원리, 창조성, 자발성, 참만남, 텔레, 공동의식과 공동무의식, 역할, 역할 대 자아, 역할교대, 그리고 행위이다.

4. 주요개념

집단상담자는 모레노가 개발한 심리극에 근거한 집단상담을 운영하기 위해서 필요한 주요한 개념을 이해하는 것이 필요하다. 여기서는 심리극에 근거한 집단상담 운영을 위해 알고 이해해야 할 주요개념으로 지금의 철학, 창조성, 자발성, 역할과 역할연기, 그리고 텔레와 참만남 등을 살펴보고자 한다.

1) 지금의 철학

심리극에 근거한 집단상담에서 다루는 모든 것은 집단구성원이 현재 하고 있는 연기인 역할연기에서 비롯된다. 심리극에서 주인공이 하는 모든 연기는 현재 일어나고 있는 것처럼 진행된다. '지금의 철학(philosophy of the moment)'의 토대가 되는 것은 개인은 누구나 무한한 자발성과 창조성을 가지고 있다는 모레노의 믿음에 근거한다. 집단상담자인 연출자는 주인공에게 과거에 있었던 일 그리고 미래에 일어나리라고 예견하는 일을 지금 연기를 통해 경험하게 함으로써 좀 더 슬기로운 역할을 하며 세상을 살아가도록 조력한다. 집단구성원은 현재에서 과거에 있었던 의미 있는 사건을 심리극의 다양한 기법을 통해 재현해 봄으로써 통찰에 의한 학습을 통해 그 사건에 새로운 의미를 부여할 수 있게 된다.

2) 창조성

모레노는 창조성에 대한 인간의 잠재력이 성격의 핵심요인이라고 믿었다. 모레노가

"신은 존재하고 자신이 신이다."라고 표현한 것은 창조자로서 신처럼 인간의 창조성을 강조한 은유적 표현이다. 모든 개인은 창조자로서 그가 하는 모든 행위는 창조적 표현이다. 이런 점에서 심리극에서 주인공이 하는 모든 역할연기는 그의 창조성의 표현이다. 집단상담자는 집단구성원들이 과거에 얽매이지 않고 그들의 본성인 창조성을 바탕으로 창조적인 삶을 영위하도록 조력한다. 창조적 행위는 그림, 시, 교향곡, 연극, 영화 같은 작품으로 나타난다. 모레노는 이러한 것들을 '문화적 보존성(cultural conserve)'이라 하였다. 작품이 완성되는 순간 창조적 행위는 끝난다. 따라서 작품의 창조자가 계속 자발성을 가지고 창조한 작품에 접근하지 않으면 창조적 특성을 상실하게 된다. 유사하게 개인이 이미 행해서 습관이 된 행동, 생각, 감정에 매여 나타나는 행위가 성격 역동에 반대되는 경향성으로 문화적 보존성이라 할 수 있다. 이러한 경향성에 의존하는 사람은 책임감을 회피하고 이미 창조된 것에 의존하려는 태도를 보인다. 창조성이 결여된 이러한 문화적 보존성이 자동적 사고와 경직된 태도의 근원으로 작동하게 된다.

3) 자발성

모레노는 자발성이 지금-여기에서 이루어진다고 하였다. 자발성은 개인이 지금-여기에서 새로운 환경에 적절하게 반응하는 내적 잠재력으로 창조성의 근원이다. 창조성의 본질을 결정하는 것이 자발성이기 때문에 창조성은 단지 자발성의 도움으로 창조적 결과를 생성한다. 개인이 그가 접하는 환경에 대한 반응의 적절성 정도는 자발성에 의해 촉발된다. 새로운 환경에서 개인은 무반응, 습관적 반응, 그리고 새로운 반응을 보일 수 있다. 적절하고 새로운 반응은 시점, 적절성, 자율성을 필요로 한다. 모레노의 가장 중요한 통찰 중의 하나는 자발성이 창조적으로 행동하기 위한 가장 훌륭한 태도와 활동이라는 것이다(Blatner, 2005, p. 413).

4) 역할과 역할연기

집단상담자는 심리극을 통해 주인공과 보조자아가 행위로 역할을 연출하게 하여 이전에 이루어졌던 사건에 대해 새로운 조명을 하게 한다. 이미 지적한 것처럼 역할연기는 자기의 출현 이전에 존재한다. 역할은 자기로부터 출현하지 않지만, 자기는 역할에서 출현한다(Moreno, 1977, p. II & p. 157). 모레노는 이처럼 개인은 역할 및 역할연기를 통해 끊임없이 자기를 창조해 간다고 보았다. 심리극에 근거한 집단상담에 참여한 집단구성원들은 다양한 역할연기를 해 봄으로써 이전에 했던 자신의 역할에 대한 새로운 이해 및 통찰은 물론 미래에 자신이 어떻게 역할을 하며 살아가야 할 것인가에 대한 지혜를 터득하게 된다.

5) 텔레와 참만남

심리극은 지금의 철학을 바탕으로 지금-여기에서 진솔한 참만남을 강조한다. 대부분의 집단구성원들의 문제는 대인관계의 역할에서 비롯되었다. 집단상담자는 집단구성원들이 역할연기 행위를 통한 새로운 공감적 참만남을 이룰 수 있도록 조력한다. 이미 언급한 모레노가 제시한 심리극의 모토 중의 일부는 다음과 같다.

> 둘의 만남: 눈 대 눈, 얼굴 대 얼굴.
> 그리고 당신이 가까이 있을 때 나는 당신의 눈을 떼어 내어
> 나의 눈과 대체시키고,
> 당신은 나의 눈을 떼어 내어 당신의 눈과 대체시킬 것이다.
> 그러면 나는 당신의 눈으로 당신을 볼 것이며
> 당신은 나의 눈으로 나를 볼 것이다.

위의 표현은 집단상담자들이 집단구성원들로 하여금 역지사지(易地思之) 입장에서 공감적 이해를 통해 참만남을 어떻게 이룰 것인가를 명료하게 보여 주고 있다. 모레노는 텔레를 사람들 간의 감정의 양방적 흐름으로 정의하였다. 텔레는 개인들이 서로에게 느끼는 감정으로 집단들을 함께 묶는 시멘트이다. …… 주인공, 치료자, 보조자아들, 그리고 그들이 묘사하는 세계의 의미 있는 드라마 속의 인물들과의 텔릭 관계는 치료적 과정에 매우 중요하다(Moreno, 1977, p. XI).

5. 상담자의 역할과 기능

심리극에 근거한 상담자는 연출자로서, 전반적 심리극 과정에 총체적 책임자로서 집단구성원들을 조력한다. 성공적인 집단상담을 위해 상담자는 심리극의 과정 및 기법에 대한 이론적 지식과 실제적 경험을 갖는 게 필요하다. 상담자는 집단구성원이 자신의 문제와 관련된 의미 있는 사건들을 재현하는 역할연기를 하게 함으로써 이전과 다른 자기를 형성하게 한다. 모레노는 심리극의 연출자는 심리극의 제작자, 촉진자, 관찰자, 그리고 분석자로서의 역할을 수행한다고 보았다. 먼저 상담자는 상담집단의 특성에 맞는 적절한 활동기법을 적용하여 워밍업을 진행한다. 그런 다음 집단구성원들 중에서 주인공을 선택하여 다양한 심리극 기법을 적용하여 그가 자유롭게 역할연기를 통해 신체적 행위와 감정을 표현하도록 촉진한다. 집단구성원들의 창조성과 자발성을 촉진하기 위해 상담자는 자신이 창조성과 자발성의 본보기 역할을 수행할 수 있어야 한다. 상담자는 또한 용기가 필요하다. 그가 사용하는 심리극 기법 중에서 집단구성원에게 적합한 기법을 선택하여 적용하는 데 어느 정도 위험을 감당할 용기가 필요하다.

6. 상담목표

심리극은 집단구성원이 행위, 즉 역할연기를 통해 실수에 대한 두려움 없이 자신의 삶을 재조명하여 창조적 자발성을 갖고 새롭게 삶을 살 수 있도록 훈련하는 방법이다. 모레노는 심리극을 연극적 방법을 통해 진실을 과학적으로 연구하는 방법이라고 표현하였다. 따라서 심리극에 근거한 집단상담의 목표는 집단구성원이 역할 및 역할연기를 통해 창조성과 자발성을 갖고 생활할 수 있는 새로운 자기를 형성하도록 돕는 것이다. 집단구성원들은 역할연기를 함으로써 감정의 정화를 경험할 뿐만 아니라 왜곡되었던 자신의 역할에서 비롯된 자기를 이해하게 된다. 더 나아가 새로운 상황에서 이전과 다르게 새롭게 형성된 자아를 바탕으로 창조성과 자발성을 발휘하며 삶을 영위할 수 있게 된다.

7. 상담과정

여기에서는 심리극의 다섯 가지 구성요소인 주인공, 연출자, 보조자아, 관객, 무대에 대해서 먼저 살펴보자. 그런 다음 심리극의 과정인 워밍업 단계, 실연 단계, 그리고 종결단계에 대해서 알아보고자 한다.

1) 심리극의 구성요소

심리극에 근거한 집단상담은 현재 집단구성원들의 심리적 문제해결을 위해 광범위하게 적용되고 있다. 여기서는 심리극을 이해하기 위해 알아야 할 중요한 구성요소에 대해 살펴보자. 심리극의 구성요소로는 일반적으로 다섯 가지를 든다. 이러한 다섯 가지는 주인공(protagonist), 연출자(director), 보조자아(auxiliary ego), 관객(audience), 무대(stage)의 다섯 가지이다. 그러면 이러한 구성요소의 의미를 살펴보자.

주인공 말 그대로 주인공은 심리극의 핵심 인물로 연출자에 의해 선발되어 자신의 심리적 현상을 관객들에게 보여 주는 사람이다. 주인공은 자기가 느끼는 문제를 드러내는 가장 중심적 인물로 심리극을 통해 개인의 내면세계와 그로부터 파생되는 인간관계를 보여 준다. 심리극에 참여하는 집단구성원이면 누구나 심리극의 주인공이 될 수 있다. 대체로 심리극은 주인공이 내놓는 갈등이나 생활 장면을 중심으로 진행된다. 이 점이 근본적으로 사회극(sociodrama)과 다른 점으로 사회극은 좀 더 집단 내의 개인과 개인 혹은 집단 간의 관계에 초점을 맞추는 반면, 심리극은 좀 더 주인공 개인의 내면세계와 그로부터 파생되는 인간관계에 초점을 맞춘다.

연출자 연출자는 주인공이 자신의 문제를 탐구하기 위해 심리극을 할 수 있도록 심리극 전반을 진행하는 사람이다. 대개 집단지도자, 치료자, 교사, 또는 상담자로서 일하고 있는 사람이 연출자를 맡는다. 연출자는 무엇보다도 주인공의 심리적 차원을 이해하고 신뢰감을 주어 주인공이 자신을 드러낼 수 있도록 극의 분위기를 조성하고 객관적 자세를 유지해야 한다. 뿐만 아니라 연출자는 주인공의 심리적 차원을 이해하고 극중에 일어나는 변화를 예민하게 관찰하는 것 외에도 관객의 반응과 변화도 살펴가면서 극을 진행시켜야 한다. 심리극의 연출자는 일견 모순처럼 보이는 이중적 역할과 기능이 동시에 요구된다. 스스로 하도록, 즉 자발적으로 참여할 수 있게끔 집단구성원에게 자유로움과 융통성을 부여하면서도 동시에 집단이 해야 할 작업의 틀, 구조를 주어야 한다.

보조자아 심리극에서 보조자아는 주인공이 극을 엮어 가는 과정에서 극의 상황을 함께 연기해 줄 상대인물을 필요로 하는데 이러한 인물을 말한다. 보조자아는 극중에서 주인공의 상대역을 하고 주인공이 극을 진행시키는 데 촉진자 역할을 한다. 보조자아는 보통 집단구성원 가운데 어느 한 사람이나 또는 전문적 보조자아에 의해 수행된다. 전문 보조자아를 사용할 때의 이점은 자신이 맡은 역할에 스스로를 준비시키는 데 숙련되어 있다는 것이고, 다양한 역할을 해낼 수 있으며, 감정표현을 쉽게 할 수 있다는 것이다. 대개는 주인공에게 특정 역할을 맡은 보조자아를 선택하도록 한다. 이때 그 선택의 직관적 배경을 후에 검토해 봄이 바람직하다. 또 한 가지 방법은 집단구성원 혹은 관객 중에서 하고 싶은 이에게, 비슷한 상황에 처했다고 판단되는 이에게 맡기는 것이다. 보조자아는 주인공의 아버지, 어머니 등 주인공에게 중요한 타인의 역할을 하기도 하고, 주인공의 변형된 자아, 예를 들어 양심, 감정, 이성, 죄책감 등 속마음 역할을 하기도 하며, 환상 속의 인물, 즉 신, 재판관, 악마 등의 역할을 할 수도 있다. 경우에 따라서는 책상, 현관, 옷장, 집 등의 무생물이지만 주인공에게는 의미 있는 사물이나 대상의 역할을 할 수도 있다.

관객 관객은 심리극이 진행되는 동안 심리극 모임에 참석하여 주인공의 이야기를 보고 있는 사람을 말한다. 심리극에서 관객의 역할은 매우 중요하다. 주인공의 이야기를 통해서 자신의 경험을 정리하고 통찰을 얻음으로써 직접 도움을 받기도 하고, 또 주인공의 극이 끝나면 극 속에서 공유한 자신의 경험을 드러내고 이야기를 나누는 시간에 주인공들이 되는 것이다. 마무리 단계에서 관객들의 반응은 진행된 극을 정리하고 주인공이 심리극에서 탐색한 것들을 정리하는 데 필요하다. 주인공의 이야기를 보면서 자신이 겪었던 비슷한 경험이나 느낌, 매우 다르게 느꼈던 경험에 대한 관객들의 이야기는 주인공을 지지하고 격려하는 효과가 있다. 그러나 관객이 극을 어떻게 보고 느끼는 것인지 일일이 설명하거나 훈련시킬 수는 없는 일이고 그럴 필요도 없는 일이다. 극에 지속적으로 참여함으로써 극을 어떻게 보고 느끼고 주인공에게 느낀 점을 어떻게 표현할 것인가 하는 점을 느끼고 배울 수 있다.

무대 심리극에서 무대는 약간 둥근, 그리고 계단식으로 경사가 있는 관객석, 관객과 무대 사이를 연결 짓는 널찍한 계단, 조명과 음향으로 구성된다. 무대 위에는 의자, 쿠션 등의 몇 가지 소품이 필요하고, 조명이나 음향 기구는 필수적이지는 않지만 사용 가능할 때 상당한 효과를 줄 수 있다. 예를 들어, 붉은 색 조명은 지옥, 작은 술집, 강렬한 감정이 표출될 때 사용하면 좋고, 푸른색 조명은 죽음, 바다를, 초록색 조명은 희망, 따뜻한 분위기를 표현한다.

2) 심리극의 진행 단계

다음으로 심리극의 진행 단계를 알아보자. 진행 단계는 세 단계, 즉 워밍업(warming-up) 단계, 실연(action) 단계, 종결(integration) 단계로 구분된다. 각 단계에서 무엇이 행해지는가를 살펴보자.

워밍업 단계 이 과정은 모든 연기의 첫 번째 과정이다. 심리극에 들어가기 전에 집단의 목표, 역할, 경비, 한계, 시간 배정 등을 집단구성원들에게 분명히 해야 한다. 이 단계에서 참여자들이 심리극 연기로 들어가기 위해 심리적, 신체적 준비를 하는 단계로, 주인공의 문제를 본격적으로 극화시키기 전에 참여자들이 심리극에 친숙해지고 극에 능동적으로 참여하여 주인공으로 설 마음의 준비를 하고 극으로 표현하는 문제에 몰입할 수 있는 분위기를 조성하는 단계이다. 집단구성원들이 상호 신뢰하는 분위기가 자신의 이야기를 깊이 있게 꺼낼 수 있는 바탕이 되므로 연출자는 이 시간에 집단의 응집력과 자발성을 키우기 위한 노력을 해야 한다. 준비 단계에서의 준비는 관객뿐 아니라 연출자 자신에게도 필요하다. 왜냐하면 이 단계에서 연출자는 집단구성원에 대하여 많은 정보를 수집할 수 있고 실연 단계에서 해야 할 작업의 방향을 잡을 수 있기 때문이다. 이 과정이 잘 이루어지면 집단구성원들이 자기의 문제를 개방할 준비가 되고 따라서 기꺼이 주인공으로 올라가 자기의 문제를 드러내게 되므로 연출자 입장에서는 그날 심리극의 주인공을 선택하기가 용이하고 극에 대한 저항을 감소시킬 수 있다.

실연 단계 실연 단계에서는 주인공의 문제 상황이 지금-여기서 일어나고 있는 것처럼 극으로 재현되는 단계이다. 이 단계에서는 주인공이 직면하고 있는 문제와 갈등에 대하여 간단히 이야기하도록 한다. 그래서 그 이야기 내용이 연기로 표현될 수 있도록 구체적인 사례로 재구성된다. 주인공의 문제를 지금-여기 상황으로 설정하여 연기할 수 있도록 해야 하며, 무대 위에서 벌어지고 있는 모든 상황이 현실에서 벌어지는 일들, 벌어졌던 혹은 앞으로 일어날 일과 똑같지는 않기 때문에 무대 위의 상황이 실제처럼 느껴지게 하는 것이 중요하다. 이러한 과정 속에서 과거의 느낌이 재현되거나 현재의 모습 등이 반영될 수 있다. 주인공이 심리극의 효과를 충분히 얻을 수 있도록 하기 위해서 연출자는 실연 단계에서 다양한 기법을 활용함으로써 주인공의 무의식 속 욕망, 갈등, 감정이 분명하게 드러나게 한다. 연출자는 역할연기를 통해 드러난 이러한 현상을 현재 시점에서 새롭게 통찰하게 하고 바람직한 대안적 행동을 찾아갈 수 있도록 조력한다.

종결 단계 주인공의 문제가 극화되어 해결의 방향을 잡으면 극이 정리되면서 실연 단계가 끝이 난다. 실연 단계 이후에 심리극 참가자들은 워밍업을 하고 주인공이 하는 역할연기를 보고 참여하면서 가졌던 생각이나 감정을 나누는 시간을 가지는데, 이것이 종결 단계의 작업이다. 이때 관객들은 주인공의 문제에 대한 지적인 분석이나 해석보다는 자신이 경험했던 유사한 상황을 공개하면서 자신의 이야기를 표현하게 된다. 이 단계가 있음으로 해서 주인공은 감추고 있던 자신의 비밀스러운 부분이 남들 앞에 드러났을 때의 수치심이나 자기노출 후의 불안감을 수습하고 자신이 문제를 정리할 수 있게 된다. 따라서 이 단계는 집단구성원들이나 주인공이 상호 지지하는 시간으로서 중요할 뿐만 아니라 서로의 감정과 경험을 나누고 정리하는 시간이 된다는 의미에서도 매우 중요하다. 이때 연출자는 주인공이 집단구성원들로부터 고무적인 반응을 받을 수 있도록 도와준다. 그러기 위해 특히 주인공의 문제에 관해 지적인 분석보다는 집단구성원들이 연기에 참여하고 주인공의 이야기를 보면서 느꼈던 감정이나 자신의 경험을 공개하도록 한다.

8. 상담기법

심리극에 근거한 집단상담은 집단구성원들의 역할행위를 통해 강렬한 감정을 표현하게 하고 정화를 느끼게 한다. 그리고 궁극적으로 역할연기를 통해 창조성과 자발성이 결여된 자기에 대한 이해를 바탕으로 유연성과 자발성을 가진 새로운 자기를 형성하는 작업을 하기 때문에 다양한 기법이 사용된다. 어떤 기법을 어떤 시점에서 창조적으로 사용할 것인가는 전적으로 집단상담자의 능력에 따라 엄청난 차이를 보일 수 있다. 여기서는 심리극에서 일반적으로 사용되는 기법인 실연, 이중자아, 역할교대, 거울기법, 빈 의자 기법 등에 대해 알아보고자 한다.

1) 실연

상담자는 자주 집단구성원에게 "말하지 말고 행동으로 보여 주어라."라고 한다. 실연(enactment)은 집단구성원이 신체를 통해 표현하는 행위를 의미한다. 다른 말로 집단구성원이 자신의 역할을 역할연기를 통해 행위로 보여 주는 것이다. 상담자는 집단구성원에게 어떤 것에 '대하여' 얘기하는 것 대신에 '마치 ~인 것처럼' 역할연기를 해서 자신이 처한 상황에서 더 강력하고 몰입된 수준의 경험을 하게 한다.

2) 이중자아

집단구성원들 중에서 상담자는 주인공의 보조자아로서 가장 적절한 구성원을 선택하여 이중자아 역할을 하게 한다. 이중자아(double)는 심리극의 핵심으로 분신, 또 다른 자기, 내적인 목소리, 마음의 쌍둥이 등으로도 불린다. 이중자아는 주인공이 이전에 적절하게 표현하지 못했던 감정, 생각, 행동을 표현할 수 있도록 도와준다.

3) 역할교대

나 아닌 타인을 이해하는 최선의 방법은 상대방의 역할을 해 보는 역할교대(role

reversal)이다. 역지사지로 단지 생각하는 것을 뛰어넘어 상대방의 역할을 함으로써 정말 상대방을 이해하게 하는 방법이 역할교대이다. 이런 점에서 심리극의 엔진으로 알려진 기법이 역할교대이다. 집단구성원들은 역할교대를 통해 다른 사람의 역할을 경험함으로써 그의 눈을 통해 자신을 경험하는 것이다. 심리극에서 역할교대는 통찰, 해결, 그리고 희망을 가져오는 가장 중요한 기법으로 알려져 있다.

4) 거울기법

거울기법(mirroring technique)의 목적은 집단구성원이 자신이 하는 행위를 이해하도록 '마치 거울에서 보는 것처럼' 그 자신을 보게 하는 것이다. 이런 점에서 집단구성원이 자신의 행위를 보다 객관적으로 볼 수 있도록 해 준다. 심리극의 주인공이 자신의 모습을 거울에 비추어 보거나 자신의 행위를 비디오 촬영을 해서 보는 것처럼 주인공은 상황에서 물러나고 이중자아가 주인공이 방금 했던 행위를 재연하는 방법이 거울기법이다. 주인공은 보조자아가 하는 자신의 행동을 객관적으로 관찰해서 학습한 것을 그 상황으로 돌아가서 다른 반응을 시도하게 된다.

5) 빈 의자 기법

이 기법은 게슈탈트치료의 창시자인 펄스가 개발한 기법이다. 집단상담자는 '빈 의자 기법(empty chair technique)'을 이용해서 집단구성원들이 자신의 대립적인 두 개의 자아와의 대화를 촉진해서 자아통합을 이루게 한다. 또한 빈 의자 기법을 사용해서 집단구성원이 역할교대를 통해 자신과 갈등을 겪고 있는 타자의 역할을 행해 보게 함으로써 상대방의 입장에서 자신을 이해하게 한다. 펄스가 "소리의 관계는 건전한 관계이다."라고 언급했던 것처럼 상대방의 역할을 수행하면서 꿍하니 말없이 있는 것보다 소리에 의해 자신을 표현하는 것이 모든 대인관계에서 건전한 관계를 형성하는 초석이 된다.

9. 요약

- 심리극은 전문적 지식과 훈련을 가진 집단상담자로서 연출가가 심리극에 참여한 집단구성원들을 대상으로 역할연기, 행동시연 등과 같은 다양한 활동을 통해 그들의 자발성과 창조성을 촉진하는 집단치료로 행동 접근방식이다.
- 심리극의 인간 이해 및 변화의 기본원리는 실존적 존재로서 신체를 통한 경험, 창조자로서 인간의 행위, 참만남, 역할 및 역할연기, 그리고 개인들 간의 텔럭 관계의 강조에 기반을 둔다.
- 심리극에 근거한 집단상담자는 효과적인 집단 운영을 위해 알고 이해해야 할 주요개념으로 지금의 철학, 창조성, 자발성, 역할과 역할연기, 그리고 텔레와 참만남 등이 소개되었다.
- 성공적인 집단상담을 위해 집단상담자는 심리극의 과정 및 기법에 대한 이론적 지식과 실제적 경험을 갖는 게 필요하다. 심리극의 연출자는 심리극의 제작자, 촉진자, 관찰자, 그리고 분석자로서의 역할을 수행한다.
- 심리극에 근거한 집단상담의 목표는 집단구성원이 역할 및 역할연기를 통해 창조성과 자발성을 갖고 생활할 수 있는 새로운 자기를 형성하도록 돕는 것이다.
- 심리극의 다섯 가지 구성요소는 주인공, 연출자, 보조자아, 관객, 그리고 무대이다.
- 심리극의 진행 단계는 세 단계인 워밍업 단계, 실연 단계, 그리고 종결 단계로 구분된다.
- 심리극에서는 궁극적으로 역할연기를 통해 창조성과 자발성이 결여된 자기에 대한 이해를 바탕으로 유연성과 자발성을 가진 새로운 자기를 형성하는 작업을 하기 때문에 다양한 기법이 사용된다. 여기서는 심리극에서 사용되는 중요한 기법인 실연, 이중자아, 역할교대, 거울기법, 빈 의자 기법 등을 알아보았다.

효과적 조력을 위한
상담 연습 9 **심리극의 원리 이해 및 기법 익히기**

연습 1: 다음 내용은 모레노가 제시한 심리극의 모토(motto)이다. 다섯 명씩 집단을 구성해서 모토에서 제시하고자 한 심리극의 원리에 대해 토의를 해 보라.

〈심리극의 모토〉

과학보다 더 중요한 것은 그것의 결과이며, 하나의 답은 백 가지 질문을 자아낸다.
시가보다 더 중요한 것은 그것의 결과이며, 하나의 시는 백 가지의 영웅적인 행위를 야기한다.
인식보다 더 중요한 것은 그것의 결과이며, 그 결과는 고통과 죄의식이다.
출산보다 더 중요한 것은 그 결과인 아동이다. 창조의 진화보다 더 중요한 것은 창조자의 진화이다.
정복된 지역에 정복자가 들어선다. 창조된 지역에 창조자가 들어선다. 둘의 만남: 눈 대 눈, 얼굴 대 얼굴. 그리고 당신이 가까이 있을 때 나는 당신의 눈을 떼어 내어 나의 눈과 대체시키고, 당신은 나의 눈을 떼어 내어 당신의 눈과 대체시킬 것이다. 그러면 나는 당신의 눈으로 당신을 볼 것이며 당신은 나의 눈으로 나를 볼 것이다. 그러므로 흔히 있는 일조차 침묵으로 이해가 되고 우리의 만남 그 자체가 속박 없는 목표가 된다: 결정되지 않은 인간에게 결정되지 않은 장소, 시간, 그리고 언어.

연습 2: 심리극에 근거한 효과적인 집단상담자 역할을 수행하기 위해 심리극의 다양한 기법을 익혀 적절하게 사용하는 것이 요구된다. 다음 내용은 최윤미(1996, pp. 107-216)가 제시한 심리극의 열일곱 가지 기법 목록이다. 이러한 기법을 배워서 실습해 보라.

- 역할 바꾸기로 남이 되어 보기
- 분신으로 마음을 표현하기
- 여섯 인물 떠올리기
- 거울기법으로 자기 모습 보여 주기
- 미래투사로 타임머신을 탄다?
- 빈 의자로 상상하기
- 대인관계도 만들기
- 마술가게에서 마음 사고팔기
- 독백으로 혼잣말을 하기
- 죽음장면을 경험하기

- 재판장면 만들기
- 꿈 기법으로 꿈의 의미 탐색하기
- 대리역할기법으로 남처럼 행동하기
- 무인도에서 혼자 살아보기
- 등 돌리기 기법으로 뒷얘기 들어 보기
- 화해기법으로 확인하기
- 가면기법으로 다른 모습 느껴 보기

제 4 부

행동주의적 관점

Theory and Practice of Counseling Psychology

행동주의는 관찰할 수 있는 행동만이 심리학의 연구대상이라는 입장을 바탕으로 20세기 초반에 탄생하여 심리학의 주류로 성장하였다. 행동주의는 행동의 학습이 주요한 연구 주제인 학습심리학의 연구결과를 토대로 발달하였다. 내담자의 행동 변화를 목적으로 하는 행동치료는 행동주의적 관점에 근거한다. 행동치료란 용어는 1953년 린슬리, 스키너와 솔로몬(Lindsley, Skinner, & Solomon)이 정신질환자에게 조작적 조건형성을 적용한 것을 언급하면서 처음 알려지게 됐다(Corsini, 1994, p. 157).

여기서는 현대 행동치료의 주요한 다섯 범주인 응용행동분석, 신행동주의적 중재 자극-반응 모델, 인지행동수정, 사회학습이론, 다중양식 행동치료(Kazdin & Wilson, 1978)를 살펴보고자 한다. 응용행동분석은 스키너의 조작적 조건형성 원리를 적용하는 급진적 행동주의자의 입장에 따라 발달하였다. 이 입장에 속하는 행동치료자는 행동이 행동 결과의 기능이라는 기본 가정을 바탕으로 중재절차는 단일사례 실험설계에 의해 평가된다.

신행동주의적 중재 자극-반응 모델은 파블로프의 고전적 조건형성의 원리를 적용한 접근방식이다. 이 입장에 속하는 대표적 행동치료자인 울프(Wolpe)는 체계적 둔감화 기법을 통해 내담자의 불안이나 공포를 감소시켰다.

인지행동수정은 인지를 내담자의 행동 변화를 위한 중재절차에 포함하여 적용한 행동치료 방식이다. 이 입장에 속하는 대표적 행동치료자인 마이켄바움(Meichenbaum)은 행동 변화의 중재자로서 인지과정의 중요성을 강조하였다.

사회학습이론은 반두라의 관찰학습을 바탕으로 개념화된 행동치료 접근이다. 사회학습이론은 개인의 행동과 환경의 상호작용을 강조한다. 반두라는 그의 이론을 1990년대 초부터 사회인지이론으로 수정하였으며 자신의 행동에 대한 기대를 강조하는 자기효능감이란 개념을 이론에 통합시켰다.

다중양식 행동치료는 라자러스(Lazarus)의 다중양식치료를 지칭하는 입장이다. 라자러스는 자신의 입장이 독창적인 절충적 입장이라고 주장하지만 그의 이론적 배경을 바탕으로 볼 때 행동치료의 범주에 속한다고 할 수 있다.

제 10 장

행동치료

당신이 "아니요"라고 말하기를 원할 때, "예"라고 말하지 말라. 자기표현을 못하는 소극적인 사람은 타인이 그의 권리를 침해하도록 허용하는 사람이다.

10장의 목차

행동치료는 당신이 통제하는 대부분의 행동이 적응적이거나 부적응적이건 간에 학습되었다는 전제에서 비롯되었다. 행동주의는 인간행동을 연구하는 심리학의 주요한 세력으로서 20세기 초에 시작되어 20세기에 막강한 영향력을 행사하였다. 행동주의자들은 인간의 관찰될 수 있는 행동만이 심리학의 연구주제가 된다는 주장으로 과학적인 방법으로 인간행동을 설명하려고 시도하였다. 이러한 행동주의 심리학의 이론적 토대는 학습이론이다. 특히 행동주의는 실용주의가 지배하는 미국의 학문적 토양에 부합하여 1930년대부터 1960년대까지 미국에서 전성기를 이루어 꽃을 피웠다고 할 수 있다. 예를 들면, 행동주의를 보급시키는 데 기여한 왓슨(John B. Watson, 1878~1958)은 "나에게 12명의 건강한 아동을 보내 주십시오. …… 그리고 그들이 내가 고안한 특별한 세계에서 자라도록 해 주십시오. 나는 무선으로 어느 한 명을 골라서 내가 선택할 수 있는 어떤 유형의 전문가, 즉 의사, 변호사, 예술가, 상업가 그리고 심지어 거지와 도둑이 되도록 훈련시킬 수 있다는 것을 보장합니다(Leahey, 1997, p. 332에서 재인용)."라고 외쳤다. 그 당시 실용주의적인 미국 사람들은 이러한 행동주의자들의 주장에 매료되었다.

행동치료는 인간행동의 원리나 법칙을 설명하는 학습이론에 근거한다. 즉, 당신의 모든 행동은 주어진 환경에 의해 결정된다고 본다. 따라서 행동치료 상담자는 당신의 바람직한 행동뿐만 아니라 당신의 잘못된 행동도 학습된다고 믿는다.

학습이란 상황에 처했을 때 반응을 통하여 행동이 변화되는 과정이다. 행동에서의 변화는 자연적 반응 경향, 성숙 또는 유기체의 일시적 상태 변화(예: 피로, 약물 등에 의한)에 의해 설명될 수 없는 것을 말한다. 즉, 학습이란 과거 경험 때문에 일어나는 행동상의 비교적 영속적인 변화이다. 학습 원리를 도출하는 실험적인 장면으로써 행동에 기초한 모델은 정신역동주의, 인본주의와는 달리 관찰 가능한 행동을 분석한다. 행동모델에 의한 대부분의 연구는 개, 고양이, 비둘기 같은 동물의 수행에 기초한다. 이것은 실험동물의 수행을 인간에게 일반화시키는 것에 대한 이슈를 불러일으켰다. 그럼에도 불구하고 행동주의 심리학자들은 특정한 행동이 어떻게 형성되었는가를 구체적으로 보여 줌으로써 문제행동을 변화시키기 위한 상담의 이론적 체계에 공헌하였다.

행동치료의 기초가 되는 중요한 학습이론으로 파블로프(Pavlov)의 실험에 근거한 고

전적 조건형성(calssical or respondent conditioning)과 스키너(Skinner)의 조작적 조건형성(operant conditioning)을 들 수 있다. 초기에 행동치료는 이러한 학습 원리를 인간 활동에 논리적으로 확장한 것으로 간주되었다. 그러나 오늘날의 행동치료는 더 이상 고전적 조건형성과 조작적 조건형성 이론의 임상적 적용이라고 단순히 정의할 수 없을 정도로 다양한 발전을 이룩하였다. 지금은 서로 다른 이론적 근거를 가지는 광범위하고 다양한 절차가 있으며, 개념적 토대, 방법론상의 필요조건 및 효율성에 대한 증거 등의 측면에서 개방적인 논쟁이 이루어지고 있다.

이 장에서는 행동치료의 원리가 되는 학습이론의 발달에 따른 행동치료의 실제적인 방법들을 알아볼 것이다.

1. 스키너의 생애

행동주의의 대표적 인물은 스키너(Burrhus Freder Skinner, 1904~1990)이다. 20세기에 가장 영향력 있는 심리학자 대열에 있었던 것으로 평가받고 있는 스키너는 1904년에 펜실베이니아 주 서스퀴하나(Susquehanna)의 부유한 가정에서 두 명의 아들 중 큰아들로 출생하였다. 변호사인 아버지는 스키너의 출생을 지역신문을 통해 알렸다. 그의 부모는 아들들에게 적절한 행동규칙을 주입했던 열심히 일하는 사람들이었다. 스키너를 법학도로서 만들려 했던 아버지의 모든 노력은 수포로 돌아가고, 스키너는 영어를 공부하기 위해 해밀턴(Hamilton) 대학에 입학하였다. 그는 직업으로 변호사가 아니라 작가가 되기를 희망했다. 졸업 후 2년 동안 글을 쓰는 데 기여했으나 자신에게 작가로서의 소질이 없음을 발견하고는 작가의 꿈을 포기하였다.

스키너는 소설보다는 과학적 방법으로 인간을 연구하기로 결정하고, 1928년 심리학을 공부하기 위해 하버드 대학 대학원에 입학하였다. 스키너는 심리학으로 관심분야를 바꿀 때 "인간행동에 대한 나의 관심은 여전하지만, 문학적 방법에서는 실패하였다. 나는 과학으로 바꾸었으며, 비록 잘 알지는 못하지만 관련된 과학이 심리학인 것 같다."

라고 적었다(Skinner, 1967, p. 395). 그로부터 3년 후인 1931년에 박사학위를 받았다. 그의 행동주의의 선택은 작가로서 묘사하려고 했던 모든 감정 및 정서적 힘을 배제하도록 이끌었다.

1936년까지 하버드 대학에 머물러 연구를 한 후, 미네소타 대학과 인디애나 대학에 재직했으며, 그 뒤 다시 1947년에 하버드 대학으로 돌아와서 교직생활을 마감하였다.

1930년대에 스키너는 흰쥐를 이용한 실험연구를 통해 학습 원리를 개발하는 데 노력하였다. 이러한 그의 연구결과는 『유기체의 행동(The Behavior of Organisms)』이라는 책으로 출판되었다. 실험심리학에 있어서 그의 가장 중요한 기여는 아마도 일반적으로 '스키너 상자(the Skinner box)'라고 불리는 장치의 발명이었다. 스키너 상자는 동물(주로 쥐와 비둘기)의 자발적 행동을 분석하기 위한 실험 장치로, 이 실험에 의해 새로운 학습실험의 형식이 생겨났다고 할 수 있다. 이 실험 장치는 스키너가 강화라고 불렀던 것을 받기 위해 동물이 새장에 붙어 있는 지렛대를 누르도록 고안된 장치이다. 나중에 스키너와 다른 연구자들은 이 장치를 비둘기, 원숭이, 인간, 그리고 다른 다양한 유기체에 적용하였으며, 이 장치는 지금도 다양한 학습 원리를 실험하는 데 사용되고 있다.

스키너는 1940년대에 작가로서 실패한 정체감으로 중년의 위기를 경험하였는데, 1948년에 그의 인간행동에 대한 강화 원리에 근거하여 이상사회를 묘사한 『월덴투(Walden Two)』라는 소설을 통해 자기치료를 하였다. 1953년 초에 스키너는 인간행동에 그의 생각을 적용하였는데, 이 내용을 담고 있는 것이 『과학과 인간행동(Science and Human Behavior)』이라는 책이었다.

스키너는 1957년에 페스터(Charles Ferster)와의 공동작업에서 『강화계획(Schedules of Reinforcement)』이라는 책을 출판했는데, 이것은 강화가 모든 반응에 주어질 필요가 없으며, 시간과 비율에 의해 프로그램이 될 수 있다는 것을 보여 준다. 같은 해에, 그는 『언어행동(Verbal Behavior)』을 출판했으며, 『자유와 존엄을 넘어서(Beyond Freedom and Dignity)』라는 책은 베스트셀러가 되었다. 그러나 그는 문학과 관련하여서는 별다른 평을 받지 못했다. 1970년대 후반과 1980년대 초에 걸쳐 그는 세 권의 자서전, 즉 『나의 인생사(Particulars of My Life)』(1976), 『행동주의자가 되다(The Shaping of a Behaviorist)』(1979), 『결과의 문제(A Matter of Consequences)』(1983)를 출간하였다. 그는 1990년에 죽을 때까지 자기가 발견한 강화원리를 강조하면서 타임지에 "노병은 아직 죽지 않았다."란 표현으로 그의 입장을 기술하였다. 아무튼 스키너는 죽기 바로 직전까지 글을 쓰고 강연을 계속하였다.

행동주의의 창시자인 왓슨처럼 스키너의 생각도 논란의 대상이 되어 왔다. 스키너는 죽을 때까지 급진적인 행동주의자의 입장을 고수하였다. 그의 입장에 동감하는 사람들은 누구보다도 그가 과학으로써의 심리학을 발전시켰다고 믿는다. 그는 인간행동의 연구에 철저하게 객관적인 접근을 주장했으며, 관찰할 수 없는 무의식, 자유의지, 인지 등을 강조하는 정신분석, 인본주의, 인지심리학의 입장에 반대하였다.

2. 인간관

우리의 행동은 효과적일 수도 부적응적일 수도 있다. 행동치료는 효과적이건 비효과적이건, 우리가 통제하는 대부분의 행동이 학습된다는 전제에 근거한다. 그리고 이러한 행동은 학습의 법칙에 따른다. 행동주의 심리학은 인간행동이 환경적 사건에 의해 결정된다는 입장을 취한다. 관찰할 수 있는 행동을 강조하기 때문에 인간의 내면적 가치나 자유의지를 주장하는 다른 심리학적 학파와 대립된다. 따라서 행동주의자들은 인간에 대한 성선설이나 성악설을 믿지 않으며 조건형성과 강화의 학습의 법칙에 의해 인간을 선하게도 악하게도 만들 수 있다는 입장을 취한다.

행동주의의 대변자였던 왓슨은 그 당시 심리학을 지배하던 내성이나 주관성을 비판하고 행동에 대한 객관적인 연구가 심리학에서 이루어져야 한다고 주장했다. 그는 인간행동을 결정하는 데 환경적 사건들이 무엇보다도 중요하다고 강조하였다. 개인의 내현적 측면을 거부하면서 모든 행동은 학습의 결과로 이해될 수 있다고 주장하였다. 그는 행동주의자에게 "인간심리학의 주제는 인간의 행동이다."고 주장하였다. 행동주의자들은 심리학을 순수하게 객관적이고 실험 가능한 자연과학의 분야로 보았으며, 이론적 목표는 행동의 예언과 통제이다. 즉, 동물의 행동이 의식을 참조하지 않고 관찰되듯이 인간의 행동도 그러하다고 보았다. 사실 '인간의 행동과 동물의 행동은 똑같은 수준으로 고려되어야 한다.'고 보았다.

요약하면, 행동주의 상담자는 인간이 조건형성의 산물이라고 보며 모든 인간학습의 기본적 유형으로서 자극-반응의 패러다임을 주장한다.

3. 주요개념

여기서는 먼저 행동주의 발달에 따른 주요한 네 가지 이론적 입장을 살펴보고 행동치료에 중요한 주요 개념을 살펴보고자 한다.

1) 행동주의 발달

인간이해를 위한 심리학의 발달은 패러다임이란 개념으로 유명한 쿤(Thomas Khun)이 주장한 것처럼 이전에 일어난 심리학적 접근을 부정하는 과학적 혁명에 의해서가 아니라 지식의 확장으로 이루어져 왔다. 이런 점에서 행동주의의 발달도 인간행동을 설명하는 이론적 입장을 확장해 왔다고 볼 수 있다.

이러한 행동주의의 이론적 확장을 쉽게 이해하기 위해 그림으로 표시하면 다음과 같이 역삼각형으로 그려볼 수 있다.

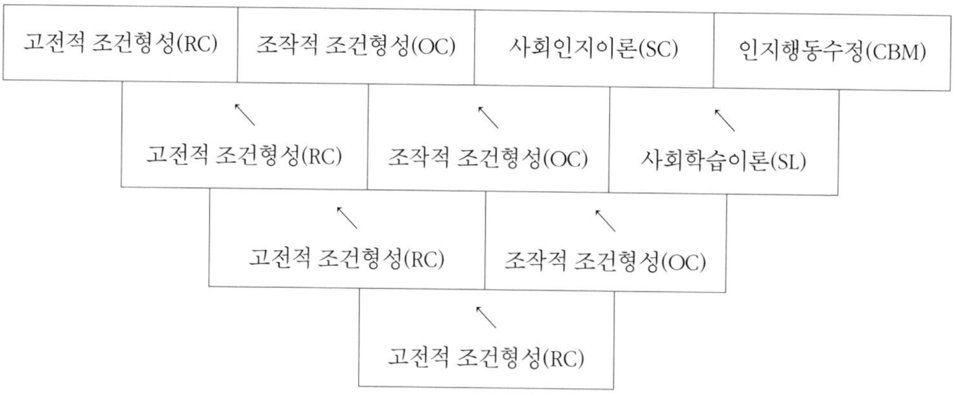

여기에서 제일 아래에 있는 RC(Respondent Conditioning)는 파블로프의 '고전적 조건형성'을 나타낸다. 초기의 행동주의는 고전적 조건형성이 주요한 세력이었음을 나타낸다. 다음 단계로 RC가 그대로 유지되면서 OC(Operant Conditioning)가 부가되었다. OC는 스키너의 '조작적 조건형성'을 의미한다. 마찬가지로 세 번째 단계에서 SL(Social Learning)이 추가되었다. SL은 반두라의 '사회적 학습'을 의미한다. 마지막 단계에서는 CBM(Cognitive Behavior Modification)이 추가되었다. CBM은 마이켄바움이 주장한 '인지적 행동수정'을 나타낸다. 이러한 그림을 통해 현재 인간행동을 설명하는 네 가지 학습이론 입장이 모두 부분적으로 적용되고 있다는 것을 이해할 수 있다. 최근에 반두라는 사회학습이론을 사회인지이론(social cognitive theory)으로 수정하였다. 따라서 이러한 변화를 반영하여 마지막 단계에서는 SL이 SC로 변화하였다.

행동주의는 인간의 행동을 초기에 인간의 자극-반응 기제에 의해 설명하였으나 점차적으로 인지적인 부분을 포함하는 방향으로 발전하고 있다. 파블로프는 무조건자극과 무조건반응을 조건자극과 무조건자극의 연합을 통해 조건자극에 대한 조건반응을 유발하는 고전적 조건형성을 연구하였다. 다음으로 스키너는 급진적 행동주의자로서 스키너 박스를 통해 조작적 조건형성이론을 발전시켰다. 또한 벌, 상 자극통제를 사용하여 강화이론을 만들었다. 이전까지는 행동을 유발하는 자극에 학습의 주안점을 두었다면 스키너는 행동의 결과로서 얻어지는 강화에 강조를 두어 학습이론을 전개하였다.

반두라는 사회적 학습을 강조하였다. 사회적 관찰에 의한 학습, 본보기를 통한 모델링, 상징을 통한 대리적 학습을 주장하였다. 모방의 주요 결정요인은 주의, 동기, 파지, 동작의 재생산에 의해 이루어진다. 다음으로 행동과 인지를 결합한 형태인 인지행동수정에 초점을 맞추는 마이켄바움은 내담자의 자기대화를 인식하도록 하여 이 자기대화(신념체계)를 긍정적으로 바꾸어 주는 인지적 재구성의 과정을 주장하였다. 이를 자기교습훈련이라 하며 스트레스를 받는 것도 사건이 문제가 아니라 이를 받아들이는 자기대화가 문제이므로 이것을 변화시켜야 스트레스를 제거할 수 있다고 본다.

2) 고전적 조건형성

파블로프는 러시아의 생리학자였다. 처음에는 개를 이용하여 소화에 관한 연구를 하고 있었다. 개의 침샘 일부를 외과적으로 적출하여 특수한 관을 통해 침이 흐르도록 함으로써 침 분비를 쉽게 측정할 수 있는 장치를 고안하였다. 이 장치를 사용하여 파블로프는 침 분비가 먹이가 개의 입속에 들어갈 때마다 자동적으로 일어나는 반사적인 반응임을 발견하였다. 개가 이런 실험실 상황을 여러 번 경험하고 먹이가 없어도 실험자의 발소리를 듣거나 그릇을 보고 침을 흘리자 이러한 현상을 체계적으로 연구하였다.

파블로프가 개를 가지고 실험한 조건형성 절차의 도식은 다음과 같다.

1단계 —— 무조건자극(음식물) ————→ 무조건반응(타액분비)
2단계 —— 무조건자극 + 조건자극(종소리) ——→ 무조건반응(타액분비)
3단계 —— 조건자극(종소리) ————→ 조건반응(타액분비)

그가 발견한 고전적 조건형성 절차는 두 번째 단계에서 보여 주는 것처럼 기본적으로 항상 자극들의 연합(무조건자극과 조건자극)을 가정한다. 반복된 훈련 후 연합을 통해 짝지어진 조건자극은 무조건자극이 없이도 타액분비를 유도하는 힘을 획득했다.

고전적 조건형성절차를 이용한 유명한 실험이 생후 9개월 된 아동인 앨버트(Little Albert)를 대상으로 한 실험이다. 이 실험을 통해 왓슨과 레이너(Watson & Rayner)는 정신 병리에서 공포증이 조건화된 정서적 반응이거나 전이된 형태라는 결론을 내렸다. 그들은 낳은 지 9개월 된 어린아이를 실험대상으로 했다. 그들의 목적은 어떤 자극이 전에 이미 공포반응을 생기게 했던 다른 자극과 한 쌍이 되었을 때 그 자극으로 인해 앨버트가 두려움을 학습하게 될지의 여부를 가리는 것이었다. 중성적인 자극으로는 어린 앨버트가 두려움을 나타내지 않았던 흰쥐를 선택했다. 두려움을 느끼게 하는 자극으로 그들은 아이의 머리 뒤에서 망치로 쇠막대기를 두드려서 큰 소리를 냈다. 즉, 흰쥐는 조건자극이며 여기에 공포반응을 조건형성시키려 한 것이다. 그리고 '땅' 하며 울리는 소리는 무조건자극인데, 이것은 실험을 하기 전에 이미 공포반응을 불러일으킬 만한 것이다. 고전적 조건형성에 따르면 조건자극과 무조건자극의 쌍은 조건형성되어, 그 후 조건자극만으로도 공포반응이 생기게 된다. 즉, 이것은 공포증 및 다른 정서반응들이 어떻게 학습되는가를 설명하는 모델이다.

왓슨과 레이너는 그들의 실험에 대해 윤리적으로 많은 비판을 받았으며, 그들은 앨버트의 공포를 제거하지 못했다. 왓슨의 제자 존스(M. C. Jones)는 공포를 제거하는 여러 가지 기법을 연구하였다. 그는 역조건형성(counterconditioning)을 이용하여 공포반응을 제거하는 데 성공하였다. 나이가 세 살인 피터(Peter)는 토끼나 흰쥐, 가죽 코트, 털실 등 여러 가지 사물에 대해 심한 공포증을 가지고 있었다. 역조건 형성의 기본 아이디어는 제거해야 하는 반응을 다른 반응으로 대치시키는 것인데, 이 때 그 둘은 양립할 수 없는 반응이다. 피터의 경우 먹는 행동이 울음이나 탈출시도 그리고 두려움이라는 내장반응과 양립될 수 없는 것이었다. 피터가 간식을 먹기 시작할 때 실험자들은 그 방의 다른 쪽 끝에 토끼를 가져다 놓았다. 처음에는 방의 저쪽 끝에 갖다 놓았다가 점점 더 가까이 가져다 놓았다. 그러한 과정이 반복되어 마침내는 토끼를 무릎에 올려놓고 한 손으로는 과자를 먹으면서 또 한 손으로는 토끼를 어루만질 수 있게 되었다.

고전적 조건형성에 따른 상담은 개인이 어떤 행동유형을 발달시키는 데 사용하는 행동의 유지, 강화, 변화를 위해 같은 원리를 이용한다.

3) 조작적 조건형성

스키너는 행동을 두 가지 유형, 즉 반응행동과 조작행동을 구분하였다. 반응행동은 자극에 의해서 야기되는 반사 혹은 자동적 반응을 의미한다. 예를 들면, 밝은 불빛에 눈의 동공수축, 무릎 정수리를 두들기면 나타나는 무릎반사 혹은 뜨거운 냄비에 모르고 손가락을 댔다가 반사적으로 손을 끌어당기는 행동을 말한다. 이러한 행동은 학습된 것이 아니라 불수의적 및 자동적으로 야기된다. 이러한 반응행동은 학습을 통해서 조건형성되거나 변화될 수 있다.

조작행동은 제시되는 자극이 없이 방출되는 반응이다. 즉, 자발적으로 나타나는 행동이다. 조작행동은 반응에 따르는 사건에 의해 강해지거나 약해진다. 반응행동이 선행사건에 의해 통제되는 반면에 조작행동은 그것의 결과에 의해 통제된다. 즉, 조작행동은 행동이 완성된 후에 일어나는 결과에 의존해서 일어나는 조건형성된 행동이다. 스키너는 이렇게 행동의 결과에 의해 특별한 행동을 조성하고 유지시키는 과정을 조작적 조건형성이라 불렀다. 다시 말하면, 조작적 조건형성은 행동과 그것의 결과의 연합을 통해 조작행동을 형성하는 절차이다. 많은 행동이 고전적 조건형성에 의해 설명될 수 없기 때문에, 스키너는 조작적 조건형성의 과정이 단순한 고전적 조건형성보다 훨씬 의미가 있고 중요하다고 믿었다.

요약하면 반응행동은 어떤 자극에 의해 야기되거나 유발되는 반응을 말한다. 반면에 조작적 행동은 유기체가 자유롭게 자발적으로 하는 반응을 말한다. 강화의 본질도 역시 두 조건형성에서 다르다. 고전적 조건형성에서는 자극이 강화이며 그것은 행동에 선행한다. 이에 반해 조작적 조건형성에서는 행동의 효과가 강화이다. 그러므로 강화는 행동에 뒤이어 나타난다.

수반성 반응과 그것의 결과 간에 확립될 수 있는 특별한 관계를 강화나 처벌의 수반성(contingency)이라고 한다(Catania, 1988, p. 5). 수반성은 어떤 사건(A)이 만약 다른 사건(B)이 일어나면 야기될 것이라는 것을 진술하는 규칙이다. 예를 들면, 자녀가 방을 깨끗이 치우면(B), 그는 용돈을 받을 것이다(A). 세 가지 용어인 자극, 반응, 결과 간의 관계에 의존하는 행동이 변별화된 조작행동이다. 그러므로 변별화된 조작행동은 일반적으로 '세 가지 용어 수반성'에 의해 정의된다. 부연 설명하면, 조작적 조건형성에서 수반성에 필요한 세 가지 중요한 구성요소가 있다. 첫째 구성요소는 자극이다. 여기서 자극은 반응 혹은 행동이 일어나는 환경적 혹은 상황적 사건을 말한다. 둘째 구성요소는 행동 그 자체이다. 셋째 구성요소는 결과이다. 여기서 결과는 행동에 뒤따르는 환경적 자극이다(Skinner, 1953, pp. 108-109).

강화 스키너의 조작적 조건형성의 핵심개념이 강화(reinforcement)이다. 강화는 어떤 행동에 뒤따르는 사건(결과)이 그 행동을 다시 야기할 가능성을 증가시킬 때마다 일어난다. 즉, 반응의 빈도를 증가시키는 것을 강화라 한다. 그렇게 반응을 증가시키는 자극을 강화물이라 한다.

강화는 정적 강화와 부적 강화가 있다. 정적 강화는 행동이 정적 강화물에 의해 뒤따를 때 반응의 빈도가 증가하는 것을 말한다. 부적 강화는 행동에 뒤따르는 혐오자극을 제거함으로써 반응의 빈도가 증가하는 것을 말한다. 요약하면, 강화의 원리는 정적 강화물의 제시나 부적 강화물인 혐오자극의 제거가 행동에 뒤따를 때 반응의 빈도가 증가하는 것을 말한다.

처벌 처벌은 어떤 행동에 뒤따르는 결과가 그 행동을 다시 야기할 가능성을 감소시킬 때마다 일어난다. 즉, 반응의 결과가 따르는 반응의 빈도를 감소시키는 것을 처벌(punishment)이라 한다. 체벌, 전기쇼크, 큰소리 등과 같이 반응을 감소시키는 자극을 처벌물이라 한다.

강화처럼 처벌에도 정적 처벌과 부적 처벌이 있다. 정적 처벌은 행동이 혐오자극에 의해 뒤따를 때 반응의 빈도가 감소하는 것을 말한다. 행동에 뒤따르는 긍정자극을 제거함으로써 반응의 빈도가 감소하는 것을 부적 처벌이라 한다. 거짓말의 대가를 치르게 하기 위해 아이가 좋아하는 장난감을 뺏어 버리는 것과 같은 부적 처벌을 반응대가(response cost)라고 한다. 또한 일정 기간 모든 긍정자극을 제거해 버리는 부적 처벌을

'강화로부터 타임아웃'이라고 한다. 요약하면, 처벌의 원리는 혐오자극 제시나 긍정자극 제거가 행동에 뒤따를 때 반응의 빈도가 감소하는 것을 말한다.

4) 사회적 인지이론

반두라의 사회적 인지이론은 행동주의적 학습이론의 확장이다. 사회적 인지이론은 긍정적 및 부정적 강화, 소거, 일반화, 고전적 및 조작적 조건형성을 포함한 자극-반응 심리학의 원리를 통합해서 이루어졌다. 반두라는 인간행동을 설명하는 데 선행되는 조건형성에 인지적 중재를 포함시켜 체계적이고 통합적인 개념 모델을 제안하였다.

반두라는 인지적 중재나 내현적 상징행동, 자기강화, 본보기, 강화와 처벌을 포함한 대리적 조건형성, 행동과 환경의 상호적 영향을 강조하였다. 인지적 중재는 인간의 사고과정에서 나타나는 실제적 상황과 행동의 상징적 표상을 의미한다. 반두라가 강조한 개념에 근거해서 그의 사회적 학습이론은 본보기 학습, 관찰학습, 대리적 학습과 같은 다양한 명칭으로 불린다.

반두라의 사회적 학습모델은 다음과 같은 여섯 단계로 설명된다.

- 1단계: 자극 1-이러한 자극은 피험자의 과거사와 경험에서 비롯된 기대된 강화를 품고 있다.
- 2단계: 주의-피험자는 자신에게 관련된 것들에 선택적으로 주의를 기울인다.
- 3단계: 자극 2-이러한 자극은 피험자가 모델을 관찰하는 본보기 자극이다.
- 4단계: 인지적 과정-이러한 인지적 과정에는 상징적 부호화, 인지적 재구조화, 인지적 연습이 포함된다.
- 5단계: 반응-인지적 과정에 따른 반응이다.
- 6단계: 자극 3-이러한 자극은 반응에 따라 비롯되는 강화하는 자극이다.

반두라는 관찰학습에 중요한 본보기의 네 가지 결정요인을 주의, 파지, 동작 재생산, 동기라고 하였으며, 행동유지의 원인으로 다음과 같은 다섯 가지를 제안하였다.

- 기대된 결과에 의해서

- 대리적 강화에 의해서
- 행동은 결과에 의해서 스스로 결정된다.
- 인간은 자기-규정을 할 수 있다.
- 만족의 지연은 본보기에 의해 영향받을 수 있다.

반두라는 아동의 공격성이 관찰을 통해 학습된다는 것을 보여 주었다. 이러한 결과는 텔레비전이나 영상매체가 우리 자신과 청소년들의 행동에 막대한 영향을 미치고 있다는 것을 지지해 준다.

5) 인지적 행동수정

인지적 행동수정은 우리의 부적응 행동을 수정하기 위해 자신의 부적응적 사고를 바꿈으로써 가능하다고 믿는 입장이다. 즉, 인지적 행동수정 상담자는 관찰할 수 있는 행동을 일차적으로 강조하는 것 대신에 주로 변화의 도구로서 언어에 의존한다. 이 입장의 상담자들은 우리의 사고과정의 변화가 자신의 행동변화의 통합된 부분임을 믿는다.

마이켄바움은 "우리가 우리의 사고, 인지를 변화시키는 것을 학습한다면, 우리는 우리의 신체적 반응, 우리의 행동을 훨씬 잘 통제하게 된다."고 주장하였다. 역시 그는 우리가 보다 논리적이고, 스트레스를 덜 받는 방식으로 생각하는 것을 학습하면, 스트레스 수준은 줄어들고 자기통제 수준은 증가할 수 있다는 것을 제안하였다(Meichenbaum, 1977). 인지적 행동수정은 '인지 재구조화'를 함으로써 우리의 행동을 변화시킬 수 있다는 것을 강조한다. 이러한 입장은 현대 심리학의 추세인 인지심리학의 영향을 많이 받았다는 것을 엿볼 수 있다.

6) 강화계획

아주 드문 반응이 강화되었을 때조차 그러한 행동이 유지될 수 있다는 발견을 통해 강화계획에 대한 탐구가 이루어졌다. 강화가 주어지는 수반성에 대한 진술이 강화계획이다. 즉, 행동을 통제하기 위해 어떤 반응을 어떻게 강화할 것인가에 대한 계획이 강화계획이다. 강화계획은 크게 '계속강화'와 '간헐적 강화' 혹은 '부분강화'로 구분된다.

계속강화는 발생한 모든 반응에 강화물을 제공하는 경우로 일반적으로 실제적인 생활 상황에서 발견되는 경험이 아니다. 반면에, 간헐적 강화는 행동을 통제하기 위해 정해진 계획에 따라 강화물이 제공되는 것으로, 강화계획은 특별한 시간간격 혹은 특별한 반응비율에 근거할 수 있다. 간헐적 강화에는 시간과 비율을 바탕으로 효과적인 행동 통제를 위해 사용되는 네 가지 강화계획, 즉 '고정간격계획' '변동간격계획' '고정비율계획' '변동비율계획'이 있다. 이러한 강화계획에 대해 간략하게 살펴보자.

- **고정간격계획**: 일정한 시간 간격마다 강화물이 주어지는 경우로, 피험자가 하는 반응의 수는 관계가 없다. 예를 들면, 노동자가 얼마나 많이 일했는가에 관계없이 주급이나 월급으로 봉급이 주어지는 경우이다.
- **변동간격계획**: 일정한 시간 간격 없이 무선으로 강화물이 주어지는 것으로, 역시 피험자가 하는 반응의 비율과는 관계가 없이 변동된 시간에 따라 강화물이 제공된다. 예를 들면, 낚시꾼이 던진 낚시 밥을 고기가 변동된 시간 간격으로 간헐적으로 건드리는 경우이다.
- **고정비율계획**: 일정한 반응 비율에 따라 강화물이 주어지는 것으로, 시간과는 관계없이 피험자가 하는 반응의 수에 근거한 강화계획이다. 예를 들면, 노동자가 만든 생산품의 개수에 따라 일정한 보수가 지불되는 경우이다.
- **변동비율계획**: 변동된 반응 비율에 따라 강화물이 불규칙적으로 주어지지만, 평균적으로는 일정한 횟수의 반응 뒤에 강화가 주어지는 강화계획이다. 예를 들면, 도박꾼이 카지노의 슬롯머신에 동전을 넣는 경우로 언젠가는 대박이 터지겠지 하면서 그만 두지 못하고 계속해서 도박을 하는 경우이다. 스키너는 이 강화계획이 높고 안정적인 반응 비율을 야기하는 데 효과적이라는 것을 발견했다.

현대 산업사회에서 많은 사람들이 생산성을 높이는 데 관심이 많다. 이상의 강화계획을 반응률이 가장 높게 일어나는 것부터 순서대로 나열하면 변동비율계획, 고정비율계획, 변동간격계획, 고정간격계획, 계속강화계획이다.

7) 변별과 일반화

조작적 조건형성에서 중요한 세 가지 용어 수반성에 따라 행동에 선행되는 자극은 행동이 수행되면 강화가 일어날 것인가에 원인을 제공하기 때문에 매우 중요하다. 자신이 이전에 학습한 것을 바탕으로 사람들은 자극변별을 학습한다. 즉, 우리는 어떤 상황(자극)에서 우리의 행동이 강화될 것 같은가 혹은 다른 상황(자극)에서 같은 행동이 강화되지 않을 것인가에 대한 변별을 학습한다. 또는 어떤 상황에서 우리의 행동이 처벌될 것 같은가 혹은 다른 상황에서 같은 행동이 처벌되지 않을 것인가에 대한 변별을 학습한다. 예를 들면, 교통신호등은 우리에게 변별된 자극으로 행동한다. 우리는 신호등의 불빛에 따라 어떻게 행동해야 하는가에 대한 변별을 학습하였다. 만약 개인이 적절한 자극변별을 하지 못한 경우에, 그는 교통신호등(자극)을 위반하여(행동) 벌금을 물거나 사고(결과)를 내 어려움에 처할 것이다.

특별한 상황에서 반복적으로 강화된 반응은 그러한 상황에서 반복될 가능성이 높다. 그러나 상황들은 흔히 공통적 속성을 공유하는 복잡한 자극들의 집합으로 구성되어 있다. 스키너는 주어진 자극에서 발휘된 통제는 다른 유사한 자극들에서 공유된다는 것을 지적하였다(Skinner, 1953, p. 132).

일반화는 변별과 대립되는 개념이다. 즉, 개인이 다른 두 상황을 변별할 때, 그것은 그의 반응이 한 상황과 다른 상황을 일반화하는 것을 실패했다는 것을 의미한다. 역시 그의 반응이 다른 두 상황에 일반화됐을 때, 그것은 그가 두 상황을 변별하는 것을 실패했으며 두 상황에서 같은 반응을 한다는 것을 의미한다.

8) 소거

반응이 강화를 통해 그것의 빈도가 증가된 이후에 그러한 반응이 강화되는 것이 완전히 중단되면, 그 반응이 일어날 빈도는 감소될 것이다. 이렇게 형성된 조작행동이 줄어들거나 나타나지 않는 것을 소거라 한다. 즉, 소거의 원리는 주어진 상황에서 개인이 이전에 강화된 반응을 방출하고 그러한 반응이 강화되지 않으면, 그는 다음에 유사한 상황에 직면할 때 다시 같은 반응을 하지 않을 가능성이 높은 것을 말한다(Martin & Pear, 1992, p. 49).

사람들은 자신이나 타인의 학습된 바람직하지 않은 행동을 어떻게 제거할까에 관심이 많다. 이러한 관심은 행동의 소거와 관련된다. 우리는 타인의 행동을 강화하지 않음으로써 그의 행동을 통제하며, 바람직하지 않게 생각하는 타인의 행동을 제거하기 위해 그의 행동을 무시할 수 있다. 그러나 만약 바람직하지 않은 행동이 과거에 여러 번 강화되었으면, 그러한 행동은 소거에 매우 저항적이다. '세 살 버릇 여든까지 간다.'는 말이 있다. 한 번 배운 행동을 완전하게 없애기가 힘들다는 것을 강조한 말이다. 소거를 통해 완전히 감소된 어떤 행동이 다음에 발생할 기회가 주어졌을 때 다시 나타날 수 있다. 이렇게 일정한 기간이 지난 후에 소거된 행동이 다시 나타나는 것을 '자발적 회복'이라 한다. 전형적으로 자발적 회복된 행동의 양은 이전의 소거기간 중에 나타났던 행동의 양보다 적다.

9) 조성

돌고래가 재주를 부리는 행동, 서커스 단원이 보이는 절묘한 행동기술은 어떻게 형성되었을까? 이렇게 보다 정교화되고 복잡한 행동을 이해하는 데 '조성' 혹은 '계기적 근사법'이란 개념을 이해하는 게 필요하다. 목표행동이 너무 복잡하기 때문에 그것이 개인의 목록에 없을 수 있다. 조성은 그러한 목표행동에 접근하는 반응들을 강화함으로써 새로운 행동을 가르치는 것을 말한다. 우리는 처음부터 기교가 있는 행동을 수행하기가 힘들다. 그리고 어떤 상황에서 자발적으로 도출되는 단순한 행동의 결과에 따라 강화된 행동들의 집합을 가지고는 삶을 영위할 수 없다. 다시 말하면, 우리는 단계적으로 쉬운 행동부터 학습하여 많은 기술을 갖게 되었다. 이렇게 처음에는 서툴고 투박한 행동에서 단계적으로 차근차근 학습하여 정교한 기술을 갖는 절차가 조성이다. 기교가 있는 행동을 보다 단순한 여러 반응들로 나눌 수 있다. 이렇게 논리적으로 구성된 반응들이 단계적으로 바람직한 행동에 도달할 때까지 강화되는 절차가 계기적 근사법이다.

요약하면, 복잡한 행동은 계기적 근사법에 의해 조성된다. 즉, 당신의 복잡한 행동 혹은 기술은 당신이 생성하기 원하는 바람직한 행동의 마지막 형태를 닮은 행동의 부분들을 강화시킴으로써 달성된다.

4. 상담목표

다른 상담접근과 비교해서 행동치료의 두드러진 특징은 변화시킬 구체적 목표에 대한 강조이다. 즉, 행동치료자는 철저한 평가에 의해 선택된 목표행동을 변화시키는 데 초점을 둔다. 따라서 상담자는 학습이론에 대한 철저한 이해를 바탕으로 내담자가 갖는 문제행동이 무엇인가를 정확히 평가하여 구체적이고 체계적인 계획에 따라 그의 행동변화를 가져오도록 노력한다.

크럼볼츠(Krumboltz, 1966)는 상담에서 행동적 목표는, 첫째, 내담자 각자를 위해 서로 다르게 진술될 수 있어야 한다, 둘째, 상담자의 가치와 양립할 수 있어야 한다, 셋째, 객관적으로 관찰가능하고 달성할 수 있는 것이어야 한다고 지적하였다. 이러한 기본 가정을 바탕으로 행동치료에 기여한 주요 학습이론을 바탕으로 관찰될 수 있는 상담의 일련의 목표와 관련된 범주를 다음과 같이 도출해 볼 수 있다(Nelson-Jones, 1995).

- 자신의 행동목록에서 결함을 찾아 극복하기
- 바람직하고 적응적 행동을 강화하기
- 부적응적 행동을 약화시키거나 제거하기
- 불안반응의 약화
- 이완할 수 있는 능력
- 자기표현 능력
- 효과적 사회적 기술
- 성적 기능의 적절성
- 자기통제 능력
- 부적절한 사고의 인지적 재구조화

당신은 어떤 영역에 속하는 행동과 관련해서 문제가 있는가를 찾아 구체적으로 기술해 보도록 시도해 보라. 변화를 위한 목표행동을 찾은 후에 그러한 행동에 대한 정확한 평가가 이루어져야 한다. 상담자는 주로 자극-반응-결과(Stimulus-Responses-Consequences: SRC) 평가를 해서 내담자의 행동을 통제하는 주요한 변인이 무엇인지 파악한다. 행동평가를 바탕으로 변화시키고자 하는 목표에 대한 구체적인 계획에 따라 그에 적절한 상담기법을 찾아 적용한다.

행동주의 상담자가 문제로 여기는 것은 내담자의 부적응적 행동이다. 우리가 사회 안에서 살아가는 데 바람직하지 않은 문제행동이다. 그리고 행동주의 상담자는 우리 자신이나 자녀의 문제행동이 학습됐다는 기본가정에서 출발한다. 우리가 고치려고 하는 문제행동이 어떻게 학습됐는가를 이해하기 위해서는 주요한 학습이론을 파악하는 것이 요구된다.

5. 상담과정

행동치료 상담자의 주요한 관심은 내담자의 행동을 분석해서 문제를 정의하고 구체적 목표를 설정하여 달성하도록 조력하는 것이다. 상담자는 내담자가 부적절한 행동을 수정하고 바람직한 행동을 학습하도록 하는 데 있어 자문가, 교사, 조언가, 강화를 주는 사람, 촉진자로서 역할을 수행한다.

행동치료의 입장에서 칸퍼와 쉐프트(Kanfer & Schefft, 1988)가 제안했던 상담과정을 소개하면 다음과 같다.

- 1단계: 역할 구조화와 치료동맹을 형성하기
- 2단계: 변화를 위한 다짐을 발달시키기
- 3단계: 행동분석
- 4단계: 상담목표와 방법을 협상하기
- 5단계: 상담 실행하기와 동기 유지하기
- 6단계: 상담 효과를 조정하고 평가하기
- 7단계: 상담 효과의 유지, 일반화와 상담의 종결

현대의 행동치료자들은 내담자와의 적극적 경청을 바탕으로 한 긍정적 관계형성의 중요성을 강조하며 내담자가 자신의 행동관리 프로그램을 분석하고 계획하고 평가하도록 조력하는 역할을 수행한다.

6. 상담기법

행동치료에서 사용되는 주요한 기법들은 다음과 같은 내용을 포함한다(Craighead & Nemeroff, 2004). 첫째, 내담자의 현재 행동을 변화시키는 데 초점을 둔다. 둘째, 내담자에게 역기능적 행동을 변화시키고 기능적인 행동을 하는 방법을 적극적이고 직접적으로 가르친다. 셋째, 내담자의 불안과 공포를 제거하는 데 상상적이거나 실제적인 체계적 둔감화를 적용한다. 넷째, 내담자가 부적절한 행동을 하는 상황에서 자극통제를 사용하는 방법을 학습하게 한다. 다섯째, 기술훈련을 수행하게 한다. 여섯째, 적응행동에는 강화를 사용하고 부적응행동에는 혐오 조건형성을 사용한다. 마지막으로 이완기법을 가르친다(p. 253).

여기서는 기본적으로 심리학의 두 번째 세력인 행동주의에 이론적 기반을 두고 있는 다양한 행동치료 기법들을 살펴보고자 한다.

1) 체계적 둔감화

행동치료자들이 내담자의 부적절한 행동을 변화하는 데 자주 사용하는 기법이 '체계적 둔감화'이다. 역조건형성, 상호억제는 체계적 둔감화 기법을 이해하는 데 주요한 원리이며, 이러한 원리는 보다 근본적으로 파블로프의 고전적 조건형성에 근거하고 있다. 여기서는 이러한 개념과 서로 간의 관계를 알아보자.

역조건형성 이것은 파블로프의 고전적 조건형성의 이론적 가정에 근거한 것이다. 새로운 조건반응이 조건자극에 조건형성되는 과정이다. 쉽게 말하면 어떤 상황에서 나타나는 부적절한 행동을 적절한 행동으로 바꾸도록 새롭게 학습하는 것이다. 만약, 역조건형성이 효과가 있었다면 조건자극의 출현은 원래의 조건반응보다 새로운 조건반응을 유발할 것이라는 것이 가정이다. 이렇게 단순히 한 유형의 반응을 다른 유형의 반응으로 대치하는 학습절차가 역조건형성이다.

체계적 둔감화 울프에 의해 발전된 역조건형성의 원리에 근거를 두고 있는데, 이 기법은 부적응적 불안을 경감시키기 위한 기법이다. 이 기법은 내담자가 불안을 느낀다고 하는 상황을 묘사하는 상상적 장면과 이완을 짝짓는 것이다. 만약 내담자가 그러한 장면을 상상하는 동안에 불안보다 이완을 경험하도록 가르치면, 실제적인 생활 상황에서도 불편을 적게 느낄 것이라고 가정한다. 울프와 라자러스가 발전시킨 체계적 둔감화는 인지적이고 행동적인 개념 둘 다를 사용하고, 공포증을 쇠약하게 하기 위해 그들 자신을 공포증에 둔감화하도록 내담자를 가르치는 전략이다. 많은 작가들이 체계적 둔감화를 순전히 행동주의적 전략으로 분류시킨다. 그러나 그것은 초기의 행동적 과정의 하나로 표현되고, 치료에 사용된 행동주의적 자료로서 내적인 인지적 사건들을 포함하기 위한 전통적인 행동주의적 원칙으로 명료하게 확장되었다. 울프와 라자러스는 사고와 행동을 연결하기 위한 풍부한 자원으로써 내담자의 정신적 과정을 사용한다. 치료과정에서 감정적인 심상의 혼합이 나타나 체계적 둔감화가 인지적 영역에서 정면으로 속해 있음이 좀 더 확실해졌다. 비록 체계적 둔감화가 본래 고전적 조건형성의 학습 원리에 기초를 두고 있지만, 그것은 많은 문제들(공포증, 비이성적 두려움, 불안)을 치료하기 위해 치료자들이 선택하는 주요한 기법이 되었다. 치료는 세 가지 기본 단계를 거친다. 첫째는 근육이완단계로 심호흡, 명상 등을 통해 근육을 이완시키고, 둘째는 불안이 적은 것부터 큰 것으로 위계목록을 작성하며, 셋째는 가장 낮은 단계부터 높은 단계까지 불안 유발 자극에 노출하여 불안에 점점 둔감화됨으로써 이를 극복할 수 있게 하는 것이다. 예를 들어, 폐소공포증 환자가 엘리베이터 안에서 불안감 없이 설 수 있을 때까지 훈련을 지속하고, 마침내 불편함 없이 혼자 엘리베이터를 탈 수 있게 하는 것이다.

상호억제 상호억제는 '불안과 이완은 양립할 수 없다.'는 전제에서 시작한다. 1947년에 쉐링톤(Sherrington)은 만약 어떤 근육집단이 자극되면 대립되는 근육집단이 억제될 것이고, 반대로 어떤 근육이 억제되면 대립되는 근육은 자극될 것이라고 지적하였다. 그는 이러한 현상을 상호억제라고 불렀고 이러한 상호억제가 신경체계에서 작동하는 일반적 과정이라고 가정하였다. 울프(Wolpe, 1958)는 만약 공포 혹은 불안과 양립할 수 없는 어떤 반응이 정상적으로 공포 혹은 불안을 야기하는 자극에 나타나게 할 수 있다면, 그러한 자극은 공포반응을 유발하는 것을 중지할 것이라는 진술로 상호억제 원리를 확장하였다. 이러한 울프의 주장은 고전적 조건형성을 이용한 행동치료의 발달에 주요한 기여를 제공하였다. 그는 공포 혹은 불안을 상호적으로 억제하기 위해 이완반응, 성적 반응, 자기표현 반응을 사용하였다. 이완이 사용될 때, 치료적 절차를 체계적 둔감화라고 부른다(Martin & Pear, 1992, pp. 385-386).

2) 프리맥의 강화원리

프리맥(Premack)의 강화원리는 활동강화 이론으로서 개인이 더 좋아하는 활동을 통해 덜 좋아하는 활동을 강화하는 방법이다. 다시 말하면, 덜 좋아하는 활동을 하면 그 다음에 더 좋아하는 활동을 하게 해 주는 것이다.

예를 들면, A(좋아하는 활동) > B(덜 좋아하는 활동)인 경우, 사람들이 B가 하기 싫지만 A를 하기 위해 B를 해야 하는 논리를 응용한 것이 프리맥의 강화원리이다. 프리맥의 강화원리는 반응이 일어날 단순한 확률에 의해서 정의된다. 즉, 만약 반응 A가 반응 B보다 더 일어날 것 같으면(확률이 더 높으면) 반응 A에 참여할 기회는 반응 B의 획득을 강화하는 데 사용할 수 있다.

프리맥의 강화원리의 구체적인 예는 다음과 같다.

(예) ① 목마른 쥐-쳇바퀴를 돌려야만 물을 마실 수 있도록 장치
물 마시는 것이 쳇바퀴 돌리는 것을 강화한다.
② 포만한 쥐-물을 마셔야만 쳇바퀴를 돌릴 수 있도록 장치
달리기가 물 마시는 것을 강화한다.
③ 공부를 마쳐야만 놀 수 있다면,
노는 것이 공부하는 것을 강화한다.

초등학교 학생이나 청소년들이 가장 하고 싶어 하는 것이 컴퓨터게임이다. 아이들을 방치해 두면 게임중독에 빠지기 쉽다. 필자의 아들도 어렸을 때는 컴퓨터게임이 가장 좋아하는 활동 중에 하나였다. 그럴 때면 집에서 아내가 프리맥의 강화원리를 적용하여 아들이 하기 싫어하는 활동을 하게 하는 것을 목격하였다. 즉, 싫어하는 활동인 일기 쓰기, 수학문제 풀기 등을 한 후에 컴퓨터게임을 할 수 있다는 엄마의 주장에 아들은 하고 싶지 않은 활동을 열심히 그리고 빨리 한 후에 컴퓨터게임을 즐기는 것이다.

3) 자기교습훈련과 스트레스 예방훈련

인지적 행동수정을 주창한 사람이 마이켄바움(Meichenbaum)이다. 마이켄바움은 "우리가 우리의 사고, 인지를 변화시키는 것을 학습한다면, 우리는 우리의 신체적 반응, 우리의 행동을 훨씬 잘 통제하게 된다."고 주장하였다. 역시 그는 우리가 보다 논리적이고, 스트레스를 덜 받는 방식으로 생각하는 것을 학습하면, 스트레스 수준은 줄어들고 자기통제 수준은 증가할 수 있다는 것을 제안하였다(Meichenbaum, 1977). 인지적 행동수정은 인지적 재구조화(cognitive restructuring)를 함으로써 우리의 행동이 따라서 변한다는 것을 강조한다. 이러한 입장은 현대 심리학의 추세인 인지심리학의 추세에 많은 영향을 받았다는 것을 엿볼 수 있다. 그러면 마이켄바움이 인지적 행동수정의 전략으로 사용했던 자기교습훈련과 스트레스 예방훈련에 대해 알아보자.

자기교습훈련 이 훈련은 내담자로 하여금 자기대화를 지각하도록 하여 내담자를 조력하는 것으로 자기관찰, 새로운 내적 대화의 시작, 새로운 기술의 학습 등의 방법을 사용한다. 인지를 행동적 연결고리의 부분으로 보거나 하나의 사고양식 혹은 신념체계로서 개념화한다. 치료의 목표는 인지양식에 대한 자기검토를 통해서 보다 적응적인 사고를 하도록 독려하는 것이다. 부적응 행동을 유발하는 자기교시나 비합리적 신념체계를 교정하거나 인지양식에 대한 자기검토를 통해서 보다 적응적인 사고를 하도록 한다. 특히, 이 방법에서는 적응적인 행동방법이나 행동전략을 자기 자신에게 이야기를 하도록, 즉 자기교시를 하게 함으로써 적응적인 행동을 하도록 가르친다.

스트레스 예방훈련 이 전략은 스트레스 상황에서 수행에 대한 자신의 신념과 자기대화를 수정함으로써 스트레스에 대처하는 능력에 영향을 줄 수 있다는 가정을 근거로 한다. 스트레스 예방훈련은 세 단계, 즉 개념적 단계, 기술획득과 연습의 단계, 적용과 추수의 단계를 통해 수행된다. 인지적 행동수정에서는 사람들이 예견된 불안이나 스트레스가 적응적인 인지 매개적 대처전략들을 방해하기 때문에 어떤 상황들에 대한 불안과 스트레스에 대처할 수 없다고 본다. 따라서 내담자가 하나의 스트레스 상황을 상정하고 불안에 대처하는 일을 상상하게 한다. 불안 상태는 이완을 훈련시키고 불안한 생각과 감정을 변화시킴으로써 감소시킬 수 있다. 이들 활동은 스트레스 자극들에 저항하는 하나의 인지적 태세를 발달시키는 결과를 가져오게 된다.

4) 자기표현훈련

울프는 자기표현 행동을 "다른 사람에게 불안보다는 다른 감정의 적절한 표현"이라고 정의하였다. 앨버티와 에몬스(Alberti & Emmons, 1986)는 자기표현은 자신이 원하는 것을 표현하지 못했을 때 느끼는 우울이나 절망감을 피하고 대인관계에서 보다 평등한 관계가 되도록 해 주는 도구라고 말한다. 자기표현을 "당신이 '아니요'라고 말하기를 원할 때, '예'라고 말하지 말라."라고 간략하게 정의하기도 한다. 자기표현훈련은 고전적 조건형성에 근거한 것으로 의사소통의 세 가지 기본적인 스타일인 ① 소극적 스타일, ② 자기표현식 스타일, ③ 공격적 스타일이 있다고 가정한다. 자기표현훈련에서는 인간관계에서 가장 바람직한 자기표현을 증가시킴으로써 다른 두 가지 스타일이 줄어든다고 본다. 상담자는 내담자가 자기표현적인 사람이 되게 하기 위해 먼저 이 세 가지의 의사소통의 차이를 명확하게 구별하도록 하는 것이 필요하다.

소극적 의사소통 소극적인 사람의 행동의 특징을 살펴보면 그는 자신의 욕구나 권리를 표현하지 못한다. 직접적으로 자기를 표현하지 못하기 때문에 정서적으로 정직하지 못하고 간접적으로 표현한다(예: 문을 꽝 닫는다). 소극적인 사람은 자기 부정적이며, 타인에게 인간적 권리를 침해하도록 허용한다. 소극적인 사람은 자신의 소극적 행동에 대하여 불안해하며, 자기에 대한 실망과 뒤늦게 분노하게 된다. 소극적인 사람을 보고 타인이 느끼는 감정은 안달, 초조, 동정, 연민, 넌더리이다. 소극적인 사람은 대부분 자신의 목표를 성취하지 못한다.

자기표현적 의사소통 자기표현적인 사람은 자신의 욕구와 권리를 정서적으로 정직하고 직접적으로 표현한다. 자기표현적인 사람은 자기 향상과 인간적 권리를 유지하나 타인의 권리를 침해하지 않는다. 따라서 자신에 대해 좋은 감정과 자신감을 가지며, 타인들도 그에 대해 존경심을 갖게 되며, 결과적으로 바라는 목표를 성취한다.

공격적 의사소통 공격적인 사람의 행동특성을 보면, 그는 타인을 희생하여 자신의 욕구와 권리를 표현한다. 그는 정서적으로 정직하기는 하나 누군가를 희생하도록 표현을 한다. 그 순간에는 자기 향상을 느낄 수 있으나 부적절한 적의의 과잉 반응 및 타인을 멸시하거나 창피를 주게 된다. 공격적인 사람은 당당한 우월감과 분노를 느끼지만 나중에는 대부분 죄의식을 느낀다. 타인이 그를 보고 느끼는 감정은 분노, 원한, 복수심이다. 어떻든 그는 타인을 희생하여 목표를 성취한다.

5) BASIC-ID

라자러스가 개발한 다중양식 치료(multimodal therapy)의 핵심개념이 BASIC-ID이다. BASIC-ID는 개인이 가진 일곱 가지 특성(행동, 감정, 감각, 심상, 인지, 대인관계, 생물학적 행동)을 두문자어로 나타낸 말이다. 다중양식 치료의 기본전제는 내담자들이 보통 여러 가지 특수한 문제로 고통을 받고 있으므로 그 문제들을 다룰 때에도 여러 가지 특수한 치료법을 동원해야 한다는 것이다. 즉, 다중양식 치료는 한 개인이 가지고 있는 일곱 가지 기본적 특성 중 가장 우선적인 문제가 무엇인가를 파악하여 그에게 맞는 최상의 치료방법을 찾아내는 것이다. 다중양식 치료에서 평가는 개인의 BASIC-ID에 해당하는 각 영역을 조사한다. 상담과정에서 상담자는 BASIC-ID의 초과와 결핍을 그린 도표를 작성한 후, 상담과정을 통해서 내담자의 문제를 교정한다. 그러면 머리글자인 BASIC-ID가 어떤 내용을 나타내는지 알아보자.

- B(Behavior, 행동): 얼마나 활동적인가, 얼마나 행동적인가?
- A(Affect, 감정): 얼마나 정서적인가? 사물들을 얼마나 깊이 느끼는가? 감정적이거나 영혼을 감동시키는 내적 반응을 하는 성향이 있는가?
- S(Sensation, 감각): 얼마나 감각으로부터 나오는 쾌와 고통에 초점을 맞추는가? 신체적 감각(성, 섭식, 음악, 예술)에 얼마나 주의를 기울이는가?
- I(Image, 심상): 생생한 상상을 하는가? 환상을 하고 백일몽을 꾸는가? '그림으로 생각' 하는가?
- C(Cognition, 인지): 어느 정도의 '사색가'인가? 일을 분석하고 계획을 세우는 일이 되는 과정을 추론하기를 좋아하는가?
- I(Interpersonal relationship, 대인관계): 얼마나 사교적인가? 타인들이 자신에게 얼마나

중요한 존재인가? 타인의 호감을 사는가? 타인과 친밀하기를 원하는가?

- D(Drug/biology, 약물/생물학): 건강한가? 건강한 의식을 가지고 있는가? 몸과 신체를 돌보는가? 과식, 불필요한 약물과 과잉복용, 폭음, 해로운 다른 물질의 복용을 피하는가?

상담자가 다중양식 치료를 사용하지 않더라도, 이러한 개인이 갖고 있는 일곱 가지 특성을 나타내는 BASIC-ID는 상담자들이 면담 상황에서 내담자의 문제를 파악하고 확인하는 데 유용하게 사용될 수 있다.

6) 자극통제

행동주의적 상담자는 내담자가 환경을 수정함으로써 자극을 통제하도록 돕는다. 예를 들어, 몸무게 감량 프로그램을 실행하고 있는 내담자에게 음식을 눈에 보이지 않고 손이 잘 가지 않는 곳에 두도록 조언할 수 있다.

7) 타임아웃

이 기법은 내담자가 긍정적 강화를 받을 기회를 박탈시키는 것이다. 타임아웃은 세심한 모니터링이 요구되는 약한 혐오기법으로 10분 이내 같이 짧은 기간을 설정하여 이용할 때 가장 효과적이다. 예를 들면, 초등학교에서 수업시간에 학생이 수업에 방해가 되는 부적절한 행동을 할 때 시간을 정해 잠깐 동안(5분) 급우들과 격리시키는 것이다(Gladding, 1996, pp. 273-274). 타임아웃은 특정한 행동 뒤에 강화가 많은 상황에서 적은 상황으로 이동시키는 것이다(Van Houten, 1983, p. 28). 이는 강화물을 얻을 수 있는 기회로부터 제외시키는 것이다.

8) 혐오치료

혐오치료는 행동치료 기법으로 널리 알려진 것이 사실이지만 논쟁의 여지도 많다. 왜냐하면 행동치료에서는 기본적으로 처벌이나 부정적 결과보다 보상을 적용한 기법이 선호되기 때문이다. 혐오치료는 바람직하지 않은 행동을 부정적 경험과 연합시켜 행동변화가 일어나게 하는 방법이다. 이 방법은 주로 알코올중독, 약물중독, 변태성욕장애, 의상도착증 등과 같이 개인적으로나 사회적으로 용납되기 어려운 이상행동을 치료대상으로 하고 있다. 이 치료방법은 바람직하지 못한 습관에 대하여 혐오조건화를 형성시키는 것이다. 즉, 상담자는 내담자가 바람직하지 못한 행동을 하면 유해자극을 주기도 하고, 또 그와 같은 행동을 일으키는 단서와 유해자극을 연합시키기도 한다. 조건화 불안반응은 다시 바람직하지 못한 행동과 연합시켜 양립할 수 없는, 즉 상반되는 반응을 일으키게 하므로 혐오기법은 일종의 양립할 수 없는 반응의 조건화라고 할 수 있다. 혐오자극으로는 구토제, 전기쇼크 등이 사용된다.

9) 홍수법

상담자가 내담자를 강력하고도 지속적으로 문제 상황에 노출시키는 방법이 홍수법이다. 즉, 상담에 참여한 내담자는 관련된 문제에 마치 퍼붓는 홍수를 맞는 것과 같은 경험을 한꺼번에 받게 된다. 홍수법은 체계적 둔감화와는 대조를 이루는 불안치료법이다. 여기에는 강한 반응을 야기한다는 특징이 있다. 예를 들어, 자동차를 무서워하는 사람이 있다고 하면, 치료자가 그를 뒤에 태우고 하루에도 몇 시간씩 차를 몰고 다녔더니 자동차에 대한 공포는 소실되고 오히려 자동차 타는 것을 재미로 여기게 된다. 후에는 그에 대한 공포가 완전히 소실되는데 이것이 홍수법에 의한 불안치료의 기본원리이다.

10) 토큰경제법

강화 원리를 이용하여 행동변화를 위해 널리 사용되는 것이 토큰경제법이다. 내담자가 바람직한 행동을 했을 때 토큰을 나누어 주어 나중에 음료수, 사탕, 입장권 등 내담자가 원하는 물건이나 권리와 바꿀 수 있도록 한 것이다. 교사들이 초등학교 학생들에게 바람직한 행동을 하면 스티커를 주는 방법은 토큰경제법을 적용한 것이다. 이 방법은 어린이나 정신지체의 행동수정에 유용하다.

11) 모델링 기법

상담기법으로서 모델링은 내담자가 다른 사람의 바람직한 행동을 관찰해서 학습한 것을 수행하는 것이다. 이 기법에서 주요한 두 가지 측면은 모델이 행동을 수행하는 방법을 배우고 행동을 학습한 결과로서 모델에게 무엇이 발생한가를 아는 것이다. 목표로 했던 행동이 나타나게 되면 강화를 주는 것이 보통이지만 그것만으로는 불충분하다. 목표행동을 보다 효과적으로 유발시켜 유지시키기 위해서는 모델링이 병행될 필요가 있다.

행동치료에서 모델링의 주요한 기능은 가르치기, 촉발하기, 동기부여하기, 불안 감소하기, 낙담시키기이다(Spiegler & Guevremont, 2003). 이러한 내용을 살펴보면 모델링의 가르치기 기능은 실연을 통해 일어난다. 모델이 모방의 촉발자로서 모방자에게 촉발하기 기능을 한다. 모델링 행동을 강화함으로써 그러한 행동을 수행하도록 동기부여를 할 수 있다. 모델링의 결과로서 그러한 행동을 수행하는 데 있어 발생하는 불안을 감소시키는 기능을 한다. 마지막으로 부적절한 행동을 계속하여 얻는 결과를 관찰함으로써 계속되는 행동을 하지 않도록 모방자를 낙담시키는 기능을 한다. 반두라가 제안했던 모방의 세 가지 주요한 효과는 첫째, 새로운 반응이나 기술의 획득과 수행이다. 둘째, 공포반응의 제거이다. 셋째, 반응의 촉진이다.

모델링에는 모델을 실제 인물을 관찰해서 모방하는 실제적 모델링, 실물이 아닌 비디오나 필름을 통해 적절한 행동을 모방하는 상징적 모델링, 상담자가 어떤 주어진 상황에서 내담자와 함께 역할연습하기, 상담자가 내담자를 위한 행동에 참여하여 먼저 보여 주는 참여적 모델링, 관찰될 수 없으나 머릿속에 상상해서 어떤 행동을 하도록 하는 내현적 모델링 등이 사용된다.

이상에서 설명한 주요개념이나 상담기법들을 행동주의의 주요한 이론적 분류에 따라 살펴보자.

고전적 조건형성과 관련한 상담기법은 역조건형성, 상호억제, 체계적 둔감화, 주장훈련, 혐오치료, 반응적 소거, 이완기법, 홍수법 등이다.

조작적 조건형성에 관련한 상담기법은 강화프로그램, 토큰경제법, 프리맥의 강화원리, 긍정적이거나 부정적 강화, 처벌(혐오치료, 타임아웃, 반응대가), 회피와 도피조건형성 등이다.

사회적 인지이론에 관련한 상담기법에는 자기강화, 본보기, 내파치료(implosive therapy), 자기효능감 등이 있다.

인지적 행동수정에 근거한 상담기법에는 자기대화, 인지재구조화, 자기교시훈련, 스트레스 예방훈련, 사고중단 등이 있다.

이러한 행동상담기법을 적용함으로써 당신이나 당신 자녀의 학습한 부적응 행동을 수정할 수 있다. 행동주의적 상담자는 당신의 행동이 학습된다는 것을 굳게 믿는다. 역시 역조건형성, 강화, 본보기, 인지재구조화 등을 통해 당신의 잘못된 학습도 효율적인 학습으로 바꿀 수 있다는 것을 강조한다.

7. 요약

- 행동치료는 효과적이건 비효과적이건 우리가 통제하는 대부분의 행동이 학습된다는 전제에 근거한다. 이러한 행동은 학습의 법칙에 따른다.
- 행동주의의 발달도 인간행동을 설명하는 이론적 입장을 확장해 왔다. 현재 인간행동을 설명하는 데 고전적 조건형성, 조작적 조건형성, 사회적 인지이론, 인지행동수정이 적용되고 있다.
- 파블로프에 의해 시작된 고전적 조건형성 절차는 기본적으로 자극들의 연합(무조건자극과 조건자극)을 가정한다.
- 조작적 조건형성은 행동과 그것의 결과의 연합을 통해 조작행동을 형성하는 절차이다. 변별화된 조작행동은 일반적으로 '세 가지 용어 수반성'에 의해 정의된다.
- 강화의 원리는 정적 강화물의 제시나 부적 강화물인 혐오자극의 제거가 행동에 뒤따를 때 반응의 빈도가 증가하는 것을 말한다. 처벌의 원리는 혐오자극 제시나 긍정자극의 제거가 행동에 뒤따를 때 반응의 빈도가 감소하는 것을 말한다.
- 반두라는 인간행동을 설명하는 데 선행되는 조건형성에 인지적 중재를 포함시켜 체계적이고 통합적인 개념모델을 제안하였다. 관찰학습에 중요한 본보기의 네 가지 결정요인은 주의, 파지, 동작 재생산, 동기이다.
- 간헐적 강화에는 시간과 비율을 바탕으로 효과적인 행동 통제를 위해 사용되는

네 가지 강화계획인 고정간격계획, 변동간격계획 고정비율계획, 변동비율계획이 있다.

- 우리는 어떤 상황(자극)에서 우리의 행동이 강화될 것 같은가 혹은 다른 상황(자극)에서 같은 행동이 강화되지 않을 것인가에 대한 변별을 학습한다. 일반화는 변별과 대립되는 개념이다.
- 소거의 원리는 주어진 상황에서 개인이 이전에 강화된 반응을 방출하고 그러한 반응이 강화되지 않으면, 그는 다음에 유사한 상황에 직면할 때 다시 같은 반응을 하지 않을 가능성이 높은 것을 말한다.
- 계기적 근사법은 구성된 반응들이 단계적으로 바람직한 행동에 도달할 때까지 강화되는 절차이다. 복잡한 행동은 계기적 근사법에 의해 조성된다.
- 행동치료자는 학습이론에 대한 철저한 이해를 바탕으로 내담자가 갖는 문제행동이 무엇인가를 정확히 평가하여 구체적이고 체계적인 계획에 따라 그의 행동변화를 가져오도록 조력한다.
- 상담자는 내담자가 부적절한 행동을 수정하고 바람직한 행동을 학습하도록 하는 데 있어 자문가, 교사, 조언가, 강화를 주는 사람, 촉진자로서 역할을 수행한다.
- 내담자의 부적절한 행동변화를 위한 행동치료 기법으로 체계적 둔감화, 프리맥의 강화원리, 자기교습훈련과 스트레스 예방훈련, 자기표현훈련, BASIC-ID, 자극통제, 타임아웃, 혐오치료, 홍수법, 토큰경제법, 모델링 등이 있다.

효과적 조력을 위한
상담 연습 10

행동원리 이해와 부적절한 행동변화

연습 1: 조건자극이 조건반응을 야기하게 되는 고전적 조건형성의 원리를 실험적 절차에 의해 설명하라.

연습 2: 고전적 조건형성, 역조건형성, 상호억제원리, 불안 혹은 공포의 위계, 이완 훈련을 바탕으로 개발된 행동치료 상담기법이 체계적 둔감화이다. 당신이 갖는 어떤 부정적 습관이나 내담자가 해결을 호소하는 부적절한 행동을 체계적 둔감화 기법을 사용하여 변화하도록 시도하라.

연습 3: 먼저 강화와 처벌의 차이를 설명하라. 그런 다음 부적 강화와 부적 처벌의 차이를 비교 설명하라.

연습 4: 당신의 부정적 습관(예: 흡연, 미루기, 지각, 늦잠 자기 등) 중 하나를 선택하여 앞으로 4개월 동안 그러한 습관을 어떤 방식으로 바꿀 것인가를 구체적 절차에 따라 계획을 세워 실천하라.

연습 5: 건강한 사람은 공격적이거나 소극적 의사소통보다 자기표현적 의사소통을 많이 한다. 먼저 당신의 일상적 의사소통이 소극적인지, 공격적인지, 자기표현적인지 탐색하라.

연습 6: 자주 화를 내며 공격적인 표현을 하는 사람은 아리스토텔레스가 언급한 다음 내용을 읽고 자신의 분노를 처리하는 방식이 대인관계에 미치는 영향에 대해 생각해 보라.

누구나 화를 낼 수 있다. 그것은 쉬운 일이다.
그러나 적절한 사람에게 화를 내는 것,
적절한 정도로 화를 내는 것,
적절한 시간에 화를 내는 것,
적절한 목적을 위해 화를 내는 것,
그리고 적절한 방법으로 화를 내는 것은 쉬운 일이 아니다.

연습 7: 라자러스가 제안한 BASIC-ID를 바탕으로 당신의 기본적인 정체감을 나타내는 일곱 가지 영역을 평가하여 프로파일식으로 기술해 보라.

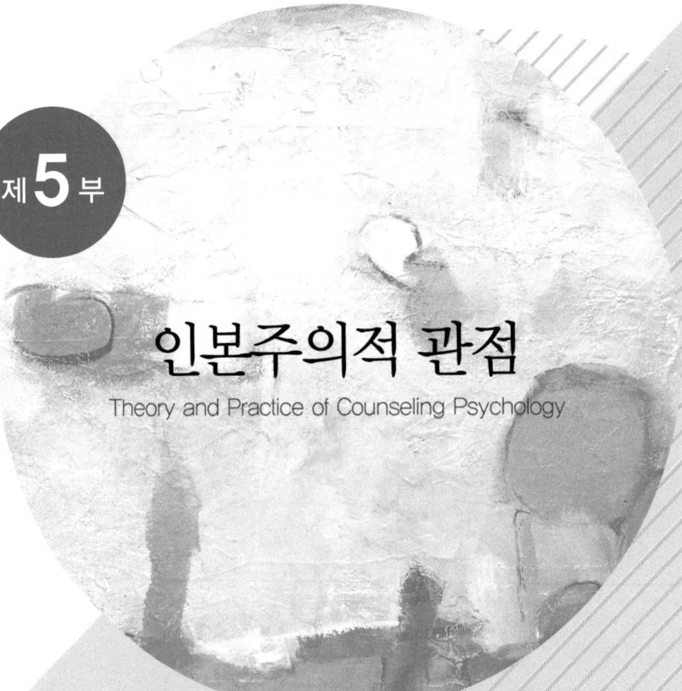

제5부

인본주의적 관점

Theory and Practice of Counseling Psychology

인본주의 심리학은 정신분석의 생물학적 환원론과 행동주의의 기계론적 전제를 반대하고 개인의 경험이나 주관적인 의미 있는 삶을 중요시한다. 심리학의 제3세력으로 분류되는 인본주의의 철학적 배경은 주로 실존주의와 현상학이다. 따라서 인본주의 입장을 취하는 심리학자들은 개인의 주관적 경험과 자유의지를 강조한다. 역사적 측면에서 볼 때 제2차 세계대전 이후에 태동한 인본주의 심리학은 1964년 공식적으로 심리학 내에서 주요한 사회적 운동으로 출범하였다. 대표적인 인본주의 심리학자는 올포트(Allport), 켈리(Kelly), 매슬로(Maslow), 로저스(Rogers), 메이(May) 등을 들 수 있다.

이러한 인본주의 관점에 속하는 주요한 상담이론에는 펄스의 게슈탈트치료, 로저스의 인간중심치료, 실존주의적 상담이론, 프랭클의 의미치료 등이 있다.

펄스는 게슈탈트치료의 철학적 입장을 실존주의와 자각이라고 하였다. 이런 점에서 게슈탈트치료에서 변화를 위해 강조하는 주요한 세 가지 개념은 접촉, 자각, 통합이라고 할 수 있다. 펄스는 실존적 존재로서 유기체의 지혜를 강조하였다. 게슈탈트 치료자는 내담자가 정말 변화를 원한다면 있는 그대로 자신을 수용하고 접촉을 통한 자각을 통해 끊임없는 게슈탈트 순환과정을 경험하면서 통합할 것을 주장한다.

로저스의 인간중심치료는 프로이트의 치료자중심보다는 내담자중심을 강조했고 동시에 윌리엄슨(Williamson)의 지시적 접근보다는 비지시적 접근의 입장을 취하였다. 로저스는 상담자의 주요한 세 가지 태도로서 진솔성, 무조건적 긍정적 존중, 정확한 공감을 강조하였다. 로저스는 내담자가 이러한 태도를 보이는 상담자와의 새로운 경험을 통해 이전과는 다른 가치화 과정을 통해 변화한다고 보았다.

실존주의 상담에서 강조하는 것은 개인이 실존적 존재로서 갖는 궁극적 관심사에서 비롯된 불안을 적절한 방법으로 해결하는 것이다. 우리는 동시에 주변세계, 공존세계, 고유세계, 영적 세계에 존재한다. 메이는 "나는 존재한다. 그러므로 나는 생각하고, 느끼고, 행동한다."고 주장하면서 존재론적 입장을 강조하였다. 얄롬(Yalom)은 내담자가 실존적 존재로서 갖는 네 가지 궁극적 관심사인 죽음, 자유, 고립, 무의미성에 대한 이해와 해결을 중요하게 여겼다.

프랭클(Frankl)은 실존주의적 상담자로서 자신의 고통스러운 경험을 바탕으로 의미치료를 개발하였다. 프랭클은 우리가 삶의 의미를 찾으며 살아가는 실존적 존재임을 강조한다. 프랭클은 역설적 의도나 탈숙고 등과 같은 효과적 기법을 통해 내담자가 자신의 자발성과 유연성을 회복할 것을 강조하였다.

제 11 장

게슈탈트치료

변화는 개인이 자신이 아닌 사람이 되려고 노력할 때가 아니라
있는 그대로의 자신이 되려고 할 때 일어난다.

—바이서(Beisser)

11장의 목차

진정한 변화는 내가 있는 그대로 내가 되려고 할 때 일어난다. 게슈탈트 치료자인 바이서(Beisser, 1970)는 변화의 과정이 역설적임을 지적하면서 "변화는 개인이 자신이 아닌 것이 되려고 노력할 때가 아니라 그가 자신이 되려고 할 때 일어난다."(p. 77)고 기술하였다. 우리는 경험하는 유기체로서 우리의 사고, 감정, 행동을 통해 내적으로 그리고 외적으로 야기되는 사건과 접촉을 하며 살아간다. 자신이 접촉하여 경험하는 현상을 있는 그대로 매순간 자각하여 수용하며 살아가는 것이 유기체의 지혜를 신뢰하는 것이다. 게슈탈트치료(Gestalt Therapy)를 시작하여 발달시킨 펄스는 우리가 실존적 주체로서 책임을 회피하는 환경적 지지를 버리고 '자기지지(self-support)'를 바탕으로 자신을 신뢰하고 책임지며 살아갈 것을 강조하였다.

게슈탈트치료의 창시자인 펄스는 초기에는 프로이트의 정신분석에 매료되어 훈련을 받았으나 프로이트 학파가 쌓아온 자기보호 장벽에 그가 발견한 이론을 접목하는데 한계를 느꼈다. 펄스는 과거를 중심으로 지나치게 해석을 강조하는 정신분석을 비판하여 경험을 통한 자각을 통해 통합을 강조하는 게슈탈트치료를 발전시켰다. 프로이트와의 가상적 자기대화에서 펄스는 심리적 갈등이나 문제해결을 위해 통합을 강조한 반면 프로이트는 해석을 통한 이해를 주장하였다.

게슈탈트치료는 경험적이며, 실존적이며, 실험적인 접근이다. 언어를 통해 정신적 조작을 하는 것보다 행동을 강조한다는 점에서 경험적이다. 개인의 독립적 선택과 책임을 강조한다는 점에서 실존적이다. 그리고 개인이 매순간에 느끼는 감정을 표현하도록 촉진한다는 점에서 실험적이다.

독일어 명사인 게슈탈트(gestalt)는 형태, 모양, 유형, 조직화된 전체를 의미한다. 동사인 게슈탈텐(gestalten)은 형태나 모양을 형성하고, 만들고, 조직화하고, 구조화하는 것을 의미한다. 게슈탈트란 용어를 '형태'로 번역해서 쓰지 않고 원어로 그대로 쓰는 이유는 우리에게 전경으로 지각된 형태(figure)만을 의미하는 것으로 오해될 수 있기 때문이다. 배경이 없으면 전경인 형태도 없다. 즉, 게슈탈트는 전경과 배경이 역동적으로 조직화되어 나타나는 전체를 의미하기 때문에 그대로 사용하였다.

1. 펄스의 생애

게슈탈트치료 역사는 창시자인 프레더릭 펄스(Frederick S. Perls, 1893~1970)의 전문적 발전과 그가 살았던 시대정신에서 비롯되었다. 펄스는 게슈탈트치료를 창시하고 개발했으며 보급시켰다. 그는 독일 베를린에서 중류층 독일계 유태인 부모의 세 자녀 중 막내로 태어났다. 그의 가족은 히틀러의 나치즘으로 나락에 떨어졌고 그의 큰누나는 포로수용소에서 사망하였다. 펄스의 부모 및 작은 누나는 그를 가정과 학교에서 문제아인 것으로 기술하였다. 특히 그는 칠 학년에서 두 번이나 낙제를 해서 학교를 떠나야만 했다. 학교에서 퇴출되어 잠시 동안 상가에서 일을 하다가 14세 때 다시 학교로 돌아왔다.

펄스는 1920년에 정신의학 전공으로 의학박사 학위를 취득하였으며 1926년에 프랑크푸르트에 있는 '뇌손상 군인들을 위한 골드스타인 연구소'에서 게슈탈트 심리학 관점을 가진 골드스타인(Kurt Goldstein)의 조수로 일하면서 그의 영향을 받았다. 연구소에서 일하는 동안 그의 게슈탈트치료 개발에 영향을 미친 여러 사람을 만났으며 특히 그의 부인이 될 열두 살 연하인 로라(Laura)를 만났다. 펄스는 비엔나와 베를린의 정신분석 연구소에서 정신분석자로서 훈련을 받았으며 그의 훈련 분석자들인 라이히(Wilhelm Reich), 페니클(Otto Fenichel), 호나이(Karen Horney) 등으로부터 영향을 받았다. 특히 분석자 중 라이히는 펄스가 게슈탈트치료에 대한 아이디어를 개발하는 데 영향을 주었다. 이 기간에 펄스는 아들러, 융, 프로이트를 만났다.

펄스는 1934년에 나치즘의 발발로 독일을 떠나 남아프리카로 갔다. 펄스는 1935년에 남아프리카 정신분석연구소를 설립하였다. 남아프리카에서 그의 게슈탈트치료 개발에 영향을 주었던 스멋츠(Jan Smuts)를 만났다. 남아프리카에서 12년 동안 머무른 후 1946년에 뉴욕으로 왔으며 1952년에 굿맨(Paul Goodman) 및 로라(Laura Perls)와 함께 '뉴욕 게슈탈트치료 연구소'를 설립하였다. 그 후 여러 지역으로 이동한 후 마침내 그는 캘리포니아 빅서(Big Sir)에 에살렌 연구소를 설립하여 1964년에서 1969년까지 머물면서 워크숍과 세미나를 통해 많은 사람들에게 게슈탈트치료를 보급하였다. 그는 77세의 나이인 1970년에 파란만장한 생을 마감하였다.

그의 주요한 저서로는『자아, 기아 그리고 공격성(Ego, Hunger, & Aggression)』(1947), 헤퍼린(Ralph F. Hefferline) 및 굿맨(Paul Goodman)과 함께 저술한『게슈탈트치료: 인간성격에 있어 흥분과 성장(Gestalt Therapy: Excietment and Growth in the Human Personality)』(1951),『게슈탈트치료 축어록(Gestalt Therapy Verbatim)』(1969), 그리고 그의 자서전인『쓰레기통의 안과 밖(In and Out of the Garbage Pail)』(1969) 등이 있다.

2. 인간관

펄스는 인간을 현상학적이며 실존적 존재로서 자신에게 가장 긴급하게 필요한 게슈탈트를 끊임없이 완성해 가며 살아가는 유기체로 보았다. 인간이 매순간에 경험하는 유기체로서 환경적 장에서 살아간다는 점에서 현상학적이다. 따라서 게슈탈트치료는 내담자가 지각하는 현실에 초점을 둔다. 유기체의 긴급한 욕구인 게슈탈트 형성은 일차적인 생물학적 현상이다. 그리고 인간은 각기 독특한 유기체로서 필요한 욕구를 선택하여 게슈탈트를 형성하면서 자신의 삶에 대한 책임을 진다는 점에서 실존적이다. 따라서 게슈탈트치료는 현재에 초점을 두며 각 개인이 자신의 운명에 책임이 있다는 것을 강조한다.

펄스가 자신의 이론형성을 위해 인간에 대한 가정을 어떻게 하고 있는가를 알아보자. 그가 사용한 다섯 가지 가정은 다음과 같다.

첫째, 인간은 완성을 추구하는 경향이 있다.

이 가정은 우리가 끊임없는 게슈탈트의 완성을 통해 삶을 영위하고 있음을 나타내는 가정이라 볼 수 있다. 미완성된 일은 우리의 집중력을 방해하고 미완성된 일이 중요하면 할수록 우리가 집중해서 일하는 것을 반복적으로 방해한다.

둘째, 인간은 자신의 현재의 욕구에 따라 게슈탈트를 완성할 것이다.

이 가정은 우리가 현재의 급박한 상황에서 필요한 게슈탈트를 형성하고 완성한다는 것이다. 게슈탈트치료에서 치료자가 자주 사용하는 질문인 "지금 이 순간에 당신이 자각하는 것이 무엇인가?"도 인간에 대한 이 가정과 밀접하게 관련되어 있다.

셋째, 인간의 행동은 그것을 구성하는 구체적인 구성요소, 즉 부분의 합보다 큰 전체이다.

이 가정은 게슈탈트 이론의 기본명제인 "전체는 부분의 합보다 크다."는 말을 반영한 내용이다. 펄스가 기술한 "전체가 나누어지면 전체가 사라진다."는 말처럼 전체를 강조한 말이다. 이런 점에서 게슈탈트치료는 인간의 행동을 자극-반응의 원리에 의해 설명하는 행동주의 입장과 대립된다.

넷째, 인간의 행동은 행동이 일어난 상황과 관련해서 의미 있게 이해될 수 있다.

이 가정은 게슈탈트 이론의 주요한 입장인 '장이론(field theory)'을 강조한 내용이다. 우리와 관계하는 다른 사람의 단편적인 행동을 보고 성급하게 판단하여 오해하거나 비판하는 것도 전체적인 맥락이나 상황 속에서 그 사람의 행동을 파악하지 않았기 때문인 경우가 많다.

다섯째, 인간은 전경과 배경의 원리에 따라 세상을 경험한다.

이 가정은 펄스가 게슈탈트 이론이 크게 기여한 인간의 지각의 원리를 보다 확장하여 게슈탈트치료에 반영한 것이다. 우리가 갖는 관심의 초점이 무엇에 있느냐에 따라 전경과 배경의 원리는 역동적으로 일어난다고 볼 수 있다. 이런 점에서 게슈탈트치료는 우리 각자가 주관적으로 세상을 경험하면서 살아가는 실존적 존재임을 강조한다. 당신이 전체로서 그리고 독특한 존재로서 세상을 살아가며 당신이 갖는 관심의 초점에 따라 객관적으로 주어진 상황을 다르게 경험한다는 것이다.

게슈탈트치료는 우리가 주어진 상황에서 자신에게 일어난 일을 충분히 자각하면 그 상황에서 필요한 게슈탈트를 형성하므로 적절하게 주어진 문제를 처리할 수 있다고 가정한다. 우리가 오관을 통해 주어진 상황에서 매순간 경험하는 것을 충분히 자각하여 처리할 수 있을 때 유기체로서 바람직한 적응이 이루어진다.

펄스는 게슈탈트치료가 취하는 철학적 입장을 취하는 데 새로운 단어를 만들어 쉽게 설명하였다. 영어단어의 마지막에 ism이 붙으면 보통 어떤 '주의', 예를 들면, 실용주의(pragmatism), 실존주의(existentialism)처럼 철학적 입장이 된다. 이러한 아이디어를 채택하여 영어단어 about, should, is에 ism을 붙여 그가 제안했던 세 가지 철학적 접근은 계산주의(aboutism), 당위주의(shouldism), 상태주의(isism)이다. 이러한 세 가지 입장을 간략하게 알아보자.

- **계산주의**: 인간은 계산적이다. 계산이 과학적인 것처럼 보일 수 있으나 과학이라

는 것은 인간 세상에 편리를 추구할 뿐이다. 인간관계를 거래로 생각하고 계산하고 나서 행동을 한다. 이는 정신건강에 해로울 뿐이다.

- **당위주의**: 강박적이고 당위적인 사고를 말하고 유연성이 결여되어 있다. 절대주의 혹은 독단주의로서 자신의 체험, 경험에 의해 신념화된 것을 과일반화한 것이다.
- **상태주의**: 존재론과 실존주의를 바탕으로 한다. 현상학에서 빌려온 개념으로 있는 그대로를 받아들인다. 현재 있는 그대로를 인정한다.

펄스는 게슈탈트치료의 철학적 입장을 상태주의 + 자각이라고 하였다. 즉, 실존주의적 의미인 '있는 그대로'를 강조하는 상태주의와 유기체의 지혜를 신뢰하여 유기체가 매순간 변화를 알아차리는 자각(awareness)을 게슈탈트치료의 근거로 삼는다.

이는 매순간 생성되는 게슈탈트를 자각하여 그것을 해결하면 다시 새로운 게슈탈트가 형성되어 지금-여기에서 생성되는 게슈탈트를 해결함으로써만이 전체를 통합할 수 있다는 것이다.

3. 주요개념

여기서는 게슈탈트치료를 이해하는 데 필요한 접촉, 지금-여기, 자각과 책임감, 미해결 과제와 회피, 신경증 층과 접촉경계 장애를 살펴보자.

1) 접촉

우리가 환경과의 접촉(contact)을 통해 가장 시급하게 필요한 게슈탈트를 완성하지 못하면 문제이다. 원만하고 건강한 삶을 유지하기 위해 가장 시급한 게슈탈트의 완성을 위해 우리의 에너지가 봉쇄되지 않고 사용되는 것이 요구된다. 그러므로 접촉을 방해하고 에너지의 흐름을 방해하는 것이 우리가 가진 잠재력을 충분히 발휘하지 못하도록 하고 게슈탈트의 완성을 방해하기 때문에 문제이다. 즉, 학교나 직장에서 자신이 해야 할 일을 수행하는 데 집에서 있었던 좋지 않았던 일이 계속해서 당신을 괴롭힌다면 문제이다. 건강한 삶을 위해서는 시급한 게슈탈트의 완성을 통한 게슈탈트의 순환이 계속되는 것이 필요하다.

펄스는 유기체의 자각 혹은 알아차림을 통한 접촉 결여를 주요한 문제로 보았다. 그가 지적한 접촉경계의 장애는 우리의 성숙과 문제해결을 방해한다. 펄스는 "접촉에서 자각은 강렬하다."고 하였다. 자각을 통한 접촉을 방해하는 장애기제는 프로이트가 제안한 개념인 방어기제와 유사하다.

2) 지금-여기

펄스의 가장 중요한 공헌은 현재를 온전히 음미하고 경험하는 학습을 강조했다는 점이다. 현재만이 유일하게 중요한 시제다. 반면에 과거는 지나가 버렸고, 미래는 아직 오지 않았다. 그러나 대부분의 사람들은 현재의 힘을 상실했다. 대신 그들은 과거를 생각하거나, 미래를 위한 끊임없는 계획과 대비책에 연연한다.

게슈탈트는 언어적이지도 해석적이지도 않은 실험적인 치료이고 내담자가 즉시적인 상황에서 그들의 경험과 직접적인 접촉을 하는 것이 그 목적이다. 그러나 현재에 초점을 둔다는 것이 과거에 관심이 없다는 것을 뜻하는 것은 아니다. 과거는 우리의 현재와 관련되어 있는 것으로서만 중요하다. 게슈탈트 집단에서 구성원들은 과거의 문제상황을 현재에 가져와 마치 그것이 지금 일어나고 있는 것처럼 상황재연을 한다.

이런 재연과정에서 상담자는 기법에 대한 설명을 간단히 제공할 수 있고, 집단 내에서 구성원의 어리석은 감정들을 보다 전적으로 토론하고, 이러한 감정들이 유력한 실험의 참석에 얼마나 방해가 되는지 이야기해 볼 수 있다. 상담자가 구성원들의 인생에서 중요한 타인과 관련된 많은 미해결의 상황을 아는 것은 유용하다.

우리는 인생에서 현재 방향제시를 위한 책임감을 떠맡지 않은 것을 정당화하기 위해 과거에 매달리는 경향이 있다. 과거에 머무름으로써 우리의 존재방식에 대해 타인을 비난하는 게임을 끊임없이 할 수 있고, 그래서 다른 방향으로 움직일 자신의 능력과 결코 마주치지 않는다. 우리는 생기 없는 상태의 해결책과 합리화에 사로잡히고 만다(Perls, 1969a).

게슈탈트치료가 현재의 힘에 초점을 두기 때문에 대부분의 기법들은 내담자가 그들의 계속되는 경험에 보다 가깝게 접근하는 것과 순간순간의 느낌의 자각을 증가시킬 수 있는 쪽으로 고안되었다.

3) 자각과 책임감

자각이란 우리가 생각하고, 느끼고, 감지하고, 행동하는 것을 인식하는 과정이다. “자각은 자신과 만나기 위한 끊임없는 수단이다. ……. 거기에는 필요할 때는 언제든지 솟아날 준비가 되어 있는 지하수처럼 신선하고 생명력 넘치는 경험이라는 것이 있다.” (Polster & Polster, 1974)

게슈탈트 집단 구성원들의 과업은 자신의 경험구조에 주의를 가지는 것이고, 그러한 경험의 무엇을, 그리고 어떻게 자각할 것인가에 있다. 정신분석 접근의 관심이 어떻게 할 것인가보다는 무엇을/왜 해야 하는가에 있는 반면, 게슈탈트치료자는 ‘왜’ 질문은 거의 하지 않고, ‘무엇’과 ‘어떻게’로 묻는다. 펄스(Perls, 1969b)는 게슈탈트치료에서 ‘왜’는 좋지 않은 단어라고 했다. 왜냐하면 결코 이해하는 것 없이 합리화나 명석한 해명을 하려고 하기 때문이다. 대조적으로 펄스는 즉시적인 상황에서 경험하는 것과 현재의 자각을 증가시키기 위해 어떻게 경험하는가에 초점을 둔다. 즉, 경험의 흐름에 머무름으로써 내담자들은 세계에서 그들이 어떻게 기능하는가를 발견할 것이다.

우리의 존재에 대해 현재중심적인 지금-여기에 대한 자각을 얻기 위해서는 내담자의 움직임, 자세, 언어유형, 목소리, 제스처, 타인과의 상호작용에 주목하는 외현적인 것을 강조한다. 많은 사람들이 외현적인 것을 보지 못하기 때문에 게슈탈트치료자는 내담자가 어떻게 그들의 감각을 전적으로 사용할 것인지를 배우고, 외현적인 것을 어떻게 회피하고 있는지 알게 하며, 지금-여기에 개방하는 것에 도전시킨다.

상담자는 게슈탈트치료를 통해 내담자들이 경험하고 행동하는 것은 무엇이건 간에 타인에게 탓을 돌리지 않고 자신이 책임을 지도록 한다. 개인의 책임감은 의무를 수행하는 것과 다르다. 성숙한 인간은 타인의 기대에 부합하려 하지 않고, 타인에게 보은하면서 살려고 노력하지도 않는다. 그들은 자신의 기대와 진실로 자기 자신이 되는 것에 관심이 있다.

우리가 개인적인 책임감을 증진시키는 방법 중의 하나는 우리가 타인에게 자신의 책임을 떠맡기는 방식을 자각하는 것이고, 타인이 우리에게 기대하리라 생각하는 것으로부터 우리를 분리시켜서 자신의 기대로 살 수 있는 현명한 결정을 하는 것이다.

4) 미해결 과제와 회피

개인에게 어떤 욕구가 출현하여 해결하지 못해 게슈탈트를 완성하지 못하면 그는 미해결 과제를 갖게 된다. 이러한 미해결 과제는 분노, 증오, 노여움, 고통, 불안, 죄책감, 회한과 같은 표현되지 않은 감정으로 나타난다. 미해결 과제나 표현되지 않은 정서가 지금 상황에서 지각되거나 다루어지지도 않는다면 그것들은 현재의 자각과 효과적인 기능을 계속 방해한다. 이러한 미해결 과제는 기본적으로 해결을 추구한다. 만일 특정 시간 동안 계속적인 자각에 머물러 있다면 의미 있는 미해결 과제가 출현할 것이다. 내담자는 경험하고 있는 것과 회피하고 있는 것을 자각함으로써 자신의 현재 상황에 충격을 준 미해결 상황을 해결할 수 있다.

미해결 과제와 관련된 개념이 회피이다. 회피는 사람들이 미해결 과제를 직면한다거나 미해결 상황과 관련 있는 불편한 정서를 경험하는 것을 방해하는 데 사용하는 수단이다. 대부분의 사람들은 변화에 필요한 것을 실행하기보다는 고통스러운 정서를 경험하는 것을 피하려고 한다. 그래서 그들은 옴짝달싹할 수 없게 되고, 난국을 극복할 수 없으며, 그들의 성장가능성을 방해한다.

파국적 기대는 우리의 삶을 방해한다. 왜냐하면 우리는 성장을 요구하는 위험을 감수할 필요성을 회피하는데 그것들을 사용하기 때문이다. 그래서 게슈탈트치료는 전에는 결코 직접적으로 표현한 적이 없는 강렬한 감정을 상담회기의 현재 상황에서 표현하도록 격려한다.

상담회기 중에 내담자가 공허감과 무력감을 말하면 상담자는 이러한 불편한 감정에 머물러 있도록 격려한다. 심지어는 그것들을 과장해서 '공허하게 되라' '무력해져라'고 할 수도 있다. 만일 내담자가 그의 깊은 감정을 참아낼 수 있고 진정으로 경험할 수 있다면, 그는 이런 무력감과 공허가 그를 붕괴시키지 않을 것이라는 것을 알게 된다. 공포 정서를 경험하는 것은 통합성과 성장을 이끈다.

5) 신경증 층

펄스는 인간의 인격을 펼쳐 보이는 것을 양파껍질을 벗기는 것에 비유했다. 인간은 심리적 성숙을 얻기 위해 다섯 가지 신경증 층을 벗겨야 한다. 가장 바깥에 있는 층부터 차례로 살펴보자.

허위 층 진실한 마음 없이 상투적으로 대하는 거짓된 상태를 의미한다. 이것은 우리가 게임을 하고 역할을 잃어버리는 수준이다. 우리는 자기가 아닌 것처럼 행동함으로써 타인이나 자신이 만들어 낸 환상을 위해 살려고 한다. 우리가 일단 게임의 허구성을 자각하면 보다 정직하게 되고 그래서 우리는 불쾌와 고통을 경험한다. 이 단계에서 사람들이 서로 형식적이고 의례적인 규범에 따라 피상적으로 만난다. 치료의 초기에 내담자는 표면적으로는 세련된 행동을 보이고 적응적인 행동을 보이지만 자신을 깊이 노출시키지 않으므로 진정한 변화는 일어나지 않는다.

공포 층 마음이 불안하여 상대방에게 두려움을 느낌으로, 이는 개체가 자신의 고유한 모습으로 살아가지 않고 부모나 주위환경의 기대역할에 따라 행동하며 살아가는 단계이다. 이 단계에 있는 개체는 환경에 적응하기 위해 자신의 욕구를 억압하고 주위에서 바라는 역할행동을 연기하며 산다. 그리고 그들은 자신이 하는 행동이 연기라는 것을 망각하고 그것이 진정한 자신인 줄 착각하고 산다. 이러한 역할연기의 전형적인 예를 들면, 모범생, 지도자, 구세주, 협조자, 중재자 등이 있다. 이러한 역할연기는 집단치료 상황에서 흔히 관찰할 수 있다. 역할연기는 의존적 태도에서 비롯한다. 우리는 타인의 원조가 절대적으로 중요하다고 생각하기 때문에 진정한 우리의 모습을 드러내는 대신 남에게 잘 보이려는 태도로 행동한다. 예컨대 실제보다 더 친절한 척 행동하거나 혹은 실제보다 더 악한 모습을 연기하기도 한다. 많은 사람들은 진정한 자신과 만나는 것을 매우 두려워한다. 그것은 내사된 사회규범과 부모의 목소리가 그들의 내면에서 끊임없이 그들을 위협하기 때문이다.

난국 층 개인이 자신의 욕구를 나타내고자 하나 불안 상태에서 어쩔 줄 모르는 상태에 있게 된다. 이 단계에서 개인은 이제껏 해 왔던 역할연기를 그만두고 자립을 시도하지만 동시에 심한 공포를 체험한다. 내담자는 지금까지 환경으로부터 도움을 받기 위해 역할연기를 해 왔으나 치료과정을 통해 역할연기의 무의미성을 깨닫고 역할연기는 포기했다. 그러나 다른 한편으로는 아직 스스로 자립할 수 있는 능력은 생기지 않은 상태이므로 오도가도 못하는 실존적인 딜레마에 빠지게 되어 심한 허탈감과 공포감을 체험하게 된다. 개인은 이러한 공포감과 공허감을 만나는 것이 두렵기 때문에 이 단계에 들어서기를 한사코 회피한다. 흔히 집단치료 장면에서 내담자들이 자신이 직면하려는 순간 농담을 하거나 웃어 버림으로써 이 단계와 만나는 것을 피하는 것을 관찰할 수 있다. 그러나 치료가 진전되면 내담자는 마침내 이 단계에 도달하게 되는데 이때 내담자는 "갑자기 모든 게 혼란스럽다." "도대체 무엇이 무엇인지 모르겠다." "앞으로 어떻게 해야 좋을지 모르겠다." "마음이 공허하다." "쉬고 싶다." 등의 표현을 하곤 한다. 이러한 현상이 바로 '막다른 골목' 체험인데 이때 치료자는 내담자로 하여금 이러한 상태를 피하지 말고 직면하여 견뎌 내도록 격려해야 한다. 내담자가 이러한 혼돈 상태와 공백 상태를 참고 통과하게 되면 유기체적인 변화가 일어나면서 새로운 돌파구가 열린다.

내적 파열 층 이 단계에서 개인은 자신의 욕구를 인식하지만 겉으로 나타내지 못하고 안으로 억압하는 상태에 있게 된다. 개인은 자신이 억압하고 차단해 왔던 욕구와 감정을 알아차리게 된다. 그런데 이러한 유기체 에너지들은 오랫동안 차단되어 왔던 것들이기 때문에 상당한 파괴력을 가지고 있다. 개인은 이러한 파괴적 에너지를 외부로 발산하면 타인과의 관계가 악화될 것이라는 두려움을 갖고 있기 때문에 이것을 자신의 내부로 향하게 한다. 이러한 에너지는 개체 내부에서 폭발하여 파괴적으로 작용하고, 죽음에 대한 공포로 체험되기도 한다. 이때 신체근육이 긴장되고 온몸이 경직되는 현상이 나타난다. 이렇게 외부로 발산되지 못하고 내부에서 맴도는 에너지들은 마침내 그 안에서 동결되어 얼어붙은 것 같은 상태가 된다. 이 단계의 내담자는 처벌에 대한 두려움 때문에 혹은 상대편에게 상처를 줄까 봐 두렵기 때문에 자신의 감정을 표현하지 않고 억제하며 타인에게 분노를 표현하는 대신에 자기 자신에게 공격성을 돌려 자신을 비난하고 질책하는 행위를 한다. 이 단계에 있는 개인은 접촉경계 혼란장애 가운데 주로 반전행동을 많이 보인다.

폭발 층 감정이나 욕구를 더 이상 억압하지 않고 표출하는 상태이다. 즉, 개인은 자신의 감정과 욕구를 더 이상 억압하거나 차단하지 않고 직접 외부대상에게 표현한다. 개인은 자신의 욕구와 감정을 분명하게 알아차려 강한 게슈탈트를 형성하여 환경과의 접촉을 통해 완결 짓는다. 또한 이전에 억압하고 차단했던 미해결 과제들은 전경으로 떠올려 완결 짓는다. 내담자가 이 단계에 도달하면 치료가 종결된다. 그들은 이제까지 자신을 지탱해 왔던 유아적인 욕구와 어리석은 생각을 포기하고, 자신의 과거 삶에 대해 슬퍼하며 흐느껴 울기도 하고 이제까지 억압해 왔던 분노감정을 표출하기도 한다. 이러한 과정에서 내담자는 종종 깊은 단계의 치료적 작업을 통과하기도 하는데 이때 그들은 온몸으로 자신의 억압됐던 감정을 표출하기도 한다.

이상의 신경증의 다섯 가지 층을 개인의 성격변화의 단계와 관련하여 게슈탈트치료 핵심개념인 알아차림 및 접촉과 관련해 살펴볼 수 있다. 즉, 허위 층과 공포 층은 게슈탈트 형성이 잘 안 되는 단계이고 난국 층은 게슈탈트 형성은 되었으나 에너지 동원이 잘 되지 않는 단계이다. 그리고 내적 파열 층은 에너지 동원은 되었지만 행동으로 옮기는 단계에서 차단되어 게슈탈트가 완결되지 않은 상태이며, 폭발 층은 마침내 개인이 게슈탈트를 순조롭게 해소하고 해결 짓는 단계라고 할 수 있다.

6) 접촉경계 장애

펄스는 유기체의 자각 혹은 알아차림을 통한 접촉의 결여를 주요한 문제로 보았다. 게슈탈트에서 저항이란 우리가 온전하고 진실하게 현재를 경험하는 것을 방해하는 방어기제라고 본다. 그가 지적한 접촉경계의 장애가 우리의 성숙과 문제해결을 방해하는 이유를 살펴보면서 자각과 접촉의 중요성을 알아보자. 자각을 통한 접촉을 방해하는 장애기제 혹은 저항적 의사소통의 통로는 프로이트가 제안한 개념인 방어기제와 유사하다. 펄스와 그의 추종자들이 설명한 접촉경계 장애의 주요한 기제인 내사, 투사, 반전, 융합, 편향의 내용을 살펴보자.

내사 내사(introjection)는 타인의 신념과 기준을 우리 자신이 가지고 있는 것과 융화함이 없이 무비판적으로 수용하는 것을 말한다. 내가 접촉하여 이해하지 못하고 나의 것으로 만들지 못했다면 그것은 내가 되지 못하고 나의 것이 되지 못한다. 당신이 음식물을 먹어 그것을 충분히 소화시키지 못한다면 그것은 당신 것이 아니다. 그것은 당신의 건강을 해치는 이물질이 된다. 이렇게 내사는 당신이 가지고 있으면서도 당신이 아닌 다른 어떤 것이다. 이러한 이 물질은 암적인 존재로서 당신에게 통합되지 않고 남아서 당신을 괴롭히고 있다는 것을 명심하라.

투사 투사(projection)는 내사의 반대이다. 투사는 내가 가진 것을 부인하고 남에게 돌려서 접촉을 피하는 것이다. 내가 접촉하기 싫어한 나의 어떤 면을 타인에게서 봄으로써 자신이 느끼는 감정이나 자기를 부정하는 것이다. 당신이 청중 앞에서 연설을 한다고 가정해 보자. 그리고 당신이 강연자로서 청중 때문에 불안하고 두려움을 느낀다고 생각해 보자. 당신이 청중의 수많은 시선을 비판적이거나 적대적으로 상상한다면 당신 자신의 비판을 청중에게 투사하고 있다고 할 수 있다. 당신의 불안과 두려움을 접촉하여 있는 그대로 받아들이고 그것을 극복하는 노력이 투사를 해결하는 길이다. 당신의 부정적인 면을 투사를 통해 회피하고 도피하여 접촉을 피하는 것보다 그것에 대한 책임을 당신이 지는 것이 필요하다.

반전 반전(retroflection)은 개인이 타인이나 환경에 대해 해야 할 것을 자신에게 하는 것이다. 우리 각자는 유기체로서 외부 환경과의 상호작용을 하며 살아간다. 우리가 대하는 사람에게 적절하게 자기를 표현하는 게 대인관계에서 매우 중요하다. 그러나 반전을 기제로 사용하는 사람은 자신의 감정을 타인에게 표현하지 못하고 방향을 바꾸어 자신에게 표현하는 사람이다. 예를 들면, 심하게 처벌적이고 공격적인 부모의 영향을 받으면서 성장한 사람이 습관적으로 처벌에 대한 두려움으로 타인에게 감히 자기의 감정을 표현하지 못한 경우이다. 누군가에게 화가 난 경우, 이런 사람은 자신의 에너지의 방향을 직접 관련된 당사자에게 돌려 화를 내지 못하고 자신을 공격하고 자신을 고문한다. 반전기제는 때론 긍정적으로 사용될 수 있다. 즉, 주어진 상황에서 합리적인 근거로 반전을 사용하여 타인에게 행동할 것을 억제하는 것이다. 우리가 막무가내로 에너지의 방향을 외부로 돌려 행동하기보다 때론 내부로 돌려 행동하는 것이 우리와 타인에게 도움이 되는 경우이다.

융합 펄스는 융합(confluence)이란 밀접한 관계에 있는 두 사람이 서로 간에 차이점이 없다고 느끼도록 합의함으로써 발생하는 접촉-경계 혼란이라고 말했다. 즉, 갑이 행복하다고 느끼면 을도 행복하다고 느끼고 갑이 불행하다고 느끼면 을도 함께 불행을 느끼는 마치 일심동체의 관계와 같은 것이다. 따라서 그들은 서로 간에 어떤 갈등이나 불일치도 용납하지 못한다. 그들은 오랫동안 서로 길들여진 관계에 익숙해져 있기 때문에 그러한 균형을 깨뜨리는 행동은 금기로 되어 있다. 즉, 각자의 개성과 자유를 포기한 대가로 얻은 안정을 깨뜨리려는 행위는 서로에 대하여 암묵적인 '계약'을 위반하는 것이므로 상대편의 분노와 짜증을 사게 되며 따라서 융합관계를 깨뜨리는 쪽은 심한 죄책감을 느낀다. 그들은 단지 차가운 외부의 대기에 직접 노출되지 않을 목적으로 두껍고 단단한 껍질을 만들어 그 속에 안주하고 있을 뿐이다. 융합으로 인하여 경계를 갖지 못할 때, 개체는 자신의 욕구와 감정을 제대로 해소할 수 없고 따라서 그러한 삶은 미해결 과제를 축적시킨다.

편향 사람들은 흔히 감당하기 힘든 내적 갈등이나 외부 환경적 자극에 노출될 때, 이러한 경험으로부터 압도당하지 않기 위해 자신의 감각을 둔화시킴으로써 자신 및 환경과의 접촉을 약화시키는데 이를 편향(deflection)이라고 한다. 이러한 행동은 흔히 지식인에게서 많이 볼 수 있다. 예를 들면, 말을 장황하게 하거나 초점을 흩트리는 것, 말하면서 상대편을 쳐다보지 않거나 웃어버리는 것, 구체적으로 말하지 않고 추상적인 차원에서 맴도는 것, 자신의 감각을 차단시키는 것 등이 있다. 편향을 사용하여 알아차림과 접촉을 차단하는 것은 과거의 고통스러운 충격 경험이었던 것들, 즉 계속적인 애정결핍이나 상처받은 자존심 혹은 내적인 갈등들을 극복하기 위한 의미 있는 자구책들이었고 따라서 이 행동이 처음 생기게 된 당시로서는 효과적인 행동이었을 수도 있지만 현재에는 더 이상 현실에 근거하지 않은 부적응적인 행동이다.

이러한 접촉경계의 장애기제는 우리가 환경과의 원만한 상호작용을 통해 그때그때 필요한 게슈탈트를 형성하면서 통합된 나로서 살아가는 것을 끊임없이 방해한다.

4. 상담목표

게슈탈트치료의 일차 목표는 내담자가 성숙하여 자신의 삶을 책임지고 접촉을 통해 게슈탈트를 완성하도록 조력하는 것이다. 또 다른 목표는 내담자가 느끼는 불안을 삶의 부분으로서 수용하고 처리하도록 조력하는 것이다. 게슈탈트 상담자는 유기체가 자기조절 기능을 수행할 수 있다는 유기체의 지혜를 믿는다. 타인과 관계를 맺으며 삶을 살아가면서 너무 계산적이거나 강박적으로 빠지지 않고 있는 그대로 자신을 수용하면서 살아갈 것을 강조한다.

같은 차원의 양극적인 상반된 힘의 마찰에 따른 자기고문 게임을 멈추고 서로를 인정하고 수용하여 통합을 이루는 것이 요구된다.

펄스는 당위성을 강조하는 강박주의를 반대한다. 다음의 내용은 펄스의 이러한 입장을 잘 보여 준다.

> 나는 수천의 실패한 모든 시도를 사랑한다.
> 거기에는 단지 한 개의 과녁의 한복판과 수천의 좋은 의지가 있다.
> 친구여, 완전주의자가 되지 마라.
> 완전주의는 저주, 그리고 긴장이다.
> 당신은 과녁의 한복판을 맞추지 못할까 두려워서 떤다.
> 만약 당신이 있는 그대로 놔둔다면 당신은 완전하다.
> 친구여, 실수하는 것을 두려워하지 마라.
> 실수는 죄악이 아니다.
> 실수는 다른 어떤 것, 아마도 창조적으로 어떤 것을 하는 방법이다.
> 친구여, 당신의 실수에 대해 부끄럽게 생각하지 마라.
> 그것에 대해 자랑스러워하라.
> 당신은 자신의 중요한 어떤 것을 줄 용기를 가졌다(Perls, 1969b).

게슈탈트 상담자는 내담자가 환경 지지를 버리거나 탈피하고 자신의 삶을 책임지는 자기 지지에 의해서 살아가도록 조력한다. 당신이 하는 모든 실제적 행위에 대해 당신에게 책임이 있다는 것을 강조한다. 당신이 인지적으로 고려하는 모든 생각에 대해 당신에게 책임이 있다는 것을 강조한다. 그리고 당신이 느끼는 모든 감정에 대해 당신에게 책임이 있다는 것을 강조한다. 비록 어떤 사람이나 사건이 당신에게 부분적으로 영향을 미칠지언정 누구도 그리고 어떤 외적 환경도 당신의 사고, 감정, 행위에 대해 책임이 없다. 당신이 삶의 주체로서 당신의 삶에 대한 모든 책임을 당신이 져야 한다는 것을 강조한다.

나는 나이고 당신은 당신이다. 나의 인생은 나에게 책임이 있고 당신의 인생은 당신에게 책임이 있다. 이런 점에서 펄스는 "미친 사람은 '내가 에이브러햄 링컨이다.'라고 말하고, 신경증적인 사람은 '내가 에이브러햄 링컨이라면 좋겠다.'라고 말하고, 건강한 사람은 '나는 나이고 당신은 당신이다.'라고 말한다."고 지적하였다.

게슈탈트치료를 통해 내담자는 에너지의 집중을 통해 하고자 하는 일을 성취할 수 있도록 조력한다. 심리적 문제를 가진 많은 내담자에게 에너지의 집중을 방해하는 주요한 내용은 이전에 완성하지 못한 미해결 과제이다. 이러한 미해결 과제가 과거에 일어났지만 당신에게 중요한 사건이었다면 아직도 당신의 삶에 영향력을 행사하고 있다고 볼 수 있다. 상담자는 내담자가 과거에 가졌던 미해결 과제를 현재로 가져와 그것을 충분히 이해하고 해결하게 함으로써 그가 과거의 어떤 일에 집착하지 않고 자신의 현재의 일에 집중할 수 있게 한다. 예를 들면, 이혼을 한 남자가 계속해서 이혼한 부인 때문에 자신의 인생이 실패로 끝났다는 생각을 하면서 자신의 당면한 문제에 열중하지 못한 경우이다. 남녀에게 결혼은 중요한 사건이다. 이혼은 당사자에게 치명적인 사건이다. 평생을 인생의 동반자로 살자는 언약과 함께 시작한 결혼생활의 끝이 이혼이다. 일어나 버린 사건인 이혼의 굴레에 계속해서 사로잡혀 있다면 그것은 미해결 과제로서 당신의 삶을 계속해서 괴롭힐 것이다. 새롭게 주어진 상황, 새롭게 맞이하는 오늘, 새롭게 겪게 되는 경험에 당신의 에너지를 집중해서 사용하여 삶을 충만하게 할 수 있도록 하기 위해서 당신을 괴롭히는 과거의 미해결 과제를 정리하라.

게슈탈트 상담자는 내담자가 가진 다양한 양극성에 대한 자각의 확장을 촉진한다. 양극성의 어느 한쪽을 지나치게 의식하거나 강조하는 내담자를 돕는데 상담자는 그가 자각하지 못한 다른 한쪽을 알아차리도록 한다. 그리고 내담자가 가진 강자-약자(topdog-underdog)의 자기고문 게임이나 반복적인 갈등을 멈추게 하고 서로가 화해와 이해를 통해 통합을 이루도록 한다.

게슈탈트 상담자는 전체가 단순히 부분의 합이라는 가정에 대조되는 "전체가 부분을 결정한다."는 가치를 굳게 믿는다. 따라서 상담자는 전체적인 조망하에서 내담자를 변화하게 하는데 필요한 모든 고려가 역동적으로 이루어지도록 세심한 주의를 기울여야 한다.

당신은 이 순간에 무엇을 자각하고 있는가? 당신의 외부에서 오는 자극을 민감하게 알아채고 접촉하라. 당신의 신체 내부에서 진행되는 것을 민감하게 알아채고 접촉하라. 그리고 당신의 인지적 기능을 통해 환경과의 직접적 접촉이 아닌 환상적 접촉을 활성화하라. 이러한 노력은 당신이 갖는 잠재력을 실현화하게 할 것이다.

요약하면 게슈탈트 치료의 목표는 내담자가 회피하거나 두려워하고 갈등을 겪는 것과 같은 모든 심리적 문제를 접촉을 통한 자각으로 통합을 달성하도록 하는 것이다.

5. 상담과정

게슈탈트치료에서 적용되는 상담과정은 일반적으로 내려진 절차가 없고 많은 상담자들이 각기 다르게 내담자의 변화를 위해 조력하고 있기 때문에 정확하게 설명하는 것이 쉽지 않다.

게슈탈트치료의 과정을 크게 두 단계로 구분해 볼 수 있다(Yontef, 1995, pp. 277-282). 첫째 단계에서는 상담자와 내담자가 진솔한 접촉에 근거한 관계형성, 내담자로 하여금 현재 무엇이 어떻게 진행되는가를 자각하도록 촉진하는 단계이다. 둘째 단계는 내담자의 삶을 불편하게 하는 심리적 문제를 실험과 기법을 통해 경험하도록 함으로써 통합하여 균형을 이룰 수 있도록 한다.

게슈탈트치료 발달에 공헌한 폴스터(Miriam Polster, 1987)는 세 단계 변화과정을 다음과 같이 제안하였다.

- **발견 단계**: 이 단계에서 내담자는 이전에는 깨닫지 못했던 자신, 문제, 상황에 대한 새로운 관점을 발견하게 된다.
- **조절 단계**: 이 단계에서 내담자는 자신의 오래된 정체감을 바꿈으로써 자신이 새로운 선택을 하는 것이 가능하고 새로운 방식으로 시도할 수 있다는 것을 알게 된다. 이러한 과정에서 상담자의 치료적 지지가 매우 중요하다.
- **동화 단계**: 마지막 단계에서, 내담자는 새로운 행동을 선택하고 시도하는 것에서 자신의 환경을 변화하는 방법을 학습하는 것으로 발전한다. 이 시점에서 내담자는 타인에게서 자신이 원하는 것을 얻는 데 적절한 자기표현을 하게 된다.

게슈탈트치료를 적용하는 상담자가 알아야 할 중요한 개념이 게슈탈트 경험 순환(gestalt experience cycle)이다. 이러한 개념의 정확한 이해는 내담자의 심리적 문제인 미해결 과제가 어떻게 해서 비롯되었는가를 파악하는 데 도움이 되리라 본다. 여기서는 골드스타인, 크래스너와 가필드(Goldstein, Krasner, & Garfield, 1989)가 구체적으로 제안한 게슈탈트 경험 순환을 바탕으로 설명하고자 한다(pp. 24-28).

게슈탈트 경험 순환 게슈탈트치료에 따르면 개인은 배경으로부터 분명한 게슈탈트를 형성해 내어 전경으로 떠올리고, 이를 환경과의 상호작용을 통해 해결하여 배경으로 사라지게 하고, 다시 새로운 게슈탈트를 형성하여 전경으로 떠올리는 순환과정을 되풀이한다. 즉, 개인은 게슈탈트 형성과 해소의 순환을 되풀이한다. 우리의 유기체적 삶은 바로 이러한 끊임없는 과정인 게슈탈트 경험 순환이라고 할 수 있다. 이렇게 게슈탈트가 생성되고 해소되는 순환과정은 여덟 단계로 다음과 같이 일어난다.

① 휴식 → ② 욕구 출현 → ③ 자각 → ④ 선택 →
⑤ 접촉 → ⑥ 동화 혹은 거절 → ⑦ 만족 → ⑧ 철회

이러한 과정이 반복되는 것을 게슈탈트 경험 순환이라고 한다.

예를 들어, 개인이 배고픔의 상태에 있는 경우를 게슈탈트 경험 순환과 관련하여 설명하면 다음과 같다.

첫째, 개인이 일을 한 후 휴식을 취하고 있다. 유기체가 휴식에 있어 장이 변별되지 않은 상태이며 배고픔은 배경 상태에 있다.

둘째, 개인이 배고픔을 느껴 욕구 출현이 나타난다. 감각 혹은 각성 상태로, 유기체의 욕구나 감정이 신체감각의 형태로 나타난다.

셋째, 개인은 배고픔으로 인해 무엇인가를 먹을 필요를 자각한다. 즉, 개인은 환경을 조사하여 욕구를 충족시키기 위해 어떤 가능성이 있는가를 생각한다. 즉, 자각을 통해 게슈탈트를 형성하여 전경으로 그것을 가져온다.

넷째, 개인은 자신의 처지에서 가능성, 어떤 음식을 먹을 것인가를 선택한다. 개인은 자신의 욕구를 해소하기 위해 에너지를 동원한다.

다섯째, 개인은 행동으로 옮겨 음식을 먹는 접촉이 일어난다. 즉, 개인은 내적 욕구 충족을 위해 음식을 접촉하는 행동을 해야 한다.

여섯째, 개인은 유기체로서 흡수한 음식을 동화시키거나 음식이 부적절한 경우 거절한다.

일곱째, 개인은 동화 혹은 적절한 거절을 통해 만족을 경험한다. 이러한 만족은 욕구

를 해소시키는 것으로 배고픔의 게슈탈트를 완성한 것을 의미한다.

여덟째, 개인은 배고픔의 게슈탈트를 완성했으므로 새로운 게슈탈트를 형성하기 위한 철회의 상태에 있게 된다.

개인은 이러한 게슈탈트 경험 순환을 반복함으로써 자신의 욕구를 자각하며 접촉을 통해 해소하는 과정을 되풀이한다. 건강한 유기체는 이렇게 환경과의 교류를 통하여 게슈탈트 경험 순환을 자연스럽게 반복하면서 성장해 간다. 그러나 만약 우리가 이러한 게슈탈트 경험 순환을 봉쇄하고, 방해하고, 차단한다면 혹은 환경이 필요한 결과를 제공해 주지 못한다면, 우리는 욕구를 충족시키지 못하고 미해결 과제를 경험하게 된다.

6. 상담기법

게슈탈트 치료자는 내담자의 자각 혹은 알아차림을 향상시키기 위해 다양한 기법을 창조적으로 사용한다. 여기서는 게슈탈트 치료자들이 주로 사용하는 기법에 대해 살펴보자.

1) 언어표현 바꾸기

게슈탈트 치료자는 내담자로 하여금 간접적이고 모호한 단어를 사용하는 것 대신에 내담자 자신과 자신의 성장에 책임감을 주는 단어들을 사용하게 한다. 우리가 말하는 유형은 종종 우리의 감정, 사고, 태도를 표현하기 때문에 이런 말하는 습관에 주의함으로써 자각을 높일 수 있다.

'그것'과 '당신' 대신 '나'로 바꾸기 삼인칭이나 이인칭으로 시작하는 '그것'과 '당신' 같은 대명사를 일인칭인 '나'로 바꾸는 것은 개인에게 상황에 대한 책임감을 부여한다.

'내가 ~할 수 없다.' 대신 '나는 ~하지 않겠다.'로 바꾸기 내담자가 자신이 실제로는 '나는 ~하지 않겠다.'라는 의미를 나타내고자 할 때 '내가 ~할 수 없다.'라고 말한다. 만일 상담자가 일관성 있고 온화하게 '내가 ~할 수 없다.' 대신 '나는 ~하지 않겠다.'로 대체하도록 권유하면 내담자는 자신의 결정에 책임을 지고 자신의 힘을 수용하게 된다.

'내가 ~해야 한다.' 대신 '나는 ~하기를 선택한다.'로 바꾸기 내담자는 '내가 ~해야 한다.'를 언급하는 빈도와 그것들의 사용에서 오는 긴급함, 요구, 불안을 함축하지만 '나는 ~하기를 선택한다.'는 그렇지 않다. '나는 ~하기를 선택한다.'는 표현은 내담자에게 선택에 대한 책임감을 준다.

'나는 ~가 필요하다.' 대신 '나는 ~을 바란다.'로 바꾸기 원하는 것의 목록은 보통 필요의 목록보다 더 길다. 예를 들면, 상담자는 내담자가 '나는 유명해질 필요가 있다.'고 말하는 것보다 '나는 유명해지기를 바란다.'로 표현하도록 한다. '나는 ~을 바란다.'는 표현이 '나는 ~가 필요하다.'는 표현보다 더 정확하고, 덜 긴급하고, 불안을 덜 야기한다.

2) 신체행동을 통한 자각

신체행동에 주목하는 것은 게슈탈트 치료자에게 특히 도움이 된다. 패슨즈(Passons, 1975)는 상담자가 치료에서 신체행동들에 주목해야 하는 네 가지 이유를 다음과 같이 들었다. 첫째, 신체행동은 주어진 순간에서 개인의 표현이다. 둘째, 일반적으로 사람들은 그들의 몸짓을 주시하기보다는 그들이 말하는 것을 듣는 것에 보다 관심을 갖는 경향이 있다. 셋째, 신체행동은 보통은 자발적이다. 반면 언어적 행동은 사전에 생각되는 것이다. 넷째, 통합된 방식으로 기능하는 개인은 신체행동과 언어적 표현이 잘 조화된다.

효과적인 상담자는 의사소통에 있어서 언어적인 수준뿐만 아니라 말의 배후에 있는 목소리의 크기, 고저, 강약, 전달속도와 같은 의미까지도 예리하게 듣는다. 상담자는 특히 내담자의 신체행동이 언어적 표현과 일치하지 않을 때 그러한 불일치를 지적하여 내담자의 자각을 확장시킨다.

3) 신체활동을 통한 자각확장

게슈탈트 치료자는 내담자의 자각확장을 위해 많은 신체활동을 하게 한다. 상담자는 내담자가 말한 것과 일치하는 신체행동을 적극적으로 표현하게 함으로써 그를 조력한다.

과장하기 이 기법은 우리가 신체언어로 보내는 미묘한 신호와 단서에 대해 보다 잘 지각하게 된다. 움직임, 자세, 제스처가 과장되어서 의사소통을 보다 명확하게 한다. 움직임이나 제스처를 반복적으로 과장함으로써 그 개인은 행동과 관련된 감정을 보다 강렬하게 경험하고 그것의 내적 의미를 보다 잘 자각한다. 이 기법은 양극성을 다루고자 하는 구성원에게 시연이나 빈 의자 기법을 관련지어 사용한다. 가끔 우리가 피하고 싶은 부분에 머물러 있기를 스스로에게 허락함으로써 자신의 보다 많은 부분을 발견할 수 있다.

순회하기 이것은 한 사람이 구성원 각각에게 돌아가면서 그/그녀가 평소에는 언어적으로 표현하지 않았던 것을 말하는 것이다. 회피나 두려움이 느껴질 때 이 기법을 제안하는 경우가 있다. 구성원들이 자신의 두려움을 다루기 위해 이 기법을 사용할 것인가 물어보고, 만일 그들이 '예'라고 대답하면 순회한다. 그러면 그들은 자신의 두려움에 직면할 수 있고 낙담해 있는 그들의 자리에서 빠져나올 수 있는 다른 행동을 시도한다.

시연 펄스에 의하면 사고의 많은 부분이 시연 중이라고 한다. 우리는 극에서 기대된 것이라고 생각하는 역할을 시연한다. 그리고 우리가 말한 것이 옳지 않았거나 적절하지 않았으면 어쩌나 걱정한다. 내적인 시연은 많은 에너지를 소모하고 자발성을 억제한다. 시연기법은 구성원들이 고요히 생각하고 있는 것을 큰소리로 말하도록 초대한다. 또한 구성원들이 행동하는 데 있어서 많은 제약과 검열을 할 때, 그들이 어떤 효과를 위해 조심스럽게 타진하고 있는 것처럼 보일 때, 가치가 있다. 구성원들이 미래에 직면하고자 할 때도 시연은 유익하다.

게슈탈트 집단에서 구성원들은 그들이 사회적 역할을 수용하는 데 있어서 보다 많은 자각을 위해 시연을 집단에서 공유한다. 그렇게 함으로써 구성원들은 어떻게 하면 타인을 즐겁게 하고, 인정받고 수용받기 위해서는 어느 정도이어야 하며, 타인과 소외되지 않기 위해서는 얼마나 노력해야 하는지 알게 된다. 그리고 그들은 이런 역할 연습이 효과가 있는지 결정할 수 있게 된다.

4) 책임지기

게슈탈트는 스스로 책임질 것을 강조한다. 즉, 우리의 사고, 감정, 행동을 지각하고, 우리가 경험한 것을 타인에게 책임 지우는 일이 없도록 해야 할 것이다. 책임지는 것은 우리의 투사를 알아차리고, 그것들을 재정체화하고, 우리가 투사한 것이 되는 것을 의미한다.

자주 집단 구성원들은 타인에게 비난을 떠맡김으로써 자신의 감정에 대한 책임을 교묘히 벗어 버린다. 게슈탈트 연습은 타인에게 투사하는 대신 "나는 ~에 대하여 책임을 진다."로써 자신의 감정을 소유하고 알아차리도록 돕기 위해 고안한 것이다.

게슈탈트 집단의 목표 중의 하나는 구성원들이 스스로 책임을 지도록 하는 것이고 리더는 구성원들의 책임회피를 계속적으로 직면시켜 타인에게 그들의 감정을 투사하는 대신 자신의 감정을 수용하고 인식할 수 있도록 하는 데 있다.

5) 대화하기

게슈탈트치료의 목적은 인정하지 않았던 자신의 성격 측면을 수용하고 기능을 통합하는 데 있다. 때문에 상담자는 성격 기능의 분할과 양극성에 세밀한 주의를 한다. 독특한 게슈탈트 기법인 환상 대화법은 내적 분열과 궁극적인 성격을 통합하는 자각을 증진하기 위한 것이다. 예를 들면, 부드러운/거친, 남성다운/여성다운, 사랑스러운/증오스러운, 공격적인/수동적인 것과 같이 양극성 사이에서 대화하거나 부모나 다른 의미 있는 사람, 상상화한 다른 사람, 무생물과 대화하는 유형이 있다.

내적 갈등과 연관된 양극성을 어떻게 이해할 것인가 하는 것은 게슈탈트치료에서 중요하다. 대화를 쓰는 실험은 구성원들의 내부에 있는 이분법적인 요소들을 자각하게 하고 서로 대립되는 것처럼 보이는 그들의 성격 차원을 받아들이도록 한다.

징커(Zinker, 1977)는 자기수용을 향한 움직임을 자기개념의 연장으로 일컬었다. 만일 우리가 우리의 일부인 불친절을 허락하지 않는다면 우리는 진정으로 친절해질 수도 없다. 만일 우리가 우리의 불친절과 만날 수 없다면 진실로 친절한 자기 확장 경계가 풍부하게 드러날 것이다. 양극성의 한 면이 연장될 때 거의 자동적으로 다른 면 또한 연장한다.

대화는 전형적으로 내사와 투사의 자각을 높이는 데 사용한다. 내사는 타인(혹은 부모)의 측면을 무비판적으로 받아들이고 그것을 자신의 성숙과 조화시키지 못하는 것을 말한다. 타인의 가치를 무비판적으로 통째로 받아들이는 것은 성격통합을 방해할 수 있다. 게슈탈트 치료는 이런 투사를 개방적으로 말하게 하고, 그래서 우리는 씹지 않고 전체를 꿀꺽 삼켜 버렸던 그것을 좋은 형태로 받아들일 수 있게 되는 것이다.

빈 의자 기법 대화는 빈 의자나 2개의 의자를 이용하여 이행된다. 이것의 목적은 서로 다른 면을 제거하는 것에 있는 것이 아니라 양극성을 통합하는 데 있다. 만일 내담자가 이 목표에 도달하면 그는 심각한 면과 밝은 면 둘 다 지각할 수 있게 되고, 현재의 그는 자각을 통해 이런 사건을 만들 수 있게 된다. 펄스가 양극성에서 비롯된 갈등을 해결하기 위해서 제기한 상담기법인 '빈 의자 기법'은 내담자가 가진 내적 갈등과 대인관계 갈등을 해결하는 데 유용하게 사용되고 있다. 당신이 열등감과 관련해서 고통을 받고 있다면 다른 한쪽인 우월감을 빈 의자에 놓고 번갈아 가며 열등한 나와 우월한 나가 대화하도록 하라. 당신이 엄격한 아버지와 관계에서 갈등을 겪고 있다면 당신의 아버지를 빈 의자에 앉혀 그와 대화를 나누어라. 대화는 자신의 다른 면과 상대방을 이해하는 데 필수적이다. 훌륭한 대화자는 경청을 잘하는 사람이다. 빈 의자 기법을 통해 양극성을 이루는 양쪽이 계속해서 대화하도록 하라. 대화를 통해 상대방을 경청하는 것은 자기고문이나 대인관계의 갈등을 극복하게 한다. 경청은 상대방을 이해하기 때문에 싸움을 중단시킨다. 펄스는 "우리는 이 세상에서 특이한 양극성을 가진다. 그것은 경청(listening) 대 싸움(fighting)이다. 경청하는 사람은 싸우지 않고, 싸우는 사람은 경청하지 않는다."(Perls, 1969)고 지적하였다.

6) 환상기법

집단에서 다양한 환상 상황을 실험하는 것은 의미 있는 성장을 이끈다. 환상은 개인적 자각을 이끈다.

환상은 구성원들이 지나치게 위축되어 있어 구체적인 용어로 문제를 다루어야 할 때 사용할 수 있다. 예를 들어, 주장적인 것을 두려워하는 구성원은 자신이 지금 주장적인 상황에 있는 것처럼 상상할 수 있다. 그래서 그들이 수동적이었을 때의 느낌과 그들이 원하는 대로 요청할 수 있었을 때의 느낌을 비교한다.

환상은 종종 무력감을 야기하기도 하는 파국적인 기대를 다룰 때 유용하다. 누군가에게 자신의 생각과 느낌을 표현하는 것을 두려워하는 구성원들은 그들이 말하고 싶어하는 모든 것을 말할 수 있는 환상 상황이 제시되면 좋아하고, 표현하는 데도 두려워하지 않는다. 구성원들은 집단 앞에서(마치 좋아하는 사람이 현재 있는 것처럼) 지금-여기에서 말한다. 그러나 한 개인이 실생활에서 이런 감정을 표현하는 것이 반드시 필수적인 것은 아니다. 사실상 그렇게 되는 것은 현명하지 않다.

환상은 부끄러움과 죄책감을 표현하고, 탐색하는 데 이용할 수 있다. "나는 비밀이 하나 있어요."식으로 리더는 구성원의 잘 지켜진 비밀에 대해 상상해 보도록 한다. 그들은 집단에서 실제로 비밀을 폭로하는 것이 아니라 타인에게 그 비밀이 노출된 것을 스스로 상상하고 나서 그에 대한 느낌을 탐색한다.

환상은 집단에서 일어나는 구성원들의 두려움을 탐색하는 안전하고 유용한 방법이다. 예를 들어, 구성원은 집단에서 일어나는 가장 두려운 것을 상상한다. 그래서 구성원들은 마치 그들이 상상했던 사람이 된 것처럼 집단에서 행동하도록 요청받을 수도 있다. 만일 실험이 성공적이라면, 구성원들은 실생활에서 새로운 행동을 시도해 보려는 느낌을 갖는다.

7) 역전기법

어떤 증상과 행동은 잠재적인 충동의 역전(reversal)으로 나타난다. 상담자는 역전기법을 통해 구성원들이 두려워서 거의/혹은 결코 표현하지 않고 억제해 왔던 것을 표현하도록 요청해서 구성원들이 그것을 보고 수용하도록 유도한다. 이런 기법 사용의 기초이론은 통합인데 그것은 내담자가 불안을 일으키는 것들 속으로 자신을 밀어 넣을 때, 침몰해 버리고 부정된 그들의 일부에 직면할 때 가능하다. 집단은 역전기법을 사용할 적절한 기회들을 제공한다.

빈 의자 기법과 같은 것은 구성원들에게 내부의 반대세력을 자신의 것으로 받아들이는 기회를 준다. 그래서 숨겨져 있는 차원을 표현하는 실험은 창조적인 양극성의 통합으로 이끌기도 한다.

8) 꿈 작업

게슈탈트 접근은 꿈을 해석하고 분석하지 않는다. 대신 일상 속으로 꿈을 가지고 와서 그것이 마치 지금 일어난 것인 양 재창조하고 재생시키는 데 목적이 있다.

구성원들은 과거 시제로 그들의 꿈을 보고하지 않고, 현재 시제로 그것들을 재생하고 행동화하며, 꿈의 주요 요소를 대화로 변화시키고, 꿈의 일부분이 된다. 펄스는 꿈의 각 부분은 자신에 대한 투사이며 모든 상이한 부분은 자신과 정반대이거나 불일치한 면이라고 가정했다.

그래서 꿈은 실존적 메시지를 내포한다. 그것들은 우리의 갈등이나 희망, 생의 핵심적 주제를 나타낸다. 꿈의 모든 세부사항(기억나는 사람이나 사건, 분위기)들의 목록을 작성하여 가능한 한 전적으로 이런 부분이 되어 보고, 자신의 감정과 반대되는 면을 서서히 자각해 보는 것이다. 결과적으로 그 개인은 내적 불일치를 평가 수용하고 그러한 갈등보다 깊은 동화와 통합을 이끄는 꿈 작업의 조각들을 통합한다.

꿈의 분석과 해석을 피하고, 대신 그러한 모든 부분이 되어 보고 경험하는 것을 강조하는 것은 내담자가 꿈의 실존적 메시지에 보다 가까이 접근하게 도와준다. 프로이트가 꿈은 무의식에 이르는 왕도라고 했다면, 펄스는 "꿈은 통합에 이르는 왕도이다."라고 했다.

7. 禪과 게슈탈트치료

상담심리학 영역에서 80년대부터 두드러지게 강조되어 등장한 것이 다중문화주의(multiculturalism)이다. 내담자의 문화적 배경을 이해함이 없이 상담자가 내담자의 문제를 해결하는 데는 제한이 있다는 점에서 비롯된 움직임이다. 역시 지나치게 인간을 분석하고 관찰할 수 있는 행동만을 강조한 과학주의에 입각한 서구심리학의 한계를 지적하여 60년대 말부터 나타난 것이 무아(無我) 혹은 초월주의 심리학(transpersonal psychology)으로 수티츠(Anthony J. Sutich), 매슬로를 비롯하여 많은 서구 심리학자들이 동양사상을 바탕으로 한 인간이해를 추구하고 있는 실정이다.

매슬로와 수티츠는 무아심리학이라고 부르는 새로운 접근을 창립하였는데, 이 접근은 인간정신과 우주의 생명원리 간의 광범위한 관계를 연구하는 것이다. 무아심리학은 지금까지 서구심리학이 추구해 왔던 것보다 한층 더 심층적인 자기이해에 관심을 가진 동양사상에 의해 크게 영향을 받아왔다(Welwood, 1979, p. 224). 웰우드(Welwood, 1979)는 무아심리학이 네 가지 주요한 특징, 즉 첫째, 내적 경험에 근거한 '자기이해 심리학(self-knowledge psychology)', 둘째, 정신생태(ecology of mind)에 있어 사회적 관심에 근거한 관계의 심리학, 셋째, 인간경험의 전체적 범주를 조절하기 위한 기틀, 넷째, 자기이해를 위한 훈련에 근거한다고 제안하였다. 잘 알려진 프롬, 수즈키와 마티노(Fromm, Suzuki, & Martino, 1970)가 함께 쓴『禪과 精神分析(zen-buddhism and psychoanalysis)』(김용정 역, 1992)은 그러한 대표적 결과이다.

국내에서 적용되고 서구에서 개발된 다양한 상담 및 심리치료의 이론들 중에서 이론의 창시자가 흥미를 갖고 동양사상을 자신의 이론에 접목한 시도는 문헌을 통해 나타난 것으로 게슈탈트치료를 제외하고는 거의 찾아볼 수 없다고 해도 과언이 아니다. 이러한 점에서 유불선(儒 · 佛 · 仙) 사상의 문화적 토양을 바탕으로 알게 모르게 형성된 우리 자신의 이해를 추구하는 것이 바람직하게 여겨진다. 우리가 동양문화 속에서 살고 있는 한국인이라는 것을 분명하게 알 수 있는 것은 학문적으로 유불선 사상을 깊게 알지는 못하지만 그러한 내용이 서구인보다 보다 쉽고 친근하게 느껴지는 것을 통해서이다. 그것은 우리가 문화적 동물이기 때문이다.

게슈탈트치료는 실존적 만남을 통해 자각을 확장하는 것이다. 게슈탈트치료는 대립되는 심리적 기능의 이해를 통해 전체성과 자각을 강조한다는 측면에서 동양의 음양이론과 禪 및 요가와 유사성을 가지고 있다. 게슈탈트치료의 창시자인 펄스가 지적한 것처럼 게슈탈트치료는 동양의 음양이론, 禪과의 유사성을 갖기 때문에 문화적 관점에서 禪道에 익숙한 국내의 내담자들에게 서구 사람들에게는 어렵게 느껴진 게슈탈트치료를 적용하는 데 유용하리라 본다.

펄스가 주장한 많은 내용이 서양문화에서는 이해하기 힘들고 혁신적인 것으로 여겨지기도 한다. 그러한 내용을 살펴볼 때 禪과 유사한 내용이 그의 철학과 방법에 기저를 이루고 있기 때문이라고 감히 말할 수 있다. 선사(禪師)와의 선문답(禪問答)을 통해 수도승이 '갑자기 깨달음(頓悟)'을 얻는 것과 같이 상담자는 상담을 통해 내담자에게 그가 지금까지 발견하지 못한 자신의 잠재력과 새로운 삶의 지혜를 터득하도록 조력해야 할 것이다. 이러한 관점에서 여기에서는 禪과 게슈탈트치료와의 관계를 살펴보고자 한다.

1) 禪의 발달

선종(禪宗)은 양무제(The emperor Wu of Liang) 보통 기원전(A.D. 520)에 중국에 들어온 달마대사에 의해 개종되었는데 이것의 종지(宗旨)는 다음과 같다.

禪의 宗旨: 敎外別傳 不立文字 直指人心 見性成佛:

경전 외에 따로 전해지는 가르침
(Outside teaching; apart from tradition)

문자에 의존함이 없이
(Not founded on words and letters)

직접적으로 사람의 마음을 닦아서
(Pointing directly to the human mind)

있는 그대로를 보면 부처가 된다
(Seeing into one's nature and attaining Buddhahood)

(영문번역은 Watts, 1957을 참조)

이러한 종지에 따라 禪은 경전에 의지하거나 또는 진언이나 보살 등 남의 힘에 의해서 해탈을 얻자는 것이 아니라, 스스로의 힘으로 자기의 본성을 보고 부처가 되자는 자력주의(自力主義)를 강조한다.

禪은 원래 불교의 학문체계를 분류한 계학(戒學), 정학(定學), 혜학(慧學)의 삼학 중에서 두 번째의 정학에 해당된다. 계학이라면 글자 그대로 계율을 가리킨다. 혜학은 경전에 관한 연구와 주석을 공부하는 것이다. 그렇게 함으로써 지혜가 자라난다. 禪이 중국에 들어와 이와 같은 세 가지 분류가 부정되고 계정혜(戒定慧)가 선에 통합되게 되었다(양기봉 역, 1992, pp. 135-136).

禪이란 단어는 산스크리트의 드야나(dhyana)에서 기원되었다. 이 단어의 의미를 따져 보면, 정려(靜慮), 사유수(思惟修)를 비롯하여 그 밖의 몇몇 숙어로 의역된다. 본래의 의미는 마음을 가라앉혀서 진지하게 한 대상에 집중시키는 행위, 또는 진지하게 마음을 안정시켜서 한 가지 일에 마음을 통일해 가는 행위를 의미한다. 다시 말하여 하나의 대상에 마음을 집중하는 일이다(양기봉 역, 1992). 禪은 원래 불교의 三門(教, 律, 禪)의 하나로 정신을 가다듬어 번뇌를 버리고 진리를 깊이 생각하며 무아(無我)의 경지에 빠지는 것을 의미한다. 보통 참선(參禪, 선에 참여하는 것)이나 좌선(坐禪, 선에 임하는 방법)을 줄여 禪이라고 부른다. 禪을 언어학적으로 분석해 보면 示(보다)와 單(하나)을 합친 단어로 '단지 하나를 본다.'는 의미로 정신을 집중하여 번뇌를 버리고 오직 하나의 깨달음에 이르는 것을 내포하고 있다고 볼 수 있다.

禪이 중국에서 확립되고 발달하는 데 중요하게 영향을 끼쳤던 사상은 노자와 장자에서 비롯된 도교(道教, Taoism)이다. 도교의 무위자연(無爲自然) 사상은 禪에 주요한 내용으로 흡수되어 있다는 것은 三祖 감지선사[二祖 혜가스님이 승찬(Seng-ts'an)이라 이름지어 줌]가 지은 신심명(信心銘)에서 무위자연 사상이 분명하게 나타나는 것을 바탕으로 알 수 있다(이희익, 1972; Watts, 1957). 감지선사는 신심명에서 至道의 중요성과 더불어 '지혜로운 사람은 억지로 하려하지 않는다(智者無爲).'는 점 등을 강조하였다. 불교는 비구도(比丘道)를 강조한 소승불교(Hinayana)와 보살도(菩薩道)를 추구하는 대승불교(Mahayana) 두 갈래로 나누어졌다. 禪은 종지에 나타난 것처럼 '모든 중생이 다 불성이 있다(一切衆生 悉有佛性)'는 대승불교의 입장을 받아들여 발달하였다. 우리나라에 선종(禪宗)이 들어온 것은 신라 헌덕왕 때부터인데 아홉 파 대부분이 중국에 들어가 법을 배워와 구산선문(九山禪門)을 형성하였다(황성기, 1978; Watts, 1957).

선도(禪道)에서 중시하는 선문답의 실례를 살펴보고자 한다.

다음의 대화는 달마대사(Bodhidharma)와 자기의 번뇌를 해결하고자 왼쪽 팔을 자른 후 가르침을 간청했던 二祖 혜가스님(Hui-ko)과의 문답내용이다.

> 혜가스님: 弟子心未安, 乞師安.
>
> 제자는 마음의 평화를 얻지 못했습니다. 선사께서 저의 마음의 평화를 갖게 해 주십시오.
>
> (I have no peace of mind. Please pacify my mind.)

달마대사: 將心來爲汝安.

그대의 마음을 내 앞에 가져오너라. 그러면 내가 너의 마음을 평안하게 해 주리라.

(Bring out your mind here before me, and I will pacify it.)

혜가스님: 覓心了不可得.

제가 저의 마음을 아무리 찾아도, 그것을 발견할 수가 없습니다.

(When I seek my own mind, I cannot find it.)

달마대사: 爲汝安心竟.

그렇다면, 나는 너의 마음을 이미 평안하게 했노라

(There!, I have pacified your mind.)

(영문번역은 Watts, 1957에서 참조).

禪問答의 이 순간에 혜가스님은 깨달음, 頓悟, 사토리(satori)에 이르렀다.

다음은 四祖인 도신스님(Tao-hsin)이 감지선사와의 선문답을 통해 깨달음을 얻은 내용이다.

도신스님: 乞與解脫法門.

스승이시여, 제발 해탈의 법문을 가르쳐 주십시오.

(What is the method of liberation?)

감지선사: 誰縛汝.

누가 그대를 구속하고 있는가?

(Who binds you?)

도신스님: 無人縛.

저를 구속하는 사람이 아무도 없습니다.

(No one binds me.)

감지선사: 何更求解脫乎.

그런데 왜 너는 해탈을 추구하느냐?

(Why then should you seek liberation?)

2) 게슈탈트치료

게슈탈트치료에서 펄스가 강조한 기본철학은 상태주의(isism)에 자각(awareness)을 가미한 입장이다. 펄스가 조어한 용어, 즉 계산주의(aboutism), 강박주의(shouldism), 상태주의(isism)를 통해 철학적 입장을 설명하였다. 게슈탈트치료는 유기체의 지혜와 자발성을 믿으며 유기체에 의한 경험주의와 실험주의를 바탕으로 다양한 치료기법을 사용한다. 프로이트는 우리의 심리적 문제의 해결을 위해 해석을 강조한 반면, 펄스는 통합을 강조한다.

禪에서 '직지인심 견성성불(直指人心 見性成佛)'을 강조한 것처럼 게슈탈트치료의 주요기법은 유기체가 직접적으로 접촉하여 하나의 자각 혹은 하나의 게슈탈트를 갖는 것에 근거한다. 게슈탈트치료를 지탱하는 가장 중요한 두 가지 지지기반을 현재와 과정이라고 말한다. 지금-여기에서 진행되는 것에 집중하여 유기체가 가장 필요한 게슈탈트를 완성하는 것이 삶에 충실한 방법이다. 유기체가 필요로 하는 이러한 게슈탈트의 출현과 완성은 삶이 진행되는 동안 계속된다. 과거의 '미완성된 일'이 현재의 게슈탈트 완성에 방해가 된다면, 미래의 일에 대한 걱정이 현재의 게슈탈트 완성에 장애가 된다면, 유기체의 지금-여기에서 진행되는 게슈탈트 완성을 위한 집중력이 감소된다.

3) 禪이 게슈탈트치료에 준 영향

게슈탈트치료의 창시자인 펄스는 웨이즈(Paul Weisz)를 통해 禪에 대해서 알게 되었다. 웨이즈는 의사로서 禪을 수도하였으며 펄스와 그의 부인 로라에게 禪을 가르쳤다. 웨이즈는 펄스에게 인정받는 재능 있는 게슈탈트 치료자가 됐으며 禪과 게슈탈트치료를 통합하려고 시도하였다. 펄스는 禪의 아이디어를 자신의 게슈탈트치료의 철학과 방법에 통합하는 것을 추구했다. 펄스는 禪의 지혜와 비도덕적 태도에 매력을 느꼈으며, 禪이 추구하는 바는 그가 이미 주장했던 강박주의적(shouldistic) 행동에 대한 반대를 강화시켰다.

특히 禪이 강조하는 현재지향성은 펄스가 게슈탈트치료에서 강조하는 현재의 자각과 유사성을 가진다. 나란조(Naranjo, 1970)는 禪이 게슈탈트치료에서 현재를 중시하는 데 기여했다고 지적한다.

禪에서 사용되는 역설의 개념은 우리가 우리 자신을 변화시키려고 노력하는 것을 멈출 때 변화가 일어난다는 펄스의 역설적 개념과 부합한다. 펄스는 禪에 매력을 느꼈을 뿐만 아니라 자신의 자각연습이 서양인들에게 일종의 禪과 유사한 자기변형을 제공한다고 믿었다. 펄스의 禪에 대한 지대한 관심은 그가 일본 도쿄를 방문하여 禪을 공부하게 이끌었다. 펄스는 1950년대와 1960년대에 禪에 대해 탁월한 경지에 도달한 왓츠(Alan Watts)에 의해 영향을 받았다.

4) 禪과 게슈탈트치료의 관계

자슬린(Joslyn, 1975)은 禪과 게슈탈트치료는 둘 다 '급진적 경험주의'와 '급진적 실존주의'로 간주될 수 있다고 주장한다. 게슈탈트치료의 주요한 기법에서 사용되는 '빈 의자'는 선도에 있는 명상자(meditator)에게 직면한 텅 빈 벽이나 마루와 같다. 게슈탈트치료와 禪의 모든 기법은 단순히 지금-여기의 과정으로서 자신과 세계에 대한 자각을 유도하기 위한 것이다.

자슬린(Joslyn, 1975)은 배경의 통일적 관점으로부터 전경과 배경의 과정을 지각하는 것이 禪의 방법이라고 지적한다. 펄스(Perls, 1969b)는 일본의 선사가 그에게 물었던 "바람의 색깔이 무엇인가?"란 화두에 대한 답변으로 선사에게 다가가서 그의 얼굴에 대고 입으로 불었다. 펄스는 이러한 그의 답변이 "바람의 색깔은 당신이 느끼는 것이다."는 점을 지적하며 그의 답변이 게슈탈트적이라고 설명하였다. 즉, 이러한 펄스의 화두에 대한 답변은 "조작된 신념을 버리고 감각으로 돌아오라."는 지금-여기의 과정에서 자기자각을 강조한 것이라 본다.

게슈탈트 치료자는 내담자가 자기조절 과정으로 접촉해 있도록, 그러한 자기조절과정으로서 자신과 세계를 실현하도록, 그러한 과정을 방해하는 것을 멈추도록, 강박적인 생각으로 명백히 존재하는 상태를 자각하는 것을 방해하는 것을 멈추도록 한다. 게슈탈트 치료자는 선사처럼 가르칠 것이 없다는 것보다 다른 사람을 가르칠 아무것도 가지지 않는다. 모든 게슈탈트와 禪의 기법은 단순히 지금-여기의 과정으로서 단순히 자기 자신의 실현을 야기하기 위한 것이다.

'만약 당신이 거리에서 부처를 보면, 그를 죽여라(If you see the Buddha on the street, kill him).'라는 관점은 대승불교적인 입장을 이야기한 것이다. 즉, 禪과 게슈탈트치료에서 강조한 자신 내부에 있는 잠재력을 개발하는 것이 중요하다는 것으로 '외적 지지'보다는 자력주의 혹은 자기지지의 중요성을 강조한 내용이다. 자기를 이해하고 찾는 노력이 문제해결의 주요한 방법이다.

펄스가 게슈탈트 기도문에서 지적한 '나는 나이고, 너는 너이다.'나 '장미는 장미이고, 장미는 장미이다.'라는 표현은 한편으로 그가 많은 사람들에게 구루(Guru, 禪師)로 불렸던 점을 고려하면 선도(禪道)의 입장에서 이해하는 것이 바람직하게 여겨진다. 다음 내용은 인구에 회자되는 성철스님의 法語이다.

뚜렷이 깨달음 널리 비치니
고요함과 없어짐이 둘 아니로다.
보이는 만물은 관음이요
들리는 소리마다 묘한 이치로다
보고 듣는 이것밖에 진리가 따로 없으니,
아아 여기 모인 대중은 알겠는가?
산은 산이요
물은 물이로다(이성철 스님, 1993).

自己를 바로 봅시다(見性).
자기는 원래 구원되어 있습니다.
자기가 본래 부처입니다.
자기는 항상 행복과 영광에 넘쳐 있습니다.
극락과 천당은 꿈속의 잠꼬대입니다.
자기를 바로 봅시다.
자기는 시간과 공간을 초월하여 영원하고 무한합니다.
설사 허공이 무너지고 땅이 없어져도

자기는 항상 변함이 없습니다.

자기를 바로 봅시다.

有形과 無形할 것 없이 우주의 삼라만상이 모두 자기입니다.

그러므로 반짝이는 별, 춤추는 나비 등등이

모두 자기입니다(이성철 스님, 1993)

동양철학은 분석적이기보다 직관적이며 관조적이다. 우주의 원리를 이해하는 데 전체적인 질서와 조화를 강조한다. 동양의 음양이론이 보여 주는 것처럼 상반되는 반대 원리를 통해 역동적으로 작용하여 조화와 통합을 이루는 전체성을 중요시한다. 선사들이 삶을 지혜롭게 이끌기 위해 강조하는 선문답의 내용도 전체로서 나를 이해하고 찾는 과정이라고 할 수 있다. 그들은 역설을 통해 궁극적으로 전체적인 조화를 이룰 것을 주장한다.

심리학파 중에서 게슈탈트 심리학보다 전체성의 입장을 두드러지게 강조한 학파는 찾아보기 힘들다. 게슈탈트 심리학의 기본적 공리인 '전체는 부분의 합 이상이다.'는 게슈탈트치료에 근간을 이루고 있다. 게슈탈트치료는 숲을 보고 나무를 보느냐 나무를 보고 숲을 보느냐의 사물을 보는 단순한 관점 이상으로 개체적인 요소보다 요소들이 서로 작용하는 역동성을 중요시한다. 그런 점에서 결과로서 나타나는 전체를 이루는 장 속에서의 과정을 이해하는 데 주력한다.

5) 禪의 중도(中道)와 게슈탈트치료의 통합

중도(中道)는 禪에서 강조하는 가장 중요한 개념이다. 게슈탈트치료에서 강조하는 가장 중요한 개념은 통합이다. 禪과 게슈탈트치료의 핵심개념인 중도와 통합에 대한 이해는 양극적인 대립으로 자기고문게임을 하며 갈등하는 내담자들의 문제를 돕는 데 기여하리라 본다.

중도법문(中道法門)의 예: 불생불멸(不生不滅), 불증불감(不增不減),

색즉시공공즉시색(色卽是空空卽是色)

> 우주의 실상은 진공(眞空)인 동시에 바로 묘유(妙有)입니다. 공(空)인 동시에 가(假)요, 공도 아니고 가도 아니기 때문에 중도(中道)입니다(성륜불서간행회, 1995). 중도(中道)는 상대양변을 떠나서 그 상대양변이 융합하는 바로 모순이 융합되는 세계를 중도의 세계라고 합니다. 흔히 '중도를 중간이다.' 하는데 중도는 중간이 아닙니다. 선과 악이 대립되어 있는데 중도법문에 의하면 그 선악을 떠나서 선악이 융통되는 것입니다. 선과 악이 서로 통해 버리는 것입니다. 중도란 모든 대립을 떠나서 그 대립이 융화되어 서로 합하는 것입니다. 그러므로 유무합고(有無合故)로 명위중도(名爲中道), 즉 유와 무가 서로 합하는 것을 중도라 이름 한다고 부처님께서 말씀하셨습니다(이성철 스님, 1993).

禪훈련에서 중요한 측면은 자각을 위한 훈련으로 그것은 현재 진행되는 것을 항상 자각할 수 있도록 실제로 중도(center)를 갖는 것을 포함한다. 궁극적인 자각은 계산 기능(사고)이 사라지고, 직관이나 자각이 실제로 감각으로 느껴질 정도로 밝고 명료할 때만 일어날 수 있다. 동양철학에서 공심(空心, empty mind)은 최고의 찬사를 받을 만한 가치가 있다. "당신의 정신을 버리고 당신의 감각에 귀를 기울여라(Lose your mind and come to your senses)." 펄스는 이 말을 당신이 세계와 자신에 대해서 가장하고 살려 하는 것을 포기하고 지금과 여기의 즉각적인 경험으로 돌아오라는 뜻으로 얘기했다(Perls, 1970). 게슈탈트치료에서는 게슈탈트 순환을 통해 끊임없는 통합이 자연스럽게 이루어지는 유기체의 지혜를 강조한다. 통합되지 않아 '미완성된 일'로 남아 있는 문제들은 한국 사람들이 한(恨)이라고 하는 것과 유사하다고 볼 수 있다.

모든 심오한 종교, 특히 禪불교 혹은 훌륭한 치료의 과업은 자신의 꿈, 특히 악몽으로부터 깨어나는 깨달음(great awakening: 자신의 감각에 돌아오는 것)이다. 배우고 성장하는 선도에 초점을 둔 게슈탈트치료는 서양 사람들에게 자신의 환경에서 찾기 힘든 과정의 가치를 경험하게 하는 딜레마를 제공한다. 게슈탈트치료는 자주 서구문화에서 성취하기 힘든 통합, 자유, 그리고 사토리를 얻게 할 수 있다(Shepherd, 1970).

禪과 게슈탈트치료는 변화의 역설로 무위와 자연을 강조한다. 우리 모두는 변화의 생각에 골몰한다. 대부분의 사람들은 프로그램을 만들어서 변화하려고 한다. 그들은 "나는 이렇게 되어야 한다."고 말하면서 변하기를 원한다. 하지만 일어나는 것에 대한 신중한 변화의 생각은 결코, 결코, 결코 기능하지 않는다는 것이다. 당신이 "나는 변하기를 원한다."고 말하고 프로그램을 만들자마자 당신이 변하지 못하도록 방해하는 반대 힘이 생성된다. 변화는 스스로 일어나고 있다. 만약 당신이 당신의 본성으로 돌아가면, 당신이 있는 그대로를 수용하면, 변화 그 자체는 자동적으로 일어난다.

인생각본의 구조는 업보라든가 운명으로 보통 말하지만 그 대부분은 어떻게 자학적이었는지 얼마나 무익한 자기개조게임을 해 왔는지, 또 얼마나 업적을 쌓는 데 안달해 왔으며 흥미를 가졌는지와 관계가 있다. 게슈탈트치료의 목적은 이 엉망진창이 된 인생각본의 줄거리를 본 상태로 재조직화하는 것이다(Perls, 1973).

이러한 게슈탈트치료의 변화의 역설과 유사하게 깨달음을 얻기 위해 노력하는 수행자에게 법정 스님(1997)은 다음과 같이 말하고 있다. "현재를 최대한으로 사는 것이 수행자의 삶임을 잊지 말라. 행여나 깨달음을 얻기 위해서 수행을 한다고 생각하지는 말라. 도대체 깨달음이란 무엇인가? 누가 깨닫는다고 했는가? 깨닫겠다고 하는 그 사람이 문제다. 깨달으려고 해서 깨달음에 이른 사람은 아무도 없다. 깨달음은, 굳이 말을 하자면 보름달처럼 떠오르는 것이고 꽃향기처럼 풍겨오는 것. 그러니 깨닫기 위해서 정진한다는 말은 옳지 않다."(법정 스님, 1997, p. 85)

禪과 게슈탈트치료는 합자연적인 입장에서 유기체의 지혜를 믿고 강조한다. 禪이 보다 직관적이고 관념론적 입장에서 깨달음을 강조한 반면, 게슈탈트 치료는 보다 분석적이고 실용적인 입장에서 자각의 중요성을 지적하고 있다고 볼 수 있다. 이러한 차이는 인간의 탐구와 이해를 추구하는 두 입장의 근간이 되는 동양정신과 서양정신의 영향을 고려하는 것이 필요하다. 하지만 앞에서 지적한 것처럼 禪이 게슈탈트치료에 준 영향을 바탕으로 볼 때 발달된 정신적 토양은 다를지라도 두 접근이 추구하는 여러 가지 핵심적인 공통점을 찾아볼 수 있다.

첫째, 禪과 게슈탈트치료는 자연성과 자발성을 강조한다. 동양철학이 합자연성을 강조한 것처럼 禪은 인간이 자연의 일부이며 더 나아가 자연 자체임을 강조한다. 역시 게슈탈트치료는 강박주의를 반대하여 실존 그 자체로서 있는 것이 가장 자발성을 보이는 것이며 자연적인 것으로 여긴다.

둘째, 禪과 게슈탈트치료는 전체성과 통합을 강조한다. 禪은 중도를 강조함으로써 음이 양이 되고 양이 음이 되는 그리고 그것이 균형을 통해 하나가 되는 전체성을 강조한다. 역시 게슈탈트치료는 양극성을 가정하고 서로 이해하고 화해하여 양극이 통합되는 것이 문제해결로 보고 있다.

셋째, 禪과 게슈탈트치료는 깨달음과 자각을 강조한다. 禪은 깨달음(enlightenment)

을 강조한 반면, 게슈탈트치료는 자각(awareness)을 강조한다. 깨달음과 자각은 개념의 뉘앙스에서 다소 다르지만 그 본질에 있어서는 같다고 여겨진다. 펄스가 깨달음에 이르기 위해 수십 년이 걸린다면 禪이 비효과적이라고 비판하였지만 선사는 선도를 통해 오관이 개방된 상태에서 수없는 자각을 이루며 보다 큰 깨달음에 이른다고 볼 수 있다. 게슈탈트치료는 실존으로서 오관이 개방되어 자각하며 살아가는 상태를 바람직한 적응으로 보며 유기체의 지혜를 신뢰하는 것으로 생각한다.

넷째, 禪과 게슈탈트치료는 현재를 바탕으로 한 개방성과 충실성을 강조한다. 우리가 생각하는 시간의 개념으로 볼 때 현재는 과거와 미래의 중간에 있다. 그러나 두 접근은 우리가 현재에 충실하며 살아갈 것을 강조하며 필요하면 과거와 미래를 현재로 가져와서 다룰 것을 주장한다. 삶을 영원한 현재로 보고 현재에 개방적이고 충실할 것을 강조한다.

다섯째, 禪과 게슈탈트치료는 에너지의 집중력을 강조한다. 禪은 좌선과 명상을 통해 깨달음에 이르기 위해 모든 에너지를 한 곳에 집중하는 것을 강조한다. 역시 게슈탈트치료는 펄스가 초기에 그의 접근방식을 집중력 치료라고 불렀던 것처럼 미완성된 일은 에너지의 집중을 방해한다고 본다.

여섯째, 禪과 게슈탈트치료는 변화의 역설을 강조한다. 모든 상담 및 심리치료가 문제해결을 위해 역설적이라고 할 수 있지만, 禪과 게슈탈트 치료는 보다 직접적으로 역설을 통해 깨달음과 자각에 이르게 한다고 볼 수 있다. 두 접근은 있는 그대로에 충실하게 사는 것을 강조하며 억지로 변화하려고 노력하는 것을 반대한다.

이처럼 禪과 게슈탈트치료는 많은 공통적인 관점을 갖고 있다는 것을 알 수 있다. 禪에서는 선사가 십우도(十牛圖)의 과정-尋牛, 見跡, 見牛, 得牛, 牧牛, 騎牛歸家, 忘牛存人, 人牛俱忘, 返本還源, 入廛垂手-을 거쳐 있는 그대로의 세계를 깨달아 중생을 교화한다는 깨달음의 과정을 잘 보여 준다. 역시 십우도는 수행을 통해 원래 우리 자신에게 내재해 있는 불심을 발견해 성불할 수 있다는 직지인심 견성성불을 잘 나타내 주고 있다. 이러한 십우도를 통한 선수도(禪修道)의 과정은 나와 소가 통합되는 과정을 잘 보여 준다. 게슈탈트치료에서 강조하는 게슈탈트 순환의 과정-휴식의 상태, 욕구의 출현, 자각 또는 알아차림, 선택, 에너지 동원, 접촉, 동화 또는 거부, 만족, 철회-는 현재에 충실한 삶의 과정을 잘 나타내 주고 있다. 게슈탈트치료에서는 가장 시급한 게슈탈트를 완성하는 것이 유기체의 지혜임을 강조한다. 시간이 걸려 게슈탈트 순환이 완성되는 인생의 중요한 문제가 있는 반면, 상황에 따라 게슈탈트 순환이 짧은 시간에 완성되는 것도 있다. 이러한 점에서 禪을 통해 깨달음에 이르는 과정은 개인차가 있다 하더라도 시간이 걸리는 게슈탈트 완성의 과정이라고 할 수 있다.

8. 요약

- 게슈탈트 치료자는 인간을 현상학적이며 실존적 존재로서 자신에게 가장 긴급하게 필요한 게슈탈트를 끊임없이 완성해 가며 살아가는 유기체로 본다. 펄스는 게슈탈트치료의 철학적 입장을 '상태주의 + 자각'이라고 하였다.
- 펄스는 유기체의 자각 혹은 알아차림을 통한 접촉 결여를 주요한 문제로 보았다. 그는 "접촉에서 자각은 강렬하다."고 하였다.
- 게슈탈트 치료자는 경험하는 유기체에게 현재가 중요함을 강조한다. 현재만이 유일하게 중요한 시제다. 반면에 과거는 지나가 버렸고, 미래는 아직 오지 않았다.
- 자각이란 우리가 생각하고, 느끼고, 감지하고, 행동하는 것을 인식하는 과정이다. 상담자는 게슈탈트치료를 통해 내담자들이 경험하고 행동하는 것은 무엇이건 간에 타인에게 탓을 돌리지 않고 자신이 책임을 지도록 한다.
- 미해결 과제나 표현되지 않은 정서가 지금 상황에서 지각되거나 다루어지지도 않는다면 그것들은 현재의 자각과 효과적인 기능을 계속 방해한다. 회피는 사람들이 미해결 과제를 직면한다거나 미해결 상황과 관련 있는 불편한 정서를 경험하는 것을 방해하는 데 사용하는 수단이다.
- 심리적 성숙을 얻기 위해 다섯 가지 신경증 층인 허위 층, 공포 층, 난국 층, 내적 파열 층, 폭발 층을 벗겨야 한다.
- 접촉경계의 장애가 우리의 성숙과 문제해결을 방해한다. 자각을 방해하는 접촉경계 장애기제는 프로이트가 제안한 개념인 방어기제와 유사하다. 접촉경계 장애의 주요한 기제로 내사, 투사, 반전, 융합, 편향 등이 있다.
- 게슈탈트치료의 일차 목표는 내담자가 성숙하여 자신의 삶을 책임지고 접촉을 통해 게슈탈트를 완성하도록 조력하는 것이다. 또 다른 목표는 내담자가 느끼는 불안을 삶의 부분으로서 수용하고 처리하도록 조력하는 것이다.

- 개인은 게슈탈트 형성과 해소의 순환을 되풀이한다. 우리의 유기체적 삶은 이러한 끊임없는 과정인 게슈탈트 경험 순환이라고 할 수 있다.
- 게슈탈트 치료자는 내담자의 자각 혹은 알아차림을 향상시키기 위해 언어표현 바꾸기, 신체행동을 통한 자각, 신체활동을 통한 자각확장, 책임지기, 대화하기, 환상기법, 역전기법, 꿈 작업 등과 같은 다양한 기법을 창조적으로 사용한다.

효과적 조력을 위한
상담 연습 11

접촉을 통한 자각확장

펄스(1969b)는 자신의 자서전적인 저서『쓰레기통의 안과 밖(In and Out of the base pail)』에서 다음과 같은 중요한 내용을 게슈탈트치료와 관련하여 언급하였다.

- 장미는 장미이고, 장미는 장미이다.
- 자각이 없으면 아무것도 없다.
- 나는 나의 실존에 모든 책임을 져야 한다.
- 전체가 나누어지면 전체는 사라진다.
- 학습은 발견이다.
- 접촉에서 자각은 강렬하다.
- 현명한 사람은 자신이 하는 연기를 이해한다.
- 강을 재촉하지 말라, 강은 스스로 흐른다.
- 게슈탈트치료는 통합적 접근방식이다.
- 파국적 기대의 망연자실에서 깨어나라.
- 소리의 관계는 건전한 관계이다.
- 접촉은 차이의 인식이다.
- 통합에는 결코 끝이 없다.
- 나는 있는 그대로의 나이다.

연습 1: 위에 언급한 내용을 바탕으로 게슈탈트치료에서 강조하는 바를 생각해 보라.

연습 2: 다음 내용은 게슈탈트 집단상담에서 펄스가 사용했던 '게슈탈트 기도문'이다. 이 내용에 대해 자신의 대인관계 경험을 바탕으로 어떻게 생각하는지 동료와 함께 논의해 보라.

〈게슈탈트 기도문〉

나는 나의 일을 하고 당신은 당신의 일을 합니다.
나는 당신의 기대에 부응해서 살기 위해 이 세상에 존재하지 않고,
당신도 나의 기대에 부응해서 살기 위해 이 세상에 존재하지 않습니다.

나는 나이고, 당신은 당신입니다.
만약 우연히 우리가 서로를 발견하게 되면 그것은 아름다운 일이지만,
서로를 발견하지 못한다면 그것은 도움이 될 수 없습니다.

연습 3: 당신의 접촉을 통한 자각을 확장하기 위해 스스로에게 다음과 같이 자문하여 답해 보라. 나는 무엇을 회피하는가?" "내가 두려워하는 것은 무엇인가?"

연습 4: (1) 다음 문장들을 단전에 에너지를 집중해서 먼저 큰소리를 내어 외쳐 보라.
"나는 나의 모든 행동에 대해 나에게 책임이 있습니다."
"나는 나의 모든 감정에 대해 나에게 책임이 있습니다."
"나는 나의 모든 생각에 대해 나에게 책임이 있습니다."
(2) 당신이 변화시키기를 원하는 구체적인 행동, 감정, 생각을 삽입하여 다시 정말 나에게 책임이 있다는 확신을 갖고 다시 크게 외쳐 보도록 하라.

제 12 장

인간중심치료

경험은 나에게 최고의 권위이다.

―로저스(Rogers)

12장의 목차

게슈탈트치료의 발견자인 펄스처럼 로저스도 유기체의 지혜를 강조하였다. 로저스는 건강한 자아는 주입된 가치에 의해서가 아니라 유기체의 경험을 바탕으로 형성된다고 믿었다. 인간의 잠재력에 대한 깊은 신뢰를 바탕으로 성립된 상담접근이 로저스(Rogers)에 의해 창립된 인간중심치료(Person-Centered Therapy)이다. 인간중심치료는 인간은 유기체로서 경험을 통해 자신의 가치를 형성해 간다는 신념에서 비롯되었다.

로저스는 '타고난 상담자'로서 그의 성격이나 상담접근으로 인해 많은 상담자에 의해 성인(saint)라고 불린다. 1980년대 초까지 보편적으로 받아들여진 심리학의 세 가지 세력으로 여겨진 정신역동주의, 행동주의, 인본주의의 핵심인물을 중심으로 살펴볼 때 로저스는 아직도 상담에 있어서는 도도한 영향을 미치고 있다고 주장할 수 있다. 상담 및 심리치료의 영역에서 감히 말할 수 있는 것은 프로이트는 정신역동주의에서 권위(authority)이며, 스키너는 행동주의에서 권위이며, 로저스는 인본주의에서 권위라는 점이다. 왜냐하면 이들 세 사람이 주장한 내용을 많은 사람이 아직도 따르고 있으며 인간을 위한 변화이론으로서 수용하고 있기 때문이다.

인간중심치료는 초기에는 정신분석의 지시적 접근과 대별해서 비지시적 접근으로 불렸으며, 상담자나 치료자중심치료와 대별해서 '내담자중심치료'로 불렸다. 로저스가 그의 인생의 후반기에 보다 확고한 철학적 신념과 인간에 대한 믿음으로 그의 상담접근을 1974년에 '인간중심치료'로 수정한 것을 주목할 필요가 있다. 로저스는 도움을 받으려고 온 사람을 환자나 내담자로 불러서 상담자나 치료자와 차이를 두는 상담관계가 아니라 대등한 '인간 대 인간'의 관계를 강조하였다. 그러므로 인간중심치료에서는 상담관계에서 주관적 경험을 통해 끊임없이 가치를 형성하면서 성숙해 가는 존재로서 도움을 요청한 사람을 보고 대하는 태도가 강조된다.

1. 로저스의 생애

로저스(Carl R. Rogers, 1902~1987)는 미국 일리노이 오크 파크(Oak Park)에서 6명의

자녀 중 네 번째로 태어났다. 그의 부모는 근본주의 기독교적 견해를 가졌으며 도덕적 행동, 정서표현의 억제, 그리고 열심히 일하는 것의 미덕을 강조하였다. 로저스는 수줍음이 있었지만 매우 총명한 소년으로 자라났다. 그는 과학을 특히 좋아했고, 13세경에 생물학과 농업에 대한 지역 전문가로 평판이 나있었다. 아이러니컬하게, 로저스의 가족은 조금도 따뜻하거나 애정적이지 않았다. 즉, 그가 발달시킨 내담자중심치료의 주요 특성인 감정을 개방적으로 표현하는 것은 허락되지 않았다. 그 결과, 그의 다른 형제 2명처럼 로저스는 15세에 위궤양을 앓았다.

로저스는 1919년에 농업을 공부하기 위해 부모의 모교인 위스콘신 대학에 입학하였다. 그는 처음에는 진로를 농업분야로 정할 계획이었지만, 곧 농업에서 도전할 만한 흥미를 발견하지 못했다. 역시 심리학 강의도 들어 봤지만 재미를 느끼지 못했다. 마침내 그는 종교에 관한 공부를 하기로 결정했다. 그는 1924년에 부인 헬렌(Helen)과 함께 위스콘신 대학을 졸업하고 나서 목사로서의 진로를 준비하기 위해 뉴욕에 있는 유니언 신학교에 입학하였다.

뉴욕에서의 두 가지 경험이 그의 삶의 방향을 다시 변화시켰다. 첫째 경험은 로저스가 심도 있는 신학 연구를 통해 자신의 종교적 믿음에 대한 의문을 갖게 된 것이다. 그는 "기독교는 개개인이 갖는 매우 다른 심리학적 욕구를 만족시켜 주며, 중요한 것은 종교가 아니라 인간이다."라고 생각하게 되었다(Kirschenbaum, 1979, p. 45). 두 번째 경험은 새롭게 심리학에 대한 이해를 한 것이었다. 신학교를 다니면서 로저스는 길 건너 있는 컬럼비아 대학에서 심리학 강의를 들으면서 새로운 관점을 갖게 되었다.

신학의 진로는 로저스에게 사람들을 도울 수 있는 기회를 보장했지만, 그의 이러한 믿음은 점점 약해졌다. 로저스는 그 당시의 상황을 "단지 목사로서의 전문직을 유지하기 위해 믿음을 고백하는 것은 끔찍한 일일 것이다. 나는 사고의 자유를 제한받지 않는 분야를 찾기를 원했다."고 술회했다(Kirschenbaum, 1979, pp. 51-52). 로저스의 부모는 몹시 당황했지만, 그는 신학을 포기하고 심리학을 공부하기 위해 컬럼비아 대학 대학원 과정에 등록하였다.

로저스는 29세인 1931년에 컬럼비아 대학에서 박사학위를 받은 후, 뉴욕 로체스터에 있는 아동생활지도 클리닉에서 일을 하였다. 그는 여기서 비행 및 장애아동을 진단하고 치료하면서 대부분의 시간을 보냈다. 1940년에 그는 오하이오 주립대학 심리학 교수가 되었다. 대학원생들을 가르치면서, 로저스는 정서적 장애를 가진 아동을 상담하는 방식에 대한 견해를 형성하기 시작했다. 1945년부터 1957년까지 시카고 대학에서 학생들을 가르치면서 카운슬링센터를 운영하다가, 1957년에 위스콘신 대학으로 돌아와서 1963년까지 머물렀다. 이러한 기간 동안 로저스는 당시에 확고한 위치를 가진 정신분석 접근과 지배적 심리학 세력인 행동주의와 맞서 싸웠다. 시간이 지나면서 이러한 싸움에서 점차 승리하기 시작했다. 1956년에 로저스는 미국심리학회가 심리학에 기여한 우수 과학자에게 주는 첫 번째 공로상을 수상했다.

로저스는 1963년에 캘리포니아의 라 졸라(La Jolla)로 옮겨와 '인간연구센터'를 설립했다. 로저스의 인간중심치료에서 주요한 핵심은 인간에 대한 그의 진실한 관심이었다. 그의 동료들은 "로저스는 평범한 사람처럼 보인다. 그는 뛰어나게 말을 잘하는 사람은 아니었다. 하지만 그는 진실한 관심을 가지고 당신을 경청하여 이해할 것이다." 라고 기술하였다(Gendlin, 1988, p. 127). 로저스는 생의 마지막 15년을 사회갈등의 문제 및 세계 평화를 위해 공헌했다. 심지어 80대의 나이로, 그는 소비에트연방과 남아프리카와 같은 곳에서의 워크숍과 의사소통 집단을 이끌었다. 로저스는 1987년 2월 그가 죽을 때까지 계속해서 많은 집필을 하였으며 심리학의 발전에 기여하였다.

2. 인간관

인간은 유기체로서 실현화 경향성을 가진 존재이다. 우리 모두가 경험하는 유기체로서 자신을 실현화하기 위한 기본적 동기를 갖고 있다는 것이다. 인간중심접근 상담자는 이런 실현화 경향성 때문에 '유기체의 지혜'를 믿는다. 인간중심접근은 인간이 기본적으로 신뢰할 수 있는 유기체라는 전제에 근거한다. 당신은 유기체로서 계속해서 변화하는 경험의 세계인 현상적 장에서 살아간다. 우리 각자가 주체적으로 자기실현을 위해 삶을 주도하며 살아간다. 똑같은 환경이나 장에서도 우리는 각자 현상적으로 혹은 주관적으로 매우 다른 경험을 한다. 따라서 인간중심접근에서는 삶의 주체로서 우리가 오관을 통해 매순간에 경험하며 느끼는 감정을 중시한다.

로저스는 "경험은 나에게 최고의 권위이다."라고 얘기하였다. 인간중심접근에서는 인간을 가치 덩어리로 본다. 가치 덩어리인 인간은 경험을 통해 가치를 형성해 간다. 때문에 우리 각자가 매순간에 경험하는 것이 무엇보다 중요하다. 당신은 이 순간에 무엇을 경험하고 있는가? 경험을 통해 당신이 느끼는 희로애락의 감정을 진솔하게 수용하고 표현하는가? 아니면 부모나 타인에 의해 강요되거나 주입된 가치로 인해 왜곡되거나 부정된 감정에 사로잡혀 있는가? 로저스는 가치 덩어리로서 당신이 경험을 통해 자기실현 경향성을 발현할 수 있다고 본다. 심리적으로 건강한 사람은 모든 경험에 개방되어 자기에 대한 가치화 과정을 이루어 간다.

인간은 전체로서 현상적 장을 경험하고 지각한다. 외부에서 주어진 어떤 자극에 대해 유기체는 전체로서 반응한다. 이런 점에서 인간중심접근은 인간행동을 주관적인 가치를 배제해 버리고 외현적인 자극-반응으로 설명하는 행동주의의 입장을 비판한다. 인간은 가치 덩어리로서 가치 지향적인 목적에 따라 총체적으로 행동한다고 본다. 더불어 인간중심접근은 인간을 결정론적으로 보는 프로이트의 입장을 비판하고 끊임없이 변화하고 성장하는 존재로 본다. 로저스가 "인생은 아무것도 고정되지 않은 지속적인 변화의 과정이다."라고 지적한 것처럼 인간은 '되어 가는 과정'으로 존재한다.

로저스는 인간이 선천적으로 선하게 태어났다고 보았다. 인간은 기본적으로 실현화 경향성의 잠재력을 갖고 태어나 자신을 성장시킬 수 있다는 것이다. 그러나 인간이 부정적이고 악하게 된 것은 외부적인 영향, 즉 부모나 사회에서 가하는 '가치의 조건화(conditions of worth)'에 의해 이러한 실현화 경향성이 방해받기 때문인 것으로 보았다.

3. 주요개념

로저스는 인간의 발달과 변화에 초점을 두었으며 성격의 구조적인 구성개념을 거의 강조하지 않았다. 하지만 그의 상담이론을 이해하는 데 중요한 구성개념은 유기체, 자아, 실현화 경향성, 가치의 조건화 등이다.

1) 유기체

로저스의 인간 이해를 위한 철학적 입장은 현상학에 영향을 받아 형성되었다. 철학에서 현상학은 즉각적인 경험에 대한 자료를 기술하는 것을 추구하는 것을 의미하지만, 심리학에서 현상학은 인간의 자각과 지각에 대한 연구를 의미한다. 즉, 현상학자에게 중요한 것은 대상 혹은 사건 그 자체가 아니라 개인이 대상 혹은 사건을 어떻게 지각하고 이해하는가이다. 현상적 장은 경험의 전체를 의미한다.

유기체, 즉 전체로서 개인은 모든 경험의 소재이다. 로저스가 "경험은 나에게 최고의 권위이다."라고 말한 것처럼, 그는 유기체의 경험을 중시하였다. 경험은 어떤 주어진 순간에 유기체 내에서 진행되는 잠재적으로 자각에 이용될 수 있는 모든 것을 포함한다. 이러한 경험의 전체가 '현상적 장(phenomenal field)'을 구성한다. 현상적 장은 단지 경험하는 개인에게만 알려질 수 있는 자신의 참조 틀이다. 개인이 행동하는 방식은 외적 현실인 자극조건이 아니라 자신의 현상적 장에 의존한다.

로저스는 '의식 혹은 자각은 우리가 경험하는 어떤 것의 상징화'라는 점에서 현상적 장은 의식의 장과 동일하지 않다는 것을 지적하였다. 즉, 어떤 주어진 순간에 현상적 장은 의식적(상징화된) 및 무의식적(상징화되지 않는) 경험으로 구성된다. 그러므로 유기체는 상징화되지 않는 어떤 경험을 변별하고 그러한 경험에 반응할 수 있다.

2) 자아

로저스의 성격이론에서 핵심적인 구조적 개념이 자아(self)이다. 로저스는 개인은 외적 대상을 지각하고 경험하면서 그것에 의미를 부여하는 존재임을 강조한다. 개인의 지각과 의미의 전체적 체계는 그로 하여금 자신의 현상적 장을 구성하게 한다. 개인이 자신 혹은 자기로서 보는 현상적 장의 이러한 부분이 자아이다. 즉, 현상적 장내에 자아가 있다. 로저스는 자아가 불안정하며 끊임없이 변화하는 실체라는 점에서 과정으로서 자아를 강조하였다. 즉, 자아는 조직화되고 일관된 게슈탈트로 상황이 변함에 따라 끊임없이 형성되는 과정에 있다.

자아 혹은 자아개념은 조직화되고 일관된 지각의 패턴을 나타낸다. 비록 자아가 변하지만, 자아는 항상 패턴으로 형성되고, 통합되고, 조직화된 특성을 가진 자아개념을 유지한다.

로저스의 자아와 관련하여 알아두어야 할 두 가지는 다음과 같다. 첫째, 자아는 개인 내부에 있는 작은 사람이 아니다. 자아는 어떤 것을 하지 않는다. 즉, 개인은 행동을 통제하는 어떤 자아를 가지고 있는 것이 아니라 현상적 장의 일부로서 조직화된 일련의 지각인 자아를 가진다. 둘째, 자아로서 알려진 경험과 지각의 패턴은 일반적으로 자각이 가능하다. 즉, 그것은 의식화될 수 있다. 개인이 의식하지 못하는 경험을 가지고 있지만, 자아는 일차적으로 의식적이다.

자아와 관련된 구조적 개념은 '이상적 자아'이다. 이상적 자아는 개인이 가장 소유하고픈 자아개념으로, 잠재적으로 자아와 관련되고 개인이 높게 가치를 부여하는 지각과 의미를 포함한다.

3) 실현화 경향성

유기체는 하나의 기본적 경향성과 추구를 가지고 있는데, 그것은 경험하는 유기체를 실현하고, 유지하고, 향상시키는 것이다(Rogers, 1951, p. 487). 유기체가 가진 '실현화 경향성'은 타고난 것으로 개인이 가진 모든 생리적 및 심리적인 욕구와 관련된다. 따라서 실현화 경향성은 유기체를 유지하는 데 기여한다.

실현화 경향성은 단지 유기체를 유지하는 것 이상이다. 그것은 또한 유기체의 성장과 향상, 즉 발달을 촉진하고 지지한다. 실현화란 개념은 유기체가 단순한 실체에서 복잡한 실체로 성장해 나가고, 의존성에서 독립성으로, 고정성과 경직성에서 유연성과 융통성으로 변화하고자 하며, 자유롭게 표현하고자 하는 유기체의 경향성을 나타낸다. 실현화는 개인이 욕구와 긴장을 줄이려는 경향성을 포함하지만, 그것은 유기체를 향상시키는 활동으로부터 도출된 기쁨과 만족을 강조한다. 실현화 경향성은 성숙의 단계에 포함된 성장의 모든 국면에 영향을 준다. 로저스는 유전적인 구성으로 프로그램되어 있는 인간의 모든 변화는 실현화 경향성에 의하여 달성된다고 보았다. 그러한 변화가 유전적으로 결정되었을지라도 유기체의 완전한 발달에 대한 진전은 자동적이지 않고 노력 없이 이루어지지 않는다. 로저스는 그러한 과정을 마치 아이가 첫 발을 내딛으면서 겪는 것처럼 투쟁과 고통을 수반하는 것으로 묘사했다.

실현화 경향성은 사람이나 동물뿐만 아니라 모든 살아 있는 것에서 볼 수 있다. 모든 생명을 묘사함에 있어, 로저스는 유기체가 극단적으로 적대적인 조건하에서 생존하게 할 뿐만 아니라 적응하고, 발달하고, 성장하도록 하는 저항할 수 없는 힘의 존재에 대한 그의 믿음을 '생의 집착' 및 '생의 추진력'이라고 표현하였다.

자아실현 경향성 로저스는 인간은 자아를 유지하고, 향상시키고, 실현화시킬 경향성에 의해 동기화되어 있다고 믿었다. 인간성의 부분으로서 이러한 타고난 '자아실현 경향성'은 모든 생리적 및 심리적 욕구를 포함하는 유기체의 실현화 경향성의 부분이다. 로저스는 인간을 진취적인 존재로 생각했다. 그러므로 그는 자아실현, 즉 인간의 타고난 잠재력의 실현을 강조한 반면에 프로이트가 강조한 행동의 긴장감소 측면을 중요시하지 않았다. 즉, 프로이트는 추동(drive)을 강조한 반면에, 로저스는 추동 대신에 인간의 기본적 경향성으로 자아실현을 강조하였다. 이미 지적한 것처럼 로저스는 '유기체는 하나의 기본적 경향성과 추구를 가지고 있는데, 그것은 경험하는 유기체를 실현하고, 유지하고, 향상시키는 것이다.'라는 것을 믿었다.

4) 가치의 조건화

로저스의 성격형성을 이해하는 데 중요한 개념은 '가치의 조건화'이다. 로저스가 "경험은 나에게 최고의 권위이다."라고 말한 것처럼 우리 각자는 경험을 통해 가치를 형성하는 것이 중요하다. 그런데 연약한 존재로서 아동은 그에게 가장 영향력 있는 부모의 양육 태도에 따라 가치의 조건화를 형성한다.

아동은 기본적 욕구인 '긍정적 자기존중'을 얻기 위해 노력한다. 그리고 이러한 긍정적 자기존중 때문에 가치의 조건화 태도를 형성하게 된다. 이렇게 형성된 가치의 조건화는 유기체가 경험을 통해 실현화 경향성을 성취하는 것을 방해하는 주요한 원인이 된다. 왜냐하면 가치의 조건화는 아동이 주관적으로 경험하는 사실을 왜곡하고 부정하게 만들기 때문이다. 아동은 의미 있는 대상(예를 들면, 부모)으로부터 긍정적 자기존중을 받기를 원한다. 부모는 자신의 판단에 따라 아동에게 해야 할 것과 하지 말아야 할 것을 정해 놓는다. 아동은 부모가 원하는 것을 할 때만 긍정적 자기존중을 받게 되고 착한 아이가 된다. 부모가 원하지 않는 것을 하면 나쁜 아이가 된다. 나쁜 아이가 되는 것은 긍정적 자기관심을 얻지 못하게 한다. 그러므로 아동은 나쁜 아이가 되지 않기 위해 자기가 경험하는 사실을 왜곡하고 부정하게 된다. 다시 말하면 부모로부터 긍정적 자기존중을 받기 위해 자기가 하는 경험에 폐쇄적이 되어 실현화 경향성을 방해하게 된다는 것이다.

가치의 조건화는 아동이 하는 주로 눈에 보이는 행동, 즉 외적 준거에 따라 아동을 평가하는 데서 비롯된 것이다. 의미 있는 대상으로부터 긍정적 자기존중을 받기 위해 자기의지와 관계없이 겉으로 최선을 다하는 꼴이 된다. 따라서 아동은 착한 아이가 되기 위해 내적 경험을 무시하게 된다. 껍데기는 번지르르할지 모르지만 알맹이는 썩어가게 된다. 이것은 우리가 모든 경험에 개방적이 되어 인간 성장을 도모하는 것을 방해하게 한다. 인간중심접근에서 강조하는 개인의 주관적인 경험을 왜곡하고 부정하게 만든다. 우리가 독특한 존재로서 자기성장을 이루지 못하게 한다. 이런 점에서 당신이 형성한 가치의 조건화는 끊임없이 당신이 성숙된 인간이 되는 것에 주요한 방해의 원천이라고 할 수 있다.

갈등, 불안, 공포 등의 정서적 문제도 가치의 조건화와 관련되어 있다. 내사된 가치의 조건화로 인해 긍정적 자기존중을 받으려는 욕구는 그것에 반하는 어떤 경험을 회피하고, 왜곡하고, 부정해 왔다. 이러한 가치의 조건화에 따른 행동은 실현화 경향성을 이루려는 유기체의 경험과 마찰을 하게 된다. 이런 마찰은 위협으로 느껴지며 갈등과 불안을 야기한다. 의미 있는 대상으로부터 주입된 이러이러한 행동을 하면 '나쁜' 아이라는 가치의 조건화가 실존적 존재로서 주관적인 내적 경험과 불일치를 이루게 된다. 이런 불일치는 긍정적 자기존중을 잃지 않을까 하는 위협으로 느껴지고 불안과 두려움을 야기하게 된다.

4. 상담목표

인간중심치료는 문제해결과 변화의 필요충분조건이 인간중심이라는 기본가정에서 출발한다. 인간은 누구나 유기체로서 실현화 경향성을 발현시킬 수 있고 현상적 장에서 독특한 실존적 존재로서 자기실현을 이룰 수 있는 잠재력을 갖고 있다는 것이다. 따라서 상담을 통해 심리적 문제를 해결하는 기본가정도 인간중심치료의 기본적인 철학적 신념에 근거한다. 유기체의 경험이나 독특한 존재로서 자기경험을 왜곡하고, 회피하고, 부정하게 만든 주요한 원인이 가치의 조건화라 할 수 있다. 성인으로서 당신이 아동을 대하는 태도로 인해 그가 형성한 가치의 조건화가 '만약 ~하면, 그러면 ~한다(If ~, then ~)'는 가정하에서 형성되었다고 할 수 있다. 예를 들면, 당신이 자녀에게 대하는 태도가 '만약 네가 공부를 잘하면, 그러면 나는 너를 좋아한다.' 혹은 '만약 네가 공부를 못하면, 그러면 나는 너를 싫어한다.'는 식으로 나타난 결과라고 볼 수 있다. 아동은 부모가 원하는 행동을 하는가의 여부에 따라 칭찬이나 비난을 받게 되어 가치의 조건화 태도를 형성하게 된다.

인간중심치료는 이렇게 형성된 가치의 조건화를 해결할 수 있는 방식도 마찬가지로 '만약 ~하면, 그러면 ~한다(If ~, then ~)'는 가정으로 풀 수 있다고 확신한다. 지금까지 성인이 아동의 실현화 경향성 혹은 유기체의 지혜를 믿지 않는 태도, 아동의 행동에 따라 조건적으로 대하는 태도, 아동의 내적 경험을 고려하지 않거나 무시하는 태도가 문제의 원인이 되었다고 본다. 따라서 내담자의 문제해결과 변화를 위한 필요충분조건은 유기체의 지혜를 신뢰하는 인간중심적 태도이다. 로저스는 상담자가 내담자의 변화를 위해 가져야 할 필요충분한 세 가지 인간중심적 태도로서 일치성(congruence), 공감적 이해(empathic understanding), 무조건적 긍정적 존중(unconditional positive regard)을 제시하였다.

내담자의 변화를 위한 상담관계를 '만약 ~하면, 그러면 ~한다(If ~, then ~)'는 가정으로 표현하면 '만약 상담자가 일치성, 공감적 이해, 무조건적 긍정적 존중의 태도를 내담자에게 보여 주면, 그러면 내담자는 변화한다.'는 것이 된다. 이렇게 가정에 대입된 문장으로 간략히 표현된 내용을 생각하면 상담이 굉장히 쉽게 여겨질 수 있다. 실제로 많은 상담자들이 여러 가지 상담기법을 강조하는 다른 상담접근보다 상담의 필요충분조건으로서 상담자의 세 가지 태도를 강조하는 인간중심접근을 용이하게 생각하는 경향이 많다. 또한 이러한 상담의 필요충분조건을 쉽게 여겨서인지 많은 초보상담자들이 자신의 상담접근으로 인간중심접근을 선택하는 경우가 많다. 그러나 적지 않은 상담경험을 가진 필자로서 감히 말한다면 인간중심접근에서 강조하는 상담자가 가져야 할 세 가지 태도가 그렇게 쉽게 획득되지 않는다는 것이다. 많은 상담자들이 언뜻 생각하기에 인간중심접근을 쉽게 생각했다가 많은 훈련에도 불구하고 쉽지 않다는 것을 실감하게 된다. 따라서 필자는 초보상담자들에게 웃고 접근했다가 울고 나오는 상담접근이 인간중심접근이라고 말하곤 한다. 이것은 인간중심접근을 사용하는 상담자가 단순히 상담기법을 배우는 것이 아니라 내담자를 대하는 근본적인 태도가 변화되어야 하기 때문이다.

5. 상담과정

로저스는 상담의 필요충분조건으로 여섯 가지 과정을 기술하였으며 그중 상담자의 세 가지 태도가 내담자를 변화시킨다고 보았다. 그가 제안했던 여섯 가지 상담의 필요충분조건은 다음과 같다.

첫째, 두 사람(내담자와 상담자)이 심리적 접촉을 한다.

둘째, 내담자는 불일치 상태에 있고 상처받기 쉬우며 초조하다.

셋째, 상담자는 내담자와의 관계에서 일치성을 보이며 통합적이다.

넷째, 상담자는 내담자를 위해 무조건적 긍정적 존중을 경험한다.

다섯째, 상담자는 내담자의 내적 참조 틀을 바탕으로 한 공감적 이해를 경험하고 내담자에게 자신의 경험을 전달하려고 시도한다.

여섯째, 내담자는 의사소통의 과정에서 상담자의 무조건적 긍정적 존중 및 공감적 이해를 지각하고 경험한다.

6. 상담기법

상담관계의 필요충분조건 중에서 일치성, 무조건적 긍정적 존중, 공감적 이해는 상담자가 가져야 할 중요한 태도로서 기법으로 배우는 것이 아니라 상담자 자신의 노력과 태도변화로서 이루어지는 것으로서 이러한 태도를 갖추기 위해 상담자의 변화가 선행되어야 한다. 그러면 이러한 세 가지 상담자의 태도에 대해 살펴보자.

1) 일치성

일치성은 상담관계에서 상담자가 순간순간 경험하는 자신의 감정이나 태도를 있는 그대로 진솔하게 인정하고 개방하는 것을 의미한다. 이는 상담기법이기보다는 내담자의 진솔한 태도 자체를 경험하는 것을 말한다. 일치성의 동의어는 진솔성, 사실성, 개방성, 투명성, 현재성이다. 상담자의 일치성은 상담의 필요충분조건인 세 가지 태도 중에서 가장 기본이 되는 태도이다. 인간중심접근에서 '지금-여기'에서의 경험을 강조하는 것도 일치성의 태도와 관련된다.

일치성을 유지하기 위해 상담자는 높은 수준의 자각과 자기수용, 자기신뢰를 갖는 게 필요하다. 당신이 하던 일을 멈추고 현재 경험을 통해 느낀 감정을 자각해 보라. 지적인 조작이나 역할게임을 멈추고 모든 경험에 개방되어 있는 당신 자신이 되라. 이러한 작업은 그리 쉽지 않다. 마찬가지로 상담자가 상담과정에서 매순간 경험하고 느끼는 감정을 자각하여 사실 그대로 표현하는 것은 쉬운 일이 아니다. 상담자가 조력자로서 내담자에 집중해서 여기-지금에서 진솔하게 느끼는 다양한 감정을 알아채는 것은 쉽지 않다.

일치성 태도를 가진 상담자는 경험하는 유기체로서 내담자와 인간 대 인간의 만남이 되도록 개방적으로 직면해야 한다. 상담관계에서 일치성을 유지하며 솔선수범하여 일관되게 실제적이 되려고 하는 상담자의 자세는 내담자를 신뢰하게 만든다. 이와 같은 상담자의 진솔한 태도는 내담자와의 인간 대 인간의 만남을 가능하게 한다. 또한 상담자는 내담자에게 모델로서 본보기가 된다. 결과적으로 상담자의 일치성 태도는 내담자로 하여금 개방적 자기탐색을 촉진하여 그가 지금-여기에서 경험하는 감정을 자각하도록 하는 요인이 된다.

2) 무조건적 긍정적 존중

무조건적 긍정적 존중은 가치의 조건화를 버리고 조건 없이 내담자를 수용하는 것을 의미한다. 무조건적 긍정적 존중의 내용을 기술하는 동의어는 비소유적 온화, 돌봄, 칭찬, 수용, 존경 등이다. 로저스가 제안한 무조건적 긍정적 존중은 올바른 양육조건이 주어지면 내담자가 건설적 변화를 위한 잠재력을 실현할 수 있다는 깊은 인간 신뢰와 관련되어 있다. 아무 조건 없이 인간의 행동을 수용하고 존중하는 태도를 갖는 것은 상담자가 인간을 신뢰하는 확고한 철학적 신념이 없이는 불가능하다.

로저스가 보는 긍정적 존중을 추구하는 인간본질에 대한 이해를 바탕으로 볼 때 무조건적 긍정적 존중은 이미 형성되어 인간 성장을 방해하는 가치의 조건화 태도와 대립된다. 우리는 쉽게 타인의 행동을 우리의 판단에 따라 평가하는 경향이 강하다. 부모로서, 교사로서, 영향력 있는 성인으로서, 상담자로서 당신은 상대방에게 어떤 태도를 견지하는가? 상대방을 전적으로 믿고 신뢰하는가? 아니면 상대방의 행동을 당신의 가치 판단에 따라 옳고 틀린가를 평가하는가? 당신도 가치 덩어리로서 무조건적으로 타인을 수용하고 판단하지 않는다는 것이 분명 쉬운 일이 아니다. 때문에 상담자로서 내담자를 변화시키기 위해 인간을 보는 근본적인 태도와 신념의 변화가 우선되어야 한다.

인간중심접근에서 무조건적 긍정적 존중은 상담관계에서 인간의 가치와 의미성에 대한 상담자의 태도가 얼마나 중요한가를 강조한 개념이다. 상담자가 실현화 경향성을 가진 존재로서 내담자를 철저하게 믿는 태도는 그로 하여금 자신을 믿고 자기성장을 이루도록 하는 촉진적 조건으로 작용한다. 상담자가 보여 주는 무조건적 긍정적 존중을 통해 내담자는 그동안 자신에게 의미 있는 사람에게(예를 들면, 부모나 교사) 긍정적 관심을 얻기 위해 형성한 가치의 조건화 태도를 서서히 바꾸기 시작한다. 즉, 가치의 조건화에 의해 자신이 왜곡하고 부정해 왔던 경험에 대해 보다 개방적으로 탐색하기 시작한다.

3) 공감적 이해

공감적 이해는 상대방이 주관적으로 경험하는 사적 세계를 정확하고 민감하게 이해하는 것이다. 공감적 이해의 동의어는 공감, 정확한 공감, 공감적 태도, 공감적 자세이다. 정신분석에서 프로이트가 발견한 전이의 개념을 코페르니쿠스적 발견이라 한다면 상담 및 심리치료에서 인간의 이해와 변화를 위해 로저스가 강조한 공감적 이해도 유사한 등급이 매겨져야 한다고 본다. 왜냐하면 거의 모든 상담자들이 내담자의 이해와 변화를 위해 공감적 이해의 중요성을 받아들이기 때문이다. 상담이 어느 정도 진행되면 흔히 내담자들이 상담자에게 "이것은 선생님에게 처음 얘기하는 거예요." 하며 비밀스러운 이야기를 하게 된다. 내담자가 마음속 깊이 감추어 둔 자신만의 비밀을 상담자에게 털어놓을 수 있게 되는 것은 대부분 상담자가 내담자의 입장에서 그를 이해하는 태도에서 비롯된다.

많은 사람들은 자신이 경험하는 특이한 내용을 이 세상에서 누구도 이해해 주지 못하리라고 생각하곤 한다. 가장 가깝게 느끼는 부모님, 친구, 애인도 자신이 경험한 내용을 이해해 주지 못하리라 생각한다. 그렇게 생각하기 때문에 그러한 내용을 비밀스럽게 간직한다. 비밀스러운 내용을 누군가 알면 큰일이 날 것 같기 때문에 견고하게 아성을 쌓아 지킨다. 내담자가 지키는 이러한 아성을 무너뜨릴 수 있는 것은 상담자가 내담자의 입장에서 그를 공감적으로 이해하는 것이다. 우리는 똑같은 사건에 대해서 각기 다른 경험을 한다. 어떤 사람은 담담한 기분으로 받아들인 반면 다른 사람은 불안이나 두려움을 느낄 수 있다. 그것은 우리 각자가 주관적으로 현상적 장을 지각하고 경험하기 때문이다. 상담자로서 내담자를 돕기 위해서는 내담자가 주관적으로 경험하는 내적 감정을 정확히 이해하는 게 필요하다.

로저스가 제안한 '내적 참조 틀(internal frame of reference)'과 '외적 참조 틀(external frame of reference)'의 개념도 공감적 이해의 개념과 밀접하게 관련되어 있다. 대화의 상대자가 경험하는 감정을 공감적으로 이해하기 위해서는 상대방이 주관적으로 경험하는 내적 세계에 따른, 즉 내적 참조 틀에 근거해서 상대방을 이해해야 한다. 이런 점에서 로저스는 자극-반응에 따라 상대방을 평가하는, 다시 말하면 외적 참조 틀에 근거해서 상대방을 이해하려는 행동주의적 접근을 강렬하게 비판한다. 겉으로 드러난 행동만을 갖고 상대방을 평가하는 것은 알맹이를 빼 버리고 껍데기만을 가지고 상대방을 이해하려고 시도한다는 점에서 잘못된 것이라고 지적한다. 이런 점에서 인간중심접근은 중요한 속 알맹이가 빠져 버린 텅 빈 유기체를 연구하는 것을 경계한다. 내적 참조 틀에 따른 공감적 이해를 강조하면서 "껍데기여 물러가라, 껍데기여 물러가라."고 외쳐댄다.

공감적 이해는 상담자가 내담자가 될 수는 없지만 그러나 마치 내담자인 것처럼 내담자의 내적 참조 틀에 근거해서 그가 경험하는 감정을 파악하고 이해하는 것이다. 공감적 이해는 내담자가 표현하는 일거수일투족을 세밀하게 관찰하여 그의 내부에서 잔잔하게 움직이는 때론 강렬하게 요동치는 감정에 대해 상담자가 감정적 반영을 함으로써 두 사람의 마음과 마음이 짜릿하게 마주치는 것이다. 이 글을 읽는 당신은 주변에 있는 당신에게 소중한 사람에게 얼마나 공감적 이해를 하고 있는가? 상대방의 외적 참조 틀에 근거해서 그에 대해 안쓰러움을 느끼는 동정을 하고 있지는 않는가? 동정은 상대방이 경험하는 고통을 바라보면서 '당신이 그런 일을 당하다니 참 안됐구나.'라고 느끼는 것이다. 그러나 공감은 상대방과 더불어서 그의 고통을 이해하고 느끼는 것이다.

이상의 세 가지 상담자의 태도는 인간을 보는 근본적인 태도나 철학적 신념의 변화를 요구한다. 인간의 잠재력을 철저하게 믿고 긍정적으로 보는 획기적인 사고의 전환을 요구한다. 우리는 각자 나름대로 오랫동안 가치를 형성해 왔고 매순간 가치를 형성해 가는 존재이기 때문에 이러한 태도 변화는 생각보다 쉽지 않다. 부모로서 자식의 나쁜 언행을 보고 쉽게 화를 내거나, 교사로서 학생의 잘못된 행동을 보고 체벌을 가하거나, 상담자로서 내담자의 그릇된 행동에 대한 얘기를 듣고 쉽게 판단을 내리는 경향이 강하다. 즉, 당신이 형성한 조건부 가치에 따라 상대방을 평가하여 자신도 모르게 당신의 가치를 주입하곤 한다. 이런 점에서 만약 당신이 상담자로서 변화를 위해 노력한다면 먼저 당신 자신의 가치의 조건화에 대한 철저한 탐색과 이해가 선행되어야 할 것이다.

상담자로서 변화의 필요충분조건이 인간중심이라는 믿음 속에서 먼저 자기개혁을 위한 노력이 필요하다. 인간중심접근의 입장에서 보면 상담훈련을 통해 상담기법을 배우는 노력도 필요하지만 인간을 보는 관점과 태도의 변화가 더욱 중요하다. 당신이 내담자에게 진솔하고, 공감하고, 무조건적 긍정적 존중을 보여 주면, 내담자는 자신이 가진 실현화 경향성을 실현시키기 위해 그리고 자기성장을 위해 변화하기 시작할 것이다.

7. 요약

- 로저스는 인간은 경험하는 유기체로서 자신을 실현화하기 위한 기본적 동기를 갖고 있다고 본다. 인간중심접근 상담자는 유기체의 지혜를 믿으며 인간이 기본적으로 신뢰할 수 있는 유기체라고 본다.
- 로저스가 "경험은 나에게 최고의 권위이다."라고 말한 것처럼, 그는 유기체의 경험을 중시하였다.
- 개인이 자신이나 자기로서 보는 현상적 장이 자아이다. 자아는 조직화되고 일관된 게슈탈트로 상황이 변함에 따라 끊임없이 형성되는 과정에 있다.
- 유기체는 하나의 기본적 경향성과 추구를 가지고 있는데, 그것은 경험하는 유기체를 실현하고, 유지하고, 향상시키는 것이다.
- 아동은 기본적 욕구인 '긍정적 자기존중'을 얻기 위해 노력하기 때문에 가치의 조건화 태도를 형성하게 된다. 이렇게 형성된 가치의 조건화는 유기체가 경험을 통해 실현화 경향성을 성취하는 것을 방해하는 주요한 원인이 된다.
- 로저스는 상담자가 내담자의 변화를 위해 가져야 할 필요충분한 세 가지 태도로서 일치성, 공감적 이해, 무조건적 긍정적 존중을 제시하였다.
- 공감적 이해는 상담자가 내담자가 될 수는 없지만 그러나 마치 내담자인 것처럼 내담자의 내적 참조 틀에 근거해서 그가 경험하는 감정을 파악하고 이해하는 것이다.

효과적 조력을 위한
상담 연습 12

경험을 통한 실현화 경향성 촉진하기

연습 1: 인간중심치료자는 인간이 가치 덩어리로서 경험을 통한 가치화 과정을 매 순간 진행하고 있다고 본다. 그리고 내담자의 문제는 가치의 조건화에 따른 내사된 가치라고 본다. 유기체로서 경험을 통한 당신의 가치화 과정을 방해하는 당신의 내사된 가치가 무엇인지 찾아보도록 하라.

연습 2: 공감을 정의하는 데 두 가지 용어인 '마치 ~처럼(as if)'과 '내적 참조 틀(internal frame of reference)'을 바탕으로 로저스가 강조한 공감을 정확하게 정의해 보라.

연습 3: 로저스는 "경험은 나에게 최고의 권위이다."라고 하였다. 먼저 이 말의 의미를 생각해 보라. 다음에 당신이 어떤 행동을 하면서 갈등이나 불안을 느끼는지 확인하라. 마지막으로 이러한 불안과 부모님이 당신에게 강요했던 가치나 행동과 어떻게 관련되는지 탐색해 보라.

연습 4: '만약 ~ 하면, 그러면 ~ 한다(If ~ , then ~)'와 '가치의 조건화(conditions of worth)'란 개념을 바탕으로 인간중심치료를 간략하게 정의해 보라.

연습 5: 많은 상담자들은 로저스가 강조한 것처럼 내담자에게 '무조건적 긍정적 존중'을 하기가 쉽지 않음을 지적한다. 상담자로서 당신이 내담자를 대하는 태도를 바탕으로 로저스가 강조한 '무조건적 긍정적 존중'의 의미를 생각해 보라.

제 13 장

실존주의적 상담

나는 존재한다. 그러므로 나는 생각하고, 느끼고, 행동한다.

–롤로 메이(Rollo May)

13장의 목차

인생은 진행되는 과정이다. 우리 각자는 진행되는 과정에 있다. 실존은 정적 과정이 아니라 진행되는 과정을 수반한다. 실존주의적 상담은 존재의 과학과 과정에 관심을 둔다. 상담자는 내담자의 표면적 문제 이면에 있는 그의 실존의 기본적 문제에 직면하도록 한다. 이러한 인간의 기본적 문제는 불안, 절망, 죽음, 무의미성, 고독, 고립 등이다. 이러한 문제는 실존적 고통을 생성할 잠재력을 가진다. 상담자는 역시 자유, 책임감, 사랑, 창의성과 같은 문제에 관심을 가진다.

이 접근은 분리된 하나의 학파도 아니고 또 깔끔하게 정의된 기법을 가진 체계적인 모델도 아니다. 실존주의적 상담에 영향을 주거나 발전시킨 사람들을 세 가지 부류로 나누어 살펴볼 수 있다.

첫째, 실존주의적 상담은 실존주의적 철학에 근거한다. 따라서 잘 알려진 실존주의 철학자들인 키르케고르(Kierkegaard), 니체(Nietzsche), 하이데거(Heidegger), 사르트르(Sartre) 등이 보는 인간에 대한 이해를 반영한다.

둘째, 실존주의적 상담은 종교철학자들에 의한 영향을 받아 발전해 왔다. 영향을 준 대표적인 종교철학자는 부버(Buber), 틸리히(Tillich) 등을 들 수 있다. 부버의 『나-당신(I and Thou)』이나 틸리히의 『존재할 용기(The Courage to Be)』에서 강조하는 내용이 실존주의 상담에 반영되었다.

셋째, 실제로 상담 및 심리치료에 실존주의적 철학이나 종교철학을 적용하여 실존주의적 상담을 주창한 사람들이다. 여기에는 빈스반거(Binswanger), 보스(Boss), 프랭클(Frankl), 메이(May), 얄롬(Yalom) 등이 있다. 특히 프랭클은 자신의 실존주의적 접근을 의미치료라고 불렀다.

실존주의에서는 인간을 제한된 존재로서 세상에 던져진 존재로 본다. 던져진 존재로서 인간은 존재론적 불안에 직면하면서 성장한다. 불안을 극복하고 성장을 이루기 위해 위엄과 자기존중을 유지하며 자기 인생을 살고자 하는 진실성과 용기를 필요로 한다. 진실성이란, 인간애로서 개인의 의무를 충분히 인식하고 인간의 자유와 책임을 포용함으로써 얻어진다고 본다. 이 과정은 매우 힘들며, 따라서 용기가 필요하다.

실존주의적 상담은 현상학적 철학에 기초한다. 이 접근은 내담자의 주관적 관점에서 그의 행동을 이해하는 것을 추구한다. 상담자는 환자의 경험을 밝히고 정신현상이 어떻게 의식으로 나타나는가를 규명하여, 그 개인의 자아관의 명료성과 진실성을 획득하는 데 목표를 두고 있다.

실존주의적 상담은 인간에 대한 다음과 같은 기본적 신조에 근거한다.

첫째, 실존은 본질에 선행한다. 즉, 우리가 하고 있는 것이 우리가 누구인가를 결정한다.

둘째, 우리는 선택할 자유가 있으며 선택한 결과에 책임이 있다.

셋째, 인간의 삶은 항상 죽음에 대한 견해를 가지고 영위된다. 우리의 진실성은 이것을 자각하고 용감하게 우리의 실존에 직면할 능력에서 비롯된다.

넷째, 우리의 실존은 결코 다른 사람과 세계의 실존으로부터 완전히 분리되어 있지 않다. 역시 세계의 실존도 우리의 실존에서 완전히 분리되어 있지 않다.

다섯째, 우리가 다른 사람의 주관적 관점에서 그를 이해하려고 노력할 때 우리의 지각이 보다 타당하다(Belkin, 1988, p. 205).

1. 메이의 생애

실존주의 치료자인 메이(Rollo May, 1909~1994)는 1909년 미국 오하이오에서 일곱 자녀 중 막내로 태어났으나 곧바로 미시간으로 이사해 그곳에서 그의 어린 시절을 보냈다. 메이는 자신의 어린 시절을 불행했던 것으로 회고했으며 이러한 환경이 상담과 심리학에 관심을 갖게 한 계기가 됐다고 기술하였다. 메이는 1930년에 오벌린 대학(Oberlin College)을 졸업하고 나서 그리스로 가서 교사가 되었다. 그리스에 있는 동안 여름 방학 중에 비엔나로 여행을 떠났으며 거기에서 아들러와 함께 공부를 하였으며 그의 영향을 받았다.

메이는 유니언 신학교(Union Theological Seminary)에서 신학학위를 받았다. 신학교에서 공부하는 중에 실존주의 신학자인 틸리히를 만나 그의 영향을 받았다. 메이는 신학보다 심리학을 통해 사람들을 가장 잘 조력할 수 있다고 생각하게 되어 심리학을 공부하게 되었다. 그는 1949년에 컬럼비아 대학에서 임상심리학으로 박사학위를 받은 후 뉴욕에서 사설 임상소를 설립했으며 뉴욕 윌리엄 앨런슨 연구소(William Alanson Institute)에서 수련감독 및 훈련분석자로 역할을 수행하였다.

메이는 박사과정 중에 결핵으로 고통을 받았으며 요양소에서 2년을 보내면서 실존적 불안을 체험하고 실존철학을 심도 있게 공부하게 되었다. 특히 결핵으로 치료를 받는 동안에 키르케고르의 생각은 메이의 불안에 관한 연구에 촉매자가 되었다. 메이는 이러한 연구 결과로 1950년에 『불안의 의미(The Meaning of Anxiety)』를 출판하였다. 그리고 1958년에 앵겔(Ernest Angel) 및 엘렌버거(Henri Ellenberger)와 함께 『실존(Existence)』이란 책을 출판하여 미국에 실존적 사고를 소개하였다. 메이는 두 번의 결혼 실패를 경험하였다. 1969년에 발간된 그의 인기 있는 저서인 『사랑과 의지(Love and Will)』에는 사랑과 친밀관계와 관련한 자신의 개인적 경험이 반영되어 있다. 메이는 1975년에 발간된 다른 인기 있는 저서인 『창조할 용기(The Courage to Create)』를 통해 그가 사람들의 삶에 관련된 것으로 보았던 실존적 개념에 대해 일반인에게 자각시켰다. 메이는 생애 동안 생산적인 삶을 영위했으며 85세의 나이로 1994년에 사망하였다.

2. 인간관

실존이란 인간 존재의 특유한 존재방식을 뜻한다. 따라서 그것은 어디까지나 인간의 현재에 관계하는 것이며 인간의 본질이 무엇인가 하는 본질규정의 문제는 직접적인 관심사가 아니다. 실존은 본질에 선행한다. 실존은 밖에(ex) 나타나(sistere) 있는 것을 의미하므로, 실존철학 역시 인간의 숨겨진 본질보다는 드러나 있는 인간의 존재방식을 묻고 그것을 규명하려는 노력이다. 실존은 현실의 존재, 사실의 존재, 진실의 존재에 대한 새로운 표현이라고 할 수 있다.

실존주의는 인간의 존재에 관심을 둔다. 인간의 가장 직접적인 경험인 그 자신의 존재에 초점이 맞추어져 있다. 다시 말해 인간의 존재를 무에서 시작된 자유로운 존재로 본다. 인간은 사전에 그 무엇에 의해서도 규정되어 있지 않기 때문에 자신을 규정할 수 있는 힘은 오로지 자신에게만 있다고 본다. 그러므로 각 개인은 자신의 자유의지에 따라서 선택하고, 행동하고, 그 결과에 책임지는 가운데 자신의 본질을 만들어 가는 것이다(최경환, 1993).

실존적 접근에서 기본적인 인간조건을 결정하는 범주에 속하는 것은 자각의 능력, 자유와 책임감, 자신의 정체성을 창조하고 다른 사람과 의미 있는 관계를 확립하는 것, 의미, 목적, 가치 그리고 목표의 탐구, 삶의 조건으로서 불안, 죽음의 자각이다(Corey, 1996). 실존의 의미성은 인간이 결코 고정되어 있지 않다. 차라리 우리는 이 세상에 던져진 우리를 계속적으로 재창조한다고 본다.

실존주의적 상담에 기여한 주요한 인물들을 중심으로 인간에 대한 이해를 살펴보자.

1) 키르케고르

키르케고르(Søren Aabye Kierkegaard, 1813~1855)는 유럽의 사상계를 휩쓸고 있었던 헤겔의 관념철학적 사변에 대항하여 실존하는 개인의 내면세계를 철학적 사색의 근본문제로 등장시킨 최초의 철학자이다. 그는 대학시절에 한동안 헤겔 사상에 매혹되었고 사상가로서의 헤겔을 숭배하기도 하였다. 그러나 얼마 안 가 헤겔 사상에 환멸을 느끼고 그에 대항하여 자신의 고유한 사상적 입장을 발전시켜 나갔다. 왜냐하면 실존하는 개인의 삶을 붙들어 주고 이끌어 줄 수 있는 진리는 헤겔의 위대한 체계 속에서는 발견할 수 없었기 때문이다(장진성, 1993).

"인간의 주관성은 인간의 진리이다." 이 논제가 바로 인간 실존에 관한 키르케고르의 결론이다(이창우 역, 1983). 키르케고르 이전의 철학은 거의 언제나 거시적인 일반문제를 추구하고 있다는 점에서 공통점을 가지고 있었다. 그러나 키르케고르는 진정한 생의 문제들이란 반드시 이른바 '실천적인 개별문제'의 형태를 띠고 있다고 보았다. 이런 문제가 곧 '실존적'인 문제이다(임석진 역, 1980). 일반적으로 키르케고르를 최초의 실존주의자라고 부르는 것도 이 때문이다.

그는 주저인 『죽음에 이르는 병(The Sickness Unto Death)』의 서문에서 이렇게 말하고 있다.

"죽음은 모든 것의 종말을 뜻하는 것이며, 또한 인간적으로 말한다면 사람의 생명이 있는 한에서만 있을 수 있는 것이기 때문이다. 그러나 그리스도적인 의미에서는 죽음은 결코 모든 것의 종말이 아니라, 모든 것을 내포하는 영원한 생명의 범주 안에서의 한 작은 사건에 불과하다."

그는 "자아는 무한성과 유한성의 의식적인 종합이며, 이 종합은 자기 자신과 관계된다. 종합의 과제는 자아가 되는 것이다. 그것은 오직 신과의 관계에서만 실현될 수 있다. 그러나 자아가 된다는 것은 구체적이 된다는 것을 말한다. 구체적이 된다는 것은 유한적이 된다는 것도 아니고 무한적이 되는 것도 아니다. 왜냐하면 구체적이 된다고 하는 것은 바로 하나의 종합이기 때문이다. 따라서 그 발전은 자아를 무한화함으로써 자아를 자기 자신으로부터 해방시키는 동시에 자아를 유한화함으로써 자기 자신에게 환원하게 하는 데 있지 않으면 안 된다. 자아가 이렇게 자기 자신으로 되돌아오지 않으면 자아는 절망적인 상태에 놓이게 된다. 자기가 그것을 알고 있든 모르고 있든 그것은 절망이다."라고 말하고 있다(손재준 역, 1982, p. 295).

그는 인간을 무한성과 유한성의 종합 그리고 가능성과 필연성의 종합으로 본다. 그는 인간이 가능성의 존재로 있을 때 필연적으로 불안이 따른다고 하였다.

키르케고르는 자유를 가능성이라고 정의하고, 이 가능성을 인간이 가지고 있는 정신적인 면이라고 지칭하고 있다. 인간은 끊임없이 가능성에 의하여 유도되며 그 가능성을 생각하며 그리고 창조적인 능력에 의하여 그 가능성을 실현한다. 이 가능성으로 지향하는 자유 능력이 동시에 불안을 수반한다. 불안이란 인간이 자기의 자유에 직면했을 때의 상태이다. 곧, 자유-가능성으로 표현된다. 그 가능성이 마음에 떠오를 때는 언제나 불안이 잠재적으로 같은 경험 안에 존재하고 있는 것이다(김영만, 1987).

이러한 불안을 역설적으로 '교육적'이라고 말하고 있다. 가능성과 유한성에서 오는 불안에 대해 그리스도인들은 '신앙'을 가지고 있다고 역설한다.

키르케고르에 있어서도 실존이란 객관화될 수 없고 대상화될 수 없는 내면성 그리고 주체성을 지니고 있는 존재였다. 그에게 실존한다는 것은 우선 무엇보다도 단독자임을 뜻했으며 신 앞에 서 있는 나와 하나님 사이에는 아무것도 없다는 것이다. 이처럼 실존은 진실로 불안의 존재이며 불안 속에서 살아가는 존재요, 언젠가 한 번은 꼭 죽음에 이르러야 할 유한적 존재이다.

2) 니체

니체(Friedrich Wilhelm Nietzsche, 1844~1900)는 '신은 죽었다.'라는 명제를 통해 그 시대의 모든 그리스도적인 가치를 부정하였다. 그러나 이 부정은 '모든 것을 부정하여 더 이상 부정할 것이 없는 상태'에서 새로운 가치를 창조하기 위한 건설적인 부정이었다.

“지금까지의 가치에 부착되어 온 인간은 이제 극복되지 않으면 안 된다.” 이 말을 통해 그는 새로운 인간상으로 초인을 제시하고 있다. 니체가 이상으로 삼는 초인은 종교적이고 초월적인 도덕을 거부하는 현세 중심적인 인간인 동시에 민주주의적인 이상을 거부하는 엘리트의 상징이다.

신의 죽음으로부터 나타나는 허무주의를 스스로 극복하라고 이야기한다. 그는 이 세상을 무한히 회귀하는 것으로 보고 세계를 있는 그 자체로 수용해야 한다고 주장한다. 의미도 없고 목적도 없으며, 그러나 불가피하게 되돌아오고 무(無)로 종결되지도 않는 바로 그것이 영겁회귀이다. 그리하여 니체의 초인은 무한히 계속되는 이 세상을 술에 취한 채 춤을 추는 이교도의 축제에서와 같이 “한 번” “또 한 번” 하면서 열정적으로 세상을 살아가는 것이다. 이 세상은 영원히 계속 오기 때문에 후회가 없기 때문이다. 결국 니체의 초인은 아무 주저 없이 스스로의 의지에 따라서 가치를 변혁하고 새로운 가치를 만들어 내는 사람이다.

니체는 인간은 고정적이지 않고 어디로인가 생성되어 나아가는 존재로 파악한다. 그는 “인간이란 결코 목표가 아니라 하나의 다리”로 파악하고 “이 다리는 두말할 것도 없이 동물로부터 초인에로의 노정에 있는 다리”라고 하여 인간을 고쳐져야 하고 다듬어져야 할 존재로 보고 있다(성진기, 1975).

3) 하이데거

하이데거(Martin Heidegger, 1889~1976)는 그의 주저인 『존재와 시간(Being and Time)』에서 현상학적인 관점에서 인간에 대한 이해를 시도하였다. 하이데거는 막연하나마 존재를 이해하고 있는 인간을 ‘현존재(Dasein)’라 하였다. 이러한 현존재는 단순히 사물이나 도구적 존재자가 아님을 보여 준다. 이러한 현존재는 세계 안에서 다른 많은 존재자들과 관계를 맺는 가운데 본래적인 존재양식을 상실하고 비본래적인 존재방식을 취하게 된다. 이와 같이 본래적 자기를 상실한 현존재를 그는 ‘일상인(Das Man)’이라고 하였다.

일상인으로서의 현존재는 평균화되고 책임을 지지 않는 몰개성적인 인간으로 전락해 버린다. 이러한 일상인은 불안에서 헤어날 수 없다. 일상인으로서의 현존재가 불안으로부터 벗어나려면 본래적인 자기를 근원적으로 이해하고 본래적인 자기로서 존재할 것을 결단하지 않으면 안 된다. 이와 같이 본래적인 자기에로 자기 자신을 내어 던지는 것을 기투(企投)라고 하였다. 이러한 기투에 의해 본래적인 존재방식을 찾는 것이 실존이다(홍경자, 1988).

하이데거는 현존재를 죽음에 이르는 존재라고 부르며, 죽음을 실존의 본래성에 도달하는 기반으로 본다. 실존은 죽음을 향해가는 존재이다. 인간은 죽음을 통해서 스스로의 실존을 짊어지라는 소명에 응답해야 한다. 죽음으로 일단 우리 자신이 내린 결단은 다시 돌이킬 수 없는 필연의 사실이 된다. 더 나아가서 죽음이야말로 우리 모두들에게 '제각기 각자의' 본래적이며 고유한 생을 스스로 책임지고 자유로이 이끌어 나가도록 호소하고 있다(최경환, 1993).

4) 메이

메이(Rollo May, 1907~1994)는 미국에서 가장 널리 알려진 실존주의적 상담자로 현대사회에서 인간이 직면하는 불안과 고독에 관심을 가졌다. 존재론적 입장에서 인간에 대한 이해를 추구하였다. 메이는 데카르트(Descartes)의 "나는 생각한다. 그러므로 나는 존재한다."는 말을 바꾸어 "나는 존재한다. 그러므로 나는 생각하고, 느끼고, 행동한다(I am, therefore I think, I feel, and I do)."라고 표현하였다. 메이는 인간(human being)이란 용어에서 존재(being)는 진행형으로 어떤 것이 되어 가는 과정을 함축하고 있으며 명사로 이해한다면 잠재력의 원천을 의미한다고 지적하였다. 그는 이런 점에서 '되어 가는(becoming)'이란 말이 더 정확한 의미를 전달하는 것으로 여겼다. 더불어 인간은 다른 생물과 달리 자기에 대한 의식을 하는 존재임을 강조하였다. 즉, 도토리가 가진 잠재력은 자동적으로 도토리나무가 되게 하지만, 인간은 자기 자신이 되려면 자신에 대해 자각해야 하며, 자신에 대해 책임을 져야 하는 특별한 존재이다.

메이는 삶이 지속되는 한 실존적 불안을 피할 수 없는 것으로 보았다. 불안은 목적이 있다. 불안은 문제해결을 위한 내적 외침으로 보일 수 있다. 메이는 "불안은 개인이 성격으로서 자신의 실존에 필수적인 어떤 가치에 대한 위협에서 야기된 걱정이다."(May, 1977, p. 180)라고 정의하였다. 우리가 죽음과 같은 신체적 위협이나 자유의 상실, 무의미성과 같은 심리적 위협을 받으면서 살아가듯이 불안은 피할 수 없는 것이다. 인간은 위협에 반응할 잠재력을 가진다. 즉, 불안을 감소시킬 능력이 있는 존재이다. 메이는 불안을 정상적 불안과 신경증적 불안으로 구분하였다. 당신이 어떻게 불안을 처리하는

가가 중요하다. 당신의 성장과 문제해결을 위해 건설적으로 불안을 처리하는 것은 정상적 수준으로 당신의 불안을 감소시키는 것이다.

메이는 "나는 삶을 다시 되풀이하기를 원하지 않을 것이다. 나의 인생은 한 번으로 족하다. 다시 산다면 내가 다르게 어떤 것을 할지 모르지만, 삶은 역시 지겨울 것 같다."고 지적하였다. 이 말에서 메이가 의도한 것처럼 우리에게 주어진 삶을 최선을 다해 사는 게 중요하다고 본다.

5) 얄롬

얄롬(Irvin D. Yalom, 1931~)은 현재 미국에서 가장 왕성하게 실존주의적 심리치료를 수행하고 보급하고 있는 사람이다. 그는 최근에 집단상담 및 심리치료의 필요성을 주창하고 앞으로 니체의 생각이 실존주의적 치료에 크게 기여하리라고 주장하였다. 얄롬은 네 가지 인간의 궁극적 관심사를 확인하였다. 그가 제안한 네 가지 궁극적 관심사는 죽음, 자유, 고립, 무의미성이다. 우리는 이것에 대한 자각으로 인해 갈등과 불안을 느낀다.

죽음은 불안의 가장 기본적 원천이다. 삶과 죽음, 존재와 비존재는 상호적이다. 실존적 갈등은 죽음의 불가피성에 대한 자각과 삶을 지속하려는 소망 간의 갈등이다.

인간의 자유는 책임을 가정한다. 우리는 의미를 부여하며 세상에 참여하는 책임과 더불어 자신의 삶에 대한 전적인 책임을 지고 있다. 자유를 갖고 태어난 인간은 안정되고 구조화된 세상에 살지 않는다. 그러므로 인간은 갈등한다. 실존적 갈등은 자유 및 근거 없음에 대한 자각과 안정된 근거와 구조에 대한 소망 간의 갈등이다.

얄롬은 세 가지 고립을 가정한다. 다른 사람들과 차단된 정도에 따라 일반적으로 고독으로 경험되는 대인관계적 고립, 자신에 대한 자각으로부터 봉쇄되거나 자신의 부분과 해리된 개인내적 고립, 그리고 개인이 세상에 홀로 와서 살다가 떠난다는 인간조건에 뿌리를 둔 실존적 고립이 있다고 본다. 얄롬은 세계로부터 분리인 실존적 고립이 고립의 가장 근본적 형태라고 본다. 실존적 갈등은 자신의 근본적 고립에 대한 자각과 접촉, 보호, 그리고 전체의 부분이 되고자 하는 소망 간의 갈등이다.

마지막 궁극적 관심사는 무의미성이다. 무의성은 삶의 의미가 무엇인가 하는 질문에 대한 내적 갈등이다. 인간은 일관성, 목적, 의미를 추구한다. 이러한 실존적 의미를 추구하는 인간은 사전에 결정된 의미를 갖지 않은 무관심한 세계에 있는 존재이다. 그러므로 실존적 갈등은 전혀 의미가 없는 세계에서 자신의 의미에 대한 욕구를 어떻게 발견할 것인가 하는 내적 갈등이다.

실존적 궁극적 관심사는 당신의 표면적 문제 뒤에서 막강한 영향력을 행사한다. 당신이 갖는 심리적 문제를 해결하기 위해 궁극적 관심에 대한 이해와 수용이 문제해결에 중요하다.

6) 빈스반거

빈스반거(Ludwig Binswanger, 1881~1966)의 실존분석은 하이데거의 인간실존의 구조에 대한 연구에서 영감을 얻은 개념적 틀의 도움을 받아 정신과 환자의 내적 경험의 세계를 재구성하는 것이다. 빈스반거는 블로일러(E. Bleuler)의 제자였다. 그는 1920년대 초에 민코우스키(Eugene Minkowski)와 함께 현상학적 정신의학을 처음으로 제안하였다. 그는 「꿈과 실존(1930)」이란 논문을 쓰고 조증에 대한 연구를 하면서 실존분석으로 옮겨갔다.

빈스반거는 또한 부버가 저술한 『나-당신』에 영향을 받았다. 부버는 명사인 '나'가 어떻게 해서 상이한 두 가지 의미를 가지는가에 대해 '나'와 '당신' 또는 '그이'와의 관련성에 따라 시적인 문체로 설명하였다. '나-당신'의 영역에서 '나'는 자신의 전체존재와 상호기대 속에서 표현된다. 이는 기본적인 인간관계의 '참만남(encounter)'영역이다. 나-그이의 영역에서 '나'는 전체존재의 일부분으로 표현된다. 이는 실용주의적 관계의 영역이다. 빈스반거는 이 생각을 발전시켜 실존의 양식을 '이중적(dual)'과 '복수적(plural)'으로 묘사하고 또한 '단일적(singular)'과 '익명적(anonymous)' 양식을 추가하였다.

현상학과 실존분석은 다음과 같은 몇 가지 차이점이 있다.

- 실존분석은 의식의 상태를 연구하는 데 있어 '대상 그 자체(itself)'에 한정되지 않고 개인적인 실존의 전체구조를 고려한다.
- 현상학은 개인이 가지고 있는 내적 경험세계의 '통합(unity)'을 강조해 왔지만, 실존분석은 한 개인이 두 가지나 그 이상의 갈등적 세계에서 살아갈 수도 있다는 것을 강조한다.

• 현상학은 단지 즉시적인 주관적 경험의 세계를 고려하지만, 실존분석은 개인 세계의 변형 또는 갈등적인 세계의 발전을 재구성하려고 노력한다. 빈스반거는 이러한 연구가 정신분석적 방법에 따라서 수행되는 전기적(biographic) 연구를 뜻한다고 강조하였다.

그러므로 실존분석은 보다 큰 참조 틀 속에서 이루어지므로 현상학과는 다르다.

그의 첫 번째 실존분석의 연구에서, 빈스반거는 환자의 주변세계(Umwelt), 공존세계(Mitwelt), 고유세계(Eigenwelt)의 구별에 대해 설명하였다. 그는 나중에 실존양식(existential mode)을 구별하여, 자신의 실존분석을 조직화하였다.

실존양식은 공존세계에 대한 현존재(Dasein)의 차원이다. 주체 내에서의 연속성과 동일성을 가정하는 고전적인 심리학과 대비해서, 실존분석은 자기(self)는 '이중적' '복수적' '단일의' '익명의' 등의 실존양식으로 다양하게 변화한다고 한다.

'이중적' 실존양식은 친밀성의 개념이나 부버의 나-당신의 관계와 유사하다. 이중적 양식에서는 몇 가지 다양성이 있다. 그것은 엄마-아이관계, 자매관계, 사랑하는 사람들 사이의 관계 등이다. 빈스반거는 이 관계의 확장된 두 가지 분석을 제시하였다. 그는 사랑의 이중적 양식에서 공간은 무한대로 멀고 동시에 아주 가까운 역설적인 것이라고 말한다. 영원과 시간 간의 관계처럼 특정한 공간에 관계를 가지고 있는 공간양식에 의해 초월되는 거리와 근접성이다. 사랑의 이중적 양식은 영원성의 위급에 의해 명확해진다. 미래뿐만 아니라 반성적인 것. 이 순간은 일시적인 기간은 제외시킴으로 인해 영원성과 동시에 일어난다. 이러한 공간을 초월하고 순간과 영원히 함께 있는 '사랑의 내적 고향(Heimat)'이 정상적인 실존경험의 핵심을 형성한다. 많은 문제들이 이중적 실존양식의 관점에서 실존분석에 의해 고려되었다. 보스(Boss)는 정상적인 결혼관계는 이중적 양식을 나타내야 하지만, 붕괴된 형태의 결혼에서는 서로가 복수적 혹은 단일의 실존양식에 살고 있다고 하였다.

복수적 양식은 형식적, 경쟁적, 투쟁적 관계의 영역과 상응한다. 나-당신의 친밀감은 서로의 공존 또는 서로 싸우고 있는 두 존재의 공존을 나타낸다. 많은 병리적 문제들은 이런 관점에서 이해될 수 있다.

단일적 양식은 자기 자신과의 관계(자신의 신체를 포함한)를 나타낸다. 빈스반거의 개념은 정신분석의 자기도취적, 자기처벌적, 자기파괴적이라는 개념보다 더 넓은 범위의 정신 내적 관계를 포함하고, 그는 이를 극도의 미묘한 방식으로 분석하였다. 이러한 연구에서 어떤 문제에 대한 새로운 관점을 제공한다. 예를 들면, 내적 갈등은 복수적 양식을 모방한 단일양식의 다양성으로 설명할 수 있다. 또한 자폐증은 오로지 다른 사람과의 관계가 부족한 것뿐만 아니라 자기 자신과의 관계양식 중 특수한 것이다.

익명적 양식은 익명의 집합성에서의 개인의 생과 행동의 양식이다. 어떤 개인은 동료와 싸우거나 탈출을 위한 수단으로 이런 양식 속에서 피난처를 구한다(Ellenberger, 1958, pp. 120-122).

실존철학의 공통된 경향은 개인 특유의 구체적 상황에 특히 관심을 집중시킨다. 또 불안과 인간의 고독, 극복될 수 없는 인간존재의 비극성도 공통된 경향이다. 다음은 실존철학자에게서 나타나는 공통된 몇 가지 특징이다.

첫째, 실존이란 언제나 인간의 실존이다. 인간에게만 특유한 존재양식이다. 이러한 점에서 실존철학은 분명히 인본주의적이며 오직 인간문제가 그 중심에 놓여 있다.

둘째, 실존이란 언제나 개인의 실존이다. 각 인간에게서 고유한 존재양식이다. 이러한 점에서 실존철학은 주관적이며, 다른 어떤 것으로부터 도출될 수 있는 것이 아니다. 그것은 이를테면 베르그송(Henri Bergson)이 말하는 '초개체적인 생의 분류(奔流) 속에 자리 잡은 하나의 매듭과 같은 것'이 아니다. 여기에 실존철학과 생철학과의 근본적인 차이가 있다.

셋째, 실존철학에서는 어떤 사물을 기준으로 인간문제가 측정될 수 없다. 왜냐하면 그 나름의 실체로서의 사물은 이미 확정된 성질의 존재이지만, 인간의 경우는 이와는 다르다. 인간은 지금의 자기 자신을 이룩하기 위하여 그때그때마다 새로운 노력을 기울여야 하는 존재이다. 그러므로 인간은 사물에 적용되는 범주에 의해서 파악될 수 없으며 합당한 해석이 내려질 수 없다.

넷째, 방법에 있어서 실존철학은 다분히 현상학적이다. 실존철학에서도 존재자의 직접적인 이해가 주요 관심사로 되어 있는 것이다. 그러나 이들의 출발점이나 목표가 후설(Husserl)의 경우와는 상당한 차이가 있다. 왜냐하면 후설이 직관적으로 포착하려고 한 '본질'이란 결국 보편적이고 영원한 객관적 실체의 법칙에 지나지 않기 때문이다. 그는 구체적인 존재와 관련되는 부분을 전적으로 배제하려고 했다.

다섯째, 실존철학은 역동적이다. 실존이란 불변의 존재가 아니라 그 본질에서 시간내적 존재이다. 그러므로 실존철학에서는 시간문제가 특히 중요한 위치를 차지한다.

여섯째, 실존철학은 개인에 주안점을 두고 있으나, 그러면서도 각 개인을 격리된 상태에서 관찰한다는 의미에서 개인 중심적이라는 뜻은 아니다. 오히려 실존철학에서는 언제나 구체적 상황 속의 인간이 연구의 대상이 된다. 인간은 구체적 상황에서 언제나 세계나 타자와 연관되어 있으므로 유리된 존재로 간주될 수는 없다. 인간의 현존재는 세계 내적 존재요 타자와 함께 있는 존재일 수밖에 없다.

일곱째, 이와 같이 실존철학은 구체적인 체험문제를 중시하므로, 일부 실존철학자들이 특수하고 일회적인 '실존적 체험'을 자신의 철학적 동기로 삼는다고 해서 조금도 놀라운 일이 아니다. 이를테면 야스퍼스(Karl Jaspers)는 죽음, 고뇌, 투쟁, 죄책감과 같은 '한계 상황' 속에서 인간이 불가피하게 겪는 궁극적인 파탄을, 사르트르는 어떤 전반적으로 만연해 있는 혐오감(구토)을, 마르셀(Gabriel Marcel)은 키르케고르와 상당히 유사한 종교적 근본체험을 기초로 하고 있다. 그러나 그러면서도 그들은 모두 어떤 궁극적인 것 또는 벗어날 수 없는 한계를 인식하며 이를 초탈하려는 몸부림으로 일관하고 있다(임석진 역, 1980, pp. 426-427).

실존주의적 인간관을 요약하여 살펴보면 다음과 같다(Patterson, 1973).

첫째, 인간실존의 특성은 이 세상에 우연히 내던져진(被投的) 존재라는 점이다. 그러나 인간이 다른 동물과 차이가 있는 점은 우리의 삶의 특징이 우연성과 피투성이라는 것을 자기자각(self-awareness)하며, 과거와 현재와 미래의 연속선상에서의 인간자신의 영향력을 의식하는 데 있다. 이로 인하여 인간은 선택과 결단이 가능하다. 인간은 비록 유전, 환경, 문화에 의하여 제약을 받기는 하지만 이러한 외적 영향에 의하여 전적으로 결정된 존재는 아니다. 다시 말해서 비록 이 세상에 내던져진 존재이긴 하나 그러한 상황을 수용하거나 거부하는 것은 각 개인의 선택 여하에 달려 있다. 그러므로 각 개인의 본성을 자신이 창조하며 결정할 수 있다.

따라서 인간은 자유로운 존재이다. 또한 그 자신의 본질에 대한 책임은 자기에게 있다.

둘째, 주체와 객체는 별개의 것으로 생각할 수 없으며 이 양자가 상호연관을 갖는 참 만남 속에서 자각이 가능하다.

셋째, 그리하여 인간은 정적인 존재가 아니라 의미 있는 전체로서 끊임없이 생성되고 변천되는 상태에 놓여 있다.

넷째, 인간은 언젠가는 죽을 수밖에 없는 존재라는 사실을 알고 있다. 즉, 존재는 비존재를 수반하기 마련이므로 고립, 허무, 개인적 의미나 주체성의 상실, 소외를 의식하지 않을 수 없다.

다섯째, 이처럼 비존재로의 위협을 느끼게 되는 것이 '정상적인' 불안과 적개심, 공격성의 조건이 된다. 실존 자체에 대한 상실을 두려워하는 것을 '실존적 불안'이라고 한다. 실존적 불안은 현재 누리고 있는 안전 상태를 상실하는 것과 새로이 나타날 잠재능력 간의 갈등도 또한 내포한다.

여섯째, 인간의 자존감이란 타인이 자신을 평가해 주는 관점에 의거해서 형성되는 것은 아니다. 자존감은 물론 사회적 관련성 밑에서 어느 정도 형성될 수도 있겠지만 그러나 본질적으로 자존감은 자기정체감을 전제로 한다. 각 개인은 누구와도 비교될 수 없이 독자적이며 일회적이고 중요하다.

일곱째, 인간은 과거를 떨치고 일어나 즉각적인 상태에서 자신을 초월할 능력을 가지고 있다. 이와 같은 초월에의 능력이 있음으로 인하여 선택의 가능성이 열리기 때문이다

3. 주요개념

실존주의적 상담은 실존적 존재로서 인간이 갖는 궁극적 관심사에 대한 자각이 불안을 야기한다고 본다. 이러한 실존적 불안이나 갈등은 인생의 피할 수 없는 부분이다. 사람들은 각기 실존의 궁극적 관심사에 따른 불안을 다루는 다른 양식을 발달시킨다. 불안을 다루는 양식이 자신의 성숙을 위해 건설적인가 아닌가는 불안을 어떻게 이해하느냐에 따라 달라진다. 안전을 추구하기 위해 지나친 방어기제를 사용하여 피할 수 없는 불안을 다루려고 하는 것은 다양한 심리적 문제를 야기한다.

실존적 관점에서 불안은 인간존재의 기본 특징 중 하나이다. 그러므로 이것은 병리적이지 않고 역으로 성장을 위한 강한 동기가 될 수 있다. 우리는 성장하기 위해서 친근하고 안전한 생활방식을 새롭고 미지의 것으로 변화시켜야 한다는 것, 그 자체가 불안의 원천이다. 따라서 불안은 성장을 위해 치러야 할 대가이다. 여기에서는 실존주의 상담자들이 가정하는 실존의 방식과 실존적 불안이나 갈등을 야기하는 궁극적 관심사와 관련된 주요개념을 살펴보자.

1) 실존의 방식

실존주의자들은 세계 내에서 실존의 방식을 확인하였다. 즉, 인간은 동시에 '주변세계(Unwelt)' '공존세계(Mitwelt)' '고유세계(Eigenwelt)' '영적 세계(Uberwelt)'에 존재한다. 인간세계는 한 사람이 그 안에 존재하며, 일반적으로 알지 못하는 사이에 그것의 설계에 참여하는 의미 있는 관계구조이다. 즉, 동일한 과거나 현재의 주변 상황이 사람에 따라서는 매우 다른 것을 의미할 수 있다. 따라서 세계는 각 사람의 실존의 조건을 결정하는 과거의 사건과 그 사람에게 작용하는 매우 다양한 결정론적 영향을 모두 포함한다. 그러나 그것은 개인이 그것들을 인식하고, 틀을 만들고, 계속해서 재형성하는 것과 같이 개인의 그들에 대한 관계이다. 한 사람의 세계를 인식한다는 것은 동시에 그것을 설계해 나가고, 그의 세계를 구성해 나간다는 것을 의미하기 때문에 실존 심리치료의 관점에서 보면, 네 가지 양식의 세계가 있다. 이러한 네 가지 실존의 방식을 살펴보자.

- **주변세계**: 이것은 인간이 접하며 살아가는 환경 혹은 생물학적 세계를 의미한다. 모든 유기체는 주변세계를 갖는다. 동물과 인간에게 주변세계는 생물학적 욕구, 추동 및 본능을 포함한다. 실존 분석가들은 자연세계의 현실을 받아들인다.
- **공존세계**: 이것은 인간이 사회적 존재로서 더불어 살아간다는 뜻으로 인간관계 영역에 관심을 두는 것을 의미한다. 개인은 타인과의 관계로서 이루어지는 공동체의 세계에 존재한다. 성격이론의 대인관계학파는 주로 공존세계에 의지하며 대인관계로서의 사랑을 다루는데, 동무라는 단어의 의미에 관한 설리반(Sullivan)의 개념과 소외된 현대사회에서 사랑의 어려움을 분석한 프롬의 개념에서는 특히 더 그러하다.
- **고유세계**: 실존의 방식으로서 고유세계는 자신의 세계이며 개인이 자신에게 가지는 관계를 의미한다. 고유세계는 자각, 즉 자기 관계성을 전제하고 있으며, 오로지 인간에게만 나타나는 것이다.
- **영적 세계**: 실존적 존재로서 인간 각자가 갖는 믿음이나 신념세계로 영적 혹은 종교적 가치와의 관계를 의미한다. 이것은 세계에 대한 믿음의 중요성을 강조한 것으로 최근에 듀젠스미쓰(Van Deurzen-Smith, 1998)가 주장하였다. 이러한 믿음은 본질적으로 종교적 혹은 영적이다. 영적 세계는 이상적 세계이며 개인이 세계가

되기를 원하는 방식이다.

요약하면, 주변세계는 개인이 던져진 세계이며, 공존세계는 인간만이 갖는 대인관계이며, 고유세계는 자신의 세계이며, 영적 세계는 세계에 대한 믿음을 의미한다. 이러한 실존의 방식에 따라 우리는 매순간 주변세계인 환경 내에서, 공존세계인 대인관계를 맺으면서, 고유세계인 자기자각을 하면서, 그리고 영적 세계인 영적 가치를 믿으며 살아간다고 볼 수 있다.

상담자는 내담자의 어떤 존재의 방식이 가장 문제인가를 파악하여 그를 조력하는 것이 필요하다.

다음으로 실존주의 상담자들이 내담자의 궁극적 관심사와 관련하여 중요하게 생각하는 네 가지 주제인 자유와 책임, 삶의 의미성, 죽음과 비존재, 진실성에 대해 알아보자.

2) 자유와 책임

인간은 여러 선택 가운데서 선택할 수 있는 자유를 가진 자아 결정적인 존재이다. 인간은 근본적으로 자유롭기 때문에 삶의 방향을 지시하고 운명을 이루어 나가는 데 책임을 져야만 한다. 실존주의적 상담은 자유, 자기결정, 의지, 결단을 인간존재의 중심부에 둔다. 만약 의식과 자유가 인간으로부터 제거된다면 더 이상 인간으로서 존재되지 아니한다. 왜냐하면 이것이 바로 인간에게 인간됨을 부여하는 능력이기 때문이다.

실존적 견해는 개인이 스스로의 결단으로 자신의 운명을 결정하고 자신의 존재를 개척하는 것이다. 개인은 그가 되고자 결심하는 대로 되기에 그의 인생행로에 대해 책임을 져야 한다. 틸리히는 “사람은 결정하는 바로 그 순간에만 참다운 인간이 된다.”고 하였으며 사르트르는 “우리는 우리의 선택이다.”라고 한다. 니체는 자유를 “참다운 존재가 되는 능력”으로 묘사했고, 키르케고르가 말한 “자아를 선택하는 것”은 인간 자신의 인생과 존재에 대하여 책임을 지는 것을 의미한다. 야스퍼스는 “우리는 결정하는 존재”라고 하였다.

자유는 자신의 발전에 관계하고 여러 선택 중에서 선택하는 능력이다. 확실히 자유에는 한계가 있고 선택은 외부요인들에 의해서 제한된다. 그러나 우리는 선택의 요소들을 가졌으며, 당구공같이 이리저리 굴러가는 존재는 아니다. 메이(May, 1961)는 “인간을 희생시키는 힘이 아무리 크다 할지라도 인간은 그가 희생물이 되고 있다는 것을 알며, 어떻게 해서든지 자기 운명에 관련된 것에 대하여 영향을 미치려고 하는 능력을 갖고 있다."고 하였다. 프랭클은 인간의 자유와 책임을 강조하면서 다음처럼 표현했다. "궁극적으로 인생은 자신의 문제에 대한 올바른 해답을 발견하고, 각 개인에게 계속적으로 부여되는 과업을 성취하는 책임을 지는 것을 뜻한다." 사람으로부터 빼앗을 수 없는 것은 그의 자유이다. 우리는 어떤 주어진 환경 내에서 적어도 우리의 태도는 선택할 수 있다. 우리는 우리가 이루려고 선택한 것을 이루어 가는 자기결정을 하는 존재이다. 아마도 상담과 치료에서 중심이 되는 문제는 자유와 책임의 문제일 것이다. 이 핵심적인 실존적 주제는 우리가 우리 자신을 창조하는 것이다. 선택하는 것으로 인해 우리는 우리 자신의 현재와 미래의 설계자이다. 사실상 우리는 운명적으로 자유와 스스로 택한 이 자유에 수반되는 불안에 처하게 된다. 실존주의자는 각 개인이 갖고 있는 자유와 책임에 대한 인식 없이는 상담과 치료의 기초를 발견할 수 없다. 상담자는 내담자들이 비록 그들 인생의 대부분을 선택하는 자유를 피하고 살아왔지만 선택을 행사하기 시작할 수 있다는 것을 가르칠 필요가 있다(한기태 역, 1990).

3) 삶의 의미성

삶의 중요성과 목적을 향한 노력은 인간의 독특한 특성이다. 우리는 의미와 개인 정체감을 찾는다. 그리고 실존적 질문 등을 할 수 있다. 나는 누구인가? 어디에서 왜 왔는가? 내가 왜 여기에 있는가? 내 삶의 목적과 의미는 무엇인가? 실존주의자에 의하면 삶은 그 자체 내에 긍정적 의미를 가지고 있지 않고, 우리가 의미를 창조하느냐에 달려 있다. 종종 의미 없고 모순되게 보이는 세상 속에서 우리가 이전에 도전하지 않았던 가치에 도전하고, 우리 자신의 새로운 국면을 발견하고 갈등과 모순에서 화해하려고 노력한다. 그리고 이런 일을 하는 가운데서, 우리는 세상 속에서 우리의 의미를 창조한다.

결실 있는 생활을 위한 인간의 진정한 노력에 바탕이 되는 동기는 의미를 가지려고 하는 의지이다. 생활에서 의미를 발견하려고 하는 강렬한 내부의 욕망은 행동에 불을 당겨 주는 것이다. 이러한 욕망이 없거나 생활에 완전히 무관심한 태도를 가지는 것은 프랭클이 말한 대로 "실존적인 공허"이다. 이러한 내면이 텅 빈 상태의 공허는 정신의학에 중대한 도전으로 나타난다. 자신을 의미 있게 하고 유효한 행동을 하게 하는 내면적인 힘을 얻기 위해서는 이러한 공허를 극복하기 위한 노력을 해야 한다. 수많은 인간의 어려움은 생존의 의미를 발견할 수 없는 데서 온다. 내면적인 공허는 그의 존재를 가치 없는 것으로 규정하고 또 가치 없다는 느낌을 갖게 한다. 실존적 공허는 극단적인 권태, 불확실성, 그리고 혼돈의 결과로 지속된다. 비록 이러한 것들이 정신적인 고통 중의 하나이긴 하지만 이런 것들로 인해 반드시 정신적인 질병이 생기는 것은 아니다. 이러한 고통은 자기의 행복과 능력에 대해서 최대의 관심을 갖게 하는 면도 있지만, 행동과 능력에 아주 중대한 방해가 되기도 한다. 공허를 극복하려는 동기가 충분히 생기면 삶의 의미를 찾게 될 것이고 계속 그 의미를 추구하게 될 것이다. 또한 활동성과 생산성의 욕구도 발전할 것이다. 이러한 추구는 긴장을 완화시키기보다는 오히려 증대시켜 주겠지만, 정신건강이란 긴장이 적절한 수준으로 유지될 때 가능한 것이기 때문에 오히려 좋은 일이다(이형득 외, 1993).

4) 죽음과 비존재

실존철학의 가장 중요한 문제는 죽음이다. 인간은 역시 미래의 언젠가는 자신이 죽는다는 것을 스스로 자각한다. 죽음은 나에게 엄습해 오는 기분 나쁜 무엇이다. 따라서 실존이 불가능하게 되는 가능성이다.

죽음은 가장 자기적인 것이다. 누구도 대신 죽어 주기를 바랄 수 없는, 언제나 자기가 맞아야 할 사건이다. 이처럼 죽음은 자기의 궁극적인 가능성이다. 다음에 죽음은 모든 교섭의 단절이다. 죽음은 자기 자신에 관한 것이요, 다른 무엇과도 교섭하지 않는다. 또한 죽음은 넘어설 수 없고 또 가장 확실하다. 그러나 죽음은 언제 일어날지 모르는 불안이다. 이런 의미에서 실존은 죽음에의 존재요, 종말에의 존재이다. 그러므로 유한한 존재이며 그 밑바닥에는 무가 잠겨 있다. 이 무 때문에 실존은 불안하다. 그러나 실존은 자기를 기만함이 없이 결단을 내리고 이러한 유한적 실존인 실존방식을 엄연히 받아들여야 한다. 사람의 양심이란 일상인(das man)의 일상성 속에 은폐된 미래의 자기가 스스로를 구하고 그것을 결의하기를 강요하는 외침의 소리이다. 이 양심의 소리는 자기를 향해 외친다. 이 결의는 죽음의 불안을 그대로 죽음에의 자유가 되게 한다. 이 결의란 자기가 열리는 일이기 때문에 그는 도리어 자기의 환경과 대결하고 바른 행위를 할 수 있게 된다(성진기, 1980).

실존주의자들은 죽음을 부정적으로 보지 않는다. 인간의 현저한 특성 중 하나는 미래의 개념과 죽음의 불가피성을 터득할 수 있다는 것이다. 점차적인 비존재의 인식 그것이 존재에 의미를 준다. 왜냐하면 그것은 모든 인간의 행위를 중요하게 부각시키기 때문이다.

실존주의자들은 삶이 시간의 제한을 받기 때문에 의미가 있다고 주장한다. 만약 우리가 우리의 능력을 실현화시키는 영원한 시간을 가지고 있다면 조급해 할 필요가 없기 때문이다. 그러나 우리의 시간성 때문에 죽음은 우리에게 진지하게 생을 살아가도록 자극한다. 죽음의 불가피성은 생의 가능성을 제한시킨다. 현재는 귀중한 것이다. 왜냐하면 우리가 실제로 가진 전부이기 때문이다.

죽음에 대한 두려움과 생에 대한 두려움은 상호 관련적이다. 죽음에 대한 두려움은 두 팔을 벌려 생을 완전히 받아들이는 것을 두려워하는 우리 중의 어떤 이에게 불안하게 다가온다. 그러나 만약 가능한 한 최대로 현재의 생을 긍정하며 살아가도록 시도한다면 생의 종결에 사로잡히지는 않을 것이다. 우리 중 죽음을 두려워하는 사람은 삶도 무서워한다. "결코 참된 삶을 살지 않았기 때문에 죽음을 두려워한다."라고 말할 수 있는 것처럼 우리 중 어떤 이는 자신의 죽음을 실제로 직면하는 것을 두려워하기 때문에 점차적으로 비존재가 된다는 사실로부터 도피하려고 한다. 그러나 우리가 허무와 직면하는 것에서 도피하려고 노력하면 우리는 대가를 치러야만 한다. 메이(May, 1961)는 "죽음을 부정하는 데 치러야 하는 대가는 막연한 불안과 자아격리이다. 자신을 완전히 이해하기 위해서 인간은 죽음에 직면해야만 하고 개인적인 죽음에 직면해야만 한다."고 말한다.

프랭클(Frankl, 1959)은 메이의 견해에 동의하면서 죽음은 "인간실존에 의미를 준다."고 말한다. "만약 우리가 불멸하다면 우리는 영원히 행동을 지속할 수 있다. 그러나 우리가 유한하기 때문에 우리가 지금 하는 것들은 특별한 의미를 갖는다."

5) 진실성

신학자인 틸리히(Tillich, 1952)는 존재할 용기란 말을 사용하여 우리 자신을 긍정하고 내부에서부터 살 수 있도록 하는 용기의 핵심을 전달하였다. 우리 존재 내에 깊은 핵심을 발견, 창조, 유지하는 것은 어렵고 끝이 없는 노력이다.

진실적인 존재로 있는 것은 우리를 정의하고 긍정하는 데 필수적인 것은 어떤 것이든지 한다는 것을 의미한다. 개인은 진실적 실존 속에서 언젠가 일어나게 될 비존재의 가능성에 직접적으로 직면하게 되고 불확실성에 직면해서 결정하고 그에 대한 책임을 맡는다.

킨(Keen, 1970)은 "진실적 존재는 불안에서 태어난다."라고 하였다. 여기서의 불안은 우리가 옳은 선택을 했는지 또 행위에의 용기를 아직 결정하지 못했는지를 전혀 모르는 불안이다. 이 길이냐 저 길이냐, 인지적 모호성의 조건 아래서 한 가치나 다른 가치를 선택하는 것은 자신에 대해 통제를 갖는 것이고, 타당하게 자기 자신을 세우는 것이다.

우리가 진실적 실존에 이를 때, 우리는 계속적으로 우리가 될 수 있는 능력이 있는 개인이 되는 것이다. 진실하게 사는 것은 우리의 한계를 알고 받아들이는 것을 수반한다. 비진실성에 관련된 개념이 죄책감이다. 실존적 죄책감은 불완전감과 우리의 완전한 잠재력을 쓰지 못하고 있다는 것을 아는 것에서 온다. 궁극적으로 존재의 자각에 대한 상실은 심리적인 병이 된다.

4. 상담목표

상담자는 내담자가 충분히 진실한 삶을 영위하지 않은 방식을 인정하고 실존적 존재로서 되고자 하는 것에 이를 수 있는 선택을 하도록 조력한다. 뷰겐탈(Bugental, 1990)이 제시한 세 가지 주요한 상담목표는 다음과 같다.

첫째, 상담자는 내담자가 상담과정 그 자체에 충분히 참여하고 있지 않다는 것을 인식하도록 그리고 이러한 삶의 패턴이 자신의 생활 속에서 그를 어떻게 제한할 수 있는가를 이해하도록 조력한다.

둘째, 상담자는 내담자가 오랫동안 회피해 왔던 불안에 직면하도록 지지해 준다.

셋째, 상담자는 내담자가 보다 진솔한 삶의 접촉을 이룰 수 있는 방법으로 자신과 자신의 세계를 재정의하도록 조력한다.

인간은 자기를 의식할 능력을 갖고 있다. 이것은 당면한 상황을 초월하고 사고하고 선택하는 구별된 인간활동의 기초를 형성한다. 인간은 자신에 대한 자각을 갖고 있다는 점에서 다른 동물들과 구별된다. 인간은 자신의 존재를 객관적으로 재고할 수 있다.

사람이 자각을 확대하는 것은 삶을 충분히 경험하는 능력을 증가시키는 것이다. 상담자는 내담자로 하여금 자각을 통해 자신의 문제를 직시할 수 있도록 돕는다.

우리의 자각이 크면 클수록 자유의 가능성은 커진다. 인간존재를 희생시키려는 힘이 아무리 강할지라도, 인간은 자신이 희생되고 있다는 것을 알 수 있는 능력을 가지고 있고, 우리의 자각에 의해 선택과 행위에 대한 자유와 연관된 책임을 인식하게 된다. 그러므로 우리는 자신의 운명에 대해 어떤 방식으로든 영향을 끼칠 능력을 가지고 있다.

실존주의적 상담의 목표는 내담자 쪽에서 자기존재의 본질에 대하여 각성하고 현재 자기가 경험하고 있는 정서적 장애의 원인이 자기상실 내지 논리의 불합리성에 있다는 것을 각성하게 해 주는 데 있다. 그리하여 내담자가 비록 제한된 세계 내에서의 존재일망정 이 세상에 던져진 삶을 수동적으로 살아갈 것이 아니라 자기 나름의 주관을 가지고 능동적으로 삶의 방향을 선택하도록 도와주는 데 있다.

내담자가 자기의 세계를 수용함으로써 한계 상황을 초월하도록 돕기 위해서 상담자는 내담자가 자신의 무한한 잠재 능력을 깨닫고, 자기에게 주어진 선택과 책임을 통하여 자유를 향유할 때야 한계 상황의 초월이 가능하다는 것을 깨닫도록 인도한다. 실존주의적 상담자는 내담자의 자각을 최대화함으로써 내담자가 삶의 의미와 목적을 스스로 발견하도록 돕고 자기 인생에 대한 확고한 방향 설정과 결단을 내리도록 도와주는 것에 목적을 둔다.

따라서 실존주의적 상담자는 기본적으로 내담자의 주관적인 세계를 이해하는 데 관심을 가져야 한다. 왜냐하면 사람들이 새로운 이해와 선택을 하도록 하기 위해서이다. 내담자 과거의 재생을 돕는 것이 아니라 현재의 인생 상황에 초점을 맞춘다. 전형적으로 실존치료자들은 그들이 사용하는 방법에서 폭이 넓다.

상담자는 특히 내담자가 회피하는 책임성에 관심을 가져야 한다. 그들은 개인적 책임성을 수용하도록 내담자를 초대해야 한다. 실존적 접근에 관심이 있는 치료자들은 흔히 위축된 실존이라고 부를 수 있는 사람들을 다룬다. 이런 내담자들은 자신에 대한 인식에 제한점을 가지고 있다. 상담자의 주된 임무는 위축된 존재로 살아가는 방식을 가진 내담자와 직면하여 그들이 이런 상태를 만들어 내는 데 자신이 공헌하고 있음을 인식하도록 도와야 한다(홍경자, 1988).

인생을 흔히 배에 비유한다. 망망대해에 던져진 배처럼 우리도 이 세상에 던져졌다. 배는 가야 할 목적지인 항구를 찾아간다. 배의 항해는 되풀이될 수 있지만 인생 항해는 일회적이다. 인생의 종착지가 죽음인 것을 우리는 알고 있다. 인생 항해의 책임자로서 목적지까지 도달하기 전에 일어날 수 있는 모든 가능성에 대해 매번 슬기로운 선택을 해야 한다. 어떤 항로를 택할 것인가도 전적으로 당신에게 달려 있다. 순풍에 돛을 단 것 같을 때도 있지만 거센 파도가 휘몰아치는 역경의 시간도 있다. 가도 가도 바다만 보이는 단조로운 항해에 권태를 느낄 때도, 새로운 환경에 경이로움을 느낄 때도 있다.

이미 출발해 버린 인생 항해를 하고 있는 이 순간에 당신의 최대 관심사는 무엇인가? 내일 아니면 먼 훗날에 닥쳐올 고난을 생각하며 걱정하고 있지는 않는가? 가야 할 목적지를 뻔히 알고 있다고 호언하며 방황하고 있지는 않는가? 아니면 목적지에서 발견할 것이 분명하기 때문에 항해에 대한 회의에 젖어 있는가? 수많은 위협 속에서 불안을 느꼈던 지나온 과거를 생각하며 닥쳐올 또 다른 위협에 대해 걱정하고 있는가? 거듭된 좌절과 마음의 상처로 무기력한 상태에 빠져 있는가? 아니면 위협에 견뎌 온 자신에 대해 대견스러워 하며 잠시 휴식을 취하고 있는가?

우리는 유한한 시간 속에 던져졌다. 실존적 존재로서 자신이 가진 궁극적 관심사에 대한 이해와 수용이 요구된다. 궁극적 관심사에 따른 실존적 불안을 수용하고 대처하는 게 요구된다. 회피와 도피보다는 충분한 자각을 통해 현명한 선택을 하는 것이 필요하다. 배는 이미 떠나 버렸다. 다시 배를 탈 수도 다른 배로 바꿔 탈 수도 없다. 우리는 배에서 내릴 때까지 일어나는 모든 일에 책임을 져야 한다는 사실을 알고 있다.

5. 상담과정

당신을 번뇌, 고통, 걱정에 빠지게 하는 궁극적 관심사는 무엇인가? 실존주의적 상담에서는 내담자가 가진 문제가 실존의 궁극적 관심사에 관련되어 나타나는 것이라고 본다. 얄롬(Yalom, 1980)은 "실존적 심리치료는 개인의 실존에 뿌리를 둔 걱정에 초점을 둔 역동적 치료이다."라고 정의하였다. 상담자는 궁극적 관심사에 대한 내담자의 자각이 어떻게 그의 심리적 문제와 관련되어 있는가를 파악하여 내담자를 조력한다.

빈스반거를 위시한 많은 실존주의 상담자들은 경우에 따라서 정신분석적 기법들을 활용하기도 하지만 대체로 이들은 치료적인 면보다는 내담자의 문제 사례를 실존적 개념으로 분석하는 데 주안점을 두고 있다. 따라서 이 상담과정에서는 인간의 실존적, 정신적 본질에 주의를 기울인다. 이것은 실존주의적 접근에 대해서 광범위하고 철학적이며 융통성 있는 상담기술을 시사해 주고 있다. 다시 말하면 이 접근방법은 어떤 한 가지 기술로 제한되는 것이 아니라, 오히려 인간에 관한 철학적, 심리학적, 정신적인 모든 영역에 관련되는 다양한 기술이 활용될 수 있다는 것이다(이형득 외, 1993).

6. 상담기법

대부분의 실존주의적 상담자들은 특별한 기법을 사용하거나 강조하지 않는다. 상담자와 내담자가 실존 대 실존으로서 인간적 만남을 바탕으로 내담자가 겪은 실존적 불안을 다룬다. 상담자는 내담자가 겪는 실존적 공허감이 그의 궁극적 관심사와 관련되어 있다는 전제에서 그러한 문제를 진솔하게 직면할 수 있도록 격려한다. 따라서 여기서는 대표적인 실존주의적 상담자인 얄롬이 제안한 궁극적 관심사를 살펴보자.

얄롬은 현재 미국에서 왕성하게 심리치료 활동을 하고 있다. 그가 제안한 네 가지 궁극적 관심사는 죽음(death), 자유(freedom), 고립(isolation), 무의미성(meaninglessness)이다. 그는 개인이 이들 각각과 직면하게 될 때, 실존적인 준거들로부터 나온 내적 갈등의 내용이 구성된다고 보았다. 그가 제안한 네 가지 궁극적 관심사를 간략하게 살펴보면 다음과 같다.

죽음 가장 분명하고 쉽게 직관적으로 알게 되는 관심사로, 우리는 이에 대해 무서운 공포를 가지고 반응한다. 이에 관련해 실존적인 관점에서 내적 갈등의 핵심은 불가피한 죽음에 대한 개인의 자각과 삶을 지속시키려는 동시적 소망 사이에 있다. 이 죽음에 대한 공포에 대처하기 위해 개인은 죽음 자각에 대항하는 방어를 곤두세운다. 그러한 방어는 불안에 기초하고, 이는 성격구조를 조성하며, 부적응적인 경우 임상적 증상을 일으킨다. 다시 말하면, 증상과 부적응적인 성격구조는 죽음에 대한 개인적 공포에 그 원천을 두고 있다.

자유 실존적 참조준거에서 자유란, 긍정적인 개념으로 보는 일상적 경험과는 반대로 인간이 응집력 있는 거대한 설계를 지닌 구조화된 우주에 들어가지 못하고, 결국 그

곳에서 나오지도 못하는 것을 의미한다. 자유란 인간이 그 자신의 세계, 자신의 인생 설계, 자신의 선택과 행동에 책임이 있다는 사실을 말한다. 자유에 대한 이러한 실존적 견해에는 놀라운 함축적 의미가 있다. 하이데거와 사르트르가 주장했듯, 우리가 우리 자신을 창조하며, 우리 자신의 세계를 창조한다는 점이 사실이라면, 그것은 우리가 아무런 근거를 가지고 있지 않다는 것을 뜻한다. 즉, 심연, 공허, 무(無)만이 있다. 내부의 중요한 역동적 갈등은 자유를 직면함으로써 생긴다. 갈등은 한편으로는 자유와 근거 없음에 대한 자각에서 생기며, 다른 한편으로는 근거와 구조에 대한 우리의 깊은 욕구와 소망에서 생긴다. 자유의 개념은 책임과 의지의 측면을 수반한다. 사람들은 생활환경에 대한 그들의 책임을 기꺼이 수용하는 정도에 큰 차이가 있고, 책임을 거부하는 양식에서도 차이가 있다. 의지란 책임에서 행동으로 가는 통로이다. 의지는 처음에는 소망하고 다음에는 결정하는 것이다. 자신의 소망을 제대로 파악하는 데 장애를 가진 사람도 있고, 명확히 표현된 소망을 결정하거나 선택하는 데 장애가 있는 사람도 있다.

고립 개인 간의 고립은 자신과 타인 사이에 존재하는 심연을 말하고 개인 내 고립은 우리가 자신의 부분들로부터 고립되어 있다는 사실을 말한다. 자기의 영역이 자각과 분리되어 있고, 심리치료의 목적은 개인이 자기의 분열된 부분들을 재생하도록 돕는 것이다. 실존적 고립은 다른 개인들이나 세계로부터의 근본적인 고립이다. 우리 각각은 홀로 실존에 들어가야 하며 혼자서 그것에서 벗어나야 한다. 죽음에 직면하는 것보다 더 강하게 실존적 고립을 생각나게 하는 것은 없다. 죽음에 직면한 사람들은 반드시 갑작스럽게 고립을 자각하게 된다. 여기에서의 역동적 갈등은 근본적인 고립에 대한 자각과 보호받고 싶은 소망 사이에 있으며 더 큰 전체에 융화되고 그 부분이 되려는 소망 사이에 있다. 많은 대인 정신병리에는 실존적 고립에 대한 두려움이 기저하고 있다. 자신의 자아경계를 누그러뜨리고 다른 사람의 일부가 되면서 개인적인 성장을 피하고 성장에 수반되는 고립감을 피한다. 사랑에 빠지는 것이나 강박적인 성욕도 무서운 고립에 대한 일반적인 반응이다.

무의미성 모든 인간이 죽어야 하고, 자신의 세계를 세워야 하고, 상이한 우주 안에서 혼자 있어야 한다면, 인생이 지닐 수 있는 의미는 무엇이고, 왜 사는지, 어떻게 살아야 하는지에 대한 의문을 갖게 된다. 이는 "자기 창조적 삶의 의미는 자신의 인생을 지탱할 수 있을 만큼 충분히 튼튼한가?" 하는 질문이다. 인간은 의미를 필요로 하는 것 같다. 실존적 상황에 직면하면 유형화되지 않은 세상에서 개인은 대단히 불안정하게 되고, 존재의 패턴, 존재에 대한 설명, 존재의 의미를 찾는다. 또한 의미 도식에서 우리는 가치의 위계를 만든다. 가치는 우리가 사는 이유와 사는 방법을 말해 준다.

덧붙여, 얄롬(Yalom, 1981)은 죽음에 직면한 암환자들에게 일어났던 몇 가지 개인적 변화를 보고하였다. 환자들은 '실존은 지연될 수 없다.'는 것을 배우고, 사람이 현재에서만 진실로 살 수 있다는 것을 깨달았다. 그래서 죽음 자각 워크숍 같은 곳에서 자신의 묘비명이나 사망기사를 쓰도록 하거나 자신의 장례식을 상상하도록 해 죽음에 직면해 본다. 이로써 환자는 일상생활의 일부를 구성하고 있는 죽음을 면할 수 없는 운명의 신호를 인식하도록 도우려 한다. 죽음에 직면하는 중요한 기회는 환자들이 그들과 가까운 사람의 죽음을 경험할 때 일어난다. 또한 생일이나 기념일 같은 간단한 사건을 통해서도 인생의 실존적 사실에 초점을 맞추도록 할 수 있다. 개인의 경력에 대한 위협, 심한 질병, 퇴직, 관계를 맺는 것 등은 중요한 한계 상황이며 죽음 불안에 대한 자각을 증가시키는 기회를 제공한다.

7. 요약

- 실존주의적 상담은 우리의 심리적 문제가 실존으로서 인간의 궁극적 관심사에 관련되어 나타난다고 본다.
- 실존철학 역시 인간의 숨겨진 본질보다는 드러나 있는 인간의 존재방식을 묻고 그것을 규명하려는 노력이다. 실존주의적 상담에 기여한 주요한 인물로는 키르케고르, 니체, 하이데거, 빈스반거, 메이, 프랭클, 얄롬 등이 있다.
- 실존주의자들은 세계 내에서 네 가지 실존의 방식을 확인하였다. 인간은 동시에 네 가지 양식의 세계인 주변세계, 공존세계, 고유세계, 영적 세계에 존재한다.
- 실존주의 상담자들이 내담자의 궁극적 관심사와 관련하여 중요하게 생각하는 네 가지 주제는 자유와 책임, 삶의 의미성, 죽음과 비존재, 진실성이다.
- 실존주의적 상담자는 내담자의 자각을 최대화함으로써 내담자가 삶의 의미와 목적을 스스로 발견하도록 돕고 자기 인생에 대한 확고한 방향 설정과 결단을 내리

도록 도와주는 것에 그 목적을 둔다.

- 상담자는 궁극적 관심사에 대한 내담자의 자각이 어떻게 그의 심리적 문제와 관련되어 있는가를 파악하여 내담자를 조력한다. 상담과정에서는 인간의 실존적, 정신적 본질에 주의를 기울인다.
- 현재 미국에서 왕성하게 심리치료 활동을 하고 있는 얄롬이 제안한 네 가지 궁극적 관심사는 죽음, 자유, 고립, 무의미성이다.

효과적 조력을 위한
상담 연습 13 실존적 존재로서 자기이해

연습 1: 우리는 동시에 실존의 네 가지 방식인 주변세계, 공존세계, 고유세계, 영적 세계에 존재한다.

(1) 다음과 같은 네 가지 질문을 통해 먼저 당신의 문제가 어떤 세계와 관련이 있는지 확인해 보라.

- 나의 삶에 미치는 주변 환경이 어떠한가?
- 나의 대인관계는 원만한가?
- 나만 알고 있는 어떤 고민이 있는가?
- 나는 믿고 의지하며 삶을 영위할 확고한 영적 믿음이 있는가?

(2) 위의 네 가지 질문에 대한 대답을 바탕으로 구체적으로 당신의 문제를 탐색하여 해결책을 모색해 보라.

연습 2: 실존주의적 상담에서는 개인에게 불안을 야기하는 궁극적 관심사를 중요하게 여긴다. 실존주의적 심리치료자인 얄롬이 제안한 네 가지 궁극적 관심사는 죽음, 자유, 고립, 무의미성이다. 이러한 궁극적 관심사를 바탕으로 당신의 삶을 정말 힘들게 하는 것을 탐색해 보라.

연습 3: 인생을 흔히 배에 비유하곤 한다. 망망대해에 던져진 배처럼 우리도 이 세상에 던져졌다고 할 수 있다. 던져진 존재로서 당신이 슬기로운 인생 항해를 하기 위해 어떤 태도로 삶에 임해야 할 것인가를 생각해 보라. 또한 인생 항해의 책임자로서 현재 당신에게 가장 중요한 것이 무엇인지 세 가지만 들어 보라.

연습 4: 죽음은 우리 모두가 성장의 마지막 순간에 맞이할 중요한 사건이다. 많은 심리학자들은 죽음의 주제를 이용하여 우리에게 주어진 삶을 보다 충만하게 영위하도록 촉진적인 상담 프로그램을 개발하곤 하였다. 당신이나 내담자에게 도움이 되도록 죽음의 주제를 바탕으로 상담기법을 개발해 보라.

제 14 장

의미치료

의미치료 기법인 역설적 의도와 탈숙고는 인간이 갖는 두 가지 구체적 현상인 자기초월과 자기분리 능력을 작동하게 한다.

–프랭클(Frankl, 1988, p. 116)

14장의 목차

우리는 각자 삶에 의미를 부여하며 살아간다. 당신의 삶의 의미는 무엇인가? 당신은 삶을 통해 추구하는 것이 무엇인가? 당신의 삶을 지탱시켜 주는 원동력은 무엇인가? 프랭클(Frankl)은 의미에 대한 의지가 인간의 일차적인 동기라고 보았다. 극한 상황에서 인간의 행동을 묘사한 영화 〈쉰들러리스트(Schindler's List)〉나 〈딥 임팩트(deep impact)〉를 보며 당신은 무엇을 느꼈는가? 앞으로 일 년 뒤 지구가 멸망한다면 당신은 오늘, 내일 그리고 다음 주를 어떻게 살겠는가? 남은 시간 동안 당신에게 가장 중요한 일은 무엇인가? 극단적인 상황에서 생존하기 위해 인간이 취하는 행동은 다양하다. 우리는 매순간 선택을 한다. 그리고 그 선택이 의미 있는 선택이기를 바란다.

프랭클은 자신이 나치 포로수용소에서 삶과 죽음에 대한 체험을 하였으며 극한 상황에서 나타나는 인간행동을 관찰할 기회를 가졌다. 역경에도 불구하고, 어떤 죄수들은 자신의 내적 삶과 다른 사람들에 대해 행동하는 방식에서 선택할 자유를 유지하고 자신의 비극을 승리로 바꾸는 것을 관찰하였다. 그는 자신의 체험과 관찰을 통해 인간이 고통 속에서도 의미를 추구하는 실존적 도전을 하는 존재라는 것을 믿게 되었다. 이러한 믿음을 바탕으로 비엔나의 정신과의사인 프랭클은 의미치료(logotherapy)라고 부르는 실존주의적 상담접근을 주창하여 발전시켰다. 의미치료의 목적은 내담자가 자신의 삶 속에서 의미를 찾도록 조력하는 것이다.

프랭클은 '실존적'이란 용어를 세 가지 방식으로 사용한다. 첫째, 인간의 존재양식으로서 실존 그 자체를 의미한다. 둘째, 실존의 의미를 나타낸다. 셋째, 개인적 실존으로 의미를 찾으려는 노력이나 의지를 나타낸다. 이런 점에서 프랭클은 다른 실존주의적 접근과 다소 다른 입장을 취하고 있다. 즉, 부버(Buber)의 '나 –당신'이나 빈스반거(Binswanger)의 '실존분석'에서는 실존과 실존 간의 대화와 실존적 만남을 강조하였다. 하지만 프랭클은 실존적 대화의 당사자인 우리(나–당신)가 우리의 외부에 있는 의미를 찾는 데 우리 자신을 초월해야 한다고 보고 인간의 자기초월 능력과 삶의 의미 추구를 강조하였다(Frankl, 1988, pp. 8–10). 프랭클은 "나는 다른 사람들이 자신의 삶에서 의미를 볼 수 있도록 조력하면서 나의 삶의 의미를 보았다."고 자신의 인생을 요약해서 기술하였다.

1. 프랭클의 생애

의미치료의 창시자인 프랭클(Victor Frankl, 1905~1997)은 1905년에 오스트리아 비엔나에서 출생하여 성장하였으며 1930년에 의학박사 학위 그리고 1949년에 철학박사 학위를 비엔나 대학에서 획득하였다. 그는 1928년 비엔나에 청소년자문센터를 건립하여 1938년까지 관장하였다. 그는 1942년에서 1945년까지 아우슈비츠와 다하우(Dachau)에 있는 나치 포로수용소에 죄수로 있었다. 포로수용소에서 부모, 동생, 부인 그리고 자녀들 모두를 잃었으며 포로수용소에서 있었던 끔찍한 경험을 생생하게 기억하였다. 그러나 그는 그러한 경험을 건설적인 방식으로 사용할 수 있었고 그러한 경험이 그의 사랑과 삶의 열정을 침체되게 방관하지 않았다. 그는 비엔나 대학에서 부교수, 샌디에이고 미국국제대학교에서 저명한 연사, 그리고 하버드, 스탠퍼드 대학 등에 방문교수로 있었다.

프랭클은 그가 저술한 베스트셀러인 『인간의 의미탐구: 의미치료의 입문(Man's Search for Meaning: An Introduction to Logotherapy)』(1963)을 통해 포로수용소에서 자신의 경험, 실존적 역경, 그리고 그러한 경험으로부터 배웠던 내용을 생생하게 묘사하였다. 국내에서는 '죽음의 수용소에서'란 제목으로 번역되어 많은 사람에게 삶의 의미를 되새기게 한 책이다. 프랭클은 이렇게 자신의 경험을 바탕으로 의미치료를 개발하였다. 그 밖에 잘 알려진 저서로 『의미에 의지(The Will to Meaning)』(1969), 『의사와 영혼(The Doctor and the Soul)』(1965), 『들려지지 않는 의미를 위한 외침(The Unheard Cry for Meaning)』(1978) 등이 있다. 그는 삶의 의미를 강조하는 강의와 저술활동을 계속하다가 1997년에 사망하였다.

2. 인간관

프랭클은 인간을 결정론적 관점에서 보는 것을 반대하고 현상학과 실존주의에 철학적 기반을 두는 인본주의적 관점에서 이해하려고 하였다(Frankl, 1978, pp. 48-71). 역사적으로 상담 및 심리치료의 온실이라고 하는 비엔나에서 탄생된 세 가지 접근은 다른 관점에서 인간에 대한 이해를 추구하였다. 정신분석을 탄생시킨 프로이트는 '쾌락의 원리' 혹은 '쾌락에 대한 의지'에 의해서 인간을 설명하였다. 개인심리학을 주창한 아들러는 '힘에 대한 의지'를 통해 인간을 설명하였다. 마지막으로 프랭클은 인간을 '의미에 대한 의지'를 원동력으로 살아가는 존재로 보았다.

프랭클은 인간을 자기분리나 자기초월 능력을 가진 실존적 존재로 보았다. 의미치료라는 말을 통해 인간이 의미를 추구하는 존재임을 강조하였다. 그에 따르면 인간은 자신의 인생의 책임자로서 그리고 모든 일의 선택자로서 자유의지에 따라 의미를 추구하는 존재이다.

3. 주요개념

인간을 설명하는 의미치료 체계의 주춧돌이 되는 세 가지 개념은 '의지의 자유' '의미에 대한 의지' '삶의 의미'이다(Frankl, 1988, p. 16). 이러한 개념을 바탕으로 프랭클이 보는 인간에 대한 이해를 조명해 보자.

1) 의지의 자유

의지의 자유는 인간의지의 자유를 의미한다. 인간의지는 유한한 존재의 의지이다. 인간의 자유는 조건으로부터의 자유가 아니라 그가 직면할 수 있는 어떤 조건에 대해 취할 자유이다. 이런 점에서 인간이 조건이나 결정적 요인에 의해 지배된다는 입장을 반대한다. 프랭클은 인간은 어떤 환경에서도 자신의 마음으로 자기가 어떻게 될 것인지를 결정할 수 있다고 말한다. 극단적인 한계 상황 속에서도 인간이 인간으로서 존엄을 유지하며 살아남게 되는 방식을 선택할 의지의 자유가 있다. 그는 심지어 수용소에서도 인간적인 위엄을 유지할 수 있었다. 프랭클은 인간은 심지어 최악의 상황으로부터 자신을 분리할 수 있는 독특한 능력을 가지고 있다고 본다.

프랭클은 인간이 자기분리(self-detachment)의 능력을 가지고 있다고 가정한다. 자기분리의 능력에 의해서 인간은 상황뿐만 아니라 자기 자신으로부터 분리할 수 있다. 즉, 인간은 자신에 대한 태도를 선택할 수 있다는 것이다. 자기분리의 능력에 의해 우리는 자신의 신체적 혹은 심리적 조건이나 결정요인에 대한 태도를 취한다. 그리고 조건에 대해 취하는 태도에 대한 능력이 우리를 인간이게 한다는 것을 강조하였다. 이러한 차원을 신체적 차원이나 심리적 차원과 구별해서 '정신적 차원(noological dimension)'이라고 불렀다.

2) 의미에 대한 의지

의미에 대한 의지는 인간에게 삶의 기본적인 동기이다. 인간은 인생 항로의 끝에서 마지막 숨을 거둘 때까지 의미를 탐색할 욕구에 직면한다. 프랭클은 "인간의 의미탐구가 삶의 일차적 힘이다 …… 의미는 독특하고 구체적이며 단지 자신에 의해서만 충족될 수 있다. 이러한 의미는 자신의 의미에 대한 의지를 만족시킴으로써 성취된다." (Frankl, 1963, p. 153)고 표현하였다. 그가 포로수용소에서 경험을 통해 관찰했던 것처럼 인간은 삶을 유지하기 위한 어떤 것을 필요로 한다. 프랭클은 니체가 얘기한 "살려고 하는 이유를 가진 사람은 거의 어떤 방법을 마음에 가질 수 있다."는 말을 인용하였다. 의미는 존재와 일치되는 개념이 아니라 존재를 이끌어 가는 것이다. 우리는 다른 사람들을 만나서 자신의 의미를 충족시키려고 노력한다.

프랭클은 프로이트와 아들러가 강조한 쾌락이나 힘은 의미에 대한 의지의 파생물이라고 보았다. 의미에 대한 의지는 본능적 추동을 달성하는 것이 아니며, 평형을 이루기 위해 긴장감소를 하려는 것도 아니다. 사람이 필요로 하는 것은 긴장이 없는 상태가 아니라 그에게 가치가 있는 어떤 의미를 추구하는 긴장이다.

역시 당신의 자기실현은 당신이 추구하는 의미가 충족되는 정도에 따라 결정된다.

3) 삶의 의미

프랭클은 실존으로서 인간은 주어진 생활 상황에 내재한 잠재적 의미를 충족하는 데 책임이 있는 존재를 의미한다고 지적하였다. 삶 자체는 항상 우리에게 무엇인가를 묻는다. 우리가 반응하는 방식은 우리의 삶에 책임을 지는 것이다. 프랭클은 삶의 의미를 충만하게 하고 합목적적으로 만드는 것을 빼앗길 수 없는 영적인 자유정신이라 말하고 있다. 또 만약 삶에 의미가 있다면 고통에도 의미가 있을 것이라고 추리한다. 왜냐하면 고통도 삶에서 근절할 수 없는 한 부분이기 때문이다.

삶의 의미탐구는 의미치료의 본질이다. 앞에서 지적한 것처럼 사람은 의미를 찾으려는 욕구, 즉 의미에 대한 의지를 가지고 있다. 삶에 의도, 목적, 의미가 없다면 무엇 하나도 수행할 수가 없다. 프랭클은 수용소에서 동료들이 삶에서 기대할 것이 없다고 탄식하면, 오히려 삶이 우리에게 무엇을 기대하는 것이 아닌가 하고 반문했다고 한다. 우리가 삶의 의미를 발견하지 못했거나 자기가 뜻하는 삶을 살지 못했을 때 무의미나 공허감을 느낀다. 프랭클은 이렇게 될 때 우리가 실존적 공허감이나 실존적 욕구불만의 상태에 빠진다고 한다. 삶의 의미에 관한 물음은 무엇보다도 인간의 본질적인 것이다.

역시 죽음의 의미도 의미치료에서 중요하다. 삶과 죽음은 동전의 양면이다. 죽음은 삶의 의미를 박탈하지 않는다. 만약 인간이 죽지 않는다면, 우리는 할 일을 마냥 미룰 것이다. 죽음은 삶에 속해 있고 삶에 의미를 준다. 인간의 책임감은 인간의 유한성에서 비롯된다. 죽음은 삶에 무의미를 주지 않고 오히려 삶에 의미를 부여한다. 삶이 무한하다면 모든 일이 연기될 수 있고 행동이나 선택 혹은 결정의 필요성은 약화되며 책임감도 적어진다. 삶이 유한하기 때문에 우리에게 주어진 일회적 삶은 귀중한 의미를 갖게 된다.

4. 상담목표

의미치료에서는 인간의 주된 문제가 삶의 의미를 발견하지 못하거나 상실한 경우에서 비롯된다고 본다. 실존적 공허는 우리가 내적 공허감이라고 불평하는 상태를 말한다. 우리는 때로 삶의 무의미, 무망감, 공허감으로 고통을 느낀다. 프랭클은 실존적 공허의 세 가지 원인을 다음과 같이 제시하였다. 첫째, 인간은 다른 동물들과 달리 자신이 무엇을 할 것인가를 말해 주는 본능이나 추동에 의해서 계획되어 있지 않기 때문이다. 둘째, 인습, 전통, 가치가 더 이상 인간에게 자신이 해야 할 것이 무엇인가를 말해 주지 않기 때문이다. 셋째, 인간이 결정하는 존재이기보다 결정된 존재라는 믿음인 환원주의에 노출되어 있기 때문이다.

의미에 대한 의지가 좌절될 때 뒤따르는 것이 실존적 좌절이다. 무감각이나 권태는 실존적 좌절의 주요한 특성이다. 인간성이 메말라 가는 현대사회에서는 실존적 공허와 실존적 좌절을 느끼는 사람들이 증가하고 있다고 볼 수 있다.

실존적 공허는 인간을 신경증으로 이끌 수 있다. 프랭클은 가장 일반적인 세 가지 신경증을 우울, 약물중독, 공격성이라고 지적하였다. 이러한 세 가지 신경증적 현상에 대해 살펴보자.

요즈음 사회에 충격을 주는 청소년들의 자살도 그들이 남긴 글에서 나타난 것처럼 삶의 의미를 찾지 못해 기분이 가라앉은 상태에서 비롯된 것이라고 지적해 볼 수 있다. 이러한 행동은 실존적 좌절에서 비롯된다. 자신의 삶에서 어떤 희망이나 의미를 발견하지 못할 때 갑작스럽게 닥쳐오는 게 우울이다. 특히 자녀를 다 키워 떠나 보내고 텅 빈 아파트에 남아 있는 중년여성의 경우에도 불현듯 찾아오는 게 우울감이다.

약물중독도 대부분 삶의 의미와 관련되어 나타난다. 인생에서 낮은 목적을 가진 사람들이 높은 삶의 목적을 가진 사람들보다 약물을 통해 의미성의 감정을 발견하려고 더 노력한다. 약물을 복용하게 되는 이유로서 자주 언급된 이유는 삶에서 의미를 찾으려는 욕망이다. 역시 많은 알코올중독자도 자신의 삶에서 의미를 느끼지 못해 고통받는다. 그들은 술을 통해 자신의 고통이나 의미 없는 삶을 잊어버리려고 시도한다.

공격성 역시 무의미성과 공허감과 관련되어 나타난다고 본다. 프랭클은 통계적 증거가 사람들이 삶의 의미를 갖지 않고 공허할 때나 좌절감을 느낄 때 가장 공격적으로 된다는 그의 가설을 지지해 준다고 믿었다.

급격한 사회변화와 과학의 발달로 야기된 전통적 가치의 쇠퇴와 환원주의의 경향성은 현대인에게 삶의 의미를 찾는 것을 더욱 어렵게 한다. 더불어 자본주의 사회에서 지배되는 금전만능주의와 개인주의에 따라 삶의 참다운 의미를 추구하는 사람을 발견하기가 힘들다. 이러한 현상으로 인해 젊은이들은 삶의 의미를 실현한 성공 모델을 발견하기가 어렵다. 앞에서 지적한 것처럼 프랭클의 의미치료는 자기의 탐구보다는 의미의 탐구를 강조한다.

우리가 어떻게 삶의 무의미감을 느끼는 실존적 공허를 계속해서 갖게 되는가에 대해서 알아보자.

첫째, 억압을 통해서다. 의미치료는 실존적 좌절에 관심을 가지며 결과로서 일어나는 의미에 대한 의지의 억압에 관심을 가진다. 프랭클은 "억압의 희생자가 사랑(eros)

이 아니라 의미(logos)이다."라고 지적하였다. 사람들은 자신의 영적 정신과 양심을 억압한다. 그러므로 사람들은 의미감에 대한 가장 깊은 원천인 영적 중심에서 벗어나 있다. 결국 우리의 의미에 대한 의지의 억압은 의미의 존재에 관한 우리의 자각을 차단한다.

둘째, 책임감의 회피이다. 우리는 의미 탐구에 대한 책임감을 회피하기 위한 기제를 사용한다. 프랭클은 순응주의, 전체주의, 그리고 대중적인 세 가지 신경증인 우울, 약물중독, 공격성을 그 예로 들었다.

셋째, 환원주의이다. 심리학과 교육의 환원주의적 모델은 사람들이 자신의 운명을 결정하는 존재라기보다 결정되어진 존재라는 것을 믿고 유지하도록 이끈다.

넷째, 전통과 가치의 쇠퇴이다. 전통과 가치의 쇠퇴는 실존적 공허를 창조하고 유지하는 데 영향을 준다.

다섯째, 자기초월에 관한 불충분한 강조이다. 대부분의 현대 심리학은 자기실현과 자기표현에 초점을 둔다. 그러므로 사람들은 행복과 충만감이 자기에 지나치게 초점을 맞추는 것보다 차라리 자기를 망각하는 자기초월의 부산물이라는 것을 깨닫도록 충분히 도움을 받지 못한 상태에 머무르게 된다.

여섯째, 인간의 신경증화이다. 사회에 무의미성의 문제와 증상이 만연해 있다는 사실은 개인이 자신이 의미의 탐구에 대한 조력을 구하는 것을 더욱 어렵게 만든다. 이러한 현상은 우리의 내적 공허를 유지시키는 데 기여한다.

요약하면 의미치료의 상담목표는 내담자로 하여금 실존적 공허를 통해 갖는 무의미감이나 신경증에서 벗어나 삶의 의미를 발견하도록 하는 것이다. 또한 인간이 자유의지를 가진 선택자로서 자신의 삶에 건설적인 의미 있는 선택을 할 수 있도록 한다.

5. 상담과정

의미치료 상담자는 인간적 만남의 관계를 바탕으로 내담자가 실존적 공허 상태를 벗어나 삶의 의미를 발견하도록 조력한다. 내담자가 가진 의미에 대한 의지를 통해 삶에서 무의미가 의미를 보도록 한다. 상담자는 의미치료를 통해 내담자가 자신을 보는 기본적 태도를 바꾸게 한다. 프랭클은 기본적 인간욕구를 '자기탐구'라기보다 '의미탐구'

로 본다. 인간은 본질적으로 자기 자신을 뛰어넘어 타인과 세계에서 의미를 찾을 수 있는 존재이다. 사람들이 세상에서 어떤 의미를 발견하거나 다른 사람과 사랑스러운 참 만남을 통해서 자기의 경계를 초월할 때 가장 인간적인 존재가 된다고 본다.

먼저 무의미나 공허에 빠진 삶의 태도를 바꾸기 위해서 삶의 의미를 발견할 수 있는 가능한 원천에 대해서 살펴보자. 우리가 의미를 발견할 수 있는 원천은 무엇일까? 프랭클은 자기초월이 세 가지 방식으로, 즉 어떤 행동을 함으로써, 어떤 가치를 경험함으로써, 그리고 고통에 의해 의미를 발견하고 탐색함으로써 달성될 수 있다고 제안하였다. 역시 그는 사람들이 삶 속에서 의미를 발견할 수 있는 세 가지 주요한 방식에 대해서 얘기하였다. 이러한 세 가지 방식은 첫째, 사람들이 삶에 의미를 부여하는 것으로 '창조적 가치'이며, 둘째, 사람들이 삶에서 얻은 것으로 '경험적 가치'이며, 셋째, 사람들이 더 이상 변화시킬 수 없는 운명에 대해 취하는 자세로 '태도적 가치'이다. 이러한 분류에 따라 프랭클이 제시한 의미의 원천은 일, 사랑, 고통, 과거, 그리고 삶과 고통의 궁극적 의미를 나타내는 '최상의 의미(supra-meaning)'이다.

첫째의 원천으로 일의 의미를 들고 있다. 인생에 대한 책임감은 그 인생이 제시하는 사태에 대한 반응으로 나타난다. 그리고 이러한 반응은 말로서 나타나는 것이 아니라 행동으로 나타나야 한다. 불고용, 즉 고용되지 않거나 실직을 당해서 일을 하지 않는 것은 창조적 의미의 결여에 의해서 사람들이 어떻게 영향받을 수 있는가에 대한 하나의 예이다. 프랭클은 무감각이나 우울이 나타나는 실직이나 불고용에서 비롯된 신경증을 실존적 입장에서 설명한다.

둘째의 원천은 사랑의 의미가 있다. 의미치료에서는 사랑을 섹스의 이차적 현상으로 보지 않는다. 자기초월의 한 형태로서 사랑은 다양한 특성을 가진다. 사랑은 다른 사람의 성격의 내면을 이해하는 것이다. 만족되었을 때, 성적 추동은 재빨리 사라진다. 하지만 사랑은 다른 사람의 영혼이 독특하고 대체할 수 없다는 점에서 항구성을 가진다. 사랑은 자기의 모든 유일성과 독자성 안에서 타인의 경험을 체험하는 것이다. 자아가 타아 속에서 고스란히 받아들여지며 서로 사랑하는 사람에겐 없어서는 안 될 바꿀 수 없는 인격으로 되어야 한다(성진기, 1980).

셋째의 원천은 고통의 의미이다. 고난이나 고통은 인간이 무감각하거나 권태롭게 되는 것을 막아 준다. 고통은 행동을 초대하고 따라서 성장과 성숙으로 이끄는 요인이 된다. 도피할 수 없는 부정적 상황은 사람들에게 최고의 가치를 실현시키거나 가장 깊은 의미인 고통의 의미를 충족시키려는 기회를 준다. 사람들이 운명의 무기력한 희생자일 수 있지만, 그들은 자신의 고난을 성취로 바꿀 내적 자유를 여전히 행사할 수 있다.

넷째의 원천은 과거로부터의 의미이다. 의미탐구가 일차적으로 사람들의 미래에 맞추어진 것이지만, 과거는 여전히 의미의 원천일 수 있다.

마지막 원천은 '최상의 의미'이다. 최상의 의미는 삶과 고통의 궁극적 의미를 나타내는 것이다. 인간은 인간이 겪는 고통의 궁극적 의미를 이해하지 않을 수 없다. 이것은 고통이 궁극적 관심사를 갖지 않는다는 것을 의미하지 않는다. 상위적 의미는 지적 수단에 의해서가 아니라 단지 신념에 의해 파악될 수 있다. 상위적 의미는 사람들이 그들의 고통과 관련해서 찾는 종교에 의해서 가장 잘 이해될 수 있다.

프랭클은 허무주의를 극복하기 위한 정신의학자의 시대적 사명을 다음과 같이 말하고 있다. "각 시대에는 그 시대의 신경증이 있으며, 각 시대는 그 시대의 심리치료를 필요로 한다. 오늘날은 시대의 요청이 달라졌다. 그러므로 오늘날의 심리치료는 인간의 성적 불만이 아니라 인간의 실존적 불충족, 즉 생활목표와 생존목적, 구체적 사명과 개인적 임무에 대한 동경을 문제 삼고 있다."(박운, 1988)

프랭클은 실존주의 철학에 근거하여 인간을 의미를 추구하는 존재로 보았으며 실존적 공허가 정신질환의 원인이라고 하였다. 그의 의미치료는 개인의 의미와 사랑과 고난의 의미, 그리고 가치의 가능성을 충분히 의식하고 존재의 의미에 직면하여 극복하도록 도와주는 것이라 하였다(민성길, 1990).

의미치료 상담자는 내담자를 도와서 그의 존재의 의미, 목표나 목적을 발견하도록 하는 것이며 그의 삶에서 최상의 가능한 행동을 달성하도록 하는 것이다. 상담자는 개인이 그의 과제를 달성하는 데 대한 책임을 이해하도록 돕는다.

상담자는 내담자가 의미를 탐구하도록 조력하는 데 초점을 맞추기 이전에 "나의 삶은 의미가 없어요."라고 말하는 그의 실존적 좌절이나 실존적 공허가 무엇에서 비롯되었는가를 탐색하는 것이 필요하다. 더불어 상담자는 "당신이 두 번째 인생을 사는 것처럼 살아라. 첫 번째 삶을 좋지 않게 진행했다면, 이번에는 어떻게 행동하겠는가?"와 같은 질문을 통해 내담자가 삶의 유한성과 책임감의 중요성에 대한 실존적 자각을 향상하도록 노력한다.

6. 상담기법

이전에 기술한 것처럼 대부분의 실존주의적 상담자들은 상담기법을 강조하지 않았으나 프랭클은 내담자의 변화를 위한 기법을 제안하였다. 의미치료 상담자가 사용하는 주요한 두 가지 기법으로 '역설적 의도'와 '탈숙고(dereflection)'가 있다. 이 두 기법은 의미치료의 핵심개념인 자기초월과 자기분리를 할 수 있는 인간의 본질적 능력에 근거하고 있다.

1) 역설적 의도

이 기법을 이해하기 위해 공포증이나 강박증을 가진 사람들의 생각에 대해서 살펴보자. 이러한 증상, 즉 공포나 불안을 가진 내담자는 두려워하는 사건에 대한 재발을 두려워한다. 사건에 대한 두려운 기대는 그에게 기대불안을 야기한다. 이러한 기대불안은 지나친 주의(attention)나 '지나친 의도(hyperintention)'의 원인이 된다. 지나친 주의나 의도는 그로 하여금 자기가 원하는 것을 하지 못하도록 한다. 이러한 과정을 자세히 살펴보면, 내담자 자신의 불안에 대한 잠재적 효과에 대한 걱정이 불안에 대한 불안으로 되어 나타난다. 그러므로 불안이나 공포의 자기유지적인 악순환이 되풀이된다. 결과적으로 공포에 대한 공포는 공포를 증가시킨다. 불안에 대한 불안은 불안을 증가시킨다. 예를 들어, 당신이 엘리베이터 안에 갇혀 공포에 질린 경험을 가졌다고 가정하자. 당신의 엘리베이터 공포증은 다시 그런 일이 일어나지 않을까 하는 공포(즉, 예기불안)를 갖게 한다. 당신이 엘리베이터를 타려고 할 때마다 그러한 예기불안은 지나친 주의나 의도의 원인이 된다. 결국 당신은 엘리베이터를 타지 못하고 층계를 이용하게 된다.

내담자의 공포에 대한 가장 일반적인 반응은 공포에 대한 도피이다. 즉, 내담자는 자신에게 불안을 야기하곤 했던 상황을 피하려고 한다. 의미치료는 이러한 공포나 기대불안에 초점을 맞추는 방법으로 공포의 공포는 공포로부터 도피를 유도한다는 것을 가르친다. 내담자가 이러한 악순환으로부터 탈피하도록 하기 위해서는 불안이나 공포로부터 도피가 아니라 직면하도록 하는 것이다. 즉, 역설적 의도는 내담자가 두려워하는 그

일 자체를 하도록 하거나 일어나기를 소망하도록 촉진되는 과정이라고 정의될 수 있다. 예를 들면, 당신이 중학교 때 발표를 하다가 너무 불안해 말을 더듬어서 창피를 당하였다고 가정하자. 당신이 다시 말을 더듬지 않을까 하는 발표불안(예기불안)은 당신이 발표하는 것을 피하도록 해 왔을 것이다. 이런 경우에 당신의 실수(말더듬)에 대한 지나친 주의는 당신이 발표를 하지 못하도록 해 왔다. 상담자는 당신에게 '실수(말더듬)를 하지 말자가 아니라 실수를 해라.'라는 것을 요구한다. 이것은 역설적 의도로서 불안을 해결하기 위해서 불안에 직면해 불안이 무엇인지를 알아야 한다는 것을 함축한다.

상담자는 당신이 두려워하는 그 일 자체를 하도록 하거나 일어나기를 소망하도록 격려함으로써 의도의 반대를 생성하게 한다. 당신이 어떤 일이나 상황에 불안이나 공포를 느낀다면, 당신의 의도는 무엇인가? 당신의 의도는 불안을 야기하는 그러한 상황을 피하는 것이다. 피하는 것은 당신의 불안을 해결하는 데 도움이 되지 않는다. 상담자는 당신의 의도의 정반대인 불안을 야기하는 상황에 당신을 직면하게 함으로써 공포증의 악순환에서 이탈하게 한다. 당신은 역설적 의도를 통해 당신이 두려워하는 것은 두려움 그 자체라는 것을 배우게 된다. 즉, 역설적 의도를 통해 공포증의 돛에서 바람을 제거함으로써 공포의 악순환을 막는다.

2) 탈숙고

이 기법은 '지나친 의도'처럼 '지나친 숙고(hyperreflection)'로 인한 기대불안의 악순환에서 벗어나게 하기 위해 사용된다. 프랭클이 소개한 다음의 이야기는 당신에게 지나친 주의나 숙고가 의미하는 바를 깨닫게 할 것이다. "지네가 있었는데 그의 적이 지네에게 '너의 다리들이 어떤 순서로 움직이는가?'라고 물었다. 지네가 그러한 질문에 주의를 기울였을 때, 지네는 전혀 움직일 수가 없었다."(Frankl, 1988, p. 100). 당신이 가진 문제에 지나친 숙고는 당신의 자발성과 활동성에 방해가 된다. 탈숙고는 지나친 숙고를 상쇄시킴으로써 당신의 자발성과 활동성을 회복시켜 준다.

당신의 삶의 의미는 무엇인가? 당신은 삶의 의미를 달성하기 위해 어떤 노력을 하고 있는가? 당신을 초월하여 당신 주변에 있는 사람을 고려하면서 삶의 의미를 추구하고 있는가? 의미치료는 인간에 대한 세 가지 기본적 신념에 근거한다. 첫째, 인간은 모든 조건에서 의미를 가진다. 둘째, 인간은 의미에 도달할 의지를 가진다. 만약 이러한 의지가 적용되지 않으면 좌절감이나 공허감을 느낀다. 셋째, 인간은 자신의 의미를 찾을 자유를 가진다. 이러한 자유에는 명백한 제한이 있다(Fabry, 1968, p. 37).

당신의 삶은 당신에게 책임이 있다. 누구도 당신의 삶을 책임져 주지 않으며 당신의 삶에 의미를 부여할 수 없다. 의미치료는 당신이 인생의 책임자로서 삶의 의미를 추구하며 사는 것을 가르친다.

당신은 지금 어떤 상황과 조건에 있는가? 당신에게 주어진 환경이나 조건이 당신을 괴롭고 고통스럽게 할 수 있다. 당신이 겪고 있는 경험이나 당신에게 일어나는 일이 짜증스럽고 역겨움을 줄 수도 있다. 화창한 날씨에 갑자기 소나기가 쏟아지듯이 때론 예상하지 않았던 사건으로 마음의 상처나 충격을 입을 수도 있다. 기대의 어긋남이나 거듭되는 실패로 좌절감을 느낄 수도 있다. 열심히 노력한 끝에 얻은 성취와 결과에도 불구하고 공허감에 빠질 수도 있다. 하지만 아무리 어려운 역경일지라도 삶에는 의미가 있다. 그리고 당신은 나름대로 자신의 삶의 의미를 찾을 수 있는 의지가 있다. 삶의 의미를 찾은 책임도 또한 당신에게 달려 있다.

7. 요약

- 프랭클은 인간을 결정론적 관점에서 보는 것을 반대하고 현상학과 실존주의에 철학적 기반을 두는 인본주의적 관점에서 이해하려고 하였다.
- 의지의 자유는 인간의지의 자유를 의미한다. 극단적인 한계 상황 속에서도 인간이 인간으로서 존엄을 유지하며 살아남게 되는 방식을 선택할 의지의 자유가 있다.
- 의미에 대한 의지는 인간에게 삶의 기본적인 동기이다. 인간은 인생 항로의 끝에서 마지막 숨을 거둘 때까지 의미를 탐색할 욕구에 직면한다.
- 삶의 의미탐구는 의미치료의 본질이다. 삶의 의미에 관한 물음은 무엇보다도 인간의 본질적인 것이다. 따라서 우리가 삶의 의미를 발견하지 못했거나 자기가 뜻하는 삶을 살지 못했을 때 무의미나 공허감을 느낀다.
- 의미치료에서는 인간의 주된 문제가 삶의 의미를 발견하지 못하거나 상실한 경우에서 비롯된다고 본다. 의미치료의 상담목표는 내담자로 하여금 실존적 공허를 통

해 갖는 무의미감이나 신경증에서 벗어나 삶의 의미를 발견하도록 하는 것이다.

- 프랭클이 제시한 의미의 원천은 일, 사랑, 고통, 과거, 그리고 삶과 고통의 궁극적 의미를 나타내는 '최상의 의미'이다. 의미치료 상담자는 내담자를 도와서 그의 존재의 의미, 목표나 목적을 발견하도록 하는 것이며 그의 삶에서 최상의 가능한 행동을 달성하도록 하는 것이 다.
- 의미치료 상담자가 사용하는 주요한 두 가지 기법으로 '역설적 의도'와 '탈숙고'가 있다.

효과적 조력을 위한
상담 연습 14

삶의 의미 추구

연습 1: 프랭클은 의미치료의 토대가 되는 세 가지 개념으로 '의지의 자유' '의미에 대한 의지' '삶의 의미'를 제안하였다. 이러한 개념을 바탕으로 당신이 겪는 심리적 고통을 이해하고 해결할 수 있는 방법을 탐색해 보라.

연습 2: 프랭클은 인간의 기본 욕구를 '자기탐구'라기보다 '의미탐구'로 본다. 이러한 프랭클의 주장과 그의 주요 개념 및 아들러의 핵심개념인 사회적 관심을 바탕으로 삶의 의미를 상실하여 고통받는 내담자를 조력하도록 시도하라.

연습 3: 프랭클이 제안한 다섯 가지 의미의 원천은 일, 사랑, 고통, 과거, '최상의 의미'이다.

(1) 이러한 의미의 원천을 바탕으로 먼저 당신의 삶을 현재보다 충만하게 할 방법을 생각해 보라.

(2) 의미의 원천을 바탕으로 당신이 상담자라고 가정하고 심한 좌절감으로 고통받는 내담자를 조력하도록 시도하라.

연습 4: 당신의 내담자가 역기능적인 완벽주의로 인해 심한 발표불안을 가질 뿐만 아니라 발표 상황을 회피하면서 자학하며 부적응적인 생활을 하고 있다고 가정하자. 이 내담자를 프랭클이 제안한 상담기법인 '역설적 의도'에 의해 조력하도록 시도하라.

연습 5: 프로이트는 '쾌락에 대한 의지'를, 아들러는 '힘에 대한 의지'를, 프랭클은 '의미에 대한 의지'를 강조하였다. 당신의 인간관을 바탕으로 인간 이해를 추구한 이 세 사람 중에 누구의 입장을 지지하고 비판하는지 그 이유를 설명해 보라.

제 6 부

인지적 관점

Theory and Practice of Counseling Psychology

인간이 흔히 만물의 영장임을 자처하는 이유는 생각하는 존재이기 때문이다. 만약 우리의 사고가 적절하게 기능하지 않는다면 어떻게 될까? 아마도 상상이 멈춰 버린 또 다른 끔찍한 현상이 도래할 것 같다. 잠시 동안의 가정적 상황을 다녀왔지만 정말 내가 사색할 수 있다는 것에 몹시 행복감을 느낀다. 아무튼 정신장애 중에서 사고장애는 정상적인 삶을 영위하는 데 치명적임이 틀림없다.

쿤이 1960년대 과학발달의 패러다임론을 제안한 이후로 심리학 내에서도 인지혁명이란 말이 광범위하게 사용되어 왔다. 사회 전반에 걸쳐 급속하게 빠른 변화를 주도해 온 인지과학은 분명 시대정신의 주역임이 틀림없다. 인간 변화와 조력전문직인 상담심리학에도 이러한 시대적 영향이 자연스럽게 잠입되어 왔다. 인지적 관점을 지향하는 상담이론은 인간 이해를 위한 세 가지 체계인 생각, 행동, 감정 중에서 무엇보다 생각이 중요하다는 것을 강조한다. 여기서는 바람직한 삶을 위해 합리적 생각과 바람직한 선택이나 결단의 중요성을 강조하는 상담이론으로 현실치료, 교류분석, 인지 · 정서 · 행동치료, 인지치료를 살펴보고자 한다.

현실치료에서는 우리의 기본 욕구인 소속감, 힘, 자유, 즐거움, 생존 욕구를 적절한 방식으로 충족할 것을 강조한다. 현실치료는 최근 선택이론을 표방하면서 현실적이며 올바르고 책임질 수 있는 선택을 할 것을 강조한다.

교류분석에서는 인간의 의식적인 측면을 강조하며 특히 세 가지 자아 중에서 합리적 생각의 주역인 성인자아 상태가 가장 원활하게 기능하는 것을 중요하게 본다. 교류분석 상담자는 먼저 내담자의 세 가지 자아 상태의 건전한 기능이 이루어질 수 있도록 조력하며 다음으로 타인과의 적절한 교류를 이루도록 돕는다. 특히 재결단을 통해 새로운 인생각본을 형성하도록 촉진한다.

인지 · 정서 · 행동치료에서는 우리가 경험하는 정서적 및 행동적 결과는 일어난 사건이 아니라 사건을 보는 우리의 관점에서 비롯되었다고 본다. 따라서 인지 · 정서 · 행동치료자는 부적절한 정서나 행동을 초래하도록 한 비합리적 신념을 논박하여 합리적 신념으로 변화하도록 내담자를 조력한다.

벡의 인지치료는 엘리스의 인지 · 정서 · 행동치료와 크게 다르지 않다. 인지치료에서 주로 부정적 자동적 사고인 인지왜곡을 수정할 것을 강조한다.

제 15 장

현실치료

모든 사람들은 분명 행복하기를 원한다. 하지만 어떤 사람들은
불행을 초래하는 행동을 하고 있다.

15장의 목차

인간은 누구나 자신의 욕구를 달성하기 원한다. 더불어 인간은 자신의 욕구를 충족시키려는 바람에 따라 내적 세계를 창조한다는 기본적 가정하에 글래서(Glasser)는 현실치료(Reality Therapy)를 발달시켰다. 현실치료는 "당신은 정말 무엇을 원하십니까?"라는 질문과 "현재 당신이 하고 있는 행동은 당신이 정말 원하는 것에 기여합니까?"라는 질문을 바탕으로 성립되었다고 볼 수 있다.

초창기부터 뚜렷한 이론적 체계가 없었던 현실치료의 이론적 틀을 제공한 책은 파워스(Powers, 1973)가 쓴 『행동: 지각의 통제(Behavior: The control of perception)』였다. 즉, 글래서는 파워스의 자문을 받아 통제이론을 현실치료의 이론적 틀로 삼아 그의 입장을 더욱 발전시켜 왔다.

글래서는 1996년에 현실치료의 기저가 되는 이론이 실제로 통제이론이기보다 선택이론이라고 하였다. 하지만 현실치료에서 보는 통제체계로서 뇌에 관한 관점은 계속 유지되고 있다. 선택이론은 사람들이 내리는 자신의 생각, 감정, 행동 선택이 삶의 질을 결정한다는 강조한다. 글래서(Glasser, 1998)는 상담자가 현실치료를 통해 내담자로 하여금 보다 나은 선택을 해서 삶의 질을 향상하도록 조력할 수 있다고 믿는다.

현실치료에서는 인간이 보편적으로 추구하는 기본욕구를 가지고 있지만 이것을 충족시키는 방법으로 각자가 다양한 선택을 한다고 본다. 당신이 욕구를 충족시키는 방식과 똑같은 방식으로 자신의 욕구를 충족시키는 사람은 없다. 이것은 당신이 이 세상에서 독특한 존재임을 의미한다.

당신의 행복과 불행을 선택하는 사람은 당신 자신이다. 당신이 불행을 선택한다는 것을 믿기 어려울 수 있다. 보다 구체적으로 말하면, 당신은 당신을 불행하게 만드는 행동을 선택한다는 것이다. 우리는 매순간 바람에 따른 기본적 욕구를 충족시키기 위해 우리의 행동을 선택한다. 당신이 우유부단해서 결정하지 않는 것도 결정을 의미한다. 마찬가지로 선택하지 않는 것도 선택을 의미한다.

현실치료 상담자는 내담자가 효과적이고 책임질 수 있는 방법으로 행동하여 자신의 욕구를 충족시킬 수 있도록 조력한다. 당신의 욕구를 충족시키기 위해 당신은 어떤 행동을 선택한다. 당신이 어떤 행동을 선택할 것인가는 전적으로 당신에게 달려 있다. 당신이 선택한 행동은 당신을 행복하게 하거나 불행하게 할 것이다. 다시 말하면 당신의 삶과 행복을 통제하는 사람은 당신 자신이라는 것이다.

1. 글래서의 생애

현실치료의 창시자인 글래서(William Glasser, 1925~2013)는 1925년에 태어났으며 오하이오, 글리브랜드에서 19세에 화학공학 학사를 획득했다. 그런 후 23세에 임상심리학 석사를 받았으며 28세에 의학박사(M.D.)를 획득했다. 1957년에 로스앤젤레스에 있는 캘리포니아 주립대학과 재향군인병원에서 정신의학 수련을 마치고 36세인 1961년에 정신의학 전문의가 되었다. 그가 받았던 전통적 정신분석적 훈련에 대한 불만은 현실치료 발달의 씨앗이 되었다. 그가 가진 정신분석적 훈련에 대한 불만을 그의 수련 자문의인 해링턴(G. L. Harrington)에게 표출하였을 때, 해링턴은 글래서의 의견을 지지했으며 그의 멘토로서 7년 동안 그들의 관계는 지속되었다.

정신의학 수련 중인 1956년에 글래서는 캘리포니아 주립 청소년 지도기관에서 정신과 자문의로서 일하면서 벤츄라 학교의 비행소녀들을 성공적으로 이끈 것이 계기가 되어 주정부 교육국을 자문하기 시작하였다. 그는 1962년에 '미국청소년훈련협의회'의 연차총회에 초청연설을 통해 '현실 정신의학'에 대한 아이디어를 보급하면서 현실치료 기틀을 형성하였다. 그리고 그는 현실치료의 근간이 된 첫 저서인 『현실치료: 정신의학에 새로운 접근(Reality Therapy: A New Approach to Psychiatry)』(1965)을 1965년에 출간하였다. 그의 저서인 『낙오자 없는 학교(Schools without Failure)』(1969)는 교사들에게 큰 영향을 주었다. 글래서는 1970년대 후반에 『행동: 지각의 통제(Behavior: The Control of Perception)』의 저자인 파워스의 자문을 받아 현실치료의 근간이론으로 통제이론(control theory)을 도입하여 이론적 체계를 확립하였다. 그가 1981년에 저술한 『마음의 정거장(Stations of Mind)』에서는 통제이론을 바탕으로 현실치료를 체계적으로 잘 설명하고 있다. 그리고 1998년에 발간된 『선택이론: 새로운 인간자유의 심리학(Choice Theory: A New Psychology of Personal Freedom)』(1998)을 통해 그의 이론을 통제이론에서 선택이론으로 바꾸었다. 글래서는 한국도 한 번 방문하였으며 2013년에 사망하였다.

2. 인간관

현실치료의 주요한 이론인 통제이론은 인간의 뇌에서 진행되는 지각을 강조한다. 이런 이유 때문에 벨킨(Belkin, 1988)은 현실치료를 인지적 접근방식에 포함해서 설명하고 있다. 현실치료에는 인간은 각자가 정말로 무엇을 원하는가를 파악해야 한다는 점에서 인지적 해석의 중요성을 강조한다. 또한 현실치료는 인간이 자신의 욕구나 바람에 따라 자신이 하고자 하는 행동을 결정하고 더 나아가 자신의 인생을 선택하고 결정한다는 점에서 표면적으로 실존주의적인 입장을 취하고 있다.

현실치료는 객관적으로 관찰되는 자극-반응의 원리에 입각한 결정론적인 입장에서 인간의 행동을 설명하는 것을 반대하고 개개인이 주관적으로 갖는 내적 욕구나 바람에 따라 행동이 수행된다고 본다. 행동치료 상담자처럼, 현실치료 상담자는 대체로 당신의 행동에 의해 당신을 이해하려고 한다. 하지만 행동치료 상담자가 하는 것처럼 자극-반응의 모델에 의해서 객관적으로 행동을 이해하고 변화시키려고 하지 않는다. 즉, 현실치료 상담자는 행동을 평가의 객관적 표준에 입각해서 보는 것을 반대하고 내담자의 '현실'이라는 점에 입각해서 생각한다. 이러한 현실은 실제적 현실이거나 도덕적 현실일 수 있다. 어떤 경우이건, 현실치료 상담자는 개인이 그러한 현실에 일치하거나 불일치해서 기능하는 것으로 본다.

글래서는 인간을 긍정적 관점에서 보았으며 결정론적 입장을 반대한다. 즉, 인간이 자신의 행동과 정서에 대해 자기 스스로에게 책임이 있음을 강조하며 결정론을 반대한다. 모든 개인이 건강이나 성장의 힘을 가지고 있다고 믿는다. 그리고 현실치료자들은 기본적으로 우리 각자는 성공적인 정체감을 통해 만족스럽고 즐거워지기를 바라며, 책임질 수 있는 행동을 보여 주고 싶어 하고, 의미 있는 인간관계를 가지고 싶어 한다고 본다.

글래서는 우리 각자가 궁극적으로는 자기결정을 한다는 기본적인 신념을 가지고 있다. 현실치료에서는 인간이 자신의 환경적인 여건에 의존하기보다도 자신의 결정에 더 크게 의존함으로써 자신의 책임을 다할 수 있고, 성공적이며, 만족스러운 삶을 살아갈 수 있다고 보고 있다. 불만족스러운 현실 상황에서 변화를 가져오게 하는 것은 행동을 바꾸려는 결심에서 비롯된다고 본다.

이 접근의 인간관에 있어서 보다 구체적이며 빼놓을 수 없는 것으로, 그것은 인간이 자신의 정체감을 개발하려는 기본적인 욕구를 가졌다는 점이다. 즉, 인간은 일생을 통하여 정체감, 그것도 성공적인 정체감을 요구하는 심리적 욕구를 가졌다는 것이다.

우볼딩이 제시한 현실치료의 다섯 가지 원리를 통해 이 접근에서 가정하는 인간관이 무엇인가를 요약해서 살펴보면 다음과 같다(Wubbolding, 1988, pp. 3-7).

첫째, 인간은 욕구와 바람을 달성하도록 동기화되어 있다. 인간의 욕구는 모든 사람에게 보편적이다. 바람은 개개인에 따라 독특하다. 현실치료는 인간이 심리적 욕구(소속감, 힘, 흥미, 자유)와 생리적 욕구(생존)를 가지고 있으며 이러한 욕구를 개개인에 따라 특별한 방법으로 성취한다고 본다. 당신은 당신의 구체적 바람에 따라 내적 사진첩을 발달시킨다. 이러한 사진첩에는 당신이 욕구를 어떻게 충족시키고자 하는가에 대한 정확한 상이 포함되어 있다. 인간의 욕구는 보편적이지만, 바람은 개개인에 따라 구체적이며 독특하다는 것이다.

둘째, 바라는 것과 그가 환경으로부터 얻고 있다고 지각하는 것과의 차이나 불일치가 있기 때문에, 사람들은 각자에게 필요한 구체적 행동을 수행하게 된다. 이러한 불일치는 바람에 대한 좌절이다. 따라서 불일치 혹은 좌절은 성취되지 않은 바람을 성취하기 위한 구체적 행동을 생성한다.

셋째, 행동하기(doing), 생각하기(thinking), 느끼기(feeling), 그리고 생물학적 행동으로 구성되어 있는 인간행동은 목적이 있다. 즉, 인간의 목적행동은 개인의 바람과 얻고 있다고 지각하는 것의 차이를 줄이도록 계획된다.

넷째, 행동하기, 생각하기, 느끼기는 행동의 서로 분리될 수 없는 측면이며 내부로부터 생성된다. 대부분의 이런 행동은 선택되는 것이다.

다섯째, 인간은 지각을 통해서 세상을 본다. 일반적인 지각의 두 가지 수준이 있다. 낮은 수준과 높은 수준이다. 지각의 낮은 수준은 사건 혹은 상황의 지식을 함축한다. 지각의 높은 수준은 그러한 사건이나 상황에 가치를 부여하는 것이다.

3. 주요개념

여기서는 현실치료를 이해하는 데 필요한 주요개념으로 기본욕구, 통제이론, 전체행동, 선택이론의 원리 등을 살펴보자.

1) 기본욕구

글래서가 가정하는 다섯 가지 기본욕구인 소속감, 힘, 즐거움, 자유, 그리고 생존 욕구에 대해서 살펴보고자 한다.

소속감 욕구 인간은 소속감 욕구를 충족시키고자 한다. 소속감의 유사어는 사랑, 우정, 돌봄, 관심, 참여 등이다. 이것은 인간이 사회적 동물로서 가정, 학교, 직장, 사회에 소속되어 다른 사람과의 관계를 유지하면서 사랑을 주고받고자 하는 인간의 속성을 말한다. 이 글을 읽는 독자로서 당신이 갈구하는 소속감의 욕구는 당신의 나이나 필요에 그 내용과 정도에 차이가 있을 것이다.

일반적인 소속감 욕구의 예를 살펴보자. 어린아이는 엄마의 사랑과 돌봄을 원한다. 부부의 사랑은 부부관계의 유지뿐만 아니라 서로에게 위로와 삶의 원동력으로 작용한다. 친구 간에 정담을 주고받으면서 느끼는 우정은 각자에게 소중하다. 청춘남녀는 애틋한 사랑을 주고받기를 원한다. 직장에서 동료 간에 느끼는 동료애는 일의 능률을 고취시키고 직무스트레스를 줄여 준다.

청소년들이 친구를 사귀고 또래집단에 들고 싶어 하는 것도 소속감 욕구를 보이는 시기에 따른 변화이다. 이것은 부모와 같이 보내는 시간이 줄어들고 동료들과 보내는 시간이 늘어나면서 생기는 당연한 결과이다. 청소년은 이러한 소속감 욕구를 달성하기 위해 부당한 관심 끌기와 같은 부정적 접근방식을 사용하곤 한다. 당신의 자녀가 가정이나 건전한 친구관계에 소속감을 갖지 않을 때 당신의 자녀는 거리에서 배회하거나 잘못된 방식으로 충족되지 않은 욕구의 달성을 시도할 것이다.

글래서는 소속하고 싶은 욕구를 세 가지 형태, 즉 사회집단에 소속하고 싶은 욕구, 직장에서 동료들에게 소속하고 싶은 욕구, 가족에게 소속하고 싶은 욕구로 분류하였다. 그 이유는 욕구의 충족은 여러 환경에서 일어나기 때문이다. 소속욕구는 생리적 욕구와 같이 절박한 욕구는 아니지만 인간이 살아가는 데 원동력이 되는 기본 욕구이다.

누군가가 당신에게 갖는 사랑과 관심은 분명 삶의 원동력으로 작용한다. 아내의 사랑은 남편에게 원동력이다. 여자는 남자의 사랑을 먹고산다는 말도 마찬가지이다. 자녀에게는 부모의 사랑이 필요하다.

힘 욕구 인간은 힘에 대한 욕구를 충족시키고자 한다. 현실치료에서 말하는 힘에 대한 유사어는 성취감, 존중, 인정, 기술, 능력 등을 의미한다. 이러한 힘에 대한 욕구는 우리 각자가 경쟁하고 성취하고 중요한 존재이고 싶어 하는 속성을 가지고 있다는 것을 의미한다. 학생에게는 좋은 성적이 그에게 성취감을 느끼게 할 것이다. 직장인에게 승진은 자신의 능력이나 기술에 대한 인정을 반영한 것이다. 글래서는 인간으로서 우리는 각자의 입장에서 하는 일에 따라 칭찬이나 인정받고자 하는 기본적 욕구를 가지고 있다고 본다.

인간 개개인은 자신의 환경에 영향을 끼치며 적어도 어느 정도는 환경을 통제하고 싶어 한다. 우리는 만사가 우리 뜻대로 되기를 바라며, 그러한 힘이 우리에게 있기를 바란다. 모든 살아 있는 피조물 중에서 인간만이 힘 욕구를 끝까지 포기하려 하지 않는다. 힘에 대한 욕구에 매력을 느끼게 되면 종종 소속에 대한 욕구 등 다른 욕구와 직접적인 갈등의 원인을 경험하게 된다. 즉, 사람들은 사랑과 소속에 대한 욕구를 얻으려고 결혼을 하지만 가끔 부부 사이에서 힘에 대한 욕구를 채우고 싶어 서로 통제하려고 하다가 결과적으로 부부관계를 파괴시키는 원인이 되기도 한다. 청소년은 힘의 욕구를 성취하기 위해 독립성을 갖고 접근하기도 하지만 반항이란 부정적 접근방식을 사용하기도 한다.

즐거움 욕구 인간은 즐거움 욕구를 충족시키기를 원한다. 즐거움의 유사어는 흥미, 기쁨, 학습, 웃음 등이다. 이것은 인간이 많은 새로운 것을 배우고 놀이를 통해 즐기고자 하는 속성을 가지고 있다는 것을 말한다.

글래서는 인간의 즐거움에 대한 욕구는 기본적이고 유전적인 지시라고 확신한다. 이 즐거움의 욕구를 충족시키기 위해 때로는 생명의 위험도 감수하면서 자신의 생활방식을 과감히 바꾸어 나가는 것을 볼 수 있다. 예를 들면, 암벽 타기나 번지점프 등이다.

즐거움에 대한 욕구충족 활동의 유형에는 단순한 놀이도 있지만, 학습도 우리에게 매우 중요한 즐거움을 제공하는 욕구충족 활동이다. 어린아이가 새로운 것을 학습하면서 느끼는 즐거움은 그에게 신기한 경험이다. 우리의 자녀가 학교에 입학하면서 공부가 그에게 일이 되어버리기 때문에 학습이 즐거움이 아니라는 생각을 갖게 된다. 학생들에게 공부가 놀이가 되는 교육이 될 수 있도록 부모나 교사가 노력하는 것이 필요하다. 만약 공부하기가 지겹게 느껴진다면 이는 확실히 교육자의 잘못에서 비롯된 것이라고 글래서는 보았다. 때문에 그는 1969년에『낙오자 없는 학교』를 저술하게 되었다.

인간은 다른 동물과 달리 즐거움에 대한 욕구가 충족되면 웃는다. 글래서는 인간이 웃는 주된 이유는 웃는 순간에 즐거움을 추구하려는 욕구가 충족되었다는 강한 느낌을 경험하기 때문이라고 생각한다. 즐거움은 인간생활에 있어 반드시 필요한 활력소이므로 우리는 늘 즐거움이 더한 삶을 원한다. 그런데 즐거움을 추구하는 욕구와 다른 욕구들 간에도 마찬가지로 갈등이 있을 수 있다. 예를 들면, 어떤 이는 공부가 재미있어서 소속감 욕구 충족을 포기하고 결혼을 지연시킬 수도 있다. 재미 혹은 즐거움은 우리의 삶을 엮어 낸 혼합체의 일부분이기 때문에 즐거움이 없는 사람이란 생각할 수 없다. 개인이 즐거움 욕구를 충족하기 위해 자신의 다른 욕구나 타인의 즐거움 욕구 충족을 방해해서는 안 된다.

자유 욕구 인간은 자유 욕구를 충족시키기를 원한다. 여기서 말하는 자유의 유사어는 선택, 독립, 자율성 등을 의미한다. 이것은 인간이 이동하고 선택하는 것을 마음대로 하고 싶어 하고 내적으로 자유롭고 싶어 하는 속성을 말한다. 당신의 자유 욕구는 당신이 하는 선택을 통해 충족된다. 만약 당신이 선택하거나 당신의 인생을 다소라도 통제할 자유를 갖지 않는다면, 당신의 다른 욕구를 충족시킬 수 없다.

자유란 각자가 원하는 곳에서 살고 대인관계와 종교활동 등을 포함한 삶의 모든 영역에서 어떠한 방법으로 삶을 영위해 나갈지 선택하고 자신의 의사를 마음대로 표현하고 싶어 하는 욕구를 말한다. 하지만 자기 욕구 충족을 하는 데 있어서 다른 사람의 자유를 침범하지 않도록 타협을 통하여 이웃과 함께 살 수 있는 절충안을 찾아내야만 한다. 즉, 우리의 모든 욕구를 충족시키려면 지속적으로 남의 권리를 인정해 주고 나의 권리를 인정받는 것에 대한 합리적인 이해와 자기선택에 대한 책임을 지려는 의지가 필요하다.

적극적 부모역할의 창시자인 팝킨(Popkin)이 제안한 '물러서기'는 자유에 대한 욕구의 하나로 생각된다. 청소년들이 접촉을 통한 소속감을 원하는 것처럼, 가끔 물러나서 재충전하고 자기만의 시간을 갖는 것이 필요하다. 이것에 대한 부정적 접근방식은 부당한 회피이다.

생존 욕구 인간은 생리적 욕구가 충족되기를 원한다. 이것은 인간이 생물학적 존재로서 생존에 대한 욕구이다. 이것은 살고자 하고 생식을 통해 자기 확장을 하고자 하는 속성을 의미한다.

이상에서 지적한 인간의 기본 욕구는 다음과 같은 몇 가지 특징을 가지고 있다. 이러한 욕구는 타고난 것이다. 이러한 욕구는 일반적인 것이다. 이러한 욕구는 보편적인 것이다. 이러한 욕구는 중복적인 것이다. 이러한 욕구는 상호 갈등적이다. 이러한 욕구는 대인 갈등적이다. 개인의 욕구는 순간적으로 충족되었다가 다시 불충분한 상태로 가기 때문에 계속 충족된 상태로 지속되기는 어렵다. 충족 상태가 지속될 수 없기 때문에 이것이 동기의 근원이 된다.

인간은 앞의 다섯 가지 기본욕구 중에서 우선순위를 결정하는 데 끊임없이 갈등을 느끼며 이를 해소하려고 시도한다. 즉, 자신의 욕구를 충족시키기 위해 자기 나름의 정신적 사진첩을 뇌 속에 만들어 보관한다.

우리는 다섯 가지 기본적 욕구를 충족시키기 위해 끊임없이 어떤 행동을 해야만 한다. 우리는 각자 매순간 최선이라고 판단되는 행동을 한다. 자신이 판단하고 결정한 것이 현명할 수도 어리석을 수도 있다. 우리는 주관적이기는 하지만 자기 나름대로 창의적인 방법을 찾아 자신의 기본적 욕구를 충족시킨다. 때문에 인간의 자기 욕구충족을 위한 다양한 방법과 수단을, 지각세계의 부분인 자기 내면세계 혹은 질적 세계에 심리적인 사진으로 저장했다가 필요할 때마다 꺼내 쓴다. 개인의 욕구와 바람 간의 관계를 보면 개인의 욕구는 유전적인 속성이기 때문에 모든 사람이 공통적으로 가지고 태어나지만 그 욕구를 채우는 방법으로서의 바람은 개인마다 특이하고 차이가 있다.

2) 통제이론

통제이론은 우리 자신의 내적 동기가 우리의 행동을 통제한다는 심리학적 이론이다. 역시 통제이론은 모든 행동이 목적을 가진다는 것과 우리는 다른 사람을 통제할 수 없다는 것을 가르친다. 모든 행동은 우리의 기본적 욕구를 충족시키려는 목적에서 비롯된다. 즉, 통제이론은 우리가 우리의 욕구를 만족시키는 내적 세계인 지각 혹은 사진첩(picture album)을 창조하며 이러한 지각에 따라 행동이 생성된다고 가정한다. 그러므로 우리의 행동은 우리의 욕구를 최선으로 만족시키도록 세계와 세계의 부분으로서 우리 자신을 통제하려는 최선의 시도이다.

현실치료는 이런 점에서 대부분 사람들이 진실로 믿고 있는 외적 자극에 따라 반응을 한다는 자극-반응의 행동주의 심리학에 대립된다. 글래서는 어떤 자극이 당신을 행동하도록 하는 게 아니라 당신의 내적 욕구나 바람이 행동을 생성한다고 주장한다. 그러므로 행동주의 심리학이 관찰되지 않은 내적 욕구를 무시하거나 소홀히 다루었다고 비판한다. '당신이 말을 물가에 끌고 갈 수는 있지만, 물을 먹일 수는 없다.'는 격언이 품고 있는 진실이 통제이론의 내용을 함축하고 있다. 당신이 말의 욕구가 무엇인가를 파악했다면 물가에 말을 끌고 가는 헛된 노력을 할 필요가 없었을 것이다.

통제이론은 맞추어진 온도에 따라 자동온도조절기가 작동하는 것처럼 우리의 기본적 욕구에 따라 뇌의 통제체계가 기능한다고 본다. 글래서가 가정한 다섯 가지 기본적 욕구인 생존, 소속감 혹은 사랑, 힘 혹은 성취, 흥미, 자유의 욕구를 충족시키기 위해 우리는 뇌의 지시를 받아 행동을 한다. 인간은 누구나 보편적인 이러한 욕구를 충족시키기 원한다. 그리고 이러한 욕구충족의 바람은 개개인에 따라 독특한 사진첩으로 발달되어 개인의 행동을 통제하게 된다.

3) 전체행동

글래서는 모든 행동에는 목적이 있다는 아들러의 영향을 받았다. 인간의 전체행동(total behavior)은 네 가지, 즉 행동하기(doing), 생각하기(thinking), 느끼기(feeling), 그리고 생물학적 행동(biological behavior)으로 구성되어 있다고 보았다. 이러한 네 가지로 구성된 전체적인 인간행동은 목적이 있다. 즉, 인간행동의 목적은 개인의 기본 욕구에 따른 바람과 얻고 있다고 지각하는 것의 차이를 줄이도록 계획된다. 이러한 인간의 행동체계를 자동차의 네 바퀴에 비유하여 설명하고 있다. 앞 두 바퀴는 행동하기와 생각하기이며 따르는 2개의 뒷바퀴는 느끼기와 생리적 행동이다. 행동체계를 구성하는 전체행동의 네 가지 구성요소는 서로 유기적으로 관련되어 인간의 기본 욕구를 충족시키려고 한다.

4) 선택이론의 원리

선택이론은 개인의 자유를 강조하는 이론이다. 글래서(Glasser, 1998)는 그의 저서인 『선택이론: 개인적 자유에 대한 새로운 심리학(Choice Theory: A New Psychology of Personal Freedom)』에서 우리는 우리가 하는 모든 것을 선택할 수 있다고 주장하였다. 따라서 선택이론에서는 개인이 느끼는 불행과 흔히 정신병으로 여겨지는 행동까지도 선택할 수 있다고 본다. 글래서는 우리가 외적 통제심리학을 선택이론으로 대체하면 훨씬 개인적 자유를 만끽할 수 있다고 주장한다. 외적 통제심리학은 현재 많은 사람들에게 지배적인 비판하기, 변별하기, 처벌하기, 보상하기, 강요하기, 불평하기, 비난하기 등과 같은 외적 통제전략의 사용으로 작동하는 심리학이다. 선택이론은 우리가 이러한 오래된 외적 통제심리학 기제를 관계를 유지, 향상, 강화시키는 행동과 전략으로 대체해야 한다는 것을 가르친다. 개인적 자유가 밝혀지고 촉진될 수 있는 선택이론의 열 가지 원리를 살펴보자(Glasser, 1998, pp. 332-336).

- **원리 1**: 우리의 행동을 통제할 수 있는 사람은 우리 자신이다. 누구도 우리에게 우리가 원하지 않는 것을 하게 할 수 없다. 처벌이나 강요로 위협받을 때, 우리는 잘 수행하지 못한다. 우리가 자신의 행동을 통제할 수 있다는 것을 깨닫기 시작할 때, 우리는 곧바로 우리의 개인적 자유를 새롭게 정의하며 훨씬 많은 자유를 가진다는 것을 알게 된다.
- **원리 2**: 우리가 타인에게서 얻을 수 있는 모든 것은 정보이다. 우리가 얻은 정보를 어떻게 처리할 것인가는 우리의 선택이다.
- **원리 3**: 지속되는 모든 심리적 문제는 관계문제이다. 고통, 피로, 만성적 질병과 같은 다른 많은 문제의 부분적 원인은 관계문제이다.

- 원리 4: 관계문제는 항상 개인이 현재 영위하는 삶의 일부분이다.
- 원리 5: 과거에 일어난 고통스러운 일이 현재 우리 자신에게 많은 영향을 주고 있지만, 이러한 고통스러운 과거를 다시 들추어내는 것은 현재 우리가 할 필요가 있는 것에 거의 기여할 수 없다. 즉, 중요한 관계를 향상시킬 수 없다.
- 원리 6: 우리는 기본욕구인 생존, 사랑과 소속감, 힘, 자유, 즐거움에 의해 행동한다.
- 원리 7: 우리는 단지 각자의 질적 세계에 있는 사진첩을 만족시킴으로써 이러한 기본욕구를 충족시킬 수 있다.
- 원리 8: 평생 우리가 할 수 있는 모든 것은 행동이다. 모든 행동은 행동하기, 생각하기, 느끼기, 생물학적 행동으로 구성된 전체행동이다.
- 원리 9: 모든 전체행동은 동사, 보통 부정사와 동명사로 나타내지며 가장 쉽게 인식할 수 있는 용어로 표현된다. 예를 들면, "나는 우울로 고통받고 있다." 대신에 "나는 우울하기를 선택하고 있다."로, "나는 우울해졌다." 대신에 "나는 우울하고 있다."로 표현한다.
- 원리 10: 모든 전체행동은 선택되지만 우리는 단지 행동하기와 생각하기를 직접적으로 통제할 수 있다. 하지만 우리는 행동하기와 생각하기를 선택하는 방법을 통해서 간접적으로 우리의 느끼기와 생물학적 행동을 통제할 수 있다.

4. 상담목표

현실치료의 목표는 내담자가 책임질 수 있고 만족한 방법으로 자신의 심리적 욕구인 소속감, 힘, 자유, 흥미를 달성하도록 조력하는 것이다. 글래서는 정신과 치료를 필요로 하는 모든 사람은 자신의 기본적 욕구를 충족할 수 없기 때문에 고통을 받는다고 지적하였다. 그리고 증상의 심각성은 개인이 자신의 욕구를 충족할 수 없는 정도를 반영하는 것으로 보았다(Glasser, 1965, p. 5). 현실치료에서는 당신의 기본적 욕구에서 비롯된 바람이 정말 무엇인가를 파악하지 못하거나 파악했다 하더라도 효과적으로 그러한 바람을 충족시키지 못하는 것을 문제로 본다. 따라서 현실치료의 주요한 상담목표는 일차적으로 내담자가 정말 원하는 것이 무엇인지를 그의 기본 욕구를 바탕으로 파악하도록 하는 것이다. 내담자의 바람이 파악된 후 상담자는 바람직한 방법으로 이러한 바람을 달성할 수 있도록 조력한다.

내담자가 바람직한 방법으로 욕구를 달성할 수 있도록 하는 데 현실치료에서는 3R, 즉 책임감(Responsibility), 현실(Reality), 옳거나 그름(Right or wrong)을 강조한다. 이러한 3R에 대해서 살펴보자.

글래서에 의하면 모든 인간은 따뜻한 정을 주고받는 관계에 대한 욕구와 존경을 받고자 하는 욕구가 기본적이다. 프로이트가 개인의 성적욕구와 공격의 욕구가 사회적, 문화제도적 체제로 인하여 충족되지 못한 데에서 정신의학적 문제가 발생한다고 본 것과는 아주 대조적이다. 글래서는 관계와 존경에 대한 욕구가 현실적이고(realistic), 책임감 있게(responsible), 그리고 옳은(right) 방법으로 충족되는 길을 알지 못하거나 취하지 않을 때 정신의학적 문제를 일으킨다고 본다. 이러한 세 가지 내용에 대해서 좀 더 구체적으로 살펴보자.

책임감(Responsibility) 현실치료 접근의 기본이 되는 것은 개인적 책임이다. 즉, 개인적 책임을 지지 않는 데서 개인에게 문제가 생긴다고 보고 있다. 글래서는 책임이란 '다른 사람이 그의 욕구를 충족시키는 것을 방해하지 않으면서 자신의 욕구를 충족시키는 능력'이라고 정의한다. 사람들은 자신의 행동에 대한 책임과 자신의 욕구를 충족시킬 책임이 있다고 보고 있으며, 어떠한 과거의 조건이나 현재의 여러 여건, 그리고 다른 사람의 행동도 자신의 무책임한 행동에 대한 구실로 사용될 수 없다. 따라서 어려서부터 책임에 대한 교육을 하는 것이 중요하다고 보고 있다. 책임감이 있는 사람은 자신의 생활에서 무엇을 원하는지를 알며 자신의 욕구나 목표를 성취하기 위해 책임감 있는 계획을 세운다는 점에서 자율적이다. 즉, 책임감은 사람들이 자신의 생활을 효과적으로 통제할 수 있다는 것을 의미한다.

현실치료에서는 정신건강과 책임감을 같은 것으로 본다. 즉, 책임을 잘 질수록 더 건강하고, 책임을 지지 않을수록 더 건강하지 않다. 글래서는 정신병과 정신병 분류체계를 버려야 한다고 주장하는데, 사람들이 스스로 자신을 병든 것으로 받아들이는 한 그들은 자신의 무책임에 대해 이미 마련된 이유를 가지게 되기 때문이다. 환자라는 딱지를 떼어 버리면 변명의 여지가 없어지고 환자에게 쉽게 책임을 가르칠 수 있다는 것이다. 개인이 자신의 삶에 대한 책임을 받아들이고 그러한 책임에 따른 행동을 시작하기 전까지는 변화가 불가능하다.

현실(Reality) 현실치료에서 책임을 받아들인다는 것은 바로 개인이 현실을 직면해야 함을 말한다. 책임은 현실의 직면과 직결된다. 때문에 현실세계를 정확하게 받아들여야만 하고, 더 나아가 현실세계가 정해 주는 어떤 범위 내에서만 자신의 욕구충족이 가능하다는 점을 이해해야 한다. 현재의 행동은 관찰될 수 있는 것이고 현실세계에서 일어나는 일이기 때문에 현실의 한 부분이다. 따라서 개인이 책임을 져야 하는 모든 행동은 현실에서 일어난다.

현재라는 말도 현실에 있어서 중요하다. 우리는 과거를 바꿀 수 없고 과거를 이해하는 것은 우리의 관심을 지금의 현실로 돌리려는 것이다. 즉, 현재를 위해 과거에 대한 이해가 필요하다. 더욱이 사람들이 자신을 바꾸기 위해서는 과거를 이해해야 한다고 배우게 되면, 그들 자신에 있어 과거의 어떤 일은 그들의 무책임한 현재의 행동에 대해 하나의 구실을 제공하게 되는 것이다. 결국 현실치료를 적용하는 상담자들은 내담자가 현실, 즉 그들이 현재 행동을 직면해야만 한다고 주장한다. 현실치료는 내담자가 더욱 책임 있는 행동을 함으로써 자신의 문제를 해결할 수 있는 현실을 직면하도록 돕는 것이다.

옳거나 그름(Right or Wrong) 개인의 기본적 욕구를 만족시키는 행동을 하는 데 있어 도덕적 판단이 있어야 함을 의미한다. 개인은 사회 속에서 자신의 행동에 대한 가치 판단을 통해 현실적으로 욕구충족을 한다. 현실치료는 다른 사람들에게 해가 되지 않는 옳은 판단을 통해 자신의 욕구를 충족할 것을 강조한다.

5. 상담과정

현실치료는 내담자의 기본적 욕구를 파악하여 그러한 욕구를 바람직한 방식으로 달성할 수 있도록 하는 상담 접근방식이다. 특히 현실치료는 학교 상황에서 학생들을 상담하는 데 매우 효과적임이 밝혀졌다. 글래서가 제안한 현실치료의 상담과정에는 상담자가 기본적으로 지켜야 할 원칙이 잘 제시되어 있다. 그가 제시한 상담과정은 다음과 같다.

- 첫째, 내담자와 관계형성: 내담자가 상담관계에 자발적으로 참여하도록 원만한 관계를 형성한다. 먼저 내담자에게 열중하고, 친화관계를 수립하거나 단순히 친해지려고 노력하여 관계형성을 한다. 두 사람 간의 강한 유대관계를 바탕으로 하여 내담자가 상담자를 돕는 이로서 마음속으로 받아들이도록 한다. 그 후 상담자는 내담자가 무엇을 원하는지, 혹은 통제이론 용어로 지금 내담자가 무엇을 통제하고 있는지를 찾아야 한다. 내담자와 치료자와 함께 내담자가 안간힘을 다하여 추구하면서도 충족할 수 없는 내부세계의 내용이 무엇인지를 직시해야 한다.
- 둘째, 내담자의 바람과 현재하고 있는 행동의 파악: 내담자의 바람, 욕구, 지각이 탐색된다. 더불어 그가 그러한 바람을 달성하기 위해 현재 하고 있는 행동이 탐색된다. 내담자가 현재 하고 있는 것, 즉 통제이론 용어로 지금 하기로 선택하고 있는 것에 초점을 맞추도록 하는 시도이다. 여기서 상담자는 첫째 단계의 내용을 언급하면서 내담자에게 원하는 것을 얻기 위해 지금 무엇을 하고 있는가를 묻는다. 그러나 상담자는 가장 변화되기 쉬운 행동요소에 초점을 맞추고 우울이나 감정요소에는 초점을 맞추지 않는다.
- 셋째, 행동평가: 내담자의 현재 행동이 그의 바람을 달성하는 데 도움이 되는가의 여부를 평가한다. 내담자로 하여금 스스로 선택한 것임을 알게 된 행동이 자기가 원한다고 말한 것을 얻게 해 주는가를 평가하도록 하는 것이다. 또한 이 단계에서 문제 학생이나 비행청소년에게 그들의 행동이 규칙에 어긋나지 않는가를 물을 수 있다. 만일 그들의 행동이 원하는 것을 얻게 해 주는가를 물으면 흔히 자기가 원하는 것은 싸움뿐이라는 식의 건방진 대답을 한다. 이를 예방하기 위해서는 무슨 행동을 하고 있는가를 물은 후에 그 행동이 규칙에 어긋나지 않는가를 물어야 한다.
- 넷째, 책임질 수 있는 행동을 계획: 내담자가 보다 효과적으로 바람을 성취할 수 있는 행동을 수행할 수 있는 계획을 수립한다. 일단 내담자 편에서 자기가 하고 있는 행동이 소용없다고 판단되면, 다음 단계는 원하는 것을 얻을 수 있는 방법, 혹은 통제이론으로 말하면 그의 생활을 효과적으로 통제할 수 있는 더 좋은 방법을 생각해 내도록 돕는 것이다. 이 단계는 계획하고, 조언하고, 조력하고, 격려하는 것이다. 치료자로서 우리의 직무는 사람들이 더 효과적으로 작용할 수 있는 방법에 관한 지식을 갖는 것이며 사람들이 스스로 좋지 못한 선택을 하고 있음을 인정할 때 그들이 더 나은 선택을 하도록 안내하는 것이다.

- **다섯째, 계획이행에 대한 약속:** 내담자가 자신이 수립한 계획에 따라 행동할 것에 대한 언약을 얻어 낸다. 일단 계획이 세워지면 치료자는 내담자에게 그 계획을 끝까지 수행하는 노력을 하겠다는 다짐을 요구해야 한다. 내담자가 언약을 할 때 그것이 확고해지는 이유는 그 언약 후 상담자가 내담자의 내부세계에서 욕구충족 지각의 대상이 되기 때문이다. 또한 약속은 치료자에 대한 것일 뿐 아니라 자기 자신에 대한 것이기 때문에 강력한 것이다. 확고한 언약은 끝까지 강력하게 수행하는 것을 의미한다.
- **여섯째, 변명에 대한 불수용:** 내담자가 계획에 대한 이행을 하지 않고 변명할 경우 이를 수용하지 않는다. 현실치료는 변명 혹은 계획이 수행되지 않은 이유에 열중하지 않는다. 인간의 모든 행동이 어느 정도까지는 효과가 있음을 기억해야 한다. 아무리 비참한 행동일지라도 내담자는 그런 행동으로 자기의 세계를 어느 정도 통제하고 있고 내담자는 또 이 약간의 통제를 포기하는 데 두려움을 느낀다. 그러나 상담자가 내담자를 이 단계로 인도하고 이미 내담자의 뇌 속에 상담자가 자신을 도와주는 사람으로 인식될 때 "나는 왜 당신이 그것을 할 수 없는지는 관심이 없어요. 나는 당신이 그것을 언제 할 수 있을지……, 그리고 당신이 그것을 어떻게 할 수 있을지에 관심이 있어요."라고 말해야 한다. 이 방법을 사용하면 내담자는 점점 그들이 할 수 있는 유일한 일, 즉 지금 바로 더 나은 행동을 선택하는 일에 초점을 맞출 것이고, 비효과적이고 비참하게 된 이유를 더 이상 찾지 않을 것이다.
- **일곱째, 처벌의 금지:** 상담자는 내담자를 비판하거나, 논쟁하거나, 처벌하지 않는다.
- **여덟째, 지속적인 조력:** 상담자는 결코 내담자를 포기하지 않고 지속적인 관심을 갖고 조력한다. 사람들이 스스로 효과적인 통제력을 얻을 수 있다는 것을 깨닫게 되기까지는 오랜 시간이 걸린다. 왜냐하면 사람들은 비효과적인 방법으로 세상을 통제하는 데 익숙해져 있기 때문이다. 좋은 친구는 결코 포기하지 않는다.

현실치료의 보급에 기여한 사람이 우볼딩(Wubbolding)이다. 다음으로는 우볼딩이 보다 간단명료하게 현실치료의 과정을 두문자어로 표시한 WDEP와 계획을 세울 때 고려해야 할 사항을 두문자어로 나타낸 SAMIC3/P에 대해서 알아보자.

WDEP은 바람 파악(Want), 현재행동 파악(Doing), 평가하기(Evaluating), 계획하기

(Planning)를 의미한다.

바람 파악 내담자에게 "무엇을 원하는가?"라고 질문을 함으로써, 그(녀)가 자신의 욕구를 충족시킬 수 있는 방법을 발견할 수 있도록 한다. 내담자가 자신의 질적인 세계를 탐색하고 상담자의 숙련된 질문에 응답하면서 이제까지 희미하게 알았던 자신의 내적인 바람에 대한 여러 면을 직관적으로 배우게 된다. 내담자가 무엇을 원하는지 분명히 알게 해 주는 동시에, 주위 사람들이 내담자에게 원하는 것이 무엇인지도 알 수 있게 유도하는 것이 중요하다. 내담자 마음속의 사진들이 분명하면 할수록 내담자 자신이 원하는 것을 얻을 수 있는 가능성은 더욱 높아지기 때문이다.

내담자가 원하는 것이 무엇인가를 묻는 또 다른 이점은 내담자 자신이 원하는 것을 얻는 방법과 원하는 것을 방해하는 것이 있는지 상세히 말하도록 돕는 것이다. 이렇게 함으로써 내담자들은 그들의 행동체계 내에 효과적인 행동들을 실제로 소유하고 있거나 재조직해낼 수 있다는 결론에 도달할 수 있는 것이다.

"진정으로 원하는 것이 무엇인지?" "당신이 원하는 것을 얻는다면 무엇을 갖게 될까요? 삶은 어떨까요?"라고 묻는 것은 상담자가 내담자가 성취할 수 있는 현실적인 그림을, 자기 자신 안에 있는 이상적인 '사진첩'에 있는 어쩌면 비현실적인 그림과 바꿀 수 있도록 도움을 주는 것이다. 좌절을 해결해 나가면서, 또는 내담자들이 주위 환경에서 원하는 것과 경험하고 있다고 지각하는 것 사이의 간격을 좁혀 나감으로써 충족되지 못한 욕구를 구분해 내도록 내담자를 도와준다.

"사람들이 당신에게 원하는 것이 무엇이라고 생각하는지?"라는 질문은 내담자가 내담자에게 영향을 끼치고 있다고 믿는 세상을 어떻게 보는가를 알 수 있다. 주위 사람들과 내담자가 원하는 것의 일치 혹은 불일치를 알아봄으로써 내담자 자신의 마음속의 사진에 내포되어 있는 근본적인 욕구가 무엇인지를 더욱 확실하게 보도록 도와준다.

"당신은 어떤 시각으로 사물과 환경을 바라보느냐?"고 내담자에게 질문을 함으로써 상담자는 내담자가 이차수준의 지각(가치여과기)으로 현실 상황을 보는지 혹은 일차수준의 지각(지식체계)으로 보는지를 알 수 있고, 내담자가 자신의 삶의 방향을 바꿀 것인지에 관해 질문을 할 수 있게 된다.

현재행동 파악 현재행동 파악은 상담자가 상담 초기에 내담자에게 내담자가 어디로

가고 있는가를 탐색하도록 도와주는 절차이다. 현실치료 상담자들은 내담자가 통제할 수 있는 활동을 스스로 탐색할 것을 강조한다. 왜냐하면 내담자는 활동요소를 바꿈으로써 그가 지녔던 우울, 격분, 외로움 등의 느낌요소와 생리 기능까지 변화시킬 수 있기 때문이다. 이 단계에서는 "당신은 무엇을 하고 있습니까?"라고 묻는다.

평가하기 이 단계는 내담자의 행동과 욕구와의 관계를 점검해 보는 것이다. 내담자의 행동변화를 위한 현실치료에서 가장 핵심이 되는 부분은 그들 스스로 자기평가를 하게 하는 단계이다. 상담자는 다음과 같은 능숙한 질문을 통해 내담자가 자신의 행동과 자신의 수행 능력을 평가하도록 한다.

- "당신은 지금의 행동이 당신에게 도움이 됩니까?"
- "당신이 지금 하고 있는 것은 당신이 진정으로 원하는 것을 얻는 데 도움이 됩니까?"
- "당신이 행동하는 것이 규칙에 어긋납니까?"
- "당신이 원하는 것은 현실적이거나 실현 가능한 것입니까?"
- "그런 식으로 보는 것이 당신에게 도움이 됩니까?"
- "상담의 진행과 당신 인생의 변화에 대해 어떻게 약속을 하시겠습니까?"
- "도움이 되는 계획입니까?"

계획하기 현실요법 전체가 목표하는 바는 내담자의 바람과 욕구를 충족시킬 수 있는 계획을 수립하는 것이다. 욕구충족과 관련된 내담자의 현재행동 중에서 비효과적이고 부정적인 것들을 찾아 이를 긍정적인 것으로 고치기 위함인데, 긍정적이라는 것은 자신의 욕구나 바람을 충족시키기 위해 현실적으로 받아들여질 수 있고 타인에게 피해를 끼치지 않는 전체행동을 말한다.

이 단계는 계획과 실행과정으로서 긍정적인 행동계획과 그 계획에 대한 약속, 과정에 대한 마무리 제언으로 이루어진다. 활동에 대한 긍정적인 계획을 세우는 과정인 상담의 마무리 단계에 속하는 계획하기에서, 상담자는 다음과 같은 여러 가지 사항을 염두에 두고 내담자의 진정한 바람과 욕구를 충족시킬 수 있는 계획을 수립하도록 도와주어야 한다.

SAMIC3/P 마지막으로 효율적인 계획을 세울 때 고려할 사항인 두문자어 SAMIC3/P는 다음과 같은 내용을 세부적으로 지적하고 있다. 즉, 내담자가 세우는 계획은 다음과 같은 일곱 가지 본질적 구성요소를 가질 때 효과적이다.

첫째, 계획은 단순해야 한다(simple). 계획이 너무 복잡하면 수행될 수 없다.

둘째, 계획은 도달할 수 있는 것이어야 한다(attainable). 즉, 계획은 현실적이어야 한다.

셋째, 계획은 측정할 수 있어야 한다(measurable). 계획은 구체적이고 정확해야 한다.

넷째, 계획은 즉각적이야 한다(immediate). 계획은 가능한 한 빨리 수행되어야 한다.

다섯째, 계획은 계획자에 의해 통제되어야 한다(controlled). 계획은 다른 사람이 하는 것에 의존하지 않는다.

여섯째, 계획은 일관성이 있어야 한다(consistent). 가장 훌륭한 계획은 정규적인 근거로 반복된다.

일곱째, 계획은 이행하겠다는 언약이 있어야 한다(committed). 계획은 확고한 의지를 가지고 수행되어야 한다.

이상의 모든 계획의 구성요소는 계획자의 책임에 달려 있다(planner). 우볼딩은 이러한 내용을 기억하기 쉽게 영어의 머리글자를 사용하여 SAMIC3/P로 표현하였다(Wubbolding, 1991, pp. 107-111). 여기에서 계획자를 나타내는 문자 P는 분모에 있다. 이것은 계획에 대한 수립과 이행에 대한 모든 책임이 계획자에게 있다는 것을 함축한다.

6. 상담기법

현실치료는 상담기법에 지향된 접근방식이 아니다. 따라서 선택이론에서 독창적으로 개발한 특별한 기법들을 사용하기보다 상담자와 내담자의 친밀한 관계를 바탕으로 내담자가 자신의 바람을 바람직한 방법으로 달성할 수 있도록 조력한다. 여기서는 현실치료 상담자들이 갖는 태도와 상담과정에서 주요하게 사용하는 조력전략과 반응기법을 살펴보자.

1) 상담자 태도

현실치료자들이 내담자에게 취하는 주요한 태도는 상담활동을 위한 분위기에 기여하며 궁극적으로 내담자의 변화로 이끈다. 이미 글래서가 제안한 상담과정에서 지적된 것처럼 내담자와의 친밀한 관계형성을 바탕으로 상담자는 내담자의 변명을 수용하지 않으며, 처벌이나 비판을 하지 않으며, 또한 결코 포기하지 않고 조력하는 태도를 보인다.

2) 질문하기

현실치료에서 질문은 내담자의 전체행동 탐색, 바람 파악, 현재 하고 있는 행동 파악, 구체적 계획 수립에서 중요한 역할을 한다. 우볼딩(Wubbolding, 1988)은 다음과 같은 네 가지 방식으로 현실치료 상담자에게 유용한 것을 제안하였다. 내담자의 내적 세계로 들어가기, 정보 얻기, 정보 주기, 내담자가 보다 효과적인 통제를 하도록 조력하기가 그것이다(pp. 162-164). 상담자의 질문은 내담자의 내적 세계(바람, 욕구, 지각)를 이해하도록 돕는다. 효과적인 질문은 내담자가 자신의 행동에 초점을 맞추고, 그러한 행동을 평가하고 계획하도록 한다. 또한 질문은 내담자에게 선택하도록 하며 선택을 통해 자신의 삶을 변화시키는 방법을 통제하도록 돕는다.

3) 직면하기

현실치료 상담자는 기본적으로 내담자의 변명을 수용하지 않고 결코 포기하지 않는 태도를 취하기 때문에 직면하기는 상담과정에서 필요불가결하다. 상담자는 직면하기를 통해 내담자의 변명을 다룰 때 긍정적 태도를 유지하면서 변명을 수용하지 않는다. 상담자는 내담자를 비판하거나 그와 논쟁하지 않으면서 내담자가 자신의 전체행동을 탐색해서 효과적인 계획을 수립하도록 한다. 상담자가 하는 중요한 일은 내담자가 정말 달성하기를 소망하는 바람과 그가 현재 하고 있는 행동이 그러한 바람을 달성해 주는지의 여부를 따지는 활동이다. 상담자는 바람의 달성과는 불일치한 행동을 하는 내담자를 조력하는 데 있어 직면하기를 통해 내담자가 선택한 행동에 대해 책임을 지도록 한다.

4) 역설적 기법

상담자는 내담자에게 모순된 요구나 지시를 주어 그를 딜레마에 빠지게 하는 역설적 기법을 사용한다. 예를 들면, 실수하지 않으려고 강박적으로 생각하는 내담자에게 실수를 하도록 요구할 수 있다. 만약 내담자가 상담자의 제안대로 실수를 하려고 시도하면, 내담자는 문제에 대한 통제를 입증했다고 볼 수 있다. 만약 내담자가 상담자의 제안에 저항하면 그 행동은 통제되고 제거된다.

선택이론의 맥락에서 지각, 욕구, 전체행동을 조사함으로써 선택이론에 함축된 역설이 설명될 수 있다. 욕구를 충족시키는 데 역설이 있다. 욕구는 흔히 서로 갈등 상태에 있다. 차를 고치는 친구를 감독함으로써 어떤 사람은 힘 욕구를 위해 소속감 욕구를 희생시킬 수 있다. 전체행동에서 역설이 일어난다. 개인은 일상생활에서 느끼기와 생각하기에 많은 주의를 기울이지만, 변화를 가져오는 것은 행동하기이다. 감정은 이야기함으로써가 아니라 행동하기에 의해 변화된다. 만약 우울한 개인이 다른 사람들에게 적극적으로 행동하면 우울 감정은 변화될 것이다.

역설의 두 가지 유형은 '틀 바꾸기(reframing)'와 처방(prescriptions)이다. 이러한 역설적 기법은 내담자가 통제에 있고 자신의 행동을 선택하는 것을 느끼도록 해 준다. 내담자가 보다 많이 우울하기를 선택하는 것은 역시 덜 우울하기를 선택할 수 있다는 것을 의미한다. 틀 바꾸기는 내담자가 어떤 상황이나 주제에 대해 생각하는 방식을 변화하도록 조력하는 것이다. 즉, 내담자가 이전에 바람직하지 않았던 행동을 바람직한 행동으로 보도록 조력한다. 처방은 내담자가 증상을 선택하도록 지시하거나 요구하는 것을 말한다. 예를 들면, 얼굴이 붉어져서 타인에게 말을 못하는 사람에게 그가 얼마나 많이 그리고 자주 붉어지는가를 다른 사람에게 말하도록 하는 것이다.

5) 유머 사용하기

현실치료는 즐거움이나 홍미를 기본 욕구로 강조한다. 상담자와 내담자가 농담을 공유한다는 것은 서로가 동등한 입장에서 홍미 욕구를 공유한다는 것을 의미한다. 상담자가 유머를 통해 내담자와 친근한 관계를 유지함으로써 내담자의 소속감 욕구를 충족시킬 수 있다.

7. 요약

- 글래서는 인간을 긍정적이며 자기결정을 하는 존재로 보았으며 자극-반응의 원리에 입각한 결정론적 입장을 반대한다.
- 현실치료에서 가정하는 다섯 가지 기본적 욕구는 소속감, 힘, 즐거움, 자유, 그리고 생존 욕구이다. 인간은 이러한 욕구를 충족시키고자 노력한다.
- 통제이론은 우리 자신의 내적 동기가 우리의 행동을 통제한다는 심리학적 이론이다. 우리 각자의 욕구 충족의 바람은 독특한 사진첩으로 발달되어 우리의 행동을 통제하게 된다.
- 인간의 전체행동은 행동하기, 생각하기, 느끼기, 생물학적 행동으로 구성되어 있으며 모든 행동에는 목적이 있다.
- 선택이론은 개인의 자유를 강조하는 이론이다. 선택이론은 우리가 이러한 오래된 외적 통제심리학 기제를 관계를 유지, 향상, 강화시키는 행동과 전략으로 대체해야 한다는 것을 가르친다.
- 현실치료의 목표는 내담자가 책임질 수 있고 만족한 방법으로 자신의 심리적 욕구인 소속감, 힘, 자유, 흥미를 달성하도록 조력하는 것이다. 내담자가 바람직한 방법으로 욕구를 달성할 수 있도록 하는 데 있어 현실치료에서는 책임감, 현실, 옳거나 그름을 강조한다.
- 글래서가 제안한 현실치료의 상담과정의 여덟 단계는 내담자와 관계형성, 내담자의 바람과 현재 하고 있는 행동 파악, 행동평가, 책임질 수 있는 행동 계획, 계획이행에 대한 약속, 변명에 대한 불수용, 처벌의 금지, 지속적인 조력이다.
- 우볼딩이 상담과정을 머리글자로 제안한 WDEP는 바람 파악, 현재행동 파악, 평가하기, 계획하기를 나타낸다. 효율적인 계획을 세울 때 고려할 사항을 머리글자 SAMIC3/P로 표현하였다.
- 현실치료 상담자들이 갖는 태도와 상담과정에서 주요하게 사용하는 조력전략과 반응기법으로 상담자 태도, 질문하기, 직면하기, 역설적 기법, 유머 사용하기 등이 있다.

효과적 조력을 위한
상담 연습 15

선택한 행복을 달성하기 위해 행동하기

연습 1: 현실치료에서 보는 내담자의 문제를 먼저 정확히 정의하고 문제를 바탕으로 상담목표를 설명하라.

연습 2: 글래서가 제안한 상담과정의 여덟 단계와 우볼딩이 제안한 WDEP를 비교 설명하라. 글래서가 상담과정에서 강조한 현실치료자가 가져야 할 태도의 중요성에 대해 당신의 삶이나 상담경험을 바탕으로 기술하라.

연습 3: 당신이 당신을 불행하게 만드는 어떤 행동을 하고 있는지 당신이 선택한 바람을 바탕으로 탐색해서 그러한 행동을 바람직한 방향으로 변화시키도록 시도하라.

연습 4: 글래서가 제안한 선택이론의 열 가지 원리에 대해 당신이 어떻게 생각하는지 검토해 보라. 이러한 원리를 바탕으로 자신의 기본 욕구를 달성하기 위해 당신이 선택한 생각하기와 행동하기가 적절한지 생각해 보라.

연습 5: 인간의 기본 욕구와 영어의 머리글자로 표현된 3R, WDEP, SAMIC3/P를 바탕으로 현실치료를 설명해 보라.

연습 6: 글래서가 제안했던 현실치료의 주요개념인 인간의 기본욕구, 전체행동, 상담과정 등을 바탕으로 비행청소년을 조력하도록 시도하라.

제 16 장

교류분석

나도 당신도 이만하면 괜찮다.

—해리스(Harris)

16장의 목차

인간은 언어적이거나 비언어적인 메시지를 상대방에게 전달하여 의사소통을 한다. 의사소통을 통한 인간의 교류는 우리 각자가 형성한 자아와 삶의 태도를 반영하여 나타난다. 번(Berne)은 내담자가 갖는 자아 상태를 바탕으로 의사소통의 교류가 어떻게 이루어지는가를 탐색하여 조력하는 교류분석(transactional analysis)을 창시하였다. 번은 정신분석 훈련을 받고 그것을 적용하면서 한계를 느끼게 되어 보다 경험적이고 현실적인 접근에 대한 필요에 따라 1950년대 중반부터 교류분석을 제창하기 시작했다. 교류(transaction)란 말은 원래 '거래' '흥정하는 것'을 의미하는 상업용어이지만, 대화, 의사소통, 거래, 교류 등으로 번역된다. 번은 자극과 반응으로 구성된 인간 의사소통의 가장 작은 단위를 교류라고 정의하였다. 따라서 교류분석은 '자신의 삶의 입장에 따라 서로가 주고받고 있는 의사소통을 이해하고 분석하는 방법'을 의미한다.

교류분석에서는 우리 각자가 세 가지 분리된 자아 상태, 즉 부모(parent), 성인(adult), 아동(child) 자아 상태를 가지고 있다고 가정한다. 이러한 세 가지 자아 상태는 프로이트가 정신분석에서 제안한 성격의 구성요소인 초자아, 자아, 원초아와 비슷한 속성을 가진 개념이다. 하지만 번은 자신이 제안한 자아 상태는 경험적이고 사회적인 사실을 나타낸 반면, 프로이트가 제안한 자아는 추론적 개념이라고 주장하였다. 즉, 두 접근 간의 명확한 차이는 정신분석은 무의식에 초점을 두는 반면, 교류분석은 관찰할 수 있는 의식적 행동에 초점을 둔다는 점이다.

이 접근방식에서 사용하는 주요한 네 가지 분석방법은 구조분석(structural analysis), 교류분석(transactional analysis), 게임분석(game analysis), 각본분석(script analysis)이다. 간략하게 정의하면, 구조분석은 내담자의 성격을 구성하는 자아 상태를 분석하는 것이다. 교류분석은 내담자가 대하는 사람과 하는 행동과 언어를 분석하는 것이다. 게임분석은 내담자가 다른 사람과 하는 의사소통 중에서 좋지 않은 방법으로 결국에는 대가를 치르게 되는 심리적으로 감추면서 하는 저의적 교류를 분석하는 것이다. 각본분석은 내담자가 강박적으로 사용하는 구체적인 인생각본을 분석하는 것이다.

1. 번의 생애

교류분석의 창시자인 번(Eric Berne, 1910~1970)은 1910년 5월 10일에 캐나다 몬트리올에서 아버지가 의사이고 어머니가 저술가인 부유층의 유태인 가족에서 태어났다. 남매 중 막내로 태어나 어린 시절은 부모의 총애를 받으며 보냈다. 그러나 그가 9세 되던 해에 아버지가 심장마비로 사망하고 나서 홀어머니 밑에서 성장하였다. 그는 아버지의 뒤를 이어 의사가 되겠다는 꿈을 실현시키기 위해 맥길 대학(McGill University) 의과대학에 입학하여 1935년에 의학박사 학위를 취득하였다.

번은 1936년에 예일 대학 정신과 수련의를 시작하여 1941년에 과정을 마친 후 뉴욕시에 있는 '마운트 지온병원(Mount Zion Hospital)'에서 정신과의사로 근무하면서 '뉴욕정신분석연구소'에서 정신분석 훈련을 받았다. 그의 정신분석 훈련자는 페던(Paul Federn)이었다. 번은 군의관으로 제2차 세계대전에 1943년부터 1946년까지 참전한 후 1947년부터 '샌프란시스코 정신분석연구소'에서 정신분석을 공부하면서 거의 10년을 보낸 후에 소극적이고 장기간을 요하는 정신분석 방법에 대해 비판적 입장을 취하게 되었다. 실제로 번은 1950년대 초부터 정신분석에 불만을 느끼고 다른 방법을 찾기 시작하였으며 이런 이유로 1956년에는 '샌프란시스코 정신분석연구소'로부터 회원가입이 거절되었다. 교류분석의 시작을 1950년대 중반으로 보는 이유는 번이 이때부터 박차를 가해 자신이 군대에서 경험한 것을 바탕으로 이론을 발달시켰기 때문이다.

듀세이(Dusay, 1975)는 1970년에 번이 사망하기까지 교류분석의 역사는 그의 이론과 기법의 역사라고 기술하였다. 이 시기를 세 단계로 나누어 살펴보면, 첫 번째 단계는 번이 사고, 감정, 그리고 행동의 응집체계인 세 가지 자아 상태를 발견하고 기술한 것이다. 교류분석의 두 번째 단계는 1958년부터 1965년까지로 번이 한 개인의 자아 상태로부터 생겨나는 자극과 그에 대한 다른 사람의 자아 상태 반응으로 정의되는 교류에 관심을 기울인 시기이다. 이 시기에 번이 저술한 『사람들이 하는 게임(Games People Play)』(1964)은 베스트셀러가 되었다. 세 번째 단계는 1960년에서 1970년까지로 '각본이론(script theory)'을 구축하는 시기이다. 번(Berne, 1972)은 각본이란 "아동기에 형성되어, 부모에 의해 강화되고, 뒤따르는 사건들에 의해 정당화되고, 그리고 선택된 대안으로 절정에 이르는 어떤 결정에 근거한 인생계획"이라고 하였다. 번은 1970년 7월 15일 심장마비로 죽을 때까지 교류분석 이론을 발전시켰다.

2. 인간관

번은 인간에 대한 긍정적 견해를 가졌다. 그는 "모든 사람이 왕자나 공주로 태어났다."고 말했다. 교류분석에서는 인간이 자기를 발달시킬 능력과 자신을 행복하게 하고 생산적이게 할 능력을 가지고 태어났다고 본다. 출생 시에 영아는 건전한 태도, 즉 긍정적 입장을 가진다. 그러나 인간은 다른 사람들과의 교류를 통해 타고난 긍정적 태도를 계속적으로 수정한다.

따라서 교류분석에서는 정신분석에서처럼 결정론적인 입장에서 인간을 보지 않고, 인간은 자기의 환경조건과 아동기의 조건을 개선할 수 있는 능력이 있음을 믿는다. 더 나아가서 이 이론은 인간에게는 자기의 과거의 결정을 이해하는 능력이 있으며, 그것을 재결단할 수 있다고 가정한다. 인간에게 자신의 습관성을 뛰어넘어 새로운 목표와 행동을 선택할 능력이 있음을 신뢰한다. 이 접근에서는 인간은 선택할 수 있고, 새로운 결정을 할 수 있으며, 행동할 수 있다고 가정한다. 번은 인간은 선택의 능력을 가지고 있다고 믿었으나, 극히 소수의 사람들만이 자율성을 가지기에 필요한 만큼의 깨달음에 이르고 있다고 말한다.

3. 주요개념

여기서는 교류분석을 이해하기 위해 필요한 주요개념으로 심리적 욕구, 시간구조화 방법, 자아 상태, 교류유형, 삶의 입장에 대해 살펴보자.

1) 심리적 욕구

교류분석에서는 인간은 세 가지 심리적 욕구인 자극갈망(stimulus hunger), 인정갈망(cognition hunger), 구조갈망(structure hunger)에 의해 동기화된다고 본다. 이러한 욕구에 대해 살펴보자.

자극갈망 우리가 다른 사람들로부터 신체적 접촉을 받고 싶어 하는 욕구를 의미한다. 인간은 기본적으로 신체적 접촉을 통한 친밀감을 갈망한다는 것이다. 생물학적 측면에서, 정서적 그리고 감각적 박탈은 유아의 신체적 기관의 변화에 영향을 가져온다. 죄수가 독방을 피하기 위해서 안간힘을 쓰는 이유는 자극갈망을 추구하기 때문이다. 번은 자극갈망이 인간 유기체의 생존을 위한 음식갈망처럼 필수적이라고 주장하였다.

인정갈망 다른 사람으로부터 제공될 수 있는 특별한 종류의 감각추구이다. 인공유보다 모유를 먹는 영아는 엄마 품에서 신체적 접촉, 소리, 냄새, 온화함을 통한 교류를 통해 보다 안정된 정서적 발달을 한다. 번은 관계하는 다른 사람으로부터 받은 인정을 어루만짐(strokes)이라고 불렀다. 어루만짐의 주고받음은 사회적 상호관계의 최소의 단위인 교류를 구성한다. 어루만짐은 긍정적이거나 부정적일 수 있다. 그리고 어루만짐은 조건적이거나 무조건적일 수 있다. 조건적인 어루만짐은, 그것이 부정적이거나 긍정적이건, 타인의 어떤 행동에 대해서 하는 일종의 반응이다. 예를 들면, 부모로서 자녀가 하는 행동을 보고 당신이 칭찬하는 언어적 표현은 조건적인 긍정적 어루만짐이다. 그러나 당신의 자녀가 당신이 지시한 것을 듣지 않아 그를 때리는 것은 조건적인 부정적 어루만짐이다. 무조건적인 어루만짐은, 그것이 긍정적이건 부정적이건, 타인의 어떤 행동보다는 단순히 타인에 대해서 하는 일종의 반응이다. 예를 들면, 당신이 관계하는 사람의 행동에 대한 평가와 관련 없이 단순히 그 사람을 좋아한다면, 그러한 당신의 반응은 무조건적인 긍정적 어루만짐이다. 그러나 당신이 누군가를 아무 이유 없이 싫어한다면, 그것은 무조건적인 부정적 어루만짐이다.

교류분석 상담자는 우리의 삶을 유지하는 데 적절한 어루만짐이 필요함을 강조한다. 전혀 어루만짐이 없는 것보다 부정적인 어루만짐이 더 낫다고 주장한다. 그것은 당신에게 소중한 누군가에게 받은 부정적인 어루만짐은 당신에게 고통스러운 반응일 수 있지만, 아직 당신에 대한 관심이 남아 있기 때문이다. 그러나 어루만짐이 전혀 없는 것은 관계가 끝난 상태이거나 무관심이기 때문이다. 누군가에게 관심을 받고자 하는 욕구인 자극갈망은 우리의 삶에 원동력으로 작용한다고 본다.

구조갈망 인간이 삶을 유지하는 동안 주어진 시간, 즉 인생을 어떻게 보낼 것인가의 방법을 우리 각자가 찾고 발달시키려는 욕구를 의미한다. 교류분석에서는 각자가 자신의 독특한 삶의 방식을 발달시킬 수 있지만, 우리 모두가 어떤 유형을 발달시킨다고 본다. 교류분석 상담자는 우리가 공유하는 이러한 유형을 구조라고 부른다. 우리는 구조갈망을 통해 하루 24시간을, 일주일 168시간을 무엇을 할 것인가를, 더 나아가 인생이라는 시간을 어떻게 보낼 것인가의 딜레마를 인식한다(Holland, 1973). 구조갈망은 우리 삶에 필요한 어루만짐을 최대로 받기 위해 시간을 사용하는 수단이다. 사람들이 자신의 시간을 구조화하는 여섯 가지 방법은 철회(withdrawal), 의례적 행동(rituals), 여흥(pastimes), 활동(activities), 게임(games), 친밀성(intimacy)이다.

교류분석에서는 이러한 세 가지 기본적 욕구로부터 확립된 것으로 입장갈망(position hunger)을 가정한다. 입장갈망은 개인이 자신이 선택한 확립된 삶의 입장을 가지려는 욕구를 의미한다. 이러한 욕구는 개인의 시련감정과 인생각본에 관련되어 있다. 당신이 아동기에 받았던 어루만짐의 유형은 당신이 채택한 삶의 입장, 인생각본, 게임에 영향을 준다. 우리가 자신과 타인에 대해 어떻게 느끼고 있는가가 자신이 선택한 삶의 입장에 반영된다. 입장갈망은 우리 각자가 계속적으로 자신의 선택을 다시 확인하려는 방식으로 행동하려는 욕구이다. 번은 개인이 자신의 세계에 대한 지각을 토대로 인생의 초기에 이러한 결정을 한다고 주장했다. 번은 "모든 인간의 운명은 자신의 생각 밖에서 진행되는 것에 직면될 때, 자신의 뇌 속에서 진행되는 것에 의해 결정된다."고 지적하였다. 번이 가진 인간의 기본적 가치의 이미지는 긍정적 입장이다. 그는 편집, 우울, 정신분열 경향인 세 가지 부정적 삶의 입장을 확인하였다.

개인의 성격은 이러한 욕구를 만족시키려고 시도하면서 자신이 접하는 세계, 특히 다른 사람들과의 상호작용의 산물이다. 교류분석 상담자는 이러한 욕구가 단지 다른 사람들과의 교류를 통해서 성취될 수 있다고 믿는다.

2) 시간구조화 방법

구조갈망에서 지적한 것처럼 개인이 시간을 구조화하는 여섯 가지 방법은 철회, 의례적 행동, 활동, 여흥, 게임, 친밀성이다. 번(Berne, 1972)이 제안한 이러한 시간구조화 방법에 대해서 살펴보자(pp. 21-25).

철회 이 방식은 자기를 타인으로부터 멀리하고 대부분의 시간을 공상이나 상상으로 지내며 자기에게 어루만짐을 주려고 하는 자기애에 해당된다. 폐쇄의 대표적인 것은 백일몽이나 공상에 젖는 것이다.

의례적 행동 일상적인 인사에서부터 복잡한 결혼식이나 종교적 의식에 이르기까지 전통이나 습관에 따름으로써 간신히 어루만짐을 유지하는 방법이다. 상호 간의 존재를 인정하면서도 누구와도 특별히 친하게 지냄이 없이 일정한 시간을 보내게 됨으로 의례적인 시간 구조화라고 말한다.

활동 흔히 일이라고 불리는 의례적 행동 다음으로 안전한 사회적 행동의 유형이 활동이다. 일 교류는 전형적으로 외적 현실에 지향된다. 풍부한 인간관계와 지금까지 말한 소극적인 인간관계의 중간에 위치하는 방법이다. 이 방법은 밝고 무리가 없는 실용적인 형태를 취하면 건설적인 교류가 된다. 그러나 이것의 부정적인 면은 가족과 함께 하는 시간이나 아이들의 문제를 피하기 위해서 일에 전념하는 경우를 들 수 있다.

여흥 이 방법은 사회적으로 수용될 수 있는 방식으로 수용되는 주제에 관해 얘기하며 시간을 보내는 것이다. 주부가 이웃 여자들과 어울려 이야기에 정신이 팔린다던가, 노인이 손자 자랑을 한다던가, 직장에서 특정 인물의 소문을 화제로 하여 시간을 보내는 방법이다. 이는 깊이 들어가지 않고 어루만짐을 주고받는다는 점에서 비교적 단순한 보완적 교류라고 할 수 있다.

게임 심리적 대가를 치르는 반복되는 일련의 저의적 교류가 게임이다. 게임은 방어기제이며 일종의 필요악과 같은 교류로서 사람들은 시간의 많은 부분을 게임을 한다.

게임을 연출하는 사람은 어릴 때 부모와 자식 간의 교류에서 어딘가 잘 맞지 않는 데가 있기 때문에 순순히 어루만짐을 얻을 수 없었던 사람들이 많다. 어루만짐 면에서 게임은 어떤 이유로 신뢰와 애정이 뒷받침된 진실한 교류가 영위되지 않기 때문에 부정적 어루만짐을 교환하고 있는 것이다.

친밀성 두 사람이 서로 신뢰하며 상대방에 대하여 순수한 배려를 하는 진실한 교류라고 말할 수 있다. 이 교류를 습관화하기 위해서는 '자기긍정-타인긍정(I'm OK-You're OK)'이라고 하는 기본적인 자세를 몸에 익힐 필요가 있다. 친밀성은 교류분석에서 추구하는 이상적인 시간의 구조화 방법이다.

3) 자아 상태

번은 우리의 욕구와 상황에 의존해서 우리가 사용하는 세 가지 자아 상태가 있다는 것을 가정하였다. 이 세 가지는 부모, 성인, 아동 자아 상태이다([그림 16-1] 참조). 이러한 자아가 성격의 구성요소로서 각각 어떤 특성을 갖는가를 이해할 필요가 있다.

부모자아 상태 개인이 자신이나 타인에게 강요하는 당위적인 명령으로 구성되어 있는 자아 상태이다. 부모자아 상태는 아동이 대체로 초등학교에 입학할 때까지 형성되며, 개인이 생애를 통해 권위적 인물과 상호작용하면서 계속적인 적응이 이루어진다. 부모자아는 아동이 주로 자신의 실제 부모의 양육태도, 제도적 혹은 사회적 가치에 의해 형성된 것으로 믿어진다. 즉, 부모자아 상태는 우리가 의미 있는 권위적 인물, 특히

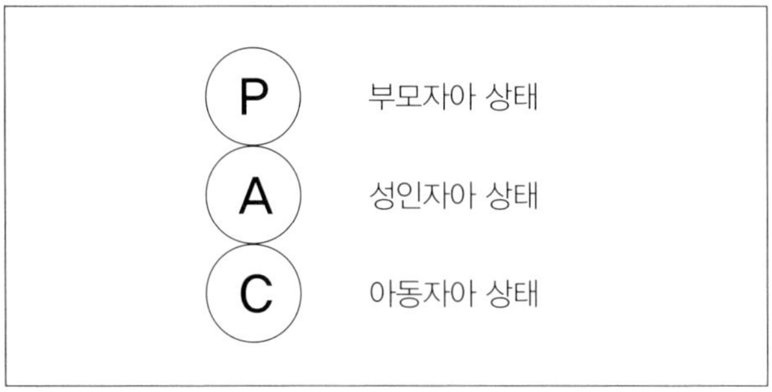

[그림 16-1] 자아 상태 도표

부모로부터 가르침을 통해 가치를 통합하는 방법이다. 부모자아 상태는 '비판적 부모자아(Critical Parent ego)'와 '양육적 부모자아(Nurturing Parent ego)'로 구성되어 있다.

성인자아 상태 개인이 현실세계와 관련해서 기능하는 성격의 부분이다. 이것은 성격의 합리적이고 객관적인 측면을 나타낸다. 성인자아 상태는 현재의 실재에 적용되는 자율적인 감정, 태도, 그리고 행동유형으로 특징지어진다. 성인자아 상태는 현실을 검증하고 문제를 해결하며, 다른 두 자아 상태를 중재한다. 그러므로 성인자아 상태는 성격의 균형을 위해 중심적 역할을 하며 성격의 전체적인 적응과정에 가장 기여하는 부분으로 여겨질 수 있다.

아동자아 상태 이 자아 상태는 우리 각자의 아동기의 유물인 일련의 감정, 태도, 행동유형이다. 자발성, 창의성, 충동, 매력, 그리고 기쁨 등이 아동자아 상태의 특성이다. 이것은 우리의 내부에 내재하는 성격의 흥미를 추구하고 어린애 같은 부분이다. 아동자아 상태는 우리의 성격통합과 효과에 기여한다는 점에서 매우 중요하다. 그것은 돌보는 부모와 실제적 성인에 역작용하는 흥미 있는 생각, 충동, 행동의 원천이기 때문에 내적 강도의 원천이다. 아동자아 상태는 '현실적 아동자아(Adapted Child ego)'와 '자유분방한 아동자아(Free Child ego)'로 구성되어 있다. 더 나아가 자유분방한 아동자아를 '천진한 아동자아(Natural Child ego)'와 '영악한 아동자아(Little Professor)'로 구분한다.

4) 교류유형

자아 상태는 인간의 욕구에 부합되는 것으로 가정하는 적응양식이다. 사람들 간의 의사소통 과정이다. 어떤 주어진 시간에 이루어지는 교류는 세 가지 유형, 즉 '보완적 교류(complementary transactions)' '교차적 교류(crossed transactions)' '저의적 교류(ulterior transactions)' 중의 하나를 가정한다([그림 16-2] 참조).

보완적 교류 이 교류는 당신의 어떤 자아 상태가 상대방의 어떤 자아 상태에 보낸 자극에 따라 원하는 반응을 하는 것이다. 즉, 당신의 세 가지 자아 상태와 상대방의 세 가지 자아 상태가 서로의 욕구를 충족시키는 평행선을 이루는 교류이다. 이러한 교류는 인

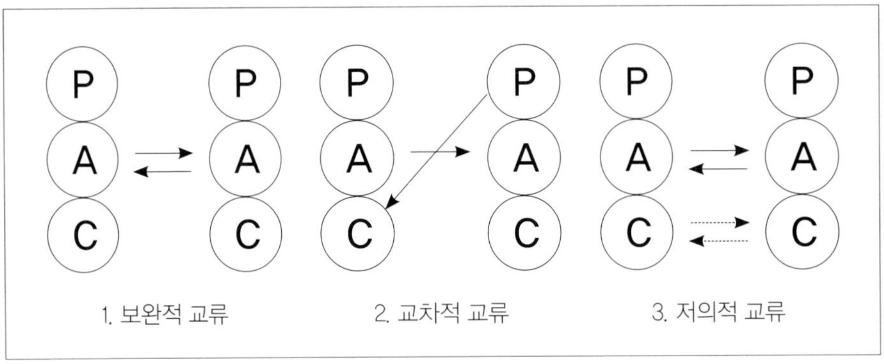

[그림 16-2] 교류분석 도표

정이나 어루만짐이 서로에게 보완적이기 때문에 대화가 계속된다([그림 16-2]의 1 참조).

교차적 교류 상대방이 원하는 욕구가 무시되거나 잘못 이해되어 나타나는 반응의 교류이다. 당신이 원하지 않는 반응을 얻었을 때 당신은 당황할 것이다. 대화는 상대방의 욕구가 무엇인가를 파악하여 이루어져야 한다. 상대방의 욕구를 무시하고 엉뚱한 반응을 하면 대화가 중단된다. 상대방이 정보를 원하면 정보를 제공하는 대화는 지속된다. 직장상사가 권위적인 태도(그의 부모자아)로 당신의 아동자아 상태에 대화를 걸어오면 그 상황에 맞게 그의 태도를 파악하여 반응하는 게 필요하다. 만약 당신이 그의 욕구를 무시하고 당신의 부모자아 상태로 반응하면 당신은 그에게 '건방진 녀석'으로 전락할 것이다([그림 16-2]의 2 참조).

저의적 교류 동시에 이중적인 메시지가 전달되는 교류를 말한다. 예를 들면, 당신의 언어적 메시지인 말의 내용과 비언어적 메시지인 음성이나 얼굴표정이 다른 경우이다. 사회적으로 수용되는 의사소통의 이면에 심리적인 의도가 깔려 있는 교류로 대화하는 사람이 이중적 메시지를 보내는 경우이다. 말하는 내용과 다른 숨은 의도가 깔려 있기 때문에 이러한 교류를 저의적 교류라 한다. 저의적 교류는 동시에 두 가지 자아 상태가 관여한다는 점에서 보완적 교류와 교차적 교류와 다르다. 우리 대부분이 숨겨진 의도로 하는 심리적 게임은 대표적인 저의적 교류이다([그림 16-2]의 3 참조).

5) 삶의 입장

부모의 양육태도, 가정환경, 출생순위 등으로 형성된 당신의 부모자아 상태, 당신이 현실 속에서 발달시킨 성인자아 상태, 당신이 아동기에 발달시킨 아동자아 상태는 당신의 기본적 욕구를 충족시키려는 노력과 결부되어 당신의 삶의 입장을 형성하게 된다. 긍정적인 '자기긍정-타인긍정(I'm OK-You're OK)'의 삶의 입장과 다른 세 가지 부정적 삶의 입장이 내포하고 있는 문제를 살펴보자.

자기긍정—타인긍정 이 입장은 상호존중을 나타내는 것으로 아이가 세상에 어떻게 왔는가를 반영하는 입장이다. 아이의 정서적 및 생리적 욕구가 사랑과 수용하는 방식으로 충족되는 한 유아는 이러한 입장을 유지하고 승리자 각본을 유지한다. "나도 이만하면 괜찮고 당신도 그만하면 괜찮다."는 자신과 타인에 대한 긍정적 삶의 태도를 갖는다.

자기긍정—타인부정 삶의 태도는 투사적(projective) 입장이다. 이것은 '나는 잘났고, 너는 별 볼 일 없다.'는 입장이다. 어린아이가 심하게 무시당하거나 비난이나 억압을 당할 때, 또는 부모의 매질 등으로 인하여 타박상해를 받게 될 때, 나쁜 사람은 내가 아닌 다른 사람이라고 단정할 수 있다. 이러한 인생태도를 가진 사람은 다른 사람의 반응 없이도 생존할 수 있다는 강한 편집적 태도를 보여 준다. 다른 사람에게 저항적이며 자기아집 태도를 가지기 때문에 자기도취적인 우월감에 사로잡힐 수 있다. 그러므로 타인에 대한 극단적인 불신, 증오, 비난, 양심부재의 현상이 나타날 수도 있다. 범죄자들이 주로 이 자세를 갖고 있으며, 심하면 타살 충동으로 연결될 수 있다.

자기부정—타인긍정 삶의 태도는 내사적(introjective)인 것으로서 다른 사람과 비교해서 무력감을 느끼는 사람들이 공통적으로 취하는 입장이다. '나는 별 볼 일 없고, 너 잘났어.' 하는 입장이다. 이것은 인생초기에 일반적으로 어린애들이 취하는 최초의 자세이다. 이 시기에 아이들은 부모의 애정 어린 존재의 인정자극들을 경험하기 때문에 타인에 대한 긍정성을 인정한다. 그러나 한편으로는 욕구충족에 있어서 거의 무능한 상태에 있기 때문에 다른 사람의 도움 없이는 생존의 위협을 느끼게 되고 많은 좌절감을 경험한다. 그 결과 어린아이는 '내가 별 볼일 없다(I'm Not OK)'는 자기부정적인 인생자세를 갖게 된다. 그리고 타인을 긍정적으로 평가하고 자기보다 우월한 것으로 지각한다. 이러한 자세는 자기비하로 이끌어지며 우울증적인 태도로 이끌 수 있다. 즉, 이러한 인생태도를 가진 사람은 열등감, 무가치감, 우울, 무력감과 같은 정서적 태도를 갖게 된다. 이러한 자세를 취하는 사람은 '희생자' 역할을 하며, 자기공격적 행동을 하며, 혹은 간접적 공격성을 표출하는 경향이 높다.

자기부정－타인부정 이러한 삶의 태도는 무용론 입장을 보이는 사람들에게 나타난다. 이것은 '나도 별 볼 일 없고, 너도 별 볼 일 없다.'는 입장으로 비관론적인 태도이다. 부모에 의한 비판적, 부정적인 반응을 강하게 경험하면서 '나는 별 볼 일 없는 아이다.'라는 생각을 갖게 되며, 이러한 생각이 지배적일 때 부모의 어떤 반응도 부정적으로 보게 되며 부모의 반응을 거부하게 된다. 이러한 사람은 어떤 노력도 기울이지 않으며 만사를 부정적으로 여기게 된다. 이러한 인생자세를 가진 사람은 삶의 의미를 상실하여 자포자기하고 극단적인 퇴행 상태나 정신분열의 상태에 빠지기도 하며 심한 경우에는 자살이나 타살의 충동을 느낄 수 있다. 나를 포함하여 모두가 별 볼 일 없다는 입장은 인생 자체에 대한 심한 회의감과 함께 인생의 막다른 골목에 와 있다는 부정적 태도에 빠져 있게 한다.

4. 상담목표

교류분석 상담자는 내담자가 자각, 자발성, 친밀성의 능력을 회복하도록 조력한다. 이러한 자율성을 성취하기 위해 내담자는 어린 시절에 부모의 금지 명령에 대한 반응으로 형성한 초기 결정을 이해하고 변화시킬 힘을 가졌다는 것을 깨달아야 한다. 재결단 과정에서 내담자는 초기 결정을 다시 경험하고 보다 건전한 새로운 결정을 한다.

주어진 상황에서 적절하게 다른 사람과 의사소통을 하기 위해서 우리의 성격을 구성하고 있는 세 가지 자아 상태가 건전하게 발달되어야 한다. 만약 지나치게 부모자아 상태가 발달되어 다른 자아 상태를 배제하고 명령과 비판적인 자세만 견지한다면 다른 사람과의 의사소통에 문제가 된다. 역시 성인자아 상태가 다른 자아 상태를 배제하고 작동한다면 당신은 지나치게 현실적이고 논리적이라는 비판을 받을 것이다.

우리가 대하는 상대방이 어떤 자아 상태의 입장에서 이야기하는가를 파악하여 그가 전달한 메시지에 따라 상보적인 교류가 될 수 있도록 해야 한다. 상황과 상대방의 욕구에 부응하여 대화하지 못한다면 우리의 대화는 계속되지 못한다. 지속적인 대화를 중단시키는 방식으로 당신이 상대방의 욕구를 무시하고 엉뚱하게 반응하는 교차적 교류를 한다면 문제이다. 당신이 원하는 방식으로 상대방이 반응하지 않을 때 기분이 상하거나 화를 내는 것처럼 상대방이 어떤 자아 상태를 가지고 메시지를 전달하는가를 파악할 수 있는 현명함이 필요하다.

우리는 대부분 사람들과 사회적 관계를 맺으면서 삶을 유지한다. 당신에게 주어진 시간을 어떻게 보내는가는 전적으로 당신에게 달려 있다. 긴 것 같으면서도 짧은 우리의 인생을 보람차게 보내는 방법은 우리가 시간에 대한 구조갈망을 적절한 방법으로 달성하는 것이다. 교류분석에서는 게임을 통해 상대방을 심리적으로 괴롭히거나 속이는 방식으로 의사소통을 하는 저의적 교류를 경계한다. 교류분석에서는 당신이 만나는 사람에게 당신이 하는 게임에 대한 대가를 당신이 반드시 치르게 된다고 본다. 현실 도피적인 삶을 추구하며 환상으로 도피해 버리는 철회는 대인관계의 중단이다. 역시 번(Berne, 1972)이 저서 『당신은 안녕이라고 말한 후 무엇을 얘기하는가?(What do you say after you say hello?)』에서 지적한 것처럼 의례적인 인사나 겉치레 행동만 하면서 대인관계를 하는 것도 문제이다.

5. 상담과정

교류분석은 자기긍정-타인긍정에 가정한 상담접근을 강조한다. 상담자와 내담자는 계약을 통해 동등한 파트너가 된다. 내담자는 자신이 변화하기를 원하는 것을 결정하고 상담자는 내담자가 변화를 달성하도록 전문적 활동을 한다(Steiner, 1974). 교류분석의 일반적 상담과정은 다음과 같은 여섯 단계를 거친다(강갑원, 2004, pp. 304-308).

- 1단계: 계약
- 2단계: 구조분석
- 3단계: 교류분석

- 4단계: 게임분석
- 5단계: 각본분석
- 6단계: 재결단

상담의 교류분석 접근은 관찰할 수 있는 인간관계를 토대로 만들어진 이론이다. 긍정적인 삶의 입장을 갖고 태어난 영아는 그에게 영향을 주는 인간관계에 따라 삶의 입장을 변화시킨다는 것이다. 우리가 인생초기에 주로 부모의 영향에 따라 형성한 자아 상태는 교류에 영향을 준다. 교류를 통해 인정을 받으려는 욕구는 우리가 시간을 어떻게 보낼 것인가에 영향을 준다. 시간을 보내는 방법 중의 하나가 우리가 하는 심리적 게임이다. 우리가 타인과 함께 시간을 보내는 방법, 즉 교류는 우리의 인생각본을 결정하는데 영향을 준다. 요약하면, 우리의 자아 상태, 교류, 시간 구조화의 한 방법인 게임, 인생각본은 밀접하게 관련되어 순환적인 영향을 미친다.

6. 상담기법

변화를 위해 인간의 욕구와 순환적인 관계에서 삶에 영향을 주는 자아 상태, 교류, 게임, 각본을 이해하는 것이 필요하다. 특히 문제를 가진 사람은 그가 하는 악순환의 고리를 끊기 위해 자신이 하는 행동이나 삶에 대한 입장을 철저히 이해하여야 한다. 치료적 변화를 달성하기 위해 교류분석 상담자는 네 가지 분석, 즉 구조분석, 교류분석, 게임분석, 각본분석을 통해 내담자를 조력한다. 여기에서는 이 네 가지 분석을 중심으로 살펴보고자 한다.

1) 구조분석

우리가 대인관계에서 나타내는 언어적이거나 비언어적 메시지는 우리의 성격을 구성하고 있는 자아 상태에서 비롯된다. 구조분석은 상담자가 세 가지 자아 상태인 부모, 성인, 아동을 통해 내담자가 자신을 이해하도록 조력하는 것이다. 세 가지 자아 상태가 우리의 사고, 감정, 행동에 미치는 영향을 파악하는 것이다. 만약 당신이 형성한 세 가

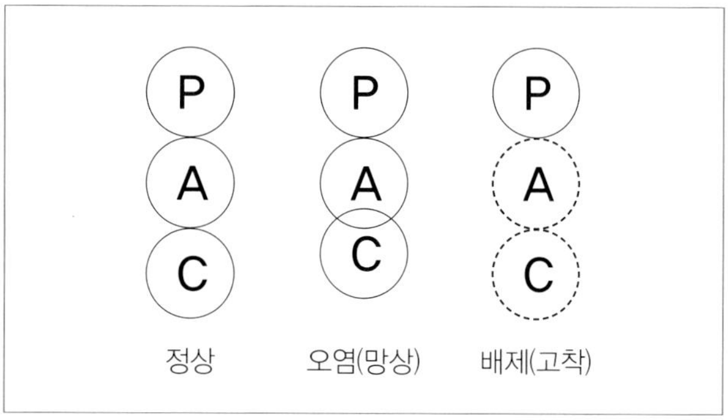

[그림 16-3] 구조분석 도표

지 자아 상태가 독립적이면서도 상호 협조적인 전체로서 기능하지 못한다면, 다른 사람에게 부적절한 자극이나 반응을 주고받게 된다. 당신은 지나치게 목에 힘을 주어 권위적인 태도로 남을 무시하지는 않는가? 당신은 어린아이처럼 항상 보호를 받으려고만 하지는 않는가? 당신은 주변 사람들로부터 지나치게 현실적이라는 지적을 받지는 않는가? 나의 성격을 구성하고 있는 자아 상태를 형성하는 데 부모님의 영향은 어떠했는가? 상담자는 이러한 질문을 통해 내담자의 자아 상태가 갖는 문제가 무엇인가를 정확히 파악한다.

상황에 대한 객관적이고 현실적인 판단을 할 수 있는 성인자아 상태를 중심으로 부모나 아동자아 상태가 우리의 성장을 위해 적절히 기능해야 한다. 만약 어떤 자아 상태가 다른 것을 배제(exclusion)하고 독단적으로 자극과 반응을 주고받는다면 문제이다. 배제는 당신을 구성하고 있는 세 가지 자아 중 어느 하나에 에너지가 집중되어 에너지의 흐름이 차단되는 것을 의미한다. 세 가지 배제가 있다. 부모가 성인과 아동을 배제하는 경우([그림 16-3] 참조), 성인이 부모와 아동을 배제하는 경우, 아동이 부모와 성인을 배제하는 경우이다. 예를 들면, 부부관계에서 남편이 일관되게 권위를 내세우며 아내를 무시하고, 명령하고, 합리적인 대화를 나누지 않으면 부모자아 상태가 성인과 아동을 배제하는 경우이다.

역시 성인자아 상태 영역이 다른 자아 상태의 영향으로 오염(contamination)되어 있다면 문제이다. 오염은 부모나 아동자아 상태가 성인자아 상태를 침범하여 상황을 객관적으로 판단하는 것을 방해하는 것이다([그림 16-3] 참조). 객관성이 편견에 의해서 지배되는 경우이다. 상담자는 부적절한 자아 상태에 영향을 준 사회적 영향 혹은 부모의 영향이 무엇인가를 내담자가 찾아 이해하도록 한다.

듀세이 부부(Dusay & Dusay, 1989)는 이고그램(egogram)을 통해 다섯 가지 기능적인 자아상태, 즉 '비판적 부모자아' '양육적 부모자아' '성인자아' '자유분방한 아동자아' '현실적 아동자아'가 어떻게 나타나는가를 막대그래프로 보여 주었다. 이고그램은 기본적으로 교류분석에서 가정하는 에너지 항상설 가설에 근거하여 다섯 가지 기능적 자아상태의 에너지 상태를 보여 준다. 바람직한 이상적인 이고그램의 형태는 중앙에 있는 성인자아가 가장 에너지가 많고, 다음으로 성인자아 좌우로 양육적 부모자아와 자유분방한 아동자아가 많으며, 가장 적은 에너지를 비판적 부모자아와 현실적 아동자아가 가진 경우이다. 선분으로 다섯을 연결한 경우 종형(∩)이 된다. 부적응적인 이고그램의 형태는 이상적인 형태와 정반대인 유자형(∪)과 유사한 형태를 보인다.

보다 복잡한 이차적 구조분석은 외부의 영향으로 형성된 부모와 아동자아 상태를 구체적으로 분석하는 것이다. 한 가지는 우리의 부모자아 상태에 영향을 주어 내재해 있는 아버지와 어머니의 부모, 성인, 아동자아 상태를 파악하는 것이다. 다른 한 가지는 부모가 우리의 아동자아 상태에 영향을 주어 내재해 있는 세 가지 자아를 파악하는 것이다. 아동자아 상태에 있는 부모자아를 '현실적 아동자아', 아동자아 상태에 있는 성인자아를 '영악한 아동자아', 아동자아 상태에 있는 아동자아를 '천진한 아동자아'라고 부른다.

바람직한 부부관계를 세 가지 자아 상태를 중심으로 표현하면 아내는 남편에게 때론 어머니처럼, 때론 친구처럼, 때론 동생처럼 상황에 따라 다르게 교류가 이루어지는 것을 의미한다.

2) 교류분석

인간은 인정받고 싶어 한다. 인간은 긍정적 어루만짐을 받기 위해 노력한다. 서로를 인정하고 보완하는 교류는 계속된다. 교류분석은 우리가 다른 사람에게 관계하는 방식을 설명하는 것이다. 어떤 교류가 효과적인지 비효과적인지를 알아보는 것이다. 어떤 교류가 직접적이고 개방적인지, 방어적이고 폐쇄적인지 혹은 거짓인지를 설명하는 것이다. 교류분석 상담자는 세 가지 자아 상태를 바탕으로 내담자의 다른 사람과의 교류가 어떻게 이루어지는가를 파악하여 부적절한 교차적 교류나 저의적 교류를 중단하도록 촉진시킨다.

3) 게임분석

모든 사람은 심리적 게임을 한다. 많은 사람들은 자신이 하는 게임을 잘 인식하지 못한다. 게임은 우리가 인정이나 어루만짐을 보다 잘 이해하도록 도와준다. 게임은 나중에 대가를 치르게 되는 시련감정을 경험하게 하는 저의적 교류([그림 16-2]의 3 참조)에서 비롯되는 시간구조화의 한 가지 방법이다. 상담자는 내담자가 하는 게임이 어떤 종류의 게임인지를 파악하려고 시도한다. 게임은 깊은 수준의 현실적 상호작용의 의미를 감추기 위해 피상적 수준에서 협동적으로 상호작용하는 방법이다.

게임의 당사자는 주로 세 가지 역할, 구조자, 박해자, 희생자의 역할을 수행하면서 악순환적인 게임을 계속한다. 심리적 게임을 중단하고 직접적이며 진솔한 친밀감을 교류할 수 있도록 시간을 구조화하는 게 필요하다.

4) 각본분석

사람들은 그들이 수행하는 많은 게임을 통해 자신의 각본을 나타낸다. 인간이 표현하는 각본에는 항상 중심적 주제가 있다. 이러한 주제는 인간의 생의 선택과 문제를 밝혀 준다. 의사소통의 중요성을 강조한 교류분석에서도 정신분석과 마찬가지로 인생초기의 경험이 각 개인의 현재 생활태도나 각본에 매우 중요하게 영향을 준다고 가정한다. 그러나 교류분석에서는 사람들이 가진 인생에 대한 기본적 태도를 성격발달과 관련해서 파악하기보다는 일생을 통해서 개인이 대인관계를 맺으면서 자신과 타인에 대해서 취하는 기본적인 자세라는 관점에서 보고 있다.

교류분석에서는 네 가지 인생의 기본적 입장을 가정한다. 이러한 기본적 입장은 대부분의 사람들이 인생초기에 부모로부터 어떻게 영향을 받았느냐에 따라 결정되는 경향이 높다고 가정한다. 그리고 이러한 자세는 당신 자신의 대인관계의 스타일과 인생각본의 형성에 지대한 영향을 준다. 여기서는 이러한 네 가지 인생에 대한 기본태도 중에서 '자기긍정-타인긍정'을 살펴보자.

긍정적 삶의 입장인 '자기긍정-타인긍정'은 교류에 참여하는 양자가 전체로서 상대방에 대해 긍정적 태도를 갖는 것을 의미한다. 이러한 입장은 '나도 당신도 이만하면 괜찮다.'는 삶의 태도를 갖는 것이다. 이러한 인생태도를 가진 사람은 발전적 입장을 가진다. 이러한 자세는 자신의 가치와 타인의 가치를 인정하고 존중하는 건설적인 태도이다. 이 자세를 갖고 살아가는 사람의 구조분석을 해 보면 양육적인 부모와 성인자아가 인격의 주도권을 장악하고 있다. 문제영역에서 설명한 세 가지 부정적 삶의 입장이 의식영역 밖에서 주로 감정에 기초해서 형성된 것인 데 비해 이 인생자세는 개인의 결단에 의해서 의식적으로 선택한 것이라고 본다. 이러한 인생태도를 가진 사람은 타인들과 심리적인 게임을 하지 않고 개방적인 태도에서 의사소통을 하고 있다. 즉, 남과 함께 조화하며 살아가는 태도를 가지며 긍정적인 측면에서 모든 인간관계를 이끌어 간다. 교류분석을 통해 상담자는 부정적인 세 가지 삶의 입장을 '자기긍정-타인긍정'의 입장으로 변화시킨다.

독자인 당신이 갖는 삶의 입장은 무엇인가? 당신이 자신에 대해 긍정적인가 부정적인가는 지금까지 당신에게 영향을 끼쳐 온 수많은 인정이나 어루만짐을 통한 교류에서 비롯되었다고 본다. 번이 지적한 것처럼 당신은 왕자 아니면 공주로 태어났다. 세상에 던져져서 당신이 받아 온 시련 혹은 어루만짐 때문에 당신이 왕자가 아니라 개구리라고 생각한다면 서글픈 일이다. 마찬가지로 당신이 대하는 사람들도 왕자나 공주로 태어났다. 우리는 우리의 부모에게 소중한 사랑이었다. 불교에서 옷깃만 스쳐도 인연이 있다하여 만남의 관계에 의미를 부여하였다. 이런 점에서 교류분석에서는 당신이 지금까지 부정적인 삶의 태도로 살아왔다면 재결단이 필요하다고 본다. '나도 당신도 이만하면 괜찮다.'는 자세로 바꾸어 우리에게 주어진 인생이란 시간을 보다 알차고 소중하게 보낼 수 있는 인간관계를 이루어 나갈 것을 강조한다.

7. 요약

- 교류분석에서는 인간에 대한 긍정적 견해를 가지며 인간이 자기를 발달시킬 능력과 자신을 행복하게 하고 생산적이게 할 능력을 가지고 태어났다고 본다.
- 교류분석에서 가정하는 세 가지 심리적 욕구는 자극갈망, 인정갈망, 구조갈망이다. 또한 이러한 욕구에서 비롯된 입장갈망이 있다.

- 개인이 시간을 구조화하는 여섯 가지 방법은 철회, 의례적 행동, 활동, 여흥, 게임, 친밀성이다.
- 인간은 성격을 구성하는 세 가지 자아 상태인 부모자아, 성인자아, 아동자아 상태의 기능을 바탕으로 타인과 교류한다.
- 사람들이 사용하는 세 가지 교류 유형에는 '보완적 교류' '교차적 교류' '저의적 교류'가 있다.
- 개인이 타인과의 관계에서 취하는 삶의 입장에는 자기긍정-타인긍정, 자기긍정-타인부정, 자기부정-타인긍정, 자기부정-타인부정이 있다.
- 교류분석 상담자는 내담자의 자각, 자발성, 친밀성의 능력을 회복하도록 조력한다. 또한 인생을 보람차게 보내도록 시간에 대한 구조갈망을 적절한 방식으로 달성하도록 한다.
- 교류분석은 자기긍정-타인긍정에 가정한 상담접근을 강조한다. 상담자와 내담자는 계약을 통해 동등한 파트너가 된다. 내담자는 자신이 변화하기를 원하는 것을 결정하고 상담자는 내담자가 변화를 달성하도록 전문적 활동을 한다.
- 치료적 변화를 달성하기 위해 교류분석 상담자는 네 가지 분석인 구조분석, 교류분석, 게임분석, 각본분석을 통해 내담자를 조력한다.

효과적 조력을 위한
상담 연습 16

변화를 위한 재결단

연습 1: 교류분석에서 가정하는 이고그램의 다섯 가지 기능적 자아를 설명하라. 바람직한 이고그램의 형태가 어떤 모양인지, 부적응적인 이고그램의 형태는 어떤 모양으로 나타나는지를 설명하라.

연습 2: 교류분석에서 가정하는 인간의 심리적 욕구에 대해 설명하라. 구조갈망을 충족하기 위해 당신이 시간을 어떻게 구조화하는지에 대해 최근 일주일 동안의 생활을 바탕으로 설명하라.

연습 3: 교류의 세 가지 유형인 보완적 교류, 교차적 교류, 저의적 교류에 대해 설명하라.

연습 4: 교류분석에서 사용되는 네 가지 주요한 분석에 대해 간략히 설명하라.

연습 5: 인간은 항상 누군가와 관계를 하면서 생을 영위한다. 당신의 삶의 입장을 확인하고 당신이 누군가를 대할 때 어떤 삶의 입장이 우세하거나 지배적인지 확인하라.

연습 6: 번이 제안했던 세 가지 자아인 부모자아, 성인자아, 아동자아를 프로이트의 주요한 성격구조인 원초아, 자아, 초자아와 관련해서 설명하라.

연습 7: 당신이나 내담자의 지배적인 삶의 입장을 확인한 후 '나도 당신도 이만하면 괜찮다.'는 입장으로 바꾸는 데 걸림돌이 되는 것은 무엇인지 찾아보라.

제 17 장

인지 · 정서 · 행동치료

우리를 당황하게 하는 것은 우리에게 일어난 사건이 결코 아니다.
그것은 이러한 사건을 보는 우리의 관점이다.

–에픽테투스(Epictetus)

17장의 목차

우리는 흔히 '인간은 이성적 동물이다.'라고 말한다. 이 표현은 우리의 사고의 중요성을 강조한 말이다. '생각을 바꾸면 세상이 달라진다.'는 표현도 우리가 세상을 어떻게 지각하는가의 관점을 강조한 말이다. 많은 사람들은 흔히 자신에게 일어난 크고 작은 사건이 직접적으로 자신의 감정이나 행동에 영향을 미치고 있는 것으로 여긴다. 그러나 사건보다는 우리가 사건을 어떻게 생각하는가의 신념체계가 우리의 감정이나 행동에 영향을 미친다는 가정하에 엘리스(Ellis)는 인지 · 정서 · 행동치료(Rational-Emotive Behavior Therapy: REBT)를 발달시켰다. 엘리스는 합리적 이성이 중요하다는 기본가정에서 1955년에 처음으로 그의 상담접근방법을 '인지치료(Rational Therapy)'라고 불렀으나 1961년에 '인지 · 정서치료(Rational-Emotive Therapy)'로 변경한 후, 1993년에 인지 · 정서 · 행동치료로 바꾸었다. 이런 발달과정 때문에 엘리스는 자신의 상담접근이 최근의 주요한 상담 및 심리치료의 경향인 인지치료의 원조라고 주장한다.

엘리스는 인지 · 정서 · 행동치료의 최초의 주창자의 한 사람으로서 스토아 철학자인 에픽테투스(Epictetus)의 말을 자주 인용한다. 에픽테투스는 "우리를 당황하게 하는 것은 우리에게 일어난 사건이 결코 아니다. 그것은 이러한 사건을 보는 우리의 관점이다."라고 주장하였다. 즉, 우리의 생각 혹은 신념체계를 바탕으로 일어난 사건을 어떻게 해석하는가에 따라 삶이 달라진다는 것이다. 불교에서 강조하는 일체유심조(一切唯心造), 즉 세상사가 마음먹기에 달려 있다는 말도 생각을 강조한 내용이다. 당신이 어떻게 생각하고 마음먹느냐에 따라 세상이 달라진다는 것이다.

엘리스는 신념체계를 합리적인 것과 비합리적인 것으로 분류하였다. 합리적 신념체계를 가진 사람은 일어난 사건에 대해 합리적 해석을 하여 대처하기 때문에 바람직한 정서적 · 행동적 결과를 초래한다. 그러나 비합리적 신념체계를 가진 사람은 일어난 사건에 대해 비합리적으로 해석하여 바람직하지 않은 정서적 · 행동적 결과를 경험하게 된다. 그러므로 엘리스에 따르면 정신적으로 건강한 사람은 합리적 신념체계에 따라 행동하는 사람이며 건강하지 않은 사람은 비합리적 신념체계의 지배를 받는 사람이다. 우리의 정서적 · 행동적 결과에 영향을 미치는 원인으로 사건보다는 신념체계의 중요성을 강조한다는 점에서 인지 · 정서 · 행동치료를 ABC이론이라고도 한다. 여기서 A는 당신에게 의미 있는 '활성화된 사건(Activating events)'을, B는 '신념체계(Belief system)'를, 그리고 C는 정서적 · 행동적 '결과(Consequences)'를 의미한다.

엘리스는 내담자의 심리적 고통이나 문제는 그의 비합리적 신념체계에서 비롯된 것이라고 확고하게 믿는다. 따라서 인지 · 정서 · 행동치료는 내담자가 가진 비합리적 신념체계를 합리적 신념체계로 바꾸게 함으로써 문제해결을 할 수 있다고 본다. 상담자는 문제를 가진 내담자의 신념체계가 비합리적이라는 것을 설득력 있게 논리적으로 반박함으로써 변화를 유도한다.

1. 엘리스의 생애

인지 · 정서치료의 창시자인 앨버트 엘리스(Albert Ellis, 1913~2007)는 1913년 9월 27일 피츠버그(Pittsburgh)에서 태어나서 '브롱크스의 거리'에서 자랐다. 엘리스는 자신이 거의 고아나 다름없었다고 말했다. 왜냐하면 엘리스의 아버지가 여행을 자주 다니는 바람에 자신과 동생들을 거의 돌보지 않았기 때문이었다. 어머니는 자녀들을 키울 준비가 전혀 되지 않았던 사람이었다. 그 결과 엘리스는 "어머니가 나를 돌보는 것만큼 나도 어머니를 돌봐야 했다."라고 말했다. 부모의 양육태만과 더불어 엘리스는 신장염을 앓았기 때문에 종종 병원에 입원해야 했다. 수줍음을 많이 타고 내향적인 아이였기 때문에 외향적이며 무모하기까지 한 남동생에게 많이 주눅 들기도 했다. 무능한 어머니에, 무모한 남동생에, 푸념쟁이인 여동생 때문에 비참한 아동기를 보냈을 법 했지만, 엘리스는 '비참한 것을 거부'했다. 여동생은 우울증과 불안에 시달렸지만, 후에 엘리스는 자신의 인지 · 정서 · 행동치료로 여동생을 치료할 수 있었다.

빨리 백만장자가 되고 싶어서 뉴욕의 상업고등학교로 진학했지만, 졸업할 즈음에 대공황이 덮치는 바람에 백만장자의 꿈은 수포로 돌아갔다. 시립대학에 진학하여 영문학을 전공하여 6개의 소설을 썼지만 아무도 출판해 주지 않았다. 난혼(promiscuity)에 대해 글을 쓰기 위해 연애 소설과 실화 소설 등을 즐겨 읽기 시작했다. 친구들은 자신의 문제를 엘리스와 상의하기 시작했고, 엘리스 스스로도 사람들을 잘 도와주고 재미있어 한다는 것을 깨달았다. 컬럼비아 대학에서 석사학위와 박사학위를 받고, 정신분석가로부터 비공식적인 훈련을 받았다. 그 당시에는 심리학자에 대한 훈련이 인가되지 않을 때였다.

엘리스는 1953년에 정신분석을 포기하고 보다 '효율적인' 방식을 찾으려 했다. 1955년에 인지를 강조하는 새로운 접근법인 인지치료(rational psychotherapy)를 소개하였다. 후에 정서를 무시한다는 비난이 일자, 인지 · 정서치료로 접근법을 수정하였으며, 1993년에는 인지 · 정서 · 행동치료로 이름을 바꾸었다.

엘리스는 평생 동안 당뇨병, 청각이상, 시각이상 그리고 다른 신체장애를 경험하였다. 하지만 90대에도 자신의 기본원리들을 적용하고, 집필하며, 워크숍을 직접 주재하다가 2007년 7월에 사망하였다.

2. 인간관

엘리스는 인지 · 정서 · 행동치료가 인본주의적 심리치료라고 주장한다. 인간이 합리적 삶을 이끌기 위한 기본적 원리는 자신의 어떤 수행에 의해서 자신을 평가하는 것이 아니라 자신의 실존적 존재를 있는 그대로 수용하는 것이다(Ellis, 1973). 따라서 엘리스는 당신이 인간이 가진 문제해결을 위한 가장 인본주의적 접근인 인지 · 정서 · 행동치료를 따른다면, 당신 자신과 타인을 인간으로서 무조건적으로 수용하는 것이라고 주장한다.

인지 · 정서 · 행동치료에서는 인간이 합리적 사고와 비합리적 사고의 잠재성을 가지고 태어났다고 가정한다. 즉, 인간은 타고난 합리적 신념에 의해 자신을 성숙하게 하거나 실현시킬 수 있으며 동시에 타고난 비합리적 신념에 의해 자신의 성숙을 방해하거나 자신을 파괴할 수 있다고 본다. 인간이 생물학적 경향성으로 대립되는 합리적 사고와 비합리적 사고를 타고났다는 엘리스의 주장은 성선설과 성악설을 동시에 강조하고 있다고 볼 수 있다. 인간은 자신을 파괴할 수 있는 잠재적 경향성인 비합리적 신념을 갖고 태어났기 때문에 이것을 바꾸는 작업이 그렇게 용이하지 않다고 본다. 따라서 상담자가 인간으로서 내담자를 수용한 후 논리적인 칼날로 내담자의 자기 파괴적인 비합리적 신념을 잘라 낼 수 있는 예지가 필요하다.

엘리스는 인간은 끊임없이 자기대화와 자기평가를 하면서 자신의 삶을 유지한다고 본다. 합리적 신념에 의한 자기대화와 자기평가는 당신이 선택한 건전한 인생목표를 달성하게 해 줄 것이다. 그러나 비합리적 신념에 의한 자기대화와 자기평가는 당신이 부적절한 정서를 느끼고 역기능적 행동을 수행하도록 하게 할 것이다.

3. 주요개념

여기에서는 엘리스의 주요개념으로 성격의 세 가지 측면, 합리적 가치/태도, 당위성, 비합리적 신념, ABC 이론, ABCDEF 모델에 대해 알아보고자 한다.

1) 성격의 세 가지 측면

엘리스는 성격의 형성을 설명하는 세 가지 측면을 생리적 측면, 사회적 측면, 심리학적 측면으로 다음과 같이 설명하였다(김정희, 이장호 공역, 1998, pp. 260-265).

성격의 생리적 측면 엘리스는 인간 성격의 생물학적 측면을 강조한다. 엘리스에 따르면, 인간에게는 사용되지 않은 거대한 성장 자원이 있으며, 자신의 사회적 운명과 개인적 운명을 변화시킬 수 있는 능력이 있다고 주장하는 반면, 그와 동시에 사람들이 비합리적으로 생각하고 스스로에게 해를 끼치려는 예외적으로 강력한 선천적 경향성도 가지고 있다고 본다. 이러한 인간 성향은 개인이 자신의 인생에서 일어나는 모든 일에서 최상의 것을 원하고 또한 주장하는 매우 강한 경향성을 가지고 태어난다는 것과 자신이 원하는 것을 얻지 못한다고 여길 때 ① 자신, ② 타인, ③ 세상을 두루 비난하는 매우 강한 경향을 가지고 태어난다는 것으로 요약될 수 있다. 인간은 생득적이며 후천적인 자기 파괴 방식으로 자기 자신을 파괴한다.

성격의 사회적 측면 인간은 사회 집단 내에서 양육되며, 인생의 대부분을 타인에게 인상을 남기려 하고, 타인의 기대에 맞춰 살고, 타인의 수행을 능가하려고 노력하는 데 바친다. 즉, 타인이 자신을 인정하고 승인한다고 믿고 있을 때, 보통 자기 자신을 '선량하고' '가치 있는' 사람으로 본다. 엘리스에 따르면, 정서적 장애는 타인들이 생각하는 것에 대해 지나치게 많은 염려를 하는 것과 관련되며, 다른 사람들이 자신을 좋게 생각할 때만 자기 스스로를 수용할 수 있다는 믿음으로부터 기인한다. 그 결과 타인의 승인을 받고자 하는 욕망이 커지게 되어 타인의 인정과 승인에 대한 욕구가 절대적이고 긴박한 욕구가 된다. 이렇게 됨으로써 불안과 우울을 피할 수 없게 된다.

성격의 심리학적 측면 엘리스는 슬픔, 유감, 성가심, 좌절감과는 구별되는 정서적 혼란이 비합리적인 신념에서 유발된다고 보았다. 비합리적인 신념은 일반적으로 다음과 같은 진술의 형태를 취한다. "내가 어떤 것을 원하기 때문에 그것이 존재하는 것은 바람직하거나 선호되는 것일 뿐만 아니라 절대적으로 존재해야만 하며, 만약 그것이 실제로 존재하지 않는다면, 그것은 끔찍한 일이다!" 이렇게 생각하다 보면 불안하거나 우울하거나 흥분하게 되며, 그렇게 느끼는 자신이 바람직하지 않다는 것을 깨닫게 된다. 다시 말하면, 개인이 일단 비합리적인 사고를 통해 불안과 우울을 경험하게 되면, 자신이 스스로 불안하고 우울한 것에 대해 불안해하고 우울해할 것이다. 그리하여 악순환을 경험하게 되는 것이다. 개인의 현재 감정 측면에서 볼 때, 그 감정에 더 초점을 둘 수록 그 감정들은 더 나빠질 가능성이 높다. 따라서 바람직하지 못한 감정을 차단하는 보다 논리적인 관점은 개인으로 하여금 불안을 생성하는 신념체계에 초점을 맞추도록 하는 것이다.

2) 합리적 가치/태도

엘리스는 사람들이 명확히, 유연하게, 그리고 과학적으로 생각하도록 조력하는 것을 강조한다. 다음의 가치와 태도는 인지 · 정서 · 행동치료에서 사람들이 자신의 삶 속에서 일반적 목표를 성취하기 위해 획득하고 내재화하도록 촉진하는 것이다(Ellis & Bernard, 1991, pp. 17-20).

- **자기관심:** 정서적으로 건강한 사람은 우선 자기 자신에게 관심이 있고 진실하며 타인을 위하여 자기 자신을 자학적으로 희생시키지 않는다.

- **사회적 관심**: 건강한 사람은 소외된 실존을 택하지 않고 사회에서 다른 사람과 효과적으로 어울려 사는 데에 관심을 갖는다.
- **자기지향**: 정서적으로 건강한 사람은 다른 사람의 행동이나 지지를 좋아할 수는 있으나 그런 지지를 매번 요구하는 것은 아니다. 그들은 자신의 삶에 책임을 느끼며 자신의 문제를 독립적으로 해결할 수 있다.
- **큰 좌절감에 대한 인내**: 성숙한 인간은 모든 인간이 실수를 하며, 완전할 수 없다는 것을 알고 자신과 타인의 실수를 인정한다.
- **유연성**: 건강한 사람은 사고가 유연하며, 변화에 개방적이고, 무수히 다양한 사람과의 사상 및 사실을 허용하고 수용 가능한 것으로 본다.
- **불확실성의 수용**: 정서적으로 성숙한 사람은 인간이 무한한 가능성과 기회를 가진 세계에 살고 있다는 것을 인정하나, 어떤 절대적인 확실성은 있지 않다는 것을 인정한다.
- **창조적 일에 대한 실행**: 건강한 사람은 자신을 둘러싸고 있는 일상적인 일뿐만 아니라, 최소한 한두 가지 정도의 창조적인 일에 몰두하며 관심을 가지고 있다.
- **과학적 사고**: 성숙한 사람은 객관적이고 이성적이다.
- **자기수용**: 건강한 사람은 자기가 살아 있다는 것 자체를 기뻐하며 끊임없이 삶을 즐기고 행복과 기쁨을 창조할 수 있는 능력이 자기에게 있다고 믿는다.
- **모험하기**: 정서적으로 건강한 사람은 모험을 할 수 있다. 그는 자신이 인생에서 진정으로 원하는 것이 무엇인가를 곰곰이 생각해 보고 모험을 시도하며 인생을 개척한다.
- **장기적인 만족 추구**: 건강한 사람은 순간적인 쾌락을 추구하기보다는 미래지향적인 쾌락을 추구한다.
- **비이상주의**: 성숙하고 정서적으로 건강한 사람은 이 세상에서 자신이 얻고자 하는 모든 것을 다 얻을 수 없으며, 모든 고난을 완전히 회피할 수 없다는 사실을 인식한다.
- **정서적 장애에 대한 자기 책임**: 건강한 사람은 다른 사람이나 사회를 비난함으로써 자신을 방어하기보다는 자기 파멸적인 혼란을 느끼는 자신에 대하여 책임이 있다고 느낀다.

3) 당위성

우리를 파멸로 몰아넣은 근본적인 문제는 우리가 갖고 있는 비합리적 신념이다. 우리는 주어진 상황을 긍정적으로 생각하느냐와 부정적으로 생각하느냐에 따라 엄청나게 다른 정서적, 행동적 결과를 낳는다는 것을 흔히 경험한다. 마찬가지로 사고, 감정, 행동은 상호 밀접하게 관련되어 순환적인 관계를 이루고 있다. 비합리적 신념에 의해 야기된 부적절한 감정이나 역기능적 행동은 다시 또 다른 비합리적 생각을 촉발하는 악순환을 되풀이한다.

인간은 근본적으로 불완전한 존재이다. 전지전능하지 않기 때문에 인간과 관련하여 당위성을 강조하는 것은 비합리적이다. 대체로 비합리적인 신념의 뿌리를 이루고 있는 것은 세 가지 당위성, 즉 '자신에 대한 당위성(I must)' '타인에 대한 당위성(Others must)' '조건에 대한 당위성(Conditions must)'과 관련되어 있다.

자신에 대한 당위성 우리 자신에 대해 당위성을 강조하는 것이다. "나는 훌륭한 사람이어야 한다." "나는 실수해서는 안 된다." "나는 실패해서는 안 된다." "나는 실직 당해서는 안 된다." "나는 항상 적절하게 행동해야 한다." 등 우리는 수없이 많은 당위적 사고에 매어 있는 경우가 많다. 그리고 그러한 자신에 대한 당위적 사고가 이루어지지 않을 때 자기파멸이라는 생각을 갖게 된다.

타인에 대한 당위성 우리와 밀접하게 관련한 사람, 즉 부모, 자식, 부인이나 남편, 애인, 친구, 직장동료에게 당위적인 행동을 기대하는 것이다. "부모니까 나를 사랑해야 한다." "자식이니까 내 말을 들어야 한다." "부인이니까 정숙하게 행동해야 한다." "애인이니까 자나 깨나 나에게 관심을 가져야 한다." "친구니까 우정을 보여야 한다." "직장동료니까 항상 일에 협조해야 한다." 등 가까운 타인에게 바라는 당위적 기대가 이루어지지 않을 때 인간에 대한 불신감을 갖게 된다. 그리고 이러한 불신감은 인간에 대한 회의를 낳아 결국 자기비관이나 파멸을 가져오게 된다.

조건에 대한 당위성 우리에게 주어진 조건에 대해 당위성을 기대하는 것이다. "나의 가정은 항상 사랑으로 가득 차 있어야 한다." "나의 방은 항상 깨끗해야 한다." "나의 교실은 정숙해야 한다." "나의 사무실은 아늑해야 한다." "나에게 주어진 일은 3D(dangerous, dirty, difficult)가 아니어야 한다." 등 자신에게 주어진 조건에 대해 당위적 사고를 갖고 임하는 것이다. 우리가 바라고 원하는 것처럼 지속되는 당위적인 조건은 거의 없다. 그럼에도 많은 사람들은 흔히 이러한 당위적 조건을 기대하면서 그렇지 않은 경우에 화를 내거나 부적절한 행동을 한다.

4) 비합리적 신념

엘리스(1962, pp. 60-88)가 제시한 정서장애의 원인이 되고 그것을 계속해서 유지시키는 비합리적인 생각은 다음과 같다.

- 알고 있는 모든 의미 있는 사람들로부터 인정받고 사랑받는 것이 필연적이라는 생각. 이것은 타인에 대한 당위성이다.
- 자신이 가치 있는 사람이려면 모든 측면에서 철저하게 능력이 있고, 적절하고, 성취적이어야 한다는 생각. 이것은 자신에 대한 당위성이다.
- 어떤 사람은 나쁘고 사악해서 그러한 사악함 때문에 가혹하게 비난받고 처벌받아야 한다는 생각. 이것은 타인에 대한 당위성이다.
- 일이 자기가 원하는 대로 되지 않을 때 이것은 끔찍하고 파국적이라는 생각. 이것은 조건에 대한 당위성이다.
- 인간의 불행은 외적인 사건에서 비롯되었고 사람들은 자신의 슬픔과 장애를 통제할 능력이 없다는 생각. 이것은 조건에 대한 당위성이다.
- 위험하거나 두려운 일이 있으면 그 일에 대해 몹시 걱정하고 그 일이 일어날 가능성을 계속해서 가져야 한다는 생각. 이것은 조건에 대한 당위성이다.
- 인생의 어려움이나 자기-책임감을 직면하는 것보다 피하는 것이 보다 용이하다는 생각. 이것은 조건에 대한 당위성이다.
- 사람은 다른 사람에게 의지해야 하고 의지할 만한 자신보다 강한 누군가가 있어야 한다는 생각. 이것은 타인에 대한 당위성이다.
- 자신의 과거사가 현재 행동의 중요한 결정요인이며 일어났던 중요한 일이 자신의 인생에 영향을 미쳤던 것처럼 그것이 또한 유사한 영향을 미치리라는 생각. 이것

은 조건에 대한 당위성이다.

- 타인의 문제나 장애로 인해 자신이 몹시 당황하거나 속상해야 한다는 생각. 이것은 자신에 대한 당위성이다.
- 문제의 완전한 해결책이 항상 있고 만약 이러한 완전한 해결책을 찾지 못하면 파국이라는 생각. 이것은 조건과 자신에 대한 당위성이다.

5) ABC 이론

엘리스는 신념체계를 합리적인 것과 비합리적인 것으로 분류하였다. 합리적 신념체계를 갖는 사람은 일어난 사건에 대해 합리적 해석을 하여 대처하기 때문에 바람직한 정서적 · 행동적 결과를 초래한다. 그러나 비합리적 신념체계를 가진 사람은 일어난 사건에 대해 비합리적으로 해석하여 바람직하지 않은 정서적 · 행동적 결과를 경험하게 된다. 그러므로 엘리스에 따르면 정신적으로 건강한 사람은 합리적 신념체계에 따라 행동하는 사람이며 건강하지 않은 사람은 비합리적 신념체계의 지배를 받는 사람이다. 우리의 정서적 · 행동적 결과에 영향을 미치는 원인으로 사건보다는 신념체계의 중요성을 강조한다는 점에서 인지 · 정서 · 행동치료를 ABC 이론이라고도 한다. 여기서 A는 당신에게 의미 있는 '활성화된 사건(Activating events)'을, B는 '신념체계(Belief system)'를, 그리고 C는 정서적 · 행동적 '결과(Consequences)'를 의미한다.

엘리스는 내담자의 심리적 고통이나 문제는 그의 비합리적 신념체계에서 비롯된 것이라고 확고하게 믿는다. 따라서 인지 · 정서 · 행동치료는 내담자가 가진 비합리적 신념체계를 합리적 신념체계로 바꾸게 함으로써 문제해결을 할 수 있다고 본다. 상담자는 문제를 가진 내담자의 신념체계가 비합리적이라는 것을 설득력 있게 논박함(disputing)으로써 변화를 유도한다.

6) ABCDEF 모델

엘리스는 비합리적 신념을 확인하고 반박하여 합리적 신념으로 수정하여 나타나는 효과까지의 일련의 과정을 여섯 단계로 보여 주는 것을 머리글자로 표현하여 ABCDEF 모델이라 하였다. 이러한 여섯 단계를 간략히 살펴보면 다음과 같다.

첫 단계인 A는 활성화된 사건(Activating events)을 확인하고 기술하는 것이다.

둘째 단계인 B는 활성화된 사건에 대한 개인의 신념(Belief)이다. 신념은 합리적이거나 비합리적일 수 있다.

셋째 단계인 C는 신념에서 비롯된 결과(Consequences)이다. 합리적 신념은 합리적 결과를, 비합리적 신념은 비합리적 결과를 초래한다.

넷째 단계인 D는 비합리적 결과를 야기한 비합리적 신념을 반박하기(Disputing)를 나타낸다.

다섯째 단계인 E는 반박하기의 결과로 나타난 효과(Effect)를 나타낸다. 이러한 효과는 반박하기를 통해 비합리적 신념이 효과적인 합리적 신념으로 바뀐 것을 의미한다.

여섯째 단계인 F는 효과적인 합리적 신념에서 비롯된 새로운 감정(Feelings)이나 행동을 나타낸다.

4. 상담목표

인지 · 정서 · 행동치료의 목표는 내담자의 비합리적 신념을 합리적 신념으로 바꾸어 수용할 수 있는 합리적 결과를 갖게 하는 것이다. 상담자는 내담자가 정서적 장애를 최소화하고, 자기파괴 행동을 감소시키며, 보다 행복한 삶을 영위하도록 조력한다. 우리를 파멸로 몰아넣은 근본적인 문제는 우리가 갖고 있는 비합리적 신념이다. 우리가 주어진 상황을 긍정적으로 생각하느냐와 부정적으로 생각하느냐에 따라 엄청나게 다른 정서적, 행동적 결과를 낳는다는 것을 흔히 경험한다. 마찬가지로 사고, 감정, 행동은 상호 밀접하게 관련되어 순환적인 관계를 이루고 있다. 비합리적 신념에 의해 야기된 부적절한 감정이나 역기능적 행동은 다시 또 다른 비합리적 생각을 촉발하는 악순환을 되풀이한다.

당신이 현재 정서적 혼란을 겪고 있거나 부적절한 행동으로 고통받고 있다면 위에서 제시한 비합리적 사고에 대해 하나하나 검토해 볼 것을 권한다. 정서적, 행동적 문제는 자기, 타인, 주변 조건에 대한 당신의 비합리적 생각에서 비롯되기 때문이다. 우리가 당연하게 받아들이는 많은 비합리적 생각이 우리의 성숙을 방해하고 있다. 그러한 비합리적 생각은 우리의 정서를 혼란시키고 용기 있는 행동을 하지 못하도록 우리를 붙

잡는다.

우리가 흔히 내뱉는 '세상만사가 뜻대로 되지 않는다.'는 말을 생각해 보자. 만약 당신이 지나친 요구나 기대 그리고 당위성을 갖고 당신에게 일어나는 일을 생각하며 이 말을 내뱉는다면 당신의 사고는 비합리적이라고 할 수 있다. 왜냐하면 당신이 원하는 대로 일이 되지 않기 때문에 자신을 탓하거나 타인 혹은 주변의 조건을 탓하기 때문이다. 그러나 만약 당신이 어떤 일의 당위성이나 지나친 기대 없이 당신의 노력에도 불구하고 일이 성취되지 않았을 때 이 말을 내뱉었다고 가정해 보자. 당신은 당위적으로 어떤 일이 어떻게 되어야 한다는 생각을 갖지 않았기 때문에 일이 뜻대로 되지 않아서 섭섭하기는 하지만 그것을 수용한다면 당신의 사고는 합리적이라고 할 수 있다.

생각은 생각을 낳는다. 비합리적 생각은 꼬리를 물고 또 다른 비합리적 생각을 낳는다. 비합리적 생각 → 비합리적 정서 → 비합리적 행동 → 또 다른 비합리적 사고로 이어지는 악순환의 고리가 계속된다. 따라서 인지 · 정서 · 행동치료에서는 당신이 비합리적 생각을 바꾸지 않으면 당신의 문제는 계속된다고 본다.

5. 상담과정

상담자는 먼저 내담자와 친밀한 상담관계를 형성한다. 내담자들은 흔히 자신이 겪었던 사건으로 인해 정서적으로 고통을 받고 있다고 생각하는 경향이 있다. 상담자는 활성화된 사건(A)이 정서적 및 행동적 결과(C)를 가져온다고 믿는 내담자에게 그가 갖는 신념(B)이 개입한다는 것을 가르친다. 당신이 믿는 것처럼 느낀다. 당신이 자신, 타인, 주어진 조건에 대해 어떻게 생각하느냐가 당신의 감정과 행동에 영향을 준다. 따라서 당신의 정서와 행동에 부적절하게 영향을 주는 비합리적 생각을 바꾸는 것이 필요하다.

다음의 글은 스토아학파의 에픽테투스가 우리의 생각을 강조한 내용이다.

> 누군가가 당신을 비방하거나 공격하고 모욕하는 것이 아니라 그의 행동을 모욕으로서 여기는 것은 당신의 생각이라는 것을 기억하라. 그러므로 어떤 사람이 당신을 화나게 할 때, 당신을 화나게 한 것이 당신 자신의 생각이라는 것을 알아야 한다. 그러므로 특히 외적 사건

에 휩쓸리지 않도록 하라. 당신이 일단 시간을 두고 생각하면, 당신은 보다 쉽게 당신 자신을 극복할 것이기 때문이다(Leahey, 1997, pp. 69-70).

일어난 사건이 아니라 우리의 생각이 우리를 화나게 한다. 일어난 사건에 대한 비합리적 생각이 우리를 괴롭힌다. 그러므로 합리적인 생각으로 비합리적 생각을 찾아 반박하여 바꾸는 것이 인지・정서・행동치료에서 강조하는 상담이다. 많은 경우에 비합리적인 생각에 사로잡혀 있는 사람은 자신의 비합리적 생각을 쉽게 찾지 못한다. 반박해서 바꾸어야 할 비합리적 사고는 눈에 보이지 않기 때문에 찾기가 용이하지 않다.

당신의 비합리적 생각을 찾는 요령은 먼저 당신이 느끼고 볼 수 있는 당신을 지속적으로 괴롭히는 감정과 부적절한 행동에 초점을 두고 찾도록 시도해야 한다. 왜냐하면 비합리적 정서와 행동의 이면에 비합리적 생각이 숨어 있기 때문이다. 1998년 IMF를 맞은 이후 많은 사람은 실직에 대한 걱정이나 두려움, 경제적 어려움으로 많은 고통을 받아 왔다. 실직을 당한 근로자나 기업의 부도로 경제적 파산을 받은 고용주가 받은 하루하루의 고통을 미루어 짐작할 수 있다. 극단적인 행동으로 자살까지 하는 근로자나 고용주도 있었다. 자본주의 사회에 사는 우리가 경험하는 안타까운 현실이다. 그러나 당신이 일어난 어려운 여건을 어렵게만 여기고 자기 패배적 생각에 사로잡혀 있다면 그것은 비합리적 사고가 당신을 파괴시키고 있다고 감히 말할 수 있다. 극단적인 행동을 통해 자기파멸로 이끈 사람들도 비합리적 사고에서 비롯된 것이다.

실직해서 좌절감이나 자기패배감에 사로잡혀 심리적으로 고통을 받거나 부적절한 행동을 한 사람의 이면에는 어떤 비합리적 사고방식이 숨어 있을까? 먼저 생각해 볼 것은 자신에 대한 당위적 요구이다. 우리의 대부분은 가정교육이나 학교교육을 통해 실패해서는 안 된다는 강한 성공 지향적 생각이 주입되어 왔다. 그렇기 때문에 많은 사람들이 크고 작은 실패에 쉽게 괴로움이나 좌절감을 경험한다. 만약 실직자가 자신에 대한 당위적 요구가 강하면 강할수록 '나는 실직해서는 안 된다.' '실직한 사람은 무능력한 사람이다.'는 강한 강박관념을 가졌을 가능성이 높다. 그러므로 그에게 실직은 인생의 실패거나 파멸이라는 자기 파괴적 생각이 지배하게 된다. 다음으로 생각해 볼 것은 조건에 대한 당위성이다. 실직자가 다른 경험 없이 직장에서 오랫동안 해 온 자신의 일과 관련하여 '나의 업무와 관련한 일자리가 없어져서는 안 된다.'는 생각이 지배적일 수 있다.

비합리적 생각을 찾는 두 번째 요령은 곧바로 자신의 생각 중에 스며 있는 비합리적 신념의 뿌리인 세 가지 당위성인 자신, 타인, 조건에 대한 당위성을 점검하는 것이다. 앞에서 지적한 것처럼 우리 사회가 단지 성공적 수행만을 높이 평가하는 경향이 강하기 때문에 우리는 자신에 대한 많은 당위적 생각을 갖고 있다. 그리고 그러한 비합리적인 당위적 생각을 합리적이고 당연한 것처럼 여기고 있는 경우가 많다.

인지 · 정서 · 행동치료의 핵심은 찾아낸 비합리적 신념을 합리적 신념으로 바꾸도록 반박하는 작업이다. 많은 경우에 내담자가 오랫동안 비합리적 신념을 당연하게 수용하고 살아 왔기 때문에 내담자의 생각을 반박하는 것은 그렇게 용이하지 않다. 상담자는 날카로운 논리와 실증적 요구로 내담자의 비합리적 신념이 그에게 가져온 비합리적 결과를 끈질기게 반박함으로써 합리적 신념을 갖도록 유도해야 한다. 때론 내담자가 자신의 비합리적 신념을 스스로 반박하게 함으로써 그의 비합리적 신념을 버리고 합리적 신념을 갖도록 한다.

상담자의 반박이나 자기반박을 통해 획득된 합리적 신념을 바탕으로 내담자는 그의 성숙을 위해 바람직한 합리적인 정서적, 행동적 결과를 경험하게 된다. 우리는 들어오는 많은 정보를 바탕으로 자기대화와 자기평가를 통해 일어난 사건을 합리적 신념 혹은 비합리적 신념으로 처리한다. 합리적 신념과 비합리적 신념 중에서 어느 것을 선택하는가는 우리에게 달렸다. 그리고 우리가 선택한 신념에 따라 우리는 느끼고 행동하게 된다.

6. 상담기법

인지 · 정서 · 행동치료자는 내담자의 변화를 위해 내담자의 비합리적인 절대주의적 생각을 최소화하도록 조력한다. 여기서는 이러한 변화를 위해 상담자들이 사용하는 기법들을 크게 인지기법, 정서기법, 행동기법으로 나누어 살펴보고자 한다.

1) 인지기법

인지 · 정서 · 행동치료의 핵심은 비합리적 신념을 합리적 신념으로 바꾸는 것이다.

따라서 인지기법은 이 접근방식에서 가장 중요하다. 인지기법이란 내담자의 생각 중 비합리적인 생각과 그에 근거한 내담자의 언어를 찾아서 이를 합리적 생각과 언어로 바꾸는 것이다. 이를 위해 REBT에서는 논박이 많이 사용된다. 논박은 상담과정 중 비합리적인 생각과 언어를 확인한 후 이를 합리적인 생각과 언어로 재구성하기 위해 사용되는 기술이다.

논박의 첫 단계는 확인된 비합리적 생각과 그에 근거한 자기 언어에 대해 규정하여 다시 진술하도록 하는 것이다.

둘째 단계는 규정하여 재구성한 생각이나 언어가 합리적인가를 묻고 답하는 것이다. 이것은 그러한 생각이나 언어가 타당한 근거를 가지고 있지 못함을 밝히는 데 목적이 있다.

셋째 단계는 비합리적 생각이나 그 생각에 근거한 언어를 내담자가 하고자 하는 일에 도움이 되는 생각이나 언어로 대치하도록 하는 것이다.

이와 같은 논박을 보다 효과적으로 하기 위해서 인지 과제나 독서법을 사용하기도 한다. 내담자의 비합리적 생각이나 자기언어를 논박하여 합리적 생각이나 자기언어로 대치하기 위해서 상담자는 내담자의 생각이나 자기언어가 왜 비합리적인지를 지적해 주고 이를 내담자 자신의 언어로 재구성하도록 내담자를 도와주어야 한다.

2) 정서기법

인지 · 정서 · 행동치료에서 상담자는 내담자가 선호하는 것과 당위적 사고를 구별할 수 있도록 정서적으로 이러한 사고 간의 차이를 극대화하는 다양한 수단을 이용한다. 몇 가지 정서 기법을 살펴보면 다음과 같다.

- **인지 · 정서 심상**: 이 기법은 내담자로 하여금 습관적으로 부적절한 느낌이 드는 장면을 생생하게 상상하도록 한 후에 그러한 부적절한 느낌을 적절한 느낌으로 바꾸어 상상하면서 부적절한 행동을 적절한 행동으로 바꾸어 보는 것이다. 이를 통해 비합리적 생각을 버리거나 합리적 생각으로 대치시키는 계기를 마련할 수 있다.
- **역할연기**: 역할연기에는 정서적 요소와 행동적 요소가 있다. 이 기법은 그 장면과 관련된 불쾌감의 밑바탕이 되는 비합리적 생각을 알도록 하는 데 중점을 둔다.

- **수치공격 연습**: 이 기술은 행동에 대해 주위 사람이 어떻게 생각할지에 대한 두려움 때문에 하고 싶은 행동을 하지 못하는 행동에 대해 실제로 행동을 해 보도록 하는 기술이다. 그 결과 주위 사람들이 내담자가 생각한 것보다는 관심이 없음을 알게 된다.
- **무조건적 수용**: 내담자의 어떤 말이나 행동을 무조건적으로 수용하는 기술이다. 이러한 수용은 상담자의 언어나 비언어적 표현을 통해 내담자에게 전해질 수 있다. 무조건적인 자기 수용과 자기 인정은 당신 자신을 완전하게 받아들이고자 하는 강한 결심을 전제로 한다.

이러한 기법들 외에도 본보기, 유머, 부정적 심상법, 개인의 성격과 다르게 행동하기, 미래 상상하기, 꼬리표 달기, 합리적 역할 반전, 정서적 긴장 언어 등이 사용된다.

3) 행동기법

인지 · 정서 · 행동치료자는 행동기법을 사용하여 내담자가 이전보다 효과적으로 수행하도록 할 뿐만 아니라 인지 변화를 이루도록 조력한다. 인지 · 정서 · 행동치료는 인지적 행동치료의 한 형태이기 때문에 대부분의 행동기법을 거의 그대로 활용한다. 특히 조작적 조건형성, 자기관리, 체계적 둔감화, 자기표현훈련, 이완, 강화와 처벌 등의 기법이 사용된다. 인지 · 정서 · 행동치료에서의 행동기법과 행동치료에서의 행동 기법은 기본가정이 다르다. 행동치료는 행동의 변화가 주요한 목적이나 인지 · 정서 · 행동치료는 행동의 변화뿐만 아니라 생각, 더 나아가 정서까지도 변화시키려는 데 더 강조점을 둔다. 행동의 변화를 통해 생각의 변화를 가져오게 하고 변화된 생각에 따라 정서와 행동을 더욱 확실하게 변화시킬 수 있다고 본다.

7. 요약

- 엘리스는 인간의 합리적 삶을 강조하는 인지적 관점과 더불어 실존적 존재를 있는 그대로 수용하는 것을 강조하는 인본주의적 관점을 취한다.

- 인지 · 정서 · 행동치료에서는 인간이 합리적 사고와 비합리적 사고의 잠재성을 가지고 태어났다고 가정하며 정서적 혼란은 비합리적 신념에서 비롯된다고 본다.
- 인지 · 정서 · 행동치료에서 가정하는 합리적 가치와 태도로는 자기관심, 사회적 관심, 자기지향, 큰 좌절감에 대한 인내, 유연성, 불확실성의 수용, 창조적 일에 대한 실행, 과학적 사고, 자기수용, 모험하기, 장기적인 만족 추구, 비이상주의, 정서적 장애에 대한 자기 책임 등이 있다.
- 비합리적인 신념의 뿌리를 이루고 있는 것은 세 가지 당위성, 즉 '자신에 대한 당위성' '타인에 대한 당위성' '조건에 대한 당위성'이다.
- 인지 · 정서 · 행동치료는 우리에게 발생한 중요한 사건이 정서적 및 행동적 결과를 초래하는 것이 아니라 신념체계가 중재하여 결과를 초래한다는 ABC이론을 강조한다.
- 인지 · 정서 · 행동치료에서 ABCDEF 모델은 활성화된 사건(A) → 신념(B) → 결과(C) → 반박하기(Disputing) → 효과(Effect) → 감정(Feelings)을 나타내는 과정을 잘 보여 준다.
- 인지 · 정서 · 행동치료의 목표는 내담자의 비합리적 신념을 합리적 신념으로 바꾸어 수용할 수 있는 합리적 결과를 갖게 하는 것이다. 비합리적 신념 변화를 위해 무엇보다 중요한 것은 반박하기이다.
- 인지 · 정서 · 행동치료자는 내담자와의 친밀한 상담관계를 바탕으로 냉철한 이성에 입각하여 내담자의 비합리적 신념을 반박하여 합리적 신념을 갖게 한다. 비합리적 신념을 찾는 두 가지 요령은 혼란된 감정과 부적절한 행동에 초점을 두고 찾는 것과 비합리적 신념의 근간인 내담자의 당위적 사고를 점검하는 것이다.
- 인지 · 정서 · 행동치료자는 내담자의 변화를 위해 내담자의 비합리적인 절대주의적 생각을 최소화하도록 조력하기 위해 다양한 인지기법, 정서기법, 행동기법을 사용한다.

효과적 조력을 위한
상담 연습 17

비합리적 신념을 찾아 바꾸기

연습 1: 엘리스에 따르면 우리를 당황하게 하고 혼란스럽게 하는 것은 일어나 사건이 아니라 사건에 대한 우리의 생각이다. 합리적 생각은 합리적 결과를 초래하지만 일어난 사건에 대한 비합리적 생각은 비합리적 결과를 초래한다. 상담자의 주요한 역할은 내담자의 비합리적 신념을 논박하여 합리적 신념으로 바꾸는 것이다. 이 장에서 제시한 열한 가지 비합리적 신념이 비합리적인 이유를 설명해 보라.

연습 2: 인지 · 정서 · 행동치료에서 상담자의 주요한 역할은 내담자의 비합리적 신념을 찾아 논박하는 것이다. 비합리적 신념을 찾는 것이 용이하지는 않다. 내담자의 비합리적 신념을 찾는 일반적 요령을 기술하라.

연습 3: 엘리스가 제안한 ABCDEF 모델에 의해 당신의 비합리적 신념에서 비롯된 심한 발표불안을 개선하도록 시도하라.

연습 4: 당신이 상담자라고 가정하고 시험실패로 심한 좌절감에 빠져 있는 청소년을 엘리스의 인지 · 정서 · 행동치료에 의해 조력하도록 시도하라.

연습 5: 상담자가 가져야 할 합리적 가치/태도가 무엇인지 나열해 보라. 이러한 합리적 가치/태도를 바탕으로 당신이 가지고 있는 신념 중에서 비합리적 신념을 찾아 논박해 보라.

제 18 장

인지치료

정서적 장애는 개인이 자신의 경험을 구조화하는 방식에 의해 결정된다.

—벡(Beck)

18장의 목차

정신과의사인 벡(Beck)은 주로 우울증 환자들을 치료하면서 "정서적 장애는 개인이 자신의 경험을 구조화하는 방식에 의해 결정된다." (Beck, 1967, p. 287)는 전제에서 인지치료를 개발하였다. 그는 만약 개인이 어떤 상황을 인지적으로 구조화하거나 개념화하면서 불만족한 내용을 포함시키면 그는 그에 상응하는 불만족한 정서적 반응을 경험할 것이라고 보았다. 벡은 자신의 정서적 어려움을 인지적으로 해결하고 왜곡된 신념으로 인해 고통받은 사람들을 조력하면서 우리의 생각이 정서와 행동에 결정적인 영향을 미친다고 주장하였다.

인지치료의 주요한 초점은 왜곡된 신념을 이해하고 부적절한 사고를 변화시키는 것이다. 따라서 상담자는 내담자가 겪는 정서적 고통이나 부적절한 행동에 영향을 미치는 그가 인식하지 못하는 생각인 자동적 사고나 비합리적 신념체계를 찾아서 변화시키는 데 관심을 둔다.

벡은 우울을 생성하는 인지를 정교한 생각들이 매우 압축된 표상으로 보고 이러한 압축된 복잡한 생각들이 순간적으로 일어난다고 보았다. 엘리스(Ellis, 1962)는 이러한 사고를 "자기진술"이나 "내재화된 언어화"라고 하였으며 "환자가 자신에게 얘기하는 것"으로 설명하였다. 벡은 이러한 인지 유형을 "자동적 사고"라고 명명하였다(Beck, 1967, p. 321). 그는 이러한 자동적 사고가 불쾌한 정서나 우울의 많은 다른 현상에 관계한다고 보았다. 따라서 상담자는 내담자로 하여금 그의 자동적 사고의 내용을 인식하게 함으로써 그것의 영향을 줄이도록 조력한다.

벡의 인지치료 이론은 그의 임상적 경험과 다른 상담 및 심리치료이론, 인지심리학, 인지과학에 영향을 받아 개발되었다. 먼저 벡은 정신분석자로서 그의 훈련을 통해 정신분석에서 인지치료의 기본 개념을 끌어내었다. 정신분석과 인지치료는 행동이 개인이 알아차리지 못하는 신념에 의해 영향을 받는다는 견해를 공유한다. 프로이트는 무의식적 사고를 가설화한 반면, 벡은 정서적 장애로 이끌 수 있는 자동적 사고에 초점을 두었다. 둘째, 벡의 신념에 대한 강조는 아들러의 개인심리학에서 보는 개인의 인지적 본질이나 신념의 중요성과 유사하다. 아들러와 벡은 지각의 변화를 위한 많은 전략을 개발하였으며 내담자를 변화시키는 데 구체적이고 직접적 대화를 사용하는 적극적 접근방식을 공유한다. 셋째, 엘리스는 자신의 REBT가 "인지치료의 할아버지에 해당한다."라고 말할 정도로 벡의 인지치료와 많은 유사점을 가진다. 벡과 엘리스는 내담자와 직접적 상호작용을 통해 그의 비합리적 신념을 변화시킬 것을 강조한다. 넷째, 켈리(George Kelly)의 개인 구성개념 이론은 인지의 역할을 강조한 점에서 벡의 인지치료에 기여하였다. 켈리는 개인은 자신의 세계관을 표현하는 구성개념을 가진다고 믿었다. 켈리의 개인 구성개념과 벡의 스키마는 개인의 신념체계를 특징짓는 방식을 기술한다는 점에서 서로 유사하다고 할 수 있다. 역시 켈리와 벡은 행동이 변화하는 데 신념이 중요한 역할을 한다는 것을 강조하였다.

1. 벡의 생애

벡(Aaron T. Beck, 1921~)은 1921년 7월 18일 로드아일랜드 주의 프로비던스(Providence)에서 출생하였다. 러시아계 유태인 미국 이민자의 막내아들로 태어났다. 이 시절 벡의 어머니는 외동딸의 사망으로 인해 우울증을 경험하였다. 어렸을 때 벡은 팔이 부러져서 감염된 것이 완치되지 않아 평생을 고생하였다. 또한 같은 학년을 두 번 다니게 되는 등의 경험을 통해 자신이 무능하고 바보 같다고 생각하였다. 벡은 어렸을 때부터 자신의 이러한 어려움을 인지적으로 해결하기 시작하였다. 후에 벡의 이론과 치료기법은 자신이 경험했던 부정적 신념을 지닌 사람들을 조력하는 데 이용되었다. 벡은 1943년에 브라운 대학을 우등으로 졸업했으며, 1946년에 예일대 의과대학에서 의학박사 학위를 수여받았다. 1954년에 펜실베이니아 대학의 정신과 교수가 되었고, 필라델피아 정신분석학회로부터 정신분석 훈련을 받았다. 벡은 대부분의 여생을 펜실베이니아 대학에서 보냈으며, 대학 내에 벡 인지치료연구소를 설립하였다. 이 연구소에서 벡은 우울, 자살, 불안 그리고 공황장애, 물질남용, 결혼문제, 성격장애 등에 관하여 연구하였다. 이러한 우울, 불안, 자살행동에 관한 광범위한 연구로 인해 벡은 수많은 공로상을 수여받았다. 벡은 375편 이상의 논문과 14권의 책을 집필하였으며, 수많은 평가 도구들을 개발하였다. 최근 인지이론은 모든 시스템이 양식(mode)으로서 함께 작동하는 것으로 본다. 양식은 성격을 구성하고 진행되는 상황을 해석하는 인지적, 정서적, 동기적, 그리고 행동적 도식의 네트워크이다(Beck & Weishar, 2005, p. 239).

2. 인간관

인지치료는 개인의 생각이 개인의 감정과 행동을 결정한다는 전제에 근거한다. 벡은 인간이 복잡한 인지적 창조물이라고 믿는다. 개인의 성격은 개인이 학습해서 형성한 가치와 지각에 의해 형성되었다고 본다. 개인의 인지를 포함하고 도식으로 조직화되어 있는 가치와 지각은 자신, 타인, 세계에 대한 견해를 구성한다. 이러한 가치와 지각은 개인이 갖는 심리적 장애에 대한 유전적 취약성에 의해 영향을 받기도 하지만 잘못된 전제와 가정에 근거할 수도 있다. 잘못된 가정에 기초한 인지는 역기능적 도식 발달을 초래한다. 만약 개인이 자신과 미래에 대한 부정적 견해를 갖는 도식을 가지면 그에게 진행되는 경험에 대한 지각은 부정적일 것이다(Okun, 1990, pp. 136-137).

벡의 인지치료의 세 가지 주요 원천은 현상학적 접근, 구조이론과 심층심리학, 인지심리학이다. 현상학적 접근은 개인이 자기와 사적 세계에 대한 견해가 행동의 핵심이라는 것을 설명한다. 칸트의 구조이론과 프로이트의 심층심리학이 두 번째 원천에 해당되는데, 특히 프로이트의 일차적 및 이차적 과정에 관련한 인지의 위계구조 개념에서 비롯되었다. 세 번째 인지심리학은 벡의 이론 형성에 많은 영향을 끼쳤다. 인지치료의 선구자로 여겨지는 켈리의 '개인 구성개념'과 행동변화에 있어 신념의 역할을 강조한 점은 벡에게 많은 영향을 주었다. 벡은 이러한 영향을 바탕으로 인간의 인지적 입장을 강조하였다.

3. 주요개념

여기에서는 주요 개념으로 인지치료의 기본원리, '인지 수준', 심리적 문제를 야기하는 주요한 요인인 부정적인 '자동적 사고'와 '인지왜곡'에 대해 살펴보고자 한다.

1) 기본원리

인지치료의 기본원리는 인지모델에 근거한다. 벡이 제시한 여덟 가지 원리는 다음과 같다(Beck, 1987, pp. 150-151).

- 개인이 상황을 구조화하는 방식이 그가 행동하고 느끼는 방식을 결정한다.
- 해석은 외적 상황, 적응 능력, 다른 전략이 갖는 잠재적 이익, 위험, 비용의 평가를 포함하는 적극적이며 지속되는 과정이다.
- 개인은 심리적 고통을 초래하는 독특한 민감성과 취약성을 가진다.
- 개인의 민감성이나 취약성의 다양한 정도는 성격 조직 내에서의 기본적 차이로 돌릴 수 있다.
- 인지 조직의 정상적 활동은 스트레스에 의해 부정적으로 영향을 받는다.
- 우울이나 불안장애와 같은 심리적 증상은 특별한 증상을 나타내는 독특한 내용을 가지고 과다하게 활동하는 도식으로 구성되어 있다.
- 스트레스를 받으며 다른 사람들과 상호작용하는 것은 상호적으로 강화하는 부적응 인지의 순환을 창조한다.
- 개인은 위협이 신체적이거나 상징적이건 간에 위협에 신체적 반응을 보일 것이다.

2) 인지수준

인지는 네 가지 수준인 자동적 사고(automatic thoughts), 중재적 신념(intermediate beliefs), 핵심 신념(core beliefs), 스키마(schemas)로 분류될 수 있다(Seligman, 2001, pp. 333-334).

- **자동적 사고**: 자동적 사고는 우리의 마음속에 계속적으로 진행되는 인지의 흐름이다. 자동적 사고는 상황과 정서를 중재한다.
- **중재적 신념**: 중재적 신념은 사람들의 자동적 사고를 형성하는 극단적이며 절대적인 규칙과 태도를 반영한다.
- **핵심 신념**: 많은 자동적 인지에 바탕이 되는 자신에 대한 중심적 생각이며, 보통 자

신의 중재적 신념에 반영되어 있다. 핵심 신념은 '보편적이며 과일반화된 절대적인' 것으로 기술될 수 있다. 핵심 신념은 자신, 타인, 세계, 그리고 미래에 대한 자신의 견해를 반영한다.

- 스키마: 스키마는 핵심 신념을 수반하는 '정신 내의 인지 구조'로 정의된다. 벡은 스키마를 정보처리와 행동을 지배하는 구체적 규칙으로 보았다. 스키마는 모스(Moss, 1992)가 명명한 '인지의 세 구성요소(cognitive triad)'인 자신, 세계, 미래를 보는 개인의 특유하고 습관적인 방식이다. 벡은 스키마 작업을 치료과정의 핵심이라고 보았다.

3) 자동적 사고

자동적 사고는 정서적 반응으로 이끄는 특별한 자극에 의해 유발된 개인화된 생각으로 노력 혹은 선택 없이 자발적으로 일어난다. 자동적 사고는 사람들이 자신의 경험으로부터 생성한 신념과 가정을 반영한다. 심리적 장애를 가진 사람의 자동적 사고는 흔히 왜곡돼 있거나, 극단적이거나, 부정확하다.

자동적 사고의 주요한 특징은 다음과 같다(McKay, Davis, & Fanning, 1981, pp. 12-13).

- 자동적 사고는 구체적이며 분리된 메시지이다.
- 자동적 사고는 흔히 축약해서 언어, 이미지 또는 둘 다의 형태로 나타난다.
- 자동적 사고는 아무리 비합리적이라 할지라도 거의 믿어진다.
- 자동적 사고는 자발적인 것으로서 경험된다.
- 자동적 사고는 흔히 당위성을 가진 말로 표현된다.
- 자동적 사고는 일을 극단적으로 보는 경향성을 내포한다.
- 자동적 사고는 개인에 따라 독특하게 나타난다.
- 자동적 사고는 중단하기가 쉽지 않다.
- 자동적 사고는 학습된다.

4) 인지왜곡

인지왜곡은 그릇된 가정 및 잘못된 개념화로 이끄는 생각에 있어 체계적 오류이다. 인지왜곡은 정보처리가 부정확하거나 비효과적일 때 나타나며 대개 비현실적인 세계관을 나타내거나 비논리적인 추론과 관련된다. 인지왜곡은 별다른 노력 없이도 자발적이고 자동적으로 발생하는 것처럼 보인다. 그래서 그것은 또한 부정적 자동적 사고라고 불린다. 자동적 사고는 순간 우리에게 떠오르는 생각이나 영상을 말한다. 사람들에게 나타나는 다양한 인지왜곡의 유형에는 자의적 추론(arbitrary inference), 선택적 추상(selective abstraction), 과일반화(overgeneralization), 극대화(magnification) 혹은 극소화(minimization), 개인화(personalization), 이분법적 사고(dichotomous thinking), 정서적 추론(emotional reasoning), 긍정 격하(disqualifying the positive), 파국화(catastrophizing), 명명(labeling) 혹은 잘못된 명명(mislabelling) 등이 있다.

자의적 추론 충분하고 적절한 증거가 없는데도 결론에 도달하는 것이다. 이러한 왜곡은 상황에 대한 비극적 결말이나 최악의 시나리오를 생각하는 것이다. 자의적 추론의 다른 형태는 독심술과 부정적 예측(negative prediction)이다. 독심술이란 타인들이 자기 자신의 마음을 읽을 수 있고 또 자기 자신이 무엇을 좋아하는지를 알아야 할 것이라는 상념에 관련된다. 부정적 예측은 점술이라고 명명되기도 했는데 이것은 사람은 어떤 나쁜 일이 이제 막 일어날 것이라고 상상하고, 또 실제로 예측하고 그런 다음 이러한 예측을 비록 그것이 현실적이지 못할지라도 사실로서 간주한다.

선택적 추상 선택적 추상은 때때로 '정신적 여과(mental filtering)'라고도 불리는데, 이러한 왜곡은 상황의 긍정적인 양상을 여과하는 데 초점이 맞추어져 있고 극단적으로 부정적인 세부사항에 머무르는 것을 말한다. 사상의 일부 세부사항만을 기초로 결론을 내리고, 전체 맥락 중의 중요한 부분을 간과하는 것이다. 관심을 두는 부분이 실패와 부족한 점에 관한 것뿐이라는 것이 여기에서의 가정이다. 선택적 추상에서 개인은 여타의 가용자료를 모두 무시한 채 자신의 우울한 생각을 정당화하거나 지지하는 단일의 근거만을 선택적으로 채택한다.

과일반화 단일 사건에 기초하여 극단적인 신념을 가지고 그것들을 유사하지 않은 사상들이나 장면에 부적절하게 적용하는 과정이다. 과일반화에서 성적 피해자는 한 가지 사건에 기초한 결론을 광범위한 상황에 적용시킨다. 이러한 왜곡된 사고의 예는 "나는 한 남자에 의해 학대당했다. 이것은 모든 남자가 학대한 것이고 그들을 믿을 수 없음을 뜻한다."와 같은 것이다.

극대화 혹은 극소화 이러한 인지적 왜곡은 개인이 불완전을 최대화하거나 좋은 점을 최소화할 때 생길 수 있다. 대개 사람들은 자신의 실수나 결점 또는 개인들의 재능을 바라볼 때에는 그것들을 실제보다 좀 더 큰 것처럼 보게 되는 경향이 있고, 반면에 자신의 장점이나 타인들의 문제를 대할 때에는 축소하여 사건들이 작고 멀게만 보인다. 이처럼 불완전한 점들을 극대화하고 좋은 점들을 극소화하기 때문에, 그는 결국 자신이 부적절하며 타인들보다 열등하다고 생각하고 또 우울하다고 느끼게 된다.

개인화 관련지을 만한 일이 아님에도 불구하고 외적 사상들과 자기 자신을 관련짓는 경향이다. 종종 잘못된 귀인이라고 불리기도 하는 개인화는 책임져야 할 사람은 아무도 없었다는 가정을 내포한다.

이분법적 사고 이러한 왜곡의 주요한 특징은 완전한 실패 아니면 대단한 성공과 같이 극단적으로 흑과 백으로 구분하려는 경향이다. 즉, 흑백논리로 사고하고 해석하거나 경험을 극단으로 범주화하는 것이다. 이러한 이분법적인 사고를 하게 되면 일들은 '좋은 것'이 되든지 '나쁜 것'이 된다. 이러한 인지는 극단에 초점이 있어서, 둘 사이의 회색 영역을 무시하는 것이다. 이것은 불완전함을 생각하여 자동적으로 부정적인 신념으로 이끌도록 함으로써 낮은 자존감을 불러일으킨다.

정서적 추론 정서적 추론의 잘못된 양상은 정서적 감정이 왜곡으로 보이지 않고, 현실과 진실의 반영으로 여겨지는 것이다. 이는 사람이 정서적 경험에 근거해서 그 자신, 세계 혹은 미래에 관해서 추리를 하는 경우를 말한다. 이 왜곡은 자기 자신의 정서를 사실이 실제로 그렇다고 보는 데 대한 근거로서 취하는 것에 관련된다. 논리는 "나는 느낀다. 고로 나는 존재한다."이다. "나는 부적절하다고 느낀다. 고로 나는 쓸모없는 사람이다."고 추론하는 것이다.

긍정 격하 개인이 자신의 긍정적인 경험을 격하시켜 평가하는 것을 말한다. 따라서 내담자는 긍정적인 경험을 감소시키거나 그것을 부정적인 경험으로 전환함으로써 모순되는 증거에도 불구하고 왜곡된 신념을 유지할 수 있도록 한다. 선택적 추론에서는, 개인은 상황의 부정적인 측면에 초점을 맞추고 긍정적인 측면을 무시한다. 반면에, 긍정 격하에서는 개인은 긍정적인 측면들을 능동적으로 무력화시킨다. 이것은 진실로 승리의 문턱에서 패배를 좌초하고 마는 어처구니없는 왜곡이다.

파국화 이 왜곡은 개인이 걱정하는 한 사건을 취해서 지나치게 과장하여 두려워하는 것을 말한다. 자신을 계속 파국화시키는 사람은 광명천지에서도 먹구름만을 바라보거나 그것을 창조해낸다. 이처럼 재난에 대한 과장은 세상에 곧 종말이 닥칠 것이라는 두려움 속에서 살아가도록 하는 원인이 된다.

명명과 잘못된 명명 자신에 대한 부정적 견해는 어떤 잘못에 근거한 자기명명(self-labeling)에 의해 창조된다. 잘못된 명명은 과일반화의 극단적인 형태로서 내담자가 어느 하나의 단일 사건, 종종 매우 드문 것에 기초하여 완전히 부정적으로 상상하는 것이다. 이것은 특정한 행동이나 특성을 가진 어떤 사람을 동일화할 수 없다는 점에서 비현실적이다. 이는 개인이 자신의 오류나 불완전함에 근거해서 하나의 부정적 정체성을 창조하여 그것이 마치 진실한 자기인 것처럼 단정 짓는 것이다.

5) 인지타당성 평가

벡과 에머리(Beck & Emery, 1985)는 인지타당성을 평가하는 5단계 과정을 머리글자 A-FROG로 설명하였다. A-FROG는 개인이 합리적으로 생각하고 있는가의 여부를 평가하는 것으로, 다음과 같은 준거에 따라 사고를 평가한다.

- A: Alive(나의 사고는 나를 생기 있게 하는가?)
- F: Feel(나는 이러한 사고의 결과로 기분이 더 나아졌는가?)

- R: Reality(나의 사고는 현실적인가?)
- O: Others(나의 사고는 다른 사람과의 관계에 도움이 되는가?)
- G: Goals(나의 사고는 나의 목표를 성취하는 데 도움이 되는가?)

만약, 자신의 사고에 대한 앞의 질문에 모두 '예'라고 답하지 않으면, 그 사고는 역기능적이며 왜곡된 것일 수 있다.

4. 상담목표

인지치료의 기본적 목표는 내담자가 보다 효과적으로 기능하도록 사고의 편견이나 인지 왜곡을 제거하는 것이다. 상담자의 관심은 부적응 행동이나 감정을 유지시키는 내담자의 정보처리 방식이다. 인지치료 상담자는 내담자가 자신의 정보처리 오류를 확인하여 수정하도록 조력한다. 상담자는 내담자의 인지왜곡을 도전하고, 검증하고, 논의해서 보다 긍정적인 감정, 행동, 사고를 갖도록 한다.

상담자는 구체적이고 우선적인 목표에 초점을 두며 내담자와 협동하여 상담목표를 설정한다. 목표가 보다 명료하고 구체적일수록 상담자가 내담자를 조력해서 신념체계를 변화시키는 데 사용하는 방법을 선택하는 것이 보다 용이하다. 상담목표를 달성하기 위해 상담자는 내담자의 자동적 사고 및 핵심 신념과 그것과 관련된 정서와 행동을 확인하고, 이러한 사고의 타당성을 평가하고, 필요에 따라 부적절한 사고를 수정하도록 조력한다(Sharf, 2004, p. 306; Seligman, 2001, pp. 335-336).

5. 상담과정

인지치료는 역기능적 사고 패턴을 발견해서 도전하여 변화시키는 것을 추구한다. 벡은 상담자와 내담자의 협동적 경험주의를 강조한다. 상담자와 내담자는 협동적 경험주의를 통해 자동적 사고를 행동적 실험을 통해 검증할 수 있고 논리적으로 철저하게 조사할 수 있는 가설로서 다룬다. 상담자는 내담자와 협동적 대화를 하는 소크라테스적 대화라는 질문기법을 사용한다. 이러한 대화에서 상담자가 묻는 일련의 질문은 자기, 경험, 미래에 대한 내담자의 주장을 도전하게 한다. 소크라테스적 대화는 '유도된 발견'이라고도 한다. 즉, 상담자는 내담자가 신념에 도전하도록 가지고 있는 정보를 사용하는 일련의 질문을 함으로써 새로운 사고와 행동 방식을 발견하도록 그를 지도한다. 따라서 인지치료를 받는 내담자는 직접적으로 철학적 체계가 주입되지 않고 그가 스스로 진리 탐구자가 되도록 이끌어진다(Day, 2004, pp. 310-311; Sharf, 2004, pp. 371-373).

인지치료의 과정은 비교적 직접적인 문제를 다루는 데 있어 보통 시간제한을 두며 4~14회기로 진행된다(Beck, 1995). 각 회기는 영향과 효과를 극대화하기 위해 주의 깊게 계획되고 구조화된다. 내담자는 보통 치료가 시작되기 전에 검사질문지와 최초면접 질문지가 실시된다. 상담자는 첫 회기를 시작하기 전에 이러한 질문지의 결과를 검토한다.

각 회기는 명확한 목표와 다룰 주제를 가진다. 주디스 벡(Judith Beck, 1995, pp. 26-27)이 추천한 초기회기를 위한 열 가지 절차는 다음과 같다.

1. 내담자에게 의미가 있는 주제를 설정하라.
2. 내담자의 기분을 확인하고 그것의 강도를 측정하라.
3. 호소하는 문제를 확인하고 검토하라.
4. 치료에 대한 내담자의 기대를 확인하라.
5. 내담자에게 인지치료에 대해서 그리고 내담자의 역할에 대해서 가르쳐라.
6. 내담자의 어려움과 진단에 대한 정보를 제공하라.
7. 목표를 설정하라.
8. 회기 간에 할 과제와 숙제를 제공하라.
9. 회기를 요약하라.
10. 내담자로부터 회기에 대한 피드백을 들어라.

이러한 초기 회기를 통해 상담자는 치료적 동맹의 발달을 증진하고 현실적 희망과 낙관주의를 격려하면서 신뢰와 협동적 태도를 형성한다. 뒤따르는 회기들도 유사한 구조로 진행된다. 회기는 전형적으로 변화에 초점을 둔 내담자의 기분에 대한 평가로 시작된다.

인지치료자는 내담자에게 회기 구조의 본질과 목적을 확실하게 설명한다. 내담자는 그러한 회기 구조가 확실하다는 것을 발견하게 된다. 내담자는 기대되는 것을 알며 이러한 계획이 그에게 도움이 되리라는 것을 믿는다(Seligman, 2001, pp. 334-335).

6. 상담기법

다양한 인지치료 기법이 내담자가 목표를 달성하도록 조력하는 데 사용된다. 어떤 기법은 자동적 사고를 끌어내고 도전하는 데 사용되며 다른 기법들은 부적응적 가정이나 비효과적 인지 도식을 발견하여 변화시키는 데 사용된다. 인지치료의 일반적 접근은 자동적 사고나 비합리적 신념을 해석하는 것이 아니라 실험이나 논리적 분석을 통해 그러한 것을 조사하는 것이다. 인지치료자는 또한 내담자의 감정과 행동을 돕는 기법도 사용한다. 여기서는 내담자의 부적절한 사고 패턴을 돕는 데 자주 사용되는 여덟 가지 기법을 살펴보고자 한다(Sharf, 2004, pp. 373-376).

1) 특별한 의미 이해하기

다른 단어들은 자동적 사고와 인지 도식에 의존해서 개인에게 다른 의미를 가진다. 흔히 상담자는 내담자가 사용하는 어떤 단어가 의미하는 바를 안다고 가정하는데, 그것으로는 충분하지 않다. 예를 들면, 우울한 사람은 자주 '당황한' '패배자' '우울한' '죽고 싶은' 등과 같은 애매한 단어들을 사용하곤 한다. 따라서 이러한 단어의 의미가 무엇을 의미하는지 내담자에게 질문하는 것은 상담자와 내담자에게 내담자의 사고과정을 이해하는 데 도움이 된다.

2) 절대성에 도전하기

내담자는 자주 "직장에 있는 모든 사람은 나보다 영리해요."와 같은 극단적 진술을 통해 자신의 고통을 나타낸다. 이러한 진술은 '모든 사람' '언제나' '결코' '항상' 등과 같은 단어를 내포한다. 상담자는 내담자가 보다 정확하게 절대성 진술을 제시하도록 그러한 진술에 질문을 하거나 도전하는 것이 도움이 된다. 상담자는 내담자가 어떤 절대성 단어를 자주 사용하는가를 파악하여 내담자에게 도전하여 그러한 생각이 잘못됐음을 깨닫게 한다.

3) 재귀인하기

내담자는 자신이 상황이나 사건에 대한 책임이 거의 없는 경우에 그러한 상황이나 사건의 책임을 자신에게 귀인 시킬 수 있다. 자신을 비난함으로써 내담자는 많은 죄의식을 느끼거나 심한 우울을 느낄 수 있다. 상담자는 재귀인하기 기법을 사용해서 내담자가 사건의 책임을 정당하게 하도록 조력한다. 즉, 내담자가 부적절한 귀인으로 인해 받는 고통에서 탈피할 수 있도록 정확한 인과관계에서 자신의 책임 여부를 파악하도록 조력한다.

4) 인지왜곡 명명하기

내담자가 사용하는 인지왜곡이 흑백논리, 과일반화, 선택적 추상 등과 같은 여러 가지 인지왜곡 중 어떤 것에 해당하는지 명명하도록 하는 것이다. 인지왜곡 명명하기는 내담자가 자신의 추론을 방해하는 자동적 사고를 범주화하는 데 도움이 될 수 있다. 예를 들면, 어머니가 항상 자기를 비판한다고 믿는 내담자에게 이것이 어떤 왜곡인지, 그가 어머니의 행동을 과일반화하고 있는지에 대해 질문해 보도록 요청할 수 있다.

5) 흑백논리 도전하기

내담자는 가끔 어떤 일들을 흑백논리로서 기술한다. 예를 들면, 자신의 성적 평균이 A학점이 안 되면 파국이라고 생각하는 내담자를 생각해 볼 수 있다. 상담자는 이런 경우에 측정하기라는 과정을 사용해서 이분법적 범주화를 연속선상의 측정으로 변환시킨다. 이렇게 하면 학점은 정도의 다양성에서 보여질 수 있다. 내담자는 연속선상에서 자신의 위치를 확인함으로써 흑백논리나 이분법적 사고에서 비롯된 파국적 결과에 낙담에서 벗어날 수 있다.

6) 파국에서 벗어나기

내담자는 일어나지 않을 것 같은 어떤 결과를 매우 두려워할 수 있다. 흔히 이러한 두려움을 다루는 기법이 "만약 ~하면, 어떤 일이 일어날까?(what-if?)"란 기법이다. 이 기법은 내담자가 가능한 결과에 과잉 반응할 때 매우 효과적이다. 예를 들면, 성적이 우수한 고등학생이 학급 성적이 5등 내에서 벗어나면 파국이라고 생각한 경우이다. 이런 경우에 "만약 너의 성적이 7등이 됐다면 어떤 일이 일어날 것 같은가?"라고 물어서 그러한 결과가 마음이 아프겠지만 가능할 수 있다는 것을 깨닫게 한다.

7) 장점과 단점 열거하기

이것은 내담자로 하여금 자신의 특별한 신념이나 행동에 대한 장점과 단점을 열거하도록 하는 것이다. 예를 들면, 내담자가 '나는 실수를 해서는 안 된다.'는 강한 강박적 신념을 갖고 발표불안에 고통을 받고 있다고 가정하자. 이러한 내담자에게 그러한 신념의 장점과 단점을 나열하게 함으로써 실수하면 큰일이라는 파국적 생각에서 벗어나게 할 수 있다. 이처럼 어떤 신념에 대한 장점과 단점 열거하기는 내담자로 하여금 흑백논리에서 벗어나도록 하는 데 도움이 된다.

8) 인지 예행연습

다가올 사건을 다루는 데 있어 상상의 사용은 도움이 될 수 있다. 직장여성이 자기의 상사 앞에서 어떤 주제에 대해 발표하는 것에 대한 상사의 반응으로 '네가 감히 이러한 주제에 대해 어떻게 내 앞에서 발표를 한다고 그래?'라는 상상을 가질 수 있다. 많은 경우에 이런 생각은 발표를 못하게 하는 원인으로 작동한다. 이러한 파국적 상상은 인지적 예행연습을 통해 바람직한 방향으로 대체될 수 있다. 이런 경우에 이 여성이 상사 앞에서 성공적인 발표를 하고 상사는 그러한 내용을 열심히 경청하는 것을 그녀로 하여금 상상하게 할 수 있다. 상담자는 내담자로 하여금 인지 예행연습을 통해 발생할 가능한 일들에 적절한 방식으로 대처할 수 있도록 조력한다.

7. 요약

- 인지치료에서는 개인의 생각이 감정과 행동을 결정한다는 점에서 인간을 인지적 창조물이라고 본다.
- 인지치료의 기본 원리는 인지 모델을 근거로 인간의 다양한 정서와 행동을 설명한다.
- 인지수준은 자동적 사고, 중재적 신념, 핵심 신념, 스키마로 분류된다. 인지의 세 가지 구성요소는 자신, 세계, 미래를 보는 개인의 특유하고 습관적인 방식이다.
- 자동적 사고는 정서적 반응으로 이끄는 특별한 자극에 의해 유발된 개인화된 생각으로 노력이나 선택없이 자발적으로 일어나며 사람들이 자신의 경험으로부터 생성한 신념과 가정을 반영한다.
- 인지왜곡은 그릇된 가정 및 잘못된 개념화로 이끄는 생각에 있어 체계적 오류이다. 인지왜곡의 유형에는 자의적 추론, 선택적 추상, 과일반화, 극대화 혹은 극소화, 개인화, 이분법적 사고, 정서적 추론, 긍정 격하, 파국화, 명명 혹은 잘못된 명명 등이 있다.
- 인지치료의 기본적 목표는 내담자가 보다 효과적으로 기능하도록 사고의 편견이나 인지왜곡을 제거하는 것이다.
- 상담자와 내담자는 협동적 경험주의를 통해 자동적 사고를 행동적 실험을 통해 검증할 수 있고 논리적으로 철저하게 조사할 수 있는 가설로서 다룬다.
- 초기 회기를 통해 상담자는 치료적 동맹의 발달을 증진하고 현실적 희망과 낙관주의를 격려하면서 신뢰와 협동적 태도를 형성한다.
- 인지치료에서 내담자의 부적절한 사고 패턴을 바꾸는 데 사용되는 기법으로 특별한 의미 이해하기, 절대성에 도전하기, 재귀인하기, 인지왜곡 명명하기, 흑백논리 도전하기, 파국에서 벗어나기, 장점과 단점 열거하기, 인지적 예행연습 등이 있다.

효과적 조력을 위한
상담 연습 18

부정적 자동적 사고 수정하기

연습 1: 우리가 어떤 상황에서 습관적으로 행동하는 것처럼 우리의 생각도 습관적으로 자동적으로 작동된다. 당신이 어떤 상황에서 습관적으로 하는 생각이 당신을 성숙으로 이끄는지 아니면 정체와 퇴보로 이끄는가를 냉철하게 판단해 보라. 예를 들면, 언어적 자기대화에서 자기도 모르게 부정적이고 패배적 생각에 빠져드는 경우를 인식하라. 이러한 인식을 통해 당신의 부정적 자동적 사고를 찾아보라.

연습 2: 당신이 접하는 상황에서 흔히 하는 부정적 자기대화를 긍정적 자기대화로 바꾸도록 하라. 부정적 자기대화를 버리고 긍정적 자기대화를 형성하여 인지재구조화를 달성하는 데 사용할 수 있는 방법을 탐색해 보라.

연습 3: 당신이 몹시 우울하고 불안하게 느낄 때 진행되는 생각이 무엇인지 탐색해 보라.
그러한 생각이 이 장에서 제시한 인지왜곡의 어떤 유형과 관련되는지 찾아보라.

연습 4: 최근에 상담이론을 분류하는 데 엘리스의 인지 · 정서 · 행동치료나 벡의 인지치료를 인지행동치료라는 범주에서 다루고 있다. 이러한 분류를 인간의 세 가지 체계인 인지, 정서, 행동과 관련하여 설명해 보라. 또한 현재 인간을 보는 전체론(holism) 추세와 관련해서 생각해 보라.

연습 5: 모삭과 마니아치(Mosak & Maniacci, 1999)는 아들러의 개인심리학을 분석적-행동적 인지심리학이라고 명명하였다. 또한 엘리스는 직접적으로 아들러의 개인심리학의 영향을 받았다고 하였다. 이러한 주장과 아들러의 핵심 개념인 사적 논리와 기본적 오류를 바탕으로 인지치료와의 관계를 설명해 보라.

제 7 부

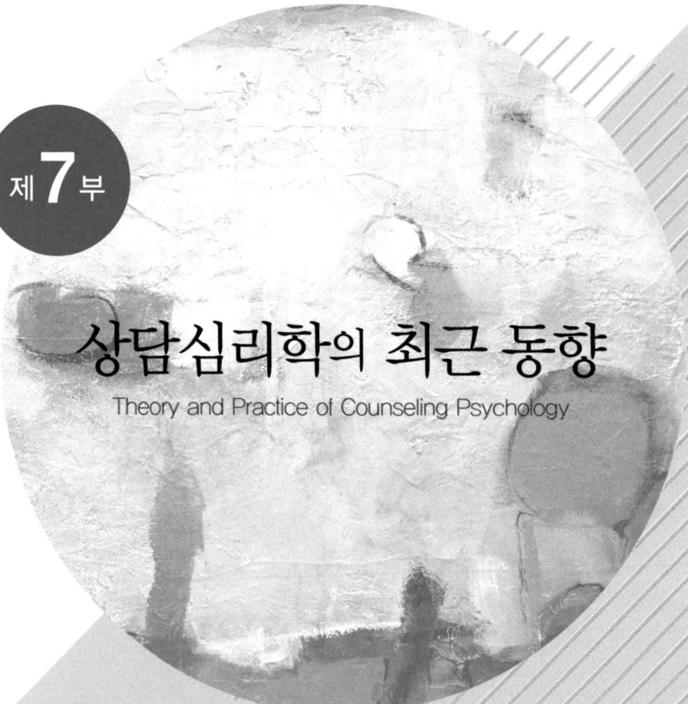

상담심리학의 최근 동향

Theory and Practice of Counseling Psychology

미국심리학회는 21세기를 맞이하면서 인간의 부정적인 측면보다 긍정적인 측면을 찾아 연구할 것을 강조하는 긍정심리학을 표방하였다. 이러한 학문적 추세를 반영하듯 한국 사회에서도 최근 삶의 질, 안녕, 행복, 성공, 몰입, 수월성 등을 강조하는 쪽으로 사회적 분위기가 바뀌는 것 같다. 이러한 학문적 및 사회적 추세는 우리 각자를 지금보다 나은 상태로 변화할 것을 추구하는 상담심리학의 목표와 부합된다고 할 수 있다. 이런 시대적 상황에서 상담전문직에서 활동하고 있는 모든 조력자들은 이전보다 희망과 사명감을 갖고 조력활동에 충실할 수 있도록 각자의 위치에서 자신을 돌보는 데 최선을 다해야 한다고 본다. 여기서는 먼저 최근 새롭게 등장한 상담이론들을 구성주의자 상담 접근방식의 측면에서 알아보고 전반적인 상담이론의 최근 동향과 역사적 관점에서 상담심리학의 최근 동향을 살펴보고자 한다.

지난 20세기 말에 철학적 추세인 포스트모더니즘은 상담심리학에도 영향을 주어 말 그대로 기존의 인식 틀을 해체하는 방향에서 새로운 상담이론들이 등장하였다. 여기서는 이러한 입장에 있는 구성주의자 상담 접근방식으로서 과학자로서 인간을 강조한 켈리의 개인 구성개념 이론, 인간의 수월성을 강조하는 신경언어학적 프로그래밍, 문제보다 해결에 초점을 둔 해결중심치료, 문제와 사람을 분리해서 볼 것을 강조하는 이야기치료를 다루고자 한다.

상담이론들은 인간 이해를 탐구해 온 심리학의 발달과 함께 패러다임의 변화보다는 기존의 패러다임이 유지되면서 새로운 패러다임이 추가되는 방식으로 조력을 위한 방식들을 확장해 왔다고 할 수 있다. 이러한 관점에서 먼저 지금까지 심리학의 네 가지 세력으로 나누어 살펴본 상담이론들의 최근 동향을 알아보고자 한다. 다음으로 상담심리학이 역사적으로 시대적 요구와 함께 발달해 온 과정을 조명하면서 최근의 동향을 살펴보고자 한다.

제 19 장

구성주의자 상담 접근방식

문제가 문제이지 사람이 문제인 것은 아니다.

-이야기치료자-

19장의 목차

포스트모던 접근으로 최근 강조되는 구성주의자 상담 접근방식은 기존의 상담이론들과 사뭇 다른 입장에서 내담자 조력을 추구하고 있다. 구성주의는 인간이 능동적으로 자신이 반응하는 현실을 창조한다는 주장에 근거한 인식론적 관점이다(Lyddon, 1995, p. 69). 지식에 대한 구성주의의 핵심 주장은 인식 주체는 어떤 환경하에서건 인식 주체와 독립된 객관적 현실의 지식을 얻지 못한다는 것이다(Held, 1995). 즉, 현실은 발견되기 위해 어딘가에 있는 것이 아니라 우리 각각의 내부에서 구성된다고 본다. 따라서 모든 지식은 우리가 특별한 현상에 적용하는 구성개념, 문화, 언어, 이론에 따라 달라진다. 이런 점에서 상담자는 순수하고 직접적으로 내담자와 그의 문제를 알 수 없으며 단지 상담자는 내담자와 그의 문제에 대한 자신의 해석을 알 수 있다고 본다. 다른 이론, 다른 언어, 다른 문화는 같은 내담자에 대한 다른 지각을 초래한다(Prochaska & Norcross, 1999, p. 439).

구성주의자들은 인간행동을 이해하기 위해 사회와 그것의 영향을 광범위하게 조사한다. 즉, 구성주의 상담자들은 우리가 가족의 산물일 뿐만 아니라 우리의 성 역할, 매체, 문화정체감, 언어, 우리한 학습한 이야기 등에 의해 영향을 받고 형성되었다는 것을 바탕으로 인간행동을 이해하여 조력을 도모한다. 구성주의 이론은 모든 지식이 개인이 사용하는 언어와 그의 관점의 맥락에서 이해될 수 있다는 입장을 취한다. 프로차스카와 노크로스(Prochaska & Norcross, 1999, pp. 438-439)는 구성주의자 치료들이 갖는 세 가지 공통 특징을 지적하였다. 이러한 특징은, 첫째, 상담회기가 비교적 짧은 단기 치료이다. 둘째, 문제 원인이 아니라 변화와 자원에 초점을 둔다. 셋째, 객관적인 현실보다는 내담자의 독특한, 주관적 관점이나 자기구성적인 이야기를 강조한다.

당신이 상담을 어떻게 볼 것인가에 막대한 영향을 줄 수 있는 구성주의자들이 취하는 두 가지 중요한 전제가 있다. 첫 번째 전제는 누구도 객관적 입장에서 다른 사람의 현실을 결코 충분히 이해할 수 없다는 것이다. 두 번째 전제는 객관적 현실에 대한 인간 지식이 가능하지 않다는 것이다. 이런 전제에 따라 구성주의자 상담 접근에서 강조하는 것은 개인의 주관적인 관점이나 이야기이다. 부적응적인 사람들은 부정적인 구성개념과 이야기를 가진다. 상담자가 내담자의 부정적인 이야기를 해체하는 데 사용할 수 있는 중요한 도구들 중의 하나는 질문이다. 따라서 상담자는 효과적인 질문을 사용하는 방법을 터득하는 것이 중요하다.

구성주의자 상담에서 보는 치료적 변화는 재구성의 과정이며 이러한 과정은 다양한 형태를 취할 수 있다. 이 장에서는 구성주의자 상담 접근방식으로 분류되는 '과학자로서 인간'을 강조하는 개인 구성개념 이론, 인간의 수월성을 강조한 신경언어학적 프로그래밍, 문제보다 해결에 초점을 둘 것을 강조하는 해결중심치료, 새로운 대안적 이야기를 구성하여 살아갈 것을 강조하는 이야기치료에 대해 개략적으로 살펴보고자 한다.

1. 인간관

구성주의 이론가들은 인간에 대한 전체론 입장을 취하며 인간을 자신의 현실에 대한 능동적 창조자이며 해석자라고 본다. 사람들이 자신의 환경을 탐색하고 환경에 적응하기 위해 능동적으로 정보를 처리한다고 믿는다. 인간은 질서와 협력을 유지하기 위해 자신의 경험을 계속적으로 변형하고 재조직화하는 역동적이고 탈중심화된 구조라고 믿는다. 불안과 부정적 정서는 바람직하지 않은 어떤 것으로서가 아니라 발달의 필요한 부분으로 본다. 구성주의 이론은 발달, 정보, 체계 이론을 통합하려고 시도한다. 구성주의 이론가들은 내부에서 오는 새로운 정보가 존재하는 구조로 통합되는 과정에 초점을 둔다. 마호니(Mahoney, 1995)는 구성주의는 본질적으로 적어도 인간 경험의 세 가지 서로 관련된 원리를 강조하는 이론과 치료 군이라고 지적한다. 구성주의 메타이론의 이러한 세 가지 중심적 특징은 다음과 같다.

첫째, 인간은 자신의 경험, 즉 모든 지각, 기억과 지식에 있어 발생적 참여자이다.

둘째, 인간의 삶을 조직화하는 질서과정의 대다수는 자각의 잠재적 수준으로 작동한다.

셋째, 인간 경험과 개인적인 심리발달은 경험적 패턴의 유지를 옹호하는 개별화된 자기조직 과정의 계속되는 조작을 반영한다(pp. 44-45).

구성주의는 능동적이고 생산적인 인지과정에 초점을 두며 인간정신을 발생적이며 반응적인 것으로 본다. 마호니(Mahoney, 1988, p. 364)는 "인간은 자신의 개인적 및 사회적 현실을 적극적으로 창조하고 해석한다."고 지적하였다.

2. 개인 구성개념 이론

개인 구성개념 이론은 "우주에 대한 우리의 현재의 모든 해석은 개정되거나 대체될 수 있다."는 철학적 가정인 구성개념적 대안주의에 근거한다(Kelly, 1955, p. 15).

켈리(George A. Kelly, 1905~1967)는 "나는 곤궁에 처한 사람들의 말을 경청했다. 그리고 그들이 할 수 있는 것을 파악하도록 조력했다."고 기술했다(Kelly, 1969, p. 50). 그는 곧 이러한 사람들에게 가장 필요한 것은 그들에게 무엇이 일어났는지에 대한 설명과 그들의 미래에 무엇이 일어날 것인지에 관해 예견할 능력임을 알게 되었다. 개인 구성개념은 이러한 통찰에서 발전하였다.

1) 과학자로서 인간

켈리의 개인 구성개념 이론은 개인이 자신의 삶을 해석하는 방법에 초점이 맞추어져 있다. 그의 인간에 대한 연구는 모든 인간이 과학자라는 가정, 즉 '과학자로서 인간'의 관점에 근거한다. 과학자의 궁극적 목적은 예언하고 통제하는 것이라고 일반적으로 말한다(Kelly, 1963, p. 5). 과학적으로 인간을 연구하는 심리학자가 자신의 인지적 구조인 구성개념에 따라 인간을 예언하고 통제하려고 시도하는 것처럼, 과학자인 심리학자의 연구대상인 피험자들도 자신의 구성개념을 통해 사건을 해석하고 예언하고 통제하려고 시도한다.

우리는 과학자가 자신의 이론을 형성하고 검증하는 방식과 유사한 방식으로 일어나는 사건을 관찰하고, 의구심을 갖고, 탐색하면서 예언하고 통제하려는 시도를 계속하면서 우리의 삶을 영위한다. 과학자처럼, 개인은 자신의 행동의 결과에 대한 가설을 발달시키고 자신이 하는 예언의 정확성에 따라 그가 설정한 가설의 타당성을 평가한다. 과학자처럼, 개인은 행동의 결과를 예언하고 통제하려고 시도한다. 과학자가 보다 훌륭한 예언을 줄 수 있는 이론을 구성하려고 노력하는 것처럼, 개인도 자신이 어떻게 행동하면 보다 훌륭한 결과를 가져올 것인가에 대한 자신의 예견체계를 구성하려고 노력한다.

자신의 견실한 가설 및 이론을 바탕으로 예언을 정확히 하는 훌륭한 과학자가 있으며, 부실한 가설과 체계화되지 않은 이론으로 예언을 시도하는 별 볼 일 없는 과학자도 있다. 마찬가지로, 자신의 경험을 통해 형성한 인식을 바탕으로 현실에 대한 예언을 정확히 하면서 자신을 변화시키는 건강한 개인이 있으며, 자신의 경험에 근거하지 않고 체계화되지 않은 혼란한 인지적 구조를 가지고 막무가내로 현실에 대한 예언을 부정확하게 하면서 자신을 변화시키지 못하는 별 볼 일 없는 사람도 있다.

2) 개인 구성개념

켈리는 우리가 사건을 해석하고 예언하는 데 사용하는 인지적 구조를 '개인 구성개념(personal construct)'이라고 불렀다. 개인 구성개념은 개인이 세계 속에 있는 사건을 보는 방식, 즉 인생의 사건을 해석하거나 설명하기 위해서 고안된 지적 가설이다. 개인은 자신의 구성개념이 일상생활의 현실을 예언하고 설명하리라는 기대에 따라 행동한다. 개인은 과학자처럼 계속적으로 이러한 가설을 검증한다. 즉, 개인은 자신의 구성개념에 근거하여 행동하며 행동한 결과를 평가한다. 따라서 이 지구상에 당신과 동일한 구성개념을 가진 사람은 없으며, 마찬가지로 당신과 동일한 방식으로 구성개념을 조직화하는 사람도 없다.

우리는 많은 상황이나 다양한 사람들을 접촉해 오면서 거기에 부합한 많은 구성개념을 발달시켜 왔다. 우리는 새로운 사람을 만날 때 또는 새로운 상황에 직면할 때 구성개념의 목록을 확장한다. 또한 우리는 우리에게 영향을 미치는 사람과 사건의 변화 때문에 정기적으로 구성개념을 바꾸거나 버릴 필요가 있다. 그러므로 개인은 자신의 구성개념을 계속해서 수정하면서 삶을 영위한다.

구성개념의 변경과 수정은 필요하고 계속되는 과정이다. 즉, 우리는 항상 어떤 상황에 적응하기 위해 항상 대안적인 구성개념을 가져야 한다. 켈리는 인간이 갖는 이러한 적응성을 '구성개념적 대안주의(constructive alternativism)'라고 불렀다. 즉, 인간은 그가 가져온 구성개념을 상황에 맞는 대안적 구성개념으로 수정하거나 대체하는 주체로서 현실에 적응해 가는 존재임을 의미한다. 만약 우리의 구성개념이 유연성이 없고 수정될 수 없다면, 우리는 새로운 상황에 대처하거나 적응할 수 없을 것이다.

3) 기본가정 및 추론

켈리(1963)는 자신의 성격이론인 개인 구성개념 이론을 설명하기 위해 기본가정과 열한 가지 추론을 제안하였다(pp. 46-104).

기본가정: 개인의 과정은 그가 사건을 예견하는 방식에 의해 심리적으로 통로화된다.

켈리는 이러한 개인 구성개념 이론의 기본가정을 바탕으로 인간의 행동을 설명하는 다음과 같은 열한 가지 추론을 제안하였다.

- 구성개념 추론: 개인은 사건의 반복을 해석함으로써 사건을 예견한다.
- 개별성 추론: 사람들은 각자가 갖는 사건의 구성개념에 있어 서로 다르다.
- 조직화 추론: 각 개인은 특성적으로, 예견하는 사건에서 자신의 편의를 위해, 구성개념들 간의 서열 관계를 수용하는 어떤 구성개념 체계를 발전시킨다.
- 이분법 추론: 개인의 구성개념 체계는 유한한 이분법적 구성개념들로 구성되어 있다.
- 선택 추론: 개인은 자신을 위해 이분법적 구성개념에서 어느 하나를 선택하며, 그러한 선택을 통해 개인은 자신이 가진 체계의 확장과 정의를 위해 더 큰 가능성을 예견한다.
- 범위 추론: 구성개념은 사건들의 유한한 범위만의 예견을 위해 편리하다.
- 경험 추론: 개인의 구성개념 체계는 그가 연속적으로 사건들의 반복을 해석함으로써 변화된다.
- 조절 추론: 개인의 구성개념 체계에서 변화는 변형된 구성개념들이 위치하는 편리의 범위 내에서 구성개념들의 침투성에 의해 제한된다.
- 분열 추론: 개인은 추론적으로 서로 비교할 수 없는 다양한 구성개념의 하부체계들을 계속적으로 이용할 수 있다.
- 공통성 추론: 한 사람이 다른 사람이 사용하는 것과 유사한 경험의 구성개념을 사용하는 정도에 따라, 그의 심리적 과정은 다른 사람의 심리적 과정과 유사하다.
- 사회성 추론: 한 사람이 다른 사람의 구성개념 과정을 해석하는 정도에 따라, 그는 다른 사람의 참여하는 사회적 과정에서 역할을 할 수 있다.

4) 고정역할치료

켈리(Kelly, 1963)는 상담과 관련하여 개인 구성개념 이론에 중요한 두 가지 특징을 다음과 같이 지적하였다. 첫째, 내담자는 단순히 사건에 반응하는 것이 아닌 표상하고 기대할 수 있는 능력을 지닌 과학자로 보는 인간본성에 대한 모델이다. 이러한 모델의 관점에서 심리치료를 내담자가 연구자의 역할을 하고, 사실을 주의 깊게 살피는 하나의 실험 프로그램으로 생각할 수 있다. 상담자의 역할은 내담자가 특정한 가설을 세우고, 그 가설을 실험해 보고, 그 결과를 보고 수정해 보도록 도와주는 것이다. 두 번째 특징은 자신이 이해한 다른 사람의 관점을 적극적으로 실행해 보는 과정으로서의 '역할'이라는 개념이다. 켈리는 한 사람이 다른 사람과의 과정을 구성하는 만큼, 그는 사회적 과정에서 특정한 역할을 할 수 있다고 하였다. 즉, 사람은 다른 사람이 기대하는 것에 대해 추론한 것에 의존해서 자신의 행동을 할 수 있다는 것이다. 그러므로 내담자에 의해 실시되는 역할은 내담자의 삶에서 내담자가 이해한 다른 사람의 관점에서 특정한 사람의 역할을 해 보는 것이다.

켈리는 내담자의 변화를 위해 새로운 역할의 형성을 강조했다. 켈리는 인간이 꽤 안정적이고 광범위하게 일반화된 특성을 보유하였다고 보기보다는 여러 상이한 역할들을 해낼 수 있으며 계속적인 변화에 참여하는 것으로 보았다. 켈리의 경우, 행하는 역할이란 타인의 안경을 통하여 또 다른 사람을 보고자 하는 시도이며, 즉 그 사람의 구성개념을 통하여 사람을 보려는 시도이다. 역할을 수행하려면, 행동은 타인의 관점에 대한 지각이 필수적이다. 어머니를 '역할 시연'하기 위해서는 어머니가 세상을 보는 방식 그대로 세상을 지각하고, 그 지각에 따라 마치 어머니처럼 행동해야 할 것이다. 켈리는 역할 시연기법을 사람들이 새로운 조망을 얻도록 돕기 위하여, 그리고 보다 편리한 생활방식을 생성하기 위하여 고안된 치료 절차로 사용하였으며, 이를 '고정역할치료(fixed role therapy)'라고 불렀다. 고정역할치료는 내담자로 하여금 자기 스스로 새로운 방식으로 표현하도록 하고, 새로운 방식으로 행동하게 하고, 새로운 방식으로 이해하도록 함으로써 새로운 사람이 되도록 하는 것이다. 다시 말하여 내담자의 탐구정신을 촉진시키고, 창조적인 과정을 통해 인생의 구성개념을 형성하도록 하는 것이다.

고정역할치료는 내담자에게 새로운 성격 스케치를 제시해 주고 이것을 시연하도록 한다. 내담자들의 이해를 기초로 치료자가 새 인물을 묘사하여 작성한다. 내담자가 할 일은 마치 그들이 그 사람처럼 행동하는 것이다. 각 내담자를 위해 작성된 성격 스케치는 새로운 성격을 발달시키는 것이다. 고정역할치료의 목표는 성격의 재구성에 있다. 즉, 새 역할과 새 성격을 제공해 주는 것은 내담자가 새로운 가설을 검증할 수 있게 한다. 그것은 사상을 해석하는 새로운 방식을 검증할 기회를 제공해 주는 것이기도 하다(Pervin & John, 2001).

3. 신경언어학적 프로그래밍

신경언어학적 프로그램(Neuro-Linguistic Programming: NLP)은 인간의 수월성에 대한 예술이며 과학이다. 모든 인간이 자신의 독특한 성격과 스타일을 자신이 하는 일에 적용하고 이러한 것이 단어나 기법으로 정확히 설명될 수 없기 때문에 예술이다. 두드러진 결과를 성취하기 위해 그 분야에서 뛰어난 개인들에 의해서 사용된 유형을 발견하기 위한 방법과 과정이 있기 때문에 과학이다. 신경언어학적 프로그래밍은 우리가 이 세상에서 정말 원하는 결과를 창조하는 실제적 기술이며 무엇이 우수한 사람과 평균적인 사람과의 차이를 만드는가를 연구한다.

신경언어학적 프로그래밍은 산타크루즈(Santa Cruz)에 있는 캘리포니아 대학에 재직했던 언어학교수인 그라인더(John Grinder)와 심리학을 공부하는 밴들러(Richard Bandler)에 의해 1970년대 초에 시작되었다. 그라인더와 밴들러는 3명의 유명한 치료자, 즉 게슈탈트치료의 창시자인 펄스, 경험적 가족치료자인 사티어(Virginia Satir), 최면치료로 유명한 에릭슨(Milton Erickson)을 연구하여 그들이 사용하는 유형을 확인하였다. 여기에다 의사소통과 체계이론, 특히 정신분열증의 '이중구속이론'으로 유명한 베이트슨(Gregory Bateson)의 이론을 통합하여 신경언어학적 프로그래밍을 개발하였다.

신경언어학적 프로그래밍은 두 가지 보완적 방향에서 발달하였다. 하나는 어떤 분야에서나 우수성의 유형을 발견하려는 과정으로서, 그리고 다른 하나는 우수한 사람들에 의해 사용되는 효과적인 사고와 의사소통의 방법으로서 발달하였다.

1) 신경언어학적 프로그래밍의 의미

신경언어학적 프로그래밍이란 말이 내포하고 있는 뜻은 다음과 같다.

- 신경(Neuro): 모든 행동이 우리의 오관을 통한 신경적 과정에서 비롯된다는 기본적 생각을 강조한다는 것을 함축하고 있다.
- 언어학적(Linguistic): 우리가 우리의 생각과 행동을 정돈하고 다른 사람들과 의사소통하기 위해 언어를 사용한다는 것을 나타낸다.
- 프로그래밍(Programming): 우리가 결과를 도출하기 위해 우리의 생각과 행동을 조직화하기 위해 선택할 수 있는 방법을 의미한다.

2) 기본가정

신경언어학적 프로그래밍은 인간과 세계에 대한 긍정적 관점을 가정하는 낙관론적 접근방식이다. 이 접근방식에서 강조하는 몇 가지 기본가정들을 보면 다음과 같다(Seligman, 2001, p. 393).

- 사람들은 변화하는 데 필요한 자원을 가지고 있다.
- 사람들은 항상 자신에게 유용한 최선의 선택을 한다.
- 모든 행동은 어떤 목적에 기여한다. 하지만 그러한 목적은 무의식일 수도 있다.
- 지금 개인이 어떻게 기능하는지를 파악함으로써 변화가 촉진될 수 있다.
- 실패와 같은 것은 전혀 없으며 단지 피드백이 있을 뿐이다. 모든 반응들이 사용될 수 있다.
- 유기체는 본래 안녕을 지향한다.
- 정신과 신체는 같은 시스템의 일부이다. 따라서 신체와 정신은 서로 변화에 영향을 준다.
- 과제를 충분히 작은 유목으로 세분화함으로써 어떤 일이건 완수될 수 있다.
- 세계는 계속되는 성장과 발전을 위해 자원과 기회를 제공하는 장소이다.
- 사람들은 이미 자신의 삶에서 필요한 모든 자원을 가지고 있다. 그들은 단지 자신

의 내적 자원에 접근하는 데 있어 도움을 필요로 한다.

3) 변화촉진의 과정

이삭슨(Isaacson, 1990)은 신경언어학적 프로그래밍은 의식적 및 무의식적 내적 표상과 패턴을 확인하고 감각적 양식을 통해 언어적 및 비언어적으로 중재함으로써 행동변화를 추구하는 체계 모델이라고 기술하였다. 사람들의 내적 표상을 확장하고 증진시킴으로써 신경언어학적 프로그래밍은 사람들이 다양한 생활 상황에서 바람직한 결과를 끌어내고 다루는 데 효과적인 내적으로 생성된 선택들의 레퍼토리를 구성하게 해 준다. 효과성을 극대화하기 위해 사람들은 자신의 모든 측면을 사용하도록 격려된다.

밴들러와 그라인더(Bandler & Grinder, 1975)는 신경언어학적 프로그래밍을 통한 변화의 여섯 단계 과정을 기술하였다. 이러한 여섯 단계는 다음과 같다.

- 1단계: 변화될 패턴을 확인하라.
- 2단계: 패턴에 책임이 있는 사람의 부분과 의사소통을 확립하라.
- 3단계: 패턴의 긍정적 기능을 결정하고 나서 모든 행동이 긍정적 기능에 기여하기 때문에 패턴을 그러한 기능에서 분리하라.
- 4단계: 개인의 창조적인 부분에 접근해서 긍정적 기능을 수행할 새로운 행동을 생성한다.
- 5단계: 변화를 강화하는 표상적 감각 양식을 사용하여 새로운 반응과 변화에 관련된 맥락을 연결하라. 그리고 적당할 때 새로운 대안행동을 사용하는 데 기꺼이 책임을 질 것인가를 자신의 창조적인 부분에 물어보라.
- 6단계: 생태학적 체크를 하라. 사람의 어떤 부분이 새로운 대안행동을 사용하는 것에 반대하는지 질문하라. 만약 대답이 "예"이면 행동의 수정을 위해 4단계로 돌아가라.

이 여섯 단계는 신경언어학적 프로그래밍의 매우 간소화하고 능률적인 버전이다. 신경언어학적 프로그래밍은 폭넓은 이론들에서 도출한 복잡한 접근방식이다.

신경언어학적 프로그래밍은 인간의 주관적 경험의 구조를 다룬다. 즉, 우리가 보고, 듣고, 느끼는 것을 어떻게 조직화하는가를, 그리고 우리가 우리의 감각을 통해 외부세계를 어떻게 편집하고 걸러 내는가를 다룬다. 신경언어학적 프로그래밍은 우리가 언어로 이러한 것을 어떻게 기술하는가를 그리고 우리가 결과를 도출하기 위해 의도적이거나 비의도적으로 어떻게 행동하는가를 역시 탐구한다.

당신의 외부세계에 대한 지각의 차이는 외부세계에 따르는 것이 아니라 당신이 지각하는 데 사용하는 필터에 따른다. 신경언어학적 프로그래밍에서 강조하는 기본적 필터의 몇 가지인 행동적 틀은 다음과 같다.

첫째, 문제보다는 결과를 지향한다.

둘째, '왜'라는 질문보다 '어떻게'란 질문을 사용한다.

셋째, 실패보다는 피드백을 강조한다.

넷째, 필요성보다는 가능성을 고려한다.

마지막으로, 가정을 하는 것보다 의구심과 경이함의 태도를 채택한다.

신경언어학적 프로그래밍에서 설명하는 학습의 네 단계는 다음과 같다.

- 1단계: 무의식적 무능감(Unconscious Incompetence)
- 2단계: 의식적 무능감(Conscious Incompetence)
- 3단계: 의식적 유능감(Conscious Competence)
- 4단계: 무의식적 유능감(Unconscious Competence)

신경언어학적 프로그래밍이 무엇인가에 대해 3분간의 세미나로 제시하면 다음과 같다.

"신사 숙녀 여러분, 당신이 인생에서 성공하기 위하여 단지 다음과 같은 세 가지를 기억하는 것이 필요합니다.

첫째, 당신이 원하는 것이 무엇인가를 아십시오. 어떤 상황에서 당신의 원하는 결과(outcome)에 대한 명확한 생각을 가지십시오.

둘째, 당신이 얻고자 하는 것을 발견하기 위해서 당신의 감각을 민감하게(acuity) 유지하십시오.

셋째, 당신이 원하는 것을 얻을 때까지 당신이 하는 것을 계속해서 변화시키는 데 유연성(flexibility)을 가지십시오."(O'Connor & Seymour, 1990, pp. 1-10).

이렇게 신경언어학적 프로그래밍에서는 성공하기 위해 원하는 결과, 민감성, 유연성이 필요하다는 것을 강조한다.

4. 해결중심치료

문제가 아니라 해결에 초점을 두는 해결중심치료는 드 세이저(Steve De Shazer, 1985)와 베르그(Insoo Kim Berg, 1994)에 의해 시작되었다. 해결중심치료는 과거에 초점을 두는 전통적 치료와 달리 현재와 미래에 초점을 둔다. 해결중심치료자는 기존의 상담이론들과는 사뭇 다른 가정을 기반으로 하는데, 인간은 건강하고, 능력이 있고, 자신의 삶을 향상시킬 수 있는 해결을 구성할 능력을 가진다고 본다. 상담자는 문제보다는 해결에 초점을 두어 내담자를 조력하여 그의 삶을 향상시키고자 한다.

1) 기본규칙과 가정

해결중심치료는 드 세이저(De Shazer, 1991, p. 57)가 제시한 다음과 같은 세 가지 기본 규칙에 근거한다(James & Gilliland, 2003, pp. 312-314).

첫째, "부서지지 않았다면, 고치지 말라." 상담목표를 결정하는 사람은 내담자이지 상담자가 아니다. 문제 정의, 생각과 느낌의 탐색, 대인관계나 개인 내적 또는 환경적 영향 등과 관련한 상담자의 주제들은 내담자가 해결을 찾도록 하는 데 큰 도움을 주지 못한다.

둘째, "일단 효과가 있는 것을 발견하면, 그것을 더 많이 하라." 효과가 있는 일을 반복해서 하면 내담자는 긍정적 행동이 증가되는 것을 이해하게 되어 발생적 행동을 강화해서 더 많은 성공을 생성한다.

셋째, "만약에 부서졌으면, 그것을 고치도록 시도하라. 만약에 효과가 없으면, 다시 그것을 하지 말라." 이전에 효과가 있었던 어떤 일을 하거나 다른 어떤 일을 하는 것이 중요하다. 만약 그것이 효과를 보이지 않으면, 다른 일이 시도될 수 있다.

이러한 세 가지 기본규칙과 관련한 몇 가지 기본가정은 다음과 같다(Corey, 2005, pp. 389-390; James & Gilliland, 2003, pp. 312-314).

- 틀리거나 문제를 야기하는 것보다 옳은 것과 효과가 있는 것에 초점을 둔다.
- 모든 문제는 해결로 바뀔 수 있는 확실한 예외가 있다.
- 작은 변화는 더 큰 변화를 야기할 수 있는 다양한 효과를 가진다.
- 항상 긍정적인 용어로 목표를 세운다.
- 사람들은 더 나은 방향으로 변화하기를 원한다.
- 사람들은 매우 영향을 받기 쉽고 의존적이다.
- 내담자가 전에 성공하지 못했던 일을 하도록 결코 요구하지 마라.
- 문제 분석을 피하라.
- 효율적으로 해라.
- 희생자가 아니라 생존자가 되어라.
- 현재와 미래에 초점을 두어라.
- 내담자는 효과적으로 행동할 능력을 가진다.
- 상담자는 문제를 해결할 내담자의 의도를 신뢰한다.
- 내담자는 자주 자신의 한 측면만을 나타낸다.

2) 상담과정

해결중심치료자들은 성공적 상담을 위해 협동적 상담관계의 중요성을 강조한다. 또한 상담자는 내담자가 그의 삶에 대한 전문가임을 강조한다. 월터와 펠러(Walter & Peller, 1992)가 제안했던 상담과정을 특징 짓는 네 단계는 다음과 같다.

- 1단계: 내담자가 원하지 않는 것을 찾기보다 원하는 것을 찾는다.
- 2단계: 병리적인 것을 찾지 않으며 내담자를 의기소침시킬 수 있는 진단적 명명을 하지 않는다. 대신에 내담자가 하고 있는 것으로 효과가 있는 것을 찾아서 그러한 방향으로 계속하도록 격려한다.
- 3단계: 내담자가 하고 있는 것이 효과가 없으면, 다른 어떤 것을 시도하도록 격려

한다.

- 4단계: 마치 각 상담회기가 마지막이고 유일한 회기인 것처럼 각 상담회기를 접근함으로써 단기치료를 한다.

해결중심치료자들은 내담자나 치료자가 문제의 본질을 이해하거나 평가하지 않고도 내담자가 문제해결을 할 수 있다고 믿는다. 해결중심치료의 기본 단계는 다음과 같다(De Jong & Berg, 2002, pp. 17-18).

- 1단계: 문제 기술 – 상담자는 "내가 당신을 위해 어떻게 기여할 수 있는가?"란 질문을 통해 내담자에게 자신의 문제를 기술할 기회를 준다. 상담자는 내담자가 기술한 내용을 주의 깊게 경청한다.
- 2단계: 목표 형성 – 상담자는 내담자와 함께 가능한 한 잘 형성된 목표를 개발한다. 상담자는 "만약 너의 문제가 해결되었을 때 너의 인생이 어떻게 달라질 것인가?"란 질문을 해서 내담자의 기술을 끌어낸다.
- 3단계: 예외 탐색 – 이 단계에서 상담자는 내담자에게 문제가 일어나지 않았거나 문제가 덜 심각할 경우에 그의 삶이 어떨 것인가를 묻는다. 역시 상담자는 누가 그러한 예외를 일어나게 하는 것을 했는가를 묻는다.
- 4단계: 회기종결 피드백 – 상담자는 칭찬이나 어떤 제안을 포함한 메시지를 내담자를 위해 구성한다. 회기종결 시 상담자는 내담자에게 요약 피드백을 주고, 격려하며, 문제를 해결하기 위해 다음 회기 이전에 내담자가 할 수 있는 것을 제안한다.
- 5단계: 내담자 향상 정도 평가 – 상담자와 내담자는 함께 평정척도를 사용해서 내담자가 만족스러운 해결을 달성한 향상의 정도를 평가한다. 상담자는 역시 내담자가 자신의 문제가 해결된 것으로 보기 전에 어떤 것이 행해질 필요가 있는가와 어떤 일이 다음 단계에 있을 것인가를 묻는다.

해결중심치료의 상담과정을 통해 살펴본 것처럼 상담자는 효과적인 질문, 격려, 피드백을 통해 내담자를 조력함을 알 수 있다. 해결중심치료의 효과적 기법으로는 잘 알려진 기적 질문, 예외 질문, 평정 질문, 첫째 회기종결 시 과제주기, 내담자에게 피드백주기 등이 사용된다.

5. 이야기치료

이야기치료는 화이트와 엡스톤(White & Epston, 1990)에 의해 개발되었다. 그 후 많은 이야기치료자들은 자신의 상담을 개념화하는 데 사용하는 의미 있는 패러다임 변화에 대해 언급하였다. 이야기치료자들이 강조하는 이러한 패러다임 변화를 요약하여 제시하면 다음과 같다(Lindsey, 1998).

- 치료보다 협동적 대화를 지향한다.
- 이론적 우월성보다 이론의 공동 구성을 지향한다.
- 내담자 부적절성보다 내담자 전문성을 지향한다.
- 변화를 위한 치료자 책임보다 대화를 지도하는 데 대한 치료자 책임을 강조한다.
- 사회적 통제보다 내담자 현실 존중을 강조한다.
- 내담자가 틀리거나 부적절하게 행동하고 있기보다 그가 최선을 다하고 있다고 본다.
- 진단과 명명보다 이해에 대한 호기심을 강조한다.
- 문제가 현실에 존재한다기보다 문제는 언어에 존재한다고 본다.
- 객관적 현실보다 주관적 지각을 강조한다.
- 현실이 내적이고 사적이기보다 현실은 공적이고 대인관계와 관련된다고 본다.

1) 기본가정

윈스레이드와 멍크(Winslade & Monk, 1999)가 제안했던 이야기치료의 기본가정은 다음과 같다.

- 인간은 이야기에 따라 자신의 삶을 살아간다.
- 우리가 가지고 살아가는 이야기는 사회적 진공 상태 속에서 만들어지는 것이 아니다.
- 이야기 속에는 담론이 깊숙이 담겨 있다.

- 현대사회를 특징 짓는 것은 적절한 감시와 조사에 의해 유지되고 있는 사회규범이다.
- 일부 사람들이 동조하는 상반된 담론이나 대안적인 담론은 항상 존재한다.
- 지배적인 문화 이야기는 자신의 삶에서 변화를 만들어 내려고 노력하는 사람들에게 엄격한 제한을 가한다.
- 지배적인 담론을 해체하는 것은 삶의 새로운 가능성을 높여 준다.
- 이야기 속에는 담겨 있지 않지만 실제로는 경험했던 내용이 항상 존재한다.
- 상담자의 과제는 내담자가 좀 더 만족스럽고 미음에 드는 이야기를 구성하도록 돕는 것이다.

2) 상담목표

우리는 각자 자신의 이야기에 의해 삶을 영위하고 하고 있다. 당신의 삶의 이야기는 어떠한가? 이야기치료는 '문제는 문제이다.'는 입장을 강조한다. 즉, 이야기치료자는 '문제가 문제이지 사람이 문제인 것은 아니다.'는 신념을 갖고 내담자를 조력한다. 이야기치료의 일반적 목표는 내담자가 새롭고 신선한 언어로 자신의 경험을 기술하도록 초대하는 것이다. 이러한 새로운 언어는 내담자로 하여금 문제가 되는 생각, 감정, 행동에 대한 새로운 의미를 개발하게 해 준다. 이러한 목표를 달성하기 위해 상담자는 내담자가 자신의 문제를 외재화하도록 조력한다. 즉, 상담자는 내담자를 문제로부터 분리시킴으로써 죄의식을 감소시키고, 명명하지 않도록 해서 가족구성원과 친구 관계에 참여하여 문제를 퇴치하도록 그를 조력한다.

3) 상담과정

이야기치료의 주요한 과정은 외재화 대화, 영향력 알아보기, 예외적 결과 찾기 질문, 독특한 가능성 찾기, 대안적 이야기하기이다. 이러한 내용을 간략히 살펴보면 다음과 같다(Kottler, 2002, pp. 175-176).

외재화 대화 단계 이 단계에 상담자의 주요한 역할은 내담자가 외재화 대화를 발달시키도록 조력하는 것이다. 외재화 대화를 통해 내담자는 자신에서 문제를 분리하고 명명하게 된다. 외재화 대화를 통해 내담자는 문제 때문에 느끼는 죄의식, 비난이나 수치심을 줄일 수 있다.

영향력 알아보기 상담자는 문제와 사람의 상대적인 강도를 알아보기 위해 영향력 알아보기 질문을 한다. 먼저 외재화된 문제가 내담자에게 미치는 영향에 대해 알아본다. 문제로부터 파생되는 모든 영향을 탐색하게 한다. 많은 경우에 내담자는 문제를 가진 유일한 사람이 아니고 그러한 문제가 모든 사람에게 속한다는 것을 깨닫게 된다. 그런 다음 사람이 문제에 어느 정도나 영향을 미쳤는지 묻는다.

예외적 결과 찾기 질문 다른 이론들에서 이것은 '예외 찾기'로 불린다. 상담자는 내담자가 문제를 극복했거나 무시했을 경우에 대해 생각해 보도록 질문을 한다. 비록 어떤 경험이 내담자에게 사소하고 중요하지 않다고 해도 그 경험이 문제 이야기와 분리되어 있는 것이라면 상담자는 그 경험에 선택적 주의를 기울여야 한다. 상담자는 예외적 결과 찾기 질문을 통해 문제의 생성과 발전에 내담자가 어떻게 영향을 미치고 있는가를 탐색한다.

독특한 가능성 찾기 호기심 질문의 스타일을 계속하면서 상담자는 내담자가 더 이상 문제가 없다면 어떤 일들이 일어날 것인가를 생각해 보도록 묻는다. 상담자는 무시하거나 간과하기 쉬운 내담자의 능력이나 작은 성취에도 초점을 맞추기 위해서는 끈기있게 질문하고 정확하게 듣는 태도가 필요하다. 때때로 내담자가 이러한 능력을 발견하는 데 어려움을 갖고 있는 경우라도 상담자는 이러한 능력을 찾아낼 수 있다는 믿음을 가져야 한다.

대안적 이야기하기 상담자의 모든 질문과 치료적 대화는 내담자가 자신의 이야기를 변화하도록 돕기 위해 구성되었다. 따라서 상담자는 내담자가 자신의 삶에 대한 대안적 이야기를 개발하도록 돕는 역할을 수행한다. 내담자가 구성하는 새로운 이야기는 이전의 이야기를 해체하면서 이루어진다. 상담자는 내담자의 새로운 이야기를 개방적으로 경청한다.

6. 요약

- 구성주의 이론가들은 인간에 대한 전체론 입장을 취하며 인간을 자신의 현실에 대한 능동적 창조자이며 해석자라고 본다.
- 켈리의 개인 구성개념 이론은 과학자로서 인간의 관점에 근거한다. 과학적으로 인간을 연구하는 심리학자처럼, 모든 개인이 자신의 구성개념을 통해 사건을 해석하고 예언하고 통제하려고 한다.
- 개인 구성개념은 개인이 세계 속에 있는 사건을 보는 방식, 즉 인생의 사건을 해석하거나 설명하기 위해서 고안된 지적 가설이다. 개인은 자신의 구성개념을 계속해서 변경하고 수정한다. 켈리는 구성개념의 수정을 통한 인간의 적응성을 '구성개념적 대안주의'라고 불렀다.
- 켈리의 개인 구성개념 이론의 기본가정은 '개인의 과정은 그가 사건을 예견하는 방식에 의해 심리적으로 통로화된다.'는 것이다. 인간의 행동을 설명하는 열한 가지 추론은 구성개념, 개별성, 조직화, 이분법, 선택, 범위, 경험, 조절, 분열, 공통성, 사회성 추론 등이다.
- 개인 구성개념 이론을 응용하여 개발된 치료방법이 고정역할치료이다. 고정역할치료는 역할 시연기법을 사용하여 사람들이 새로운 조망을 얻고, 보다 편리한 생활방식을 달성하도록 돕는 치료 접근방식이다.
- 신경언어학적 프로그램은 인간과 세계에 대한 긍정적 관점을 가정하는 낙관론적 접근방식으로 인간의 수월성에 대한 예술이며 과학이다. 그라인더와 밴들러는 3명의 유명한 치료자인 펄스, 사티어, 에릭슨과 의사소통과 체계이론으로 유명한 베이트슨의 이론을 통합하여 신경언어학적 프로그래밍을 개발하였다.
- 신경언어학적 프로그래밍에서 성공하기 위해 강조하는 세 가지는 원하는 결과, 민감성, 유연성이다.
- 해결중심치료자는 기존의 상담이론들과는 사뭇 다른 가정을 기반으로 하는데, 인간은 건강하고, 능력이 있고, 자신의 삶을 향상시킬 수 있는 해결을 구성할 능력을 가진다고 본다.
- 해결중심치료자들은 성공적 상담을 위해 협동적 상담관계의 중요성과 내담자가

그의 삶에 대한 전문가임을 강조한다.

- 해결중심치료의 기본적 다섯 단계는 문제 기술, 목표 형성, 예외 탐색, 회기종결 피드백, 내담자 향상 정도 평가이다.
- 이야기치료는 '문제가 문제이다.'는 입장을 강조한다. 즉, 이야기치료자는 '문제가 문제이지 사람이 문제인 것은 아니다.'는 신념을 갖고 내담자를 조력한다. 이야기치료의 일반적 목표는 내담자가 새롭고 신선한 언어로 자신의 경험을 기술하도록 초대하는 것이다.

효과적 조력을 위한
상담 연습 19

삶을 새롭게 재구성하기

연습 1: 켈리는 과학자로서 인간을 강조하였다. 당신이 현재보다 나은 과학자가 되기 위해서는 당신의 예견 능력을 향상시키는 것은 물론 부적절한 낡은 구성개념을 버리고 새로운 구성개념을 갖는 것이 필요하다.

(1) 당신이 갖고 있는 부적절한 구성개념이 무엇인지 찾아보라.

(2) 켈리가 제안한 고정역할치료를 통해 새로운 역할을 해 봄으로써 당신 자신의 구성개념을 바꾸도록 시도하라.

연습 2: 신경언어학적 프로그래밍이란 말이 내포하고 있는 뜻을 설명해 보라.

연습 3: 신경언어학적 프로그래밍의 탄생에 영향을 준 인물들이 펄스, 사티어, 에릭슨, 베이트슨이다. 이들이 상담이나 심리치료 영역에서 보여 주었던 수월성을 바탕으로 신경언어학적 프로그래밍을 이해하도록 시도하라.

연습 4: (1) 해결중심치료의 기본 규칙과 가정을 바탕으로 문제에 초점을 둔 중심치료와의 차이점이 무엇인지 설명해 보라.

(2) 해결중심치료자들이 자주 사용하는 '기적 질문'인 "만약 당신이 고민하는 문제가 내일 아침 잠에서 깼을 때 말끔히 해결됐다면 당신은 어떻게 하겠는가?"에 대해 스스로 자문자답하라.

연습 5: 다음에서 보여 주는 다양한 이론과 그것의 기본적 가정(Kottler, 2002, p. 177; Monk, 1997)을 바탕으로 다른 이론들과 비교하여 "문제가 문제이다."는 것을 강조하는 이야기치료를 이해하도록 시도하라.

이론	기본 가정
상식	사람이 문제이다.
종교적 관점	약한 영성이 문제이다.
생물학적 접근	질병이 문제이다.
정신분석적 이론	과거가 문제이다.
행동주의 이론	강화수반성이 문제이다.
사회학적 접근	가족이 문제이다.
인류학적 접근	문화적 활동이 문제이다.
이야기치료	문제가 문제이다.

제 20 장

상담심리학의 최근 동향

삶은 영원한 현재이다. 과거는 기억 속의 현재이며, 현재는 현재이며, 미래는 기대 속의 현재이다. 효과적 조력을 위해 상담자는 현재 진행되는 내담자의 생각하기, 느끼기, 행동하기에 초점을 두어야 한다.

20장의 목차

최근 심리학의 추세는 행복이나 성공 등 삶의 질을 강조하는 긍정심리학의 강조이다. 이러한 21세기의 학문적 추세는 상담심리학이 추구하는 바와 일치한다는 점에서 상담심리학은 더욱 발전하리라 본다. 상담심리학은 응용심리학으로서 실험 및 이론심리학의 다양한 발전에 힘입어 끊임없이 성숙되어 왔다. 상담심리학의 최근 동향을 이해하기 위해서는 심리학의 전반적 추세가 어떻게 진행되고 있는가의 이해가 선행되어야 한다. 더불어 심리학의 전반적 추세를 이해하기 위해서는 심리학의 주요한 이론적 체계에 영향을 미쳐 온 철학적 추세가 조사되어야 한다.

20세기 후반에 학문의 지축을 흔들 정도로 영향을 준 것은 쿤(Khun, 1970)이 주장한 과학이 불연속적으로 혁명에 의해 발달한다는 패러다임(paradigm)론이었다. 과학적 혁명에 관한 쿤의 패러다임 주장이 심리학에 미친 영향은 인지혁명으로 많은 인지심리학자에 의해 표현되어 나타났다. 예를 들면, 바아스(Baars, 1986)는 대략 1913년부터 1960년까지 심리학의 주요한 과학적 접근방식인 행동주의적 메타이론은 근본적인 변화를 나타냈으며, 많은 연구자들은 새로운 이름, 즉 인지심리학 혹은 정보처리 심리학을 가지고 새로운 관점에 치중하기 시작했다고 주장하였다. 많은 심리학자들에 의해 심리학의 네 번째 세력으로 등장한 인지심리학이 상담심리학에 미친 영향을 우리는 최근의 인지적 접근을 통한 상담방법에서 볼 수 있다. 그러나 보젠(Borgen, 1992)은 쿤의 물리과학적 패러다임 적용이 경험적 심리학에 부적절함을 지적하면서 세 가지 측면인 과학철학, 개념적 패러다임, 방법론적 패러다임에서 패러다임의 변화보다는 확장이 일어났다고 보았으며 쿤이 제안한 혁명이 심리학에는 일어나지 않았다고 해석하였다. 역시 킴블(Kimble, 1992)은 쿤이 주장한 패러다임의 변화가 심리학에서는 전혀 일어나지 않았다고 지적하였다(Kimble, 1992, p. 6).

여기서는 보젠(Borgen, 1992)의 입장에 따라 인간행동을 이해하고 돕기 위해 다양하게 확장되어 온 상담심리학의 최근 동향을 살펴보고자 한다.

1. 상담심리학과 심리학의 세력

인간의 마음과 행동을 연구하는 현대 심리학은 형이상학적으로 인간을 연구한 철학에서 이탈하여 발달하여 왔다. 여기서는 심리학자들이 일반적으로 호칭하는 네 가지 세력에 대해 알아보자. 프로이트의 정신분석을 중심으로 발달한 '정신역동주의'를 심리학의 제1세력이라 부른다. 제2세력은 왓슨, 파블로프, 스키너를 중심으로 발달한 '행동주의'를 말하며, 제3세력은 매슬로, 로저스 등을 중심으로 발달한 '인본주의'를 말한다. 그리고 주류 심리학에서는 제4세력이 일반적으로 인지주의(Cognitivism)라고 말한다. 그러나 제4세력으로 초월심리학과 다중문화주의를 주장하는 심리학자들도 있다. 그러면 좀 더 이러한 심리학의 세력 및 서로 간의 관계에 대해 살펴보자.

1) 정신역동주의

정신분석 이론은 환자의 과거에 초점을 두고 그것을 이해함으로써 분석가의 해석을 통해 환자가 자신의 현재 행동에 대한 통찰을 얻을 수 있을 것이라고 주장한다. 인간중심 이론은 내담자의 현재 경험에 초점을 두고 있으며, 그 경험에 대한 자각과 신뢰를 재수정하는 것은 성장적 변화를 위한 자원을 제공한다고 믿는다. 정신분석에서 분석가는 환자에게 과거와 현재 간의 연결성을 해석해 주는 것을 목표로 한다. 인간중심 치료에서 상담자는 내담자가 자신이 현재 내적으로 경험하는 것의 의미를 발견하도록 촉진한다. 정신분석에서 분석가는 환자에게 통찰을 해석해 주고, 환자와 치료자 간의 전이 관계의 발달, 즉 환자의 신경증에 기초한 관계가 발달될 수 있도록 격려하는 교사의 역할을 한다. 인간중심치료에서 치료자는 가능한 한 정직하고 솔직하게 자신을 드러내며, 오로지 한 사람의 인간으로서 관계를 맺으려 하며 다른 사람을 돌보고 그의 말을 경청한다.

2) 행동주의

행동주의에 있어 행동 변화는 자극과 보상이라는 외적 통제를 통해서 이루어진다.

인간중심 이론에서 행동 변화는 개인 내부에서 나온다. 행동치료의 목표는 증상 제거이다. 그것은 문제가 되는 증상의 내적 경험이나 치료자의 인간성과 내담자의 인간성 사이의 관계에는 관심이 없다. 행동치료는 학습 이론의 원리들을 사용하여 가능한 한 신속히 그 증상들을 제거하려 한다. 분명히 이러한 관점은 인간중심치료와 아주 반대되는 것으로서, 인간중심치료는 '완전히 기능하는 인간'은 자신의 행동을 결정하는데 있어서 자신의 내적 경험에 의존한다고 믿는다.

3) 인본주의

인본주의 심리학이라는 이름 아래 함께 묶이는 다양한 집단을 말한다. 인본주의적 접근은 내담자중심 혹은 인간중심치료, 실존주의적 상담, 게슈탈트치료, 경험주의적 치료와 같은 일련의 접근들을 포함한다. 이러한 접근들은 20세기 초반 동안에 미국 심리학에서 두 가지 주요세력이었던 정신역동주의와 행동주의보다 나중에 우세했기 때문에 제3세력에 속한다. 인본주의 접근은 연대순으로 정신역동주의와 행동주의 다음에 나타났을 뿐만 아니라, 미국과 유럽 양쪽에서 인본주의 심리치료는 프로이트 정신분석의 결정론과 장애행동을 연구하고 치료하는 데 대한 행동주의적 접근의 기계론에 대한 반응으로서 발달되었다. 인간성격과 정신에 대한 창조적이고 만질 수 없고 종종 예측 불가능한 면에서 볼 때, 많은 인본주의 사상가들에게는 개인의 의식과 통제 밖의 정신내적 힘에 의해 모든 행동이 결정되는 것으로 보는 프로이트의 접근은 크게 빗나가는 것이었다. 인본주의 심리학에 대한 주요한 상담이론가로서 로저스를 든다. 그는 성장을 추구하는 인간 개인의 존엄성과 가치를 강조하였다. 그의 말에 따르면, 우리가 사용하는 방어들은 개인을 긍정적 성장으로 향하게 하는 우리의 유기체적인 과정에 대한 스스로의 자각을 방해하는 것이다. 인간은 방어적인 왜곡으로부터 자유로울 때, 그의 내적 경험의 흐름 속에서 살게 되며 그런 유기체적인 흐름의 미묘한 차이를 행동 지침으로 참조한다. 정신분석적인 생각과는 대조적으로 로저스는 인간의 자연스러운 충동들, 즉 그의 내적인 유기체적 경험에 따라 살아가는 것이 건설적이며, 건강과 충족에 도움이 되는 것으로 보았다.

4) 인지주의

인지주의는 인간의 생각을 강조하는 입장이다. 인지심리학은 인지적 과학과 현재의 정보처리의 혁명을 일으킨 컴퓨터 발전과 밀접하게 관련되며 합리주의와 구성주의에 그 뿌리를 두고 있다. 상담과 심리치료의 주요한 방법으로서 인지적 접근의 강조가 늘어나고 있는 것은 인지적 과학의 주요한 공헌이다.

인간 정신과 행동을 연구하기 위한 심리학은 꾸준히 발전해 왔다. 최근 쿤의 패러다임 개념에 따라 네 번째 세력은 무엇인가에 대한 다른 두 가지 입장은 초월심리학과 다중문화주의이다.

초월심리학 첫째는 매슬로와 수티츠(Maslow & Sutich)가 명명한 동양적 전통에 더 영향받은 초월 혹은 무아심리학(transpersonal psychology)이다(Welwood, 1979). 1994년 8월에 제16차 국제적 심리치료학회가 서울에서 열렸으며 많은 학자들이 서양심리학의 한계를 지적하였으며 동양적인 정신치료 방법의 중요성을 제시하였다.

다중문화주의 둘째는 다중문화주의를 들 수 있다. 다중문화주의는 많은 상담심리학자들이 강조하고 있으며 지난 20년 동안에 상담심리학의 주요한 세력으로서 다중문화적 상담이 강조되어 왔다(Pederson, 1991). 한 인간이 갖는 문화적 특성이 무엇인가를 이해하는 것은 그 사람을 이해하는 데 중요하기 때문에 상담심리학자들은 문화의 복잡성을 인식해야 한다는 점에서 다중문화주의를 강조한다.

2. 상담이론의 최근 동향

내담자 조력을 위한 상담이론의 체계는 다양하게 확장되어 왔다. 최근 울프, 드라이든, 스트로브리즈(Woolfe, Dryden, & Strawbridge, 2003)는 상담 실제에 적용되는 상담이론을 아홉 가지 관점으로 분류하였다. 이러한 아홉 가지 관점은 정신역동적 관점, 인본주의적 관점, 인지행동적 관점, 실존적-현상학적 관점, 여성주의자 관점, 초월심리학 관점, 구성주의자 관점, 체계적 관점, 절충적 및 통합적 관점이다. 여기서는 심리학을 마호니(Mahoney, 1989)와 마호니와 패터슨(Mahoney & Patterson, 1992)이 분류한 네 가지 세력, 즉 정신역동적 심리학, 행동주의 심리학, 인본주의 심리학, 인지심리학으로 나누어 각 이론의 최근 동향을 살펴보고자 한다. 그리고 상담이론들을 벨킨(Belkin, 1988)이나 코틀러(Kottler, 2002) 등이 이러한 심리학적 세력에 따라 분류한 것을 참조하여 세분화하였다. 이러한 분류에 따라 상담이론의 최근 동향을 개관하고자 한다.

1) 정신역동적 관점

인간의 의식과 무의식을 포함하는 정신의 내면적인 힘과 정신적 갈등이 어떻게 작용하는가를 밝히는 심리학파들을 합쳐서 정신역동적 이론이라고 한다. 정신역동주의적 상담이론들에 속하는 것으로서 프로이트의 정신분석을 바탕으로 한 정신분석적 상담이론, 융의 분석심리학적 상담이론, 아들러의 개인심리학적 상담이론 등이 여기에 속한다.

정신분석적 상담이론 프로이트는 인간의 마음을 의식, 전의식, 무의식의 세 가지로 분류하였으며 원초아, 자아, 초자아가 성격의 구조를 이루는 것으로 보았다. 프로이트는 특히 쾌락의 원리를 지배하는 본능적 자아에 초점을 맞추어 그의 이론을 개발하였다. 세 가지 자아의 갈등적 상황이 불안을 초래하며, 불안은 어느 자아가 위협받고 있느냐에 따라 현실불안, 신경증적 불안, 도덕적 불안으로 나타난다. 프로이트는 불안을 느끼지 않기 위한 정신적 역동을 방어기제로 설명하였다. 역시, 리비도가 발달되는 신체적 위치에 따른 심리학적 발달단계를 제안하였으며 거기에 따른 성격의 발달과 특징을 설명하였다.

프로이트는 전이의 해결을 치료로 보았으며 방어기제의 개념을 소개하였다. 프로이트의 정신분석은 다양하게 재조명되고 있으며 원초아보다는 자아를 더 강조하는 경향을 보이고 있다. 에릭슨의 심리사회적 이론, 마흘러와 클라인의 대상관계이론, 리쾨르(Ricoeur)의 프로이트의 해석학적 조명과 더불어 정신분석을 해석학적으로 접목시키려는 시도, 라캉(Lacan)의 무의식적 언어 법칙과 구조주의적 접근에 의한 프로이트에로의 복귀 등이 최근의 경향들이다.

분석심리학적 상담이론 융은 정신의 작용을 철학적(특히 현상학적)이고 종교적, 신화적 관점에서 이해하려고 시도하였다. 그는 성격구조를 집단무의식, 개인무의식, 자아(ego)로 나누고 이들의 상호작용을 통합하려는 역할을 하는 집단무의식을 구성하는 원형의 하나인 자기(self)에 의해 성격이 형성된다고 했으며 자기의 역할이 갖는 중요성을 강조하였다. 융의 이론을 이해하는 데 집단무의식에 속하는 여러 가지 원형들(예: 적응의 원형, 페르소나, 아니마, 아니무스, 그림자, 자기 등)의 역할과 기능을 이해하는 것이 필요하다. 융은 사람이 원래 되고자 하는 존재 상태인, 전체성이나 선천적 충동을 정신에 귀속시켰다. 자기는 중심성의 원형이며, 총체적인 방식으로 전체적 기능을 이끌어 가는 매체이다. 그림자는 자아이상과 모순이 되는 성격의 일부이다. 남자에게 있는 아니마와 여자에게 있는 아니무스는 우리의 이성적인 부분으로 다른 쪽에 대한 경험이며, 잠재적으로 우리 자신일지도 모르는 것에 대한 안내자이다.

현재 성격검사로 많이 쓰이는 MBTI는 융이 제안한 네 가지 심리적 유형(사고, 감정, 직관, 감각)과 자아가 지향하는 방향(내향성-외향성)에 이론적 근거를 두고 있다. 쉽게 융의 기법들을 그림과 일상용어를 통해 이해하고 사용하려는 시도, 신화에 대한 새로운 인식과 더불어 캠벨의 방대한 저작활동에 힘입어 융의 분석심리학적 관점이 새롭게 조명되고 있다.

개인심리학적 상담이론 아들러는 인간을 목적론적 존재로 보았으며 사회적 존재로서 열등감을 극복하고 우월감을 성취하기 위해 노력하는 것으로 생각하였다. 그의 성격이론은 어린 시절에 세 가지 원인, 즉 기관열등감, 과잉보호, 양육태만으로부터 생긴 열등감을 극복하고 이를 보상하려는 전체적 입장에서 인간을 보고 있다.

그는 네 가지 생활양식으로 사람들을 분류하였다. 사회적 관심과 활동수준에 따라 분류된 생활양식은 ① 사회적 유용형, ② 기생형, ③ 지배형, ④ 회피형이다. 역시 아들러는 인생의 세 가지 해결해야 할 문제는 사회, 일과 직업, 사랑과 결혼이라고 제시하였다. 드레이커스(Dreikers), 딩크메이어(Dinkmeyer), 모삭(Mosak) 등에 의해 아들러의 개인주의 심리학이 재조명되어 왔으며 대부분의 상담이론들(예: 엘리스의 인지 · 정서 · 행동치료, 로저스의 인간중심치료, 펄스의 게슈탈트치료 등)이 아들러의 영향을 받았음을 보여 주고 있다.

2) 행동주의적 관점

행동주의적 상담이론은 기본적으로 학습이론에 근거하며 현재 인지적 접근방식을 가미하여 다양한 발달을 보이고 있다. 여기에서는 파블로프의 고전적 조건형성, 스키너의 조작적 조건형성, 반두라의 사회적 학습이론, 라자러스의 중다형적 치료, 마이켄바움의 인지적 행동수정에 대해 간략하게 살펴보자.

고전적 조건형성에 근거한 상담이론 파블로프의 자극-반응의 조건형성 과정에 기초한다. 인간이 자극에 반응해 가는 과정을 학습이론을 통해 설명하였다. 자극 일반화, 변별, 소거가 일어나는 과정은 학습의 조건형성이 어떻게 이루어졌느냐에 따라 다르게 나타날 수 있다. 역조건 형성을 통해 문제해결을 하는 방법으로서 울프의 상호억제원리(일반적 원리), 체계적 둔감화 방법(구체적 방법), 자기표현훈련 등이 널리 사용되고 있다.

조작적 조건형성에 근거한 상담이론 스키너는 성격을 행동주의적 접근방식으로 이해하려 노력하였으며, 강화이론에 의해 인간행동을 설명하였다. 스키너는 학문적 관심을 조작적 행동에 두었기 때문에 유기체에 의해서 발생되는 조작적 조건화, 조작적 행동을 연구하고 이러한 행동을 측정하였다. 정적 강화와 부적 강화에 따라서 어떻게 행동이 달라지며, 처벌이 행동에 미치는 영향도 연구하였다. 스키너의 행동수정에 대한 학습이론은 다양한 학문영역에 막대한 영향력을 미쳐 왔다.

스키너는 '조작적 행동주의'를 죽을 때까지 강하게 견지하였고 방어하였다는 것을 세계적인 석학들의 질문에 대한 대답을 통해 보여 주었다(Catania & Harnal, 1988). 강화에 기초한 행동분석과 치료는 정신과 신체장애를 가진 많은 내담자들의 재활을 조력하는 데 광범위하게 적용되고 있다.

사회학습이론에 근거한 상담이론 반두라의 사회학습이론은 관찰학습, 모방학습, 대리적 강화, 그리고 자기조정을 중시한다. 대리적 학습이란 자신이 직접 경험하는 것이 아니고 타인의 행동을 관찰함으로써 보상과 처벌방식, 새로운 사고 및 행동양식 등을 배우는 것이다. 반두라와 로터(Rotter)는 통제소재가 내적인지 혹은 외적인지에 따라서,

또는 특정한 행동을 했을 때 보상이 올 것인지에 대한 기대에 따라 행동이 일어나는 강도가 다르다고 보았다.

반두라에 의하면 강화는 인지적 경향을 말하며, 개인이 스스로 상황을 극복할 수 있고 자신의 노력으로 자신이 원하는 결과를 얻을 수 있다는 신념이나 기대를 '자기효능감'이라 한다. 최근에 자기효능감에 대한 강조가 확장되고 있는 경향이다.

중다양식적 치료 라자러스는 당신의 '기본적 정체(BASIC−ID)'가 무엇인가를 파악할 것을 강조한다. 라자러스가 두문자어로 제안한 일곱 가지 기본적 정체의 유형, 즉 행동(Behavior), 정서(Affect), 감각(Sensation), 심상(Imagery), 인지(Cognition), 대인관계(Interpersonal Relationships), 생리적 문제(Drugs/Diet)를 조사하여 해결하려고 시도한다. 따라서 중다형적 치료는 단일 징후에 초점을 두기보다는 전체적 인간에 초점을 두어 그의 삶의 질을 향상시키려고 시도한다.

인지행동수정 마이켄바움은 우리가 우리의 사고, 인지를 변화하는 것을 학습하면, 우리의 유기체적 반응, 행동에 대한 더 큰 통제를 할 수 있다고 주장한다. 그는 인지행동수정과 관련하여 '자기교습훈련' '자기예방훈련'을 구성하였다. 인지적 행동수정의 주창자들은 자기의 사고과정을 바꾸는 것은 자신의 행동변화의 통합적 부분이라고 주장한다. 인지적 재구조는 인지적 행동수정의 변형된 접근방식이다.

행동적 자기규정 네일라스와 이스라엘(Neilas & Israel, 1981)은 자기규정적 행동변화 프로그램을 위한 4단계 모델을 제안하였다. 행동적 자기규정의 네 단계는 자기조정, 자기목표 설정, 자기규정, 자기강화로 구성된다. 최근 자기규정이나 자기결정에 관한 광범위한 연구를 바탕으로 이러한 행동치료 접근방식이 적용되고 있다.

3) 인본주의적 관점

인본주의적 상담이론은 현상학에 주로 철학적 바탕을 두고 있으며, 개인의 내적 경험을 중시하며, 각 개인이 세계를 어떻게 지각하고 해석하느냐에 따라 행동이 다르게 나타난다고 본다.

인간중심치료 로저스는 비지시적 혹은 인간중심적 상담의 주창자로 잘 알려졌다. 인간은 자기가 주관적으로 지각한 현실 속에서 자신을 유지, 향상, 실현시키기 위해 행동하는데 이것을 자아실현 경향성이라 한다. 로저스는 현실적 자기와 이상적 자기 등 두 가지 자아를 가정하며, 자기와 경험 간의 일치와 자기 일관성을 강조한다. 로저스는 상담자의 필요충분조건으로서 상담자의 진실성 혹은 일치성, 정확한 공감, 그리고 무조건적인 긍정적 존중을 강조하였다.

상담관계의 중요성에 대한 로저스의 공헌은 막대하며, 아이비와 카커프(Ivey & Carkhuff) 등에 의한 상담면접에 있어 상담자의 효과적인 반응에 대한 연구는 널리 활용되고 있다(Carkhuff, 1987; Evans, Hearn, Uhleman, & Ivey, 1989).

실존주의적 상담이론 실존주의적 상담이론은 실존주의 철학에 근거하여 인간의 존재론적 경험을 강조한다. 실존적 치료는 항상 도움을 받기 원하는 사람을 그 자신의 문제의 중심에 놓고 생각하며, 현대를 불안의 시대라고 부르는 것처럼 대부분의 사람의 문제는 고독, 고립, 소외와 관련되어 있다고 본다.

메이, 뷰젠탈, 프랭클, 얄롬 등의 영향에 의해 실존적 정신역동을 강조하여 삶의 의미를 찾게 하려는 노력이 활발히 진행되어 왔다. 특히, 프랭클은 정신과 의사로서의 경험과 그리고 자신이 나치의 포로수용소에서 겪은 경험을 바탕으로 인간은 프로이트가 주장한 것처럼 '쾌락의 원리'보다는 '의미의 원리'에 의해 지배된다고 주장하였다.

철학자인 니체가 '권력에 대한 의지'를 강조했던 것처럼 프랭클은 '의미에 대한 의지'를 그의 의미치료의 철학적 바탕으로 강조하였다. 의미를 찾게 하는 주요한 상담기법으로서 '역설적 의도'와 '탈숙고'가 의미치료에서 활용된다.

최근의 실존주의적 상담의 경향으로는 얄롬의 활발한 저술활동과 실존주의적 집단치료의 강조를 들 수 있다. 얄롬은 인간의 궁극적 관심사로 죽음, 자유, 고립, 무의미성을 강조하며, 니체에 대한 탐구가 실존주의적 집단상담에 공헌하리라는 것을 강조하고 있다.

게슈탈트치료 게슈탈트치료는 현상학적, 실존적 치료형태로서, 현재에서 경험하는 자각을 강조한다. 내용보다는 과정에 초점을 두며 접촉을 통한 자각을 할 수 있도록 촉진된다. '전체는 부분들의 합 이상이다.'라는 게슈탈트 심리학의 기본적 사상을 받아들여 양극성을 갖고 통합되는 좋은 게슈탈트가 형성되도록 유도된다. 펄스는 계산주의, 강박주의, 상태주의의 한계를 지적하고 접촉경계의 자각이 '건전한 인간관계(sound relationship)'의 가장 바람직한 접근방식임을 강조하였다.

4) 인지적 관점

인지적 상담이론은 최근의 시대정신에 부응하여 가장 활발하게 발전되고 있다. 이 접근은 인간의 사고에 초점을 둔다. 컴퓨터에서 잘못된 정보처리가 문제를 야기하는 것처럼 잘못된 사고나 비합리적 신념이 심리적 문제를 야기한다고 본다.

인지·정서·행동치료 인지·정서·행동치료는 임상심리학자인 엘리스가 발전시킨 성격이론 및 상담의 접근방식이다. 문제를 가진 대부분의 사람들은 어떤 '활성화된 사건'이 '정서적 결과'에 원인이 된다고 믿고 있다고 가정된다. 인지·정서·행동치료에서는 정서적 결과는 어떤 사건이 아니라 개인이 갖고 있는 '신념체계'에 의해 유발된다고 가정한다.

즉, "우리가 믿는 것처럼 느낀다."는 말은 인지적 측면을 강조한 표현이다. 인지·정서·행동치료에서는 우리의 비합리적 생각을 비판하고 반박함으로써 비합리적 신념체계를 합리적 신념체계로 바꿈으로써 문제를 해결할 수 있다고 본다. 엘리스는 자신의 접근이 인지치료의 선두 역할을 했음을 강조하였다. 현재 인지·정서·행동치료자는 내담자 조력을 위해 인지적 기법, 정서적 기법, 행동적 기법을 모두 사용하며 이론적 측면에서 보면 절충적이며 통합적 지향을 취하고 있다고 볼 수 있다.

교류분석 교류분석은 개인의 상호작용의 근간이 되는 구성요소들을 합리적으로 인식하고 이러한 인식에 근거한 정서적, 행동적 변화를 만들 개인의 능력을 강소한다. 교류분석의 핵심 개념은 자아상태와 교류이다. 번의 교류분석은 능동적이고, 역동적이며, 관찰 가능한 세 가지 자아 상태, 부모자아, 성인자아, 아동자아가 각 개인 내에 존재하면서 작동한다고 가정한다. 교류라는 것은 두 사람의 자아 상태들이 서로 주고받은 자극 및 그와 관련된 반응으로 정의된다. 교류와 의사소통의 세 가지 규칙은 '보완적 교류' '교차적 교류' '저의적 교류'이다. 교류분석 상담자는 최근 재결단을 통해 내담자가 자신이나 타인을 보는 인생각본을 바꾸어 바람직한 삶을 영위할 것을 강조하고 있다.

현실치료 현실치료는 정신과 의사인 글래서에 의해 개발된 치료적 접근방식이다. 상담자의 과제는 도움을 받으러 온 사람이 자신의 행동을 평가하도록 하고, 만약 그 행동에 만족하지 않고 관심이 있으면 그가 더 책임 있는 행동을 하도록 도와줌으로써 달성된다. 책임 있는 행동이란 자신의 욕구를 만족시키면서 다른 사람의 욕구만족을 방해하지 않는 행동으로 정의된다. 현실치료에서는 인간의 기본 욕구로서 다섯 가지(생존, 소속, 힘, 즐거움, 그리고 자유)를 가정한다. 글래서는 현실치료의 근간인 통제이론이란 말을 선택이론으로 대체시켰다. 국내에서는 김인자 교수가 운영하는 한국심리상담연구소에서 현실치료전문가 자격증을 획득할 수 있다.

인지치료 인지치료가 상당히 새로운 발달로서 생각하지만, 그것의 주요한 생각은 인간의 정서 혼란의 핵심으로서 사건 그 자체보다도 사건에 대한 생각을 고려했던 스토아 철학으로 거슬러 올라간다. 인지치료의 발달은 인간의 사고와 행동의 연구에 있어 '인지혁명'이라고 부르는 맥락에서 시작하였다. 인지치료의 기본 가정은 개인의 일차적 문제는 그의 현실에 관한 인지적 구성과 관련된다고 본다. 벡이 우울증에 걸린 사람들을 인지치료를 사용하여 연구한 결과들은 광범위하게 적용되고 있으며 인지치료의 보급에 크게 기여해 왔다. 현재 인지치료는 시대정신에 부합하여 내담자의 부적절한 자동적 사고나 인지왜곡의 수정을 통해 내담자의 다양한 문제를 조력하는 데 광범위하게 적용되고 있다.

3. 역사적 관점에서 본 상담심리학의 최근 동향

상담심리학이 학문으로서 시작된 해를 1908년으로 보면 100년이 넘는 역사를 갖게 된다. 여기서는 휘트리(Whiteley, 1984)가 두 가지 접근방식, 즉 역사적 시기와 본질적인 영향에 의해 상담심리학의 발달을 7단계로 나누어 설명한 것을 바탕으로 최근 동향을 살펴보고자 한다.

첫 번째 시기(1908~1950)는 상담심리학의 형성에 근원이 된 다섯 가지 영향과 상담심리학의 기반형성의 시기로 정의된다. 다섯 가지 주요한 영향은 ① 파슨스(Frank Parsons)의 업적과 직업운동의 성숙, ② 정신건강에 대한 관심, ③ 심리측정적 경향의 발달과 개인차의 연구, ④ 비의학적 그리고 비정신분석적 관점으로부터 상담과 심리치료의 발달, ⑤ 사회적 그리고 경제적 발달이다. 제2차 세계대전이 끝난 후 곧바로 재향군인회는 상담심리학의 전문성을 향상시킨 원동력을 제공하였다. 상담심리학은 미국심리학회(American Psychological Association: APA) 내에서 자체의 분과를 갖게 되었고, 곧바로 임상심리학과 분리되었다. 이 기간에 상담심리학에 두드러지게 영향을 준 이론의 두 군집은 성격, 상담 및 심리치료의 이론과 직업심리학, 직업의 선택 및 발달 이론이었다.

두 번째 역사적 시기(1951~1956)에는 상담심리학의 전문성의 선언적 정의와 실습, 박사과정의 훈련 및 전문성에 대한 공공적 진술 그리고 중요하고 생산적인 많은 상담심리학에 관한 저술이 있었다. APA의 17분과의 이름은 상담심리학으로 변경되었으며 『상담심리학 저널(Journal of Counseling Psychology)』이 1954년에 발간되기 시작하였다. 재향군인회는 상담심리학자들의 중요한 고용기회를 제공하였다. 이 시기는 상담심리학, 진단, 그리고 치료에 관한 문헌의 역사에서 가장 생산적이고 중요한 시기 중 하나였다. 게슈탈트치료와 이론 그리고 긴즈버그(Ginzberg)와 동료들의 직업선택에 관한 이론이 이 시기에 나타났다.

세 번째 역사적 시기(1954~1962)는 상담심리학의 지위와 적절한 초점에 관한 의미 있는 갈등의 시기로 정의된다. APA의 17분과의 성공적인 활동 후의 뒤따른 이 시기는 조직화된 상담심리학을 위한 긍정적 성취의 시기가 아니었다. 즉, 세 번째 역사적 시기 동안에 새로운 연방정부의 프로그램들에 있어 능동적으로 역할을 찾고 수행하는 것에 대한 실패는 조직화된 상담심리학의 전문성에 의미 있는 실패였다. 그러나 1950년대 중반과 후반에 상담심리학의 본질적인 많은 측면에서 주의 깊은 기본적 연구와 인간조건의 이해 및 행동에 있어 인간적 변화를 증진시키는 방법들에 대한 상상적인 새로운 사고가 풍부하게 시작되었다. 그러므로 세 번째 역사적 시기는 성취의 결여가 아니라, 개념의 정립가들과 연구자들의 성취가 있었다.

네 번째 역사적 시기(1964~1967)는 상담심리학의 긍정적 주도기로 정의되며, 짧은 전문성의 역사에서 가장 중요한 사건의 하나인 그레이스톤 집회(Greyston Conference)를 가진 해인 1964년을 포함한다. 그레이스톤 집회는 상담심리학의 더 자세한 명료성과 정체성, 본질적인 근거, 그리고 미래에 필요한 방향을 제공하였다. 이 시기에 상담심리학자가 목표, 기능, 역할, 도구와 절차, 일할 장소, 그리고 다루어지는 내담자의 특성과 관련하여 다른 심리학자와 어떻게 다른가에 관하여 보다 나은 정교화가 이루어졌다. 이 시기는 성격발달, 상담 및 심리치료의 이론과 직업심리학, 직업적 선택과 발달 이론의 계속적인 본질적 정교화의 높은 질적 향상이 있었다. 특히 행동치료의 함축성과 상담에 실존주의적 접근방식에 있어 성숙은 이 시기에 두 가지 주요한 이론적 주제였다.

다섯 번째 역사적 시기(1968~1976)는 전문성을 위한 대안적 방향으로 정의되며, 지금까지 발달한 전문성의 정의가 가장 종합적인 진술의 나타남으로 시작하였다. 상담심리학자들은 치료적/재활적, 예방적, 교육적/발달적인 세 가지 측면의 역할을 수행하였다. 상담이론과 연구에 관계된 문헌은 방법론적 엄밀함과 설계적 정교함에 있어 안정적인 증가를 보여 주었다. 안녕추구의 증가와 자기-조력에 대한 탐닉을 포함한 사회적 태도와 추세가 급진적 변화였다.

여섯 번째 역사적 시기(1977~1983)는 상담심리학의 전문적 정체성과 역할로 정의되는 시기로 세 가지 다른 요소로 시작하였다. 그것들은 상담심리학의 정체성에 관한 일반적 합의, 진행 중에 있는 전도가 밝은 실용적 연구를 가진 이론적 및 경험적 발달의 긍정적 유산, 상담심리학에 대한 사회의 지지 태도였다. 이 시기에 조직화된 상담심리학은 네 가지 활동, 즉 ① 정체성 진술의 정교화, ② 21세기에서의 상담심리학의 역할에 관한 연구, ③ 조직화된 심리학으로서 응용된 전문성의 구체적 정의, ④ 다가오는 10년간의 연구 과제를 시작하였다.

일곱 번째 역사적 시기(1984~)는 역사적 유산을 정립하는 도전과 기회의 시기로 정의된다. 이 시기는 상담심리학자에 관한 주요한 영향이 전문적 영역의 외부에서 오는 다음 세기에 대한 준비이다. 상담심리학이 직면하고 있는 네 가지 즉각적인 도전이 제안되었다. 첫 번째 도전은 다른 심리학자들과의 교류와 전문성에 직면한 문제들에 상담심리학자들의 참여의 증가이다. 두 번째 도전은 사회 전반에 상담심리학의 사명과 핵심 서비스를 표방하는 것이다. 이러한 도전에 맞서는 데 더 정교화된 정의적 진술이 요구된다. 세 번째 도전은 새로운 특별한 내담자 집단들의 등장과 그들의 욕구를 만족시키는 방법에 대한 기대이다. 네 번째 도전은 상담심리학의 핵심적 역할을 다시 언급하고 그것을 상담심리학의 중심적인 서비스 프로그램에 재통합시키는 것이다.

요약하면, 역사적 관점으로부터 보면 상담심리학자들의 주요한 시도는 전문성에 대한 한계를 정의하고, 훈련을 위한 규준을 구체화하고, 활발한 조직적 구조를 창조하고, 전문적이며 과학적인 의사소통을 위한 새로운 포럼을 시작하는 데 집중되었으며 그리고 최근에 진행되고 있는 면허에 대한 토론에 열정적으로 참여하고 있다.

상담심리학의 발달적 역사는 주로 정체성과 전문성을 위한 노력이었다. 그러나 상담심리학의 정체성과 전문성을 위한 지속적인 노력에도 불구하고 그것이 애매함과 혼란의 상태에 있다는 것을 볼 수 있다.

역사적 관점에서 1951년에 상담심리학이 출현한 이래로 발생한 주요한 상담심리학자들의 변천을 살펴보면서 최근의 동향을 살펴보자. 첫 번째 주요한 추세는 1950년대에 상담심리학자들은 자신을 주로 치료자로서 보았다는 것이다. 따라서 그들은 내담자들을 도와 복잡한 감정과 정서에 의해 야기된 개인적 갈등을 제거하도록 하였다. 1960년대 동안에 또 다른 변천이 일어났는데, 그것은 상담심리학자들은 자신을 행동과 조직적 변화의 조각가로서 보았다는 점이다. 세 번째 변천은 1970년대에 나타났는데, 그것은 상담심리학자들이 집단 상호작용의 전문가가 됐다는 점이다.

상담심리학자들에게 일어난 가장 최근의 변천은 다른 상담접근방식들과 혼합한 인지적 접근방식과 문화적 관점에 더 많은 주의를 가지게 되었다는 점이다. 이처럼 상담심리학은 사회적 변화와 필요에 따라 변화되어 왔다. 그러므로 상담심리학의 최근 동향을 알기 위해서는 정적이고 독특한 측면에서보다도 역동적이고 다양한 측면에서 이해되어야 한다.

4. 요약

- 상담심리학은 전문분야로서 지식의 수평선을 확대해 왔다. 심리학의 네 가지 세력이 여전히 그것의 세력을 잃지 않고 인간을 이해하기 위한 인식의 폭을 넓혀 온 것처럼 상담심리학 영역도 확장되어 왔다.
- 상담심리학의 최근의 추세가 동양적 접근방식의 강조, 인지적 측면의 강조, 그리고 문화적 측면의 강조라는 점을 부인할 수는 없다. 그러나 상담심리학에 있어 이러한 추세가 쿤이 지적한 것처럼 패러다임의 변화로서 일어난 것보다 패러다임의 확장의 측면에서 일어났다는 것이 바람직한 것 같다. 예를 들면, 현재 학문적 추세

와 심리학적 주류에서 인지과학과 인지심리학이 우세를 보여 상담과 심리치료의 세 가지 양식인 인지, 행동, 정서 중에서 인지가 더 강조되는 것을 볼 수 있다. 그러나 행동과 정서를 더 우선순위로 상담이론의 최근 동향에서 살펴보았던 것처럼 심리학의 제 1, 2, 3세력인 정신역동주의, 행동주의, 인본주의는 계속해서 자신의 패러다임을 확장하고 있다.

- 역사적 관점에서 상담심리학자들의 다양한 활동과 범위는 상담심리학의 발달을 통해서 증가되어 왔다. 하지만 기본적인 훈련과 주요한 전략은 사람들이 개인적/사회적 문제에 대처하도록 조력하고, 변화하는 생활 욕구에 적응을 향상시키고, 다양한 문제해결과 의사결정을 만들 능력을 발달시키는 데 여전히 초점을 두고 있다.
- 오늘날 상담심리학자들의 서비스는 교육, 직업, 섹스, 결혼, 노인문제, 재활문제 등에 대처하는 모든 연령의 사람들에게 개인과 집단에 의해서 이용되고 있다. 모든 사회적 상황에 상담심리학이 적용되는 것처럼 역으로 상담심리학의 독특한 특성을 발견하거나 한두 가지 측면을 강조하여 상담심리학의 최근 동향을 설명하기는 어렵다. 주요한 이유는 상담심리학이 임상심리학, 범죄심리학, 학교/교육심리학, 사회사업, 목회상담 등과 같은 관련된 전문분야들과 다소 중복되기 때문이다.
- 심리학의 네 가지 주요한 세력이 여전히 존재하여 영향을 주고 있는 것처럼 상담심리학은 현재 절충적이고 통합적인 추세를 취하고 있고 다양한 측면에서 인간을 이해하고 돕기 위한 노력이 확장되고 있음을 이해할 수 있다.

효과적 조력을 위한
상담 연습 20

상담심리학의 종합적 이해와 시대적 대처

연습 1: 심리학의 주요한 네 가지 세력을 바탕으로 상담이론들을 분류하고 설명해 보라.

연습 2: 당신의 인생관과 성격을 바탕으로 당신에게 가장 부합한 상담이론을 선택하여 옹호하고 가장 부적합한 상담이론을 선택하여 비판해 보라.

연습 3: 미국심리학회는 21세기 심리학의 방향을 인간의 삶의 질, 안녕, 행복, 성공, 몰입 등을 강조하는 긍정심리학을 표방하였다. 이러한 심리학의 추세와 관련하여 조력 전문직인 상담심리학이 지향해야 할 바를 논의해 보라.

연습 4: 이 장에서 휘트리(Whiteley, 1984)가 역사적 시기와 본질적인 영향에 의해 상담심리학의 발달을 7단계로 나누어 설명한 것을 바탕으로 21세기에 상담심리학이 나아가야 할 바를 기술해 보라.

연습 5: 한국 사회에 엄청난 영향을 준 1997년의 IMF는 진로상담에 대한 부응의 계기가 됐다고 할 수 있다. 상담심리학의 역사적 발달을 바탕으로 현재 한국 사회에서 요구되는 상담자나 상담심리학자의 역할에 대해 논의해 보라.

연습 6: 최근 학교폭력이 사회적 문제로 부각되면서 정부에서는 학생들의 생활지도와 상담을 위한 전문상담교사 역할의 중요성을 인식하고 현재 초·중등학교에 전문상담교사를 배치하고 있다. 미국의 상담심리학 발달의 역사를 고려할 때 상담 전문성의 발달을 위해 정부의 영향은 매우 막중하다고 할 수 있다. 이러한 사회적 분위기 속에서 상담 전문성 발달을 위해 상담자나 상담심리학자가 취해야 할 태도와 행동에 대해 논의해 보라.

연습 7: 이미 지적한 것처럼 우리 모두는 잠재적 내담자이다. 당신이 이해하고 획득한 상담이론과 기법을 바탕으로 지금보다 나은 상태로 당신 자신의 삶의 질을 향상하기 위한 프로그램을 개발하여 앞으로 6개월 동안 당신에게 적용하라.

참고문헌

강갑원(2004). 알기 쉬운 상담이론과 실제. 서울: 교육과학사.

김영만(1987). Kierkegaard의 불안에 관한 연구. 경북대학교 대학원 석사학위 청구논문.

김용정 역(1992). 선과 정신분석. 서울: 원음사.

김정규(1995). 게슈탈트 심리치료. 서울: 학지사.

김정희, 이장호 공역(1998). 현대심리치료. 서울: 중앙적성출판사.

김정희 역(2004). 현대 심리치료. 서울: 학지사.

노안영(1994). 상담심리학의 최근동향. 전남대학교, 학생생활연구, 26, 99-113.

노안영(1996). 게슈탈트 집단상담 프로그램의 개발과 효과검증. 대학상담연구, 7(1), 79-106.

노안영 역(1996). 펄스의 게슈탈트적 자기치료: 쓰레기통의 안과 밖. 서울: 학지사.

노안영(1998). 상담자와 함께하는 삶의 여행. 서울: 중앙적성출판사.

노안영(2002). 101가지 주제로 알아보는 상담심리. 서울: 학지사.

노안영(2011a). 집단상담 이론과 실제. 서울: 학지사.

노안영(2011b). Becoming a wise counselor. 서울: 학지사.

노안영(2011c). 상담자의 지혜. 서울: 학지사.

노안영(2011d). 삶의 지혜를 위한 상담심리. 서울: 학지사.

노안영(2013). 게슈탈트치료의 이해와 적용. 서울: 학지사.

노안영(2016). 불완전할 용기. 서울: 솔과학

노안영, 강만철, 오익수, 김광운, 송현종, 강영신 공역(2001). 애들러 상담이론: 기본 개념 및 시사점. 서울: 학지사.

노안영, 강만철, 오익수, 김광운, 송현종, 강영신, 오명자 공역(2005). 아들러 상담이론과 실제. 서울: 학지사.

노안영, 강영신(2003). 인간 이해와 성장을 위한 성격심리학. 서울: 학지사.

노안영, 송현종(2006). 상담의 원리와 실제. 서울: 학지사.

민성길(1990). 최신정신의학(증보판). 서울: 일조각.

박운(1988). Nietzsche 철학의 허무주의에 관한 연구. 전남대학교 대학원 석사학위 청구논문.

법정 스님(1997). 새들이 떠나간 숲은 적막하다. 서울: 샘터.

성륜불서간행회 편(1995). 청화선사 법어집 I: 정통선의 향훈. 전남: 성륜각.

성진기(1975). Nietzsche의 인간관. 전남대학교 교양과정부.

성진기(1980). Counsiling에 대한 실존철학적 조명. 전남대학교 학생생활연구.

손재준 역(1982). 죽음에 이르는 병. 서울: 삼성출판사.

송현종 역(2001). 단기 상담. 서울: 학지사.

송현종, 정수희 공역(2005). 이야기 상담. 서울: 학지사.

양기봉 역(1992). 禪, 현대를 살아가는 길. 서울: 대원정사.

이명근 역(2005). 교육과 구성주의: 교육 공학의 인식론적 기반. 서울: 학지사.

이무석 편저(1995). 정신분석의 이해. 광주: 전남대학교 출판부.

이성철 스님(1993). 산은 산 물은 물. 서울: 도서출판 밀알.

이영만, 유병관 공역(1991). 심리학과 인간이해: 프로이드-스키너-로저스. 서울: 중앙적성출판사.

이장호(1995). 상담심리학(제3판). 서울: 박영사.

이장호(2005). 상담심리학(제4판). 서울: 박영사.

이장호, 정남운, 조성호(2001). 상담심리학의 기초. 서울: 학문사.

이창우 역(1988). 니체, 사르트르, 프로이트, 키르케고르. 서울: 종로서적.

이현수 역(1993). 정신세계의 병리와 해부. 서울: 양영각.

이형득 외(1993). 상담의 이론적 접근. 서울: 형설출판사.

이희익(1972). 선종사부록. 서울: 보연각.

일지(1996). 선 이야기. 서울: 운주사.

임성진 역(1980). 세계철학사(하권). 서울: 분도출판사.

장진성(1993). 키에르케고르의 인간관. 한남대학교 대학원 석사학위 청구논문.

주은선 역(2001). 성공적인 탐색 · 통찰 · 실행 상담을 위한 상담의 기술. 서울: 학지사.

최경환(1993). 실존주의 집단상담이 중년기 여성의 삶의 목적의식수준 향상에 미치는 효과. 계명대학교 대학원 석사학위 청구논문.

최윤미(1996). 무대 위로 뛰어올라간 우리들의 이야기: 심리극. 서울: 중앙적성출판사.

한기태 역(1990). 상담과 심리요법의 이론과 실제. 서울: 성광문화사.

홍경자(1988). 실존주의적 상담사례보고. 전남대학교 학생생활연구.

홍경자(2001). 상담의 과정. 서울: 학지사.

황성기(1978). 불교학개론. 서울: 법문사.

ACA(American Counseling Association). (1989). *The association for counselor education and supervision standards for counselor supervision*. Alexandria, VA: Association for Counselor Education and Supervision.

Adler, A. (1930). *The education of children*. Indiana: Gatewat Editions.

Adler, A. (1937). *What life should mean to you*. Boston: Little, Brown, and Company.

Adler, A. (1946). *Understanding human nature*. New York: Greenberg.

Adler, A. (1979). *Superiority and social interest*. New York: Norton & Company.

Alberti, R. E., & Emmons, M. L. (1986). *Your perfect right: A guide to assertive living* (5th ed.). San Luis Obispo, CA: Impact.

American Psychiatric Association(APA). (1994). *Diagnostic and statistical manual of mental disorders* (4th ed.).

Washington, DC: American Psychiatric Association.

American Psychiatric Association(APA). (2013). *Diagnostic and statistical manual of mental disorders* (5th ed.). Arlington, VA: American Psychiatric Publishing.

Ansbacher, H. L. (1968). The concept of social interest. *Journal of Individual Psychology, 24*, 131-141.

Ansbacher, H. L., & Ansbacher, R. R. (Eds.). (1964). *The individual psychology of Alfred Adler*. New York: Harper & Row/Torchbooks. (Original work published 1956).

Arlow, J. A. (2005). Psychoanalysis. In R. J. Corsini & D. Wedding (Eds.). *Current psychotherapies* (7th ed.). Belmont, CA: Brooks/Cole.

Auvenshine, C. D., & Noffsinger, A. L. (1984). *Counseling: An introduction for the health and human services*. Baltimore: University Park Press.

British Association for Counseling(BAC). (1992). *Code of ethics and practice for counsellors*. Rugby: BAC.

Bandler, R., & Grinder, J. (1975). *The structure of magic*. Palo Alto, CA: Science and Behavior Books.

Bandura, A. (1989). Human agency in social cognitive theory. *American Psychologist, 44*, 1175-1184.

Bandura, A. (1997). *Self-efficacy: The exercise of control*. New York: W.H. Freeman and Company.

Barkham, M., & Shapiro, D. A. (1986). Counselor verbal response modes and experienced empathy. *Journal of Counseling Psychology, 33*, 3-10.

Barrs, B. J. (1986). *The cognitive revolution in psychology*. New york: The Guilford Press.

Barton, A. (1974). *Three worlds of therapy: Freud, Jung & Rogers*. Palo Alto: National Press Books.

Beck, A. T. (1967). *Depression: Clinical, experimental, and theoretical aspects*. New York: Harper & Row.

Beck, A. T. (1976). *Cognitive therapy and emotional disorders*. New York: International University Press.

Beck, A. T. (1987). Cognitive therapy. In J. K. Zeig (Ed.), *The evolution of psychotherapy* (pp. 149-178). New York: Brunner/Mazel.

Beck, A. T., & Emery, G. (1985). *Anxiety disorders and phobias: A cognitive perspective*. New York: Basic Books.

Beck, A., & Weishar, M. (2005). Cognitive therapy. In R. Corsini & D. Wedding (Eds.), *Current psychotherapies* (7th ed.). Belmont, CA: Brooks/Cole.

Beck, J. S. (1995). *Cognitive therapy: Basics and beyond*. New York: Guilford.

Beisser, A. (1970). The paradoxical theory of change. In J. Fagan & I. L. Sheperd (Eds.), *Gestalt therapy now* (pp. 77-80). New York: Harper Colophon.

Belkin, G. S. (1988). *Introduction to counseling* (3rd ed.). Dubuque: Wm. C. Brown.

Berg, I. K. (1994). *Family based services: A solution-focused approach*. New York: Norton.

Bernard, M. E. (1991). *Staying rational in an irrational world*. New York: Carol Publishing Group.

Berne, E. (1961). Transactional analysis in psychotherapy. New York: Grove Press.

Berne, E. (1964). *Games people play*. New York: Grove Press.

Berne, E. (1972). *What do you say after you say help?* New York: Grove Press.

Beugental, J. F. (1990). *Intimate journey: Stories from life-changing therapy*. San Francisco, CA: Jossey-Bass.

Beutler, L. E., & McNabb, C. (1980). Self-evaluation for the psychotherapist. In C. E. Walker (Ed.), *Clinical practice of psychology: A guide for mental health professionals*. New York: Pergamon.

Blatner, A. (2005). Psychodrama. In R. J. Corsini & D. Wedding (Eds.), *Current psychotherapies* (7th ed., pp. 405-438). Belmont, CA: Brooks/Cole.

Bond, T. (1993). *Standards and ethics for counseling in action*. London: Sage.

Borgen, F. H. (1992). Expanding scientific paradigms in counseling psychology. In S. D. Brown, & R. W. Rent. (Eds.), *Handbook of counseling psychology* (2nd ed., pp. 111-139). New York: Wiley.

Brammer, L. M., & MacDonald, G. (1999). *The helping relationship: Process and skills*. Neeham Heights, MA: Allyn & Bacon.

Brems, C. (2001). *Basic skills in psychotherapy and counseling*. Belmont, CA: Wadsworth.

Buber, M. (1965). *Between man and man*. New York: Macmllan Publishing.

Bugental, J. F. T. (1990). Existential-humanistic psychotherapy. In J. K. Zeig & W. M. Munion (Eds.), *What is psychotherapy? Contemporary perspectives* (pp. 189-193). San Francisco: Jossey-Bass.

Burber, M. (1987). *I and thou* (2nd ed.). New York: Collier Books.

Byrne, R. H. (1995). *Becoming a master counselor: Introduction to the profession*. New York: Brooks/Cole Publishing Co.

Carkhuff, R. R. (1987). *The art of helping VI* (6th ed.). Amherst: Human Resource Development Press.

Catania, A. C. (1998). *Learning* (4th ed.). Upper saddle River, NJ: Prentice-Hall.

Catania, A. C., & Harnad, S. (Eds.). (1988). *The selection of behavior: The operant behaviorism of B. S. Skinner*. New York: Cambridge University Press.

Chance, P. (1994). *Learning & Behavior* (3rd ed.). CA: Brooks/Cole Publishing Co.

Clarkson, P. (1992). *Transactional analysis psychotherapy: An integrated approach*. London: Routledge.

Clarkson, P., & Mackewn, J. (1993). *Fritz Perls*. London: SAGE Publications.

Compton, W. C. (2005). *Introduction to positive psychology*. Belmont, CA: Wadsworth.

Conner, M. (1994). *Training the counselor: An integrative model*. London: Routledge.

Corey, G. (1996). *Theory and practice of counseling and psychotherapy* (5th ed.). Pacific Grove: Brooks/Cole Publishing Company.

Corey, G. (2005). *Theory and practice of counseling and psychotherapy* (7th ed.). Belmont, CA: Brooks/Cole Publishing Company.

Corey, G. (2009). *Theory and practice of counseling and psychotherapy* (8th ed.). Belmont, CA: Thomson Higher Education.

Cormier, W. H., & Cormier, L. S. (1991). *Interviewing strategies for helpers* (3rd ed.). Pacific Grove, CA: Brooks/Cole.

Corsini, R. J. (Ed.). (1984). *Current psychotherapies* (3rd ed.). Itasca, IL: F.E. Peacock.

Corsini, R. J. (Ed.). (1994). *Encyclopedia of psychology* (Vol.1, 2nd ed.). New York: John Wiley & Sons.

Corsini, R. J. (Ed.). (2000). *Current psychotherapies* (6th ed.). Itasca, IL: F.E. Peacock.

Corsini, R. J., & Wedding, D. (2011). *Current psychotherapies* (9th ed.). Canada: Brooks/Cole Cengage Learning.

Corsini, R. J., & Wedding, D. (Ed.). (2005). *Current psychotherapies* (7th ed.). Belmont, CA: Brooks/Cole.

Coward, H. (1985). *Jung and eastern thought*. State University of New York Press.

Craighead, W., & Nemeroff, C. B. (Eds.) (2004). *The concise Corsini encyclopedia of psychology and behavioral science* (3rd ed.). Hoboken, NJ: John Wiley & Sons.

Day, S. X. (2004). *Theory and design in counseling and psychotherapy*. New York: Houghton Mifflin Company.

de Castillejo, I. C. (1973). *Knowing woman*. New York: Harper Colophon Books.

De Jong, P., & Berg, I. K. (2002). *Interviewing for solutions* (2nd ed.). Pacific Grove, CA: Brooks Cole.

De Shazer, S. (1985). *Keys to solutions in brief therapy*. New York: Norton.

De Shazer, S. (1991). *Putting differences to work*. New York: Norton.

Deurzen-Smith, E. Van. (1998). *Paradox and passion in psychotherapy: An existential approach to therapy and counseling*. Chichester, UK: Wiley.

Dinkmeyer, D. C., & Sperry, L. (2000). *Counseling and psychotherapy: An integrated, individual psychology approach* (3rd ed.). New Jersey: Perentice Hall.

Dinkmeyer, D. C., Dinkmeyer, D. C. Jr., & Sperry, L. (1987). *Adlerian counseling and psychotherapy* (2nd ed.). Columbus, OH: Charles E. Merrill.

Douglas, C. (2005). Analytical psychotherapy. In R. J. Corsini & D. Wedding (Eds.), *Current psychotherapies* (7th ed.). Belmont, CA: Brooks/Cole.

Dreikurs, R. (1967). *Psychodynamics, psychotherapy, and counseling. Collected papers*. Chicago: Alfred Adler Institute.

Dreikurs, R. (1971). *Social equality: The challenge of today*. Chicago: IL: Adler School of Professional Psychology.

Dryden, W., & Feltham, C. (1992). *Brief counseling-A practical guide for beginning practitioners*. Open University Press.

Dusay, J. M., & Dusay, K. M. (1989). Transactional analysis. In R. J. Corsini & R. D. Wedding (Eds.), *Current psychotherapy* (4th ed., pp. 405-453). Itasca, IL: Peacock.

Egan, G. (1994). *The skilled helper: A problem-management approach to helping* (5th ed.). Pacific Grove, CA: Brooks/Cole.

Egan, G. (1998). *The skilled helper: A problem-management approach to helping* (6th ed.). Pacific Grove, CA: Brooks/Cole.

Ellenberger, H. (1958). A clinical introduction to psychiatric phenomenology and existential analysis. In R. May, E. Angel, & H. F. Ellenberger (Eds.), *Existence: A new dimension in psychiatry and psychology* (pp. 92-124). New York: Basic Books.

Ellis, A. (1962). *Reason and emotion in psychotherapy*. Secaucus: The Citadel Press.

Ellis, A. (1973). *Humanistic psychotherapy*. New York: McGraw-Hill Book Company.

Ellis, A. (1975). *How to live with a neurotic*. Hollywood: Wilshire Book Company.

Ellis, A., & Haroer, R. A. (1977). *A new guide to rational living*. Hollywood: Wilshire Book Company.

Evans, D. R., Hearn, M. T., Uhleman, M. R., & Ivey, A. E. (1989). *Essential interviewing: A programmed approach to effective communication* (3rd ed.). Pacific Grove: Brooks/Cole Publishing.

Fabry, J. B. (1968). *The pursuit of meaning: Logotherapy applied to life*. Boston: Beacon Press.

Fagan, J., & Shepherd, I. L. (Ed.). (1971). *Gestalt therapy now: Theory, technique, applications*. New York: Harper & Row.

Frankl, V. E. (1959). *From death and camp to existentialism*. Boston: Beacon Press.

Frankl, V. E. (1963). *Man's search for meaning: An introduction to logotherapy*. New York: Washington Square Press.

Frankl, V. E. (1975). *The unconcious god*. New York: Simon and Schuster.

Frankl, V. E. (1978). *The unheard cry for meaning*. New York: Washington Square Press.

Frankl, V. E. (1988). *The will to meaning: Foundations and applications of logotherapy*. New York: Meridian Printing.

Freud, S. (1949). *An outline of psychoanalysis*. New York: Norton & Company, INC.

Fromm, E., Suzuki, D. T., & de Martino, R. (1970). *Zen Buddhism and psychoanalysis*. New York: Harper Colophon Books.

Gadban, P. P. (1990). *Understanding group psychotherapy*. Belmont: Wadsworth.

Gay, P. (1989). *Freud: A life for our time*. New York: Doubleday.

Gay, P. (Ed.). (1989). *The Freud reader*. New York: Norton & Company.

Gelso, C. J., & Fretz, B. R. (1992). *Counseling psychology*. New York: Harcourt Brace College Publishers.

Gendlin, E. T. (1988). Carl Rogers (1902-1987). *American Psychologist, 43*, 127-128. [Obituary]

George, R. L., & Cristiani, T. S. (1995). *Counseling theory and practice* (4th ed.). Boston: Allyn & Bacon.

Gibson, R. L., & Mitchell, M. H. (1986). *Introduction to counseling and guidance* (2nd ed.). New York: Macmillan Publishing.

Gladding, S. T. (1996). *Counseling: A Comprehensive profession* (3rd ed.). Englewood Cliffs, NJ: Prentice-Hall.

Glaser, B., & Kirschenbaum, H. (1980). Using values clarification in counseling settings. *Personnel and Guidance Journal, 58*, 569-576.

Glasser, W. (1965). *Reality therapy: A new approach to psychiatry*. New York: Harper & Row.

Glasser, W. (1976). *Positive addiction*. New York: Harper & Row.

Glasser, W. (1981). *Stations of the mind: New directions for reality therapy*. New York: Harper & Row.

Glasser, W. (1998). *Choice theory: A new psychology of personal freedom*. New York: HaperCollins.

Goldstein, A. P., Krasner, L., & Garfield, S. L. (1989). *Gestalt therapy* (2nd ed.). New York: Pergamon Press.

Goleman, D. (1995). *Emotional intelligence*. New York: Bantam Books.

Goleman, D. (2006). *Social intelligence*. New York: Bantam Books.

Good, E. P. (1996). *In pursuit of happiness: Knowing what you want getting what you need.* Chapel Hill: New View Publications.

Greenson, R. R. (1967). *The technique and practice of psychoanalysis* (Vol. 1). New York: International University Press.

Gruman, A. S., & Messer, S. B. (Eds.). (1995). *Essential Psychotherapies: Theory and practice.* New York: The Guilford Press.

Hann, M. E. (1955). Counseling psychology. *American Psychologist, 7*, 279-282.

Hansen, J. C., Stevic, R. R., Warner, R. W. (1986). *Counseling theory and process* (4th ed.). Boston: Allyn & Bacon.

Hawkins, P., & Shohet, R. (1989). *Supervision in the helping professions.* Milton Keynes: Open University Press.

Heidegger, M. (1962). *Being and time.* New York: Harper & Row.

Held, B. S. (1995). *Back to reality: A critique of postmodern theory in psychotherapy.* New York: Norton.

Hershberger, W. A. (Ed.). (1979). *Volitional action: Conation and control.* Amsterdam: North-Holland.

Hill, C. E. (1985). *Manual for the Hill counselor and client verbal response modes category system*(rev. ed.). Unpublished manuscript, University of Maryland.

Hill, C. E. (1990). Review of exploratory in-session process research. *Journal of Consulting and Clinical Psychology*, 58, 288-294.

Hill, C. E. (1993). Editorial. *Journal of Counseling Psychology, 40*(2), 252-256.

Hill, C. E., & O'Brien, K. M. (1999). *Helping skills: Facilitating exploration, insight, and action.* American Psychological Association.

Hjelle, L. A., & Ziegler, D. J. (1992). *Personality theories: Basic assumptions, research, and applications* (3rd ed.). New York: McGraw-Hill.

Holland, G. (1973). Transactional analysis. In R. Corsini (Ed.), *Current psychotherapies.* Itasca, IL: Peacock.

Holloway, E. L. (1995). *Clinical supervision: A systems approach.* London: Sage.

Hosford, R. (1969). *Counselor supervision: Related research.* Unpublished manuscript, University of Wisconsin, Madison.

Ivey, A. E. (1980). *Counseling and psychotherapy.* Englewood Cliffs, NJ: Prentice-Hall.

Ivey, A. E., D'andrea, M., Ivey, M. B., Simek-Morgan, L. (2002). *Theories of counseling and psychotherapy: A multicultural perspective* (5th ed.). Boston, MA: Allyn & Bacon.

Jacobs, E., Masson, R., & Harvill, R. L. (1998). *Group counseling: Strategies & skills* (3rd ed.). Pacific Grove, CA: Brooks/Cole.

James, M., & Jongeward, D. (1971). *Born to win: Transactional analysis with gestalt experiments.* New York: New American Library.

James, M., & Jongeward, D. (1975). *The people book: Transactional analysis for students.* Massachusetts: Addison-Wesley.

James, R. K., & Gilliland, B. E. (2003). *Theories and strategies in counseling and psychotherapy* (5th ed.). New York: Pearson Education.

Joslyn, M. (1975). Figure/ground: gestalt/zen. In J. O. Stevens (Ed.), *Gestalt is*. New York: Bantam Books.

Jung, C. G. (1961). *Memories, dreams, and reflections*. New York: Vintage Books.

Kadushin, A. (1985). *Supervision in social work* (2nd ed.). New York: Columbia University Press.

Kanfer, F. H., & Schefft, B. K. (1988). *Guiding the process of therapeutic change*. IL: Research Press.

Kazdin, A. E., & Wilson, G. T. (1978). *Evaluation of behavior therapy: Issues, evidence and research strategies*. Cambridge, Mass.: Ballinger.

Kelly, G. A. (1955). *The psychology of personal constructs: A theory of personality*. New York: Norton.

Kelly, G. A. (1958). The theory and technique of assessment. *Annual Review of Psychology, 9*, 323-352.

Kelly, G. A. (1961). Suicide: The personal construct point of view. In N. L. Faberow & E. S. Schneidman (Eds.), *The cry for help* (pp. 255-280). New York: McGraw-Hill.

Kelly, G. A. (1963). *A theory of personality: The psychology of personal constructs*. New York: Norton.

Kelly, G. A. (1964). The language of hypothesis: Man's psychological instrument. *Journal of Individual Psychology, 20*, 137-152.

Kelly, G. A. (1969). *Clinical psychology and personality: The selected papers of George Kelly*. New York: Wiley.

Khun, T. S. (1970). *The structure of scientific revolutions* (2nd ed.). The University of Chicago Press.

Kimble, G. A. (1992). Psychology from the standpoint of generalist. In A. E. Kazadin (Ed.), *Methodological issues & strategies in clinical research* (pp. 5-22). Washington: American Psychological association.

Kirschenbaum, H. (1979). *On becoming Carl Rogers*. New York: Delacorte Press.

Kirschenbaum, H., & Henderson, V. L. (Ed.). (1989). *The Carl Rogers reader*. Boston: Houghton Mifflin Company.

Kitchener, K. S. (1984). Intuition, critical evaluation, and ethical principles: The foundation for ethical decisions in counseling psychology. *Counseling Psychologist, 12*(3), 43-45.

Kottler, J. A. (2002). *Theories in counseling and therapy: An experiential approach*. Boston: Allyn & Bacon.

Krumboltz, J. D. (1966). Behavioral goals for counseling. *Journal of Counseling Psychology, 13*, 153-159.

Langs, R. (1979). *The supervisory experience*. New York: Jason Aronson.

Lazarus, A. A. (1989). *The practice of multimodal therapy* (2nd ed.). Baltimore: Johns Hopkins University Press.

Leahey, T. H. (1997). *A history of psychology: Main currents in psychological thought*. Upper Saddle River, NJ: Prentice Hall.

Lewis, E. C. (1970). *The psychology of counseling*. New York: Holt, Rinehart and Winston.

Lindsey, C. (1998). *Toward an integration of narrative approaches into therapeutic encounters*. Lubbock, TX: Unpublished manuscript.

Loganbill, C., Hardy, E., & Delworth, U. (1982). Supervision: A conceptual model. *The Counseling Psychologist, 10*(1), 3-42.

Luft, J. (1970). *Group processes: An introduction to group dynamics* (2nd ed.). Palo Alto, CA: Mayfield Publishing

Company.

Luft. J., & Ingham, H. (1955). The Johari Window, a graphic model of interpersonal awareness. University of California, Los Angeles, Extension Office, *Proceedings of the Western Training Laboratory in Group Development*, August.

Lyddon, W. J. (1995). Forms and facets of constructivist psychology. In R. A. Neimeyer & M. J. Mahoney (Eds.), *Constructivism in psychotherapy* (pp. 69-92). Washington, DC: American Psychological Association.

Lyddon, W. J. (1995). Forms and facts of constructivist psychology. In R. A. Neimeyer & M. J. Mahoney (Eds.), *Constructivism in psychotherapy* (pp. 69-92). Washington, DC: American Psychological association.

Mackewn, J. (1997). *Developing gestalt counseling*. London: Sage.

Maholick, L. T., & Turner, D. W. (1979). Termination: That difficult farewell. *American Journal of Psychotherapy, 33*, 583-591.

Mahoney, M. J. (1988). The cognitive sciences and psychotherapy: Patterns in a developing relationship. In K. S. Dobson (Ed.), *Handbook of cognitive-behavioral therapies* (pp. 357-386). New York: Guilford Press.

Mahoney, M. J. (1995). *Cognitive and constructive psychotherapies: Theory, research, and practice*. New york: Springer.

Mahoney, M. J., & Patterson, K. M. (1992). Changing theories of change: recent developments in counseling. In S. D. Brown, & R. W. Rent. (Eds.), *Handbook of counseling psychology* (2nd ed., pp. 665-689). New York: Wiley.

Manaster, G., & Corsini, R. J. (1982). *Individual psychology*. Itasca, IL: F. E. Peacock.

Manduro, R. J., & Wheelwright, J. B. (1977). In R. J. Corsini (Ed.), *Current personality theories* (pp. 83-123). Itasca, IL: F. E. Peacock.

Martin, G., & Pear, J. (1992). *Behavior modification* (4th ed.). Englewood Cliffs: Prentice Hall.

Maultsy, M. C. (1986). *Coping better … anytime, anywhere: The handbook of rational self-counseling*. New York: Prentice Hall Press.

May, R. (1961). *Existential psychology*. New York: Random House.

May, R. (1975). *The courage to create*. New York: W. W. Norton & Company.

May, R. (1977). *The meaning of anxiety* (Rev. ed.). New York: Norton.

May, R. (1979). *The meaning of anxiety*. New York: Washington Square Press.

May, R. (1980). *Psychology and the human dilemma*. New York: W. W. Norton & Company.

May, R., Angel, E., & Ellenberger, H. F. (1958). Existence. In Binswanger, L. & Angel, E. (Eds.), *The existential Analysis school of thought* (pp. 191-213). New York: Basic Books.

Mayeroff, M. (1990). *On caring*. New York: Harper Perennial.

McKay, M., Davis, M., & Fanning, P. (1981). *Thought & feelings: The art of cognitive stress intervention*. Oakland, CA: New Harbinger.

Meichenbaum, D. (1977). *Cognitive behavior modification: An integrated approach*. New York: Plenum Press.

Meichenbaum, D. (1979). *Cognitive behavior modification: An integrative approach* (2nd ed.). New York: Plenum Press.

Meier, S. T., & Davis, S. R. (1997). *The elements of counseling* (3rd ed.). New York: Brooks/Cole Publishing Company.

Monk, G. (1997). *Contrasting assumptions about mental problems*. Hamilton, NZ: Unpublished manuscript.

Moreno, J. L. (1977). *Psychodrama: Volume one* (4th ed.). Beacon, NY: Beacon House.

Morran, D. K., Stockton, R., & Bond. L. (1991). Delivery of positive and corrective feedback in counseling groups. *Journal of Counseling Psychology*, *38*(4), 410-414.

Mosak, H. H., & Dreikurs, R. (1967). The life task III, the fifth life task. *Individual Psychologist, 5*, 16-22.

Mosak, H. H., & Maniacci, M. P. (1999). *A primer of Adlerian psychology*. MI, Braun-Brumfield: Taylor & Feansis.

Moss, D. P. (1992). Cognitive therapy, phenomenology, and the struggle for meaning. *Journal of Phenomenological Psychology, 48*, 319-323.

Munro, E. A., Manthei, R. J,. & Small, J. J. (1983). *Counseling: A skills approach*. New Zealand.

Nagy, M. (1991). *Philosophical issues in the psychology of C. G. Jung*. State University of New York Press.

Nelson-Jones, R. (1995). *The theory and practice of counseling* (2nd ed.). London: Cassell.

No, A. Y. (1993). *Wisdom as defined and perceived by counseling psychologists*. Univ. of Kentucky, Unpublished dissertation.

No, A. Y. (2011). *Becoming a wise counselor*. Seoul: Hakjisa.

Nugent, F. A. (1981). *Professional counseling: An overview*. Monterey, CA: Brooks/Cole Company.

O'Connor, J., & Seymour, J. (1990). *Introducing Neuro-Linguistic Programming*. San Francisco, CA: Aquarian/Thorsons.

Okun, B. F. (1990). *Seeking connections in psychotherapy*. San Francisco, CA: Jossey-Bass Inc.

Okun, B. F. (2002). *Effective helping: Interviewing and counseling techniques* (6th ed.). Pacific Grove, CA: Brooks/Cole.

Orgler, H. (1965). *Alfred Adler: The man and his work*. New York: Capricorn Books.

Osipow, S. H., Cohen, W., Jenkins, J., & Dostal, J. (1979). Clinical versus counseling psychology: Is there a difference? *Professional psychology*, 148-152.

Passons, W. R. (1975). *Gestalt approaches in counseling*. New York: Holt, Rinehart, and Winston.

Patterson, C. H. (1973). *Theories of counseling and psychotherapy* (2nd ed.). New York: Harper & Row.

Patterson, C. H. (1974). *Relationship counseling and psychotherapy*. Upper Saddle River, NJ: Prentice Hall.

Patterson, C. H., & Watkins, C. E. (1996). *Theories of psychotherapy* (5th ed.). New York: Harper Collins Publishers.

Patterson, L. E., & Welfel, E. R. (2000). *The counseling process* (5th ed.). Belmont, CA: Thomson Brooks/Cole.

Pederson, P. B. (1991). Multicultruralism as a generic approach to counseling. *Journal of Counseling and Development, 70*, 6-19.

Perls, F. S. (1947). *Ego, hunger and aggression*. New York: Vintage Books.

Perls, F. S. (1969a). *Gestalt therapy verbatim*. Lafayette: Real People Press.

Perls, F. S. (1969b). *In and out the garbage pail*. New York: Bantam Books.

Perls, F. S. (1970). Four lectures. In J. Fagan & I. L. Shepherd (Eds.), *Gestalt therapy now: Theory/techniques/applications*. NY: Harper Colophon Books.

Perls, F. S. (1973). *The gestalt approach and eye witness to therapy*. Science and Behavior Books.

Perls, F. S., Hefferline, R. F., & Goodman, P. (1977). *Gestalt therapy*. New York: Bantam Books.

Pervin, L. A., & John, O. P. (2001). *Personality: Theory and research* (8th ed.). New York: John Wiley & Sons.

Peterson, J. V., & Nisenholz, B. (1999). *Orientation to counseling* (4th ed.). Boston: Allyn & Bacon.

Pine, F. (1998). *Diversity and direction in psychoanalytic technique*. New Haven: Yale University Press.

Polster, E. (1987). *Every person's life is worth a novel*. New York: W. W. Norton & Company.

Polster, E., & Polster, M. (1974). *Gestalt therapy integrated*. New York: Random House.

Presbery, J. H., Echterling, L. G., & McKee, J. E. (2002). *Ideas and tools for brief counseling*. Upper Saddle River, NJ: Merrill Prentice Hall.

Prochaska, J. O., & Norcross, J. C. (1999). *Systems of psychotherapy: A transtheoretical analysis* (4th ed.). Pacific Grove, CA: Brooks Cole Publishing Company.

Prochasca, J. O., & Norcross, J. C. (2007). *Systems of psychotherapy: A transtheoretical analysis* (6th ed.). Belmont, CA: Thomson Higher Education.

Robinson, F. P. (1950). *Principles and procedures in student counseling*. New York: Harper & Row.

Rogers, C. R. (1951). *Client-centered therapy: Its current practice, implications, and theory*. Boston: Houghton Mifflin Company.

Rogers, C. R. (1970). *Carl Rogers on encounter groups*. New York: Harper & Row.

Rogers, C. R. (1977). *Carl Rogers on personal power*. New York: Dell Publishing.

Rogers, C. R. (1981). *A way of being*. Boston: Houghton Mifflin Company.

Rogers, C. R., & Stevens, B. (1971). *Person to person: The problem of being human*. New York: Pocket Books.

Rokeach, M. (1973). *The nature of human values*. New York: Free Press.

Rosenblatt, D. (1975). *The gestalt therapy primer*. New York: Harper & Row.

Ryckman, R. M. (2000). *Theories of personality*. Belmont, CA: Wadsworth.

Schmit, J. J. (1999). *Counseling in schools: Essential services and comprehensive programs* (3rd ed.). Boston: Allyn & Bacon.

Schultz, D. (1981). *Theories of personality* (2nd ed.). Monterey: Brooks/Cole.

Schutz, W. (1967). *Joy: Expanding human awareness*. New York: Grove Press.

Seligman, L. (2001). *Systems, strategies, and skills of counseling and psychotherapy*. Upper Saddle River, NJ: Merrill Prentice Hall.

Seligman, L. (2006). *Theories of counseling and psychotherapy: Systems, strategies, and skills* (2nd ed.). Upper

Saddle River, NJ: Pearson Education.

Seligman, L., & Reichenberg, L. W. (2010). *Theories of counseling and psychotherapy: Systems, strategies, and skills* (3rd ed.). Upper Saddle River, NJ: Pearson Education.

Sharf, R. S. (1996). *Theories of psychotherapy and counseling: Concepts and cases*. Pacific Grove: Brooks/Cole Publishing Company.

Sharf, R. S. (2000). *Theories of psychotherapy and counseling: Concepts and cases* (2nd ed.). Pacific Grove: Brooks/Cole Publishing Company.

Sharf, R. S. (2004). *Theories of psychotherapy and counseling: Concepts and cases* (3rd ed.). Pacific Grove: Brooks/Cole Publishing Company.

Sharf, R. S. (2008). *Theories of psychotherapy and counseling: Concepts and cases* (4th ed.). Belmont, CA: Wadsworth/Thomson learning.

Sharf, R. S. (2012). *Theories of psychotherapy and counseling: Concepts and cases* (5th ed.). Belmont, CA: Wadsworth/Thomson learning.

Sharf, R. S. (2016). *Theories of psychotherapy and counseling: Concepts and cases* (6th ed.). Boston, MA: Cengage Learning.

Shepherd, A. (1970). Limitations and cautions in the gestalt approach. In J. Fagan & I. L. Sheperd (Eds.), *Gestalt therapy now* (pp. 234-238). New York: Harper Colophon.

Simon, S., Howe, L., & Kirschenbaum, H. (1972). *Values clarification*. New York: Hart.

Skinner, B. F. (1953). *Science and human behavior*. New York: Free Press.

Skinner, B. F. (1967). Autobiography. In E. G. Boring & G. Lindzey (Eds.), *A history of psychology in autobiography* (Vol. 5, pp. 385-413). New York: Appleton-Century-Crofts.

Sommers-Flanagan, J., & Sommers-Flanagan, R. (1993). *Foundations of therapeutic interviewing*. Boston: Allyn & Bacon.

Spiegler, M. D., & Guevremont, D. C. (2003). *Contemporary behavior therapy* (4th ed.). Belmont, CA: Wadsworth.

Steiner, C. M. (1974). *Scripts people live*. New York: Grove Press.

Stoller, F. H. (1972). "Marathon groups: Toward a conceptual model". In L. N. Solomon & B. Berzon (Eds.), *New perspectives on encounter groups*. San Francisco: Jossey-Bass.

Storr, A. (1983). *The essential Jung*. Princeton University Press.

Strong, S. R. (1968). Counseling: An interpersonal influence. *Journal of Counseling Psychology, 15*, 215-224.

Tauvon, K. B. (1998). Principles of psychodrama. In M. Karp, P. Holmes, & K. B. Tauvon (Eds.), *The handbook of psychodrama* (pp. 29-45). New York: Routledge.

Tyler, L. E. (1980). The next twenty years. *The Counseling Psychologist, 8*(4), 19-21.

Van Houten, R. (1983). Punishment: From the animal laboratory to the applied setting. In S. Axelrod & J. Apsche (Eds.), *The effects of punishment on human behavior*. New York: Academic Press.

Wallace, W. A. (1986). *Theories of counseling and psychotherapy*. Boston: Allyn & Bacon.

Walter, J. L., & Peller, J. E. (1992). *Becoming solution-focused in brief therapy*. New York: Brunner/Mazel.

Watkins, C. E., Lopez, F. G., Campbell, V. L., & Himmell, C. D. (1986). Counseling psychology and clinical psychology: Some preliminary comparative data. *American Psychologist*, 581-592.

Watts, A. W. (1957). *The way of Zen*. New York: Vintage Books.

Watts, R. E. (Ed.). (2003). *Adlerian, cognitive, and constructivist therapies: An integrative dialogue*. New York: Springer Publishing Company.

Weiner, I. B., & Bornstein, R. F. (2009). *Principles of psychotherapies: Promoting evidence-based psychodynamic practice* (3rd ed.). Hoboken, NJ: John Wiley & Sons.

Weinshel, E. M. (1984). Some observations on the psychoanalytic process. *Psychoanalytic Quarterly, 53*, 63-92.

Welfel, E. R., & Patterson, L. E. (2005). *The counseling process: A multitheoretical integrative approach* (6th ed.). Belmont, CA: Thomson Books/Cole.

Welwood, J. (Ed.). (1979). *The meeting of the ways: Explorations in east/west psychology*. New York: Schocken Books.

White, M., & Epston, D. (1990). *Narrative means to therapeutic ends*. New York: Norton.

Whiteley, J. M., Kagan, N., Harmon, L. W., Fretz, B. R., & Tanney, F. (Eds.). (1984). *The coming decade in counseling psychology*. Schenectady, NY: Character Research Press.

Whitely, J. M. (1984). Counseling psychology in the year 2000 A.D. *The Counseling Psychologist, 8*(4), 2-8.

Wilmer, H. A. (1987). *Practical Jung: Nuts and bolts of Jungian psychotherapy*. Wilmette: Chiron Publications.

Winslade, J., & Monk, G. (1999). *Narrative counseling in schools*. London: Sage Publications Company.

Wolitzky, D. L. (1995). The theory and practice of traditional psychoanalytic psychotherapy. In A. S. Gruman, & S. B. Messer (Eds.), *Essential psychotherapies: Theory and practice* (pp. 12-54). New York: The Guilford Press.

Wolpe, J. (1958). *Psychotherapy by reciprocal inhibition*. Stanford: Stanford University Press.

Woolfe, R., & Dryden, W. (Eds.). (1996). *Handbook of counseling psychology*. London: Sage Publications.

Woolfe, R., Dryden, W., & Strawbridge, S. (Eds.). (2003). *Handbook of counseling psychology* (2nd ed.). London: Sage Publications.

Wubbolding, R. E. (1988). *Using reality therapy*. New York: Harper & Row.

Wubbolding, R. E. (1991). *Understanding reality therapy: A metaphorical approach*. New York: Harper Perennial.

Yalom, I. D. (1980). *Existential psychotherapy*. New York: Basic Books.

Yang, J., Milliren, A., & Blagen, M. (2010). *The psychology of courage: An Adlerian handbook for healthy social living*. New York: Routledge.

Yontef, G. M. (1995). Gestalt therapy. In A. S. Gurman & S. B. Meisser (Eds.), *Essential psychotherapies: Theory and practice* (pp. 261-303). New York: Guilford.

Zinker, J. (1977). *Creative process in gestalt therapy*. New York: Vintage Books.

찾아보기

인명

내용

저자 소개

노안영(No Ann Young)

〈학력〉

전남대학교 사범대학 교육학과 졸업(1978)

서울대학교 대학원 심리학(상담전공) 석사(1983)

미국 켄터키 주립대학교(University of Kentucky) 상담심리학 철학박사(1993)

〈경력〉

서울대학교, 서강대학교, 전남대학교 학생생활연구소 카운슬러

미국 LA 주립 정신병원(Coastal Pacific-Asian Mental Health Center)에서 인턴십

미국 LA 한국청소년센터(Korean Youth Center) 카운슬러

홍사단 광주지부 청소년연구원 원장

전남대학교 카운슬링센터 소장

광주 · 전남상담학회 회장

전남대학교 입학관리본부장

〈현재〉

전남대학교 사회과학대학 심리학과 교수

한국상담심리학회 상담심리전문가, 한국상담학회 수련감독 전문상담사

적극적 부모역할 훈련 트레이너, 한국상담심리학회 이사

한국상담심리학회, 한국상담학회 편집위원

(사)한국아들러상담학회 회장

〈저서 및 역서〉

저서: 청소년 상담 수퍼비전(청소년대화광장, 1996)

성상담의 원리와 실제: 성상담 가이드(한국성문화연구소, 1999)

성격심리학(학지사, 2003)

상담실습자를 위한 상담의 원리와 기술(학지사, 2006)

Becoming A Wise Counselor(Hakjisa, 2011)

집단상담: 이론과 실제(학지사, 2011)

개인심리학 상담 원리와 적용(학지사, 2011)

상담자의 지혜(학지사, 2011)

삶의 지혜를 위한 상담심리(학지사, 2011)

게슈탈트치료의 이해와 적용(학지사, 2013)

불완전할 용기(솔과학, 2016)

역서: 펄스의 게슈탈트적 자기치료(학지사, 1996)

상담의 기본요소(중앙적성출판사, 1997)

학교상담(학지사, 2000)

애들러 상담이론(학지사, 2001)

아들러 상담이론과 실제(학지사, 2005)

외상 후 성장(학지사, 2015)

상담심리학의 이론과 실제(2판)

Theory and Practice of Counseling Psychology(2nd ed.)

2005년 8월 20일 1판 1쇄 발행
2018년 2월 20일 1판 28쇄 발행
2018년 3월 15일 2판 1쇄 발행
2024년 1월 25일 2판 11쇄 발행

지은이 • 노 안 영

펴낸이 • 김 진 환

펴낸곳 • (주) 학지사

04031 서울특별시 마포구 양화로 15길 20 마인드월드빌딩 5층

대표전화 • 02) 330-5114　　팩스 • 02) 324-2345

등록번호 • 제313-2006-000265호

홈페이지 • http://www.hakjisa.co.kr
인스타그램 • https://www.instagram.com/hakjisabook

ISBN 978-89-997-1494-8 93180

정가 22,000원